启动仪式

颁奖典礼

河南省工商联副主席赵纯武致辞

豫商联合会会长陈义初

河南省社科院张占仓院长

郑州大学 MBA 案例中心周修亭主任致辞

绿地集团中原房地产事业部总经理助理张英辉

访谈活动

沙盘演练照片

2015年

河南经济影响力人物

创新管理案例汇编

郭国峰 主编

郑州大学出版社

郑州

图书在版编目(CIP)数据

河南经济影响力人物创新管理案例汇编/郭国峰主编 . —郑州:郑州
大学出版社,2017. 3
　　ISBN 978-7-5645-3768-5

　　Ⅰ. ①河…　Ⅱ. ①郭…　Ⅲ. ①企业管理-创新管理-案例-河南
Ⅳ. ①F279. 276. 1

　　中国版本图书馆 CIP 数据核字 (2016)第 320084 号

郑州大学出版社出版发行
郑州市大学路 40 号　　　　　　　　　　　邮政编码:450052
出版人:张功员　　　　　　　　　　　　　发行部电话:0371-66966070
全国新华书店经销
虎彩印艺股份有限公司印制
开本:787 mm×1 092 mm　1/16
印张:34. 5
字数:796 千字　　　　　　　　　　　　　彩页:1
版次:2017 年 3 月第 1 版　　　　　　　　印次:2017 年 3 月第 1 次印刷

书号:ISBN 978-7-5645-3768-5　　　　　　定价:88. 00 元

作者名单

编委会主任

陈义初

主编

郭国峰

副主编

周修亭　付锦峰　常　英　翟趁华

编委会成员

马红岩　孙运红　张会峰　高海红　王晓天

谢　励　王　亚　轩会永　李　志　李裔辉

王维娜　周俊颖　翟红红　祝坤艳　董玥玥

权　丽　王　草　王建立　任华敏　王志刚

魏月如　黄丽君　王金蕊

榜样的力量

2001 年，讲述老北京百年药铺"百草厅"白家老号兴衰荣辱的电视剧《大宅门》一经播出，就赢得了观众的喜爱。15 年来，这部电视剧更是在各大电视台不断重播，热度不减。其原因之一就是观众对于事实上的北京"同仁堂"成功秘诀的"渴望"。

而世界 MBA 教育中对案例教育的重视，也说明企业成败兴衰的案例对企业家培养的重要性。2013 年 10 月 19 日，在郑州大学召开的"中国中部 MBA 联盟第七届峰会"的演讲上，我就指出：MBA 的质量成了阻碍其发展的瓶颈。而提高 MBA 教育质量的瓶颈是教师，高校里有商业实战经验的老师少之又少；聘请来的外教在中国停留的时间都不长，不能和同学进行很好的交流；教材又多采用英文翻译教材，缺乏本土化的案例。凡此种种，研究民营经济成为提高教师水平和 MBA 质量的双赢策略。

当前，中国经济处于"新常态"。在这个瞬息万变的时代，"大众创业、万众创新"成为时代的"热词"，而到底如何能够成功地创业、创新和发展也是千万大学毕业生和小微企业创业者需要直面相对的问题。郑州大学商学院和绿地中原事业部主办，郑州大学 MBA 案例中心承办的 2015 年度"河南经济影响力人物"管理案例评选活动，将评选出的 500 个企业案例汇编成书，本书将这些企业星星点点的创新都记录下来，他们的创新故事，令我们感动，相信星星之火，可以燎原——这就是榜样的力量。

本书的主要特点有三：①时效性，现在很多企业都在寻求转型创新，但是不知道如何转型、如何创新，本书中的成功案例将为企业提供有益的借鉴和参考；②全面性，本书中的案例将涵盖现代农业、制造业、服务业等数十个行业的企业转型典范，是不可多得的行业转型案例书；③真实性，本书中的所有案例都是由高校专家和老师亲自与企业访谈、调研采编而成，是企业转型真实的写照。

当然，市场经济的活力，在于创新。要创新，就有风险。直觉再好，也不可能事事未卜先知。企业家是对市场机会嗅觉最灵的人，处在面对不确定的前景做出决策并且为之运筹帷幄的位置，决策风险的重担，就压在他们的肩上。一种潜在的新产品能不能成功，一项新的服务能不能形成市场，都包含许多未知的因素。

企业家的经常作业之一，就是看准一个项目，为实施这个项目筹集资金。如何说服人们投资，不但需要企业家的历练和胆识，还需要企业家的个人魅力。如果投资成功，企业家的名望自然上升，如果投资失败，企业家的信誉也就下降。信誉建立在业绩之上，信誉决定了企业家在市场上的位置。现代社会的每一个人，都面临各种风险。企业家和别人不同的地方,是他们不可能靠购买保险来覆盖自己面对的主要风险。所以,由于市场风险的存在和个人素质的不同,读者在阅读本书时需要对案例融会贯通,取其问题的实质和精华,而不是"依样画葫芦",这样将会"画虎不成反类犬"。

我们希望,更多的创业者能够出现在我们这个时代,为实现自己的理想和人生价值,为实现"中国梦"而努力!

是为序!

陈义初

2016 年 3 月 10 日于郑州

目 录

7 网络经济创新 ······································· 387

1

战 略 创 新

管理大师彼得·德鲁克说过："明天和今天迥然不同,人们需要做的只是做好准备。"关注趋势的企业家,不仅能及时预测和分析企业所面临的潜在威胁,更重要的是,能在威胁变成危机之前做好应对的准备。

战略是企业以现实为基础,以未来为导向,与环境相联系,对企业发展进行的系统规划,它考虑的是企业的未来。战略创新的核心是根据社会经济形势、市场环境的变化及发展趋势,重新确定企业的经营目标与战略模式。成功的战略创新者会进行独特的战略定位,采用与所有竞争对手完全不同的竞争策略和经营目标。

企业进行战略创新,首先要对企业内部的优劣势和外部环境中的机会与威胁进行综合分析,准确地对企业的现实状况进行定位,再根据顾客需要、市场竞争状况、自己的核心能力,进行战略选择,确定经营目标。重大的战略创新往往是企业改变经营目标的结果。经营目标的变化会影响企业如何确定自己的顾客、竞争对手、竞争实力,也会决定企业对关键性成功因素的看法,并最终决定企业的竞争策略。

基于经济新常态,我省的一些优秀企业目光长远,适时而动,在战略创新方面进行了大胆的探索,对企业发展进行了清晰的定位,为企业确立了新的发展方向和战略模式,把企业推向健康、稳步发展的轨道,为我们提供了有益的借鉴。

当然,企业进行了战略创新,并不等于就能赢得市场。要推动战略创新活动取得成功,还必须在企业内部形成鼓励创新的企业文化,建立与战略模式相适应的组织结构、经营系统、运营流程、激励制度,并采取必要的措施,克服企业内部各种制约创新的障碍因素,使创新变成企业的日常工作。

丹尼斯百货持续创新，精耕河南

美国学者比尔·萨波里托曾说过："或者创新，或者消亡。尤其是在技术推动型产业中，再也没有比成功消失得更快的东西了。"显然，对于传统百货而言，一次创新并不难，难的是一直保持着这股"新鲜劲儿"。丹尼斯百货在河南近20年发展中，持续创新，精耕河南，已成为集百货、MALL、大卖场、便利店多业态为一体的零售集团。

一、中原商战背景下"丹尼斯百货+量贩"错位经营，创新多元模式

1997年，经历过中原商战之后的郑州大型商场经营如履薄冰，亚细亚、商城大厦等面临轰然倒下的悲情命运，在行业一片唱衰声中，丹尼斯人民路店悄然开张，次年河南首家量贩店亮相。

河南首家丹尼斯百货于1997年11月16日在郑州开业。丹尼斯百货开业后，又积极引进大卖场业态，并于1998年6月27日开设郑州市第一家量贩店（Hyper Mart），开创了百货与量贩错位经营的多元模式，向郑州市民展现全新的消费观念和都市时尚，得到消费者的热烈回响。丹尼斯大卖场的开业，丰富了郑州商业的形态，并且引进先进大卖场管理knowhow（经营技术）。带动流通业蓬勃发展：业态多元化，互相竞争，互相学习，促使商业行为发生相乘效果，使得零售流通蓬勃发展，商业讯息相对取得容易。

18年来丹尼斯不断改进经营方式并扩大连锁规模，以郑州为核心，辐射河南全省，已在郑州、洛阳、安阳、新乡、南阳、商丘、平顶山、焦作、漯河、济源等地开有近百家百货、大卖场、便利店，是河南乃至全国少见的多业态运营成功的零售企业。

二、发展过程中，多业态精耕河南

时至今日，丹尼斯在河南拥有14家百货、55家大卖场、近200家便利店，总门店数300家左右，所有网点分布全省12个市地，年营业额突破160亿元。以稳健的步伐不断发展成为河南零售之龙头，丹尼斯百货从未踏出过河南。

对于这种区域性战略，作为企业的亲历者与见证人，丹尼斯百货事业处总经理刘永松认为，河南市场是一块"大蛋糕"，河南是人口最大的省份，1亿人口，如果把河南当成一个国家，人口在世界范围内可排到第12名。河南GDP在全国排名第5，且为全国交通枢纽，巨大的人口基数确实对丹尼斯的发展起到了重要作用。据了解，丹尼斯百货人民路店的GUCCI店只有290平方米，一年的销售额可达1.1亿，全国排名第5，坪效全国排名第1，这样骄人的成绩与郑州乃至整个河南地区的海量人口不无关系。其次，河南作为一个经济发展居中的地区，外来商业市场份额较少，竞争压力相对较小，这有利于本土商业的快速发展。

丹尼斯的河南发展战略不仅仅是单纯的立足河南，还是对河南商业市场的深耕。据刘永松介绍，丹尼斯目前业态主要有百货、MALL、大卖场和便利店四个部分。自第一家店人民路店开业以来，18年里丹尼斯不断改进经营方式并扩大连锁规模，以郑州为核

心,辐射河南全省,已在郑州、洛阳、安阳、三门峡、南阳、商丘、平顶山、焦作、漯河、驻马店、济源等地开有近300家不同业态的卖场。其中丹尼斯的百货已经扩展到河南18个地级市里的7个,大卖场扩展到14个地级市及部分县级市,在河南市场构筑了省会、地级市、县级市的网络覆盖。再加上丹尼斯刚刚开业的大卫城和奥特莱斯店,从消费层面对河南商业实行了全面的分层覆盖,达到了"从日常消费的日用品,到高端的奢侈品都可以满足"的业态分布。

丹尼斯区域化的发展战略使丹尼斯在河南商业中稳居龙头地位,同时业态也更为细分,以百货业态来讲,有定位高端的精品百货,也有时尚的流行百货,在以后即将开业的项目中也有很多MALL业态,多客层的定位及丰富的业态稳固了大量的消费人群,使丹尼斯在商业市场大幅滑落的时候,还能维持较好的增长;同时在业内及当地的影响力也越来越大,为丹尼斯与业内其他企业的合作提供了良好的环境,比如近年来丹尼斯与绿地集团在郑东新区合作的SHOPPING MALL,目前正在筹备中。

三、互联网电商浪潮下"体验营销、大数据营销、社区社群营销"融合创新

国家对150家重点商场2014年的统计数据显示,零售额出现下滑的商场数量占57%,33%的商场略有上涨,10%的商场持平,150家商场里SHOPPING MALL有21家销售额略有上涨,占0.9%,百货121家,较去年同期下滑4.3%;全国MALL销售额TOP10中,平均销售额43.4亿元,增长0.8%,百货TOP10中,销售额平均45.5亿元,下滑2%,以上数据表明,传统零售业面临的形势比较严峻。

对于丹尼斯的转型方向,针对同质化严重的问题,丹尼斯百货人民店在前几年推出了错位经营的基本思路;对购物体验比较单调、客流流失的问题,丹尼斯开始在多业态、购物体验等多方面投入更多的精力。

在电商的浪潮中,丹尼斯选择继续深挖服务,深入社区,做业态的融合,做数据的挖掘分析,从增加附加服务上提升经营。

未来,也许会出现一个围绕社区的,依据大数据挖掘的多业态融合的服务零售业态,那就是丹尼斯。

风铃集团的专业启航和系统设计

1996年,风铃集团作为中原美容专业线的领军企业,在追逐美丽梦想的豪迈中扬帆启航,历经多年沉淀,风铃集团现已成功发展为一家集专业女子美容院连锁经营、专业线化妆品代理贸易和学历制美容职业教育为一体的大型美容集团化企业。

目前,风铃集团已与意大利、瑞士、澳大利亚、韩国等多家国际顶尖美容机构及专业院校建立了战略合作关系;在河南省与500多家美容机构开展合作共赢业务;在省会郑州自主经营连锁美容院21家;共有员工500多人,是河南省目前规模最大的美容集团企业。

一、专业启航

一个企业的初始基因会对其未来发展产生不可估量的影响。1996年,风铃美肤开始进入美容行业,一开始只是想做一家美容院,做一份美的事情。但它的起步并不懵懵懂懂,创业一开始,创始人就进入了专业美容院校进行专业的学习,奠定了风铃美肤标准化、专业化的基础,也为它未来一步一个脚印走向连锁经营、走向团队培养的专业化留下了基因。

因为专业的起步,风铃美肤一开始就注重了美容手法的专业性、操作流程的标准性、服务流程的精细性、团队培养的长远性以及产品质量的严格性。

二、系统设计

风铃集团自1996年创立以来,到目前已发展成为集"风铃美肤"直营连锁、"风铃商贸"专业线化妆品代理及"风铃职教"美容职业教育为一体的集团化公司。

1. 风铃美肤

风铃美肤美容连锁创始于1999年,开启了中原美容护肤、健康养生的新纪元。从首家店面的盛大起航,就已经奠定了风铃美肤发展的坚实基础。直至今日,风铃美肤直营连锁遍布全城,目前在郑州市拥有21家自营连锁店面,终端会员3万余名;经营面积超过2万余平方米,成为河南最大美容连锁机构,也是美容行业的代表与榜样。

2. 风铃商贸

风铃集团旗下风铃商贸主营专业线化妆品代理贸易,自2002年成立以来,本着"产品代理以市场为核心,营销以人性化为核心,售后以优质服务为中心"的经营理念;精"橙"合作的运营发展原则;迅猛发展,成功将亚洲500强祔玳、意大利原装进口韵姿、法国希纯、第四代智能芳疗植能静、上海唯真、瑞典娜缇芙、专业眼部品牌摩力沱、美国科美样肤、台湾蔬果宣言酵素,九大美容专业线品牌推向河南市场;目前已与500多家美容机构开展合作,拥有加盟店500余家,并深受加盟店信赖。风铃商贸把握市场动向,不断挖掘和创新市场发展新模式,从单一品牌培训推广,到连锁店务盈利模式的研发推广,风铃商贸始终引领河南美容专业线发展新风向。

3. 风铃职教

2010年风铃集团在国内首开先河创立了学历制美容职业教育业务模块,历经多年潜心建设,现已成功与河南省商务中等职业学校、河南省科技工业学校联合开办了中专学历制美容美体专业。2015年与河南省财税金融职业学院联合开办大专学历制美容营销专业。

风铃职教创立至今,共计培养学历美容师600多名,安排师徒结对企业实习500多人次,培训美容从业人员3 000多人次,安排中等职业院校老师到企业实践25名,开发校企合作精品教材1套。风铃职教的蓬勃发展推动美容行业专业化进程,提升美容行业的整体素养,为社会培养大量专业高素质人才。

风铃美妆专业开发的美容美体专业学历教育专用教材被评为河南省教育厅校企精品教材,由风铃公司翻译并获发行权的英文美容系列教材也在翻译当中。风铃企业还被评选为河南省优秀校企合作单位。

4.后勤总部

风铃集团后勤总部涵盖财务部、物流部、行政部、工程部、信息部、人事部、企划部等七大部门,维系和保障了各业务板块的正常运营和快速发展:从风铃美肤每一家店面的考察、选址、设计、装修,到每一位会员的精准服务保障;从风铃商贸各品牌的推广运营,到每一家合作店面的后期服务;从风铃职教每一名学生的学习实践,到成功进入工作岗位。

风铃集团通过系统设计将企业打造成为集商贸代理、美容连锁、职业教育为一体的多元化企业,形成了独特的跨界商业行为,被河南企业界誉为"风铃特色化经营模式"。

星创想科学梦工厂的差异化发展战略

近年来,学前教育行业已经成为中国教育培训整体版图中最亮的一颗明星,得到了社会、政府、媒体、家长愈来愈多的关注,在"教育消费升级""城镇化""80/90 父母""4+2+1 之家庭结构""国家政策"等多方面因素的影响下,学前教育行业整体发展将会迎来下一个黄金十年。当然,行业发展在蕴含着巨大机会的同时,也给现有的学前教育机构带来了前所未有的挑战:差异化怎么体现?未来十年,谁能把握住历史发展机遇,谁能在群雄混战的格局中脱颖而出,谁将成为中国学前教育行业的真正王者?答案正在揭晓。

未来,单凭质量求生存是很难的,因为现在学前教育机构越来越多,同质化严重,所以,无论是做早教还是做幼儿园,抑或培训机构都一定要"以特色求生存"。星创想科学梦工厂在学前教育差异化方面进行了积极的探索。

一、差异化定位起步

星创想科学梦工厂成立于 2011 年,是经郑州市教育局审批成立的一家综合性教育机构,是国内首家生活教育品牌机构。在众多的学前教育机构里,星创想梦工厂创业一开始就针对 3~18 岁孩子,"以科学为主线,以孩子动手体验为形式"开设了科学动手素质特色课程,以差异化进入了市场。

星创想科学梦工厂专注于儿童生活科学教育,在中国独树一帜,4 年间已经在郑州市开设 3 个学习中心。它是河南省科技局、教育学会、科协、科技周推荐的中国儿童热点学习项目。

二、差异化的产品设计

(一)专业化的科学课程

星创想梦工厂主要针对 3~18 岁儿童开设科学动手素质课程,通过数百套独有的趣味实验及成品制作,在专业老师幽默、风趣的讲解中培养孩子全方面能力,使得小朋友从生活自然科学中体验学习的无限乐趣,掌握各种物理、化学、生物、地球科学、地理及能源科学等知识。课程的形成由科学教育专家和一批优秀科学教师共同设计,这套科学系列课程,不但完全适合自然与科技领域的学习,同时也适合激发儿童的潜能。

星创想科学梦工厂致力于推广发展全国儿童的科普教育,目标在于培养出具有国际风范的新一代。

(二)体验式的教学方法

在星创想梦工厂,孩子学习科学知识像呼吸一样自然,运用体验式学习模式,让孩子亲自动手操作。在这里为孩子提供了上千种科学教具及数百套丰富有趣的科学课程,结合当代欧美最先进儿童教育模式,通过创想科学新颖独特、富有魅力的上课方式,利用表演老师激情澎湃、风趣幽默、寓教于乐的讲解方式,让孩子亲自参与到科学实验中,探索和思考科学的奥秘,小朋友在星创想梦工厂中体验到学习的无限乐趣。

(三)快乐的科学学习成果

科学兴趣是科学素养形成的动力源泉,儿童原本对科学现象和科学问题就有强烈的好奇心和求知欲,在传统的科学教育中,由于过分强调知识的掌握及沉重的记忆负担,难以使学生的兴趣得以表现,甚至使孩子与生俱来的好奇心逐渐消失。因此,要培养孩子的科学素质,就必须将科学兴趣的激发作为切入点。

星创想科学梦工厂在教学上采用多种多样的教学方式,利用直观的科学现象及实验来激发儿童的好奇心,进而提升学习兴趣。并且,在科学课程当中结合了生活中的现象,让学生明白了科学离我们不远,科学与我们的生活息息相关,科学并不深奥。星创想梦工厂运用活泼及生动的教学模式,将难以理解的科学知识由浅入深地传递给学生,使学生印象深刻。而在学习的过程中强调观察、假设、实验、结论的科学步骤,训练孩子的专注力(观察)、合理的猜想(假设)、亲自动手做(实验)并在过程中找到答案(结论)。通过科学的学习步骤,培养孩子的科学态度,当孩子习惯性地用科学的方式学习并且运用科学的态度去面对问题时,学习各种课程将能事半功倍。

三、以科学动手素质课程为差异化布局未来发展

星创想科学梦工厂的创始人杨勇心思灵活,系统布局。找准科学动手素质课程为差异化竞争优势后,他又以此为特色,开发出系列新产品,进行了学前教育的拓展,推出辛巴娜娜户外课堂和幼儿园。

(一)辛巴娜娜户外课堂

在成功做了三家创想科学实验室后,杨勇发现科学学习不能只在室内动手做实验,还应该把孩子带到大自然里去,去观察、了解大自然,如真的到大海边上学习潮汐。于是,星创想科学梦工厂有了新成员:辛巴娜娜户外课堂。辛巴娜娜户外课堂依然以科学动手为差异化,区别于其他亲子游机构。

(二)以科学动手素质课程为特色的幼儿园

在整个科学课程体系经过反复实验验证之后,星创想科学梦工厂和河南省内知名幼儿园合作,创立以科学动手素质课程为特色的幼儿园。围绕差异化扩充了业务范围,公司在学前教育的素质教育领域越走越稳,品牌优势越来越明显。

面对日益激烈的市场竞争,现代企业为了减少冲突以及在激烈的竞争中存活,必须发展与其他企业不尽相同的生存能力和技巧,必须懂得任何优势都来自于差异的道理,拓展并利用一切可利用的资源去填补企业生态系统中的生态空缺,打造自己的核心竞争

力,找到最能发挥自己作用的位置,从而发现生存和发展空间。随着星创想科学梦工厂的布局越来越系统,它在学前教育、素质教育领域里的品牌差异化越来越明显。

勇于进取,追求卓越

汽车零部件作为汽车整车行业的上游行业,是汽车工业发展的基础。改革开放以来,随着我国汽车整车行业的快速发展,汽车零部件行业也得到了蓬勃发展。郑州跃博汽车电器有限公司作为主营汽车电器的企业,成立于 1992 年。二十多年来,逐步发展成为在国内汽车电器行业具有一定影响力的现代化企业。公司拥有大型 CAE 工作站,具备超强的自主研发、并行设计和客户同步开发能力,能够配合客户进行整车电器架构设计及 CAN/LIN 的应用,开发智能电器盒、独立 BCM、系统控制模块、功能开关、全车线束等高品质产品。

随着经济的发展和社会的进步,人们对汽车的需求并不仅仅是为了代步之用,而是越来越关注汽车的安全性、舒适性、经济性和适用性。随着人们对汽车需求水平的不断提高,作为汽车重要组成部分的汽车电器自然也需要紧跟时代的脚步。为此,郑州跃博汽车电器有限公司不断加强研发队伍建设,打造出一支由博士、硕士研究生、高级工程师等 150 多名技术人才组成的研发团队,根据客户的特定需求开发、生产汽车电器产品,得到了客户的信赖。目前,已经有通用五菱、昌河铃木、郑州日产、长安汽车、长城汽车等四十多家汽车制造企业成为公司长期稳定的客户。

跃博视产品质量为生命,多年来始终坚持以持续改进为工作原则,以"产品零缺陷、客户满意度 100%"为质量目标,不断完善质量管理体系。强烈的质量意识和严格的过程管理,使公司的产品从研发、设计、制造、交付到售后服务的每一个环节都处于有效的控制之中。生产现场实施 5S 管理、目视化管理以及生产过程统计等管理方法,并通过制造流程再造工程,不断提高工艺水平和生产效率,有效保证了产品质量。

电器产业、汽车工业的不断发展,以及国家对经济结构调整的不断深入,使汽车电器产业在各大产业中具有很大的发展潜力。跃博汽车电器有限公司在"突出主业,延续扩张,形成产业,稳健发展"的战略方针指引下,不断提升市场竞争力,努力塑造企业品牌形象,以实现企业发展的新飞跃。

牧马人车业的"稳"与"和"

牧马人车业的前身,是总经理戴皓鑫的父亲戴永生在 1993 年创办的永生摩托厂,早期主要生产农用三轮车配件及摩托车配件。二十多年前,这样的企业在长葛市不下几百家,但能存活至今的却屈指可数。如今,位于长葛市产业聚集区的牧马人车业是一家专业生产电动三轮车的企业,年产 5 万辆巴山三轮车,2016 年产能达到 15 万辆。牧马人是如何走过了二十多年的风风雨雨并逐渐壮大的?这和公司追求"稳"与"和"的独特文化有很大关系。

不盲目扩张。毫无疑问,许多同行倒在了行业景气时的过度扩张上,但在永生摩托的年代里,创始人就坚持不跟风,因而,当行业陷入困境时,可以拿出资金来研发电动车、微耕机、特种车等新产品,顺利渡过了难关。如今的牧马人秉承了父辈稳健的经营风格,尽管公司有些时候也有冒险的投资,但始终控制在合理范围内,用总经理的话说就是:每个人的人生都在赌,每时每秒都在赌,只要保证赌输了不致遭受致命打击就行。

领导人顺利过渡。家族企业的成败往往维系于领导者一人,领导者的更迭成功与否非常关键。第二代领导人戴皓鑫受过高等教育,2008 年大学毕业后进入父亲的企业后,并没有直接进入管理岗位,而是在各种岗位上认真工作了 4 年,对企业的研发、生产、市场等都有了深刻的理解,不仅顺理成章地于 2012 年正式全面接手掌舵企业,并且成功地把新的管理理念和活力注入企业。

"家和万事兴"。牧马人的领导者相信这一点,宁肯舍弃自己的资本,也绝不能丢掉自己的家庭。公司有一个不成文的规定,对那些不孝顺父母、与兄弟姐妹关系搞不好的人,公司不会使用。对于父辈的老员工,公司采取送出学习和逐步调整的方式,引导他们适应新的管理理念和模式。对于新员工,一方面严格要求,另一方面保证其收入,强化学习与提升,使员工的目标和心态与公司保持一致。这些管理理念和做法,使得牧马人建立了一个和谐、稳定的团队,公司能上下一条心,共同进步,共谋发展。

东工实业的同心多元化和弯道突进

"上合"会议期间,东风路办事处的电动巡逻车在街道上随处可见,其独特外观和造型赚足了眼球。这款名为"酷跑"的新能源汽车就是由郑州中牟东工实业集团生产的。该车借鉴跑车的经典元素,造型和谐、流畅,兼顾了跑车加速体验和轿车舒适感,目前已取得工信部、美国和欧盟认证,广泛用于机场、车站、景区、高尔夫球场、社区等地,2015 年 12 月已远销丹麦。汽车产业进入壁垒和行业集中度很高,规模经济显著,这么一家名不见经传的企业是如何做到的呢?

东工集团成立于 2005 年,主营业务为房地产,第一个项目为中牟"东工·都市家苑"。紧接着,在 2007 年,东工和东风汽车公司合作,开建安哥拉汽车工业园和郑州日产产业园项目,2008 年,东工又陆续开建多种汽车配件车间,成为东风日产、郑州日产、宇通、奇瑞、海马等的配件供应商,2012 年公司首批电动车下线。至此,东工转型并发展成以新能源车辆、汽车零部件制造为核心业务,以非标设备及物流器具、房地产、工业园开发、物流、汽车租赁、国际贸易、文化传媒等为辅的多元化企业集团,总资产达到 6 亿元,员工 1 000 余人。

与许多倒在多元化路上的企业不同,东工所有的行业都围绕汽车产业展开。董事长褚洪涛同时还是郑州锦飞汽车电气系统有限公司董事长,该公司以其汽车空调系统、一键启动(PEPS)系统成为多家汽车主机厂商的配件供应商,产值过亿,该公司同样成立于2005年,这绝非巧合。郑州日产成立于1993年,各种配套都很成熟,要成为其供应商并非易事。资料显示,2005年郑州锦飞的年产值仅有2万元。然而,2005年前后,我国房地产和汽车产业均处于快速发展期,前景看好,很显然创始人捕捉到了市场机遇,于是采取了弯道迂回的方式:成立东工先做住宅项目,之后利用地产背景和汽车配件背景赢得政府支持和日产青睐,承建日产产业园,并且和东风建立良好关系,顺利进入汽车配件业。

东工的战略眼光在于:

第一,高度的行业和市场敏感性,迅速捕捉市场机遇并采取行动。这在汽车配件、地产、新能源汽车三个产业上体现得非常清楚。

第二,确立并坚持汽车配件及新能源汽车的核心地位。东工并未在房地产行业上走得过远,地产项目基本都是定向开发或者工业地产,有很明显的制造业思维,比如"日产专家楼"项目,"企业家苑"项目;汽车租赁、国际贸易、非标设备(改装车等)、文化传媒等也都延伸自汽车和地产行业,相互间有很强的关联性。

第三,可贵的弯道思维。除了绕开行业进入壁垒外,在技术和研发上,东工同样在国内外建立了广泛的合作,避免了闭门造车,降低了时间成本,取得了快速成长。

瞬刹魔术:神秘变幻　创造快乐

魔术是一种传统的艺术形式,以其变幻莫测的艺术性和神秘性,深受社会各个阶层的喜爱。尤其是刘谦在央视春晚进行魔术表演后,更是吸引了很多人,点燃了他们观赏、学习魔术的激情。从目前魔术市场的基本情况看,市场发展较为混乱,各类魔术师鱼龙混杂,在低端市场竞争比较激烈,而专业魔术师数量较少,高端市场的竞争不大。

河南瞬刹魔术文化公司作为河南魔术市场的探索者、领先者,一直坚持专业化经营,大力推动产品创新,致力于推动河南魔术行业的快速发展。基于对魔术市场的长期体验和洞察,公司确定了走专业、高端发展路线、开展魔术培训的定位,形成清晰的市场区隔,提高进入门槛。公司主要开展魔术演出、培训、产品开发等业务。在发展过程中,公司在业内创造了多个第一:在省内第一家也是唯一一家注册的魔术公司;成立了第一家魔术俱乐部——郑州魔术俱乐部,作为魔术师切磋、交流的平台;从场地、器材、教材、师资、培训方式方法、学生宿舍等方面,建立了完善的魔术培训体系,是省内第一家,也是唯一一家开展魔术培训的公司。

魔术的魅力在于独特的创意与创新,但作为一种综合性的艺术形式,创意创新非常难。公司在前期的产品创新过程中走过不少弯路,经过不断地摸索和调整,形成了自己的产品创新模式。如对魔术师的创新进行奖励,调动魔术师创新的积极性;经常参加交流会,获取行业发展信息;发挥专业团队的优势,经常组织内部研讨和交流,头脑风暴,激发灵感;参加各类魔术比赛,提高和改进演出技术和水平,扩大公司的知名度;研究国内外高水平的魔术表演,获取有价值的创意来源;加强对魔术师的培训,增强魔术师的创新能力。

经过持续的努力,瞬刹魔术文化公司产品创新能力不断增强,在产品创新方面不断突破,取得了优异的成绩,得到业界的一致认可。近两年,先后获得上海魔术节公开赛优秀奖、北京"两岸四地"大学生魔术交流会银奖、杭州西湖魔术交流会铜奖等奖项。

信宇石油的七种武器

河南信宇石油机械制造股份有限公司为中石化、中石油的一级供应商,年营收两亿多元,是河南省博士后研发基地,下设抽油机厂、抽油泵厂、钻机设备厂、钻采设备厂、起重机械厂、彩钢工程分公司等,被中石协会评为"中国石油装备五十强",并于2013年8月成功在天交所上市。

这样一家在市场化大潮中乘风破浪的公司却并不是我们想象中的纯粹民营企业,公司前身为中原油田汽车配件制造厂,1998年改制设立。成立之初,公司仅有几十人,年销售收入百余万。是什么让这家骨子里流淌着老国企血脉的企业焕发出青春,爆发出如此的活力呢?其实,成功的秘密是根本没有秘密,就像古龙的武侠小说《七种武器》系列一样,真正厉害的武器不是武器本身,而是背后的哲学精神和品质。对组织来说,花哨的东西只是表面现象,真正的武器源自内心,需要用心去做。信宇石油返璞归真,实实在在地发展和运用了自己平凡而又独特的七种武器。

《霸王枪》——"江湖上独一无二的一杆枪,长一丈三尺七寸三分,重七十三斤七两三钱,枪尖是纯钢,枪杆也是纯钢。"霸王枪的寓意其实是勇气:"一个人只要有勇气去冒险,天下就绝没有不能解决的事。"1998年,油田对汽车厂实施整体改制,职工自愿入股,将国有资产通过评估一次性买断,不能买断的进行租赁,油田不配股、不参股,完全按《公司法》组建民营企业。杜振宇出任改制后的信宇石油机械化工有限公司董事长、总经理,成为中原油田第一个"吃螃蟹"的人。然而,信宇面对的是既无先例可循、也没经验可鉴的"一张白纸",只能"摸着石头过河"。杜振宇带领当初的56个兄弟姐妹,南下北上,风餐露宿,拼搏开拓,不仅巩固了中原油田内部市场,而且多路出击,拓展了广阔的外部市场。经过艰苦的创业,从2001年开始,公司逐步步入良性发展的轨道,一年一个台阶,公司年销售收入由1998年的152万元飙升至2014年的2.2亿元,年缴税金1 000多万元。

《长生剑》——古龙在书的最后说:"我说的第一种武器,并不是剑,而是笑,只有笑才能真的征服人心。当你懂得这道理,就应该收起你的剑来多笑一笑!"信宇的办公大楼里,开办了"职工之家"和图书室,拥有圈套健身设施和娱乐器具,藏有有几千本图书和几十种报刊。信宇公司的员工这样形容他们的董事长:揽权而不独裁、自信而不骄傲、谦虚而不怯懦、柔韧而不寡断、善诱而不说教。公司积极投身公益事业,十几年来,杜振宇和他的团队在各类公益活动中累计捐款达230多万元。笑代表着仁爱之心和乐观,这种关怀在信宇迸发出了强大活力,员工的积极性被充分调动,许多拔尖人才被吸引进来,如副总经理廖大林就是举家从江苏建湖而来的,为信宇的发展做出巨大贡献。

《孔雀翎》。高立向朋友秋凤梧借来孔雀翎杀了强敌,这才发现孔雀翎已丢失。而秋凤梧告诉他,孔雀翎早就没有了,他借给高立的只是"信心"。"真正的胜利,并不是你用武器争取的,而是信心,多可怕的武器,也比不上人的信心。"2006 年 2 月,信宇公司大胆设想,如能攻克传统"磕头式"抽油机成本高、耗能大、占地多、噪音大等诸多弊端,企业将找到迅猛发展的突破口。然而,改变传统谈何容易,但为了梦想,公司很快以无比的信心与清华大学、浙江大学等高校和科研院所联合成立了攻关小组,经过 800 多个日夜的奋战,筛选试验数据上万个,终于成功地研发出节能低碳产品"W 型曳引抽油机",从此终结了由美国人发明的、已使用上百年的"磕头机"历史,堪称世界抽油机史上的一次革命,创出可观的经济效益和社会效益。

《碧玉刀》。段玉是个不谙世事的少年侠士,不曾练达人情,却以他几近天真的诚实赢得了一帆风顺的"运气"。16 年前,新公司给自己起名时,其中的"信宇"就是"信誉"的谐音。2002 年,信宇公司就制订了《诚信自律守则》,庄严承诺,打造对社会负责任的企业,组建对社会负责任的团队,生产对社会负责任的产品,靠诚信去赢得品牌,去赢得财富。多年来,信宇从未有过假冒伪劣、商业欺诈行为,追求 100% 用户满意。曾经,还在艰难中奋进的信宇公司毫不犹豫地还上了改制前留下的可以拖着不还的 100 多万元的外债;曾经,信宇为中原油田采油三厂修好了武汉某生产厂家售后工作跟不上的立式抽油机;在税收上做到了该交的一分不少,该交税时一刻不拖。公司先后获得全国用户首选质量过硬服务放心品牌、中国名优产品等荣誉、省最具公信力品牌、省最佳信用民营企业等多项荣誉称号。

《离别钩》。狄青麟使刀的技巧,已进入了随心所欲的刀法巅峰。他操纵这把刀就如操纵自己的思想,所以刀光一闪,刀锋就刺入杨铮肘上的"曲池"穴,可他没想到杨铮居然用离别钩对付自己——寒光忽然到了杨铮自己的臂上,这条臂和他的身子立刻离别了,于是狄青麟也就离别了这个世界。骄者必败!尽管公司不断壮大,社会影响力日盛,但公司从未骄傲自满,从未过度膨胀,也从未忘记自己成功的根本,从未进入多元化房地产等高赢利行业,始终在油田设备行业深耕。公司拥有十几项国家专利,品牌"石油人"为河南省著名商标,部分产品远销国际市场。公司被评为省技术创新名牌企业、高新技术企业、最具创新力示范企业、省科技推广十佳明星单位等。

《多情环》的寓意是仇恨,换个角度理解的话,就是隐忍和执着。创业之初,杜振宇既是董事长又是工人、工程师,在客户那里还是营销员、产品售后服务员,夜晚他还常翻阅着一本本企业管理书籍,细数着第二天要找谁谈话、到哪个车间帮助开发产品,多年来他几乎没休过假。杜振宇说:"敬业是员工最基本的职业操守,认真工作一天、两天不难,难的是一直认真工作下去,更难的是永远保持一份热诚与激情。"通过言传身教,这种执着精神逐渐为大家所接受,成为企业发展的文化内核与原动力,成为一种吸取了传统优秀文化、反映时代发展和企业实践要求、被广大员工认同的价值观。

拳头。拳头代表着简单、明白的愿景,不需要理由和辩护,代表了一种既不属于古代也不属于现代的理想人性和理想的生活方式,非结果主义和非计算主义的堂吉诃德式的激情。信宇是一家由老国企改制而来的民营企业,其实,无论国企还是民企,只要有自己的信仰和追求,都可以活得精彩,财富多寡不是目的,利润之上的责任和关爱才是终极目的。

信宇的七种武器毫无神秘之处,然而常常能出奇制胜,在激烈的竞争中无往不利。

小的就是美的

超市、药店我们再熟悉不过了,琳琅满目的商品往往对我们带来很大的视觉冲击,然而,我们可能从未关注:存放商品的货架是什么样子、什么品牌、由谁生产的。其实,货架的色彩、构造、布局等对商家来说非常关键,对顾客也能产生重要影响,只不过这种影响是间接的、隐含的,所以我们往往意识不到罢了。

较低的进入壁垒,以及高运输成本和大量的人工装配决定了货架行业的零散性:行业集中度很低,由大量本地化的小型企业组成。在这样的行业如何生存发展?顾客专门化是一个很实用的方法,郑州市萨博商贸有限公司正是这样做的。该公司聚焦于大型卖场,多年来一直致力于现代大型卖场整体布局的研究,积累了系统的商品陈列知识,不断研发出各类高品质超市货架及配套设施。公司还成功的实施了项目制管理模式,以确保准时的派送和科学安装,从而有能力为零售商提供整套解决方案,满足多种需求。由于大卖场货物存放量大,周转频繁,货架损耗较快,对产品的即时性和整体布局要求很高,所以,萨博的产品和服务很受顾客欢迎。为使客户有更直观的视觉感受,公司在郑州市金水区北环路设立了一个占地约 1 000 多米的展示平台,综合了各种超市必须设备,直观地再现了客户所需。

其实,大型仓库、物流中心、小型超市、杂货店、药店、服装店、书店、饭店等都是货架生产厂家的客户,但这些客户的需求特征和大型卖场存在很多不同,要兼顾势必要做出牺牲。所以,对这些需求萨博仅作辅助之选,而集中资源聚焦于核心客户,尽管可能牺牲了规模,和做大做强也靠不上边儿,但活得很精彩、很健康——小而美,不是吗?

吸引力服饰的三层面战略

河南吸引力服饰有限公司成立于 1992 年,注册资金 2 000 万,员工 1 000 人,年收入数亿元。公司拥有多个亚太地区及世界知名服饰品牌在河南地区的特许经营权,已开设连锁专卖店百余家。从最初鲜为人知的专卖店开始,到今天数万人的庞大 VIP 体系,吸引力已成为河南最具竞争力的服饰代理管理公司,被同行称为"郑州服装行业的黄埔军校"。公司独特的三层面战略使其始终步步为营,而且又充满活力、面向未来。吸引力二十多年来始终屹立不倒,在我省服饰代理行业可谓一面旗帜。

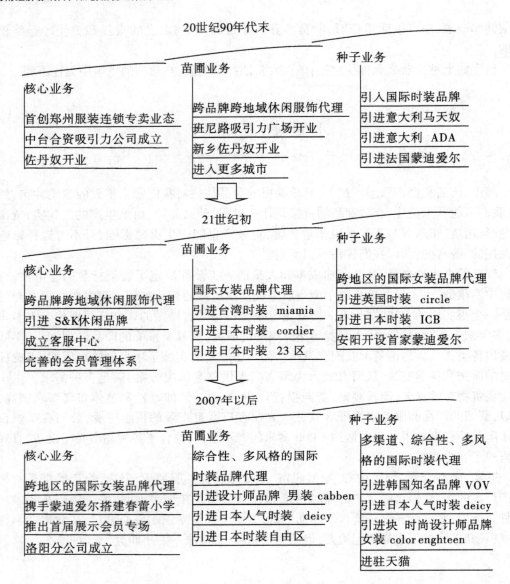

小产品大身材——菊凤粮油实业有限公司

芝麻主要产于河南、河北一带,虽然营养丰富,市场供不应求,但以调拌增味为主,总规模不大,因此,农民习惯上把芝麻当作填闲作物,多作为小麦收获后的夏季复种作物,有收多少是多少、望天收的思想,生产上不够重视,技术投入和物资投入较少,因而造成产量水平较低且不稳定的现状。另外,芝麻油的传统加工方式——小石磨低温磨制和水代法非常独特,导致了芝麻油——更具体来说小磨香油行业的零散性,很低的进入壁垒,大量的手工作坊,在这样的行业里如何脱颖而出呢。

菊凤粮油的创始人郑菊凤早年就是小磨香油原始加工方式的从业者,过惯了苦日子的郑菊凤希望通过自己的双手和辛勤劳动摆脱贫困。从一口油锅做起，通过 20 年的努力，把一个家庭小磨香油作坊，经营成为一座拥有国内先进设备和厂房的现代化工厂，开发的菊凤牌小磨香油产品达十几种，年产近千吨小磨油，产值 4 000 万元左右，在我省乃至周边地区具有重要影响。

总结菊凤香油的成功之路，可以概括为以下几条。

扎实稳定的质量。由于行业的零散性，市场上的产品往往鱼龙混杂，掺加棉籽油、菜籽油的现象很普遍，甚至使用变质原材料、制假售假的现象也时有发生。在谈到菊凤香油如何能够在竞争非常激烈的商战中成为食用油行业的一棵"常青树"时，这位平时风风火火的女企业家说："做油和做人有一个共同点，那就是两者都不能掺假，如果说有什么体会的话，我认为这是最深刻的体会！"对质量的坚持赢得了口碑，为企业的进一步发展打下基础。

规模化。在取得原始积累后，菊凤香油开始引进先进加工设备，并改良传统加工方式，从而获得了规模经济，改变了纯手工的低效率生产方式。

创立品牌。品牌化管理提高了产品的影响力和销售范围，为消费者的购买提供更可靠的理由

集中化。20 年来，菊凤香油始终坚守芝麻香油的市场区隔，从未头脑发热进入更多的行业，一方面保持了菊凤品牌的纯正性，另一方面得以集中资源。

一体化战略成就产业龙头——华星粉业集团

1999 年，河南华星粉业有限公司成立于中国面粉城——永城市。通过实施以面粉加工为核心的一体化战略，如今华星已成为一个资产总值 6.7 亿元的集团化、农业产业化龙头企业。

成立初期，公司主要生产面粉，由于质量稳定，口碑好，并且仰仗当地小麦良好的生长环境和营养成分，公司的"宇花"牌面粉逐渐在市场中站稳了脚跟，并荣获"2004 河南优质产品""河南省名牌产品""中国驰名商标"等称号。在发展中，公司没有满足于面粉粗加工，于 2007 年推出的"多维富硒小麦粉"通过省科技厅科技成果鉴定，并获得国家专利；同年，"学生专用营养小麦粉"通过国家级专家组审定。由此，华星开始了一系列的产业延伸。

成立中日合资华星宫川食品有限公司。公司拥有 8 000 吨原料仓库，现代化挂面生产车间 1.8 万平方米，日加工挂面 300 吨。"华星宫川"牌系列挂面远销 20 余个省市及地区，在众多市场已成为区域性的知名品牌。2014 年，又推出"禾谷尚膳"高端有机健康挂面。

与东莞民生行食品有限公司合资设立华星民生食品有限公司，生产中高档沙琪玛系列休闲食品。

设立汉兴农业发展有限公司，主营业务为红薯生产和深加工。采取"公司+科研+农

户+基地"的生产模式,和"统一供种、统一播种、统一服务、统一管理、统一收割、统一收购"的经营方式种植优质高产红薯,亩产值平均达 5 000 斤,既带动了当地农民致富,又打造了汉兴农业红薯深加工这一优势产业。

设立河南圣天农业有限公司,采用"龙头企业—合作社—农户"的三层运营体系,致力于高品质、天然、绿色、有机蔬菜种植,是集加工、物流、销售为一体的全产业链现代农业企业。现在,该公司生产的有机蔬菜已经进驻先帅百货、苏果超市的货柜,实现了农超对接。

成立华星现代谷物加工技术研究院,致力于谷物加工的技术研究。

设立民生粮油购销有限公司。占地面积 3 万余平方米,拥有电脑自动控制标准粮食储备库 7 栋,仓储能力 5.5 万吨,有完备的收购及仓储设备。

设立华星食用油公司。占地面积 70 余亩,拥有高科技全自动灌装生产线两条,年产调和油、色拉油、大豆油等食用油 8 千余吨。

设立华星金龙塑业公司。日产各种塑编袋 12 万余条,销往本地区面粉加工行业,以及苏、鲁、皖省等地区。主要产品有面粉包装袋、种子袋、肥料袋、饲料袋及其他各种塑编包装袋。

成立华星商贸有限公司。以中型商超为主要经营模式,主营华星集团公司各种自主品牌产品。经营的"华星生活馆"已于 2014 年开业。

思考:

1. 华星为什么要进入塑料编织袋行业?

2. 结合食用油行业探讨华星食用油的竞争优势、规模经济。

3. 华星生活馆和当地同行如苏果超市是什么关系,会产生冲突吗?

美格会展的经营哲学

很少看到像美格会展服务有限公司这样的企业不遗余力地阐述它的经营哲学,洋洋洒洒近万字。下面是从中截取的片段。

美格宗旨 为社会创造效益,为企业创造财富,为员工创造幸福。会展具有经济发展的带动力、科技创新的推动力、文化传统的传播力、品牌推广的辐射力、商品流通的驱动力、区域发展的协作力、国际交流的影响力、诚信友情的凝聚力……所以,美格着力把会展打造成科技创新平台、合作发展平台、国际交流平台、品牌推广平台、形象宣传平台、产品代理平台、文化传播平台、爱心公益平台、客群互信平台……而为员工创造幸福是上述基础和保障,总经理余琳琳强调,"员工是企业最宝贵的财富",要努力提高员工收入。

美格价值观 我们共同创造。行业的特殊性决定了会展工作技术含量高,工作难度、风险大,时间紧,是一项协作面广、多系统、多部门、多单位合作的工作,只有把行业内外有限的物质、精神和客户等资源有机结合在一起,才能提高美格会展的核心竞争力。

美格经营理念 诚信经营,品质一流。美格在经营活动中要诚实守信,恪守诺言,在经营规模、管理模式、技术水平、产品质量、服务质量和职工素质等各个方面,都要向一流的目标攀升。

美格的企业精神　自强不息、创新超越。美格的前身创建于1994年,从单纯的平面设计公司到举办国家级各类专业会展,从小到大,从弱到强,从突出会展到多元发展,靠的就是"自强不息,创新超越"的美格精神。

美格的企业作风　雷厉风行,敢为人先。

美格的企业愿景　建设国内一流、国际知名的展览服务公司。

显然,我们对美格的经营哲学并不陌生,其实上升到哲学层面后,所有企业、所有人都是一样的。卓越公司的卓越并不是因为它的经营哲学多么卓越,而在于公司的一切作为,都能真正遵循和坚守它的经营哲学,不是只刷标语、喊口号、装潢门面而已。

那么,美格是不是仅仅停留在口号层面呢?只要看看它取得的业绩就够了:"2009中原城乡规划与风景园林建设成果暨绿色建筑新技术新产品博览会""2009河南庆祝新中国成立60周年成就展""2011中国进出口商品交易会秋交会""2012中国(郑州)产业转移系列对接活动暨新型工业化成果展""2012首届中国特色商品博览"……这些会展项目个个够高大上。一家2012年才在原先设计制作公司基础上转型过来的年轻会展公司,能够在短期内取得突出的业绩,能够吸引、激励300多人的员工队伍并赢得各方支持与合作,显然不是靠的表面文章。

做一个被社会认可,受社会尊重的企业

华商汇集团是一家以推动新型城镇化建设、推进国家产业集群发展和带动一方经济为己任的河南本地企业集团。华商汇以建设商贸物流新型城镇综合体为核心业务,同时开展专业市场运作、各类商品及技术的进出口、国内外货运代理、计算机网络、系统工程、智能化工程的开发和经营等业务。企业拥有丰富的商业市场、仓储物流、居住、旅游等土地储备,具有敏锐的行业判断力和丰富的市场经验和资源。

随着郑州城市的发展、中心城区功能的调整,批发市场迁出中心城区已成为大势所趋。2012年6月份,郑州市政府出台《关于加快推进中心城区市场外迁工作的实施意见》,明确指出,2015年年底前,郑州市要完成中心城区177家商品交易批发市场的外迁。在市场外迁的政策指引下,华商汇作为一家本地企业,又是政府指定的市场外迁重要承接地,河南省重点建设项目,致力于打造一个最具社会价值、10平方千米的新型城镇综合体,成为区别于同行业发展的一道独特风景。

在传统商业模式受到电子商务冲击以及新的消费观念更新的形势下,华商汇提出"承接一个市场、创新一个市场"的经营理念,坚持诚信、创新、高效、分享、责任的企业核心价值观,秉承"华商汇聚,共赢天下"的企业理念,努力实现"厂家直营、网达全球"的经营目标。华商汇定位于"安家、立业、看天下",打造生态宜居社区及完善的生活配套设施,为就业者创造具有充分发展机会的环境,引领新经济发展潮流,创造生态化生活模式。

在全面推进中原经济区和郑州航空港区建设的战略机遇下,河南正逐步走向开放和世界接轨,华商汇抓住机遇,以超前的思维、创新的模式以及国际化的视野和标准化管理,为全球客户提供满意的产品和服务,为股东和合作伙伴创造持续稳定的收益。同时,华商汇积极利用电子商务和体验式商业的新平台来展示公司的产品和服务,在全球范围内开发客户,打造立足郑州、鼎立中部、辐射中国、面向世界的商贸物流产业新城综合运营商品牌。

追逐梦想,让梦飞翔

河南梦祥纯银制品有限公司创立于1993年,是一家集白银首饰的设计研发、模具加工、生产和批发为一体的综合性企业。创业二十多年来,梦祥始终坚持以"传播中国高雅银文化"为己任,驱动企业健康发展,从一家家庭式手工作坊成长为全国最大的纯银制品制造商之一。作为我国银饰行业的引领者,梦祥依靠领先的创新理念、坚实的生产基础、良好的社会信誉和优质的售后服务赢得了各界的好评,梦祥银也荣获中国驰名商标。梦祥银乘着梦想之翼振翅高飞,从立足河南到影响全国,用温润皎洁的白银之光,点缀着人们的生活。

一、以产品和工艺创新引领企业发展

梦祥把创新作为企业发展的根本动力,通过独特的产品设计创新,彰显中原文化特色。梦祥公司多年来积极与各方展开深入交流合作,引进国际先进白银设计工艺,签约意大利等著名珠宝设计大师设计产品,丰富了我国珠宝市场,以多品牌的发展理念,满足不同消费阶层的审美追求。

注意工艺传承,强化技术研发。梦祥先后申请国家专利50余项,在继承我国传统景泰蓝、花丝工艺等制作基础上,积极研发新的白银制作工艺,对我国非物质文化遗产的保护发挥了积极的作用。

为不断提升工艺水平,公司斥巨资从德、意、日等国引进了世界一流的激光首饰造型机、激光钻石雕刻机、激光焊接机等专业首饰生产设备,掌握先进的3D打印生产技术。拥有各类专业生产设备百余台,已形成模具设计加工、银器加工、成品包装等流水线式作业,具备年加工银锭40吨的生产能力。

二、加快企业转型升级

适应市场竞争的新形势,梦祥实施了两个转型:企业战略从销售"产品价值"向销售"品牌价值"转型,管理模式从单体企业管理向集团化管理转型。

梦祥进一步加快品牌建设的步伐,从品牌定位、品牌诉求、签约品牌代言人等方面传递清晰的品牌印象,旨在推动梦祥企业的可持续发展,**打造百年梦祥品牌甚至是国际化的梦祥品牌**。成功签约孔雀公主杨丽萍女士、90后新晋女神小彩旗倾情代言,实现了品牌在战略意义上的全面升级和发展。这只是梦祥的第一步,梦祥的长期目标是以标准化的品牌形象、终端服务等,引领整个白银行业的标准化发展。

从品牌的发展看,基于梦祥深厚的文化来延伸品牌的独有价值,融合了黄金、K金、钻石、翡翠等多种品类,形成了以梦祥珠宝为主体的六星品牌矩阵群,涵盖了梦祥银、金梦祥、梦祥盛世、九龙银象、MYSHINE、盈祥银饰六大品牌,在行业内产生重要的影响,直接促进了我省珠宝市场的革新。

在管理体制上,梦祥根据业务发展的需要,建立了集团化管理模式。公司拥有现代化的研发中心、物流配送中心,在郑州、上海、北京、沈阳、成都、深圳、哈尔滨等城市建立了10个营销中心,在全国设立各类珠宝销售终端5 000多家,实现了坐镇中原、构架全国营销网络的品牌推广战略。

三、推广和弘扬我国的白银文化

银饰是最具代表性的中国民间艺术,银饰文化是我国历史文化发展史上的一朵奇葩。让世界领略中国银饰文化的风采,为后人留下丰富的文化遗产,是梦祥所肩负的历史责任。长期以来,梦祥积极追求中国银饰文化艺术上的承袭与突破,不断学习、吸纳优秀的海内外银饰工艺,与世界时尚潮流接轨,向国际最高的银饰工艺巅峰冲击。通过产品背后的故事、工艺,以全新的视角深度挖掘、探寻中国银饰数千年的璀璨文明,试图让更多的人了解、感受我国丰富的银饰文化。近年来,梦祥先后建设中国白银博物馆,在北京、郑州等地相继开展白银文化巡展,出版白银文化刊物,以各种各样的组织形式,弘扬我国悠久的白银文化历史。

2014年,国内首个白银奢侈品品牌九龙银象的创立以及梦祥签约国内外工艺大师等一系列举动,不仅是为了更好地保护中国乃至世界银饰文化的传承,也是梦祥推动银饰文化复兴的具体实施。品牌文化的成功塑造不是一朝一夕之功,这需要企业内力和外功的厚积薄发。未来的梦祥,不仅要成为我国白银文化的标志性符号,更应作为中国白银文化的代表,出现在世界舞台之上。

四、加强人才培养,增强企业核心竞争力

梦祥是一个健康发展的企业,也是一个学习型企业。在总经理李杰石的带领下,梦祥始终坚持学习、借鉴国内外先进的技术和管理理念,以适应企业的快速发展。

在团队构建中,企业一直注重员工的有效培养与学习。从基层到高层,从个人到团队,培训工作从未中断过。为了鼓励员工们积极参加学习培训,公司制订了学习培训的奖励措施,让每一位员工都能够保持饱满旺盛的求知欲,通过不间断的学习,提高专业知识,建设个人精神世界,达到内外兼修的效果。梦祥,是一个成长的平台,也将是一个收获梦想的平台。

对于人才的培养和引进,李杰石表示,梦祥要在品牌发展中不断壮大,对于人才的渴求也是显而易见的。有效吸引尖端专业人才的驻足和跟随,是梦祥发展的关键环节。除了专业技术技能,梦祥更看重的是员工的道德素质,以及他是否能与企业保持一致的思想步调,需要的是那种无论是对自己、对公司、对行业都抱有坚定的信念和信心的人。踏踏实实做人,实实在在做事,始终是梦祥对员工素养的基本要求。

企业获得发展后,不忘回馈社会。多年来,梦祥热心公益事业,先后出资建设希望小学,设立教师教育基金,资助贫困大学生,帮助孤寡老人儿童,修建家乡公路等,为家乡经济建设做出了积极的贡献。

大力环保的战略逻辑

战略反映了管理者对于环境、行动、业绩之间关键联系的理解,是管理者的一种思维和判断。一个成功的战略并不一定是精心设计的结果,可能以戏剧化的、偶然的、甚至误打误撞的方式开端,但总隐藏着一种微妙的逻辑关系,或者可以这么说,创造性在事后看起来必须是符合逻辑的,尽管这不等于在事前可以通过逻辑分析和推理的方式发现它。郑州大力环保设备有限公司在经营实践中逐渐确立了清晰的战略逻辑,显示出蓬勃的活力和前景。

战略目标 成为领先的大型静电式油烟净化设备高端客户供应商,以其目测无烟式高效油烟净化系统服务于餐饮业厨房油烟净化、带有空气循环系统的场所——大型商场、超市、住宅等的空气净化、工业废气处理。

战略范围 战略范围包含了公司的主要战略行动。①持续的技术创新。一方面吸收引进南方一线厂家及美国、德国的油烟净化技术,另一方面强化自身的研发能力和投入,不断探索,生产出拥有自主核心技术、自主品牌的油烟净化设备。②严格的成本管理。大力环保采取了严格的成本控制策略,就近选择部分配件加工配套厂,降低运输和协作成本,同时通过网络不断寻找合作质优价廉的部分零配件,在日常运营上更是精打细算,大力推行节约、循环、环保的日常管理,从不浪费挥霍。③快速反应。大力环保非常年轻,公司管理人员全部在35岁以下,拥有本科以上文化学历,有网络运营及实体经营背景,在经营思路上不生搬硬套成熟公司套路,决策迅速,对客户各种需求和市场变化能够快速响应,特别是及时把握最新的技术和行业动向,做出迅速调整,比如公司非常注重研究国家或地区相关产业政策,在公司网址的新闻中心里收录了300多条行业信息,其中许多可以成为开拓新市场的商机和开发新产品的契机。④线上和线下结合的营销策略。大力环保利用线上和线下同时展开销售,线上侧重宣传、线下侧重维护和开发。利用线上的覆盖面没有区域限制的优势,以销售点带动销售的区域面,在全国范围内都形成有效的销售网络。利用线下沟通方便,易于信任感培养的优势,重点城市设立办事处,没有办事处的城市定期拜访重点客户,以保证销售渠道的稳定性和有效性,提升客户的满意度。

竞争优势 独特的产品设计,包括外观和功能;快速反应;低成本生产和运营带来的价格优势;线上和线下协同以及完善的售后网络和定位高端市场带来的品牌效应。

战略逻辑 逻辑是检验战略范围和行动能不能产生竞争优势,这样的竞争优势能不能达到战略目标。油烟净设备类似于工业产品,价格比较昂贵,设计安装高,即使是对高端客户来说,也是一笔不菲的开支,其次,该设备类似于白色电器,其成本受原材料和零部件影响很大,而大力环保的自主技术和成本管理一方面实现了产品的差异化和个性化特点,同时也兼具价格优势,自然很受顾客欢迎。还有,快速响应和完善的售后服务对高端客户来说极为重要,而高端客户本身就是一种良好的口碑和宣传,同时快速响应和售后服务也特别有利于获取新的客户,进入新的地区。

用专业造就领先

郑州中威环保设备有限公司是集"节能与智能、环保型燃气窑炉"技术的研究、应用及炉窑设备的制造、销售于一体的高新技术企业。坚持专业化的发展思路,在行业内确立了领先的地位。

中威公司是一家年轻化、技术专业化的企业,具有较为雄厚的技术力量。公司拥有一支技术先进、经验丰富、配备完善的科研队伍,具有较强的技术实力,对于确立公司产品在全国市场的领先定位,起到了至关重要的作用。公司在 2012 年推出的回转窑、烘干机设备专用烧嘴及控制系统,采用了当时国内最新的无线测温控制技术,提高了设备操作的安全性及先进性。在热镀锌行业,公司特有的化锌炉专用烧嘴及控制系统,在全国范围内独家领先,完全满足了化锌炉生产需要。公司研制的煤气发生炉设备三种专用烧嘴,实现了客户企业定型、批量标准化生产的需求。

中威公司与国内多家炉窑研究所、能源研究所、高校合作,联合开展技术研发,实施"校企"合作计划。借助先进的窑炉"节能与自动化控制"理念,与公司多年积累的窑炉制作经验相结合,研制、生产的天然气炉窑、热处理炉、模壳焙烧炉、锻造加热炉、化铝炉、轧钢加热炉,尤其蓄热式燃烧技术的应用,使炉窑节能性大大提高。

为了了解和掌握国际最新的技术动向,中威公司积极学习国外先进技术,先后派出多批技术人员赴美国、德国等国家进行考察、学习,借助国际先进燃烧及控制系统技术优势,与公司的优良技术方案相结合,为用户提供稳定、安全的燃烧及控制系统解决方案。公司先后与美国霍尼韦尔 Honeywell、德国霍科德 Kromschroder、西门子 Siemens、图尔克 turck、意大利马达斯 madas、欧姆龙 omron、台湾台仪 taie、台湾泛达 pan-globe 等公司合作,建立战略合作伙伴关系,进入国际市场。

技术力量雄厚,也让公司成为行业标准的制定者及行业内的领先企业。2014 年,公司被郑州市环保局确定为环保行业规范化检查验收示范单位,2015 年协助郑州市安全生产监督管理局制定了《窑炉行业安全生产标准化评审标准》。

为了更快、更高效地服务用户,中威环保设将继续坚持"专业化"发展路线,走"生产专业化,设备技术专业化,服务专业化"的道路,争取用 10 年时间努力发展成为"节能与智能型"窑炉技术的领先者。

聚焦，成为水处理专家

今天，企业面临的最大挑战就在于努力追求的事太多，以至于失去了重点和清晰的愿景，愿景的清晰性也就是简单性。我们不需要成为精英中的精英，只需要在自己所做的事情上成为独一无二的那个人。而要做到这一点，聚焦于一个小的目标是最简单的方法了，一条小河里的大鱼可能比大河里的小鱼活得更自在。

泳池、水疗设备是一个较小的、不为人知的冷门市场，但泳池和水疗项目却是一个快速增长的市场，这就提升了这个小市场的吸引力。郑州金泉水处理设备有限公司是一家集泳池设备、泳池水处理设备、水上乐园设备的设计研发、制造、安装、产品代理、工程服务于一体的专业化成套设备制造及工程商，先后承接郑州市47中、河南雅文生态旅游中心、郑州蓝钻会所、乌兰察布白泉山庄、陕西新源洁能电厂游泳馆、延安得一山庄、陕西正和物业管理公司、福建八闽置业公司景观水系(宁德)等一大批新标准、高规格的泳池及水上乐园系统工程，案例遍及全国，显示出强大的行业领先地位。

回报正是源自金泉在这个小市场的长期聚焦和积累。公司成立伊始即致力于游泳健身及水上休闲事业，在循环水处理方面，公司已具备了20年的相关工程经验，在数百个工程的实践后，公司历练了一支高标准、规范化的专业团队，仅各类专业技术人员就有上百人，并与多家科研单位及国内外知名品牌代理商进行技术合作。公司是"中国游泳运动协会装备委员会"会员，中国环境保护产业协会推荐产品单位，已完成五百多个各类游泳池(馆)、一百多个大中型水上乐园等游泳场所的水处理成套设备的项目。公司以独树一帜的水文化在行业和用户心目中树立了"水环境科技专家"的形象。

聚焦于小市场的好处还在于，由于市场规模较小，外部大型企业不会轻易进入，而专业性强又排斥了较小的竞争对手。由于金泉还是行业中为数不多的拥有自己的生产厂房和全套生产、加工、检测设备的研发、生产型企业，在技术开发、质量控制、日常维护、故障维修、赛事保障方面独占优势，如同当初沃尔玛把足够大的超市开到小城镇上一样，就相当于给自己的地盘挖了一条护城河，使公司得以长期保有竞争优势。

中小企业商业模式转换专家

河南模世能文化传播有限公司是模世能集团的省级公司。模世能定位于"中国中小企业商业模式转换专家，民间最大的商业模式转换智库"，主要以企业商业模式转换创新培训咨询为主导业务，成为国内专注商业模式转换领域的首家公司，开创了国内企业商业模式转换培训咨询的历史先河，目前在国内商业模式转换领域竞争力排名第一位。公司拥有20家省级公司，30余家地、市级公司，近20家合作机构，100多名实战型企业家转换导师。模世能通过培训、咨询、辅导以及项目切实落地等,帮助民营企业实现转型升级,现在全国已与 10 000 多家企业建立紧密的战略合作关系。

没有模式创新就没有企业的长久发展。模世能能把世界上最先进的商业模式设计理念带给客户,为企业提供通俗易懂、便于落地商业模式课程与咨询,破解企业可持续发展的困境,助推企业转型升级。

在企业转型升级关键节点上,很多企业家心有余而力不足,不知道什么是商业模式,更无法解决企业同质化、供大于求和竞争无序的难题。模世能的创始人张雷认为,作为企业,只有首先设计好商业模式,再辅之以战略规划,团队建设,包括资本运作……一般而言,企业往往能立于不败之地。

模世能集团认为,企业发展和裂变取决于三大主要因素、一大工具和一个关键,并有针对性的研发出可操作性的对应课程《商业模式转换——实操策略》《商业模式转换——定制系统》《商业模式转换——境外爵瑟》《商业模式转换——全员转裂变》《商业模式转换——模式导师》等,通过培训和咨询帮助企业解决发展中遇到的难题,扫清发展障碍,顺利实现转型升级。对"模世能"而言,讲课是让企业家听完课后,明白企业为何出问题,然后"模世能"协助企业,在做好商业模式转换、战略规划方案的基础上,推进项目真正落地,使企业逐步摆脱经营困难,走上健康发展的道路。

用心构建豪华汽车服务的竞争优势

中鑫之宝汽车服务有限公司 2004 年成立于郑州,是一家集高端汽车销售、售后服务、汽车保险销售与代理、汽车美容与改装等为一体的豪华汽车专业服务企业。销售及服务车型涵盖奔驰、宝马、保时捷等豪华汽车品牌以及劳斯莱斯、宾利等超豪华品牌。经过 12 年的发展和积淀,中鑫之宝建立了覆盖全国 12 省 40 余家综合性运营店面,为豪华车用户提供全面、专业、便捷的优质服务。中鑫之宝还拥有广汽本田、广汽丰田等多家厂家授权 4S 店。2012 年,成立中鑫之宝保代公司,专业从事汽车保险相关业务。中鑫之宝秉承一切从客户出发的理念,根植河南,布局全国,发挥自身独特优势,获得了快速发展。

一、服务网络优势

中鑫之宝已走出河南,进入山东、北京、福建等省市。2015 年,中鑫之宝开拓进驻四川、安徽、辽宁等省,同时在山东、陕西等地继续建设服务网络。10 多年来,已累计维修了近百万余台次豪华汽车,服务了全国各地近 20 万高端客户。并奔赴全国十几个省份开展救援活动近万次,得到了社会各界的广泛好评和认可。中鑫之宝正以"根植河南,布局全国"的战略规划稳步推进,2020 年将覆盖全国的 2/3 以上地区,店面总数超过 100 家,用户保有量超过 100 万台。

线上线下相结合,构建三级立体式综合服务网络。线下,以河南为中心,建立省会城市、核心城市及周边县级市场的三级服务网络,大型旗舰店、中型区域店及小型社区店相互配合互补,从而形成既具有品牌形象和极强的综合性维修能力,同时又贴近客户服务

23

便捷的立体网状服务体系,打造全覆盖、立体式服务网络。线上,通过互联网及移动网络技术,采取多种方式和各种路径,通过专业高效的 CRM 系统将用户与线下实体店面紧密结合。随时随地和客户保持联系,并通过服务网络为客户就近提供服务。

中鑫之宝每个店面无论硬件设施还是人员服务,都以五星级服务为标准,为客户提供最贴心舒适的服务环境。维修车间设有宝马、奔驰、路虎等多个豪华车品牌专用维修工位,并设有快保区和专业维修区,根据客户不同需求提供服务。接待大厅内宽敞明亮,环境优雅。客户休息区设有自助水吧、影视厅、按摩室、桌球室、网吧、贵宾室等,全天候提供各种茶水果汁饮料,客户餐厅提供丰盛可口的自助午餐,让客户在这里享受宾至如归的高品质服务。

二、核心技术优势

总部技术中心平台。近十年的维修经验,近百万余台次的成功维修案例,积累了丰富的维修经验。2014 年,中鑫之宝为更好的服务客户,在原有技术中心基础上,斥巨资组建总部技术中心,汇聚了中鑫之宝最顶尖的维修技术专家,致力打造全国顶级豪华车疑难故障解决中心。目前总部技术中心包括疑难故障诊断中心、发动机总成修复中心、变速箱总成修复中心和车辆交付中心四大核心部门,成就了中鑫之宝豪华汽车维修领域当之无愧的专家称号。

国内外技术专家团队。中鑫之宝的专家团队,由服务于奔驰、奥迪、宝马等豪华汽车多年的技术专家组成,拥有丰富的豪华车服务经验。公司融入了国外先进的管理经验和豪华车维修理念,长期委派技术人才到国外进行技术培训,并聘请多名国内外资深技术专家作为公司的顾问。

疑难故障解决能力。①疑难故障诊断能力。中鑫之宝技术中心组建了专业疑难故障诊断专家团队,引进了与4S店同步的维修检测设备,满足各种豪华汽车的诊断和维修需求。②发动机总成修复能力。总部发动机总成修复中心软硬件设施齐全完善,具备豪华及超豪华车辆发动机维修及各单元修复功能。③变速箱总成修复能力。总部变速箱总成修复中心拥有国内最先进的变速箱检测设备,专业对豪华及超豪华汽车变速箱总成相关故障进行诊断和维修,并可定制各种豪华车型变速箱配件,提供维修和质量保障服务,让车主放心。

车体修复能力。中鑫之宝自建成以来,积累了上万台次事故车维修经验,专家团队与近千名专业维修技师分布在全国各店,为受损车体提供最为专业高效的维修服务。工艺上精益求精,力求完美。

事故车处理能力。中鑫之宝事故车处理部拥有员工近300余人,分布在全国65个地市,专业为豪华车客户提供最为贴心周到的事故处理服务。事故发生第一时间到达现场,全程协助处理事故报案、查勘、定损、核价、理赔资料收集、保险回款等一系列问题,真正做到事故轻松处理,理赔全程无忧。

三、备件优势

原厂备件采供体系。中鑫之宝率先在行业内与多家备件供应商签订了直接的合作协议,建立了长期战略合作伙伴关系,从源头上解决了备件纯正性问题。

在郑州圃田店建立了全国备件中心库。其主要功能是和全国各店备件库互补调货。其他分店建立常用备件库,可满足日常店面 1 个月的客户维修保养使用。根据顾客的需求也可以从德国、美国、新加坡、马来西亚预定 VOR（国际紧急航空），在最短时间内解决客户的问题。

四、保险优势

目前,中鑫之宝与人保财险、平安产险等多家保险公司签订了全国战略合作协议,并与国内二十余家保险公司签订定点维修协议,为客户提供投保、报案、查勘、定价、核价、理赔、维修等一站式服务。专业的 95005 呼叫中心,车险到期提醒、险种量身定制、报价及时快捷、购买轻松方便,一对一保险服务,顾客足不出户,保单送到家。中鑫之宝保险具有价格低选择多,服务好、免费救援,免工时免辅料,无差价送保养四大核心优势。

为了更好地服务高端客户,让全国各地更多的豪华车主能够享受到中鑫之宝的优质服务,中鑫之宝在现有运营店面基础上,以"根植河南,服务全国"的战略规划,积极拓展服务网络,整合外部资源,开展加盟店合作业务。将中鑫之宝十余年来专注于高端豪华车服务的先进理念与加盟店紧密结合,按照统一的建设、管理和服务标准,高规格推进加盟店服务网络建设。

中鑫之宝未来将着力打造独特高科技技术服务能力,将目前的技术中心升级为豪华汽车变速箱再制造中心和发动机再制造中心,在疑难故障诊断与修理、保险综合服务及事故车车体修复方面强化核心竞争力,力争成为中国最具科技创新能力和卓越综合服务能力的豪华汽车服务企业。

做好人 卖好药

哈药集团世一堂百川医药商贸有限公司是哈药集团有限公司、哈药集团中药有限公司和商丘市百川药业有限公司强强联合组建的大型医药经营企业。经营范围包括中成药、中药材、中药饮片、化学原料药、化学药制剂、生化药品、生物制品、抗生素、疫苗、麻醉药品、精神药品（第一类、第二类）、医疗器械等。经营网络覆盖豫、鲁、苏、皖周边地区600千米的商业公司及医疗机构。

公司秉承"做好人、卖好药"的经营理念,致力于品牌建设,致力于实现股东价值和员工价值的最大化。在突出核心竞争力的基础上,注重资源整合与管理创新,推进企业结构转型升级,推动企业迈上了科学化、健康化发展的轨道,发展成为区域内集医药物流、医药零售连锁、中药材种植经营于一体的大型医药龙头商贸企业。

百川医药不断加强与上下游的合作,先后同国内外知名厂商如哈药集团、山东鲁抗、石药集团、西安杨森、中美史克等厂家、商家建立了稳固的业务合作关系,经营近万种品种。下游客户万余家,其中商家（含药店）2 957 家,医疗单位（含医院、卫生院、社区卫生服务中心、诊所）1 964 家。百川不定期组织厂商联谊会等,促进客户之间的交流,成为上下游客户之间的桥梁与纽带。

百川医药是一个富有理想和激情的团队,充满着追求创新的进取精神和蓬勃向上的朝气。百川不断拓展企业生存空间,创建并保持企业的核心竞争力。公司聚集了一批善经营、懂管理、有专业知识、不断追求卓越的人才,并为员工提供可持续发展的机会和空间,努力创造公平竞争的环境。以公司共同目标和整体形象为前提,提倡个性发挥,为员工提供广阔的发展空间。公司提倡健康丰富的人生,追求的价值观在于有兴趣的工作、志趣相投的同事、健康的体魄、开放的心态、乐观向上的精神,这些都具有金钱所无法替代的价值。

公司坚持以市场为导向,以创新为动力,以优化资源配置为中心,将经营管理的各个过程、各个环节做精做透。同时,积极借鉴行业管理经验,推进互联网与产业经营管理的有效融合,运用电子商务有效链接产业链上下游资源,提高市场竞争力,打造核心竞争力。在区域市场上抢占制高点,填补空白点,培植新的经济增长点,使企业每年以20%以上的速度递增,稳步迈入河南省民营企业百强和全国医药流通行业百强之列。

只为现代都市女性的优雅身姿

逸阳是云顶服饰集团旗下的主力品牌,近年稳坐全国女裤销量冠军宝座。云顶服饰集团成立于2001年,是一家集研发、设计、生产、销售为一体的现代服装企业,秉承快人一步的领航思维,专业精耕十几载,用持之以恒的专注领先行业。公司倾力营建"平价、快速、时尚"的消费理念,销售网络遍布全国。逸阳,依托深厚的品牌底蕴,以创新发展的姿态,以最虔诚的态度潜心钻研产品,悉心研究客户需求,以创造品质生活为目标,对中国亿万女性进行由形到心的雕琢,成就一种优雅和成熟。

一、十年锤炼,蓄势绽放

随着服装行业品牌化进程日益加快,打造品牌的综合竞争力成为服装企业发展的战略选择。逸阳,一个因爱而生的女裤品牌,一个凝聚时尚与经典的女裤品牌,一个致力于时尚中国女性的裤装品牌,以简约、时尚、个性展示了一个非同凡响的时尚品牌形象。历经十余年的磨砺锤炼,逸阳以至臻至美的品质和形象,蓄势绽放。

"逸阳"品牌始创于2001年。2003年,逸阳的创始人和缔造者、云顶服饰董事长刘涛发出"缔造完美品质,做中国女裤最有价值品牌"的誓言,领先本土女裤行业实施品牌发展战略。通过十余年的发展、传承和创新,创造了国内服装界的多项第一,成为中国女裤行业中最具规模、最具时尚、最具有竞争力的领导型企业。

十年锤炼,逸阳已形成了特有的产品和终端文化,那就是:简单、时尚、个性。企业拥有十年积累的优势资源,用新的理念、新的创意、新的规划去面对未来的挑战。公司的实力不管是在产品、陈列、形象等方面,都要让所有人知道逸阳不仅产品做得好,而且在终端、形象等其他方面也是成功的,这就是逸阳文化。

时尚之于逸阳,是一种态度。她独辟蹊径,自成一家,穿透时光的隧道,恪守时尚最纯粹的内在:至简至美,亘古不变,历久弥坚。时尚之于逸阳,最终将升华为一种精神:宽容,平和,智慧,认真,理性,感恩。这是逸阳的精髓。

逸阳以诚信为本,讲求简单、速度的品牌精神,始终坚持品质制胜的经营理念,坚持国际化路线的品牌定位,结合媒体有效的宣传,使逸阳品牌得到了国内外大批客户的认同和消费者的大力支持,弘扬了品牌文化,实现了品牌的价值。

二、极致简约,精者至精

逸阳坚持以专业的态度服务于25~45岁的时尚优雅女性,以独特的原创设计刷新了裤装美学的概念:至简则美。逸阳坚信,美的法则并非"加法",而是"减法",即祛除伪饰,删繁就"简"。真正的时尚不是穿衣打扮,也不是购物癖,而是一种生活文明的反射。她以简约为画笔,将那些细微的情节用针线穿过,浅吟低唱,漫不经心,但却又极尽虔诚。多重元素表达着对自然的尊重与历练后的淡然,每一处细节无不表达出品牌的信仰:至简则美。简约而不简单,用"简单"挑战自我,是一个品牌值得敬佩的勇气和魄力。

在逸阳,对于简约的理解绝非浮于表面的空谈,而是在品牌历程的行走中对于自我的挑战与超越。简约的终极,是达到一种境界。这境界,是对技巧的超越,立足事实,贯通表里;删繁就简,深入本质;心手合一,超越自我。

在设计理念上,秉承法国服装明朗利落的风格,以简洁修身的线条和明丽的色彩衬托女性挺拔修长的身姿。同时,借以细节中变化多端的中性元素,增添女性帅气的一面,诠释现代女性对于时尚的独特品位。

在技术工艺方面,遵循简约、时尚、个性的品牌定位,从完美演绎现代女性个性而优雅的大都市气质出发,立足简约之美,用炉火纯青的美学手法长驱直入,探询中国古典与现代哲学的真谛:人与万物皆归于自然,用设计颠覆时尚,用材质诠释美学,是逸阳作为一个时尚品牌存在的价值。逸阳是风靡裤装界的斜裁裤与无缝裤的首创者,精致唯美的做工蕴藏着制作顶级女装的谨慎态度,这种态度让出自逸阳的每一件女裤皆是一件曼妙的艺术品。

CAD辅助设计制版系统为灵感捕捉、技艺发挥提供了方便、可靠的创意平台。引进国际一流生产设备和最佳女裤生产工艺,聘用最优秀的技术人才,建立严格的产品生产、质量检测体系,保证每一条逸阳女裤在终端货架的完美面市。

逸阳每年设计出千余款时尚经典女性裤装,产品分为极简风尚、潮流风尚、周末假日、韩流风潮四大系列,以精湛的做工,立体修身的裁剪,考究的工艺向热爱逸阳的女性不断展示丰富的产品,满足25~45岁女性不同场合的裤装需求,形成了"中国女裤看郑州,郑州女裤看逸阳"的风潮。

崇尚简单,讲究效率,不仅源于刘涛对"简"的深刻认识,也契合了他生活上不拘小节,朴实、节俭、低调的一贯作风。刘涛说,"简单不是偷工减料,而是必须经历一个化繁为简的过程,才能最终实现简单管理,高效达成目标。逸阳的简单是从营销中心开始的,进而辐射到各个部门,精确计划,责任分明,强化执行力,从点滴做起,最终将简单贯穿到产品创意、设计和生产的各个环节"。

三、强者至强,完美服务

为了更好地给客户和供应商提供服务,逸阳建立了高效的营销体系。逸阳始终将客户需求作为品牌的营销起点，针对目标市场的需求反馈及时调整营销方式，整合公司所有资源为客户提供有效的服务，将解决客户问题放在首位。公司深入市场调研，及时收集客户需求，迅速为客户提供店铺空间规划与形象设计、货品采购与管理指导、商品陈列搭配等一系列服务支持。

提供尽可能完美的销售服务，是逸阳不断追求的目标。逸阳的服务内容，除了常规的产品服务内容、销售指导，还为品牌将来的服务方向做好充足的准备。这将对品牌的巩固与拓展起到积极的推动作用，有助于建立一个有效应对时代需求变化的品牌销售服务体制。将顾客的利益放在首位，以服务质量为核心，建立一对一的服务平台，为顾客提供完善的售后服务。

同时，逸阳也积极拓展网络销售领域，并取得了不错的业绩。与近年来逸阳电子商务年均 2 亿元的销售额相比，线下发展更为稳定。线下专卖店系统更新快、上新快、店面扩充脚步稳健，不断刷新着消费者的审美上限。

持续创新，永不止步，让中国女性穿出魅力，使逸阳品牌在国内服装行业的道路上越走越宽。

中原女裤第一股

2016 年 1 月，郑州贝斯兰德服饰股份有限公司在新三板成功上市，成为"中原女裤第一股"。贝斯兰德成立于 2007 年，是一家致力于服装研发、生产、销售及进出口业务等多项功能于一体的企业。公司的"桑·贝斯兰德""光晞"两大品牌，分别获得"中国驰名商标""河南名牌""河南省著名商标"等称号。贝斯兰德以稳健且迅速发展的姿态在服装业中异军突起。

面对女裤市场的整体发展态势，贝斯兰德通过对市场进行深入的调研和系统分析，对公司进行了科学定位。贝斯兰德以统一的品牌形象，完善的市场管理系统，专业的零售知识培训，及其独特的经营理念，努力打造"中国女裤新主角"的品牌形象。

公司的产品受众以 25～40 岁的女性为主，在设计风格上注重产品的个性及优雅品味。在市场拓展方面，采用"物有所值"的薄利多销政策，同时也致力提高顾客服务的质量。基于这两条长线政策，通过员工的不断努力，贝斯兰德的销售网络日益扩大，销售量持续攀升。目前，公司的销售网络已覆盖到 20 多个省份，在北京、上海、广州、沈阳、哈尔滨、兰州、西安、武汉、昆明、贵阳、福州等城市开设了 700 多个专卖店和商场专柜。

贝斯兰德重视产品品质管理，以优异的品质赢得市场。在生产工艺方面，贝斯兰德引进日本、德国等世界先进的服装生产设备和技术，形成了国内领先的生产流水线。在生产经营的各个环节，加强产品质量管理，建立严格的质量管理制度，并通过了ISO9001：2008质量管理体系认证。公司经营作风稳健，尊重人才，大力开发人才，并为之提供良好的发展空间，在业内拥有良好的口碑。公司重视人才培养和团队建设，加强技术创新能力，取得了丰硕的研究成果，先后获得国家专利 400 余项。

进军资本市场,标志着公司完成了从产品经营向资本经营的转变,公司也正在向集服装研发中心、生产中心、零售中心和资本运营中心为一体的集团化运作而积极努力。站在新的起点上,贝斯兰德将借助各类优势资源,进一步优化整合技术、资本、市场等要素,全面提升企业核心竞争力,不断做大做强,引领行业潮流。

梦想铸就女裤品牌

1998 年,几个年轻人聚在一起,谈论各自的梦想。最终,他们选择了一个大家都赞同的事——创建杜鹃鸟服饰企业。他们的理想是改变当时枯燥无味的女裤风格,一开始就瞄准了一个目标——做中国最好的女裤!

经过近二十年的时代、风尚变迁,杜鹃鸟品牌的建立也历经重重困难,但是他们的梦想一直支撑着企业与品牌不断破浪前行。从创业初期的手工作坊到成为全国女裤行业的品牌企业,实现公司化经营,走过了一段用心血和汗水铺就的奋斗之路。千锤百炼之后,杜鹃鸟如凤凰般涅槃,逐渐从女裤品牌中脱颖而出,成为一个响亮的名号。

如今,杜鹃鸟企业已是一家集研发、设计、生产、销售为一体的大型现代化服装企业。杜鹃鸟工业园内拥有标准化厂房及办公面积 1 万多平方米,员工 800 余人。这里不仅拥有一流的设计师团队,也拥有整套最现代化的专业女裤生产线与生产设备,从而为做出最好的女裤奠定了最坚实的基础。

依托多年的专业女裤研发、设计及生产经验,杜鹃鸟走出了一条独具特色的女裤专业化道路。设计师们结合国际、国内最新、最流行的元素,力追完美的设计和舒适的穿着体验,不断推陈出新,设计、开发的系列产品充分彰显了都市成熟女性的自信、优雅、时尚的个性。而这一切,都让杜鹃鸟品牌赢得了国内众多年轻、爱美女性的厚爱。公司技术力量雄厚,拥有整套、一流的专业女裤生产线与现代化生产设备,依托公司多年的专业女裤研发及生产经验,走出了一条独具特色的女裤专业化道路。旗下品牌女裤年产销量180 多万条,产品遍布全国,为百万年轻女士带来她独特的风格与气息,在业内具有相当的影响力。

公司总经理陈贵雄认为,一个企业只有自信和努力才能有所成就,自信使企业在这个竞争与发展同在、机遇与挑战并存的环境中信心更足;努力让企业脚踏实地,不懈追求。企业有了这两点,就扎下了发展的根。优秀的思想源于优秀的文化,感恩、奉献、忠诚、公正是杜鹃鸟服饰企业文化的精髓。优秀的企业还必须依靠优秀的员工,创建公平竞争和唯才是举的体制,是支撑企业发展的核心。杜鹃鸟服饰竭力广大员工提供优越的工作环境和充分展示才华的舞台,让德才兼备的人实现人生的价值,共同推动杜鹃鸟服饰的健康发展。

探寻新常态下的突破模式

在经济新常态的背景下,不但整体经济增速放缓,作为基础设备的工程机械也面临巨大压力,过去飞速增长的状态一去不复返。整机厂营收、利润直线下降,库存、坏账增加,有的企业几乎难以为继。同时累及上下游,零部件供应商开工不足,代理商忍痛转移,行业谓之从春到冬,且是冰冻三尺的寒冬。

郑州中尚机械设备有限公司专业从事工程施工、生产加工用机械设备的研究、开发、制造及销售,近几年,凭借丰富的经验、强大的技术力量和雄厚的经济实力,不断开发出适应国内、国际市场的先进产品,得以稳步发展。公司的产品主要包含凿岩机、潜孔钻等等,广泛适用于建筑、铁路、公路、桥梁、水电站、矿山、冶金等施工和生产中。但在行业的寒冬期,企业的发展同样不遇到了一些困难。作为工程机械从业者,企业开始思考,如何打破僵局,突破常态,寻找新的发展方式。

第一,当前,工程机械市场除了直接的销售之外,最流行的当属工程机械租赁。数据显示,在北美、欧盟和日本等发达国家市场,通过租赁形式销售的工程机械占当地市场的65%,已经成为最主要的销售途径。其中,要属小型工程机械的租赁最为普遍。

目前,我国工程机械市场陷入持续低迷,很多机器都在闲置,但如果工程机械生产商采取租赁的新型方式来进行销售,不仅可以使闲置的机器运转起来,获得周转资金,而且还可以提高机器的使用率,降低维护的成本。据数据显示,中国工程机械租赁市场每年仅为150~200亿元,不到国内工程机械设备使用量的10%,与国际水平存在着巨大的差距。可以预见,在租赁规律的作用下,其潜力与空间巨大,孕育着巨大的租赁商机。中尚机械已经开始尝试进行设备的租赁及开展维修服务。运行的时间尚短,经济效益并突出,但仍会继续下去。

第二,公司于2003年研究开发了直接还原铁行业专用的碳化硅罐。直接还原铁用于优质钢的冶炼,是国家"十一五"期间重点推广项目,属朝阳行业。直接还原铁行业原使用黏土罐,每个罐只能使用3~5次,且罐子直径小,装入产品量少,自动化程度低。通过使用开阳公司生产的碳化硅罐,每个罐子至少可以使用至100次以上,且产品装入量大,进而提高了产量,保证了质量,节省了劳动力以及大量的资金,使广大用户都切实地感到使用碳化硅罐的优越性。自2003年生产碳化硅罐以来,先后供货于攀枝花攀阳钒钛有限公司、攀枝花创盛粉末冶金有限公司、西昌兴洋实业有限公司、莱芜泰钢粉末公司、昆钢集团、包钢集团、济南钢铁集团等国内20余家集团公司,同时出口蒙古、印度、老挝、朝鲜等国家。通过对产品的精益求精,严格控制生产工艺,保证了产品质量的稳定性提升,得到了广大用户的一致好评。目前,开阳公司的产品在国内碳化硅罐市场占有率达40%,居国内同行业之首。有着丰富的经验、雄厚的技术及经济实力,在产品上还有深挖的空间,可不可以加强技术创新,继续升级产品,出口国外呢?可不可以借助互联网络的强大功能能力,将产品销售到更多的地区呢?

目前,开阳公司的产品在国内碳化硅罐市场占有率达40%,居国内同行业之首。来说,一切还需要继续观察和实践。

塑造防腐品牌,构建和谐中能

河南中能建设工程有限公司位于国家卫生、文明、园林、优秀旅游城濮阳市的高新技术产业开发区,秉承"一举一动为客户着想、一言一行为企业负责"的企业精神,现已发展成为国内领先的现代化防腐保温、送变电安装工程专业承包施工企业。中能建设公司施工项目遍布全国30多个省市区,是目前国内防腐保温工程业绩最好的企业之一,承接了国家多个重点项目建设,质量合格率100%,优良率达90%以上。公司获得了众多建设单位的奖杯及荣誉证书,受到业界专家的一致好评。

"以人为本,诚信合作,互利共赢"是中能建设公司的经营理念,公司以科学管理、创新务实、开拓进取的发展方针,以客户满意、品质求精、持续改进的企业形象,为客户创造放心、良好的合作环境。中能建设公司承接工程范围定位于防腐保温专业承包施工,在这个领域形成公司核心竞争力,逐步取得市场话语权。在细分市场上当排头兵,充分发挥公司地处中部,人力资源丰富,交通便捷的区位优势,市场开发立足中原、辐射周边、争占沿海、走出国门,积极开发国家重点项目建设,形成新的增长点。

中能建设公司以强强联合实现互利共赢目标,努力提高资源整合力,打造防腐保温产业链。公司以管理创新应对不断变化的市场挑战,转换思想观念,创新工作思路,夯实工作基础,保持改革创新活力,不断增强管理的系统性和有效性。公司建立了符合企业实际的管理机制,积极推进信息化空间工程建设,以先进的网络技术整合企业资源,在不断的追求和探索中,有效提升了核心竞争力,引领公司不断追求更强更大,从成功迈向卓越。

"塑造防腐品牌、构建和谐中能""把中能建设公司建设成为国内同行业最强最大一流的专业承包施工企业"是公司的企业愿景。中能建设在开拓中奋进,在创新中发展,倾心打造"中能"品牌,不断迈向新的高度。

创造优雅,品味人生

据统计,目前国内女性消费群体已达4.8亿人,这部分消费群体拥有更多的收入和更多的机会,崇尚"工作是为了更好地享受生活"。庞大的消费基数+经济独立与自主+女性消费特点(追求美、感性消费、享受购物过程、个性化)成就了"她经济"时代的旺盛消费需求与经济新增长点的形成。在"她经济"的蓬勃发展下,尽管女装消费市场竞争激烈,但是知名企业取得的巨大成功所带来的诱惑,也使得许多企业跃跃欲试,行业吸引力仍然很强。对于时尚女性来说,总觉得衣柜里缺少一件最合适的衣服,女装需求历久弥新。

在争夺女装市场这个大蛋糕的众多企业中,郑州蝶曼服饰有限公司是一家年轻但充满朝气的企业。蝶曼服饰集服装设计、生产、销售为一体,发展迅猛,效益显著,是综合实力位居河南服装行业前列的服装企业,拥有近3 000平方米的现代化厂房,年产近200万件时尚女装,销售网络遍及全国20多个省,进入近200个地级市、县的专业批发市场、商场专厅和加盟专卖店。

随着受教育程度的提高、多元文化的发展以及年轻女性经济实力的不断增强,女性消费者的消费观念也在不断变化。追求自我风格和个体完美的趋势日益展现,越来越多的女性消费者着装讲究个性化,选择自己喜欢的服装已成为一种时尚。为适应日新月异的服装、服饰变化,蝶曼服饰打造了一支较强的技术研发队伍,并和国内多家机构强强联手,汇集设计开发精英,时刻掌握市场的潮流和脉搏,设计研发的产品紧密贴合市场需求和趋势。蝶曼服饰设计与生产的服装富有时代感、体现个性、富有专业却不失品味与文化,受到了广大女性消费者的青睐。

蝶曼服饰尊崇"踏实,拼搏,责任"的企业精神,并以"诚信,共赢,开创"的经营理念,创造良好的企业环境,以全新的管理模式,完善的技术,周到的服务,卓越的品质为生存根本,坚持用户至上,用自己的优质服务去打动客户,积极与国内外企事业单位建立长期共赢的合作关系。同时,随着互联网的发展,蝶曼服饰也积极创新,寻找进一步做大做强的机会,实现互联网+女装的升级。

与客户携手,共铸辉煌

随着社会经济的发展以及人们消费观念和消费水平的提升,包装印刷业得到了快速发展。目前,我国已成为世界第二大包装大国,有着1.5万亿的包装资源,这个数字还在不断地扩大,应该说这为包装印刷产业发展铺垫了广阔的市场前景。面对着巨大的市场需求,包装印刷企业不断涌现。在郑州就有这么一家具有较高知名度和一定影响力的包装印刷企业——郑州凯祥包装有限公司,一家集高档礼盒创意设计、印刷、制作加工为一体的配套齐全的综合性包装印刷企业。

凯祥包装致力于为客户提供一站式印刷包装整体解决方案,公司资金实力较为雄厚,拥有全新德国海德堡2000CD-4四色印刷机、海德堡CD102-6六色对开印刷机、海德堡印霸72四色印刷机、北人对开08单色印刷机等印刷生产设备及腹膜机、模切机、烫金机、粘盒机、折页机、装订机等一系列印刷后加工设备。公司设备配套齐全,工艺流程先进,管理专业到位,能够很好地满足市场商业印刷的需求。多年来,凯祥包装尽心尽力服务于传媒出版、电子电器、食品、美容化妆、医药保健等行业,树立了良好的信誉和形象。

遵循"以市场为导向,以质量求生存,以诚信赢顾客,以创新促发展"的经营理念,凯祥包装以"诚信"为本,为客户提供省钱、省时、省心的优质服务,着力打造"产品包装全面解决方案"的服务模式，从而赢得了市场，赢得了客户，也收获了长足的发展。另外，针对市场的特定需求，凯祥包装还为客户提供了精品高端包装私人定制服务。在设计上，凯祥包装紧跟时代潮流，创新求变，以"向完美前进，向完美挑战，追求极限完美"为使命，努力成为未来包装印刷行业的领航者。

精品印刷，呈现非凡形象

郑州艺通印刷有限公司是一家集高档产品创意设计、印刷、印后加工为一体的配套齐全的综合性印刷企业，公司主营高档包装、精装画册、书籍、期刊、海报、PVC 会员卡、手提袋、宣传彩页、单张折页、招贴印、信封、信纸等各类印刷品业务，以优质、高效、快捷、全面的服务得到了广大客户的认可。

唯有让利于客户，为客户提供真诚的服务，才能真正打动客户。艺通印刷秉承"一切专注只为您"的经营理念和服务宗旨，从市场的角度和客户的需求出发，本着"用专业的精神为客户提供有效设计"的设计理念，用色彩丰富客户的企业形象，用质量帮助客户提升企业价值，为客户提供高品质的设计和印刷服务。在客户有印刷需要时，只要一个电话，艺通印刷就能及时提供贴心服务，全心全意为客户节约时间、节省费用、提高产品档次，做到全程无忧服务。

随着经济的发展和人们生活水平的不断提高，包装印刷业也正向着高档、精细、多品种方向发展。为了更好地满足市场需求，提高生产效率与服务水平，艺通印刷经多方考察，从国外引进了一批先进的印刷设备，包括德国生产的最新的海德堡 CX102-4 对开四色、海德堡 SM74 四开四色、海德堡 SM52 六开四色、罗兰对开双色、四开双色、八开单色、粘盒、骑订龙、胶装龙等一批世界一流的印刷品牌设备。

客户的满意度是公司永恒的追求。艺通印刷为客户提供一条龙的优质印刷服务，在印前方面，引入数字技术，可提供方案策划、设计排版、数码打样、制版输出等一系列服务；在印刷方面，以四色印刷和专色印刷为主，公司有胶版印刷、丝网印刷、凸版印刷等方式，适印范围广，技术创新能力强；在印后加工方面，具备过油上光、烫印、覆膜、压凸、压纹、模切、UV 等全套整饰工艺技术，锁线订、无线胶订、骑马订全套书刊平装、精装工艺技术，彩盒、标签、异型书、文化用品成型加工工艺技术。

在"定位高端，立足中原，服务客户"的战略部署下，艺通印刷用至真至诚、至善至美的服务，上下一心，团结协作，胸怀理想，饱含激情，迎接挑战与创造奇迹。

坚定地做实业，做好的产品

河南顺发机电设备制造有限公司是一家机电设备专业供应商，成立于 2010 年，在消化吸收先进的生产制造技术的基础上进行改进和创新,不断增强自主创新能力,把自主创新精神确立为企业保持旺盛生命力的源泉。目前,公司能够生产具有完全自主知识产权的 20 多种主导产品,已成为国内产品链齐备的预制混凝土构件装备制造企业。公司研制生产的预制混凝土构件生产线等设备,已广泛应用于河南、河北、山东、湖北等地的建设项目。

公司确定了"做实业,做好产品,做百年老店"的企业发展理念。在网络经济、虚拟经济和互联网红红火火的今天,在实体经济面对严峻考验和挑战的今天,公司通过对市场的冷静分析,以较大的勇气,克服了重重困难,选择进入装备制造这一行业。对于企业的发展,公司坚持做好自己,提高创新能力和经营管理水平,不断培养自己的核心竞争力。顺发坚信,虽然目前公司的规模不大,但只要一步一个脚印,踏踏实实地向前走,就能不断进步。公司从两方面确定了经营思路,一是利用网络经济的优势,开展网络经营,借助互联网的力量去开拓自己的市场,扩大企业的影响。二是秉承"船小好掉头"的经营思路,密切关注市场的发展变化,在保证企业大的发展方向不变的情况下,随时随地根据市场情况调整自己的经营方向。

在企业发展过程中,顺发机电坚持以客户利益和需求为焦点,努力满足和超越客户的需求。在公司经营极为困难的情况下,坚持做到以高远的眼光经营公司,重视技术创新,舍得投入创新资金,敢于重用有创新思想和努力进取的员工,能舍得暂时的短期利益去追求长远利益,能从满足社会和他人需求的角度去考虑问题。公司聚焦客户关注的问题,用专业团队为客户提供有竞争力的产品和解决方案,通过为客户提供优质的产品和服务,竭力为客户创造最大价值。

专注于中国电信行业 IDC 增值业务服务

腾佑科技(www.tuidc.com)成立于 2007 年,总部位于河南郑州,旗下拥有河南、浙江、北京多家分公司。公司成立以来,一直致力于发展互联网 IDC 数据中心业务/机房自建自营(服务器租用、托管、机柜大带宽、网络安全)、云计算的基础服务(为其提供 Iaas 基础云服务)、自助产品开发运营及对外开发服务(电商/P2P 平台系统开发,网站定制化、软件开发、手机 APP 开发)、企业客户解决方案等业务板块。经过近 8 年的高速发展,腾佑科技迅速成长为业内领先的知名企业,并凭借多年的互联网经营和服务经验,通过资源整合、产品创新、投资建设、战略规划调整等实现了飞跃式的高速成长。保证每一位用户的利誉、让每一位用户放心满意,是腾佑不断努力和追求的方向。

一、从默默无闻到知名企业的飞跃之路

自成立以来,腾佑科技一直专注于 IDC 资源上的建设及持续投入,为用户提供最专业的租用托管产品。腾佑科技总经理汲鹏坤指出:"因为我们知道,光把服务器租用托管做精都是很不容易的事。我们能为客户提供租用托管最优的解决方案,数据中心方面是我公司自营资源以及自建资源,能真正做到 7×24 小时无休服务,能匹配客户的需求,做

到最大化,让客户在整个流程中更省心,在资源选择上更灵活。同时,还为客户提供自助管理平台。流程化、标准化工单流程提高服务质量,提供定制化技术支撑服务。我们的运营理念一直秉承着客户利益大于一切,有问题解决问题,从不拖延客户,更不会敷衍任何一个客户,对客户来说最重要的就是数据安全,我们不断扩大多地机房资源建设,专业为客户提供多地备份,这样数据会更加安全,客户在使用的时候也更放心"。

经过多年的积累,广大互联网网民知道了腾佑、了解了腾佑、认识了腾佑、选择了腾佑。在业务发展时间内,腾佑累积发展了上千台服务器、上万个域名空间用户。腾佑深知诚信和服务的重要性,采用三手抓的模式,一手抓售前,一手抓售后,一手抓服务,责任明确到人,落实到事。

腾佑科技绿谷云计算数据中心项目是 2014 年浙江丽水市政府重点招商引资的企业,入驻丽水绿谷信息产业园天宁孵化基地,投资建设绿谷云计算中心和互联网数据中心项目,综合办公及数据中心总面积 2 000 平方米,总投资 1 500 万,项目于 2015 年 1 月份建好并投入使用。

二、顺应潮流谋发展

众所周知,在时代的大背景下,从移动互联网的概念兴起,用户行为就开始被慢慢改变,现今,移动互联网和"互联网+"是两个不得不提的热词。腾佑科技认为,现在"互联网+"已经成为一个无可阻挡的趋势,传统行业和互联网的结合会促使一批优秀而实际的项目和公司的诞生,这些项目和企业既然选择了"互联网+"的业务模式,那么必定是以互联网平台为基础,但如果没有 iaas 作为基础设施支撑,那么"互联网+"也不过是纸上谈兵而已。

比如"移动互联网"下的 O2O,随时随地订外卖、买车票或是订酒店的服务,如果没有 IT 的 CPU、内存、网络、安全、存储等设施,缺少中间件,一切都将成为空中楼阁。腾佑科技看好这一趋势,从运维和服务上下功夫,打造真正有效的产品和客户最终需要的服务。通过完善技术服务来提高自身的竞争优势,通过以客户的需求为导向的服务理念,完善自身的服务体系。

三、紧抓信息化时代下企业的业务命脉

在云计算、大数据、移动和社交等新技术浪潮的推动下,数据中心仍将不断演进以满足企业对运作效率、业务灵活性、安全可靠性和成本竞争力不断增长的需求。信息化时代,数据中心是企业的业务命脉,数据中心的效率在一定程度上决定企业的成败,而业务的不确定性又需要数据中心能进行灵活的资源调配。IDC 行业算是互联网发展的基础业务,不管是 PC 互联网还是移动互联网,所有的内容服务都要依托于租用托管业务,云计算会让资源利用达到最大化。

云计算技术的兴起,也为传统数据中心的建设带来了新思路。未来,对于腾佑科技来说,凭借传统数据中心建设的经验,云化数据中心的建设和改造更是一个挑战,弹性服务可根据用户的需求在一个超大的资源池中动态分配和释放资源,不需要为每个用户预留峰值资源,因而,资源利用率可大大提高;通过云数据中心(包括资源池)能够为政府、金融、电信等用户提供资源共享、快速部署的平台,具有优化投资、快速响应业务的优势。

目前,腾佑科技只专注于租用托管,用户群主要以中小企业为主,为用户提供租用托管相关解决方案。但伴随着移动互联网时代的发展,网民对网络访问体验要求更高,为企业做解决方案就离不开要保证网民在不同的地域访问网站时都能够流畅一致这个要求。目前,互联网企业大多采用 CDN 服务,但是不同的 CDN 之间的服务会有不小的差异,有的在电信、联通的网络表现很好,有的则在长宽这类的运营商下表现甚佳,有的擅长分发图片等小文件,还有的擅长分发大文件。这些 CDN 的质量对用户来说并不透明的,也无法监控的,这势必影响企业在网络运维中的决策。未来,腾佑科技将推出融合 CDN 管理的平台,通过对多个 CDN 服务进行智能化的调度和可视化的监控,解决的正是网络访问体验一致的问题。挑战、创新、进取以及高瞻产业远景,腾佑科技一直秉持创新为先的信念,始终领路在信息化时代互联网行业的前沿。

用创新打造身边的人力资源服务专家

河南百硕商务服务有限公司是一家致力于提供专业的人力资源外包、业务流程外包(BPO)、招聘流程外包、劳动关系管理等服务的人力资源专业机构。公司成立于 2006 年 10 月,注册资金 6 000 万元人民币,在全省 18 个地市设有分支机构,每年为近万名人才提供工作岗位与就业咨询。公司自成立以来,在总经理赵珂的带领下,始终坚持以创新的专业服务和量身定做的人力资源解决方案,为客户提供并创造更高的价值。目前,公司业务涉及通信、电力、金融保险、IT、制造业、呼叫中心、消费品等多个领域。

一、抓住机遇,不断创新和完善人力资源专业服务

百硕成立初期主攻培训服务,为省内知名通信企业等提供内部员工培训,为客户提供专业的、量身打造的培训课程。公司的努力及专业水准赢得了客户的赞誉,构建出互信共赢的合作关系。

2007 年底,随着全国高校的扩招,毕业生人数骤然增加,就业形势严峻,高效毕业生就业问题成了热门话题。针对这一形势,百硕决定采用比较灵活的人力资源派遣用工形式解决大学生就业难的问题,在毕业生和用工单位之间搭起一座便利的人才输送桥梁,建立一个完善、规范的人才中转站。公司迅速组织员工到省内各高校就业指导中心咨询学生就业方面的相关问题,洽谈毕业生输送相关的流程和注意事项,并组建专门的项目组进行人力资源派遣的筹划和实施。项目实施后,取得了良好的效果,得到用人单位、高校、毕业生、政府等多方面的赞誉和肯定。

随着郑州市人力派遣市场的开发和稳定,百硕又将目光投向省内其他地市。公司积极与地市人力主管部门交流,深入了解当地人力市场的结构和特性,先后在许昌、洛阳、商丘、开封、漯河等 10 个地市成立百硕商务服务有限公司的地市办事处。

随着对人力资源行业的深入了解和对河南省人才层次和企业用工需求方面的研究,赵珂发现省内人才的能力和层次与企业用工需求存在极大的落差。为了更好地服务社会,回报社会,公司于 2010 年 1 月斥资成立郑州百硕职业培训学校,面向社会,专门针对大中专毕业生就业前的心态调整、面试技巧等,进行免费公益性的就业辅导。针对企业选人难、用人难的问题,通过对用工企业需求的分析,进行有针对性的人才培养、输送。

2010年3月又建立百硕就业网,对登记的求职信息、用工信息,进行有针对性的匹配,在求职者与企业之间搭建桥梁,有效解决找工作与找人的两大难题。这些举措在为客户提供更合适、更高质量的人才的同时,也在行业内引起了巨大的反响。

二、努力打造人力资源解决方案服务专家形象

百硕作为人力资源服务机构,从进入行业开始就定位为"您身边的人力资源服务专家",为用工单位提供优质的HR解决方案和合适的人才,为大中专毕业生提供从校园到社会的跳转平台,指引大中专生就业,缓解就业压力。百硕经常举办大型招聘及双选活动,提供专业的供需双方对接平台。2009年,在建文新世界广场举行大型公益招聘会,参与的单位300多家,提供就业岗位4 000多个,安排就业人员2 615人;2010年至今在郑州地区高校聚集区,举行多场大型校园活动,如升达管理学院百硕杯赢在校园活动、河南工业大学"模拟招聘"活动等,在大学毕业生中取得良好的效果;百硕还邀请企业高级管理人员在各大高校举行大型公益讲座36场,对大学生进行就业指导和职业规划。

百硕公司以社会为己任,充分发挥企业职能,有效地缓解了高校毕业生就业难的问题。为了提高大学毕业生就业成功率,百硕提供应聘的实景模拟练习,就业前的心理辅导,取得和学生的近距离接触,及时帮助学生调整就业前的心态。公司通过实地考察,与省内多外家企业、经济发展较快的城市企业建立了联系,甄选出更加适合毕业生就业的企业。同时通过人才派遣的方式,有效监督用人单位规范用人,为大学生工作提供必要的劳动安全、食宿条件、卫生条件,社会福利等保障,充分保护了派遣大学生的合法权益,增强了学生的安全感和对用人单位的忠诚度。

积极为下岗人员提供技能培训,推荐就业岗位。2008年至今安排残疾人、下岗职工、转业军人就业多次,安排下岗人员在就业技能培训10余次。公司总经理赵珂也被评为"金水区优秀创新人才"。

百硕注重员工管理,为员工提供全方位的技能培训。公司分别同深圳市星宇管理咨询有限公司、河南利华高等教育中心等十多家专业培训公司建立长期合作关系,为员工提供职业规划、关系营销、沟通技巧、团队执行力、职业形象塑造、电话沟通等培训,提高员工技能水平。百硕公司每年举行两次晋升考核,对表现优异的员工给予加薪或者升职等奖励,为员工提供了广阔的发展空间。

三、互联网背景下的业务创新

2015年,公司适应网络经济的发展趋势,结合人力资源市场需求的变化,又推出了更有针对性和特性的"豫小宝""职懂女人心"项目,进一步深化公司的服务内容和服务领域。

线上人力资源代理服务项目"豫小保",依托在全省18个地市开设分公司的优势,为河南的企业提供最专业的社保咨询、缴纳一站式服务平台。

"职懂女人心"项目是中国首家女性招聘求职就业的深度服务互联网平台,致力于打造一个女性就业交流平台,为女性提供职场培训、专场招聘、就业咨询等服务,帮助女

实现职场和家庭的平衡。

同时,百硕开发的人才零购、人才包邮、才女来了、有姿有位、职场亲子汇等创意招聘新概念,也深受企业和个人求职者的关注。

百硕公司自成立至今,吸纳了大批优秀的毕业生加入百硕大家庭。百硕公司本部员工平均年龄 24.3 岁,年轻、有活力,有敏捷的思维能力,在人力资源外包方面,坚持不断学习与创新,为企业健康发展注入了强大动力。从每年一次主办大型人力资源高峰论坛,到为企业提供年终人力资源服务报告等方面,百硕时刻走在行业的前沿。

为了诱人的薯香

成立于 2005 年的河南煜阳农业发展有限公司是河南省第一家马铃薯专业开发公司,建立了脱毒马铃薯产业示范区,生产管理全部采用机械化操作,充分展示出我省马铃薯生产的最高技术水平,以此来引导我省马铃薯生产向机械化、专业化、产业化方向发展。

一、执着于好吃的红薯

煜阳农业以郑州花园口黄河滩区的种植基地为依托,一直致力于鲜食型有机红薯的研发、育种、种植、加工、销售等农业产业化运营工作。煜阳农业坚持产品的自主研发,在全国范围内引进几十种优质红薯种苗进行反复的培育和实验,并按照有机种植的标准,最终筛选出香薯、贡薯、栗薯、紫薯、水果薯等十余种适宜黄河滩区土壤和气候特点的优质品种,进行精心的种植和养护,旨在做精做专有机红薯品牌。2012 年 12 月被评为"河南省农业标准化生产示范基地",2013 年 1 月被评为"郑州市农业产业化经营重点龙头企业"。值得一提的是,煜阳农业的花园口红薯于 2011 年获得国家农产品地理标志认证。公司的"大紫丫"有机红薯更是以其独特的香甜口感深受消费者的喜爱。

在公司总经理段煜看来,踏踏实实做农业是一件很靠谱的事。军人出身的段煜,在做有机红薯之前,曾尝试种植土豆,因为管理不善,当辛苦一季要收获的时候,他开着收割土豆的机器在前面作业,后面跟着的全是当地农民,他们第二天就会把捡拾来的土豆拿到集市上卖,影响段煜的产品销路,也打碎了他想创造土豆品牌的梦想。万般无奈之下,段煜把煜阳农业迁到了现在的花园口。经过考察和走访专家,结合花园口的土壤特质,决定改种红薯,而且还要在这里种出最好吃的红薯。

为了达到这一目标,段煜潜心研究红薯从育苗、种植、后期管理的每一个细节,从一个门外汉到现在自己都成了高级农艺师,期间付出的辛苦可想而知。另一方面,只要是听说哪里的红薯好吃,不管是陕西还是海南,他带上自己的红薯就去了。段煜曾经自豪地说:"这两三年,我们煜阳的红薯是真正做到了人人说好的地步。"

二、坚持有机种植

花园口地处黄河滩区,环境优良,土壤以红沙壤土为主,矿物质及微量元素含量丰富,昼夜温差大,生产优质红薯具有得天独厚的条件。生产的红薯外观好看,熟食味道纯正,粉质适中,口感香、甜、糯、软,或栗子香口味,纤维少,深受消费者的喜爱,除销往本地外,还远销北京、天津、山东、山西等省市,年销售红薯超百万吨。花园口种植红薯有着很长的历史,据《河南省粮食志》记载,清乾隆年间,河南旱灾严重,连年歉收,红薯从福建引到开封朱仙镇和黄河以北花园口等地,河南巡抚劝民广为栽植,接济民食。近代以来,红薯一直在花园口地区广泛种植,新中国成立后直至20世纪六七十年代,红薯一直是花园口人民的主要口粮。

这些都为段煜种植红薯打下了良好的基础。刚开始,他用常规种植和有机种植两种方式做实验,几年的对比结果,再结合现在人们的饮食和生活习惯,让段煜最终还是决定全部种植有机红薯。在开始种植红薯的前三年,从病虫害管理到肥料配置,段煜不知道尝试过多少次,一次次的失败使得他的债务越垒越高,也许是昔日当过兵,那种不服输的精神在他内心喷涌,债务的增多并没有使段煜放弃,他在心里默默给自己鼓劲,相信终会有实现目标的那一天。

在技术方面,煜阳农业依托河南省农科院、河南农业大学等科研院所,不断对薯业新品种、新技术进行研究与探索,首次在国内培育脱毒薯苗,在红薯有机种植与生态保鲜、品牌经营等方面作了大量的尝试与改进,使鲜薯产品真正做到无公害,纯天然,倾力打造河南市场的唯一有机彩薯品牌。2012年,煜阳农业取得了有机红薯认证证书。

病虫害管理是每个有机生产者都要面对的难题,煜阳农业经过反复试验,找到了有效的控制方法。煜阳农业负责生产技术的马攀锋说:"每年的4~10月是红薯的生长时期,而11月至次年3月是土地休耕时期,在休耕这段时间,土地深翻之后,还要放水泡地,就是为了减少来年红薯生长时期病虫害的发生。"

三、走品牌经营之路

煜阳农业清醒地认识到,要想在农业领域获得健康发展,必须加强品牌建设。优越的地理条件,优秀的产品品质为品牌建设奠定了坚实的基础。"大紫丫"有机红薯具有"无渣无丝,薯肉细腻,色彩鲜艳,干面无浆,香味浓郁,营养价值高"的典型特征。2011年,煜阳农业种植的"花园口红薯"取得了国家农产品地理标志认证。"大紫丫"有机红薯主要有煜阳香薯、煜阳贡薯、煜阳果薯、煜阳栗薯四个品种,口感不一,各具特色。

目前,煜阳农业"大紫丫"有机红薯在花园口的种植面积已有1 000余亩,在河南新乡延津县还有一个基地,累计形成了3 000余亩的红薯生产基地。公司采用"合作社+基地+农户"的经营模式,实行统一供应优质品种、统一生产技术规程、统一技术指导、统一回收加工、统一包装品牌("煜阳农业"牌)的"五统一"管理模式,通过源头控制,确保产品品质,维护品牌形象。现在的"大紫丫"有机红薯除了在河南本地销售外,还远销北京、上海、广州、天津、山东、山西等省市。

煜阳农业的当家人段煜清楚,公司要发展,必须具有品牌意识。在公司发展的各个时期,除了不断增加产品种类,改进产品的品质之外,还要打造"煜阳有机"品牌,不断地为树立品牌而努力。本着诚信经营、保证品质的原则,煜阳农业正一步一个脚印,奔走在"把煜阳有机食品系列品牌做大做强"的征途上。

加速转型的中国高效肥倡导者

河南心连心化肥有限公司始建于 1969 年,2003 年从国有改制为民营企业。作为中国化肥行业领军企业以及中国单体规模最大的尿素企业,拥有新乡、新疆两大生产基地,年产尿素 260 万吨、复合肥 110 万吨、甲醇 30 万吨。"心连心"商标被认定为"中国驰名商标""河南省著名商标"。心连心以"服务社会,引领行业,回报农民"的理念,以"中国高效肥倡导者"为品牌定位。在目前的经济环境下,心连心加快调整与转型的步伐,不断提升技术、品牌、文化等实力,勇做中国化肥行业领导者。

一、以技术创新驱动企业转型发展

面对困境,只有积极创新,研发适合中国农业发展趋势的新型肥料,才能立于不败之地。公司拥有国家级技术中心、博士后科研工作站、中试基地 4 500 平方米。早在 2006 年,就与中国科学院、中国农科院、河南农业大学等科研院校展开合作,潜心研发、推广长效、省力、环保的控失肥、黑力旺腐植酸等系列高效肥。高效肥较常规用肥平均每亩增产近 100 斤,增产率约达 10%,公司累计推广高效肥料 100 余万吨,推广面积 2 500 余万亩,累计提高粮食产量 20 多亿斤,增收 20 多亿元。

2012 年,公司投入巨资与中科院合作,成功研发出绿色环保、增产增收、控制养分流失的新一代控失尿素和控失复合肥,技术属于国内首创,拥有两项国家专利,开创了中国内置型控失尿素的先河,在传统尿素产品升级中走在了同行前列。产品进入市场以来,已在全国多个区域进行了玉米、小麦等多种作物的示范试验,农民在不追肥、不污染环境的同时,比普通化肥平均每亩增产 10% 左右,目前,累计推广 425 万亩,增加社会效益 6 亿多元。

心连心以笃信好学的企业精神,把目光瞄准科技最前沿,锲而不舍地向着科技兴厂的目标迈进。高薪引进技术人员,逐步形成一支管理严格、经验丰富的技术力量,现有各类专业技术人员 500 多名,占公司人员总数的 25%。设立内部专利制度,搭建技术擂台,鼓励员工技术革新,每年都有几十项厂内专利应用到生产实践中去。在设备选型上,不吝资金,大力引进科技含量高、安全系数高的设备,积极引进全国最新的科技成果,保证高起点、高水准。结合生产实际,再创新、再改进,使生产工艺流程更加优化。致力于循环经济,引进国内外先进技术、先进设备,实行源头控制,污水零排放项目被国家环保总局、财政部作为样板,在全国同行业推广。

心连心董事长刘兴旭说:"目前我国化肥利用率只有 1/3,如何提高化肥的利用率、减少投入、提高产量又环保,是整个行业发展的方向。控失尿素、控失复合肥是符合现代农业健康发展趋势的。它的成功进一步坚定了我们把以控失尿素和控失复合肥为代表的新型高效肥料做大做强的信心和决心。我们将与中国氮肥行业协会合作建立了中国氮肥工业技术研究中心,要进一步加快产品创新,推动行业技术进步。"

二、加快产品结构调整

与其他行业相似,产能过剩也是化肥市场持续低迷的主要原因之一,淘汰过剩、落后产能成为化肥行业的当务之急。据了解,相关部门对于调整化肥补贴政策已经在酝酿之中,极可能取消部分补贴政策,以加快化肥产业结构调整,推进市场化进程。未来几年化肥行业洗牌、市场竞争日趋激烈在所难免。适应市场需求的变化进行产品结构的调整,是化肥企业的必然选择。心连心早在2012年就明确提出"总成本领先和差异化"的战略,推进"技术、规模、管理、营销"四个转型,把企业的发力点集中在调整原料结构、技术与产品升级、基地发展布局三方面。充分利用新乡、新疆两地的资源和市场优势,在坚持做大做强化肥主业的基础上,延伸煤化工产业链,实现跨越式发展。

刘兴旭欣坦言,心连心的目标是,到2015年末,公司尿素、复合肥形成450万吨的生产规模,且全部以高效肥为主打品种;三年内基本完成新乡、新疆两个化肥生产基地建设,努力成为"中国最受尊重的化肥企业集团"。

采用现代煤气化技术的新乡基地项目已经投运,新技术的优势充分显现。公司新疆煤化工基地在2015年8月投运。项目的运营,实现了规模上量升级,而且让心连心化肥从"小氮肥"真正跨入"大氮肥"行列。

公司与中国科学院等科研单位合作研发推广了水触膜控失系列、腐殖酸系列、高聚能系列、高塔肥系列、水溶肥系列、车用尿素等一系列明星产品,并成为全国首家掌握内置网式缓控尿素生产专利技术的生产企业,以差异化的产品赢得市场。

三、创新合作模式

测土施肥是我国大力提倡的政策,也是合理施肥的好方法。根据土壤不同的情况,缺什么补什么,提高肥效的利用水平,能够减少多余肥料对土地的污染,可以降低施肥的成本。心连心是农业部最早确定的测土配方施肥定点企业,公司分别与新乡县、辉县、西平县等48家地方土肥部门合作,根据市场需求,累计推出小麦、玉米、蔬菜、果树等200余种配方肥,累计达100万吨,推广面积累计达2 400余万亩,有效促进了科学施肥和增产增效。

心连心积极探索农企合作新模式,不仅大力推进种肥同播等模式,还积极探索推广智能终端配肥新模式。智能终端配肥技术将测土、配肥、生产、经营、服务有机结合起来,从根本上改变农民施肥习惯,实行因土壤类别、因作物需求、因农户需要精准施肥,真正做到一块田一配方、一袋肥一加工。2014年,在新乡、淮阳、浚县3个市场建立了智能终端配肥站,开展现场测土配肥工作,直接配肥,送肥到家。与当地农业局、土肥站合作,达到资源和数据共享,建立农企合作服务平台,共同为农民和土地流转大户提供全方位服务。公司还将在省内外建立30家左右智能终端配肥加盟店。

心连心投入巨资建立了全省最大的农化服务中心,公司的"千乡万村行"农化服务队深入田间地头,开展肥效试验、测土配方,指导农民科学施肥,受到了广大农民的欢迎。

顺应信息化新常态和互联网+发展大势,心连心自建"心农网"农资电商平台+牵手阿里巴巴入驻农村淘宝,增强客户服务,推动营销转型升级。中国心连心公司村淘电商项目于2015年6月启动,双心化肥跟随农村淘宝销售覆盖27个县,销量达8 000多吨,并接连创出佳绩。

借力强企,成就自己

在德国,有一些企业,它们行事低调,很少进入大众的视野,但凭借高度专业化的技术和产品,以及长期的深化与积累,在业内享有盛誉,占据很高的市场份额。在郑州,就有一家希望按照这种模式发展的公司——河南百养堂实业有限公司。

在不论是电视、报纸这样的传统媒体上,还是在微博这样的新兴媒体上,我们看到的仅仅是"河南百养堂实业有限公司"这样几个字,除此之外,就剩下了国内首批"中华老字号"、中国驰名商标"王老吉"这样的突出显示,大众满眼看到的都是"王老吉推出新产品"这样的广告信息。

河南百养堂实业有限公司成立于2015年初,注册资本3100万。创建之初,公司就是奔着王老吉大健康饮品内功系列、顶养系列去的。经过迅速而高效的接洽,最终成为广药集团旗下全资子广州白云山和黄大健康产品有限公司的新饮品项目合作伙伴,是其在全国的唯一指定运营商。

公司这样选择,是经过了深思熟虑的。公司与广药集团合作开发王老吉山药植物功能性项目,利用王老吉强大的品牌影响力有效带动怀山药的产业升级,以王老吉品牌带市场、带开发、带加工、带种植、促监管,远比自己再去选择产品、生产、销售要有利一些。

后来的销售事实也恰好证明了这一点,打上王老吉品牌的"内功怀山药植物饮料""顶养膳食怀山药植物饮料"经过公司线上、线下的营销推广之后,销售形势喜人,各地经销商的订单纷至沓来。公司又借此良机,迅速在广州、北京各大省市设立营销中心及办事处,加强各地市场的开发。

突出的销售业绩离不开公司的核心团队。这个管理、营销团队是由原伊利、蒙牛集团从事资本运营、生产经营、营销策划、财务管理的中高层管理人员组成,团队具有十多年的企业运营管理、快消品营销的实战经验。

对于未来的发展,百养堂强调要坚持"安全、绿色、营养、健康"的产业理念,以市场需求为导向,以技术创新为动力,以品牌经营为核心,以科学管理为手段,不断扩大产品的市场占有率和品牌知名度。企业团队将在发挥区域优势,打造重点市场,依托升级样板,带动全国发展的营销战略指引下,精耕细作,立足长远,从而实现公司的"借强企,成自己"长期战略规划。

不懈努力转型升级的农副航母

我国人口已经达到15亿,人们赖以生存的最基本的条件是农产品的供应。批发市场成为我国农产品流通的主流渠道、主要业态,我国农产品的70%以上经过批发市场进入百姓的菜篮子。河南省既是人口大省,也是农业大省,更需要农产品的提供及周转流通。

河南万邦国际农产品物流股份有限公司是一家全国性的、跨区域的农副产品流通企业,是中原大地上崛起的农副航母。早在2002年,河南万邦国际农产品物流股份有限公司前身郑州农产品物流配送中心就开始了农副产品的流通贸易,当时兴建立了刘庄大型蔬菜批发市场,成为郑州地区蔬菜的集散地。

2009年,伴随着刘庄即将拆迁的消息,同时也为了扩大农产品经营范围和提升市场规模,万邦开始筹划,重新选址,准备第一次市场升级。2010年4月,河南万邦国际农产品物流股份有限公司正式成立。在成立前后,公司忙得不是新企业开业,而是河南万邦国际农产品物流园区的筹建。

机缘巧合的是,河南省在2010年开始谋划提速省内的服务业,于是万邦及时把握了农产品流通的机遇。7月万邦国际农产品物流园项目被河南省发改委定为2010年河南省服务业提速计划项目;9月,被河南省政府定为2010年河南省第二批重点建设工程项目。2011年1月,万邦国际农产品物流园项目总体设计完成,设计目标为省内最大的蔬菜流通园区。2011年3月,万邦做出了一个重大而艰难的决定,将万邦国际农产品物流园重新定位,不再是单一的蔬菜批发市场,公司要转型升级。这在当时,争议颇多,能不能建成?资金会产生缺口吗?

实践证明,转型恰逢其时。农产品物流园一期工程蔬菜果品区占地1000亩,投资15亿元,建筑面积60万平方米,包括蔬菜、果品交易区、冷藏保鲜库等设施,2011年底建成并投入运营。二期工程占地600亩,投资20亿元,建设有水产、海鲜、冻品交易区和冻品储藏库等设施,已于2013年11月建成投入运营,目前已成为中原地区最大的水产海鲜及冻品冷链物流中心。三期工程占地3700亩,已于2014年底开工建设,拟建设粮油、调味品、肉蛋禽、茶叶、花卉及农资交易区和大宗农产品交易、电子交易、质量检测、科技研发、仓储调控"五个中心",计划2016年底建成并投入运营。其中,干调粮油市场占地600多亩,已开工建设。项目全部投入运营后,预计年交易量达3000万吨,年交易额近2000亿元,利税50亿元,带动"三产"及服务业收入可达100亿元。

万邦公司也由于物流园的成功建设,荣获"2013年度全国农产品批发市场行业综合类十强市场""2013年度蔬菜类十强市场"等荣誉称号。

基于农副产品流通平台的搭建,2014年4月,河南万邦国际农产品物流股份有限公司再一次将业务升级,航母的触角延伸到了农副产品的零售端。河南万邦商业连锁有限公司正式成立,打造专注于老百姓一日三餐的"万邦生鲜大卖场"。目前,万邦生鲜旗舰店已经在郑州市开业运营,实现万邦农产品"一站式"直供郑州市民;同时展开"千家万店"工程,以郑州市为中心向周边辐射,让商业连锁走进每一个大型社区;以"千家万店"工程的实体店为基础,开拓农产品线上交易,打造出"万邦生鲜""一日三餐网",开展网上营销,实体店作为网上销售的自提点和配送点。公司提倡领先生活的理念,始终关注食品安全,立志打造行业典范,成为国内最具影响力的生鲜连锁企业。

2014年4月,为做好农产品冷链配送,河南万邦前程物流有限公司成立并开始营运。

公司依托河南省万邦农产品物流城的蔬菜、果品、冻品、水产、粮油、进出口农产品等资源优势,航空港的交通优势及周围便捷的公路网络,以自购车辆为主要运输力量,围绕周边等农产品流通市场资源,构筑出公司农产品物流业发展的四大平台。一是以公路为主的农产品运输及信息平台;二是为企业提供仓储、包装、短途配送及搬运装卸业务;三是各种运输代理服务;四是代理各类商品或技术进出口业务。同时,对万邦生鲜超市直供项目提供完善的配套物流配送服务。

2015 年 2 月,万邦全资收购郑州新绿地配送中心并正式更名为万邦新绿地农产品有限公司。万邦新绿地占地 300 亩,建筑面积 8 万平方米,摊位 600 余个,设立有海鲜、冻品、淡水鱼、蔬菜、果品、调味品、粮油、肉类、副食等各种摊位。

2015 年 9 月,随着万邦秀实幼儿园举行隆重的开园庆典仪式,万邦公司投资兴建幼儿园、小学、中学、医院、住房等配套设施,解决商户后顾之忧,保障商户经营和生活的项目也拉开了帷幕。万邦家园建设项目投资 6 亿元,建筑面积约 18 万平方米。

在国家商务部、河南省、市、县各级领导的大力支持下,河南万邦加快发展,转型升级,已成为中部地区最具影响力的国家级大型集散地批发市场,承担着全国农产品物流枢纽重要节点功能。

2015 年 1 月,万邦国际农产品物流股份有限公司经郑州市农业产业化经营领导小组检测考评合格,继续成为"郑州市农业产业化经营重点龙头企业资格",并荣获"郑州市农业产业化集群"荣誉称号,这也标志着转型取得了阶段性成果。

在进入 2016 年后,农业部办公厅印发了《农业电子商务试点方案》的通知,尽管河南省不是试点省份,但万邦国际农产品物流股份有限公司已经开始了电子商务之旅。

为企业插上腾飞的翅膀

郎彩文化传播有限公司是一家集 CI 导入、品牌策划、标志设计、包装设计等为主的综合性服务机构。在北京、上海、广州、深圳等地拥有多家跨领域战略合作伙伴。郎彩成立于 2010 年,公司的专家团队均来自于国际、国内一线品牌的高层管理人员,大部分人员具有 10 年以上的实体企业品牌操盘经验。5 年来,公司为上千家客户提供了超过数千次的品牌和设计服务,涉及各个行业和领域。

郎彩的核心服务是通过科学有效的系统化工作方法和品牌管理之道,帮助客户构建卓越的品牌体系,协助企业塑造国际化的品牌形象,为企业树立具有自身独立特色的优秀品牌形象和人文气质。在中原地区品牌设计领域,郎彩首创营销型设计理念——即站在市场和客户的角度,以战略和营销的高度诠释设计,以专业、精准、实效的营销策划系统和品牌形象设计,为企业插上腾飞的翅膀,助力企业实现由平凡到卓越的快速蜕变。

人靠衣装,佛靠金装,产品靠包装。好的包装不但能保护产品,也能让购买的人第一时间了解产品并形成购买欲望,同时也有助于企业形象的塑造。郎彩认为,好的包装让消费者一见钟情,让销售快速提升,让品牌深入人心,这被客户称为三高原理;创意来源于灵感，灵感出于对生活的感悟；不能为产品增加销量的创意不是好设计，仅仅着眼于销量而不能让品牌在消费者心智上形成情感寄托，则是鼠目寸光。

郎彩人秉承狼的坚韧、无畏、忍耐和团队精神，在工作和事业上锲而不舍，孜孜不倦，互助合作，配合协调。公司与深圳七彩鹿整合营销有限公司合作，联合打造中国营销型设计第一品牌，以中国营销型设计为己任，靠敏锐的洞察力提炼品牌核心要素，以发散思维、群策群力与集中突破，成就客户的品牌。

环保达人，安全卫士

随着温室效应的日益严重，全球气候变暖成为世界关注的焦点。地球需要我们共同的保护，减少二氧化碳排放刻不容缓。无论是城市还是乡村，环保都已成为关注的焦点，特别是在城市，雾霾压城与"喝油大户"汽车的数量庞大不无关系。所以，更加绿色环保的代步工具成为一种迫切需求。生逢其时，电动车以其低碳绿色的出行方式，为节能减排做出了巨大贡献。2015 年，中国国内电动自行车保有量约 2 亿辆。电动车市场的快速发展，也催生了巨大的充电市场。

始建于 1996 年的郑州胜欧电子科技有限公司紧抓市场机遇，科学攻关，大胆创新，研发的充电设备以节能、环保、安全、便捷等特点受到市场的青睐。胜欧电子科技原为欧丽集团的分公司，主要研发军工产品。2013 年，胜欧电子科技脱离集团公司，自主研发各种电动车充电设备。面对庞大的市场需求和广阔的市场前景，胜欧电子科技坚持科技先行，努力打造高品质的产品，争取成为行业的标杆。

对于电动车充电设备行业而言，营销固然重要，但成功的营销基础一定是好的产品。产品本身能满足消费者的基本需求，能给消费者带来价值，才是营销的价值基础，胜欧电子科技清楚地认识到了这一点。自公司成立以来，坚持实行品牌战略，注重用户的口碑。在坚持品牌定位的前提下，胜欧电子科技不断加大研发投入，完善产品功能与提高产品质量，以质量求生存，以品牌赢市场。在服务方面，胜欧电子科技坚持以诚信为宗旨，向用户承诺提供三天保退、一个月保换等售后服务，以此赢得用户的信赖。在多年的坚持与用心经营下，如今，在电动车充电设备行业，胜欧电子科技已成长为具有一定地位和影响力的企业。

打造全国第一大区域性品牌展会

在河南会展业发展的历史长河中，"北浚县南固始"这一独特现象慢慢浮现。据了解，鹤壁浚县至少有 5 000 人在全国各地做会展。作为鹤壁浚县的王永祥也怀揣梦想，于 2002 年跟随老乡进入会展行业，开始了他的会展人生。当时，中国的会展业大都处于起步阶段,办展会所需的人力、物力、资金等硬性条件严重不足,而对于确定展会主题、组织策划、管理展会这些问题也没有太多的成功经验。王永祥就这样成立了郑州豫财展览策划有限公司,上马了会展项目,最后却因为经验不足、实力不够、环境因素等,美好的会展之梦被无情地打碎。

2003年6月,王永祥辗转北上广等各大城市去"取经",学习办展会的经验。通过不断学习别人的办展经验,王永祥找到了自身的问题所在。也是在那一时期,他积累了大量会展管理、组织、策划等实践操作技能,为现在瑞城展览公司的创办和发展打下了坚实的基础。经过数年辛苦劳碌奔波,王永祥懂得了办展会的最基本条件就是:"熟悉自己,了解别人;熟悉市场,了解需求"。学成归来的王永祥重新回到家乡河南,于2007年1月再次成立了自己的会展公司——郑州瑞城展览服务有限公司。

由于河南具备农业、人口、地理、交通、市场优势等有利因素,王永祥最终把展会项目锁定在食品业,决定筹办"瑞城郑州糖酒食品交易会",希望通过糖酒食品交易会拉动河南这个农业大省的经济增长。在新公司刚刚成立时,王永祥便着力打造自己的会展品牌。他告诉员工:"我们要做自己的品牌,不仅让客户记住糖酒会,更要让他们记住瑞城。任何东西都可以夺走,但是品牌是夺不走的。"

然而,对于瑞城这样一个新公司而言,品牌之路是很艰难的。首要难题便是没有主办单位。主办单位就相当于展会的大旗,没有大旗,便没有号召力、影响力。困难并没有击退王永祥,他对员工说:"找不到大旗,就扛我们自己的旗,把我们自己做成旗帜。没有主办单位,我们瑞城一样能够做出品牌。"

为了能够办好展会,王永祥亲自带领员工深入县市进行招商,河南100多个县市区,都曾留下他们招商的脚印。每次归来,王永祥要求员工将所了解的经销商信息统一记录,最终形成了一个翔实的经销商数据库。通过招商的过程,王永祥不仅扩大了糖酒会的影响力,建立了经销商数据库,更重要的是锻炼了队伍,为瑞城的未来发展培养了一批可用之才。

就这样,在王永祥的带领下,瑞城展览走过了2007—2009年3年的艰苦时期。2010年秋季,王永祥在新乡举办了一场中原糖酒食品交易会,获得较大成功。通过这次展会,瑞城展览一战成名,客户满意率高达95%。从此,瑞城展览这个品牌深入人心,赢得了大家的认可。

中原城市冷链物流领航者

他是一位战士,能打善战。创业初期,每天凌晨3:30,手把方向盘,奔波在给海底捞送货的路上。他是一位领航者,始终坚持以先进的设备与专业的服务领跑行业。在郑州第三方物流里,第一个在冷藏车上加载GPS定位系统,唯一一家做24小时配送。他就是郅英武,河南华夏易通物流有限公司创始人、董事长。也许,他和其掌舵的公司并不被广为人知,但他服务的不少企业大家都不陌生,海底捞、沃尔玛、英联马利、三全、思念……

在郑州,每一袋思念产品,都要经过他们的手。

一、脱去军装,追求创业梦想

2001 年,从解放军某军事学院毕业的郅英武,脱去军装,应聘到一家知名的食品企业,从事仓库管理工作。几个月后被派到北京,负责公司在北京的物流管理。因业绩突出,2005 年又被调回集团总部,负责销售额在 150 万以上的仓库的管理。

从北京回来后,郅英武大部分时间在全国各地出差。也正是在全国各地考察期间,他看到了中国在冷链物流方面的落后现状与潜在机遇。当时,国内第三方物流非常薄弱,没有一个像样的公司。有的虽然是做冷链,但无论装备,还是经营管理等,都非常低端。郅英武按捺不住冲动,于 2006 年辞去工作,开始了创业的历程。

在当时竞争激烈、利润微薄的物流行业,郅英武为了打开局面,做出一个惊人的决定:低价进入。当时,干线物流运输的市场价是 0.3~0.4 元/(吨·千米),而郅英武能开出的价格是 0.28 元/(吨·千米)。郅英武能做出如此决定是有底气的。当时市面上盛行的冷藏车是 12.5 米,而华夏易通买的两台车为 15 米,是当时郑州市场上最大的两台车。这样,即使价格低一些,在干线运输跑下来的平均成本和别人也差不了多少。

另外,郅英武还第一个在冷藏车上装载 GPS 温控系统,实现了冷链城市配送的全程跟踪,并成为沃尔玛 2008 年初入郑州时首选的冷链物流配送商。2008 年,华夏易通已在冷链物流圈里做到领先。当时,三全 40% 的份额由华夏易通完成,而这时其又接到了思念东北三省的业务。

二、敢于担当,坚守企业信誉

公司成立至今,郅英武依然保持着创业的激情和坚守信誉的传统,在郑州物流业切实奉行"先行赔付"的战术,打破行业内压款的潜规则,并拒绝行贿,以信誉为生,靠服务说话。

在华夏易通内部,有一个创业初期的故事大家至今还记忆犹新。2008 年 1 月 27 日,大年初二,郅英武遇到了干线运输上最大的一个事故。在给南方客户运输的过程中,车辆不幸着火,一车货物大部分被烧毁。郅英武在第一时间派车发去第二批货后,也飞到南方。在和对方协商剩余货品如何处理时,郅英武说:"当然报废!"回公司以后,郅英武按公司的先行赔付规定,给该企业开了一张支票,一共 218 076 元。时至今日,郅英武对这个赔付数额,依然记得非常清楚。

2009 年,有着良好信誉和专业化服务的华夏易通,开始与要求极为苛刻的海底捞合作。餐饮食材对新鲜度的要求非常高,海底捞要求物流配送商必须在凌晨 4:30 准时送达,这对华夏易通是极大的考验。物流公司很难监控司机送货是否准时,物流公司与客户也会因此产生矛盾,为了解决这一难题,郅英武在海底捞的各大餐馆统一安装了指纹打卡机,有效地杜绝了送货迟到的现象。华夏易通专业的服务得到了海底捞的极大认可,在海底捞体系评比中,连续 3 个月成为全国第一名。为此,海底捞总部召集全国连锁店的物流配送商来郑州学习华夏易通的先进经验。

对坚守信用的执着,让郅英武赢得了无形的信任和财富。后来,华夏易通得到很多知名大品牌、甚至外资企业的青睐,与此也不无关系。

三、冷链服务产品化,编织河南冷链网

2014年4月,郅英武去日本考察。在东京街头,郅英武惊奇地发现任何一个视觉场景都能发现行驶的冷藏车。回到住处,他立刻上网查询日本的冷链物流情况,查得的数据更令他吃惊。"日本国土面积只有37.8万平方千米,拥有30万台冷藏车;中国有960万平方千米,冷藏车的数量仅有8万台;在人口大省河南,面积16.7万平方千米,冷藏车数量不超过3000台。"郅英武感慨道。

在日本的考察不仅使郅英武发现中日冷链物流水平的差距,也让他看到了河南省潜在的蓬勃商机。为了深耕河南这片沃土,郅英武不仅砍掉了省外业务,还对华夏易通进行深度的改造。其中,最明显的一条就是将冷链服务产品化。华夏易通现已经开发出了商超共同配送、连锁共同配送、多温区仓储、冷链宅配和城际零担运输等五大产品。

随着生鲜电商的发展,冷链宅配的需求也与日俱增。但由于经济水平的差异,北上广等发达地区的冷链宅配发展较好,而河南却始终没有一家专业从事冷链宅配的企业。在这种形势下,华夏易通开始发力冷链宅配业务。为了做冷链宅配,华夏易通招募了1000人的配送团队,并在郑州设立了35个配送站,配送范围覆盖到郑州城区及六个郊县。此外,华夏易通还将提升城际零担运输的运营效率,做到冷链班车日配,并逐步在18个地市建立子公司。

轻松时尚,优悦生活

河南莱苏服饰有限公司是一家集品牌女装托管运营、自主产品研发为一体的服装商贸公司,坚持"让人人都能拥有轻松、舒适、美好的生活"的企业使命,致力于为女性朋友们提供舒适而健康、时尚而富含韵味的女装产品。在服务过程中,注重消费者切身体验,从顾客的角度出发提升服务质量,以为所有女性朋友带来"优悦生活"为服务原则。

公司自2006年开始从事休闲女装、时尚女装的销售业务,拥有原创设计师开发的女装品牌白茶、唯弋、花梓伊、欧仕琪,以及自主女装品牌:苏+。多年的批发零售运作和品牌运营管理,使莱苏服饰积累了丰富的优质客户资源。目前,公司已拥有自营店铺20余家,加盟店50余家。

公司的代理品牌率先提出"轻时尚"理念,首创"轻时尚"服饰类别,在休闲装轻松舒适的基础上加入时尚元素,轻松简约,时尚而不夸张。轻时尚服饰注重产品的百搭效果,产品种类丰富,分为都市系列、生活系列、活力系列,包括休闲装、时尚装、韩版女装、休闲鞋、皮鞋、时尚靓包等多个品类。2011年,公司的品牌进行了全面升级和营销系统整合,依托"轻时尚"品类定位和优秀的管理团队,将SPA运营模式、全方位组合开店以及顾问式销售融为一体,努力向轻时尚着装专家方向迈进,在服饰行业开创出一片新的蓝海。

公司主推品牌白茶。由顶尖服饰设计团队"创意联邦"倾力设计,杭州波谱时装有限公司出品的white tea品牌策划于2006年,2007年3月正式推出。white tea不仅是个品牌,还代表着一种文化,它所蕴含的本质预示着对时尚的追崇和个性的炫耀。white tea代

表着中立、简约,强调结构的时尚含义,陈述的是现代女性个性奔放与风格鲜明的文化。针对现代女性个性更独立,强调自我,追崇时尚的心理,white tea 在时尚空间与现实领域中,寻找融合与碰撞的可能。同时,也用 white tea 的品牌文化来表达渴望自我、强调个性的成熟女性对生活的理解。white Tea 产品开发始终紧跟欧洲流行前沿风尚,以棉、麻等天然纤维为主要面料,颜色以纯净为主,纯粹、独立、中性,服装跨越性强,深受 25 ~ 38 岁的时尚女性青睐。

以"成为轻时尚休闲着装领导品牌"为企业愿景,莱苏服饰集中优势资源,整合店铺,打造核心技术与管理团队,从企划到运营、从销售到物流,为加盟商提供全方位销售支持,为每家店铺培养打造的专业、高业绩的销售团队,努力实现客户自营化管理、利润化管理。

务实创新,打造百年品牌

赊店老酒始于夏、兴于汉、盛于明清,是新中国成立后河南省内第一家国营酒厂,拥有悠久的历史,被评为"河南省著名商标""河南省名牌产品""国家酒类质量安全诚信推荐品牌"等,被称为河南白酒六朵金花之一。赊店老酒从 2009 年改制以来,重新焕发出强大的生命力,企业坚持的"青花瓷战略"在有效的组织保障下让企业获得超出行业预期的成长速度,成就了白酒行业的青花奇迹。伴随青花瓷产品的成长和系统的运作,整体的赊店品牌形象得到大幅提升,快速跻身区域一线品牌,在全国多区域获得了持续好评和热销。

一、凤凰涅槃,老树逢春创新高

从 1998—2000 年,赊店酒和河南其他酒一样步入了低谷,生产经营步履艰难,虽经历过几次改制,但终因产权不明晰等原因以失败告终。2009 年 7 月,深圳鹏威集团收购了破产后的河南赊店酒业有限公司,组建了河南赊店老酒股份有限公司,开启了赊店老酒发展的全新历程。

2009 年的成功改制使公司进入了持续快速发展的车道,实现了"三有四突破"的发展态势。一是有了清晰主导产品和产品梯队,形成了赊店名庄、元青花年份酒、赊店青花瓷、赊店大小红坛等体系化的产品;二是有了系统的营销模式,总结了新的"三盘互动区域模型",形成了适合河南当地的营销模式;三是有了精细化的管理体系,从过去单纯销售结果导向逐步建立了现代化管理体系。

针对公司过去存在的市场点多面广、中心不突出、占领的份额不大等问题,改制后,赊店酒业确定了立足河南,主攻南阳,以点带线、以线带面的市场布局。赊店酒业立足企业发展实际,着力构建营销诚信文化体系,坚持强化区域建设的品牌化道路,不遗余力地做精、做透社旗县及周边县区市场,大力占领南阳市场,重点抢占河南市场,有计划、有重点地开拓全国市场。经过几年的内部改革和外部突围,赊店酒业重新走上了一条充满生机和活力的"星光大道"。

二、稳扎稳打，脚踏实地攀高峰

近年来，面对全国白酒市场的激烈竞争，赊店酒业不跟风、不盲从、不攀比，坚持一步一个脚印，走适应自己发展的道路。这主要体现在企业的决策稳、措施稳、工作稳。如聘请有关专家教授组建"智囊团"，借助"外脑"科学决策。凡涉及企业长远发展规划、市场营销规划、新产品开发规划等重大问题，邀请专家分析论证、科学评估、稳妥决策，使各项决策既符合市场发展规律和行业发展趋势，又适应企业实际；加强市场调研分析，稳妥推进市场布局和市场开发，在其他酒企攻城略地广布市场的情况下，他们根据产品区域影响和当地广阔的市场空间，制订了集中力量精耕细作当地市场，做深做透以打造四个亿县为重点的南阳根据地市场，实施郑汴洛一体开发，挖掘民间大众市场潜力等一系列举措。

2015 年以来，南阳市场、郑州市场稳中有增，销量占总销量的"半壁江山"。赊店酒业坚持以务实作风抓工作，着力在抓管理、抓质量、创优质、树品牌、抓市场、保增长等方面下功夫、求突破，企业高管经常沉在生产一线和市场一线，面对面协调矛盾，及时解决生产经营中存在的问题。特别对质量管理、安全管理、市场管理做到常抓不懈，为提高产品竞争力，实现安全生产、市场规范奠定了坚实的基础。

三、生态为王，高瞻远瞩铸品牌

国内白酒营销专家曾预言，今后 10 年，白酒行业优胜劣汰形势残酷无情，谁调整转变得快、企业做得大、品牌做得好，谁就能够生存下来，否则就会被淘汰出局。近年来，河南赊店酒业瞄准"建成河南白酒行业领军企业，跻身全国白酒品牌行列，实现企业上市"的目标，实施生态兴酒、生态立业、生态强企战略，推进生态酿造、生态种植、生态旅游，在转变白酒酿造业发展方式，争创全国白酒品牌方面正在迈出扎实的一步。

赊店酒业紧紧抓住南阳高效生态经济示范市建设的机遇，在"生态"上做文章，打造广大消费者舌尖上的"美酒"。围绕打造生态品牌，广泛宣传普及生态理念，坚持做到原料购进严格把关、严格检测，确保原料绿色、生态、无公害。以企业异地搬迁为契机，借鉴全国名酒发展模式，规划建设标准化、规模化、现代化的白酒生态酿造工业园区。建成了长达 1 万平方米可存酒 5 000 吨的大型地下恒温酒品窖藏区，利用自然恒温提升白酒品质。

建设生态企业，打造生态品牌。从生态酿造到生态农业再到生态旅游，生态理念就如一根红线，贯穿白酒酿制全过程。赊店酒业规划建设生态农业产业园，总规划面积 10 万亩，主要建设有机循环农业产业园、生态作物种植园等"园中园"，并把文化旅游的元素融入进来，形成具有江南水韵、园林风格和酒文化特点，集休闲度假、观光旅游、酒文化体验为一体的生态旅游区。

四、与时俱进，顺势而为调战略

随着消费升级和白酒大众化进程的不断推进，以宴席为主的中低端市场释放出前所未有的生命力。面对目前的市场状况，赊店酒业遵循规律，顺势而为，适时调整了市场战略布局、价格布局，推出为顺应局势量身定制的一款中低端产品—赊店大小红坛酒。这预示着赊店酒业做出了由高端产品向"腰部"产品转移，由高端价位向中端价位转移，通过中高端产品持续成长带动中低端产品的销量,使产品销售回归有序化、合理化、大众化的战略构想。赊店大小红坛与现有的赊店青花瓷品牌相配合,形成高中低搭配的品牌格局,确保大众酒品牌一炮打响。

近年来,赊店酒业主动适应市场变化,开发大众产品,实现全面覆盖,并在全国重点区域实行大招商、招大商、招新商活动。赊店酒业明确了今后一个时期调整转型的方向和重点,在价格格局上,适应大众消费需求;在品牌结构上,巩固提升青花瓷系列市场地位,集中精力打造以赊店红坛为核心的新品牌,形成高中低搭配合理的品牌结构;在战略规划上,实行多品多商,建设立体化渠道,为更多的经销商提供双赢机会;在渠道建设上,加强渠道建设顺序、深度、数量、合作模式等个性化组合、立体化建设,组合区域产品获得区域内多渠道、多终端或形成异业联盟体系,做深做透市场。

意利宝:打造中部地区橱柜第一品牌

从20世纪80年代仅仅满足使用功能的水泥灶台,到20世纪90年代,装修公司试着打造橱柜的原型,业主自己买来防火板安装上,再到20世纪末河南市场上首次出现现代意义上的橱柜,家居行业的发展,橱柜算是典型的一环。而作为河南橱柜企业一面旗帜的意利宝橱柜在这一发展中毫无疑问起着不可磨灭的作用。

一、精工制作,打造河南本土橱柜品牌

除了品牌的创始人——意利宝实业有限公司董事长姚孟海外,意利宝的诞生还跟另外两位业内重量级人物有着紧密的联系。那就是中国橱柜报主编宋凯和中国橱柜业教父级人物付冰冰。

初识这两人时,姚孟海的身份还是两个外来橱柜品牌的代理商。当时,宋凯和付冰冰来郑州调研橱柜市场,姚孟海与他们一见如故,畅谈8个小时。送走两位,他们那句"郑州没有一个本土橱柜强势品牌,这是一个挑战,更是一个机会"始终萦绕在姚孟海脑海里,这促使了他决定大展拳脚,注册"意利宝"品牌。意利宝是英文单词Elabor的音译,是精工制作的意思。

橱柜业走过的道路跟中国家具业和家装业走过的路有相似之处,都是由简单的家庭小作坊的模式,逐渐地向工业化生产发展。意利宝橱柜品牌创立之初,橱柜行业还是一个地域性很强的朝阳行业。

姚孟海说:"橱柜的门槛非常之低,谁都可以做,'山寨'橱柜层出不穷。竞争就是打价格战。"恰恰是行业当时没有品牌,带给意利宝更为广阔的发展空间。正如提到卫浴,大家多半会想到TOTO、科勒,在这种情况下要想再打造出一个深入人心的卫浴品牌就会很难。但提到橱柜,当时大家多半还没有形成什么固有的品牌概念。

二、立足中原,定位中高端市场

"做中高端、性价比高的产品,希望把它打造成中国中部地区的第一品牌。"姚孟海

说,对产品的定位,决定了以后的发展方向。意利宝立足中原,定位中高端市场,紧跟国际家具业的时尚风标,结合中国的传统文化和饮食习惯,应用现代科技和人文理念,以典雅的外观,卓越的品质,完善的售后服务赢得了消费者的广泛青睐,至今有数万个追求生活品质的中国家庭选用了意利宝。意利宝迅速成为"中原地区中高端第一品牌",成就了意利宝人"现代厨房整体解决方案专家"的美誉。

这个过程现在看起来仍是"不容易"。用姚孟海的话说,这主要得益于几个方面:①是创立之初,品牌定位就很清晰,企业战略很明确,即做中高端的橱柜品牌,通过产品和服务为消费者提供性价比更高的产品。②在产品设计、展厅设计以及服务流程上很清晰。聘请一流橱柜设计师进行产品设计,在整个服务流程上从一开始就建立了很完善的定制家居的整套服务流程。③打造团队,完善管理。从销售到制造,从产品到服务,始终把完善和强化内部管理,使企业管理能更好适应消费者对品牌和产品的服务要求作为核心,不断创新管理模式。④不断创新营销模式,不断创造品牌影响力。

2014年,意利宝正式聘请著名影星尤勇担任形象大使,着力打造"主流家居,大家风范"的产品形象。请硬汉尤勇代言,意利宝改变了行业代言者的温柔风,彰显意利宝的大家风范,推动意利宝实现品牌再升级。

三、坚持创新,提升核心竞争力

作为个性化产品,橱柜品牌的竞争力取决于设计。姚孟海认为,以前的河南品牌之所以无法占领高端市场,就是因为大家都习惯模仿,从开始运作这个品牌之初,姚孟海就一直把产品的设计、研发作为意利宝的核心竞争力。从开始借用外包的技术团队的力量,到后来组建自己的设计团队,意利宝每年都做新产品的研发,尽可能做到与欧美国家同步。

橱柜行业提供的是定制产品,"三分制作、七分安装"。这就意味着意利宝在服务上支付了很大的成本。一位业主由于人为原因把橱柜台面弄坏了,因为在可修复的范围内,意利宝提供了免费修复的服务,到现场之后工人发现业主是位孕妇,而修复会造成粉尘飞扬,最终意利宝免费为该业主更换了台面。

四、关爱用户,注重产品人性化

以"健康厨房、快乐生活"为品牌形象的意利宝,从材料的选择,到工厂的生产加工,以及到后续的服务,环保、健康的观念始终贯穿到整个流程。

经过多年的运营,意利宝产品线已经由单纯的橱柜拓展到木门、衣帽间、卫浴柜等,品牌的知名度深入人心。2014年,与意大利马头公司合作设计高端橱柜,标志着意利宝在完成制造国际化之后,迈向设计国际化。意利宝用10年的极致追求,从制造国际化迈向了设计国际化,成为中国橱柜行业的知名品牌、河南橱柜企业的一张名片。

意利宝现在的主攻方向,是根据人体工程学,做更加人性化的橱柜。让消费者"买了满意,用了更满意。"

厨房改变生活。几年来,意利宝为客户高品质生活锦上添花的使命感,通过卓越的产品设计,高品位的产品特色,客户至上全程维系的服务观念,领衔河南橱柜业走向全国的步伐。

五、工厂直购，提高用户体验

意利宝不仅有好的产品，还有领导行业创新的勇气。意利宝在行业创新引入安装监理制后，又一次创新性主打"工厂直购"——用互联网思维卖橱柜。互联网思维七字诀：专注、极致、口碑、快。其中被广泛强调的有两点：一是把事情做到极致，二是要有好的"用户体验"。意利宝工厂直购活动就是这么做的，他们把客户请进工厂，让他们看懂橱柜是怎么制造出来的，让他们零距离体验企业的实力，然后成功签单。

消费者走进生产车间，可亲眼看到德国进口的自动化生产线如何工作。在参观的过程中，消费者看到自动化生产线由电脑控制，实现了板材切割的零误差，板材密封的自动化过程，对意利宝品质认知更加直观；看到众多产品的家居摆放效果，对自己的厨房规划有更新的构思。有的消费者用手触摸，去感受精工细作的板材；有的消费者俯下身子，几乎要把脸贴到板材上看做工是否精密；还有的消费者拿起板材，用鼻子闻闻是否有刺鼻的气味。这些良好的客户体验，创造了良好的销售。

意利宝通过不懈的追求与努力，为消费者提供了一个更精彩的厨房世界。走进意利宝，提供给消费者的不只是橱柜，更是一种文化，一种生活方式，一种追求完美的生活态度，一种品位的生活概念。

深耕中小学课外教育

大山教育集团的前身是大山外国语学校，1998年创办于郑州市，2002年成为国内首批获得国家外专局批准拥有聘请外国专家任教资格的学校，2011年经郑州教育局批准成立大山教育集团，同时被纳入郑州市政府首批教育资源倍增工程。大山专注于中小学课外教育，立足郑州，深植河南，辐射全国，秉承"致力于高品质教育，提供高品质教学服务"的办学使命，依托"小班化授课，个性化辅导，精英教育，分层次教学"的教育模式，成为中小学课外提分领导品牌和最具影响力的民办教育集团。

一、专注与深耕

在持续发展中，大山教育集团深耕中小学课外教育领域，开拓相关业务，已经拥有大山外国语培训学校、小数点数学、大山亲子教育中心、大山加盟事业中心、一对一学习中心等分支机构。

郑州大山外国语培训学校在郑州市拥有41所直营校区，全省218家加盟校区，全国340余所加盟分校和教学中心，覆盖17个省、市、自治区。集团是河南省民办教育专业委员会理事长单位，中国十大品牌教育机构，河南省最大的中小学英语辅导机构，全省12万在校生人数，2013年培训学员突破30万人次，累计130万河南考生的选择，连续16年辅导学员人数遥遥领先。

小数点数学的前身"大山启迪部数学教学中心"成立于2005年，经过多年的发展，在2013年形成了完整的"小数点数学"6～17岁小学、初中、高中K12课辅体系。在发展过程中,小数点数学先后聘请 30 位奥赛教练、20 位教龄 20 年以上的一线中高级教师领衔组成的专兼职教师团队,并特聘 4 位省市级优秀教研员和考试政策解析专家主管课程体系设计及教学质量把控。8 年来,小数点数学在小升初、中考、高考领域均取得了优异成绩,1.2 万名学生在小数点数学的帮助下考进了自己心中理想的学校。小数点品牌拥有丰富的办学经验,实行 20 人以下小班制,保证高品质的教学质量;132 位顶级的师资团队,把握数学最新出题方向;逐步形成了完善专精的授课内容,透析小升初、中高考数学重点、难点。

大山亲子教育中心集家庭教育训练、青少年素质训练、心理咨询辅导为一体,聘请中国亲子关系第一人、吉林大学硕士生导师董进宇博士担任主讲导师,引进"学习型家庭"系列报告会、"创造巅峰学习状态"中学生潜能训练营、"铸造子女成功未来"家长训练营等课程,并吸引了省内多名资深心理咨询师组成了义工团。2005 年至今,大山亲子教育中心已成功举办大型报告会、家长课、教师培训 50 余场,为河南 10 万多家庭带来福音;举办中学生未来精英训练营 5 期,帮助全国千名学员找到人生方向走向成功。开办的博瑞智教育系列课程成为河南最受欢迎的高端亲子培训课程。

大山一对一个性化辅导是以学生为中心,根据学生的兴趣、特长、性格等因材施教,针对学员的学习薄弱环节进行精心设计,将学科重难点、考试侧重点巧妙融入教学中,在授课过程中注重学生个性化辅导,激发学习兴趣,使学生学习状态始终保持在巅峰,引导学生自主学习。在个性化辅导的基础上,提供家庭教育系统解决方案,协助家长为孩子制定科学、合理的成才计划。

二、打造中小学课外教育的"互联网+"

"互联网+"向传统行业的不断渗透,一方面增加了行业竞争力,激发了市场活力,另一方面又促进了传统行业的自我突破与创新。大山教育积极拥抱互联网,进行培训行业的模式创新,提供更丰富、更深入的培训服务,改善教育资源分配不均衡的现状,让更多的孩子以更低的成本获得更适合自己的学习资源,也由此受到家长孩子及社会的好评。

强力推出国内领先的线上教育平台。为打造高品质教育品牌,提供高品质培训服务,2014 年,大山外语向方舟科技定制了大山在线学习平台。这是一款综合性高、操作性强的线上产品,也是国内领先的学习平台。其中包含了 420 个录播课程、12 000 余个中小学知识点、小学、初中、高中三大阶段的直播的课程,拥有最权威的学习成绩测评系统。并且,90% 以上的课程都是免费的。这些线上课程帮助了家庭困难的孩子解决辅导难、家长忙的问题。该平台由省级教学专家、市级教研员领衔 46 名活跃在一线教学岗位的知名教师,精选涵盖语英数理化、各年级、各考点的 20 余万道模考真题,打造最适合河南考生的测评系统,且加入错题本系统,定期梳理学生的知识遗漏点。

私人定制,共享线上教育资源。在普通的课堂上,老师给所有学生讲的都是一样的,优等生吃不饱,差等生吃不了的现象时有发生。2015 年 4 月,大山外语与腾讯大豫网签署合作协议,开通在线教育频道,让所有用户都能在大豫网上学到大山在线课程,为学生提供权威的授课平台。这意味着河南省数千万的中小学生将得到免费享受优秀教育资源的机会。在这里老师任你挑,课堂任你选,实现真正的教育私人定制,哪里不会点哪里。大山教育的创始人张红军说:"河南省政府与腾讯签约'互联网+'落地河南,为优势资源整合提供了政策导向。而我们从去年开始就着手研发线上产品,为本次合作打好了坚实的基础。这次合作是互联网+项目下的又一个'风口',它将为下一步我们在移动应用的普及、大数据客户分析,以及优质资源本地化覆盖等方向的合作做好开篇工作。"

帮学生找知识盲点,提高学习主动性。作为对线下教育的补充,大山在线是一个很好的工具,可以为学员提供很好的内容、产品和服务。它实现了学生学习的随时随地性,可以让学生在网上向老师咨询、提问,随时随地学习,对课堂上没有理解的知识点进行反复研读。提前可以预习,课后还能复习,遇到难点、知识盲点,还可反复点击观看,极大地提高了学生学习的主动性和兴趣性。一位使用系统的学生说:"以前,做作业遇到难题时常常束手无策,不会就随手放过了。现在,我可以通过大山在线,找到老师讲解的那一块知识点,反复听,很快就克服了难关。尤其是英语,多看多听视频还能练口语、记单词。"

这米线,可是河南造的

作为方便食品中独具特色的细分品类,米线的发展一直颇受广大企业与消费者关注。然而,由于种种原因,米线一直缺乏全国性品牌,也缺乏产品和营销模式方面的创新。河南文玉食品有限公司在这一品类市场所做的尝试和努力就显得弥足珍贵。

河南文玉食品有限公司创始人张文玉作为一名地地道道的农村青年,抱着诚实劳动、兴办实业、改变自己、奉献社会的强烈愿望,以 87 元钱起家,去洛阳、到鹿邑、上天津、下广州,打"火烧",卖羊肉汤,历经千辛万苦而不屈不挠。2001 年,以自己非凡的胆魄创办了文玉食品公司,不但每年为国家贡献利税数百万元,而且还帮扶了百余名贫困群众走上了致富之路。

2012 年,张文玉结合市场形势,做出了聚焦米线产业,坚决做深、做透、做强的战略规划。为了提高竞争力,2013 年,启动了年产 2 万吨营养型米线的项目,建造了 6 000 多平方米的十万级无菌生产车间,并于 2014 年初投产。这使得文玉食品在生产设备、生产规模、生产环境方面均处于国内领先水平,产品销售网络覆盖晋、冀、鲁、豫、皖、苏等的 500 多个县市。

产品好,才能市场好。文玉米线一直秉承"好原料缔造好产品"的理念,不断进行产品升级换代,2013 年底推出麻辣风味、酸辣风味和野山菌汤味三种口味的新型米线产品,该系列产品最大的卖点来自调料包的变化。为了强化消费者对米线尾香的体验,文玉食品采用大块牛肉粒和独家酱料配方,以芝麻、朝天椒、茴香、大料等多方面优质原料配制粉包,蔬菜包直接与康师傅的供应商达成合作。最令经销商称赞的则是醋包,不仅采用了正宗山西老陈醋,而且将克重提升至 15g,比同类产品高出 5g,大大提升了口感。新型产品在 2014 年 10 月份选择部分市场试销,当月销售额 300 余万元。产品口感上佳,不添加任何添加剂,渠道毛利高,三大差异化卖点令经销商难以拒绝。

市场好,还得营销好。为了不断扩大影响力和市场占有率,文玉食品在营销策略上下足了工夫。

一是针对不同区域,建立市场推广和市场维护两支强干的营销队伍。在吸引各地人才的同时,文玉食品与周口技术职业学院合作,吸收 50 多名 22～24 岁左右的青年才俊,确保文玉食品未来的人才储备。公司还抽调精干力量组成"文玉特工队",在省内和周边市场的集会、KA 卖场、学校开展品鉴会,提升消费者对文玉品牌的认知度。

二是开展多种多样的促销模式,引导米线整箱消费。文玉食品选择河南省内多个城市作为重点市场,引导消费者整箱购买米线。在豫东南、豫西北地区,借势当地的婚庆等节日习俗,开展了"千里姻缘一线牵,文玉米线勇当先"的主题活动,引导婚礼主家用整箱的米线作为对宾客的回礼,将一些县级市的销售额迅速拉升至几十万元。

2014 年,影视巨星吴樾成为文玉品牌形象大使,倾力代言各类米线产品。与中央电视台、河南卫视、中国食品招商网、5888 火爆招商网、百度等多家媒体进行战略合作,投放大量广告,进行网络推广。

2015 年,文玉食品加大了华中区等市场的开发力度,联合经销商分渠道、分区域稳步推进。在厂商合作的过程中,文玉食品为经销商提供了大量的试吃品、促销品、进场费等资源支持,投入文化衫、棉大衣等海量物料,并帮助经销商开展丰富多彩的品鉴会,开发优质二批商和终端客户。

不断修炼内功,期待厚积薄发的文玉食品,在未来几年中极有可能成为米线行业中的爆款产品,带动更多经销商持续发展。

自主品牌打造高端女人味

河南斯特芬贸易有限公司是上海雅欧生物科技有限公司华中区域品牌运营中心,是一家主营美容产品和定制高端传统服饰的企业,公司成立于 2014 年。公司以打造高端、优雅的女人味为重点发展方向,经过多次沟通,打通了与韩国高丽雅娜化妆品公司的贸易通道,成功地将其系列化妆品引入到了国内,让中国女人更加美丽。

与韩国公司合作的同时,公司并未停止自主研发的脚步。借助与韩国高丽雅娜合作的机会,自主研发了面膜产品。2015 年 3 月,自主品牌玺曼博双重补水养颜面膜开发成功;5 月,玺曼博臻颜护肤面膜研制成功;6 月,玺曼博面膜正式上线,开始了扮美中国女人之路。公司创始人张博是一个传统的知性女人,她一直在思考中国传统女性之美如何体现,如何优雅地表现出来。玺曼博产品系列推出之后,自己也在使用,并以优雅的表现在各种场合展示,借此推介自己的面膜系列。

在 2015 年夏季来临之时,张博又开启了传统女性之美的另外一个符号,定制旗袍。她认为,斯特芬的一个重要使命就是弘扬东方文化,助推国人梦想。承载这样的使命,于是推出了思曼博私人定制旗袍系列。思曼博中式旗袍传统手工艺缝制的核心点,在于采用一体式旗袍量身、形体分析方法及尺寸补正计算公式,这使得旗袍量身尺寸多达 20 余处。这种方式可以令旗袍制作达到一次成型、一次上身就无须改动的精湛水准,这为消费者量身定制或者异地量身定制提供了可能性。

更重要的是，为客人制作的旗袍不仅展示其长处，还能掩饰其不足，这才是旗袍美妙之所在。手工缝制专业工作人员只需一针一线，手指上下翻飞，一百多道工序之后，一件完美的作品就完成了。作品之完美不仅仅在于合身，手工针脚之细密匀称，面料花纹拼接之精巧契合，更是巧夺天工。

量身定制也大大减少了运营资金，降低了资金风险。布料、辅料可以自主选择，每款衣服都有客户自己的特色，打造个人品位，形成部落化网络式消费联盟。

一般做衣服手工费和面料费占成本的很大一个部分，斯特芬采用加入面料进货商联盟来降低成本。进货商联盟就是和一些大的厂家如隆禧服饰一起去采购面料，会把价格大大降低。这也有助于把量身定制做成全民化项目。

在市场推广上，斯特芬以职业经理人为单位进行裂变式发展，公司的整个模式化运营当中没有加盟商，只有职业经理人。职业经理人的一部分和加盟商是类似的，他通过这个项目去赢取一部分利润，同时他也是公司一员。职业经理人只需推广便可直接受益，后台服务和产品本身不需要职业经理人操心。因此，服装的成本可以降低一些。

有了成本的降低，推广定制便成了水到渠成的事了。2015 年 12 月，斯特芬在郑州美盛喜来登酒店举办了"河南斯特芬 2015 年思曼博品牌发布会"，正式推出了定制旗袍系列，获得了在场众多女性的青睐。

液体无菌包装领导者

从传统胶印到数字化印刷，从标签柔印到报业轮转，从大幅面到精细化，在中国印刷这块不断扩大的"市场蛋糕"上，都能找到属于自己的那份利润"大餐"，开封市博凯印务有限公司在努力使属于自己的一份蛋糕越来越大。经过全体员工多年的不懈努力，已经确立了公司在国内印刷行业、利乐包产品开发、加工的领先地位。

开封市博凯印务有限公司成立于 2004 年，由一个租赁厂房发展到现在拥有自己的办公楼及标准化厂房，并入驻了开封黄龙产业集聚区。当初公司定名为博凯，含义就是拼搏凯旋。经过 10 多年艰辛的打拼，公司打开了局面，产品种类越分越细，客户越来越多，公司的规模也越来越大。

为了增强市场竞争力，博凯印务在技术创新和设备引进上加大投入，公司的设备在行业内处于领先地位。公司拥有新型高端的印刷包装设备，包括意大利和日本技术的全电脑八色、七色、高速柔版印刷设备，以及全自动高速六色胶版柔印机、全自动模切机、全自动糊盒机、可变码防伪印刷机，可以实现一条龙全自动化的生产，年生产能力处于行业前端，为博凯印务扩大市场份额，实现产品高品质、高需求奠定了坚实的基础。

2010 年，公司上马了一条饮料盒包装生产线，此项目为液体奶制品及水果饮料包装盒，由于之前一直被国外技术所垄断，全国能开展此项目的公司也是屈指可数，所以市场需求大，产品供不应求。这是一个符合环保要求又有市场前景的优秀项目，生产中采用食品环保水剂油墨，利用先进的柔版印刷等多项高新技术，博凯印务也将借此拥有从印刷到成品的成套设备和管理体系。

2012年12月,新型液体食品无菌包装生产线正式投入生产。对于这套生产线,博凯印务拥有自主专利技术,其优点为低碳环保,便于回收和运输,为企业更好地占据液体包装市场奠定了一个良好的基础。

公司积极拓展市场空间,扩大业务范围。公司与郑州辅仁制药集团、平顶山圣光制药集团、漯河方汇制药集团、开封康诺制药厂、开封制药厂等建立了良好的合作关系,公司在药品包装市场上也获得了稳步的发展。

生态农业产业化的"探路者"

河南陆台农业科技开发有限公司成立于2012年,是以种植、养殖、新品种引进、苗木培育、科普推广、休闲观光为一体的现代化农业企业。公司大力发展推广绿色农产品和精品苗木花卉产业,坚持高科技引领,市场化运作,品牌化经营,集科研、生产、销售于一体,致力于发展精选名优品种。陆台农业在建设生态农业的基础上,将农业与都市生态休闲观光旅游等多种产业相结合,与台湾李昆蔚合作打造两岸高科技成果转化示范基地,引进台湾优良品种,先进技术和科学管理模式,着力打造海峡两岸高科技成果转化示范基地和休闲观光农业基地陆台生态观光园。

一、清晰定位谋求长远发展

陆台生态观光园位于焦作市"台创园"核心区,被"台创园"规划为农业技术示范园区。根据园区的基础、优势以及发展机遇,确定了清晰的定位。

国家级循环农业示范区。通过科学构建园区生态产业链,运用有效微生物群技术、沼气技术、食物链技术、生态循环技术和产品深加工技术,建设"种—畜—沼—种"物质循环利用、"牲畜养殖+牲畜粪便资源化+种植基地综合利用"等集养殖、治污、种植为一体的资源综合利用循环农业产业化经营模式,成为国家级生态循环农业示范区。

国家级有机农业示范基地。遵循自然规律和生态学原理,严格按照国家标准《有机产品》(GB/T 19630—2005)进行农产品生产,建立和恢复农业生态系统的生物多样性和良性循环,实现种植业和养殖业平衡,推广使用经国家权威部门认定并推荐使用的有机农业生产资料,建立有机农业生产体系;加强产销联合,推广"公司+农户""公司+合作社(协会)+农户""合作社+农户""协会+农户"等经营模式,建立产业化经营体系;建立完善的质量管理体系和追溯体系,成为国家级有机农业示范基地。

国家级有机产品生产科技支撑系统应用示范基地。在充分发挥现有的技术优势基础上,积极推广频振式诱控技术、自动虫情测报灯、农林小气候信息采集系统、病虫调查统计器、安全检查生态远程实时监控系统等植保技术体系为主的农业高新科技;同时配套开发、生产其他相关有机产品生产科技支撑系统(如自动节水灌溉系统、测土测肥配方施肥系统、沼气循环应用工程系统等),成为国家首家有机产品生产科技支撑系统成套应用的示范基地。

国家级农业标准化工程示范基地。农业标准化是指按照"统一、简化、协调、选优"的原则,通过制订和实施标准,把农业产前、产中、产后各个环节纳入标准生产和标准管理的轨道。它是"科技兴农"的载体和基础,融先进的技术、经济、管理于一体,使农业发展科学化、系统化。该工程包括了农业标准体系、农业质量监测体系和农产品评价认证体系三大体系的建设。其中,标准体系是基础,质量监测体系是保障,产品评价认证体系则是评价农产品状况、监督农业标准化进程、促进品牌、名牌战略实施的重要基础体系。

河南省新农村建设试验区。园区建设以政府引导、企业投入为主体,实施的"农民身份转换、农居点景观改善和再利用"的模式,对于修武县乃至河南省新农村建设发展来说都是一种全新的模式,为推进我国新农村建设提供了一条重要途径。

河南省生态农林休闲体验区和科普教育基地。依托生态农林园良好的发展前景,积极开拓园区的观光、休闲、体验、科普、教育等新功能,使之成为河南省重要的生态农业休闲体验踏青基地和面向全国农林院校为主的农林科普教育基地。

二、优化企业管理,增强技术创新能力

陆台生态观光园的总体目标是严格按照国家标准《有机产品》的相关要求,充分运用农业害虫检测系统及灯光诱控技术,立足农业自然生态链修复工程,通过农林园区的建设,摸索出一条"园区相对独立,农业生物链相对完整,物质能够自我循环,能量能够顺利流动"的生态农林园发展的崭新路子,使园区成为我国最为典型、彻底摆脱依赖化学农药和化肥的有机产品生产基地;生态农林园的建设以种养结合的农林经济为主导,以生态林、有机粮、有机果品、有机蔬菜、有机食用菌、有机畜禽饲养等产业为骨架,以特色有机农林产品为突破口,配套发展农业休闲观光业,实现园区资源节约、内部物质自我循环平衡,集农林科普教育、科技示范、农林休闲等于一体的、零污染碳汇生态农林园,成为全国的高效生态农业示范基地。

陆台农业科技与西南大学、中国农科院郑州果树研究所等科研院所有常年合作关系,具有雄厚的技术依托,为公司加大科技投入,开发和引进新产品提供了强大的技术支撑。研发负责人王九善是陆台农业高级农艺师,2004年已经从事核桃和其他林果新品种的研发和扩繁;路万锁是陆台农业高级农艺师,其研发的冬枣、龙枣等品种技术均领先于沾化冬枣。

陆台农业建设有农业物联网系统、信息中心、分子农业科研中心、现代农业技术展示中心、生态农业科教中心、休闲观光农业园区、实验基地等。目前生态观光园区拥有智能观光通道1.6千米,餐厅满足每天接待1 000人规模、体验销售餐厅能满足每天2 000人接待规模。

为了保证园区的建设质量,陆台农业科技建立了完善的项目管理制度,如实行项目法人制、工程质量终身责任制;实行工程监理制,聘请有资格的监理单位和人员对项目建设实行监理;实行公开监督制,随时邀请和接受计划、审计等部门和社会监督,竣工验收按规定进行。企业严格实施项目资金管理,对项目资金实行专账管理、专款专用、严禁挪用和挤占,并对大型设备和项目实行招投标制。

陆台农业科技构建了完善的质量保障体系,企业采用ISO9001标准对公司的设计开发、生产、检测和试验、售后服务进行质量跟踪。企业内部的营销体系参照ISO9004标准

进行。

小树有机——纯粹有机生活定制引领者

郑州树青农业科技有限公司成立于2013年3月,致力于打造有机、原生态、绿色等健康食品"生产—加工—销售"一体化服务平台。小树有机是树青农业科技有限公司于2013年5月投资成立的有机食品连锁专营机构,秉承"做有良心的企业"的理念,致力于建设"健康的餐桌食品"一站式购物服务平台,主要采取"网络+客服+实体网点"的经营模式,为消费者提供有机食品展示、体验、采购等平台,主要经营餐桌上常见的菜、肉、蛋、奶、米、面、粮、油及调料类食品,保证全部是有机、绿色、原生态的健康产品,为餐桌安全把关,打造国人健康安全的餐桌工程。公司注册了"小树有机"商标,用于连锁配送经营的统一品牌。

一、清晰的战略定位

有机农业是重要的生态农业表现形式,符合对农业可持续发展的要求。有机食品是21世纪世界追踪的健康安全食品,有利于人类的生命质量、生活质量改善,有利于我国的农业与农村经济结构战略性的合理调整,有利于新农村建设。因此,我国各级政府越来越重视并制定了相应的政策来支持鼓励发展有机农业和有机食品。

有机食品市场需求不断增长,符合国家政策方向,未来10年是树青公司发展的战略机遇期。树青公司具备连锁经营管理的理念和执行力,公司的发展战略定位是探索有机食品连锁经营的成功模式,快速在全国推广复制,成为全球纯粹有机农产品销售商,同时不断整合产业资源,从"全球纯粹有机农产品的销售商"起步,成为"中原最大有机农产品的供应商(河南有机农产品龙头企业)",实现企业稳步快速成长。

为了推动发展战略的实施,小树有机在全世界为客户寻找纯粹有机食品。公司的产品主要是来自欧盟、美国等地的有机认证食品,可以为目标客户提供更省时、省力、省心的纯粹有机食品组合。在经营定位上,以"纯粹"建立竞争区隔,以"纯粹"确立消费信心,以"纯粹"提供尊贵体验。诚信经营,努力把"小树有机"品牌打造成广受社会信任的有机食品连锁经营品牌,开创中国有机食品连锁经营高端品牌,成为长期引领国人有机生活理念与实践的卓越品牌。

在经营过程中,小树有机不断探索中原经济区农业现代化发展的新模式,将新技术、新模式、新渠道融入高端农业领域,整合产业资源,搭建优质产业平台,打通产业与市场连接渠道,运用现代营销方式,服务高端客户。

二、明确的营销思路

在国内有机食品市场发展的初期,小树有机选择以"全球纯粹有机农产品配送连锁"为战略定位,以"把纯粹做到极致,把定制做到极致,把体验做到极致"为宗旨,用有机生活形象体验中心为形式进入市场,有着自身比较突出的特点。但由于是初创企业,企业的规模较小,品牌影响力弱,创业团队中经营管理人员缺乏;同时,在有机农产品领域竞争者较多,很多的消费者不知道有机产品,不懂有机产品对于自身的价值,甚至有些对于有机的概念模糊,对有机食品缺乏信任感。在企业发展及市场竞争中,小树有机进行了有效的品牌塑造、准确的市场定位、科学的市场营销策划,使市场影响力逐渐扩大。

小树有机通过对行业及消费者的深入了解和分析,确定了企业的营销战略及策略,即确定小树有机到底满足谁的需要,要为他们提供什么价值,如何传递价值。

通过分析行业中其他竞争先驱者的经验和教训,以及消费者现阶段对有机食品的需求特点,小树有机把目标消费群体分成两大类;即终端客户和组织客户。终端客户主要包括高端家庭和特殊群体;组织客户主要包括企事业单位、渠道客户、平台类客户、战略合作伙伴。小树有机从不同客户的实际需求出发,分别为他们定制了不同的有机生活组合。为特殊群体定制贴身的有机生活组合,为高端家庭定制尊贵有机生活组合,为组织市场主要定制特色地标有机生活组合为代表的各种有机礼品组合。

在连锁经营的发展方面,以确定的小树有机的营销战略和营销定位为基础,从体验中心的选址、装修、生动化陈列、产品组合、价格策略、渠道策略、沟通策略等方面提进行统一规划,形成了完善的连锁运营方案与培训指导方案,公司总部可以进行价值提供和价值传递,指导连锁店的经营活动的开展,创立了适合小树有机的经营模式。

在销售上,小树有机创立了"两免费+五通路"的销售模式。两免费是接触顾客的形式,五通路会形成销售路径的系统回路。首先,以免费的定制组合形式和服务体验,提高小树有机产品的总体价值,从而可以提高组合价格,然后通过五种通路向不同的目标客户销售。一是通过连锁社区体验中心(以后将升级为分公司)重点向周边的家庭客户销售充值卡或各类月卡、季卡、年卡等;二是通过各类针对性活动,开发大客户市场,促使其购买各类定制组合,满足大客户员工福利和商务礼品等需求;三是通过与各类合作机构合作,满足其为自己客户提供增值服务的需求,从而实现其客户购买小树有机产品;四是通过电子商城满足终端客户自主参与、方便快捷的需求,实现在线购买;五是通过与各类销售渠道合作,实现单品的直接销售。

三、独特的产品概念

不管是单品还是有形的有机食品,小树有机都不具备独特的市场竞争优势。小树有机重新界定了产品的概念,向消费者提供与竞争对手不同的产品要素,尤其是服务要素。小树有机产品包括"纯粹+定制+体验"三要素。

一是纯粹有机食品。这是小树有机形成第一层竞争壁垒的要素,也是小树有机产品要素的基础要素,确立了小树有机在客户心目中纯粹、高贵的印象,建立了与竞争者的区隔,满足了客户因纯粹而尊贵的心理需求。

二是定制的有机食品组合。这是小树有机形成第二层竞争壁垒的要素,通过针对不同客户的专业营养定制组合(如孕妈妈、儿童、老人、考生等),针对大客户的不同需求,可以实现不同类型、不同价位、定制客户等标识实现产品的创新升级,形成与竞争者不一样的产品理念,从而在客户心目中建立差异化的竞争优势。在此基础上,可以结合营养师和厨师的专业建议,制作各类定制化的菜品、点心、养生食品等。做到极致时,就像每个人为自己定制的戴尔电脑一样,每个客户的组合都是独一无二的,是属于自己的。

三是独特的体验式服务。这是小树有机形成第三层竞争壁垒的要素,可以建立小树有机与客户的情感联系,增加客户黏度(忠诚度),满足客户对小树有机的情感需求。包括提供极致的人员服务,增强客户的参与感,营造舒心的体验氛围,提供便利的配送服务等,让客户感受到更多的价值。

万里展翅 运输未来

许昌万里运输集团作为一家物流企业,在中原地区名头响亮。公司拥有1万多台各式运输车辆,业务范围横跨客户运输、货运代理、汽车销售、汽车修理等多个行业。公司坚持"一业为主、多业支撑",已经发展成为国内规模较大、功能齐全、行业领先的大型综合类第三方物流企业,公司年产值已达50多亿。

万里运输集团作为河南省的一个地市级运输企业,是如何在市场中突出重围,成为国内领先的现代物流企业呢?

万里运输集团的前身是许昌市运输公司,成立于1950年,在改革开放前艰难度日,举步维艰。在1998年进行改制时已是一个濒临倒闭的企业,资不抵债,3 300名职工已经几个月没有发放工资。退伍军人陈立友的出现改变了万里集团的命运。陈立友上任后,大胆探索,双向选择,优化组合,竞争上岗,在企业内打破干部与工人身份的界限,统一实行聘任制,建立"能者上,平者让,庸者下"的用人标准,激发员工竞争意识,开启了改革创新的大幕。

许昌万里集团持续改革与创新,在2000年初,业务模式已经从单一的道路运输转变为道路运输的一体化运营。在已经过去的十几年里,公司又瞄准社会经济的发展趋势,主业由传统货运转向现代物流。万里集团还对省内的几十家运输企业进行整合,并充分利用社会闲散资源,不断扩大企业规模,创造出了今天我们看到的大型现代物流公司的格局。

目前,许昌万里集团在全国各大中城市都设有分公司,具有完善的仓储设施、专线运输、货源网店和庞大的运输能力,逐步实现了"人在家中坐、收发全国货"的物流发展方向,在国内树立起良好的品牌形象。

化蛹为碟,河南邮政借势腾飞

自从 Internet 来到世间,邮政的日子就不太好过,丢掉了通信的功能,邮政就改制为快递物流公司。河南邮政快递物流公司改制后虽依然是河南本土规模最大、网络覆盖能力最广、业务品种最丰富的物流公司,但面对的是身段灵活的民营物流公司的强大竞争压力。一方面,网络社会做大了物流蛋糕,另一方面,物流的很大一部分份额被民营公司所蚕食。

河南邮政快递物流公司改革创新,从依赖于政府和大型国有企事业单位的物流服务,扩大为给广大居民提供各种快递服务,从僵化的思维转变为市场化服务思维,迅速成长为成为"全国4A级物流企业"和河南省重点扶植的物流企业。

目前,河南省邮政快递物流公司以郑州为中心,建立了覆盖省内18个省辖市和114个县的快递网络,实现了18个省辖市之间特快"次日上午递",18个省辖市与99个县之间特快"次日递"。同时,大力发展国际国内物流业务,公司在郑州成立国际邮件互换局和交换站,通达220个国家和地区,河南出口世界主要城市的邮件3~5个工作日就可达到。河南邮政还建立了先进的信息支撑系统,为客户实时掌握邮件动态提供一站式服务,在11183电话预约、查询的基础上,还建立了互联网查询、手机短信查询、GPS车辆定位等多样化功能,支持无线手持终端设备对速递物流的整个流程的查询与实时跟踪。

郑州作为"新丝绸之路"的桥头堡,郑州航空物流港的地位日益提升。河南邮政快递公司作为河南服务时间最长、实力最强的物流公司,面临着千载难逢的重要历史机遇,相信河南邮政快递将会充分利用其网络、品牌、实力等资源优势更上一层楼。

拓展海内外市场,建设石油工程行业知名物流企业

中油物流是一家立足于石油工程行业的物流公司,其前身是中国石油化工集团公司中原油田运输处,于2005年改制成立,现在已经成为集油田钻井设备搬迁、普通货物运输、集装箱运输、大型设备吊装、物资采购、管道运输和进出口海运代理等于一身的现代物流企业。

中油物流随着中国石油在海内外的开拓而扩张,为国内外企业解决设备搬迁与运输等问题。现在已进入沙特、哈萨克斯坦等海外高端石油钻井搬迁运输市场。在国内立足于中原,服务于油田,并进入社会物流市场,利用GPS、电子商务等现代科技手段开拓市场,建立了覆盖中原、辐射周边省市的一条龙的物流网络,成为中原地区主要的道路货运商。

中油物流先后参加了诸多重大项目的搬迁运输工作,如黄河小浪底水利枢纽工程设备吊装、中国大陆科探1井搬迁等,还和海外跨国公司如壳牌、阿莫科等在中国市场的搬迁运输业务上进行广泛合作,树立了良好的声誉和品牌形象。

在近年石油行业景气度下降的情况下,中油物流沉着应对,大力实施"走出去"战略,在苏丹等几个国家设立分公司,仅聘用的外籍员工就达130多人,以海外扩张弥补国内业务的不足,实现了业务的较快增长。中油物流的产值已经由2005年的1.7亿元上升到2014年的2.7亿元人民币,成为石油工程行业知名的物流企业。

我国一路一带国家战略的海外拓展,给中油物流带来更多机遇。抓住机遇,迎接挑战,快速发展,是中油物流未来的不二选择。

适时战略转型，谋求新的发展

河南联络实业有限公司于 2014 年成立，是一家专注于通信和互联网领域的专业的通信与互联网技术应用解决方案提供商和服务商，主要经营呼叫中心、企业电话、语音群呼、数字中继、无线固话，移动 TD 固话等电信业务，其前身是创建于 1997 年的郑州新网景科技有限公司。新网景已成功服务客户十余载，是一家以弱电工程为主导的创新型 IT 公司，长期致力于商务通信、联络中心、智能安防、计算机网络、音视频会议等产品销售与建筑智能化工程集成服务，并与 SIEMENS、POLYCOM、PANASONIC、NEC、TCL、北恩、亿泰、通利等大通信供应商有良好的合作关系，业务覆盖各个行业。

随着信息技术的快速发展，市场环境的急剧变化，新网景很难凭借固定不变的战略定位保持市场优势，转型升级成为企业发展必由之路。经过充分的调研和分析论证，新网景在保持传统产品的基础上，引进了网络通信全线产品，成立河南联络实业有限公司，以新的经营模式来运营新产品。

河南联络实业有限公司成立后，对老员工实行股权赠送的政策，努力打造一支创客型团队；在软件方面，紧扣行业发展脉搏，进行自主研发，销售自有品牌 Lenect 软件产品，部署基于云端运营的服务器，朝电信增值服务的方向发展；代理了潮流网络全系列 IP 产品（包括 IPPBX、IP 话机、IP 视频话机、网关、SIP 监控、视频会议等）、缤特力呼叫中心话务耳机、蓝牙耳机、智能穿戴设备等。公司专注于 IP 语音和呼叫中心产品解决方案，在传统与 IP 的交汇中日益创新，普及新应用，挖掘新客户，开辟新市场，与客户和谐发展，互利共赢。除提供产品及系统销售外，公司还专注于为客户提供一体化解决方案，全方位、多层次地为客户提供售前、售中、售后服务。针对每个项目，联络实业有专职的项目经理、项目工程师、科学的管理流程，最大限度地满足和保护客户的利益。

经过不断发展，公司已拥有语音交换机领域长期积累的丰富的技术、客户服务经验和项目管理经验，业务覆盖了政府机关、银行业、保险业、交通运输业、制造业、医疗行业、咨询业、酒店以及驻华机构等。同时，外资公司也是公司一直致力服务的客户群体，高品质产品和优质的服务为我们赢得了众多外资公司客户的信赖与支持。

建设中国鸡肉产业标杆食品企业

河南是农业大省，农牧养殖及食品行业在河南经济中占有突出位置，涌现出一批知名甚至世界级企业，如双汇、雏鹰农牧、华英禽业、牧原股份等，河南永达食业集团也是其中之一。

河南永达食业集团依靠豫北广袤的粮食产区，主营肉鸡的养殖、屠宰、加工及其销售，是河南最大的鸡肉食品企业。永达现有员工 1 万余人,年屠宰加工肉鸡 1.5 亿只,出口产品 7 万余吨,销往日本、韩国等十多个国家和地区,出口量连年居河南第一、全国前三。

永达食业肉鸡的生产采用"公司+基地+农户"的产业化发展模式,社会合同遍及豫北 15 个县(市),联结养鸡户 2 000 多户,和村集体联办出栏肉鸡 30 万只的现代化商品鸡场 100 座,每年可为公司提供优质鸡源约 4 000 万只,不但有效提高了农民的生活水平,而且切切实实地保证了鸡源的品质,提高了永达食业的产品质量。基于此,永达食业现已是肯德基、麦当劳、小肥羊、海底捞、家乐福、沃尔玛、大润发等国际国内知名连锁企业的重要供应商,且是肯德基在中国的三大鸡肉供应商之一。作为高品质的象征,永达还是中国航天员科研训练中心的重点协作单位,永达的食品先后随"神八""神九""神十"进入太空,成为中国航天员专用食品。

永达食业拥有无数的荣誉,如"中国名牌农产品""中国驰名商标""国家认定企业技术中心"等。但永达的理想在于未来,在于为社会"提供健康美味的食品,创造轻松快乐的生活","成为中国鸡肉产业一流标杆食品集团,成为全球鸡肉食材战略供应商"。

2

组 织 创 新

现代社会经济技术的快速发展，市场竞争的加剧，导致社会资源配置方式正在发生重大转变。企业的组织管理作为资源整合的系统方式，也将发生重大革命。对于组织来讲，变革与创新是一种常态，应对变革是管理者工作中不可缺少的一部分。

企业组织创新是通过调整和优化各种管理要素如人、财、物、时间、空间、信息等资源的配置方式和结构，提高管理要素的效能，以更好地推动企业目标的实现。企业组织创新的内容，包括组织结构创新、管理制度创新、管理机制创新、企业文化创新、业务流程与方法创新、团队建设、人力资源管理创新等。战略决定结构，企业战略的变化先行于支持战略实施的组织结构的变化。企业进行组织创新，要围绕企业发展战略对未来的经营方向、经营目标、经营活动进行系统筹划，调整和理顺运营体制与机制，不断优化各项生产要素的组合，优化沟通协调机制，开发人力资源，建立运转灵活、高效的组织结构体系。

从组织创新的实质上说，组织创新就是要变革组织中阻碍企业发展的各种因素，建立新的、充满活力的管理模式与运行机制。组织创新要有利于培育、保持和提高企业的核心能力，在市场竞争中赢得持续的竞争优势。因此，企业组织创新模式的选择最终还是要看是否有利于提高企业的核心能力。可以说，核心能力是检验企业组织创新的成效及其模式选择的最终标准。

管理者是组织创新的推动者，在创新中起着关键作用。组织变革必然涉及利益的调整，会遇到各种阻力。因此，管理者应该不断提高组织创新的能力，制定切实可行的创新计划，深入了解员工对组织创新的心理和态度，在组织中营造开放交流和相互信任的氛围，采取有效的创新策略，妥善化解各种矛盾和意见，引导广大员工积极参与到组织创新过程中。

天基律师事务所的管理创新

河南天基律师事务所是一家成立于 1999 年的合伙制事务所,经过 16 年的规范经营和专业服务历程,现在已经发展成为法律服务各领域设置完备、以诉讼和非诉讼法律服务业务协同发展的大型法律服务机构,是河南省规模最大的律师事务所之一。

天基律师所本着唯才是举、唯德是任的理念,敬业爱贤,现已拥有律师团队 140 余人,其中执业律师 114 人,分别来自于国内知名法学教育高等院校,部分律师拥有博士教育背景,涵盖法学教育的所有专业,为高质量的客户服务打下坚实基础。天基律师事务所立足中原,面向全国,至今已经提供诉讼法律服务上万件,非诉讼法律业务 8 000 多件,服务涵盖从政府、事业单位到金融投资、媒体,到房地产建筑等几乎各个行业部门。

天基律师事务所一直以来坚持“以事实为依据,以法律为准绳”,恪守律师职业道德,为委托人提供公证、客观、独立、有效的法律服务。天基凭借雄厚的实力建立了自己的行业信誉,2008 年被评为“全国优秀律师事务所”,至今收获荣誉无数。

天基律师事务所在短短的 15 年里,从起步到成为河南律师行业翘楚,是与其不断探索、勇于创新分不开的。

多年来,天基事务所一直在探索律师所的经营模式。特别是从 2005 年开始,不管是管理体制还是作业方式的创新,都取得了丰硕的成果。

在战略层面上,天基以推动中国法制进程为己任,以打造百年天基为目标,在规范管理制度的同时,不断加强律师文化建设。在全面推进战略计划系统、制度管理系统和文化建设系统的基础上,通过建立“议、决、行、监”管理体制,逐渐形成了从个体化作业向规范化、规模化、专业化和品牌化方向发展的天基新模式。在新发展模式的建设下,如今的天基不管是从律师的人数、知识水平,还是拥有的客户数量、市场份额,以及法律服务提供的品种、质量等都已经进入河南律师行业的前列,获得了社会各界的广泛认同。

在管理层面上,天基从多个方面着手,不但扩大了业务规模,而且将业务拓展到了当事人法律风险的防范。

首先是人才制度。天基设有专业律师培训基金,为读研或者外出培训深造的执业律师提供资助,保证高质量的后备律师队伍。另外,事务所建立了对年轻律师每周 4 个小时培训的制度,由资深律师担当培训师,传递天基的文化、精神及实践经验,不断完善着天基的人才发展机制。

其次是服务从综合领域走向专业领域。从当事人的角度来看,律师就是要运用专业知识和技能为其提供专业的法律意见,帮助其解决专业的法律问题,就像患者就医就要看专科、找专家一样。这就要求法律服务提供者要针对某一专业领域深入钻研,成为这一专业领域的专家律师。天基顺应趋势的发展,根据每个人的专业不同,分别成立了房地产、刑事、金融与资本市场等 9 个法律事务部,各部门分工协作,赢得了客户。所以律师本人不管是从知识上还是物质上都获得了丰厚的回报。

再次是服务从事后走向事前、事中。传统的法律服务一般只局限于争议产生后的纠纷解决阶段,这个时候一般都已经造成了不可挽回的法律后果。当事人痛定思痛,对律师的要求就不单单是事后纠纷的解决,还要求律师提供支持,在事前、事中阶段进行援助,防患于未然。事后的诉讼只是现代法律服务的一小部分,律师还必须参与到当事人整个决策过程中,提供法律意见,减少或者消除因疏漏而给当事人可能带来的风险。天基既要像药品生产厂那样占领患者市场,也要像保健品制造商那样开发常人市场。换句话就是,天基既要巩固传统诉讼业务,还要开发非诉讼业务,而且非诉讼业务体量更大。基于这一管理理念,天基成为河南省内很多大公司的常年法律顾问,如中国中铁七局、河南地方煤炭集团、京广高速铁路重点建设工程、平高电气、平煤集团等,为企业提供常年的事前、事中法律服务。

最后是案件集体商讨制度。天基采用规范的管理模式,统一接受服务,实现案件和专项服务集体讨论,把案件提交给由专业律师负责人和资深律师组成的案审中心进行讨论,靠集体智慧保证每一个案件、每一项服务尽善尽美。

天基还在业界率先实行律师过错赔偿制度,如因承办律师的重大过错致使客户遭受损失,由事务所予以赔偿,为此,天基为每一位执业律师向中国人民保险公司投了律师责任保险。规范的管理使天基在全部的案件代理和非诉讼法律服务的投诉基本为零。

天基把对社会的责任延伸到公益事业,从 2004 年开始就不间断地进行公益援助,如汶川地震、玉树地震等,捐款额都位列律师行业前茅。天基本着以人为本、追求正义与公平的精神,和社会各界建立了良好信任关系,因为勤勉、优质、高效也和社会各界结下了深厚友谊,建立了较高的社会知名度和公众形象。

天基律师事务所在不断的管理创新过程中,一步一个脚印地走向辉煌的未来。

不只为上市的婚恋服务企业

——河南爱来坞文化传播有限公司

河南爱来坞文化传播有限公司的创始人汪雪,毕业于郑州大学新闻系。也许是新闻人特有的事物高度敏感性的特点,富有挑战精神的她于 2012 年开始关注郑州的婚恋市场,并于同年 10 月创建了中原首家公司化运作的实名制区域型婚恋交友专业服务机构河南爱来坞文化传播有限公司。公司业务范围包括婚庆、鲜花礼仪、展示展览服务,各种文化艺术交流、活动策划等。

当时,河南的婚恋服务市场经营者众多,但各企业均为小微企业,规模不大,甚至一个小花店都可以兼营,更不用说民间那些大妈们自发形成的婚恋圈子了。同时,各企业之间市场定位不清,发展水平参差不齐,经营的同质化非常严重,竞争极其激烈。自成立爱来坞公司后,汪雪就致力于打造不一样的婚恋服务。为了探索企业经营的发展方向,她先后自费参加了清华大学 MBA 总裁班、金融生态圈、经邦股权激励等培训学习,一方面努力汲取先进的管理知识与创新技能,另一方面一直在用心思考:如何将传统的婚恋企业经营模式向新型服务产业转变,如何在新的形势下服务大众,为婚恋人群提供更好的服务内容及项目。爱来坞文化传播有限公司在经营过程中进行了大胆探索和尝试,逐步清晰了公司定位,用创新思维开发出富有创意的婚恋服务模式。

一、打造高端婚恋模式

公司开业之初,就用"七夕假面晚会"的新颖形式,展示出不同于传统婚恋企业的见面相亲、拉郎配的业务模式。2012年11月,又成为河南省第一家将户外运动与婚恋结合的企业,让单身男女在充满激情的户外运动中碰撞出爱的火花,颇有爱情之火燎原的意境。

2013年10月,公司又一次用高端活动"河南MBA交友派对"把科学定位的思想落了地,真正成为河南第一家定位于服务中高端单身人群的严肃专业的婚恋公司。随后,又成功举办了大城小爱河南青年相亲文化节、"女神去哪了"魅力单身白领交友派对、河南MBA精英交友派对等大型相亲活动。其中2013年12月举办的"豫见TA"首期单身白领精英相亲会,出场嘉宾通过栏目环节介绍个人情况、婚姻观、价值观以及对心中另一半的要求。最终,20位嘉宾中成功牵手5对情侣,成功率高达50%,开创了河南婚恋行业的先河,也逐步奠定了河南第一高端婚恋品牌的地位。

爱来坞打破常规交友模式,尝试去拓展旅游交友的新型方式,通过组织旅游的方式,让男女朋友在旅游过程中进行充分交流,把尴尬的直面转为轻松的窃窃私语,把爱情的萌芽寄托在大自然的怀抱,远离都市喧嚣,避开浓浓的雾霾,开启浪漫的爱情旅程。爱来坞接连从2014年春天开始,连续举办了如洛阳西泰山旅游交友、龙潭峡探险交友、"西沟看冰挂"冬日温情交友、"桃花峪"滑雪交友,"双11"期间的"七贤民俗村——风情双日脱单游""云山之巅 缔结浪漫——五云山冬日恋歌"等活动,促成甜蜜的爱情不计其数。

二、整合社会资源,建立婚恋网络平台

面对互联网+的大潮,公司创办人汪雪进行了长时间的思考后,决定迎合互联网发展的趋势要求,把公司打造成为互联网+婚恋婚庆服务业的"Uber"平台。

2012年12月,公司的婚恋网站正式上线,开启了线上和线下相结合的双重服务体系:网络空间+线下交友活动+红娘上门。线上与线下相结合,网络与实体相结合,通过举办丰富多彩、热情洋溢的聚会和交友活动,让中原的单身会员离不开这个"家"。

爱来坞借助互联网发力,颠覆了传统行业的收费模式,制订出"免费找对象"的商业模式,整合优质社会资源,建立起高质量的爱来屋婚嫁联盟平台,以平台为依托,共同利用联盟企业资源打造社会、企业、会员多赢的婚恋服务。

对于平台下拥有单身资源的单位企业,爱来坞紧密联系,为他们定制了企业专属的婚恋活动,如2014年9月由共青团郑州市委主办、爱来坞承办的好想"枣"到你——郑州单身青年联谊活动,在新郑好想你枣园浓情开展;2015年4月,在轨道交通主办,爱来坞承办的"下一站 遇见"活动中,来自轨道交通、河南中医学院第一附属医院、爱来坞私密定制会员等单位的单身男女青年们单身企业联谊中,有六对现场进行表白,三对成功牵手。平台下联合包括婚庆、饮食等各种婚恋产业链的上下游企业,可以对单身人员实行一条龙服务、一站式消费。

2012 年 12 月 16 日,公司开通了新浪微博、腾讯微博,开始了移动互联的初次尝试。2013 年 10 月,又拥有了自己的官方微信平台。"双微"的相继开通、认证,标志爱来坞扩展移动互联网的业务领地的成功。经过不断的创新突破,以及公司的优质服务,爱来坞现在已然成为人们身边的知心大姐。

三、股权上市,谋求更大发展

2014 年 9 月 25 日,伴随着大家倒计时的呼喊声"3、2、1……"以汪雪为首的爱来坞创始团队在上海股交中心大厅敲响了开市的锣声,迈开了爱来坞上市进程的第一步:在汪雪的带领下,河南爱来坞文化传播有限公司在上海股权托管交易中心正式挂牌(爱来坞企业代码:201863),这也是河南婚恋市场首家在上海股交中心挂牌上市的企业。

这次挂牌的成功,不仅意味着公司步入了规范化发展的良性轨道,同时标志着进军多层次资本市场迈出了实质性的一步。汪雪董事长表示,爱来坞将好好把握挂牌的契机,大力实施品牌发展战略,在企业逐步进入规范化治理的同时,谋求进一步与资本对接,实现产业整合,并实现真正意义上登陆资本市场。

百年传承 塑造民族品牌

"荣昌祥"服装始于 1902 年,源于奉化王溆浦人王才运先生在上海南京路开设的"荣昌祥呢绒西服号",是当时上海商界最完备的西服专业店。至今,"荣昌祥"已经历了 110 余年的历史洗礼,并经过王才运先生后人的不懈努力与传承,使得这一百年品牌经久不衰,尤其是在第五代传人王朝阳的带领下,产品被评为"中国名牌",使"荣昌祥"这一百年老字号再创辉煌。

传承文化底蕴,开展文化经营。"荣昌祥"西服源远流长,早在 1904 年,近代中国著名的资产阶级革命家徐锡麟路过上海时,王氏父子为其制作了"第一套高质量的国产西服";1916 年王才运与孙中山先生一起研制出了被尊为"国服"的第一套中山装。自此,"奉帮裁缝"的美誉传遍海内。"荣昌祥"历经民国、抗日、建国和新中国建设、发展、繁荣等历史进程,其品牌与服装历史、文化底蕴紧紧相连。为进一步弘扬和传承深厚的品牌内涵,公司还不惜重金对展示厅进行打造,深化挖掘整理,运用独有文化营造品牌、宣传品牌、弘扬品牌。

不断提高企业的技术水平。为更好地满足顾客的需要,公司不断改进生产技术,提高产品质量。他们从美国、德国、日本、意大利引进格博自动裁床、包括杜克普、重机缝纫设备、迈坤整烫及后整理等全套一流的生产线的服装生产机器设备 500 多台套,具有年生产 50 万套服装的生产能力。每年招收样板师和技术师,经过技术专业培训,不断充实生产到第一线,确保"荣昌祥"品牌的工艺和质量。

坚持市场导向,推进产品创新。从第一代创始人王才运先生开始,公司坚持以"质量求市场、以质量求信誉"的经营理念,随着市场需求的变化,在扩增高级西服定制流水线的基础上,按传统工艺结合现代高端设备,不断推出新产品,使产品既有传统风格又有时代元素,最大限度地满足市场需求。

创新企业管理机制,全面建立现代企业制度,形成强有力的激励机制。在制作工艺统一规范前提下,将北京、上海等地的门市部改组成为独立的市场主体,自主经营,主动灵活地参与市场竞争,从而保证"荣昌祥"这一百年品牌的永续与发展。

如今,随着河南荣昌祥服饰有限公司的成立与发展,借助中原文化、人口、地理等资源优势,相信"荣昌祥"能够续写新的篇章。

不断创新管理,构建企业优势

河南省豫东石油有限公司成立于 1996 年,是经国家商务部批准成立的成品油批发与零售企业,其成品油业务占据主要部分,2015 年销售 56 万吨,销售收入近 30 亿元。豫东石油是在社会经济迅速发展、能源需求快速增长的环境下诞生的,经过近十年的拼搏,公司从小到大,一步一个脚印,规模不断扩大,实力不断增强,逐步成长为以成品油为主,兼营煤炭和化工产品,横跨豫、皖、苏、鲁、川五省的大型能源流通贸易企业。

豫东石油的不断成长,得益于其拥有的先进管理理念。公司一贯以"安全、诚信、创新、业绩、和谐"为经营理念,借鉴和推行了中国石化的标准化管理模式,对产品进销、运输、存储各环节严格把关,生产流程安全把关,向客户提供优质的产品和服务。同时,公司积极学习、吸收国内外优秀企业如海尔、联想的管理思想和文化,不断优化运营管理,完善企业的管理体系和信息系统,建立了"动态管理、绩效考核、目标控制"为核心的体制,使公司规范、高效地健康运营;通过创新性的经营与管理,创造了瞩目的经营业绩。

豫东石油的不断成长,还得益于术业有专攻的运营思路。公司一贯专注于加油站的网络建设与开发,成品油的贸易与发展。公司主要油品来源为陕西延长石油和山东地炼的一级炼厂,有东明、金城、京博、恒源、利华益、汇丰、玉皇盛世等多家大炼厂,每月可在山东采购成品油近四万吨。同时,借助于公司强大资源组织能力和议价能力,能够快速、高效的组织资源,满足客户的需要。成品油贸易方面,豫东石油以壳牌石油、中石化、中石油为主,与国内多家成品油、煤炭和化工品生产、营销企业建立长期的供求关系,与上百家销售终端建立了联营关系,与多家铁路、公路运输企业建立合作关系。公司亦被壳牌中国选择为战略合作伙伴,业务不断得到巩固和加强,同时与中石化中石油的业务合作也不断扩大和加深。

豫东石油努力建设优秀的员工队伍。公司实行以人为本的管理理念,通过不断的培训、学习和工作磨炼,打造了一支高素质、高境界、高职业化的员工队伍,使公司在激烈的竞争中表现出强大的市场开拓能力和后台作业服务能力,为公司的未来的持续快速发展奠定了人才基础。

豫东石油的不断成长,还得益于积极履行社会责任。公司多次向灾区、残联及乡村学校捐款捐物。2015 年 10 月,豫东石油赞助了总公司所在地虞城县的第一届网球比赛,为家乡父老带来运动的快乐与幸福。

用佛心做环境的保护者

郑州凹晶园林设施厂成立于 2005 年,是一家致力于生产垃圾桶、户外休闲椅、户外健身器材、儿童滑梯等系列环境配套产品的专业制造商,服务领域包括市政、城建、学校、公园、广场、小区、绿化带、新农村建设等。典型工程案例包括河南工程学院、西安文理学院、橄榄城 5 号院、升达大学、南水北调渠叠彩园公园等。

与其美化、点缀环境的产品一样,凹晶的经营理念中充满了美和爱。

凹晶的定位:"做值得信赖的户外公共环境设施专业制造商";

凹晶的理念:"以爱致人,因爱致美",相信人生都是一份美好的礼物,在每一天他们都带着对大自然的敬畏,对生活的热爱,心怀感恩地面对生活中的潮起潮落,创造人生的真实之美。

凹晶的使命:"让公众环境因为我们的努力而更美丽",公众环境建设是使我们的人居环境更加美丽和舒适的过程,可以带给人们身心灵的放松和喜悦,我们期待着更多的付出和参与。

凹晶的愿景:"构筑人与自然和谐的生态人居环境",凹晶邀请大家加入环保志愿者队伍,从点滴做起,从身边的一片树叶、一个烟头做起,做环境的保护者,让世界因我们而更加美丽。

在这些理念中,丝毫找不到赢利、占有率、市场份额甚至竞争的字眼,然而却把美和爱附加到产品中,将之当成一种信仰、一种宗教去追求,自然就应了那句话:"我们不在乎求利,但利润自然会来"。如今,凹晶的产品已覆盖全国 31 个省市自治区,在许多大、中型城市的城建、市政环卫、园林景区、居民小区、商场、酒店、大中院校的建设中随处可见。

凹晶对美和爱的独特追求源自公司独特的佛教文化,把佛教的仁厚、善缘、宁静等融入产品和对环境的关爱上。公司总经理席彦召说:"凹晶要坚持把生意做好、把慈善做好,我们每有盈利就一定要拿出一部分做公益,我们相信因果,把佛法的智慧融入我们的实际生活中来。"

"精益管理"让天地粤海酒店成功面对挑战

河南天地粤海酒店由河南投资集团有限公司投资兴建,是由河南天地酒店管理有限公司管理的经营面积最大的酒店项目。酒店位于郑州市农业路东 41 号,地理位置优越,北临横贯郑州东西的交通主干道,西邻具有"金融街"之称的经三路,东临城市 CBD 中心。酒店拥有各式客房及套房 261 间,睡眠空间宽敞明亮、温馨舒适,设计细微、配饰雅致。酒店遵循"人文天地,引领时尚"的企业文化,秉承酒店全方位、全球化的服务理念,成为深受商务、旅游和休闲度假客人欢迎的酒店。

2015年以来,随着郑州市农业路高架桥的建设与路面改造的推进,在门口道路修建和内部装修双重压力下,2015年营业毛利较预算增加上百万,能源费用实际较预算下降33%;流失率在极其不利的经营环境下创历史最低;酒店婚宴收入依然维持在较高水平,黄金周期间更是逆势上扬,较去年同期大幅增长。这得益于酒店实施的SDA项目。

一、SDA/SGA项目的实施

SDA/SGA项目是在精益管理的概念基础上进行的细化和再运用。精益管理是源自精益生产的概念,是衍生自丰田生产方式的一种管理哲学,核心目标是在为顾客提供满意的产品与服务的同时,把浪费降到最低程度。2012年,天地粤海酒店首次将精益管理引进酒店行业,并有效的执行下去,把精益管理与服务行业进行了完美结合。

所谓SGA,意为小组改善活动,强调的是部门内的小组改善。SDA是跨部门团队之间的合作,强调的是跨部门改善活动。2013年以来,天地粤海已经开展了降低在线旅行社预订取消率、提高网评满意度、降低空调主机能耗等几十个SDA/SGA项目,使得酒店的工作流程和程序不断完善,进而实现了工作效率和服务质量的不断提升。

在具体实施过程中,SDA/SGA项目由设定主题、现状把握、目标设定、要因分析、对策制定、对策实施、效果确认、标准化八大步骤组成。

目前,我国酒店企业亟待解决的问题是管理的效率高低与服务质量的匹配问题,而精益管理通过它的闭环管理系统,在完成既定目标的基础上,总结取得的经验并将其规范并标准化,固定下来后,保证在今后的工作中,无论工作主体是谁,酒店的管理和服务都不走样。精益管理在执行中通过实行的进度检讨制度,对各部门负责人每周、每月召开会议,来纠正项目进程中出现的偏差。由于SDA/SGA项目涉及的人数比较多,多数项目均涉及全店员工,所以,在执行的过程,一旦出现偏差,系统要及时调整,否则会影响项目的进展和最后的效果。

以提高网评满意度SDA项目为例,由房务部牵头,精益办公室协调统筹,酒店前厅部、餐厅部、工程部等各部门负责人组成项目团队,通过对竞争对手及酒店自身的服务、卫生、设施、位置等网评元素分析,确认影响网评满意度的问题点,并分析规划、设定目标、制定对策并持续不断的执行,直到目标完成,并最终将总结出来的经验标准化。

二、班组层面的持续改善计划的执行

除了SDA/SGA项目,配合着重于对身边微小事物改善的Kaizen、最大限度提高生产效率为目的TPM、NOSA"安全五星"管理系统、质量工具Q-Tools、方针管理等精益管理工具,河南天地粤海酒店踏踏实实地不断加强精益管理,使酒店的环境和服务越来越完善。

Kaizen主要强调每天都改善,着重自己工作范围内微小事物的持续改善,可由自己完成,或由自己的部门内同事帮助即可完成。比如,前厅部员工发现吧台推车在搬运货物时,在电梯口很容易碰到电梯,对电梯和推车都会造成损伤,员工就自发地将推车四周用软布进行包裹;员工食堂用来盖馒头进行保温的小被子,使用时间长了就脏了,员工餐厅主管就利用下班时间,自己将小被子拆洗缝补;监控中心踢脚线损坏后,对墙面的影响较大,保安部员工主动将踢脚线进行粉刷。

当然,对那些提出具有可行性、可操作性的工作建议的员工及在餐饮促销、创新出品菜式、售房技巧、增加收入等方面有出色成绩者,酒店设立了金点子奖、企业文化传播奖、极致服务奖、创收之星等奖项给予奖励,确保员工长期、持续不断地对微小事物进行改善,为提质增效打下坚实基础。

管理深处是落实,落实背后是效益。从 2012 年实施精益管理以来,酒店每年的国庆婚宴营业额逐年攀升,2015 年已达到历年的最高峰。让全店员工都感到意外的是,2015 年在酒店门前修路和内部装修的双重压力下,国庆婚宴市场情况好过去年。所以,通过精益管理的实施与落实,可以创造出全新的企业文化,打造高素质人才队伍,较好地解决经营管理难题。

酒店行业以往解决问题更多的是依靠经验,在当前"互联网+"的时代,则更多的是靠数据分析,运用先进的管理工具来找出问题的本质。目前,天地粤海酒店涉及各个专业领域的内训师团队达到 35 人,使精益管理在服务型企业能够有效落地。通过精益管理,酒店不但实现了效益的提升,更引以为豪的是建立了一支高素质的员工队伍,这也是酒店未来的核心竞争力。

沿黄大米产业化 "菡香"四溢飘香

河南武陟县马宣寨村地处黄沁河冲积带,土壤氮磷钾、有机质含量丰富。据记载,当地一直有莲藕和稻米间作的农耕传统,所产大米藕荷香味浓郁。但是,当初因为没有品牌,当地大米一直卖不上价格,甚至一度被几十年前崛起的原阳大米所掩盖。

2006 年,马宣寨村的王福军成立了禾丰绿色稻米专业合作社,注册了"菡香"商标,后来又把名称改为河南菡香生态农业合作社,统一商标和企业名称,正式走向"菡香"大米产业化生产进程。

菡香合作社的发展得到了政府相关部门的肯定,也从农业发展银行得到资金了支持,合作社成员由 32 户发展到 226 户,流转土地从 200 亩发展到 1 700 余亩,并成立了"沿黄稻米合作联社",标准化种植面积达 3 万余亩。合作联社统一技术培训、统一种子、统一种植,严格按照绿色食品标准规程操作,共同使用"菡香"品牌。菡香在 2007 年以后相继获得河南省无公害生产基地、河南省标准化生产示范基地、绿色食品生产基地、"马宣寨"大米地理标志保护等荣誉,还和烟台大学蛋白研究中心共建了"菡香"功能米试验基地等。2015 年被中国科协、财政部授予全国科普惠农兴村先进单位。

为了保证产品的品质,合作社还建立了精米加工厂,加工菡香功能米、有机米、珍米等 15 个品种,购置了先进的检测设备,建立了完整的生产、检测、销售等档案记录,使消费者真正吃到放心米。2013 年农业部在杭州举办的全国性大米评选,"菡香"综合评分第一。

品质保障市场。在健康越来越受重视的今天,"菡香"大米每斤售价要高出市场不少,从 8～50 元不等,突出"马宣寨大米"的土壤地貌、水文、气候及人文历史典故,为特定人群量身打造。2015 年,菡香大米还出口到了日本。

菡香大米社会效益和经济效益显著。通过科学种植,生产成本逐渐降低,让社员收入由原来的 500 元增至 1 100 元左右,提高了农民积极性;合作社实现年销售收入 4 600 余万元,年利润 600 余万元,为品牌的未来提供了良好的资金支持。

菡香大米作为河南大米的品牌代表,正在飘香全国,迈向世界。

以人为本,促进经纪业务的稳步增长

郑州豫安房地产营销策划有限公司是一家专业从事房地产信息咨询、房地产代理销售、房产置换、二手房按揭贷款、现房抵押贷款、同名转按和租赁业务的房地产综合性服务机构。公司吸取国内外不动产经纪企业先进的管理经验和经营理念,坚持以人为本,建立了自己独特的市场营销体系和完善的管理机制,使企业得以稳步发展。

豫安房地产营销策划有限公司尊崇"踏实、拼搏、责任"的企业精神,以诚信、共赢、开创的经营理念,不断改进和完善企业管理,创造了良好的企业发展环境。公司的业务架构完善,现有中介业务部、评估业务部、办证部、贷款部四个职能部门,主要开展房地产买卖、评估、过户、按揭、抵押贷款等业务,并成为中国银行、商业银行、交通银行、招商银行指定的按揭贷款代办机构,能够为客户提供便捷、快速、高效的服务。

房地产服务行业的人员流动非常频繁,人才的流失对企业的经营管理造成较大的压力。在实践中,豫安房地产公司积极探索和改进人力资源管理思路与模式,逐步建立了科学的人力资源管理体系。人才是企业最宝贵的资源和财富,豫安房地产的企业文化突出"以人为本"的宗旨,形成了"以机制引人,以德才用人,以培训育人,以激励激发人,以精神鼓励人,以事业凝聚人,以发展机会留人"的用人机制。

经过不断的发展,公司已经拥有一支高素质的专业队伍,现有员工 30 余人,其中具有经纪人职业资格的专业人员 11 名。适应市场发展的需要,公司建立了规范的培训体系,有计划地对员工进行系统的培训,以确保持续为客户提供高品质的服务。

公司以全新的管理模式、完善的技术、周到的服务、卓越的品质为生存根本,坚持用户至上,用心服务客户,坚持用自己的踏实服务去打动客户。在房地产经经纪业务面临增长压力的情况下,公司主动调整经营管理方式,充分激发员工的积极性,探索新的业务模式,大力开拓市场,扩大市场份额,使业务规模不断扩大。目前,在郑州市各区设立了二家直营连锁机构、30 多家加盟机构,初步形成了自己独特的销售体系。

自助 IP 守卫者

自 2008 年国家知识产权战略实施以来,我国发明专利申请量连续四年稳居世界首位,商标注册量保持世界第一,已然成为知识产权的大国。但"大而不强、多而不优"的特征明显,保护不够严格、侵权案例易发多发等问题突出,企业海外知识产权风险也越来越高。目前,国家出台的《关于新形势下加快知识产权强国建设的若干意见》指出,实施创新驱动发展战略,保障和激励大众创业、万众创新,迫切需要加快知识产权强国建设。

郑州鼎丰知识产权代理有限公司是经河南省工商行政管理局批准登记注册,并在国家工商行政管理总局商标局核准备案的专业、合法的知识产权代理机构。公司致力于知识产权业务,为公众和企业的自主产权提供良好的技术和法律服务。

鼎丰拥有一支在技术知识、从业经验及法律功底方面最优结合的团队,尤其是在商标注册、咨询、防御、战略等方面已形成专业化、成熟的专家团队。公司的商标代理人在商标注册、保护等方面已形成专业、成熟的操作模式,可为客户提供最佳方案;律师队伍拥有丰富的实践经验,与知识产权专家一道,组成项目小组,在知识产权实体保护、行政授权程序和司法审查诉讼程序方面成为企业的坚实后盾。

先进的管理体制,是为客户提供高效、优质服务的有力保障。知识产权是企业很重要的财富,"万分之一的出错率对客户就意味着百分之百"。因此,鼎丰始终把管理进步作为发展的基础,引用了6C管理标准,不断推陈出新,在业内创立了一套自己的管理模式,从规范流程、部门协作、人员定责等多个角度确保每一位客户都能享受到最具专业化、高效率和全方位的知识产权服务。

鼎丰以服务为点、流程为线、综合管理为面,构造出企业知识产权事务的解决方案,并通过细节的把控提高案件成功的可能性;通过专利、商标、法律等相关部门的设立实现代理目标,并将流程、律师事务所、客户服务等整合完善质量,使企业在程序与实体、诉讼与非诉、技术壁垒与技术贸易等方面达到目的。

在鼎丰,有这样的经营理念:"以客户的角度仔细考虑问题","认真为客户服务好每一个细节"。公司要求每一位员工都能认同这样的观念,从内心深处、从实际行动中贯彻执行,从客户细节处着手,实现客户的最大利益。

也正因如此,十几年间,鼎丰每一位成员都能保持创业者的拼搏态度与执着精神,加之坚决的执行力、独立解决问题的能力、协同作战的工作习惯,为企业健康发展提供了有力的保证。

质量就是我们最大的信心

无论是女性用的特殊期护理用品、婴幼儿用的尿不湿,还是一般消费者使用的生活用纸,消费者对产品质量尤为看重。一部香港电影还调侃说:害怕里面有虫子呢。消费者看重,河南恒宝纸业有限公司更加看重纸品的质量了。恒宝纸业从2005年开始,就专业生产、经营一次性妇幼卫生用品和生活用纸,厂址位于太康县产业集聚区。

恒宝纸业在创业之初就从消费者的利益出发,确立了"质量是企业生命,也是我的生命"的企业文化,建立了严格的质量管理制度,并在2012年通过ISO9001国际质量体系认证。不管是初创期，还是销售大好时期，也无论是在原材料增长过快、成本压力大的时期，还是在新的建设发展时期，质量第一的企业精神一直在企业中传承、延展。

质量从源头抓起，原材料采购必须是专人组成采购小组共同决策，还有其他监督人员在时刻监督，不得有任何不合格的原材料偷漏进来。

生产中，恒宝纸业的六条同行业领先的全伺服护翼卫生用品生产线和两条生活用纸生产线，技术工艺先进，从系统设计上就加强控制，保持了极低的劣品率。同时，一旦出现不符合国标的产品，唯一的结果就是销毁。

正因为严格把控了产品质量，恒宝纸业现有的五大系列、60多个产品畅销全国各个省市自治区，产品因质量优异也获得了诸多荣誉。"乐宝情"牌卫生巾2005年被评为"河南优质产品"；2008年被评为"河南名牌产品"；同年企业被评为"中国改革开放三十年贡献单位"；2009年被评为河南省质量管理先进企业；2010年被评为河南省质量协会会员单位；2012年，被河南省工业和信息化厅、河南省技术监督局评定为河南省重点工业产品达标备案产品；2013年、2014年所生产的产品，经河南省产品质量监督检验院监督抽查为优质产品。

3

商 业 模 式

经济全球化、信息技术的迅速发展和产品生命周期缩短,使得竞争格局发生了巨大的改变,许多天经地义的"做生意的方式"("商业模式"最简略的定义)明显失效,按新的方式经营的企业迅速崛起。创新创业是我国未来数十年社会发展的主旋律之一,也是经济发展的重要动力。商业模式创新是其高端形态,也是改变产业竞争格局、构建企业竞争优势的重要力量。

商业模式是一个企业创造价值的核心逻辑,是为了实现客户价值最大化,对企业内外各要素进行有机整合形成的高效率的、具有独特核心竞争力的运行系统,并通过提供产品和服务,达成持续赢利目标的组织设计的整体解决方案。其中整合、高效率、系统是基础或先决条件,核心竞争力是手段,客户价值最大化是主观目的,持续赢利是客观结果,也是检验一个商业模式是否成功的唯一标准。商业模式是一个整体的、系统的概念,包含九个要素,即价值主张、消费者目标群体、分销渠道、客户关系、价值配置、核心能力、合作伙伴网络、成本结构、收入模型。商业模式的各组成部分之间密切联系,互相支持,共同作用,形成一个良性的循环。

从特征来看,商业模式是个性化的,是难以拷贝的,因为两个企业拥有或能够拥有的资源是不可能完全一样的。企业的价值创造活动,总是在一定的价值链或价值网络中进行。在设计企业的商业模式时,需要了解其在价值链或价值网络中的定位。处于价值链的不同环节,将决定商业模式要素的特点不同,从而对企业的商业模式提出不同的要求。

市场环境的巨大变化,推动企业对商业模式进行创新。我省的先行企业已经大胆地对商业模式进行了创新,并取得了明显的成效。商业模式创新是企业价值创造的基本逻辑的变化,即把新的商业模式引入社会生产体系,并为客户和企业自身创造价值,就是企业以新的、更有效的方式经营、赚钱。对于创新而言,一个成功的商业模式不一定是在技术上的突破,往往是对企业运营某一个环节的改造,或者对原有要素的重组整合,甚至是对整个游戏规则的颠覆。新建立的商业模式,既可能在构成要素方面不同于已有商业模式,也可能在要素间关系或者动力机制方面不同于以往的商业模式。

生意投项目联盟
——股权投融资 O2O 解决方案运营商

2015 年 5 月 1 日生意投项目联盟成立,他们的定位是股权投融资 O2O 解决方案运营商。公司前期运营偏向股权众筹,后期转向企业孵化。对选中的项目进行投融资,并通过项目孵化,实现项目加速运营,进入资本市场。

公司在前期接触企业时,发现很多企业不符合股权众筹的要求,项目、团队、商业模式、管理等都不规范,不熟悉市场开发、资本运作、网络营销、项目路演等。

针对这种情况,公司调整思路,主要做资源整合,为投资方寻找优质好项目,为项目方寻找专业投资人。帮助小微企业进行融资、商业模式优化、组织模式健全、管理模式科学、股权模式清晰、资本模式规范,进行项目包装、推广、渠道建设及共享等。基本模式是对选择的项目进行辅导、规范、包装,之后推向资本市场。

项目管理上,通过对企业进行考察、多次研讨、论证,确定是否合作。对选中的项目进行辅导、培训、规范,提供改进方案,规范后进入资本市场。公司对项目的投入模式是:88 万元+10% 原始股权。

在经营上,以公司为中心,形成项目运营规范,进行轻资产运营,在全国发展 50 家加盟商作为实体运营服务站(以省会、地级市为主),通过加盟商进行各区域的业务拓展。加盟商借助当地的资源,在当地寻找,筛选有潜质的高成长性的项目,上报公司。公司与加盟商形成资源与利益分享、风险控制等机制,加盟商占有公司投资项目原始 1% 的股权(从公司 10% 原始股权中分出),可以在项目成长中获得高额回报。

公司本身也是一个项目主体,随着项目运作的进展,品牌价值不断提升,价值不断增加,也要寻找投资方,寻求快速发展。这样一种创新的投融资和业务拓展平台,会在市场中引起什么样的反响呢?

传统建材经销商以股权合作方式创新转型

传统建材经销商的盈利模式是赚取进销差价。在经济新常态下,建材行业普遍不景气的背景下,建材企业普遍面临较大的经营压力。

泰玛仕在石材经营中发现,石材供应商有矿山资源,但缺市场,缺乏深度加工技术;下游房地产开发商对石材的需求量大,尤其是幕墙需要大量薄材,其加工难度大,要求高,而资金周转困难,成本压力大;经销商开发用户难度大,并且回款没有保障,账期较长。

面对经营压力,泰玛仕公司进行了经营模式的创新探索,通过对产业链进行深度整合,打通关键节点,进行平台化运作。泰玛仕与矿山、合作伙伴、房地产公司等深度合作,打通产业链,降低资金流量,进行轻资产运作。其盈利模式是前端20%股权+后端10%的利润分享机制。

公司利用品牌优势、加工技术、市场资源,在全国寻找合作伙伴,在相关地区建立加工厂,为当地的房地产公司加工石材。这些加工厂由合作伙伴投资,占80%股权,享受90%的利润;泰玛仕提供加工设备、技术、市场订单等,占20%股权,享受10%的利润,给合作方充分让利。

他们还与矿山进行深度合作,实行精细化开采,提高资源利用率。把毛料送到加工厂堆存,根据用户的需要加工为成品出厂,出厂后给矿山付款。泰玛仕与矿山合作,可以获得20%的利润。

通过前端的深度整合,有效降低了产品价格,对房地产开发商公司具有较大的吸引力。在房地产公司进入的城市建厂加工石材,服务便利,合作关系紧密,顾客黏性大。

通过这一创新转型,公司与建业、碧桂园、万科、融创等房地产企业建立了长期、稳定的合作关系,市场规模持续扩展。

三鼎家政的创新发展之路

三鼎家政集团有限公司是一家全国性的直营连锁企业,成立于1998年,总部设在郑州(现已在北京设全国总部),主营业务有家政服务和保洁用品制造等。通过不断创新,获得稳步发展,现已形成北京、上海、广州、天津、郑州、济南等9大运营中心、60余家分公司的规模。三鼎家政是中国家政行业第一个由中介式管理转变为员工制管理的公司;第一个推出家政卡,改变销售模式的公司;第一个自主研发首套家政数据库并投入使用的公司。2013年开始向互联网转型,2014年推出"来人到家",2015年与阿里合作,在"双11"创下了一天2万个订单的佳绩。

一、家政模式创新之路

三鼎家政成立时,只有两间小房,做临时性中介服务,如保姆中介、保洁中介、工程中介等,业务繁杂,主营业务不突出。当时,这样的小公司很多,经营方式相同,员工队伍不稳定,服务质量不过关,客户满意度极低,公司收入不高。经过对家政服务市场的深入分析,发现保洁服务的业务量相对较大,培训难度较低,于是决定先从保洁服务做起。

由于我国家政行业起步较晚,在20世纪90年代对家政行业的具体服务项目还没有明确界定。家政市场混乱,没有统一标准和规范,更没有好的榜样做指引。好多家政公司是中介式的公司,牵线搭桥,从中收取个中介费。针对这些问题,三鼎创业团队反复讨论,大胆尝试,进行了多项管理创新。

首先是核心业务界定。综合考虑各方面因素,三鼎家政决定把其他的家政服务项目去掉,专做室内保洁和保养。

1998年,将中介式管理改为规范的员工制管理。员工制的公司,不仅有效降低了员工的流失率,形成了稳定的员工队伍,而且员工的服务技能更加熟练,服务质量及客户满意度不断提升。

推出家政卡。为了让客户在享受高质量服务的同时,更加简单快捷,三鼎公司推出家政卡。客户购买家政卡后,可以随时按着自己的需求预约服务,大大简化了客户享受服务的烦琐程序。

引入 ERP 系统,实现业务管理的信息化。1999 年,三鼎家政投资研发了首套家政专用数据库,使客户管理、员工管理、服务费结算、员工绩效考核等主要经营管理控制全部纳入标准化、程序化、数字化的专用数据库管理体系。这种全程式、数字化、管家式无纸化办公方式,有效促进了企业管理水平的提升。

二、直营连锁发展之路

初步的管理创新给三鼎带来了业务量的不断增长。为使公司进一步发展,给客户提供更加方便及时的服务,三鼎公司开始筹划在郑州市其他各区开设服务网点,并积累经验,逐步向外省市发展。

三鼎家政首先拓展郑州市场。2003 年 3 月,成立了第一家分公司金水区第一分公司;8 月,成立管城区分公司;10 月成立中原区分公司;2004 年 5 月,成立金水区第二分公司;11 月成立二七区分公司。两年内在郑州成立了五家分公司,业务范围基本涵盖了郑州市主要城区。同时,公司的家政专用数据库管理软件也从局域网版升级为互联网版,公司的日常管理更加便捷。

公司规模大了,原来的管理模式就需要向规范化和标准化管理发展。三鼎的管理者结合公司和客户的实际情况,参照国标委标准规范和其他相关行业标准,设计制定了三鼎企业系列标准,逐步地推出符合行业要求的服务标准和规范。十多年来,已建立了一套行业内独一无二的家政服务标准化体系,其中的核心条款根据企业的发展需要,每年进行一次修改。三鼎能有今天的规模,与他们在每个环节上的标准化操作息息相关。

三鼎的企业标准由行政管理工作标准、职工业务技能培训标准、营业厅业务管理工作标准和营业厅业务技能培训标准四大系列组成,是三鼎管理体系中相互关联、相辅相成的制度性、系统性文件。三鼎企业标准共有 40 个类别。这些标准使公司管理实现了"制度化、标准化、规范化、流程化、精细化",为公司的跨越式发展奠定了坚实基础。

同时,为彻底改变社会对家政传统形象的认识,三鼎从内至外做了一系列改头换面、天翻地覆的创新,树立了三鼎家政专业化、现代化的企业形象,为快速发展奠定了坚实的基础。

郑州市场稳定后,三鼎开始向外发展。经反复研究和考察,决定将山东济南作为拓展全国市场的第一站。经过艰苦的筹备,2005 年 10 月,三鼎成立了济南历下区分公司和市中区分公司。

2005—2006 年,三鼎开始对全国市场直营连锁发展模式进行探索,并根据多年的经验以及对市场的把握,总结了"六个统一",即"统一的产品和价格""统一的服务理念""统一的布局""统一的形象""统一的管理"和"统一的服务",逐步在全国的直营店内推广使用,取得了良好的效果;

2007—2009 年,三鼎家政在全国 5 个城市成立了 5 个区域总公司,拥有服务营业机构24个,真正形成了全国市场直营连锁发展模式。到2010年6月,三鼎家政天津分公司成立,全国服务营业机构达30家。

三、转型创新之路

面对网络经济的发展趋势,三鼎也积极布局互联网+家政服务。来人到家(lairen.com)成立于2014年,隶属于三鼎的子公司北京来人网络科技有限公司,是生活服务行业新一代的O2O网上交易服务平台,致力于开创生活服务行业互联网新模式,为传统生活服务行业互联网化订制最佳解决方案,用在线订制服务取代传统的店面、电话模式,推动新的生活消费理念和消费方式。来人到家帮助更多的消费者享用海量的家庭服务,获得更高的生活品质,让生活变得触手可及;通过提供网络销售平台等基础性服务,帮助更多的企业开拓市场、建立品牌,实现产业升级;帮助更多胸怀梦想的人通过网络实现创业就业。来人到家以"专注客户,用心服务"为核心价值,一切以用户需求为中心,通过专业水平和不懈努力,塑造企业网络形象,为客户提供家的服务,也为商家发展提供完善的服务指导。

来人到家为客户提供完善的线上线下服务。客户可以通过网站、APP、微信和淘宝多渠道下单,通过微信、微博、400热线客服等多种方式反馈信息。来人到家服务已达到家政服务大类40多项,近1 000种的服务小项,可以给家庭带来无微不至的一站式服务,让客户足不出户享受高品质生活。

互联网思维下的颠覆式教育创新

"望子成龙,望女成凤"是每一个家长心中的渴望。为了满足家长不让孩子输在起跑线上的需求,一批批教育培训机构应运而生。

教育培训市场潜力巨大,据统计每个中国家庭每年在教育培训(除学校教育外)上的花费在5 000~10 000元,父母们十分愿意为学习这件事买单,单就郑州市场而言,中小学教育培训市场总值已高达67亿。

与此同时,高速发展中的教育培训行业也不可避免地出现了一系列的问题。大部分教育培训机构普遍存在招生费用(营销费用)高、教师工资高、管理成本高等问题,而由此造成的运营不规范、师资没保障、信息不对称、收费不合理等问题,也严重扰乱了教育培训机构的市场秩序。教育培训行业的特殊性,导致一个优秀的老师完全可以不依靠公司或机构就能独立地完成授课,一个有名气的老师也完全不用担心招生的问题。

想要解决问题,就必须颠覆教育的生产关系。而在目前的大环境下教育出来的孩子,学习是被动的,所以在线教育针对中小学生是行不通的,那么颠覆的第一步是要主动改变老师与机构的关系,"教育放上去"便是基于这个理念诞生的。

"教育放上去"是河南华夏腾昱文化传播有限公司联合映象教育推出的一款教育应用软件,整合教育资源,打造教育平台。线上家长在平台上选老师,发展的老师是自由职业者,线下有校园传媒。这样的选课模式,不仅提高了老师的课时费和提成,提高机构的利润,最后家长支付的趣味性和接受服务的满意度也有所提升。并且,老师必须选择第三方机构才能完成课时教学,真正地把机构、老师、学生三方有机结合,实现学习的便利化。

教育行业需要长远发展,想成功就要靠自己的服务,做服务首先要找到市场的本质需求是什么,然后用互联网免费的概念去搭建教育平台,将资源转化为资本。相信在不久的将来,"教育放上去"这种颠覆式的培训模式,不仅会促进培训机构透明化、学习趣味化,更将深入到家长和老师的学习生活中,让学生真正感受到互联网时代的教育新面貌,从而遍地开花!

茶啡茶:中国新概念连锁茶馆

2011 年,仍在洗衣连锁业畅游的郑会轩先生,在一次与友人的交流中突发奇想:为什么中国茶不能像咖啡中的星巴克一样简单、时尚、便捷,让年轻人也喜欢?这个疑问直接催生了"都市新概念茶馆"的诞生,一个不懂茶的梦想者创立了颠覆传统模式的"茶啡茶"!

一、新概念茶馆

茶馆在中国的发展一度走入误区,它经常以两种形式出现,一种是过于高端大气上档次的"会所"形式,另一种与其说是茶馆,还不如说是棋牌室架构下的副业。对于这种被压抑的业态,茶啡茶创始人认为,茶这一品类需要用一种全新的模式来改变。茶馆在新时代不应该仅仅是卖茶的地方,而且应该是一种休闲体验和生活方式的承载。尤其针对年轻的 80 后、90 后和 00 后,怎么让他们以一种快乐的形式接受中国的茶文化,是做新概念茶馆需要解决的第一个问题。

唐代陆羽写《茶经》前,古"茶"字均为"荼"。运营团队想把传统的茶用时尚的方式呈现出来,"茶啡茶"这个听起来有些怪的名字便应运而生。它不仅融入了中国传统的茶文化知识,又链接西方咖啡文化,大胆又创新的结合形式为我们的生活又开辟了一个新的领域。所以,其品牌使命也更为人性化——让更多的人都能用更时尚、更健康的方式喝到蕴含东方文化的茶饮。

那么,何为蕴含东方文化的茶呢?中国五千年历史中,茶文化无疑是中华文明宝库中难得的珍宝,不仅内容丰富、内涵深刻而且影响广远。而饮茶更成为高端人士的一个时尚标签。在茶啡茶,他们脱去虚构的茶叶故事,摒弃说教式的品茶方法,揭开茶本身的古老神秘外衣,在时尚的空间、品更新潮的茶是基本的理念,让年轻群体去关注茶,用跨界式的碰撞给茶更新的个性,从而让年轻群体感受茶文化、爱上茶文化。

为了将饮茶潮流进行到底,茶啡茶可谓是呕心沥血,不仅从环境上下功夫,还在产品设计和玩法上煞费苦心。喝茶不仅品的是茶品本身,舒适的休闲空间和自在的生活方式同样重要。普通的茶馆给人的印象不是纷杂就是高格调,茶啡茶打破品茶环境的极端化,用时尚轻松的空间和舒适的环境给消费者不一样的品茶体验。既然要引领新的茶文化,还是要从茶品本身切入,再融入不同的品饮方式,将传统的中国茶变得有现代感,这就是荼啡茶的使命,引领茶品成为一种新的平民化快消品,让喝茶成为年轻人的消费方式。

二、红茶卡布产品创新

既然要做茶品的颠覆者,荼啡茶在产品研发和设计上也是下足了工夫。既要符合年轻人品茶的口味,又要保留茶品本身的韵味,荼啡茶就把茶的产品进行了重新定位,分成了传统饮品和过渡饮品,于是便诞生了茶饮界的拿铁——红茶卡布。

红茶卡布可谓是刷爆朋友圈的招牌产品。关于这款产品的研发,荼啡茶可是费了不少工夫。首先,就红茶原料的选取就试验了不同种类、不同产地的 30 多种红茶,从红茶的烘焙温度、茶的香味以及味道全部进行理化指标,同时根据红茶分段式萃取的特点,将头道茶和二道茶分开,即出茶时,在专用设备按下确认键后,第一秒出 50ml,第二秒出 80ml,这样既保留红茶的香味,又摒除了红茶的苦涩。然后,将它装在咖啡杯里,并且在传统红茶的基础上加上浪漫的奶泡,再配上精美的拉花,清甜的香气加上甜美的拉花,中西结合的新式下午茶便诞生了,跨界碰撞来的艺术生活便涌来了。

三、社交式运营创新

荼啡茶官网上是这样介绍自己的:

"一个能喝到一杯好茶的地方,

一个现代装潢和东方传统装饰元素完美结合的喝茶所在,

一个都市人群乐享的家和公司之外的第三空间,

一种茶式生活的全新时尚体验,

一个颠覆了传统喝茶方式的新概念茶馆。"

既然要打造平民化的茶饮,就要不断研发新式的茶饮和新的消费方式。喝到一杯好茶是基础,喝茶的环境也是相当重要的。在店面的设计上,荼啡茶不仅要满足社交需求,同时也要满足办公需求。有了便利化的硬件设施,自然就成了文艺青年和都市白领的聚集地。在荼啡茶,顾客可独自窝在角落细品一本书,也可三五成群聊聊人生谈谈理想。

荼啡茶的社交式运营理念不仅为人们提供了休闲、赏茶的好去处,同时也成为传播中国茶文化的非常好的载体。

四、连锁发展

为了将新的经营理念提供给市场,团队致力打造中国茶文化的星巴克——荼啡茶。2011 年 5 月,北京华美联创企业管理有限公司成立,致力于推动荼啡茶的连锁经营模式。同年 7 月,经过严谨的市场考察和调研,首期投资 500 万元启动该项目。

得中原者得天下,立足中原辐射全国,荼啡茶的第一家门店就在郑州凯德广场起航了。同时,伴随着明星产品"红茶卡布"的上市,这一创新茶品得到了都市白领和年轻群体的热烈欢迎,也让荼啡茶在开辟新的市场时有了信心。经过了两年的运营模式提炼和验证,荼啡茶逐渐在郑州市场开辟了一种颠覆式的休闲模式,也为年轻群体带来了不一样的生活体验。

2014 年对荼啡茶来说意义重大,快速扩张的连锁经营模式遍地开花。同时,荼啡茶也开始进军北京和广州市场,从第一家店到十多家店,三年多的时间荼啡荼在不断的探索、改进,做过加法,也做过减法,终于确定了现在的产品结构、空间形态和服务模式,为连锁经营的发展奠定了坚实的基础。

荼啡荼在成长,东方美在被发掘。静品生活味,自在东方荼,相信中国的荼香将继续扩散,荼文化的魅力不断精彩绽放,荼啡荼的韵味将洒向世界。

康洁洗衣:一场永不停息的自我革命

康洁洗衣从 1989 年创业至今,屡屡引领行业创新和变革。作为中国第一批洗衣行业的开创者,作为中国第一家开启洗衣商业连锁模式的品牌,27 年如一日的专注经营,康洁从最专业的洗衣商发展至 360 度家居洗涤综合服务商,成长为中国洗衣市场家庭洗衣的领导品牌。在新的时期,康洁通过深入行业研究评估且对国外先进洗衣技术、模式的调研考察后,再一次做出大胆惊人的创举,推出康洁"中央洗衣工厂"模式,在工业 4.0 时代呼声日益高涨的今天,用工业化生产模式代替前店后厂的加盟连锁模式。康洁的这一变革动作利用集成创新、技术创新、管理创新最终降低洗衣成本、管理成本,提高效率、提升洗衣质量,从而最终提高加盟商以及企业的市场竞争优势和赢利率。

大型自动化洗衣中央工厂的建立,将拓宽康洁的经营格局,原有的洗衣店转为收衣店,衣物全部集中到中央工厂,由中央工厂完成收送、洗涤、包装一条龙服务。现无论从洗衣品质,洗衣效率,环保节能还是能源的循环利用都有了突破性的改善,并以此构建了自己的核心竞争力。

康洁拥有着 27 年的发展历史,27 年来,康洁一次又一次的挑战自己,引领着洗衣行业的四次重大的革命。

(1)第一次革命:"用机械操作代替手工作业"的时代

康洁洗衣作为中国第一批民营洗衣企业,经历了用机械操作代替手工作业的阶段。当年,康洁集团董事长吉浦钧带着他刚刚创立的康洁洗衣,率先统一品牌、统一形象,导入 CI 系统,受到出国人员、公司老板和追求时尚的年轻女性用户的欢迎,首先进入了洗衣品牌化、规模化时代,康洁用第一个十年创造了康洁品牌。

(2)第二次革命:1997 年康洁开启了洗衣行业"特许连锁加盟"新模式

1997 年 7 月,吉浦钧代表康洁签订了中国干洗业的第一份加盟合同。依靠连锁经营模式,摆脱了物质资源和地域的限制束缚,把收取的加盟利润投入到无形资产的建设之中,使康洁由单纯的洗衣生产型企业转变为洗衣管理型企业。在市场还不知道什么是"加盟连锁"时,康洁走在了时代的前列、市场的前列。

(3)第三次革命:中央工厂模式的"工业化生产"时代

吉浦钧经过四年多的国际洗衣市场考察,在亚洲、欧洲、北美和澳洲寻找康洁发展的更为科学的模式,基于对国内洗衣业现状和趋势的把握,结合发达国家洗衣行业的成功经验,开始对康洁品牌实施战略转型升级,在 2011 年 10 月正式提出康洁洗涤中央工厂模式,致力于建设先进的自动化无尘无菌工厂。

改革一向都不是一帆风顺的,历史上的每一次变革、升级,都是新旧势力互相撕扯的过程,康洁的自我革命同样也是如此。工厂模式就意味着将以往门店洗衣收归工厂洗衣,洗衣店的模式大都是前店后厂,每家洗衣店都有专业洗衣工具,占地面积 50~100 平方米,需要的人工多、占地大,成本很高,品质也很难保障。但将洗衣收归工厂必然导致门店话语权的降低,为促进改革康洁回购加盟权,更是将门店与康洁集团的矛盾激化。激化的矛盾并不能阻碍改革进程的推进,因为历史的车轮会告诉真理是掌握在谁的手中,因为在"工厂模式下",无论是对于洗衣效率、洗衣质量的提升,还是对门店运营成本的降低都具有非凡的意义,同时,对于整个行业的产业升级也具很强的代表意义。这次是康洁把握住了时代的脉搏。

(4)第四次革命:无店面经营,无纸币交易——洗衣行业上市倒计时计划

随着国家号召清洗行业从集散型经济到循环节约型经济的转变,鼓励电子商务发展等政策的出台,洗涤行业开始探索新的出路。社会发展迅速,土地资源紧张,人工成本、房屋租金、水电等固定消耗越来越高,洗衣单店开店的成本几乎翻倍上涨。基于这样的经营环境,洗涤行业急需寻找新的运营模式,洗衣 O2O 应运而生。康洁再次站在潮流的尖端,除了"中央洗涤工厂"战略继续深化之外,在全国首先建立了完全由公司管理的客服中心与同城物流体系,上门取送人员同时也是服务营销人员,做配送的同时稳固了终端的数据和顾客,为 O2O 项目的强势发展打下了坚实的基础。随着 O2O 模式的不断创新发展,越来越多的消费者感受到服务模式变化带来的好处,O2O 模式将逐步替代传统洗衣门店经营模式,O2O 成熟期之后业务必将再次迅猛增加,随之将大幅压缩传统洗衣店的市场份额,那些经营业绩不佳的洗衣店会被越来越多的挤出市场竞争。也许,不久的将来洗衣店即将成为历史,取而代之的是无店面经营,无纸币交易。

创新,是知识经济的灵魂,也是知识经济时代企业的灵魂。在未来的路上,唯有勇于创新和善于创新的企业才可能大步向前,永葆青春。康洁的发展是一部在探索中前进,在创新中成长的历史。思者无域,行者无疆。康洁正是通过不断探索新方法、新途径、新思路,创造新技术、新产品、新服务,才成为洗衣行业最具价值与发展潜力的品牌之一。

康洁,一场永不停息的自我革命。

蓝天茗茶:要做老百姓喝得起的好茶

河南茶业经过近二十年来的变迁,已经走到了行业发展的"阵痛期",在这个拐点上,只有尽早转型的企业才可能做到"弯道超车",实现跨越式发展。茶业行业转型的先行者蓝天茗茶以"精选"为核心价值,以"原产地·精选茶"为品牌定位,着力打造"您身边的茗茶专家"。通过打造和发挥自身优势,正在以全新的姿态,好而不贵的平价理念,向着"全品类茶行"的目标快速发展,全力向全国市场进发。

一、突出的产品优势

蓝天茗茶始创于 2003 年,位于中国最北茶产区信阳,是河南省百强企业"河南蓝天集团"旗下的茶业品牌。前期是以信阳毛尖、蒸青绿茶、信阳红三大茶种为主,现已发展成为拥有绿茶、红茶、青茶、黑茶、黄茶、白茶、花茶七大茶类的全品类茶行,铁观音、普洱等十大名茶一应俱全,一大连锁茶行,三种业态(茶馆、茶店、茶叶)的多模式运营企业。

产品系列化。产品系列覆盖高、中、低档,适应各消费层的需要,包括玉叶系列、玉露系列、如是系列、六趣系列、真味系列等 50 余个自有产品,并在严格的监控下委托加工各种名茶、茶点、茶具等 200 余个的相关茶产品系列。

生产清洁化。坚持基地自建、自制、自检的特色,选择生态茶叶产区作为自己的生产基地,从源头上就保证了产品的天然无污染;实行清洁化的生产加工,以高出国家检测标准近十项的检测保证产品的质量;在茶园的周围建立起生态缓冲区以防止周围环境对茶园的污染。在茶树种植上严格按无公害和有机茶的标准,不施用化学肥料和农药,只施用生物菌肥和有机肥及生物农药等。产品通过无公害茶叶认证、绿色食品认证、有机茶认证、QS 认证、HACCP 认证。

工艺标准化。遵照标准化的工业产品生产,达到价格标准化、质量标准化。

二、建立专业优势

公司从种植、采摘、炒制、包装各环节实行专业管理,统一控制,达到了产品源头绿色无污染,生产设备先进,加工工艺考究,生产过程清洁卫生标准化管理,生产管理科学规范,充分保障了产品品质,利于品牌的形象推广。

一流的基地:拥有 3 万亩自有茶园,按国际最先进的 GAP(良好农业规范)体系进行管理。茶园基地位于有着悠久产茶史的名优茶产区信阳,自古即有"淮南茶,光州上"的美誉。

一流的厂房和设备:拥有国内最具现代化、自动化程度最高的炒青绿茶生产线和国际领先的蒸青绿茶生产线。

一流的技术:引进最先进的生产制作工艺,以中国茶叶研究所和茶叶专业院校为技术依托,拥有专业人才和本土人才相结合的技术团队。产品源自国内十大茶叶核心原产地,经六位茶界大师精选,确保原产地品质好茶。

一流的管理:通过 ISO9001:2000 质量管理体系和 HACCP 食品安全保证体系、QS 体系认证。

一流的团队:管理层、营销人员年轻化、专业化,平均年龄在 35 岁以下,大学以上文化程度,具有良好的人力资源机制,为拓展全国市场积累了厚实的后备力量和生力军。

三、优越的自然生态环境优势

蓝天茶高贵的品质来源于独特的地理环境。蓝天茶所处的江北茶区,这里雨量充沛,气温中和,土壤肥沃,酸度适宜,非常适合茶树的发育与生长。这种"上有天幕覆盖,下有精气滋养"的得天独厚的地理环境,形成了蓝天茶独具一格的品质特征:细圆紧直多白毫、芽叶完善,汤色黄绿明亮,香气清高持久,滋味醇厚甘甜,色、香、味俱佳。

蓝天茗茶与安溪当地十大茶企之一的华福公司合作,从源头上保证蓝天铁观音的纯正品质。

四、创新经营管理模式

依托历史名茶的丰厚底蕴,按照蓝天集团"扎根信阳,立足河南,辐射全国,走向世界"的战略规划,蓝天茗茶坚持走出去的发展思路,让"蓝天茶. 润天下"。为此,公司不断创新经营思路,努力推动连锁经营和网络营销,以实现经营上新的突破。

蓝天实行"公司+基地+农户"的经营管理模式,在大别山北麓的40余个行政村投资开发建设3.5万亩生态茶园。公司遵循种植生态化、管理现代化的原则对茶园进行科学的管理。用农行签订经营合同,茶园每一寸土地责任到人,同时做好对茶园的维护和管理,以确保每一片鲜叶的品质。

蓝天还将不断地"走出去",积极开展对外交流合作,尝试到国外建立茶叶基地;参加行业内各项大型活动,把品牌推广出去,展现中国茶的魅力,全方位多层面打造企业走出去战略。

基于公司发展战略的要求,公司进行了系统、科学的规划,大力推进和发展连锁经营。公司雄厚的资金实力、可控的基地管理、规范的生产加工、整体的高端营销策划、专业的市场服务和专营店实践的成功管理经验,为加盟商的成功提供了可靠的基础支持和全方位的服务保障。

面对目前互联网的迅猛发展带来的冲击,公司积极应对,发展网络营销,开展网上经营,目前已经在京东商城开始网上经营。

五、市场优势

消费者的认可和喜欢是品牌生存发展的关键。蓝天茗茶切实关注老百姓喜欢喝什么茶,突出精选,价位更接地气儿,做大家喝起来方便、能够喝得起的放心茶,致力做老百姓身边的茶叶专家,不断扩大品牌影响,建立市场优势。公司致力于把茶文化演变成一种人们生活当中的习惯,让消费者在生活中感受茶文化,在茶文化中体验生活。为了把"做老百姓喝得起的好茶"真正落到实处,公司在茶园建设、生产工艺创新、产品创新等方面层层把控,并通过引导消费者从根本上爱上茶,进而扩大市场销售量,实现企业的健康发展。

慧谷咖啡:在袅香中启迪创业智慧

成立于2012年的慧谷咖啡是一家互联网创业咖啡馆,也是国内首批创业咖啡馆,为中国创业咖啡联盟6家发起理事单位之一。基于为互联网创业者提供学习交流空间、和河南互联网创业者一起创业的初心,创始人杨晏用众筹的方式把初创股东扩展为21人之多,包括河南籍的互联网大佬如口碑网创始人李志国、本土的互联网企业如锐之旗董事长李少杰和传统企业如杜康控股总经理苗国军等,头顶理想,开启了创业咖啡的征程。

2014年,慧谷咖啡进驻了提供场地并免费装修的河南外包产业园,取名慧谷@智库。

慧谷咖啡主要提供两类服务：一是线下交流、对接分享；二是对创业者进行培训。慧谷咖啡依靠强力的互联网人脉资源，举办大大小小的各类活动，依托中国创业咖啡联盟，还在北上广深杭成立了 5 个慧谷会城市站，每月举办一期河南籍互联网企业家、资深技术人员与创业者的交流活动。慧谷还成立了自己的孵化器项目，并有近 30 家企业入驻。

慧谷咖啡汇聚互联网创业者和爱好者一起聊天和交流，成立了经验分享平台慧谷会，在此基础上，推出了"好书一起读"、中原电商沙龙、慧谷坐坐等品牌产品。

3 年来，慧谷咖啡开展各类互联网创业交流活动 300 期，辅导和帮助了 600 多个创业新型项目和超过 3 000 名创业者，成功对接项目 168 个，有 37 个项目获得了投资或签订了投资意向书，为近千家中小微企业提供创业辅导、团队建设和商业模式诊断等服务。在《互联网周刊》公布的 2015 中国互联网思维咖啡馆 Top100 排行榜上，慧谷咖啡位列第6，在河南位列第 1。

2016 年，慧谷咖啡大学生创业园将在闹市区俭学街警察学院内开张，为创业者提供全方位的配套服务，并将组建由 150 名河南籍成功企业家组成的孵化器导师团，解决本地互联网人才缺乏的问题，引导在外河南籍互联网企业家和资深技术人员回家乡创业。

慧谷咖啡的利润来源，一是为企业对接外地优质人才资源，收取服务费；二是帮助创业者打磨创业计划、筹集创业资本、辅导开办企业，助力小微企业成长并收取服务费。但这两项和卖咖啡一样在前期收入都不多，未来的回报，还是在和创业企业的交流对接中，发现好的项目，投资参股，共同做大，分享未来。

绿航农业：中国花卉产业的领航者

广州绿航农业科技公司的前身为"绿之恋园艺场"，坐落于花卉之都广州，2008 年因转变传统经营理念、引入风险投资资金而更名。经过十多年的发展，绿航现有花卉种植基地 3 000 多亩，员工 2 000 多人，年销售绿萝 1 000 多万盆，是全国销量第一的专业绿萝生产销售企业。

从传统的杂烩园艺场到现代化的专业农业科技公司，从大路货到品牌经营，绿航走在了时代的前面。

首先，从生产方式上，绿航变花卉盆栽"散着做"为工业化流水线作业生产，属国内首创。每棵秧苗张出来后，要经过 5 道工序，大约 50 天后才能出厂，车间工人可以按件计酬，不但简化了管理、提高了产品质量，还大大提高了工人生产积极性，产量提高了 2 ~ 3 倍。

其次，绿航的产品从上百个观叶植物品种调整为单一的绿萝。之所以选择绿萝，是因为好养而且养的人最多；之所以选单一品种，是因为要走专业化之路，如果把市场空间最大的品质都做好了，那整个市场就都可以占领。即使是单一的绿萝产品，绿航也开发出各式不同的养法：从形态上有大叶、小叶、金边、黄金绿萝之分；从规格上有 10 cm 和60 cm 直径大小盆栽；从形状上有直立、倒垂、柱形和长形盆栽等。公司在技术方面还和知名高校合作进行创新,改进生产,并委派技术人员到国外学习先进的花卉种植技术。

最后是销售模式和品牌形象的建立。绿航的销售逐渐从传统的花卉批发转型为在各地建销售分公司、直销店和品牌经销商网络模式,形成一整套品牌营销体系,让品牌成为公司最重要的资产,这也开创了中国花卉先河。

绿航农业立志把"绿航绿萝——最适合室内摆放的植物",打造成中国花卉第一品牌,这可能是即将或已经达到的事实。祝福吧,绿航,中国花卉产业的领航者。

尚美纸业:抽纸定制专家

抽纸是一种低附加值的日用消费品,困于生产成本等原因,大型纸企往往没有更多精力进行小批量定制,这为中小纸企提供了生存空间。郑州尚美纸业有限公司是一家集生产和销售一体化的专业纸品服务公司,主营产品为纸巾、湿巾及广告定制纸品,定制品种类很多,如:盒抽面巾纸、钱夹式广告纸巾、一次性湿巾等。服务的客户主要是广告公司、酒店宾馆、KTV、餐饮企业等,为其提供一系列的小规模定制产品。

尚美纸业已有16年运营经验,是中原最大的抽纸、纸巾定制生产中心,对客户的需求能够提供完善的、一系列配套解决方案。尚美纸业有诸多专业优势:拥有专业的设计团队,产品设计时尚唯美;所有产品均采用纤维素、半纤维素和木素构成的纯木浆生产的卫生纸为原料,皱纹细腻、手感好、有韧性;用进口四色印刷设备制作,对生产工序严格把关,保证产品质量。

尚美纸业定位于抽纸专家。公司从实力、质量、服务上精益求精,为客户进行一对一的优质服务。对于客户需求,先设计打样,满意后再量产。大宗货物可以免费送货上门,确保每一批货按时交付,使服务的每一个客户都真正满意。

在分工越来越细的市场中,专业成就品质,专业铸就品牌。尚美纸业提出的口号是"专注专业,烙印天下",代表了尚美的专业品质与素养。尚美追求的目标是:"说出你的构想,我们帮你实现一个奇迹",这也是尚美的梦想,即帮助企业完成从产品的构想、创意、设计、制作到生产的全过程,从单纯的看样生产最终发展成为智慧型服务公司。

尚美纸业正在抽纸定制的专业道路上一步步迈向既定目标。

明帛农业:开拓农业产业化新征途

农业是国家的根本。现在我们国家发展了,人民生活水平提高了,对农业的认识就又上了新的台阶。农业不但要让人民有饭吃,还要吃得好、吃得健康、吃得舒服,由此延伸出了产业化农业、生态农业、观光旅游农业等,农业也成了能够填饱肚子、可以混合开发的、具有文化概念的、满足人们休闲娱乐需要的新产业,农业更是国家"十三五"重点支持的产业之一。

郑州明帛农业开发有限公司成立于2015年,是一家成立不到一年的农业创业公司。公司位于郑州新密市,属于粮食主产区,附近的居民世代靠农业维持生计。明帛农业注册资金6 600万元,拥有员工60多名,经济和技术实力雄厚。公司主要进行农业产业化运作,进行大规模农业种植。种植的农作物包括主粮小麦、玉米,还有副粮大豆、花生及各种蔬菜、瓜果等。在发展种植业的基础上,公司未来将进行特色农业、农业旅游、观光等项目的培植开发,一是要加强技术开发,运用科研力量生产绿色无公害蔬菜,大力促进生态农业发展;二是要发展生态农业观光旅游,把富裕的城里人吸引来,享受田间地头的农业乐趣,让生命回归本源。

郑州明帛农业只是刚开了个头,未来还要通过各种方式联合附近农民,统一进行农产品的耕种和市场运作,共同打造明帛品牌,进而带动生态、特色、观光农业的进一步发展。这种发展思路和模式不但解放了农民,还带来了不同于传统农业的新产业,有力地支持了传统产业的升级和发展。

做现代农业发展风向标

说起新疆和田,总让人浮想联翩,这里是昆仑山脚下的千年玉都,这里是丝绸之路上光彩夺目的绢都,当然这里还有一望无际的枣林以及让人垂涎欲滴的大枣。十年前,来自河南新郑的张国祥、张建军兄弟闯进了这片沙漠绿洲,创建了"西域仙果"品牌产业、新疆和田市富达林果业科技开发有限责任公司。从2007年7月公司成立至今,经过西域阳光的照耀,大漠长风的考验以及昆仑山雪水的嵌入式滴灌,张氏兄弟使那里成为中国西部种植面积最广、经营产量最大、集约化程度最高、产品品质最优的"西域仙果"和田大枣生产基地。

一、红枣里的商机

东西部地区发展差距的历史存在和不断扩大,成为一个长期困扰中国经济和社会健康发展的全局性问题,2000年1月,国务院西部地区开发领导小组召开西部地区开发会议,研究加快西部地区发展的基本思路和战略任务,部署实施西部大开发的重点工作。至此,国家政策开始向西部不断倾斜。张氏兄弟看到了这一良好的政策环境,再加上当时有很多新郑人到新疆去种枣、摘枣,一个偶然的机会,他们也来到了新疆,走进了和田。张国祥说,这里有太多他喜爱的东西,但他最爱的还属那一颗颗饱满诱人的"西域仙果"和田大枣。看到新疆枣区火红一片,枝头挂满的大枣硕果累累,当下就认准了新疆红枣种植开发这一发展方向,决心投身红枣事业。

为了选择一块最适合种枣的土地,他们用了近一年的时间走访了新疆的很多地方,并邀请众多专家进行勘察和调研,最终决定在和田市阿克恰勒地区开启他的和田大枣之路。这里的地理环境占有绝对的优势,日照时间长达16小时之久,年降雨量仅仅33毫米左右,昼夜温差又非常大,而这些自然条件正是优质大枣生长的最佳条件。据权威勘测,这片土地是目前世界上唯一一块最适合种植大枣的地域。

2007年，经过艰苦繁复的筹备、协调和努力，经新疆维吾尔自治区和田市人民政府批复，富达林果业科技开发有限责任公司在和田市阿克恰勒管理区获批10万亩大枣的土地开发权，首批5万亩土地很快得以交付。而更令人欣喜的是，这一投资项目很快得到了土地局、环境保护局、财政部、和田市政府等部门的大力支持和各界人士的高度关注。

二、好大枣需用心

为确保和田大枣的优良品种和优秀基因，富达林果业专门引进山西太原"骏枣"的培育及改良技术，结合河南新郑专业嫁接技术以及新疆独特的地理位置和生态环境，着力打造一流品质的"西域仙果"和田大枣，从而在一开始就确立了比河南新郑、新疆若羌、且末等地大枣更优质的优势。

同时公司还争取并邀请到了河南省枣科学院士专家工作站站长赵旭升教授作为技术指导专家。赵旭升教授凭借多年的大枣研究经验，对富达林果十万亩种植基地的大枣种植和生产进行全方位的指导与把关，带领着富达林果的科研团队不断对红枣的品种、质量、育种、种植、加工等各方面进行创新与改良，保证富达林果在红枣科研领域的绝对优势地位。

随着枣树长大挂果，公司还请来中国商业模式设计专家荆涛为企业量身打造独特的商业运作模式，公司的专业营销团队以及全国代理商团队也日渐强大，富达林果业很快在新疆的林果业界站稳脚跟。接下来，公司规划把大枣基地建成种植、养殖、加工、观光旅游为一体的有机农业观光示范生态园。公司现已完成投资3亿多元，平整土地2万亩，配套深井、防护、道路、土壤改良等；现已种植大枣一万多亩及启动二期土地开发。

三、主动承担社会责任

富达林果业公司的发展，并不是单一追求经济利益的最大化。在公司日益壮大的同时，公司秉承人民群众都收益的原则，迈开多元化发展的路子，实施公司加农户、入股、投资、分包等多种合作发展方式，统一科学管理，提高产量、巩固质量，提高投资收益率。如今，无论是企业领导，还是公司员工、普通群众，近千人在几万亩枣园辛勤耕耘，用片片绿意和颗颗"红钻"装点祖国西部。

自成立以来，公司一直怀揣着一颗感恩的心迎接生活，回馈社会。在保持企业自身健康发展的同时，也不断地为社会传递着"大爱"的正能量，先后为汶川地震灾区、舟曲泥石流灾区、青海玉树地震灾区以及当地贫困家庭、希望小学等累计捐资400多万元。2011年，公司直接捐赠200亩枣园（价值1 000万元）支持中国首所免费大学——北京华夏管理学院的建设。

新疆和田富达林果业的枣园种植项目，既响应了国家西部大开发的政策，同时也实践着十八届三中全会关于农业集约化、规模化的精神，利国利民。这些饱含魄力的河南人，用利他们的思想贯通涉事，用持之以恒的品行见人前行，用跨界的思维和全新的视角做可持续发展的规划和战略性的投资，他们已倾心投入到这个绿色环保的朝阳产业中。

四、用互联网打造现代农业

随着公司组织结构的不断完善，业务范围的不断扩大，为了更好地满足市场需求，富达林果不断拓展产业链条。同时,顺应"互联网+"的趋势,抓住互联网所给传统农业带来的巨大商机,富达林果业还成立了泓昇西域仙果电子商务有限公司,以发展互联网销售平台为主,致力于农产品向现代互联网方向发展,逐步建立集科技、种植、销售、加工、观光旅游等九大板块为一体的现代有机农业产业链,通过京东、一号店等电商平台建立的网购商城走向全国。

借助互联网,富达林果业还实施了公司加农户、入股、投资等多种合作方式的经营模式,将两万亩土地对外招商,5 亩起包,租期23 年,前3 年为建园期,建园期内所有费用由公司承担,建园期后20 年为盈利期。对于承包商,不仅拥有产权证,枣地上还有他们的承包牌号,而且承包商可以通过网络监控,随时查看自己所承包地的种植情况,完全透明化。这种新颖的经营模式,取得了良好的市场反应。

黑芝麻+互联网,造就广阔市场

随着"互联网+"的快速推进,传统农业毫无悬念地成为互联网的一个主攻战场,"互联网+农业"亦成为我国经济社会创新发展的重要力量。在这场无声的厮杀中,一个个农业龙头企业实质性地向着互联网挺近,一些捷足先登者正在获取较高的估值溢价。

河南广德农业开发有限公司是由河南广德控股有限公司控股、河南农业促进会参股、自然人持股的一家专业从事黑芝麻科技研发、基地种植、生产加工、市场营销、文化传播"五位一体"的农业全产业链科技型企业、互联网创新型农业企业。

广德农业致力于黑芝麻种植的升级,创新地采用了"公司+基地+农户"的模式,在驻马店建立起10 万亩有机黑芝麻种植基地,大力推广、普及优良高产黑芝麻品种和有机、绿色高产栽培技术,并以高于市场的价格收购优质黑芝麻进行深加工。同时,积极推广应用具有专利技术的芝麻自动播种和自动收割机,争取政府有关的政策性补贴。

为提高技术创新能力,公司与河南农业科学院芝麻研究中心签订了常年战略合作协议,为黑芝麻系列产品的生产技术、产品研发提供技术和智力支持。公司通过不断的研究、试验,开发、升级了黑芝麻系列产品。经过技术升级,从芝麻产业里切割出黑芝麻产品,同时又从传统黑芝麻、黑芝麻糊产品类别里切割出健康黑芝麻零食,打造出黑营养5.0 的概念,这是以芝麻素(黑芝麻中营养价值最高的提取物)为基础开发的多款保健产品。

同时,公司还进行了黑芝麻产品商业模式创新,结合新兴的互联网产业,开创了移动互联网O2O 社交电商模式。黑芝麻产品的商业模式采用了传统的线下经销商销售模式和线上社交电商销售模式以及平台战略合作模式。这种模式最大特点就是采用全渠道销售,线上与线下结合、跨界融合、体验消费、共创共享,而且形成了自己独有的圈子文化,解决了营销上的社交沟通的问题。运营思路是先有社交、建立圈子、再做生意。

迄今为止,广德农业线上销售合作伙伴有淘宝,自建的销售平台有营养商城;线下采用跨界合作,主要与高端会所、高端酒店、茶社、特色便利店等合作进行产品销售。2015

年,经过对生产技术、产品、运营、销售模式的创新、升级,公司实现销售额就近千万元,在广阔市场的市场上,闯出了自己的一片天地。

异业联盟O2O,打造圈层经济保护体

经济发展变革,市场风云变幻,商场如战场,竞争激烈,厮杀惨烈。在商业经营中,同行生忌,异行也彼此冷漠,互不关心,各扫门前雪,这种行为已被认为是情理之中。因为它遵循"物竞天择,适者生存"的自然法则。处于市场经济条件下的商家只要在竞争中不违背法律与诚信原则,这种排他性就依然存在。而近日,河南省轻松送实业有限公司推出的异业联盟可谓是匠心独运,将看似互不相干的行业联合起来,目前,已经顺利打开局面,得到各行各业的高度肯定。

河南省轻松送实业有限公司是一家连锁超市公司。公司成立之时,传统实体店经营模式已在"互联网+"浪潮的冲击下变得步履维艰,而单纯的网上商城又让消费者对于商品实物仿佛雾里看花,缺乏具象概念。轻松送打破了线上线下分离的桎梏,将网上商城与实体店面展示有机结合,给消费者带来舒适便捷的消费体验,并率先在国内推出了新型异业联盟–免费送O2O服务模式,是免费服务模式的开启者及其领导者,在诸多电商平台中独树一帜。

任何一个商家要想在激烈的市场竞争中立足,绝不能仅仅依靠自身力量,尤其是在移动互联网时代,传统中小微商家深陷营销困境,战略联盟资源共享将成为商家发展的必由之路。轻松送异业联盟的核心就是资源的嫁接与共享。在轻松送异业联盟商圈里,商家之间和睦相处,和气生财,和谐求效,合作制胜,不仅可以规避竞争,还可以优化资源配置,并引入新的商家,形成强大的圈层经济保护体,增强商家竞争力,为未来持续稳定发展赢得保障。

公司以众多一线品牌为市场依托,携手家电、汽车、珠宝、饭店、学校、摄影馆、装饰公司等多个不同行业的企业及产品,包括格力、美的、海尔、海信等知名家电品牌,还有名车名酒、珠宝首饰、家纺洗化、保险等,另外还有自己的专利产品,线上商城和线下实体店相结合,给消费者带来方便、实惠的购物体验。比如顾客购买保险、家电、家具、汽车、手机等,会附送同等价位的酒水、珠宝、食用油、茶、化妆品、保健品等。这样的异业联盟项目,为公司打开了经营的新局面。

轻松送作为国内首家买多少送多少O2O模式的电商平台,颠覆了传统的营销模式,以独特、独到、独有的营销思路,演绎着免费的新模式。其发展之势迅猛,凭借竞争优势在短短几个月时间已成功打造了江西、湖南等几十家免费服务机构,得到业界的一致好评。在省内已经布局几十家旗舰店,经济效益显著。随着轻松送发展越来越好的发展,越来越多的异业加盟商登门轻松送。

轻松送还有网上商城,并推出了微信分销系统,旨在进一步推广自己的平台,也自然带动了平台产品品牌的知名度。

为耕者谋利　为食者造福

河南金粒麦业有限公司于 2001 年由延津县粮食局注册成立,主要职能是顺应粮食市场化经营潮流,服务于全县的优质小麦开发和粮食产业化经营。2008 年 11 月,完成了国退民进,改制为民营企业。目前,公司下属 17 个购销分公司,两个子公司,质量检测、农技推广、富硒小麦工程技术研究 3 个中心。金粒麦业经过多年的不懈努力,创立了知名全国的"金粒模式",利用品牌、基地、网络、人力资源等优势,发挥龙头带动作用,努力打造"中国第一麦"良好形象。

一、充分培育和发挥企业的经营优势

金粒麦业在多年的经营和探索中,逐步培育、形成了多方面的经营优势,为企业发展创造了有利的条件。

较为成熟的机制优势。多年来,以金粒公司为主导,探索出一整套富有成效的优质小麦产业化经营管理的运作机制,被誉为"金粒模式",这是企业独有的宝贵财富。

实力较强的经营主体优势。公司的各经营主体都具有较强的经营实力,在产业链的不同环节协同发展。金粒鑫大地种业是省高新技术企业,金粒公司是省农业产业化优秀重点龙头企业,制粉企业新良公司、食品生产企业克明、云鹤、精益珍、莺歌等,已经形成了从田头到餐桌的完整产业链。

良好的基础优势。延津作为农业县,各级领导非常重视农业生产,相关部门之间已经形成了较为默契的配合关系,农民也有多年养成的良好的种植习惯。

管理到位的基地优势。延津是农业部评定的全国农产品生产加工示范基地、国家绿色食品发展中心评定的 45 万亩绿色原料生产创建基地,是国家质量监督检验检疫总局评定的全国优质小麦标准化生产基地。公司拥有丰富的基地资源,金粒公司的 10.8 万亩的绿色小麦生产基地,以茅台酿酒原料为主的 2 万亩有机小麦基地,金粒鑫大地种业有 5 万亩以国、省两审优质小麦新品种郑麦 366、新麦 26 为主的种子繁育基地,基地资源奠定了企业发展的坚实基础。

二、重新定位,转换经营方式

长期以来,公司坚持"为耕者谋利,为食者造福"的企业理念,积极开展粮食产业化经营,逐步形成了"公司+协会+基地+农户"的组织形式和"订单+现货+期货"的经营方式,被誉为符合"三农"实际的"金粒模式",实现了粮食订单化种植、标准化生产、品牌化经营、规模化管理、产业化发展的经营目标。公司经营范围由原来单纯的原粮购销拓展为基地建设、有机种植、粮食购销、期货经营、种子经营、订单种植、农技服务、农资配送、粮食加工等系列化的产业化开发业务。

公司业务向产业链上游延伸,将公司由粮食购销型企业转变为优质原粮的生产者、经营者,将原粮种植、收储、加工、流通产业链四个环节统筹经营。通过合作社,为社员提供从种到收的一揽子服务;与大型粮食加工业紧密结合,产、销衔接,发掘新的利润增长点,不断升华"金粒模式"的内涵与外延。加强种子基地建设,完善种子繁育体系,同河南省农科院、河南农大、河南科技学院、新乡市农科院等科研院所紧密结合,强化科技支撑,发展优质、高产、高效农业。扩展有机、富硒小麦生产基地达到 5 万亩,夏种小麦,秋种酿酒高粱。聘请农业部设计院对有机基地设计规划,打造成"豫北第一生态有机农庄",并围绕有机、富硒农产品种植开发,形成有机富硒面粉、富硒饲料、富硒养殖等产业链。逐步上马初加工及精深加工产品项目,利用互联网、物联网、计算机软件等技术手段,通过电商、农超对接、社区会员制直供等市场渠道提高产品附加值。

三、做强做实金粒小麦合作社

经过不断的实践,逐步完善、规范了金粒合作社的运营管理机制,利用金粒麦业在各乡镇分公司的仓库场地布局合理、点多面广条件,在县设总社、乡设分社、村设服务站。推行习近平总书记提出的专业合作、供销合作、信用合作"三位一体"的办社理念,强化信用合作和资金互助功能,设立河南金粒小麦专业合作社粮食银行和资金互助部,开展粮食油料代储、代运、代销,代兑换生产、生活用品,集中社员资金开展内部资金互助等业务。通过合作组织规范运作、带动、引导家庭农场,创新土地流转、股份合作、适度规模的农业产业化经营新模式。强化产品质量安全,大力推行农业标准化、生态化生产,积极推广使用节地、节水、节肥、节药等技术措施,控肥、控药、控添加剂,指导成员建立生产记录制度。实行农产品标识制度,积极开展"三品一标"认证,建立健全农产品质量可追溯体系。加强合作文化建设,弘扬互助协作、扶贫济困、团结友爱传统美德,营造良好的乡风民风社风。推进信息化建设,加强信息网络硬件建设,利用物联网等现代信息技术开展生产经营、技术培训、社务财务管理,积极发展电子商务,努力实现财务会计电算化、社务管理数字化、产品营销网络化。建立了网站、短信平台,发布生产技术、市场信息,公布重大事项和日常运行情况,积极探索运用短信、微信等方式进行信息服务与民主决策。

四、强化多重保障措施

农业产业化经营社会影响大,涉及多环节、多要素,金粒采取了多种措施,保证企业健康有序运行。做好多渠道资金融通工作,既重视商业银行的流动资金贷款,也努力从农开办、农发行、国家开发银行等争取中长期资金,保证企业有充足的资金供应。企业一直注重与科研机构的紧密合作,不断增强企业的技术创新能力。加强人才引进与培育,制定人才培育和发展规划,每年从高校引进一定数量的优秀大学毕业生;营造尊重人才、激励人才的企业环境,塑造吸引人才、培养人才、留住人才的企业文化;在薪酬、培训、晋升等方面向生产一线人员重点倾斜。加强社员培训,通过争取国家培训项目、合作社内部培训等,选拔一批种田能手、种粮大户、家庭农场、农村经纪人、农资经营户等加强培训,进一步提高种粮农民素质。

郑州微之淘：开创电商盈利新模式

互联网在中国的飞速发展以及移动互联网的更新迭代，助力产生了商业新模式，特别是淘宝、天猫、京东等平台的迅速崛起，加之国家"互联网+"的新经济转型战略，使电商成为和每一个商家、每一个个体都息息相关的事情，商家要转型用电商新模式吸引越来越宅的消费者，90后的创业者也紧盯着电商，希望从中淘得第一桶金。郑州微之淘电子商务有限公司就是这样一个既帮助90后通过电商创业，又帮助商家通过电商分销产品的一个平台。

微之淘的基本经营模式是为想开网店创业又没有经营经验、没有货源的创业者提供相关培训辅导，帮助其建立网店，并免费为创业者提供货源，支持创业者用自己的努力销售产品，赚取自己的利润。微之淘和第三方产品聚集平台拍酷网合作，为网店创业者提供上万种产品，涵盖服装、鞋类、配饰、包包等众多品牌产品，微之淘寻求创业者加盟微之淘产品分销平台。随着微之淘品牌加盟商越来越多，产品销量会通过众多的网店销售出去，微之淘、拍酷网和创业者就会达到各自的经营目标。

目前，微之淘有一支具备丰富电商服务经验的优秀团队，技术实力雄厚，在淘宝、天猫、京东及一号店都已经开展相关业务。通过加盟，由专业老师指导创业者开店、装修、推广，并提供货源、代理发货及售后服务等，创业者可以专心做沟通和推广，资源各方用分工创造最佳效益。

微之淘用一种全新的互联网经营理念，创建了一种全新的经营模式。

八融理念，助推众筹生态圈

近年来，关于互联网金融、众筹、股权融资、企业融资难等问题，不但是民众讨论的热门话题、各类媒体头条，更是金融市场突出的痛点。如何运用股权融资等方式发展和壮大企业，是众多企业家密切关注的问题。2015年6月成立的郑州八融岛在企业融资方式上进行了积极的探索，用自己的丰富经验与积累，努力呵护中小企业的成长，为中小企业及创业者打造良好的融资环境，让企业能更好、更快地融入社会，使创业不再艰难。

一、应运而生，八融理念开道前行

郑州八融岛是其母公司根据创客及中小企业融资等需求，以十余年的金融培训、辅导及项目实操经验为基础，征询百余名行业专家的意见，联合银行、信托、资产管理、风投、证券等金融机构以及财务、法律、管理、咨询、策划等服务机构，专为创新型中小企业设计的深度创新项目，主要业务是为企业和个人提供投资管理、创业辅导、金融服务、财务顾问、管理咨询、营销策划、资本运作等综合服务，致力建设中国第一众筹生态圈。

八融岛主要通过众筹这种方式帮助创客组建项目,通过生态圈这种模式让项目快速发展,步入正轨。之所以可以达到这样的效果,在于八融岛对于众筹独一无二的理解。"众筹筹的不只是钱,我们还会为项目筹措人才、人脉和资源。"八融岛创始人赵正军如是说。"专业的人做专业的事,创客的资源有限,能力有限,需要有专业的人去帮助他,我们用众筹的方式帮他解决项目所需的专业人才和专业资源。同时,每一个参与众筹的人都是项目的人脉,他们会帮助创客推广项目,搜集资料,大大降低了项目推广的难度,又解决了项目的资金问题。"

八融岛奉行融资、融智、融情、融信、融商、融道、融德、融天下的八融经营理念,从资源、资金、知识、人脉、信用、商机、规则、品德八个方面入手来帮助创客,扶持创客,最终达到创客的大成与圆满。

八融岛坚持"以创客的兴旺为兴旺,以创客的荣耀为荣耀"的信念,针对创客企业在成长的不同时期的特点,推出十项企业服务,从创客的筹划初创期,一直到上市的飞跃期都能提供全方位的扶持,彻底解决了创客们的后顾之忧。他们服务的首个企业就在郑州高新区。这家创客企业,融资规模为50万元,融资周期15天。公司高层坦言当时心里并没有底,结果却出乎他的意料,项目在生态圈中发标之后,不足10个工作日就满标,可以即时向该企业放款。而这笔贷款的来源组成中,上万的资金是少数,大部分为千元以下的零散资金。

二、行业交流,八方助力第一众筹圈

郑州八融岛致力于做中国第一众筹生态圈。生态圈自成闭环,中小企业在里面可以享受到全方位的服务。但对于八融岛公司自身来讲,从未因为"圈"而自我封闭,相反的是,公司积极整合各种资源,联合其他企业,甚至其他行业的企业,共同参与其中,举办各种活动,为创业者提供互相交流、沟通、学习、合作的机会。

2015年7月,郑州八融岛组织了"互联网+"时代下的金融风控与创新、新三板、政府与社会资本合作PPP模式实战特训班郑州站的讲座,众多中小企业家参加这次特训班,纷纷表示受益匪浅。8月,中原新创客商会筹备会议预备会议在郑州八融岛顺利召开,对中原新创客商会的建立,各企业均提出了很好的建议与意见。10月,国内首个创客商会——中原新创客商会(金水区新创客商会)正式宣告成立。其初始会员涵盖八融岛、慧谷咖啡、乾泰资本等百余家企业和机构,八融岛创始人赵正军被选举为执行会长。商会成立以后,将充分整合中原地区的优势资源,为创业者构建一流创业服务优质平台。

由八融岛主办的"2015创客中国·八融岛路演大赛"接连于8月、9月、10月举行了初赛、复赛与决赛。国内知名天使投资、风投、投资人、明星创业团队等庞大意向投资团队受邀到场,对路演项目进行了项目考察、评估、投资意向接洽等,对接成功数十个项目。

11月,八融岛成功举办了"多层次资本市场之旅"企业家沙龙,聚合了众多企业家进行资本运作的讨论,共商资本合作的大计,取得了不菲成果。

三、授人以渔,组建商学院携手共赢

在进行项目融资,助力创业者的同时,八融岛还不忘将自己十多年的金融行业经验进行总结,希望能够给更多的创业者提供帮助和指导,提高他们的经营管理水平,使他们少走弯路。2015年10月,八融岛联合北京大学EMBA、国家注册培训师吴兴波、纳百川资产管理公司、营销策划专家毛小民、酒金会、黑马会等机构和人员组建的八融岛商学院河南分院的揭牌仪式和启动大会在郑州八融岛的礼堂举行。启动大会上,八融岛商学院导师武新华带来了《新时代下的变革》专题课堂,阐述了企业各阶段所面临的变革问题;八融岛创始人赵正军带来了《用金融的思想做实业》的报告,告诉了大家为什么企业难做,什么是金融的思想,为什么用金融的思想做实业。两场报告引起了巨大反响。

在随后的3个月里,八融岛商学院接连举办了针对传统企业的"企业转型升级课堂"、"河南小微企业课堂"等活动,针对传统企业、小微企业转型升级之路展开全面讲解,分享经验与教训,帮助传统企业、小微企业在面对经济下滑、消费低迷、人工成本与日俱增、生意难做等问题和困难的现状下快速发展。

八融岛商学院的这些活动受到了众多创业者的欢迎,也带来了商学院里共同学习、共同发展的良好局面。

中国气质的量身定制专家

北京隆庆祥服饰有限公司拥有四百多年的家族制衣史。隆庆祥企业的掌门人袁先生的祖上即为制衣世家,精湛工艺代代传世。明朝嘉靖年间,袁氏先祖因官服裁作技艺精湛,被官眷口口相传,闻名京城。20世纪90年代,袁氏后人在中原重起祖业,为感念祖上功绩遂将店铺命名"隆庆祥"。隆庆祥坚守着祖辈"天眷独厚"的品质观,忠于"顶级专属"的定制理念,立志于"传承更发扬"的创新精神,将国服精髓融于西方工艺,成为"新东方定制"的代表之一。

隆庆祥为"中华老字号"会员单位,是以专业"量身定制"高档西装、衬衫、定制皮鞋为主营业务,兼营多种服饰类产品,集设计、研发、生产、销售于一体的综合性、现代化服装企业。隆庆祥是全国量身定制重点企业,也是全国规模最大的量身定制服装服饰企业,销售网络已覆盖北京、天津、河北、河南、江苏、安徽、山东七省,拥有百余家直营店面,并将积极谋划将网络直营店覆盖全国。在河南开设了40多家专卖店,遍布各地市。

作为将量身定制服装产业化的现代化企业,隆庆祥有着悠久的量身定制传统和醇厚的量身定制文化积淀。坚持"中国气质的量身定制专家"的品牌理念,始终将"量身定制,私人裁缝""1+1"量身定制的贴心服务作为核心竞争力,为客户提供从面料选择、款式设计、工艺优化、售后服务的"一站式"尊贵服务。所有产品均单人单版,单版单裁,单裁单做,以产品独一无二的专属性彰显尊贵荣耀。

在经营过程中,隆庆祥积极进取、锐意创新,矢志将中国传统的"红帮"手工工艺与现代高科技工艺完美结合,努力为消费者提供个性、时尚、尊贵的产品和贴心的服务,赢得了广大消费者的信赖和认可,企业规模和品牌影响力与日俱增。公司始终坚持诚实经营,道德经商,曾先后服务过上千家政府机构和企业个人,为各企事业单位的领导、职工及个人提供了完美的商务着装解决方案。隆庆祥量身定制的产品因用料考究、量体准确、工艺精湛、交易快捷、款式新颖、版型庄重典雅,获得众多荣誉。2008年,喜获"中国职业装十大领军企业"称号,2010年,被授予"中国著名品牌",2013年获中华老字号会员单位、中国驰名商标等称号。

"以人为本,顾客至上""科学管理,创新经营",是隆庆祥的工作准则,努力打造"中国量身定制第一品牌"是企业的愿景,塑造一个具备良好企业文化以及核心竞争能力的中国民族品牌,是全体隆庆祥人的共同目标。隆庆祥正积极培育新一轮科学发展、和谐发展、永续发展的核心竞争力,期待着在服装定制市场上实现新的跨越。

放心兼职,有薪有成长

据调查显示,目前国内兼职市场年规模约5 000亿元,潜在兼职群体人数5.5亿,其中社会兼职群体人数超5亿,学生群体人数约5 000万;潜在用工企业和商户数量在4 000万以上,市场缺乏人才共享的平台级服务商。针对这一现状,由58赶集分拆独立而成的斗米兼职以打造第一人才共享平台为愿景,给全社会传达自由工作、乐享生活的理念,促进兼职市场的良性发展。

传统的企业人力资源架构以全职用工模式为主,主要包括产品研发、市场推广、物流分销、生产运营及人事行政等部门。但从国内新一代劳动主体"85后"来看,这些人伴随着互联网发展成长,更倾向于选择灵活的工作时间。在不增加成本的基础上,以人才共享模式(即兼职)来破解企业用工难题成为企业在新形势下的现实选择。企业用工采用更多的兼职人员已经成为一种趋势,谁能主动拥抱必将抢先获取进一步抢占市场的先机。

斗米兼职把打造人才共享第一平台作为使命,能够给用人企业提供新的在线兼职用工解决方案,涵盖从招人到用工管理、再到工资结算的全套流程,目前已成为国内多家一线品牌的兼职人员供应商,其中不乏百度、阿里、京东、中国移动、可口可乐、优衣库、顺丰等知名品牌。国内大量人力资源外包公司及服务商也把斗米作为兼职用工招募第一平台。

如今,斗米兼职已是整个兼职市场名副其实的引领者和推动者。在斗米兼职线下已覆盖的12个城市中,郑州的发展最为迅猛,单个月份交易流水曾实现10倍以上增长。斗米兼职平台取得行业用户流量第一的绝对领先优势,不仅因为斗米兼职拥有58赶集集团兼职流量的鼎力支持,也在于斗米兼职秉承开放合作的理念,与百度、趣分期等多家知名公司达成了重要深度合作。

斗米兼职首创的与企业全方位深度合作的兼职用工模式已经开始渗透和变革传统行业,斗米兼职与不少创新企业合作已取得良好的效果,O2O闭环模式能够帮助求职者快速找到优质兼职工作,而且薪资有保障;对企业而言能够保证招聘效果,提升企业用工效率。

未来,斗米还将以兼职招聘服务为核心,采取开放合作的模式搭建包含人力资源服务、职业培训、健康体检、兼职信用平台、保险、消费金融、行业研究等服务组成的人才共享生态圈。

中国装修标准工程的缔造者

中国建筑装饰协会预测，未来 3～5 年，家庭住宅装修新增市场需求每年至少 6 500～8 000 亿元，到 2018 年总额将达到 2.6～3.2 万亿元，住宅装饰市场容量巨大。家装业务因为不断增长的房屋成交量和老房重新装修的需求，已经成为一块大蛋糕。但这块蛋糕同样面临着一个问题，即家装行业是一个标准化很低的行业，众多的家装企业良莠不齐，包括目前一些电商平台做的互联网家装也只是将传统家装企业简单聚合，对商家缺乏监管，导致鱼龙混杂、价格服务标准不一。面对这种混乱局面，急需推动力量出现，以净化市场。

新乡阔达装饰家装有限公司成立于 1997 年，是"建筑装饰施工二级资质"单位、中国建筑装饰协会常务理事单位、北京市建筑装饰协会副会长单位、全国工商联家具装饰业协会副会长单位。经过十多年的发展，公司已成为家装行业的领军品牌，这与其一向严格的施工管理和施工标准不无关系。

在经营过程中，阔达装饰不断学习，不断总结经验教训，规范着公司内部的装修业务，并于 2005 年 8 月推出了以阔达 6 大自主知识产权的 117 节点核心技术为主要内容的阔达标准工程。开始的时候，标准工程只是作为企业内部规范推出，限制装修工人的操作，但没有预料到的是，规范一经推出，不仅赢得了广大消费者的好评，公司也因此获得了大量的集体团购装修订单。这种现象引起了装修业内极大的震动与讨论，很多公司也蜂拥模仿，建立起相应的施工标准。可以说阔达的这些做法，在当时推动了装修业的进步。

随后，阔达公司又以阔达标准工程为基础，在国内推广技术培训、技术加盟的新模式，目前，已在国内建立阔达标准工程联合体 60 余家，形成了装修行业的施工联盟。无论你在哪一家进行装修，最后施工质量都是一样的，就像麦当劳、肯德基出售的标准汉堡一样。

2008 年，阔达又在业界率先提出星级标准服务体系，把客户在装修过程中最迫切需求的、最容易产生矛盾的、容易引起不满意的中期保障 7 个节点作为突破口，使之立体化、标准化和透明化，以客户满意度作为检验家装品质的唯一标准，通过提升服务程序的量化和服务技术的科技水平，引领家装行业进入服务价值新时代。

2010 年，阔达以"黄墙、绿地、蓝防水、单管单线"为鲜明特征的标准工程成为公司对外的形象展示，以"文明施工、成品保护、工程形象"三大内容为工地特色的标准工程，一举改变了家装工程"脏乱差"的状况，使客户体会到了"干净家装、快乐家装"的愉悦过程。

同年，阔达在标准工程的基础上，整合资源推出了 1∶1 成品家装，实现了标准化配置、标准风格、可替代可升级的高性价比的家装产品，开创了中国家装业"透明消费""无增项""所见即所得"的全新家装消费模式。

目前,阔达又在互联网+装修上准备动手建立标准。它会由此掀起互联网装修的风浪,成为领先者么?

大学生兼职基地

根据国家统计局 2014 年统计数据,我国普通、成人本专科在校人数总量 4 428.3 万,其中普通本专科在校人数达 2 468.1 万。据不完全统计,大学生群体有 1/3 左右的人有过兼职经历和兼职需求,大学生兼职市场空间巨大。同时,大学生的素质较高,工作积极性强,劳动力较为廉价,企业在有临时性用工需求时非常愿意雇佣兼职大学生。

郑州晟金企业管理咨询有限公司于 2006 年成立,致力于满足郑州大学生的兼职需求,同时,也为郑州乃至河南的大中小企业解决一定的人力资源需求问题。在不断的探索中,逐步成为河南较大的综合性企业交流平台。

晟金重视建立完善的校园营销渠道。经过近 10 年的成功运营,本着互信互惠的原则,公司已与郑州的 20 多所高校的学生协会(社团)建立了长期、紧密合作关系,兼职人员的稳定性远高于其他类似企业,能在第一时间里组织开展校园各类市场营销活动,以及出外活动。形成了优秀的大学生兼职资源储备,拥有几千名兼职人才库,均为在读大学生、研究生、博士生。同时,与洛阳、开封等地的高校也建立了合作关系,在当地开展业务。

公司掌握了丰富的大中小企业的兼职需求。经过多年的发展,公司与众多企业建立起友好的合作关系,及时派出兼职人员完成企业的营销、展示等任务。合作企业包括中国移动、康师傅、统一、世纪联华、永乐等。

公司的业务开展属于关系圈型,以熟人圈子为核心运作规则。对于高校学生兼职,公司有着自己的认识,从不做有损于兼职双方的事情。因此,长期以来,公司从高校大学生的熟人圈子着手,朋友发展朋友,朋友之间的口碑成为公司最为看重的事情。在公司初创时期,这种模式对于业务的开展进度有一定影响,但随着兼职活动开展越来越多,反而变成了很大的助力,大学生对公司的信任也越来越强。

随着互联网经济的繁荣,晟金也开始尝试"互联网+",探索如何在互联网大潮中更好地大学生将兼职进行下去。

谦让大自然的丰厚回报

随着人们生活水平的日益提高,越来越多的消费者将目光关注于绿色食品。当越来越多的有机食品走上餐桌,人们对有机食品与身体健康关系的认识也在逐步加深。有机食品发展前景广阔。河南谦让农业科技有限公司是一家集种植、生产、销售为一体的现代化有机食品公司,旗下的"谦让有机"产品"有机长香米""有机花生油"等凭借其纯正的口感、清新的味道备受消费者称道,占据了有利的市场地位。

一、经历坎坷,以善良之心选良心产业

河南谦让农业科技有限公司是以董事长都谦让的名字命名的,寓意深刻。盛满易为灾,谦冲恒受福,做事秉持对大自然的敬畏之心、谦让之心,大自然就会回报、馈赠千家万户,回馈给我们青山绿水,也回馈给我们健康生活。都谦让董事长出生于河南滑县,高中毕业后就跟着父亲搞货运,后来自己独立发展,先是养猪、养鸡,后来又经营生猪调拨等等。2007年,他转战广西河池,做起了公路修建、乡村道路维护、水利工程改造、房地产开发等业务,因为勤奋,这一块也做得风生水起。

但因为工程企业的款项经常遇到拖欠,加之广西离河南老家比较远,都谦让始终有一种在外漂泊的感觉。他越来越明显地感受到,必须选择一个可以长期持久发展且有益于社会的项目,回河南老家创业。

健康是人们最宝贵的财富,民以食为天。当下,不少人利欲熏心,在食品生产加工过程中不择手段,如果能在源头上种植、生产出健康的食品,让老百姓能够吃上放心健康的食品,这可是对个人、对社会都非常好的事情。经过长期的酝酿和反复的思考,都谦让决定做有机事业。

二、土地基础改良,以利源头健康

要做有机事业,必须有有机基地。"放眼河南,最适合做有机基地的地方是黄河滩区,尤其是在范县,因为那里土地肥沃,非常适合作物生长,还可以用黄河水浇灌,成本相对较低。"2011年6月,都谦让毅然收购了以生产加工农产品为主的范县黄河生态农业开发有限公司,为下一步大规模发展打下基础。

经过与村民、政府的不计其数的沟通,以及多方不懈努力,终于在2012年初,范县黄河生态农业开发有限公司成功流转到了范县王楼镇500亩土地。拿到地后,都谦让聘请专业人员组建团队,对基地进行公司化管理,开始了机械化耕作。半个月后,该公司又流转到土地5 000亩。之后不到一个月的时间,又流转到4 000多亩……

在范县拿到土地之后,都谦让开始在幅员辽阔的大地上寻找更好的土地资源。2014年,公司在内蒙古赤峰市流转土地1万亩,主要种植小米、高粱、薏米、红小麦;在东北黑龙江、辽宁等地流转土地1万亩,主要种植长香米、大豆等。

为了使土地达到有机标准,基地的土壤必须经过一个"转换期",因为一般的田都施过农药化肥,所以需要2~3年的时间才能获得有机认证。对此,认定要做有机农业的都谦让只有等。

在这段等待的时期内,公司在郑州成立了以产品销售为主的郑州寺台商贸有限公司,主营广西九万山国家级自然保护区出产的高端饮品——九千万天然泉水。九千万天然泉水唯一水源地位于保护区400米高的半山腰处,无任何污染源。

三、谦让大自然,回报丰厚

2015年4月,河南谦让农业科技有限公司正式成立,旗下企业包括以生产加工为主的范县黄河生态农业开发有限公司和以产品营销为主的郑州寺台商贸有限公司,组成了一个从种植到生产与销售的有机生态产业链。

谦让农业在种植、生产上严格遵循国家有机农业种植标准,用规范化、标准化的种植管理和产品溯源系统来确保自然、有机,并创造了独有的种植模式。谦让有机长香米主要采用"稻鸭共作""蟹稻共生"的种植模式,这是一种种养复合的农牧新技术,道法自然、生态环保,真正能够可持续发展。

"稻鸭共作"模式其技术要点是稻田插秧后,稻田边围上围栏,放养小鸭昼夜在稻田吃虫、吃草、施肥、中耕浑水,刺激稻株发育。利用稻与鸭的互惠共生、共长关系,构建起一个立体种养生态系统。"稻鸭共作"是以增加稻田生态系统的能量利用效率,实现稻鸭双丰收,在不施用农药、化肥、除草剂等化学物质的情况下,生产出纯正自然、清香甘甜、食用安全、有益健康的高品质原生态环保型食品。

"蟹稻共生"模式把两种不同的生产场所合并在一起,将原有的稻田生态系统向更加有利的方向转化,使其发挥各自的作用。稻田养蟹好处很多,蟹能清除田中杂草,吃掉害虫,排泄物可肥田,促进水稻生长;而水稻又为河蟹的生长提供丰富的天然诱饵和良好的栖息环境,互惠互利,形成了良性的循环系统。由于螃蟹对农药、化肥的排斥原因,整个种植过程无农药、无化肥,生态环保,这也成就了蟹田米光亮透明、色泽均匀、口感柔软、味道清新、糯而不沾、营养丰富的特点。

2014年底,范县黄河生态农业开发有限公司有机基地认证获得成功;2015年3月,谦让有机产品开始进入郑州市场,因为产品的良好品质,很快受到消费者的青睐,现在仅郑州市场就有600多家商店、便利超市都在代理谦让有机食品。

目前,谦让的产品有有机大米、面粉、有机花生油、有机小米、蟹田米、花生、玉米、大豆、薏米、黑米、有机咸鸭蛋等20多个品种,远销山东、安徽、广西、山西、北京、河北、辽宁等地。

对于以后的发展,谦让进行了认真的规划。计划在3年内将基地面积扩大到500万亩,5年内扩大到2 000万亩;2016年底,争取在新三板上市;逐步将"谦让有机"打造为国内最有影响力的品牌之一,五年内把产品做到国外。

一天一道菜　成就乐万

2015年12月19日,全国知名股权众筹网站"天使街"发生了一起投资人哄抢事件,其主角就是河南本土的知名O2O项目"一天一道菜"。该项目于12月19日早上9时上线预热,截至当日晚上9点,在12个小时的时间里,原定50万元的众筹额度已超募了200%;截至1月24日,众筹额度已达到150万元,显示出全国各地的投资人对出自河南的这一项目的热捧。

"一天一道菜"项目隶属于河南乐万餐饮管理有限公司,由知名媒体人赵建峰一手打造。赵建峰是新创客商会秘书长,资深媒体高管,媒体人转型餐饮O2O第一人。他曾创办河南第一份免费直投报《我时代》，并创办了河南第一个成系统的新闻训练营。

2014年底，"一天一道菜"开始运营，以线上一天一道菜为平台，致力于打造根植于商圈白领的移动生态圈，线下开展外卖及特色食材配送业务，目前已覆盖近10万人群，配送范围覆盖郑州市内7个商圈，月销量达3万多份。

线下，"一天一道菜"主打"每日单品"的互联网思维，力图通过每天只做一个菜来严控品质和流程，从而为用户创造最好的外卖用餐体验。因为单品，整个生产部每天就围绕一道菜下功夫，匠心雕琢每个菜品，把油盐酱醋各种食材都标准化。因为单品，集中采购议价能力更强，经营成本降低，保证用到最好的食材。因为单品，大数据对每一道菜进行分析，综合用户数据保证菜品符合用户的口味。

公司的线上产品以手机等餐软件 The one 为基础，结合微信公众号，整合用户资源，实现了线上及时订餐服务，无需电话，就可以预约送餐时间，实现在线支付餐费；实时跟踪订单状态，随时了解配送流程；评价喜爱的菜品，合理规划菜单。

外卖这个行业的痛点，就是产品、配送、库存、数据四个方面。一天一道菜经过不断的探索和调整，完美解决了这个问题。在原材料方面，开创了全国首个"连接农田和餐桌"的农产品供应链创新模式，一天一道菜先后与"环县滩羊肉"、"环县滩黑山羊羔"、"自然香野猪肉"等达成合作协议，在一天一道菜线上进行推广展示，并参与到线下地推活动中，用户通过一天一道菜平台选购成功，即可以低于市场价的价格包邮到家，不仅如此，还能获得一天一道菜的免费午餐。自建厨房，解决传统外卖和外卖平台的品控、品牌信誉问题。自建物流，三段式分离配送，从厨房到商圈、从商圈到楼下、楼下到用户三段分离，配送速度达到行业最快。通过 APP 预定、综合数据分析实现零库存；有着标准精细的数据、统一的数据背景，数据富矿更精准、更有价值。

对于外卖，用户的核心需求只有3点，即速度、品质、服务。当各商家的速度都差不多时，用户就开始对比品质，最后才考虑服务。乐万用单品各个击破，因为单品配送绝对高效，11点半之前就在楼下等着你下单了，无非就是看你要定多少份。从供应链、生产、配送各个环节都简化了。在服务上也是一样，用户提前预订，推广员和客服积极引导，给予最贴心的服务。因为单品只有一道菜，怎么也不会送错！

于是乎，在很短的时间内，河南乐万餐饮管理有限公司就搭建起迎合社会发展和市场需求的"互联网+外卖"的平台，通过平台实现商圈生态，打造商圈精准物流平台、超强媒介平台、农产品销售推广平台等综合性平台。

2015年11月，河南乐万餐饮管理有限公司又一次尝试探索"分享经济的新模式"——盘活高档酒店、会馆等这些社会存量产能，促使餐饮行业由高端向中低端转化，使产能合理利用的同时，产生更大的利润。现在，一天一道菜已经与郑州皇宫大酒店、中兴楼飞天会馆、吃货、仙客来等一批高端酒店达成合作意向及协议，由一天一道菜提供每日菜品的原材料、佐料、菜品操作流程，由高档酒店、商务会馆进行产品加工，迅速将一天一道菜的市场规模扩大。

最近，因商业模式健康、清晰，加上市场规模的不断攀升，"一天一道菜"又完成了第二轮1 000万元的融资，由金媒创投、餐饮老板内参联合领投，乾泰资本跟投，这些都是业内知名的投资机构，目前投资意向已经全部签署完毕。得到资本的助力，"一天一道菜"

将实现新的跨越。

文化创意与旅游产业融合的新模式

河南赏豫文化创意有限公司是一家集文化产品创意研发、生产销售及景区商业规划为一体的综合型文化企业。公司以河南文化旅游业为立足点,深度开发蕴含河南文化民俗内涵、有品位、有代表性、能提升河南形象的旅游纪念品,致力于为景区提供配套产品及服务,借助产品提升旅游内涵,促进旅游消费。公司运用全新的景区连锁经营理念进行市场布局,并结合网络电子商务、核心商圈的文化消费体验中心等先进模式,构建了一个多元化的产品销售体系。

福运文化,是中国土生土长的民俗文化,是中国传统文化的重要组成部分。福,在中国文化中的含义不仅是物质上的满足,更是精神上的满足和对美好生活的追求。福文化是一个活的文化体系,它深入人心,寓意吉祥美好。从古代的祈福年画,到当今形形色色的祈福小物件,都是渴求吉祥幸福美满的情感追求。伴随中国几千年历史文明的变迁与发展,福文化已经渗透到人们生活中的点点滴滴,折射出的是中华民族的生活观念和文化信仰。福运,作为永恒的精神追求主题,要求我们将它传承下去,发扬光大,成为造福于世人和荫庇后代子孙的民族主流文化。

豫游纪是赏豫旗下是以传统文化为载体、以传递福运文化为宗旨所独创的文化品牌。豫游纪,用设计将传统文化的魅力精髓,具象化地表现在产品之上,用时尚的形式与严谨的态度,重新诠释传统文化、传递福运理念,旨在以文化产品为载体传递福运文化,让福运文化融入消费者的日常生活,充分彰显文化的儒化风采、涵化功能。传承非固守,是豫游纪的品牌理念,也是豫游纪对文化的态度。基于传承基础上的扬弃与创新,打造更富有生命活力的文化现象。在这个过程中,豫游纪是文化开拓的旅者,通过探索全新未知的模式与方法,让传统福运文化文脉相续、薪火相传。

豫游纪系列文化创意产品均为公司原创设计。主要产品有中国传统年画、中国纹样、清明上河园、少林寺景区等等系列的抱枕、保温杯、马克杯、开运福牌、T恤、帆布包、钱包、丝巾、童衣、拼图、明信片、书签、利是封、便签本等产品。

豫游纪将文化创意与旅游产业融合,把旅游纪念品做成融入文化内涵的精品,打造了一个能代表河南文化及旅游形象的纪念品品牌,品牌运营也开拓了河南文化旅游纪念品领域的新模式。以景区连锁经营及中心城市体验店为渠道,以电子商务、网络营销为辅进行产品销售。目前已在河南省拥有八家直营门店。

让每位长者老有所养,老有所乐

为满足老年人安度晚年的实际需要,实现"老有所养,老有所乐,老有所医,老有所学",为老年人营造温馨、舒适的生活环境,体现全社会对老年人的关心,由驻马店市崛起管理咨询有限公司发起筹建了驻马店市大河居家养老服务中心。这是一家把传统的家庭养老与现代养老服务有机结合,合理配套,提供综合性居家养老的服务机构。公司坚持公益与低偿服务相结合的原则,以高品质的服务,打造中原居家养老服务领导品牌。

崛起管理咨询有限公司以"成为最具核心竞争力的行业领先品牌"为发展愿景,致力于社会问题研究、企业管理咨询、项目托管等公共服务领域的探索和实践。面对养老服务已为中国亟待解决的社会问题,董事长刘东林投资并全力参与中国的养老事业,主动承担社会责任,步入回报社会关爱、倾注养老爱老的诚挚实践。

大河居家养老服务中心设有社区日间照料服务中心、老年用品配送中心、老龄活动中心、营养餐厅、颐养休息厅、文化艺术交流活动中心等服务部门,建有 12 349 居家养老公益服务呼叫平台,服务网络将覆盖全市的街道、社区以及县、乡镇区域;将逐步开发养老公寓、老年病专科医院、老年旅游、异地养老等相关养老产业。公司将在市区设立 30 个以上社区日间照料服务中心,现已设立了团结路、平安街、春晓街、中华路等社区日间照料服务中心,每个社区中心配备 5 名工作人员。

大河居家养老服务中心本着"大河情怀、关爱万家"的宗旨,用心专注,传承中华民族爱老敬老的美德,为有需求的长者奉献体贴入微的温馨服务。中心开发了涉及居家养老的全方位的服务项目,包括日间生活照料服务,可以为老年人提供日托、陪购代购、配餐送餐、家政服务等一般照料和陪护等特殊照料的服务。医疗保健服务,提供疾病防治、康复护理、心理卫生、健康教育、建立健康档案、开设家庭病床等服务。法律维权服务,提供法律咨询、法律援助及维护老年人赡养、财产、婚姻等合法权益服务。文化娱乐服务,提供老年大学学习、知识讲座、书法绘画、图书阅览、棋牌娱乐等服务。体育健身服务,提供活动场所、体育健身设施、健身团队等服务。还有邻里结对、老年人互助、志愿者慰问、社区关怀等志愿服务,以及精神慰藉服务、老年旅游及异地养老服务。

田园小子的管家式托管微装修模式

传统的家装行业存在很多陷阱,让不少业主吃尽苦头。在装修过程中,业主对于各种琐碎且有一定技术性的事务,如主材挑选、装修设计等,既没时间也没精力处理好,装修后往往留下很多遗憾。

河南佳信装饰工程有限公司田园小子设计部针对装修装饰行业的问题和不足,运用互联网技术,着力构建微装修新模式,形成设计、施工、材料去中介化无缝对接微装修一体化平台。公司承担装修托管经纪人的职责,为业主量身定制装修解决方案,提供工程质量、成本、工期、卫生、安全等施工管理,以及完善的售后服务保障,为业主提供最优质、最专业的服务,真正使业主省钱、省时、省力、省心,获取最大的实惠。

微装修模式中,业主需要一个托管者来承担复杂而专业性强的装修任务,同时,通过有效的约束措施保证托管者在百分百完成工作的情况下又不会从中不当得利。托管经纪人承担了业主装修助手的角色,作为独立第三方机构,承担装修托管的责任。田园小子凭借完善、专业的装修水平和 20 余年的装修管理经验,整合家居产业链的优质资源,推出装修全程咨询服务,从选房指导、新房验收、装修咨询、工程招标咨询、风水咨询、专业设计、工程施工、工程监理、材料定价、配饰指导、售后服务等为业主提供全程专家指导。公司通过项目管理,提供行业资源,赚取一定的设计费、监理费和托管费用。

田园小子作为托管经纪人,通过自身资源向业主推荐施工工人,但不从人工费中抽取利润。这就为业主砍去业主——公司——包工队——工长——工人的层层费用,享受工人的直接施工费用,真正做到最低价,为业主做到用最少的钱干最好的活。通过公开报价,真正让业主做到货比三家,做到业内最低。施工现场还安装了无线监控系统,业主可以通过手机随时随地观看装修现场的情况。

托管经纪人提供装修材料推荐、选购、配货、退换货服务,为业主砍去厂家——省代——市代——经销商——业主之间的层层费用,享受厂家的直供价。为业主提供鉴别建材真假、档次的服务,但绝不主观向业主推荐建材品牌,真正做到不拿回扣,让业主直接享受工程价主材,为业主省去大笔费用。

仟那精品酒店:开创酒店经营新模式

把中国上千个美好的"那个地方"融入酒店,会是怎样的居住体验?

仟那品牌的创办人陈坤峰是一个生长于中原腹地郑州的有抱负、有情怀的"80 后",对于酒店业颇为熟悉的他,和一群志趣相投的同事尽心竭力地打造"仟那"这个富有深刻内涵的酒店品牌。在酒店业高度同质化竞争的大环境下,仟那精品酒店颠覆了传统酒店标准化的经营模式,打开了一片新天地,吹来一股清新之风,备受业界瞩目。

在陈坤峰看来,"仟那"一词有多重含义。"仟那"取自英文 China 的谐音,而仟那酒店的设计风格极力凸显中国元素。"我们把中国传统文化元素逐渐渗入到现代酒店文化内涵中,并与其重新整合,形成相对统一的中式酒店风格"。仟那一词,既是对"众里寻他千百度,蓦然回首,那人却在灯火阑珊处"这一古典词句的精华提炼,又有着"把中国上千个美好的那里融入酒店设计"的宏大志向,更有借着酒店这个人类生活的重要载体来体现柔美、中庸、中和这些中国传统文化精髓思想的悠长意味。

构建产业链体系

在国内,连锁酒店业竞争已甚为激烈,那些早期获得资本支持的酒店品牌,如七天、如家、汉庭等品牌都已经完成了全国化布局,并且这些酒店品牌多已开展了多品牌运作,将酒店业务延伸至中高端市场。显然,要在当下的中国酒店业中获得一席之地并非易事,然而,仟那人并非在打无准备之仗。

仟那实业成立以来,便致力于专业的酒店咨询业务,以"打造中原精品酒店"为目标,专为精品酒店提供筹建和经营支持,仟那实业拥有完整的产业链体系。自2012年9月筹备至今,郑州美庭酒店咨询有限公司下属品牌"仟那"精品酒店目前有仟那精品酒店、仟那园说精品酒店、仟那隐居精品酒店、仟那观山精品酒店等5家精品酒店,还有5个精品酒店在筹备中。同时还拥有言之木家具厂和中裕红酒贸易有限公司。无论是从酒店的整体概念设计、工程施工,还是后期的人员培训管理,仟那实业都开发出了成熟的运营模式和培训体系,拥有自身强大的资源优势,形成了完善的酒店开发运营体系,构建了完整的产业链。仟那人以踏踏实实做事的态度,一步一个脚印地向目标迈进。

开创酒店业加盟新模式

对酒店成功经营的标准,陈坤峰有着独到的见解。"当有人愿意加盟你的品牌,甚至排着队要加盟你的时候,说明你成功了"。在传统的酒店领域,要加盟一个酒店品牌,一般要收取较高的加盟费。这对想做酒店生意的人而言不失为一道门槛。不收加盟费能否成功?陈坤峰和他的团队做了大胆的尝试,不收取加盟费,而是通过提供其他有价值的服务来获取收益。当加盟酒店入住率≤70%,免收管理费,入住率70%以上时才收取一定的管理费。陈坤峰认为,新开设一家酒店,一般需要半年的养店周期,只有加盟商挣钱的时候,酒店才应收取管理费。此外,仟那在酒店设计、工程施工、装修和家具的供应等服务环节收取一定费用,而这些服务一般也都会低于市场价格。仟那在酒店加盟方面所实施的一系列创新举措开创了酒店业加盟的新模式。

借助社会资本力量实现跨越式发展

未来几年,仟那除了继续在河南拓展酒店市场外,已经将目光投向了省外,计划在云南、西藏、四川等地开设仟那精品酒店,实现规模扩张。为了解决资金问题,仟那实业正在考虑向社会投资者进行股权众筹。在陈坤峰看来,众筹是一种全新的融资方式,它帮助创业者在投资项目开始之前就将资源、客户、资金项目准备就绪。众筹最大的意义不在于筹钱,而在于把更多的有智慧的股东吸引过来,把酒店的品牌宣传出去。他对理想投资人有自己的看法,遴选标准极为严格。投资人要有生活品位和情怀,有多年经商经历,有稳定的经营或薪酬收入,创业信念明确,具备分享的理念,等等。

对于酒店业的创新,陈坤峰总结为,酒店企业不要为了创新而创新,一定要适应市场进行创新,大众需要的创新才是最有效的创新。我们相信,在这群既满怀理想,又务实前行的仟那人的共同努力下,仟那酒店会将为中国主流消费人群在旅途上提供一种艺术的、诗意的中国式雅致生活。

传统酒类经销商如何突破艰难的生存困境

中华酒文化源远流长,酒是人们日常消遣及招待宾朋的传统必备饮品。在传统模式下,酒类生产商一般都要通过各类经销商才能把产品送达消费者手中,所以,各类有一定区域实力的经销商都能从供应链条中轻松地获得相应利润,只要生产商有保证,经销商就能活得很潇洒。在互联网时代,网络扁平化、价格透明化、服务便利化的趋势日渐压缩传统中间经销商的生存空间,经销商的生存显得日益艰难。

平顶山九润商贸有限公司是成立于2012年的一家区域酒类经销商,主营河南名酒——仰韶酒和中国老八大名酒——国密董酒的区域批发,经营地址位于平顶山闹市湛河区新华路南段,地理位置优越,销售网络覆盖平顶山市所辖各个街区,配送快捷方便。

2013年以前,像九润商贸一样的区域酒类经销商的日子尚且好过,之后便呈逐步下滑之势。主要是国家严查大吃大喝、公款吃喝、严禁酒驾、规范国家公务人员日常行为等,酒品消费总量下降。另外,互联网提供了直供的便利,大幅度地减少中间经销商环节,相应出现了酒便利、1919酒类直供等大型互联网酒类直供平台。虽然其物流网络建设或配送服务水平有待提高,但因其便捷性,日益成为大众酒品消费的主选渠道。这类服务平台不仅因为价格较为合理,而且品质有保证,吸引力比较大。

平顶山九润商贸所辖酒类零售网点面临着来自网络销售的巨大压力,原有的大客户的销售价格也有进一步下滑趋势。当传统优势面临各方面的压力时,当企业生存受到巨大威胁时,未来该如何应对,如何转换经营思路、创新商业模式,是九润商贸正在考虑的重大问题。

"合伙"中的大生意

面对经济下行、就业难等压力,在2015年全国两会上,李克强总理在政府工作报告中指出,要大力推动"大众创业、万众创新"。新乡素有创业创新的传统和土壤,一些中小企业和市民的创新创业活力不断迸发。

新乡市"80后"青年安琪,2008年底开始创业,经过短短8年多的时间,通过商业模式的创新,目前拥有的新乡市利菲尔特滤器有限公司下含16家子公司、78家网站,经营范围涉及滤器、油墨、门业、管材、干洗工厂等多个领域,主打产品销往63个国家和地区,还在澳大利亚墨尔本设立了办事处,年营业额超过6 000万元。

从很难找到合适工作的专科毕业生,到集团化公司的"大老板",新乡市利菲尔特滤器有限公司的创始人安琪的创业经历无时无刻不包含着"合伙"的传奇,从"合伙"中找到商机,从"合伙"中获得支持,从"合伙"中实现成功。

2008 年,从河南机电高等专科学校机械制造专业毕业两年的安琪萌生了创业的想法。他租用了一间 30 平方米的办公室,用结婚收到的"份子钱"和向亲戚借来的钱共 3 万元注册了公司,跌跌撞撞地走上了艰辛创业路。

安琪拿着自己设计的过滤器图纸,找到一家滤芯生产企业,以合伙的身份进行了联合生产,同时又通过网络找到了当时涉及钢铁冶炼的成都恒智公司,赢得了其认可,拉来了第一单业务。从此"合伙人"的理念和思维成为安琪经营的指向标。

正因为有了这种"合伙人"的理念和思维,安琪的业务越来越多,事业很快就进入快速发展期,到 2008 年 12 月利菲尔特所有注册手续全部完成时,公司每天进账已经在 2 万元左右。然而,在公司发展壮大的过程中,却出现了员工频繁流失的问题,严重影响了企业的正常运营。2012 年初,公司改变了原来简单的雇佣关系,对企业进行股份制改造,给老员工股份,挤出一定的股份让新员工"认筹",让员工全员持股,人人当"股东"、当"老板"。这不仅让员工收入增加,也让每个人都有了"老板意识",开始真正关心企业发展。

2013 年,利菲尔特开始与企业合伙。5 月,与新乡市华东制管厂共同成立一家新公司,作为华东制管厂和利菲尔特共同的子公司,由华东制管厂继续经营传统市场,新公司采取"嫁接"的形式,发挥产品优势和利菲尔特互联网经营的特长,专攻"线上"销售。如今,华东制管厂生产的金属管材,在全国的市场占有率取得突破,达 80% 以上。利菲尔特和华东制管厂的"合伙",取得了双赢的结果。

2014 年开始,利菲尔特把这种"合伙"模式嫁接到其他领域,涉及门业、油墨、服务业等等;2015 年,又在国外找到了"合伙人",这些合伙人有美国的 Aircompressorfilter、英国的 AmbaTechnology、澳大利亚 DMB,还有泰国和越南的公司。直接对外贸易,省掉了中间的流通环节,让利菲尔特真正感受到了"合伙人"带来的好处:加上退税等政策,海外贸易的利润是国内市场的两倍还多,仅毛利润就接近 50%。

2016 年,利菲尔特还要将"合伙"的理念充分发挥,计划建立 10 个甚至更多的国外"基地"。

伙伴模式,快速成长的强大助推力

文具行业是典型的"小产品,大市场"。目前,国内从事文具制造的企业高达 8 000 家左右,规模以上的生产企业 1 500 多家。上海晨光文具股份有限公司是国内文具第一品牌,产品涵盖书写工具、学生文具、办公文具及其他相关产品四大领域。郑州晨光文具礼品有限责任公司成立于 2007 年,是上海晨光文具股份有限公司直属分公司。在面对 2015 年国内经济下行压力加大、河南省文教行业发展增速减缓的挑战下,郑州晨光在曹恒毅总经理的带领下,依然保持了快速发展的势头。

火车跑得快,全靠车头带。郑州晨光能够得到快速发展,与曹恒毅总经理出色的营销策略是紧密相连的。2015 年伊始,就围绕集团公司下达的年度计划召开战略研讨会,研究外部竞争环境的变化,确定了营销网络和渠道扩充与升级是发展的核心战略。公司通过加大省内各级分销渠道的优化升级,进一步增强专属渠道的竞争优势,通过对终端零售网络的持续升级,持续扩大文具主业销售规模,从而最终实现了公司销售收入的提升。郑州晨光在 2015 年更加重视利益相关方的发展,在营销体系中积极贯彻运用"层层投入,层层分享"的"晨光伙伴金字塔"营销模式,与省内各级经销商(合作伙伴)共同建立"稳定,共赢"的分销体系,从而实现文具零售终端、合作伙伴、郑州晨光三方之间的共赢。

透过"晨光伙伴金字塔"营销模式,郑州晨光以伙伴的姿态出现在各地市的合作商面前,与合作伙伴一同拓展市场,共同开发和管理各类零售终端。从普通文具店到样板店,再到特许经营管理模式下的加盟店,在给终端业主带来经济利益,促进门店经营能力提升的同时,给合作伙伴创造稳定共赢的收益,并最终为公司的产品销售的增长带来强大动力。

借助与伙伴的紧密合作,郑州晨光在 2015 年内,重点推进了配送中心(4S 店)的优化和升级,通过建立标杆配送中心,总结优化流程和要点,以交流会的形式进行经验分享,实现了快速推广。

在零售终端方面,郑州晨光还重点建设了中小学的校内店、商务写字楼内的办公店以及商场内的儿童美术专区,效果显著。2015 年下半年,郑州晨光针对河南省各地市的高校园区、职校园区,创新地进行了地毯式的大学城各类店铺伙伴的开发,充分满足了校边市场的消费需求,从而保证了公司销售目标的达成。

到 2015 年底,郑州晨光在全省已拥有 70 余家二、三级合作伙伴,超过 5 000 家零售终端。公司的合作伙伴遍布全省各地市场,伙伴模式真正有力地保证了公司快速增长的发展势头。

4

技 术 创 新

创新领域的鼻祖约瑟夫·熊彼特,在 1912 年出版的《经济发展理论》一书中首先定义了创新——将生产要素的新组合引入生产系统中。

技术创新是企业对生产因素实行新的组合,或应用新的生产技术对原有技术进行重大改变的行为。它涉及新技术、新产品开发、新工艺、新生产方法应用等方面。技术创新是一个从产生新产品或新工艺的设想到市场应用的完整过程,包括新设想的产生、研究、开发、商业化生产到扩散等一系列活动。技术创新从开始的基础研究到生产中的实际应用以及商业化,这一过程相当复杂。技术创新在本质上是一个科技、经济一体化过程,是技术进步与应用创新共同作用催生的产物,它包括技术开发和技术应用这两大环节。市场引导着技术开发的方向,技术本身的发展规律决定这种引导实现的状况和程度。按照这一认识路径,从新创意产生、进行技术开发,到技术开发成果实现市场化并创造出价值,才构成一个完整的技术创新过程。

企业是技术创新的主体。我国构建了官、产、学、研相结合的技术创新体系,技术创新既可以由企业单独完成,也可以由高校、科研院所和企业协同完成。而技术创新是以市场成功为标志的,因此,技术创新的过程,必须有企业的参与。本部分案例中的企业都十分注重技术创新对企业发展的重要作用,不断加大创新投入,培养创新人才,加强知识管理,构建高水平的技术创新体系,紧跟技术和理论发展的前沿,着力用领先技术打造企业的竞争优势。这些企业密切关注市场需求,及时研发和推出新技术、新产品,取得了丰硕的技术成果,展现出新豫商在技术创新领域的整体实力。

技术创新又具有高投入、高风险的特性。因此,在整个社会以及企业内部必须形成鼓励技术创新的环境氛围,通过建立良好的市场环境和政策条件,充分激发企业创新的内在动力。

中国主食产业化的首创者和引领者——兴泰科技

河南兴泰科技实业有限公司是国内唯一从事面制主食全产业链科研开发、产业化示范及产业化推广的高科技企业,公司业务包括面制食品、食品机械的研制、生产及销售。

在全国主食产业化推进中,公司组建了1个市级、3个省级、1个国家级的工程科研机构,取得了大量的基础和应用科技成果,奠定了公司在面制主食市场中的推广和科研最高地位,被媒体和业界誉为中国"主食产业化的首倡者、实践者、推动者、引领者"。公司董事长刘晓真被誉为"主食产业化之父",先后荣获"中国粮油学会科学技术奖一等奖""河南省科技进步奖""河南省食品工业优秀企业家"和"中国粮食年度经济人物"等奖项荣誉。

兴泰科技在最传统的主食行业,坚持科技创新和研发20年,其中用17年时间,经过三个阶段,建立了一套推动科技创新转化为生产力的有效体系。

1. 面粉乳化剂的研发

1991—1996年即公司成立的前六年,以食品添加剂开发为主,通过自主科研,研发出了7大系列80多种广泛应用于面制品、乳制品、肉制品的乳化剂及品质改良剂产品。随着应用科研的不断纵深,1998年公司的科研方向由单纯的食品添加剂转向其载体——"面粉"的品质研究,在国内率先将食品乳化剂推广应用于我国制粉行业,并通过全方位技术服务,为面粉行业改善面粉品质、开发专用粉、专供粉提供针对性的解决方案,同时对国产小麦、面粉、面制食品品质进行深入研究,形成了多项专利技术及科研成果。

2. 提出"中国小麦产业链"理论

在对国产小麦、面粉、面制食品品质进行研究的过程中发现,20世纪90年代,我国小麦产业链由于未真正体现食品对面粉和小麦的真实需求和潜在对应,仍处于以食品业被动接受面粉和小麦供给的局面。1998年公司提出"中国小麦产业链"理论,利用经济学的经典原理,前瞻性地提出改变食品业被动接受面粉和小麦供给的局面,逐步建立"食品—面粉—小麦"市场需求型的小麦产业链,提高产业链终端食品的附加值,拉动小麦的价格和面粉加工行业的利润。

3. 上升为"中国主食产业化"理论

正是由于"小麦产业链理论"的提出,以及在面粉品质研究领域取得的大量科研成果,公司初步认识到了我国6 000亿容量面制主食的广阔市场空间,于是公司的科研和市场触角,由食品添加剂的研究、面粉品质研究,逐步延伸向了更为广阔的面制主食行业。

刘晓真通过大量的研究提出,"主食"指"供应人们一日三餐消费,满足人体基本能量和营养摄入需求的主要食品",这一定义得到了大家的认可。2008年由国家粮食局主办的全国粮食科技活动周期间,在全国发行的宣传资料中关于主食的定义,引用了这一表述。2009年9月,由工信部、农业部等部门共同起草的《粮食加工业发展规划(2010—2020年)》,也沿用了该定义。

由于历史传承、经济发展等因素,在参与起草《粮食加工业发展规划(2010—2020)》的过程中,刘晓真又提出了主食的判定标准,即:①满足人体基本能量和营养需求的主要食品;②在一定区域内,一日三餐经常性食用的食品;③与其他食品相比,对粮食作物转化量大的食品;④食用人口明显较多的食品。上述四条标准,是判定一种食品能否列入主食的充分且必要条件。同时符合四条标准的食品,方可称之为主食。由此可以判断,中国主食应包括三种:馒头、面条、米饭。

经过大量调研,他们发现,产能过剩是我国传统行业的通病,所以大部分面粉企业都依靠麸皮销售维持盈利。但是近一年多来,养殖业饲料麸皮需求下降,同时国内外粮价倒挂,高粱、大麦等大量进口,麸皮需求和价格也不断下降,致使原本已脆弱的面粉产业很难承受一系列的冲击。即使是过去珠三角地区以专用粉为主体、收益颇丰的面粉企业,利润率也游走在盈亏平衡线上。

另外经过调研,公司发现我国85%~95%以上的主食是由大大小小的作坊生产的,这为食品安全带来巨大隐患。刘晓真曾深入很多主食作坊调查,发现很多作坊为无证经营,生产者在深夜就要起来和面、生火,十分辛苦,利润又低,生产一个馒头的利润只有3分钱。如果作坊和主食加工企业合作,既能产生效益又不会太辛苦,同时可以保证主食产品质量和口感,将会是一举多得。

针对当时面制主食行业存在的关键技术和装备领域的科研投入总量不足、生产方式落后、机械化程度低、产品标准体系不完善等现象,公司在2000年首次提出了"中国主食产业化"理论,即"按照一定的规范和标准,以现代科学技术研究为基础提升传统食品工艺,用机械化生产代替手工和半手工制作,同时设计和引入现代营销理念,创造和提升一种新型生产方式和市场应用体系,从而形成一个全新主食产业"。其后提出"产品标准化、生产机械化、工艺科技化、操作规范化、准入制度化"的产业化内涵,迈出了推进中国主食产业化的第一步。

为宣传推广主食产业化理论,近年间公司先后发表了100多篇论文,引起了广泛影响。得到了国务院发展研究中心等宏观决策研究部门专家的关注和认可,引起政府部门对主食产业化的关注和支持,近年来已得到农业部、国家粮食局和河南省相关部门的高度重视,农业部专门下发了《关于实施主食加工业提升行动的通知》,作为农业和粮食大省,河南省专门出台了《关于大力推进主食产业化和粮油深加工的指导意见》《2012—2020年主食产业发展规划》。

刘晓真认为主食是面粉企业转型的重要方向,兴泰科技近20年来以主食产业化为切入点,在全国建设了18个主食产业化项目。这些项目承担企业大部分原本主业就是面粉,但是通过主食项目,延长了产品链条,取得了良好的经济效益。仅就主食的生产看,根据市场实际销售的结果表明,馒头等面制主食加工环节的产值增加幅度是面粉的3~4倍,利润甚至高达100~200倍。已有的技术成果,也为主食产业发挥导向作用奠定了基础。如兴泰经过长期的研究,提出了淀粉是影响面制主食品质的决定因素,以及以黄淮海地区为主的中筋小麦,是我国面制主食加工的最佳原料等技术成果。这些技术通过主食产业化的转化,对小麦等粮食作物的种植提供了明确的指向,可有效促进小麦种植的品种专用化、组织规模化。同时,利用专用小麦满足食品加工需求的同时,农业可以获得更高的价格收益,从而有效促进增收,全面提高农业经营产业化、生产集约化水平。

打造绿色建材 勇担社会责任

为积极应对能源资源约束和环境气候变化的挑战,我国实施了节能减排战略,大力推动绿色建筑产业的发展,地方各级政府都在深入贯彻执行居住建筑节能75%、公共建筑节能65%的设计标准,消费者对健康、舒适等高品质生活的需求得到了明显提高。这给保温企业带来巨大挑战的同时,也带来了新的发展机遇。保温企业如何在复杂的环境中不断发展壮大?能否顺应历史发展的潮流,完成结构和战略转型的华丽转身?这些严峻的问题是保温企业不得不认真思考的。

河南省德信科技发展有限公司作为一家专门从事"绿色建材"研发、生产和经营的高技术企业,积极响应国家节能减排政策。公司以"品质铭刻心中,服务源于真诚"为核心理念,以"低碳、环保、绿色、安全、健康"为经营理念,以"还大地一片净土,还天空一片白云,还废区一片家园"为社会责任,以技术创新为动力,致力于尾矿、尾砂和废渣综合开发利用,立志打造中国墙体保温行业第一品牌。

坚持以技术创新为导向的成本领先战略,走产学研联合创新之路。公司与中国建筑材料科学研究总院、清华大学等科研机构和六所大专院校合作,建立了由国内杰出的水泥材料、相变材料专家领衔的绿色建材技术研究中心,开展技术攻关。公司投入巨资,根据"超级粉磨""酸碱双重激发"及"晶格缺陷"三大理论,以高新技术为手段,经过数年潜心研究,终于实现了尾矿、尾砂和废渣在公司建材生产中的综合利用,成功开发出9大系列55个品种的绿色建材产品。目前,公司的"固耐力"注册商标已荣获"河南省著名商标"和"中国著名品牌"称号。

用技术创新铸就3D打印美好的未来

近年来,3D打印技术获得突破性进展,广泛应用于航空航天、武器装备、汽车制造、磨具研发、模型制作、医疗、电影等领域。3D打印已被纳入我国的国家战略发展项目,未来的应用领域将更加广泛,面临巨大的发展机遇。

河南筑诚电子科技有限公司是一家专门从事3D打印机研发生产以及3D打印整体解决方案的高新技术企业。2010年开始了3D打印机的研发,2013年研发成功,开始生产、销售产品。公司成立以来,始终坚持把自主创新作为提升企业核心竞争力的重要途径,积极与国内多所著名高校、科研机构开展技术合作,形成了以企业为主体、市场为导向、产学研相结合的自主创新体系,取得了一系列创新性研究成果。公司拥有四项实用新型专利和一项发明专利,掌握着3D打印机的核心技术。

公司致力于高新技术的民用化,使普通大众能够享受高新技术带来的便利,得到实惠。在产品布局上,公司系统整合 3D 打印技术资源,不断丰富自己的产品线,注重产品的多样化、系列化开发,通过提供多样化的产品,满足各类用户的需求,不断提高市场影响力。

为客户量身定制产品,满足个性化需求。为了使产品真正符合用户的需求,公司站在顾客的角度,考虑企业自身的发展,组织技术人员深入到应用领域,与用户密切结合,听取他们的意见和建议,按照用户的具体要求进行产品设计、试用、改进和定型,实现了产品的个性化、定制化生产。

在市场推广方面,针对 3D 打印机的高新技术等特点,开展了一系列推广活动。公司建立了自己的销售渠道,在周边省市通过代理商销售产品。开展网络营销,在淘宝进行产品销售,以广泛传播企业信息,不断扩大企业的影响。坚持开展公益讲座,到学校、医院、企业等组织介绍、普及 3D 打印知识,提高消费者对 3D 打印的认识。在节假日,经常组织 3D 打印体验活动,邀请中小学生等参与体验。

鸿盛数码:数码喷墨墨水专家

郑州鸿盛数码科技股份有限公司专注于数码喷墨技术的研究和应用推广,连续四次获得国家高新技术企业称号。公司拥有喷墨产品国家发明专利 8 项,40 项注册商标,另有 11 项专利正在受理中。2014 年初在新三板挂牌,是首批集体挂牌的 285 家企业之一,也是国内首家喷墨行业中登录新三板的企业。产品远销世界 60 多个国家和地区,应用领域广泛。鸿盛数码是一家创业型的高新技术公司,在专业化的道路上走出了自己的特色之路,坚持自有知识产权的研发和应用,已成为行业的领头羊。

鸿盛数码创始人秦国胜是传统印染和喷墨墨水的技术专家,但他发现传统印染和喷墨墨水技术落后,存在高能耗、高污染等问题。中国面临着人口红利逐渐消失、工业生产方式向自动化、数字化转型的机遇,数字印刷必将大行其道,印染和喷墨墨水也要适应数字化技术潮流。

鸿盛数码在 2001 年成立之初就立志解决传统技术的高污染、高能耗问题,确立了"科学、诚信、超越、环保"的核心价值观,坚持自主研发、绿色环保理念。2003 年开发出国内第一款水性颜料墨水——"世纪鸿彩"纳米水性颜料墨水,这种墨水具有极强的抗磨损和抗刮擦性,墨膜更均匀、图像更清晰。自此鸿盛走上了墨水专业化的道路。2005 年发布"JETEXTILE""捷特丝纺织涂料墨水",适合所有纺织品直接喷印花。2012 年"纳米颜料数码印花喷墨墨水及其生产工艺"获郑州市专利奖。2014 年参与制定 4 项纺织喷墨墨水行业标准,确立行业主导地位,并登陆新三板系统。2015 年推出新一代 CANON"鸿彩"耐光染料墨水、LED-UV 第二代紫光柔性和固化墨水、"鸿美"第三代转热印墨水(E 型)。公司产品还通过了国际权威 SGS 公司和中国家建筑材料中心的检测,符合环保要求;"锐美""鸿美"两款纺织墨水还入选了"中国印染行业节能减排渐进技术推荐目录"。

鸿盛数码在喷墨墨水方面的专利技术可以应用于各种纸张,能在普通铜版纸上直接打印。有专用于宣纸的产品,比进口原装墨水能更精准表现国画的气势和画质,使墨水瞬间锁定,完美再现艺术品风格。鸿盛水性万能墨水不但可以普通铜版纸、金银卡纸直接打印,在印前打样领域提供同质感的样品,而且印刷公司和打样中心不再依赖昂贵的涂层纸,可将打印纸和耗材成本降低为原来的几分之一。另外,水性颜料墨水环保无腐蚀,使用的经销商和用户都获得了明显的经济效益的提升。鸿盛数码高端数字印刷墨水的进步,打破了国外公司技术的垄断,繁荣了市场。

除墨水外,数字印刷设备也是鸿盛数码的一个发展方向。数字印刷可以小批量、个性化生产,而且环保节能,适应新时代消费个性化需求,市场发展迅速。在欧洲,数码印花产品已经占到印花市场的40%,而在中国这个数字大约是5%,市场潜力巨大。国内大量印刷设备都是舶来品,国外垄断了技术及耗材供应,中国印刷企业受到市场和上游供应商的双重挤压,生存艰难。至2015年底,公司已经推出多款系列数码打印机,配套公司的产品和彩色管理软件等形成多套数码打印方案。鸿盛立足于中国的软件、硬件及其耗材,并和行业的喷墨设备提供商一起,提供多种更有优势的整体解决方案,更好地服务于客户。

鸿盛数码在不同的领域使用不同的品牌来保证产品的专业性和可识别性。在市场拓展方面,鸿盛根据市场情况,不同产品采用不同的销售模式。广告影像类墨水产品主要通过代理商、经销商、网络商务进行推广,公司在淘宝、天猫、亚马孙商城等开有店铺。LED-UV光固化墨水与设备生产商紧密合作,利用其销售渠道进行推广。纺织类产品,由于其技术服务门槛较高,主要利用自建销售渠道进行推广,目前公司在国内已建成3家全资子公司、1家控股公司及8家驻外办事处,使公司的销售服务体系覆盖重点地区客户,保证了及时、高效的销售和服务。

智能家居的领跑者

紫光物联技术有限公司是全球领先的无线智慧产品和解决方案提供商,基于客户需求,通过持续创新,在智慧家庭、智慧酒店、智慧园区等几大领域都确立了行业领先地位。紫光物联始终以科技创新、改善人类生活品质为使命,坚持创业创新、精准求实、诚信正直、成就客户的理念,力求成为中国智慧生活领导者。公司致力于令客户满意,共享共赢,秉承务实创新的服务精神,为客户提供4S级的全方位服务,为中国家庭创造舒适、完善的智慧生活。

一、人性化的智慧产品设计

紫光物联以目前先进的主流物联网无线技术——ZigBee自动组网技术为核心,开发了能实现本地和远程控制的14大类超过50种智能家居产品,技术和性能均达到国际领先水平,拥有国际CE认证。紫光物联硬件及软件产品操作便捷且易于维护,真正实现对智能设备随时随地、随心所欲地控制。凭借在智能控制等领域的综合优势,公司已经成为物联网时代的领跑者,是唯一具备智慧生活全系产品的厂商(包括智慧家庭、智慧酒店、智慧办公、智慧社区、智慧养老等)。

目前,智能家居领域已经有其他行业有实力的企业涉足。面对风起云涌的市场变化,紫光物联始终定位于高性能的 ZigBee 全宅智能产品,为客户提供人性化的服务。同时,积极推进基于全宅产品开发的物联网酒店、养老、办公楼宇的智能化应用。产品的 6 大特色定位是:稳定、全宅智能、速度快、多用户、设备权限管理、操控性好。目前,产品已经广泛应用于别墅、公寓、酒店、养老、办公、会所等场所。紫光物联和传统家装企业合作,实现双赢。紫光物联董事长兼首席产品架构师叶龙认为,不踏实做好产品和渠道,会害了代理商,还会影响智能家居行业的整体口碑。

智能家居领域的科技企业可以与传统家具生产企业进行合作,但只有掌握核心技术,创新产品销售渠道,才能在未来智能家居市场中赢取主动。紫光物联已经形成十二大智能家居行业解决方案和十二大家庭智能家居系统解决方案,覆盖物联网各个行业。公司的核心策略主要是以用户使用体验为中心,将日常生活中的网络、影音娱乐、关联操控等功能需求与家居生活相结合,将电子智能、机械智能有效地融入产品当中,以达到通过手机、平板电脑等便携移动设备,实现场景生活控制、影音娱乐、网络连接、数据传输等功能。在产品与系统功能上实现了多方面的创新。

它是设备和场景可以授权管理的业界唯一厂商。实际生活中,由于孩子的好奇心、老人的误操作,智能系统会带来安全隐患和尴尬。紫光物联基于对智慧生活的深刻理解,创新推出支持智能授权的智能家居系统,完美解决智慧生活全家参与和操控安全之间的天然矛盾。

它是业界唯一,每个用户均可以定制个人常用的功能、常用的房间。紫光智慧家庭APP,创新多用户首页定制,功能丰富,操作简便,完美解决智能系统功能强大与操控烦琐的矛盾。

它的场景定制简单快捷。智能家居系统安装调试完毕,只是为用户设置了最基本的智能化功能,用户也并不是很清楚自己最佳的智能化需求。随着用户添加新的家居设备、新的家庭成员、季节变化,智能化需求也在变化。一般来说,用户入住后,需要长达 1 年,多达 60 次以上的场景修改和新增,才能将智能家居功能调整到最佳状态。紫光的系统简洁化设定,小孩的、父亲的、母亲的,等等,不同的用户就有不同的使用需求,一目了然,简单快捷。

二、雄厚的创新实力

紫光物联自成立以来,始终以"科技创新,精准求实"为己任,不断促进技术创新,追求精益求精,努力为智能家居行业的发展贡献自己的力量。经过多年探索,紫光物联自主研发生产的家庭智能化产品已拥有 14 大类超过百余种设备,并且在产品外观、技术上不断进步。目前,紫光物联的智能化产品已全线采用最先进的无线 ZigBee 技术,这是智能家居领域最主流、最稳定的组网技术,在国内智能家居市场是独一无二的。该技术还具有响应快、自动组网、自动诊断、抗干扰性强、保密性强、高度可靠的特点。与此同时,紫光物联还提供包括智能安防、智能家电、智能环境、智能照明、智能门禁、智能家人关怀等十二大家庭智能化解决方案,全面涵盖生活的方方面面,为用户打造全方位超乎想象的智能享受。

紫光物联的研发团队均来自清华紫光,百余人研发团队,经过10年研发,3年测试,13年产品沉淀,打造了国内领先的物联网系统,全面贴近用户需求,引领智能家居行业的发展方向。目前虽然很多的行业巨头都要转型做智能家居,他们有足够的财力、物力来做这个事情,但是没有多年的研发实践经验积累,是不可能完善的。推动技术进步的革新,只有时间的沉淀,技术的积累,才能用事实来证明高新科技的竞争价值,而这正是紫光物联自信的根源和核心竞争力所在。

在系统研发方面,紫光物联实现了六大首创:全球首家发布多用户智慧家庭管理平台;全球首家完成物联网智慧酒店样板间,成功应用于如家集团和铂涛菲诺集团;国内首家物联网无线智慧楼宇样板工程;国内首家完成智慧家庭12大系统功能实现;国内首家推出全系列环境检测无线产品;国内首家推出全系列无线ZigBee智能家居产品。

通过不断的创新,紫光物联实现了多个行业第一:业界唯一多用户平台;产品线丰富度目前国内第一;全系列无线产品;全系列ZigBee组网技术;智能化服务器和云平台架构领先;软件功能强大;智能化功能远远领先同行;全系设备自动入网;最丰富的行业解决方案和案例……

好的产品加好的营销,才是智能家居落地的充分条件。紫光物联在销售方面推出了多种有效的服务措施:基于对消费者的责任心,对产品质量的信心,推出了产品保修3年的措施;将完成全国500个地级市场布局;开通了专用APP操作管理平台和400售后服务电话,24小时为用户和代理商提供优质服务;加大代理商管理和渠道开拓、解决方案扶持等。

用创新开拓生物质能源生产的未来

中国是一个人口大国,又是一个经济迅速发展的国家,在21世纪面临着经济增长和环境保护的双重压力。因此,改变能源生产和消费方式,开发利用生物质能等可再生的清洁能源对建立可持续的能源系统,促进国民经济发展和环境保护具有重大意义。生物质能是可再生能源的重要组成部分,进入20世纪70年代以来,世界各国尤其是经济发达国家都对此高度重视,积极开展生物质能应用技术的研究,并取得许多研究成果,达到工业化应用规模。

郑州英莱机电设备有限公司是专业研究开发及生产制造生物质燃料及饲料成型技术及设备的公司,具有独立的知识产权,主要产品有秸秆压块机、秸秆颗粒机、木屑压块机、木屑颗粒机等成型设备。同时也配套提供秸秆及木屑粉碎机、烘干机、输送机等工艺设备。公司拥有一批经验丰富的专业人才,能为生物质燃料成型项目设计全流程整套解决方案,为用户提供完善贴心的售后服务,用专业水平保证项目的成功实施。

一、抓住机遇，果断起步

英莱机电设备有限公司总经理曹金钟原来在一家做纺织机械的外资企业做总经理。当时，这一行业已经比较成熟，发展的机会不多，他选择了辞职。辞职后，经过对市场的深入考察和分析，最终选择了新能源行业。当时太阳能、风能比较火，但生物质能发展比较薄弱，曹金钟就想从此起步。

当时生产秸秆压块成型设备的厂家已不下百家，市场竞争很激烈。但市场上技术特别过硬的企业并不多，大多生产企业还存在着几大瓶颈无法突破，如能耗大、产量低、主配件磨损快、更换周期短、消耗大、使用过程中易闷机、影响生产效率等。他从这里看到了两个机遇：一个是市场容量很大，存在着巨大商机；另一个就是现有行业技术不够成熟。在这方面大有可为。

"一家企业如果没有自己的主导产品和自主创新能力，就经不起市场风浪的袭击，也难以生存和发展壮大。"总经理曹金钟说。公司过去是以机械加工业务为主的来料加工型代工企业，原材料及图纸均由客户提供，企业很被动，利润很不稳定。为改变这种状况，他们经过大量的市场调研和论证，最终选中了秸秆压块成型设备这个项目。

公司便投入大量费用，组织研发队伍进行秸秆压块成型设备的研究和开发。为研发出技术先进又符合用户需求的产品，公司先后派科研人员到广州、内蒙古、北京等地向有关机电专家请教，并到田间地头向农民了解真实的使用需求。经过精心设计、反复改进及多次试验，最终研制出了JP-1000型秸秆压块成型机。该设备获得了四项专利，第一项是陶瓷模套的使用，大胆采用陶瓷模套代替金属模套，克服了模套易磨损的问题，使设备的使用寿命大大延长。第二项专利技术主要解决设备在使用过程中经常出现的闷机问题。其他两项专利技术解决了滚压轮与磨盘之间的间隙调整问题，更便于使用，而且外观更美观、更小、更轻，能耗更低。产品推向市场后受到广大用户的一致好评。

"郑州英莱公司开发的秸秆压块成型机之所以能够获得成功，在于紧跟国家政策、贴近市场、质量过关、价格优惠，农户得到了实实在在的好处。"著名可再生能源专家、全国人大代表、河南农业大学原校长张百良教授如是说。

英莱机电是环模式生物质成型设备国家标准参与制定企业，也是农业部可再生能源国家重点实验室合作企业，拥有博士、硕士、高级工程师组成的高素质研发团队，技术力量雄厚。公司依靠科技创新能力和领先技术，一定能打造出成行业的龙头产品，使企业发展成明星企业。

二、贴近市场需求，创新发展模式

在企业成立初期的市场调研中发现，行业中当时都是很小的企业，生产的设备质量较差，粉尘很大，劳动强度很大。如果能对这些问题进行改造，提升的空间、机会就很大。所以就进行投资，开始了生物质成型设备技术开发与装备制造，并获得了自己的专利技术。公司最早主要是做压块机，其他产品都是整合别人的。机器的用户主要是农民，因为生物质的原料在农村。

第二阶段，结合公司生产中小型自动化设备积累的经验，通过系统的总结、整合，做成了一套标准，进行标准化生产，提高企业的经营管理水平。

现在是向第三阶段发展,即实现整条生物质能生产线的智能化、自动化。在生产线上尽量不用人,只有两头的投料、包装用人。设备可以自动报警、自动排除故障。整个生产线管理、运转规范,现场会很干净。

未来第四个阶段是做平台。在我省,秸秆禁烧10多年了,但效果一直不理想,为什么很难?主要原因是整个产业链不完善,生物质材料的源头和用户两头都找不到对方,供需双方无法有效对接,每个环节都不好做。农民的秸秆价格很低,缺乏销售的积极性。通过建设生物质能行业的平台,打通产业链,使相关各方通过平台进行充分交流,沟通信息,发现机会,更容易完成交易。

他们设想先试点做一个区域的产业链衔接,比如在一个农业大县。农村的天然气使用很少,清洁能源的潜在用户很多,但附近的生物质能生产基地很少,形不成规模,环保部门也不积极。所以可以成立一个专业公司,实行公司+农户的模式,逐步引导,以实际成效推动这项工作的进展。

生物质具有可再生性,它低污染,广泛分布性,资源丰富。开发利用生物质能尤其对中国农村更具特殊意义。中国80%人口生活在农村,秸秆和薪柴等生物质能是农村的主要生活燃料。尽管煤炭等商品能源在农村的使用迅速增加,但生物质能仍占有重要地位。因此,发展生物质能技术,为农村地区提供生活和生产用能,是帮助这些地区脱贫致富,实现小康目标的一项重要措施。英莱机电的未来大有可为。

百年金海以技术创新赢得信任

2015年10月19日,百年金海科技公司收到一份来自深圳科陆电子的公告,科陆电子拟以3.888亿元收购百年金海100%的股权,说明考虑到目标公司的业务成长性、核心技术及产品的竞争优势、市场前景和客户资源等,给予百年金海一定的溢价。根据财报,百年金海2014年度营收为2.87亿元,净利润为1 574万元;2015年1~7月营收为2.06亿元,净利润为2 051万元。

百年金海是一家2005年才成立的河南本土企业,业务集中于安防和智慧城市领域,是什么原因让科陆电子相中了百年金海呢?

百年金海是土生土长的河南企业,最初是一家工程公司,后来转型为科技公司,逐渐在行业内崭露头角,成为数字城市、智慧城市、智能交通、物联网、公安安防品牌等高科技攻关和产品研发的高新技术企业。公司注册资本由初期的500万上升至1.0536亿,市场网络也扩大至15个分公司、9个营销区域、28个办事处;公司客户不乏国际级企业身影:联想Lenovo、索尼Sony、IBM、西门子Siemens、华为等,企业形象光彩夺目。百年金海产品的技术优势给公司带来了无数的荣誉。2015年度中国智慧城市信息化值得信赖品牌奖,2015年度全国电子信息行业标杆企业,2014年度河南省优秀软件企业,并两次获得安防高科技行业优秀企业称号。

河南本土科技创新人才匮乏、创业氛围不强,国际化意识也比东南省份稍慢半拍,百年金海创建者陈长宝就是在这样的环境下,靠仅有的 5 万元初始资本和 5 名员工,通过持续创新,创造了河南企业产品与技术创新的一个奇迹。

百年金海创始之初,就高瞻远瞩,以科技创新为动力,以市场为导向,在"着力打造以智慧城市为主导的智能安防产业链,建设中原经济区首家数字安防产业园聚集区"的阶段性目标指导下,加强技术开发,不仅让企业排名从初始的 600 名以外成为河南安防第一品牌,更是成为国内外安防系统的领先企业。

百年金海计从长远,研发从零起步,从无到有,逐步强化研发队伍,用市场的方法留住人才。公司从最初的专注于智慧安防,到现在的智慧城市、智能交通、数字城管、多媒体信息安全、超分辨率图像重建、智能感知预警等,无不渗透着百年金海十年执着的汗水。

2012 年 9 月,河南智慧城市技术与应用院士工作站在百年金海成立。该工作站由百年金海和测绘与遥感信息工程国家重点实验室共同组建,由两院院士李德仁、龚健雅等组成,为公司提供相关技术指导和课题攻关。

2014 年 3 月,百年金海科技产业园成立,主要采用数字城市与物联网、云计算相结合,研究智慧传感网、控制网、安全网等技术,并引河南省智慧城市技术与应用院士工作站入园,打造国内国际智慧城市建设高端品牌。引入多家智慧城市建设相关企业,搭建智慧城市集聚平台。

院士工作站和百年金海产业园的建立为百年金海提供了技术支持和施展才能的舞台,创新成果连年攀升。截至目前,百年金海近 500 人的团队中就有 160 多名专业研发人员,研发人员占比 30% 以上,本科以上学历高达 85%,其中特聘"两院"院士 1 名、博士后 2 名、博士 6 名、硕士 67 名。公司已经拥有专利 30 项,软件著作权 105 项,网络安全攻防实验室 1 个,省级工程技术中心 1 个,市级技术中心 2 个,现在的百年金海已成为国家级技术企业。由于在产品创新领域的杰出贡献,百年金海董事长陈长宝也获得了无数荣誉称号,如"2011 河南十佳科技型创新企业家""2014 全国电子信息行业优秀企业家称号"等。

百年金海专注领域是安防智慧城市领域,在市场竞争中急需要强强合作,利用资本力量壮大自己,而且几年前就有新三板上市融资计划。现在借助于科陆电子的平台,共谋更大发展。而科陆电子专注于智慧能源互联网,涵盖了城市能源领域的电力来源、电力传输、电力管理业务。两个公司相互融合,互补合作,将构建起新能源智慧城市生态链,打造绿色智慧城市,在合作共赢中实现跨越式发展。

在刚过去的 2015 年 11 月份,科陆电子和洛阳市政府签订了为期 3 年的智慧城市建设项目,总投资约 75 亿元,预计涉及百年金海业务板块的投资将不少于 15 亿元,而这一个合同金额已经远超百年金海 2014 年的业务收入了。

一直坚持"做中国智慧城市产业领跑者"的百年金海,十年磨一剑,从中原走向国内,以国内谋求国际,现在又拥有了科陆电子更广阔的平台,必将进一步落实"互联网+"国家战略部署,推动全国乃至全世界智慧城市的发展。

"镁"好人生，"锂"想生活

自行车、电动车是中国老百姓最重要的交通工具，这一领域拥有巨大的市场，但生产厂家众多，竞争异常激烈。面对市场的重重压力，河南美丽鸟车业有限公司坚持创新引领发展，通过持续的技术创新，紧紧围绕消费需求开发领先市场的产品，不断培育和强化竞争优势，为企业争取了有利的发展空间。

美丽鸟是一家集镁合金自行车、镁合金折叠车、镁合金锂电电动自行车及相关配件的产品研发、生产制造、工业贸易于一体的现代化新型科技企业，是省内首家专业生产高档锂电镁合金电动车、自行车的企业。公司成立于2010年4月，坐落于中国金属镁加工产业基地——鹤壁国家经济技术开发区金山工业园内，注册了"镁锂鸟"和"美丽鸟"两个商标。在发展过程中，公司以"科技创新，诚信久远"为经营方针，把"以客户为中心，以市场为导向，以诚信求发展，以管理创效益"作为经营理念，牢固树立品牌意识，全力实施品牌战略，将企业的发展战略、经营理念、营销策略全面地融入品牌战略中去，通过不断创新建立了现代化的管理模式和市场化的经营模式。在美丽鸟品牌投入市场短短几年多的时间里，经过艰苦的科技攻关、产品开发和网点培育，赢得了消费者的信任，终于迎来了市场发展的春天。

一、为不同客户人群量体裁衣

美丽鸟镁合金自行车、锂电电动自行车采用轻金属镁合金材料精心打造而成，产品具有整车重量轻、强度高、刚性强、耐冲撞、吸震性极佳等特点。镁合金自行车以轻盈、快捷、时尚的特性取得消费者青睐，是生活、健身、运动、郊游、出行的好伴侣。目前，镁合金电动车、自行车产业化发展势头强劲。新推出的20余种镁合金自行车和10余种镁合金电动自行车，均取得了不俗的销售业绩。这得益于企业对市场需求深刻的理解和把握。

公司通过对市场深入的调查和分析，对每款车型的定位都很到位。镁合金自行车、电动自行车主要消费人群有三种，即学生、白领和驴友，每类人群有着不同的需求。学生在选购自行车、电动自行车时多会选择功能简单、价格较为便宜的车型，结合他们的需求，公司推出了性价比较高的产品；而白领则多为时尚一族，对外观的要求较高，公司定制出了外形优雅、色彩明快的中端车型；驴友对产品的综合性能要求最高，如稳定性、减震性都要做到极致，企业以性能优越的高端车型赢得了这一部分市场。

只有找准市场定位，才能对症下药，量体裁衣，更好地适应市场需求。围绕老年人的出行需求，美丽鸟还成功研制、生产出了四轮电动老年代步车，为开拓老年人用车市场做好了铺垫。

二、加强技术创新，抢占市场先机

品质决定成功，创新成就未来。美丽鸟车业致力于借助技术创新提升企业实力，打造中原乃至全国最大的镁合金自行车、锂电电动车生产企业。经过艰苦的研发，已经形成了较为完善的产品体系。公司产品品种多样,款式新颖时尚,加工设备精良,自动化程度高,检测设备齐全,产品质量过硬,并通过了国家自行车质量监督检验中心的鉴定认可。

公司在智能镁合金电动自行车研发生产中取得领先优势,先声夺人。近期,公司研制成功了一种智能电动自行车,这在市场上还是首次出现。如今,智能手机、智能电视已进入寻常百姓家,为人们所熟知,可智能电动自行车还是一个新概念。所谓"智能"是指这种车并不需要人为控制助力,它自己会根据使用者的骑速和路况进行自动调节。这种车外观与自行车无异,非常轻便,既能起到锻炼身体的作用,也能在身体疲劳的时候提供助力,非常适合老年人。智能电动自行车能够如此人性化地提供助力,完全得益于车身的一个小部件——智能传感器。公司与成都宽和科技有限公司合作,成功开发出了该装置,这一技术在国内处于领先地位。公司将陆续批量生产这种智能电动自行车,相信定会抢占市场先机,同时也能使公司的产业链条向智能化方向进一步延伸。

三、稳步推进新市场的开拓

科学合理的产品设计,过硬的产品质量,再加上轻盈、环保、时尚的特点使美丽鸟镁合金自行车、锂电电动自行车得到众多消费者的认可和赞赏,如今已成为社会的新宠,为市场的进一步开拓奠定了良好的基础。

面对激烈的市场竞争,公司已经确立了明确的市场开拓思路,即立足河南市场,发展周边省市市场,开拓全国市场,步入国际市场。目前,公司已经在河南、山东、河北、安徽、云南、贵州等省市设立了美丽鸟4S店,自开业以来市场反应良好。公司的基本目标是,不断开辟新的市场,首先走向全国,在全国各地都有美丽鸟的形象店和4S店,让"美丽鸟"飞进千家万户。

"镁"好人生,"锂"想生活,从镁锂鸟开始!坚持走自主创新之路,创世界知名品牌,建世界一流企业是美丽鸟公司不懈的追求和目标。

"上网无忧":直击消费痛点

香港可歌国际控股集团有限公司是一家集科技研发、生产销售、国际贸易为一体的跨国实业集团公司。坚持专业化、特色化、品牌化的营销战略,采用研发加生产加销售型模式,致力于品牌及企业文化建设。其研发生产的抗辐射功能饮料"上网无忧",成为网络时代的市场新宠。

21世纪,全球已经进入网络化时代。科技的迅猛发展,同时也给人类的生存环境带来一些危机!环境污染、工业废气、食品安全、电子辐射等诸多安全因素。特别是电子产品,如手机、电脑、电视、空调等与人们的生活紧密相关,而正是这些,都不同程度对人们的身体产生了不同的伤害。据伦敦《标准晚报》上刊登的一份研究报告称:一种被称之为"电脑狂暴症"的新病症正在日益引起大家的关注。研究发现,女性要比男性更容易感受到电脑所带来的精神压力,有21%被调查的女性声称,自己因使用电脑而处于神经高度紧张的状态,而有类似感觉的男性比例为 15%。

香港可歌国际控股集团公司在董事长、世界抗辐射第一人梁万奎先生的带领下,以降低网络辐射为己任,以确保网民健康为宗旨,依据中医方剂学的基础理论及药理机制,经由特殊工艺酿制成一种功能型抗辐射饮料——"上网无忧"。抗辐射功能饮料是在一定程度上调节人体功能的饮料,具有抗辐射、解渴、调节肌体功能、增强免疫力等保健作用。在全民越来越重视健康的大背景下,抗辐射功能饮料的市场潜力巨大,并呈现平稳增长的趋势。

目前,国内抗辐射功能饮料还处于起步阶段,在发展中主要存在两方面的问题,一是市场集中度比较低,发展比较混乱。随着新产品的推出和营销力度的进一步提高,抗辐射功能饮料的市场集中度和竞争水平将得到提升。二是本土企业品牌建设意识不强,品牌管理不够完善。从市场整体情况看,抗辐射功能饮料的发展离不开产品品牌的健康发展。对本土功能饮料企业来说,加强品牌建设,提高品牌影响力任重而道远。可歌国际在抗辐射功能饮料的研发、生产、销售的过程中,逐步确立了自己的优势地位。

一、需求优势

"上网无忧"的系列产品,主要锁定 5 亿多人的网友与众多的手机使用者。这些人长期工作在电脑旁和接打手机,都将受到电脑和手机的磁波辐射。这些辐射伤害了视力,杀伤了人们的红细胞和白细胞,使大脑思维紊乱,严重影响了人们的身心健康,尤其是孕妇更为明显。但手机和电脑已经深入人们的生活,成为生活必需品。所以,可歌公司首家研制生产的"上网无忧"抗辐射植物饮料,其产品概念是非常适宜和时尚的。"上网无忧"系列产品依托网络平台文化,以精湛的产品质量,科学的市场定位,合理的价值分配,完美的售后服务,为广大消费者所接受。

网吧和家庭是渠道定位的主体,尤其是网吧,它将是"上网无忧"这种产品消费的主渠道。其次是家庭消费,因为电脑和网络已经进入千家万户,消费群体定位广,10 岁左右到 35 岁左右的人是首要的群体。各种经常使用电脑、手机的人群,都是公司的目标客户。

二、技术优势

梁万奎及其团队在确定了目标后,投入较大的精力进行产品开发。经过无数次的试验、论证,终于研制出了"上网无忧"系列抗辐射植物饮料,填补了国内的市场空白。产品依据中医方剂学的基础理论及药理机制,选用玫瑰茄、枸杞、香菇、甘草、葡萄籽等为原料,经特殊工艺酿制而成。纯植物提取,不含任何化学成分,对人体没有任何的毒副作用。产品含有丰富的钾、钙、镁、胡萝卜素、维生素 B_1、维生素 B_2 及超氧化物歧化酶、大枣多糖、枸杞多糖等,具有显著的抗辐射生理功能。

三、品质优势

"上网无忧"抗辐射植物饮料是一种内涵丰富的中医传统文化开发与应用,与人们的生活密切相关。在生产过程中,严格质量管理,以保证产品的高品质,打造竞争优势。其产品风味独特,营养丰富,保健价值高,适应人群广泛。具有抗辐射、抗氧化、抗疲劳、增强免疫力、延缓衰老之功效,对人体因各种光电、射线侵害后机体组织蛋白有改善保护性能。

近年来,中国市场上功能饮料层出不穷,新一轮的市场竞争愈演愈烈,呈现出一派繁荣的景象。2008年功能性饮料整体增速约为29%。我国功能饮料正处于高速发展阶段,上市品种不断增加,品类进一步丰富,行业呈现出良好的发展势头。尚普咨询发布的《2010—2013年中国功能饮料市场调查报告》显示,"十二五"期间,我国饮料总产量以平均每年13%速度增长。随着功能饮料市场的进一步规范和人们对营养和保健意识的增强,抗辐射功能饮料的比重将有所提高,抗辐射功能饮料市场前景可期。

2014年11月25日,伴随着响亮的锣声,香港可歌国际控股集团有限公司(企业代码:202366)在上海股权托管交易中心举行了隆重的挂牌仪式。成功在沪交所新三板上市,为企业发展添劲助力,让可歌以全新的面貌挺进强手如林的竞争市场,为我国饮料和食品行业发展做出新的贡献。

努力推进绿色建筑技术集成创新

历经二十多年的风雨历程,鸿大公司已经发展成为业务领域涉及清洁再生能源的低碳利用、生态新风系统、绿色装修装饰、绿色农业、中水处理回用系统、智慧能源物联网技术开发应用的综合性公司。公司秉承"自强不息,宏图大展"的企业精神,坚持"安全、规范、求实、诚信"的经营方针,坚守着自己的发展方向和经营理念,坚定不移地走稳健发展之路,不断创新进取,以一流的技术队伍,丰富的施工经验,雄厚的资本实力,为客户提供值得信赖的全面服务。

一、发挥专业技术优势实现快速发展

鸿大公司把"集成低碳环保的绿色建筑技术,营造绿色建筑的节能舒适环境"作为公司长期的追求目标,在发展中不断创新经营模式,坚持"专业的人做专业的事,免除用户的一切麻烦",用超一流的专业技术水准赢得了客户的认可。回顾鸿大的发展历程,其安身立命的根本是具备了三项突出优势:

一是公司资质高、专业技术强,善于发掘行业特点并形成行业优势。对于医院类高标准、需求特殊的客户,专门组成针对性的核心技术团队,取得了大量的工程业绩。如省人民医院,郑州大学第二、第三、第五附属医院,河南省武警总队医院、河南省肿瘤医院等一批三甲、二甲医院都是公司的客户。目前,鸿大正在推广应用恒温、恒湿、恒氧的高舒适、低能耗绿色医院系统技术,这项技术经过深入开发之后,还可以应用在高端别墅、高端旅馆、会所、养老院等特殊场所。

二是能够为行业用户提供全程解决方案。对于房地产项目,一般的工程公司通常提供工艺设计、工程承包和售后服务等服务,鸿大公司在实践中创立了项目实施的三个阶段、八项服务的业务模式。对于工业安装和环保节能改造项目,鸿大借助郑州大学综合设计研究院等的技术资源优势,能够为用户提供系统诊断、工艺设计、工程承包和售后服务四项服务。对于信誉度较高的用户和重大项目,还可实行以设计为龙头的能源工程总承包、投资和运营管理模式。公司建立这一模式的关键,是拥有清洁能源应用完整产业链的核心技术和各个专业的人才团队,能够提供从项目策划和能源条件分析、工艺系统设计、设备选型与采购、项目融资、工程安装调试、现场操作人员培训、项目日常运营管理等全程系统服务。

三是重点工程中标多,施工队伍锻炼机会多。公司开发了大量的政府部门的用户,如河南省委、河南省人大、河南省高级人民法院、河南省国家安全厅、河南省委党校、郑州市人大、郑州市检察院等。这些项目都是财政投资,必须公开招标,中标难度很大。优质地完成工程,对公司更是全方位地修炼过程,鸿大的施工队伍在众多重点项目工程的修炼中一次次浴火重生,日臻完善,优质完成各类高标准工程总承包任务的能力不断增强。

二、依靠技术创新构建竞争优势

针对国家在绿色建筑技术应用政策方面的大力支持,以及"大众创新,万众创业"的全方位引导,鸿大在传统的工程总承包业务基础上,将自己定位成绿色建筑技术集成商,围绕绿色智慧型建筑技术应用这一核心目标发展业务,加强技术创新、业务拓展和商业模式创新。通过创新活动,不仅在业务方面取得了显著成效,在技术创新方面也成绩斐然,2015年上半年申报的第一批7项专利已经通过国家知识产权局的审核。还有一批新的发明和实用新型专利正在审核过程中。这些专利成果,标志着鸿大的技术研发和创新团队正在逐渐成长壮大,必将为公司的核心竞争力注入更多的元素,为绿色智慧型建筑技术应用业务的扩大,增加更多的发展空间。

公司加强清洁能源组合技术创新,把合适的能源用在最需要的地方,即力求在不同地理区域、不同建筑形式和不同行业领域,科学地发挥电能、燃气能、燃煤化学能等传统形式,与太阳能、生物质能、风能、浅层地能、深层地热能、地表水能、空气能、工业余热等多种可再生能源耦合互补,进行建筑采暖、供冷、燃气、热水和用电的供应,达到建筑用能的清洁低碳、可再生化、废弃物资源化利用,为城镇化建设提供多种用能系统解决方案,达到多能互补、智能联供、立体交互的低碳化建筑应用效果,实现供能效果稳定、运行节能省钱、双方合作共赢的目标。

三、大力推广工程项目股份化众筹模式

在经济下行的大背景下,鸿大基于自己的资源优势和行业需求,创立了开放式合作平台——鸿大会,推广"工程项目股份化众筹模式"。鸿大会旨在建立一个和公司主营业务有关联的资源整合开放、相互信任、相互协作的平台,一个利益共享、和谐共生、多元共荣的平台,打破以往的市场垄断、信息壁垒、产品重叠、技术闭塞,以激活、整合的态势倡导行业抱团发展。着力解决鸿大会成员在项目信息获取、技术管理团队组建、资金筹措、人脉关系和资质平台资源互补方面的共同难题。

鸿大邀请和公司业务有关联的、价值认同的技术商、产品商、施工商等多方社会资源成为发起会员,鸿大会会员相当于把自持的资源放到了平台上,会员可以随时在平台上发布产品、推广技术、寻找资金、寻找合作、开展项目咨询,而这一切都建立在免费的模式上。鸿大会和会员共同打造一种"先交流、后交友、再交易"的新发展模式。

通过鸿大工程项目股份化众筹模式,每一个项目都发挥相关成员的资源优势,通过

鸿大会成员在各行业的专业团队解决不同的死结,使原本难以解决的难题都一一化解。

冷谷红的河南葡萄酒业振兴之梦

悠悠华夏,黄河古道,在豫东大地的中国冷谷,在我国葡萄酒主要产区的民权县,冉冉升起了中国葡萄酒业界的一颗新星——冷谷红。冷谷红葡萄酒股份有限公司借助民权县"中国冷谷"的发展机遇,将冷谷产业与葡萄酒文化完美融合,缔造出卓尔不群、高贵典雅的民族葡萄酒品牌"冷谷红",获得了社会各界的广泛认可,并为河南葡萄酒业的重新振兴躬力前行。

一、传承百年酿酒技艺

民权县位于豫东平原黄河故道腹地,葡萄种植有上千年的历史,是我国葡萄及葡萄酒主要产区之一。冷谷葡萄产业园属黄河葡萄产区,在国内属于独特的葡萄产区。优势是种植方式特别,由于冬天不用深埋,种植成本低;再就是沙土地,储水量低,沙粒反射过来的光对葡萄有光合作用,含糖量高。这里地处黄河故道腹地,北纬35°,四季分明,物华天宝,人杰地灵,是庄子故里、兄弟状元之乡、葵丘会盟之地,享有"中原绿洲"美名,文化底蕴十分厚重。当年第一代民权葡萄酒人肩负重任,克服重重困难,建成了国营民权葡萄酒厂。之后,经过多年不懈地努力,民权葡萄酒先后荣获"中国名酒""巴黎国际博览会金奖"等多项国际、国内大奖,蜚声海内外。

冷谷红葡萄酒,拥有黄河故道优质葡萄基地,坐落于国家制冷设备工业基地——中国冷谷,涵盖了中国冷谷和葡萄酒两大产业文化底蕴,聚黄河水系之灵气,集名贵葡萄之精华,采用控温发酵之技艺精酿而成。冷谷红葡萄酒晶莹剔透,绵长尾净,甘爽怡人。其传承酿造工艺被列为商丘市第四批非物质文化遗产。

冷谷红葡萄酒股份有限公司由商丘市葡萄酒非物质文化传承人耿红伟于2004年创办,其祖辈酿造葡萄酒已有120余年历史,其父亲是原民权葡萄酒厂副厂长,姐姐耿红玲为国家一级品酒师、国家级评酒委员会葡萄酒评酒委员。百年技艺,薪火传承,精制佳酿,独具品味。

二、走传统与创新相结合的发展之路

在继承传统的同时,冷谷红适应现代消费者的需求和葡萄酒业发展的趋势,加强了工艺创新与产品创新的力度。公司设备先进,技术力量雄厚,并与多所高等院校和食品科研机构建立了长期稳定的科研合作关系,逐步形成了完善的创新体系。

冷谷红葡萄酒得到了一批权威部门与专家的支持。中国农业大学葡萄酒科技发展中心主任、博士生导师黄卫东,授权在民权设立了葡萄酒科技发展基地。他品尝冷谷红葡萄酒后,曾给予高度评价:"葡萄酒应具备的所有优点,冷谷红都具备了。没想到冷谷红会酿造这么好的葡萄酒。因此,中国葡萄酒研究院要在冷谷红公司设立民权葡萄酒研究分院。"

近年来,冷谷红特聘的权威专家有国家葡萄酒检测中心主任朱济义、河南省食品工业科学研究所所长沈祥坤等 12 人;特邀的权威科研合作单位有中国科学院葡萄酒研究院、国家葡萄酒质量监督检测中心、中国农业大学葡萄酒科技发展中心、河南省食品工业科学研究所、中国农科院果树研究所等 16 家。河南省唯一的葡萄酒公共技术研发设计中心设立在该公司。强大的科研实力奠定了公司创新发展的基础。

近年来,通过创新的独特酿制工艺,研发出了高白藜芦醇含量的葡萄酒,每升干红葡萄酒高达 30mg 白藜芦醇,是普通红酒的 27～30 倍。

为了提高葡萄酒的质量,公司从源头上加强管理。组织企业试验、培育葡出优质葡萄苗木,免费提供给农户种植,为有效缓解葡萄酒生产的原料问题奠定了基础。

三、再创民权葡萄酒业的辉煌

葡萄酒又是一个健康产品,尤其是人们生活水平的提高,对健康越来越重视,喝葡萄酒的人越来越多。市场前景广阔。

冷谷红始终坚持"质量是血,客户是命,诚信为本,追求完美,行胜于言,永不言弃"的经营理念,坚持把质量放到首位,依靠创新促发展,依靠质量赢市场。浓厚的葡萄酒情结,"创立河南葡萄酒名牌,让冷谷红响遍全国,走向世界"的愿望也早已在企业扎根,靠着不懈的努力、追求和创新,"冷谷红"葡萄酒以品位高雅、品质精良,具有醇厚的酒香和优雅的果香、酒体圆润和谐、回味悠长、包装精美等特色,创造了一个又一个辉煌。2014 年荣获"河南名牌产品";2014 年 11 月成为中国(郑州)世界旅游城市市长论坛唯一指定接待红酒;2015 年 2 月,冷谷红干白、干红被中食集团评为"中国最佳 100 食品";2015 年 3 月被多家主流都市报媒体评为"2015 年度新商务用酒最具成长力品牌";2015 年 4 月,又被评为河南省酒业年度最畅销酒品。冷谷红葡萄酒为河南葡萄酒争得了荣耀。企业也先后获得河南省农业产业化重点龙头企业、河南十大创新企业、河南省十佳科技型最具创新力示范企业等荣誉。

将实业作为事业来做,那就是一种升华;将人品化作人格,那就是一种力量。自耿红伟进入社会以来,这成为他做人做事的信条。以民权为代表的黄河故道葡萄酒产区曾经辉煌过,河南葡萄酒业的振兴,中国葡萄酒在世界舞台上大放光芒是耿红伟的梦想。梦想的实现实际上就是一种使命,一种责任和担当。"冷谷红"作为一种健康饮品,看上去是一种液体,其实它承载的还有一种理念、一种梦想、一种人格的魅力。

酒品即人品!

比专业更专业
——郑州长城机房装备工程有限公司

郑州长城机房装备工程有限公司是国内起步最早,中原地区首家专业性机房工程公司。自 1991 年创立以来,相继为金融、保险、教育、医院、通信、税务、海关、铁路、交通、经贸、统计、广播电视、公安、机要保密、军事指挥等国家机关和企事业单位成功设计并施工了大量的、重要的计算机机房工程。公司的发展历经坎坷，但从无到有，从小到大，无不是创新带来的突破与提升。

艰苦创业，坚持创新与突破。公司创始人刘春雅1954年参加工作，到1988年，一直在河南省计算机公司工作。刘春雅于1988年6月向原单位递交申请停薪留职报告，1989年7月开始下海从事商业运作，进行了机房、网络布线等业务的初步尝试。1991年10月，刘春雅承揽了郑州市紫荆山公园与郑州长城机房装备公司的承包业务，年承包金22 200元。当时，郑州长城机房装备公司设备陈旧，技术落后，经营状况不佳。承包之后，刘春雅开始依托原有技术力量，并以丰厚的薪金等条件外聘高技术人才，进行新产品的研发。当时，公司的办公条件极其简陋，仅仅是东里路41号的一个办公楼里的三间小房，就是在这样的条件下，刘春雅依然投入大量人力、物力、财力进行产品的研发，拓展企业发展的空间。

紧盯市场需求，追求专业与创新。结合机房建设的实际需求，公司自1992年起，开始研发、生产防静电活动地板，并在1995年与北京长城电子机房联合开发公司、香港微系统公司合资成立了"郑州长城电子机房设备有限公司"（豫港合资），共同研发、生产、销售长城防静电系列活动地板，保证了专业机房设备的专业性与安全性。公司的郑州长城防静电活动地板曾获"质量信得过产品"、"抗静电产品中华十佳品牌"、"中国商品学会重点推广产品"等诸多奖项。公司亦是"中国电子仪器行业协会防静电装备分会"理事单位。

经过公司改制和企业组合的长城机房装备工程有限公司坚持"务实、开拓、进取、协作"的发展理念，根据公司实际情况，更加明确了发展思路，即在防静电活动地板的生产、销售模式上进行了改革，加强技术创新，真正实现产品专业化、销售专业化、服务专业化，整合相关资源，促进企业之间互利共赢，努力为广大用户和经销商提供更为专业的机房解决方案。

依靠技术研发占领砖机行业高地

2014年5月，国务院出台了《2014—2015年节能减排低碳发展行动方案》，针对建筑业提出了"积极推进建筑节能降碳，深入开展绿色建筑行动"的要求，把突破新型节能保温一体化结构体系放在了优先的任务上，也就使砖瓦行业在推进结构调整、技术升级、提升产品质量和产品功能方面拓展了发展空间。

郑州市宜欣实业有限公司自1984年建厂至今，经过不断的努力，已经发展成为集科、工、贸为一体的机械制造企业，主营产品是砌块成型机。公司是中国中轻工业产品扶优品牌保护工程单位，也是市环保节能重点推广单位。

宜欣实业一直坚持人才是技术领先的资本，多年来，广招砖瓦机械行业的高素质人才，把技术提升与创新作为企业的灵魂，不断提升产品功能与价值，增强企业的核心竞争力。企业对技术骨干进行系统培养，多次多批派出专业的技术人才到全国各大相关企业学习,把先进技术带回企业。

公司在深挖行业技术资源的同时,还积极与省内、市级科研单位、大专院校、建材行业的工程技术人员进行深度的技术合作,走出了一条"生产——科技——生产"的科技兴企的良性循环道路,把科研成果在企业真正落地,从而不断提高产品技术含量,开发出新型免烧砖机产品,实现了产、研一体化的发展布局。

宜欣实业密切关注着全球免烧砖机、砌块成型机设备的动向,走在了行业技术发展的前沿。2016年1月,宜欣实业邀请法国同行业的企业技术人员到访宜欣免烧砖机厂,进行了为期两天的交流活动,双方就免烧砖机技术、设备产品配套生产线、工艺流程等方面进行了深入交流和探讨。

多年来,为了促使国家节能减排的政策落到实处,宜欣实业公司还着眼于全球及全国环保趋势,将节约资源、循环利用、生态保护的理念贯穿于每个环节,不管是自身生产环节,还是提供给客户的免烧砖等产品都具有更环保的优势。

加强技术研发,践行绿色环保的理念,使宜欣在市场上得到丰厚回报。公司生产的各类砖机行销全国各地,并走出了国门。2015年3月,英国建筑工程开发商到宜欣实地考察,现场订购了数十套免烧砖机;2016年2月,收到了索马里联邦共和国的免烧砖机的订单。这也意味着宜欣实业开始迈出国门,正式步入国际砖机行业市场。

专业技术+服务,成就企业的小变大

荥阳市海通纺织机械有限公司原名为荥阳市第一纺织机构厂,始创于20世纪70年代初,历尽时代的变迁,从小到大、从无到有。2000年,公司进行了股份制改造,成立了荥阳市海通纺织机械有限公司,现已成为荥阳市的重点支柱企业。

建厂以来,海通纺织机械一直秉承"以诚为本,精益求精"的企业理念和"以质量求生存,以市场求发展,以规模求效益"的发展战略,致力于优质高效的纺织机械设备的研发、设计与制造,开展专业的技术咨询服务。

海通纺织机械是河南省知名企业,具有较强的技术优势。公司专业为纺织等各类行业生产优质系列化的清花设备、开清棉设备,清梳棉设备及棉纺辅助设备JS570(粗纱头开松机)、A771A(废棉打包机)及部分清梳联机配件及专件,产品畅销国内20多个省市自治区,出口东南亚及非洲各国和地区,深受广大用户好评,近几年的销售额均以15%的速度同比增长。

海通纺织机械的技术领先优势在加工环节也得到了很好的体现。公司拥有一座现代化的纺织机械设备装配车间,拥有各类专业技术人员上百名,形成了三大功能区,分别负责机器配件制造、机器生产进度安排和机器制造质量检验,能够同时完成从80系列到600系列共计10多个不同系列的高速纺织机和从1锭到268锭,共计上百个品种设备的装配工作。

为了进一步提高产品质量,公司还巨资购进一批大型加工设备以改进加工工艺,确保所有零部件的生产;采用先进高端的数控机床、全自动复合机床进行加工,以提高产品配件精确度及互换性。对于每一台机器的每一个配件,公司各工种人员都能够以百分之百负责的态度完成,因此,产品的严控生产过程决定了产品的最终品质,更带来了企业高额的客户满意率。公司建立了完善的产品质量管理体系,已通过 ISO90001 质量管理体系认证和 CE 认证。

2015 年,公司在引进韩国技术的基础上,借鉴台湾以及同类产品优点,自主研制出新一代 HJKM-PP 型开棉机。这种开棉机是国内外市场最先进、体积最小、外观最大方、功效最强的产品,比同类产品每小时可以多开松 15%～20%,占据了国内大半市场。

在服务方面,为了满足不同行业、国内外不同领域客户的不同需求,海通纺织机械专门设立了销售事业部、生产经营部及售后服务部等多个部门,全方位为客户提供专业服务。公司始终坚持"严守诚信"的服务理念,实行全面售后跟踪服务,在客户购买产品后利用各种设备检测仪,检测设备运行状态,使设备 5 年内优质运行数量达到 95% 以上。

也正是由于海通纺织机械的高精的专业技术,加上全方位优质服务,成就了这一企业由小变大的健康成长。

低调冠军——郑州市钻石精密制造有限公司

"一寸宽,一里深",通常用来描述那些专业化的隐形冠军,特别是许多德国企业,它们往往行事低调,产品很不起眼,很少进入大众的视野,但凭借高度专业化的技术和产品,以及长期的深化与积累,在业内享有盛誉,占据很高的市场份额,因而被称为隐形冠军。郑州就有一家这样的公司——郑州市钻石精密制造有限公司。

在大众媒体上,很少看到有关郑钻的只言片语。关于郑钻的信息在网络上搜集到的也很少,"同等岗位工资不一定有富士康高,不过食宿条件在郑州算是不错的,硬件设施也很好,是一个快速发展,正在发展壮大中的公司。""待遇不错,各项设施都比较齐全。你可以去面试一下,好像这个公司正在招人,貌似工资比去年涨了好多。"这是一些求职者的交流,从内容看对郑钻的评价还是很高的。

就是这样一家低调的公司却实现了毫不低调的业绩。成立于 1997 年的郑钻是一家高新技术企业,其超硬刀具系列产品覆盖了国内 90% 以上的汽车发动机生产厂家,如东风日产、东风本田、一汽大众、一汽丰田、上海通用、上海大众等知名厂商,在国产同类自主品牌中的市场占有率达到 92%。公司拥有河南省省级技术中心、河南省省级工程实验室、郑州市工程技术研究中心,先后荣获 2009 年度郑州市资助创新型企业、郑州市知识产权优势企业,连续多次被一汽大众集团授予"优秀供应商"称号,主持制定了多项国家标准和行业标准,拥有专利 40 余项,成为中国超硬刀具行业中的领跑者。目前,年产值10 亿元左右,按现有员工 350 人来算,人均产值近 300 万。

郑钻人用了非常简洁的一句话描述自己的使命:提高效率,为用户创造更多的切削价值。要理解这个简单而又抽象的使命,就不能不了解郑钻的产品——超硬刀具,这种产品在汽车制造、航空航天、精密电子、风力发电等行业中占有重要地位,这些行业都要进行大量的金属加工,近年来,随着 CNC 加工技术的迅猛发展以及数控机床的普遍使用,超硬精密刀具已成为金属切削加工中不可缺少的重要手段。其中,汽车产业是衡量一个国家和地区工业发展水平和综合实力的代表性产业,而汽车发动机制造又集中体现了现代化金属加工水平,由此郑钻产品的市场占有率和覆盖率之意义可见一斑。显然,从使命上看,郑钻给自己确定了非常清晰的发展路径:走专业化的道路,毫不动摇,不断提高不断深化,以给客户的切削加工应用创造更多的价值。从实质上来看,郑钻也的确是这样做的:抵制住了多年来市场上的各种诱惑,从未进入非常火的房地产、投资担保、电子商务等高收益高风险行业,甚至也未一体化进入汽车、电动汽车或汽车发动机行业,始终坚守自己的使命,实在是难能可贵。

郑钻成立时,国内的金属加工刀具主要是硬质合金材料,硬合金刀具主要由国内厂家供应,价格低廉,而超硬刀具主要原材料为金刚石和立方氮化硼(CBN),生产难度很大,几乎完全为进口产品垄断,进口超硬刀具价格非常昂贵,但切削速度比硬质合金高一个数量级,刀具寿命比硬质合金刀具高几十倍。刚成立的郑钻敏锐地看到了这个市场机遇,尝试着进入刀具行业,但限于技术、资金等困难,最初几年公司只能和许多同行一样顺应潮流,做一些初级产品,如天然金刚石工具、珩磨条等,虽然说技术含量不高,但凭着良好的产品质量和服务赢得了客户的信任,很快拓宽了市场,取得了原始积累。

转折点出现在 2002 年,公司并未像多数同行那样满足于既有成绩,也未被制造超硬刀具的难度吓倒。公司重新分析了行业和宏观形势:第一,超硬材料刀具在切削加工中的优势已经被广大用户所熟知,并得到越来越广泛的认可和应用,市场需求巨大;第二,从超硬材料本身来看,我国具有明显的资源优势,我国金刚石产量占世界总产量的 80%以上,立方氮化硼(CBN)产量占世界总产量的 60%以上,已经是世界第一大超硬材料生产国;第三,我国一些产业,特别是汽车行业的发展前景广阔,未来需求具有长期持续性。基于以上几点,郑钻决定重新定位产品,实施战略转移,升级产品,全力以赴进入 PCD/PCBN 超硬材料刀具行业。自此,郑钻插上了腾飞的翅膀,在专业化道路上越走越远。

公司在研发和技术方面始终保持高强度的投入,几乎达到痴迷地步。我们知道,精密产品需要精密设备来生产,而精密设备需要更加高精度的设备来生产,而生产这些更加高精度设备的基本是国外厂家。郑钻采用了引进先进设备的方法,投入重金先后引进瑞士伊瓦格全自动磨削中心、德国孚尔默数控精密线切割机床、德玛吉激光、日本瓦伊达全自动周边磨床、超声波数控机床及铣削加工中心、尼康全自动影像测量仪等顶级设备60 余台,而且根据技术发展,不断淘汰落后设备,始终保持先进性。2011 年郑钻产值 2亿元左右,而在设备引进上就耗费 1 亿多元;2012 年产值为 3 亿元,技改投入达到 1.2亿。郑钻天津项目计划总投资 5 亿元,一期投资 2 亿,将建立 1 个院士工作站、2 个实验室、1 个研发中心,1 个员工文化中心,未来规划供货市场覆盖全球的标准刀片制造基地。

四两拨千斤,利用行业协会、行业刊物巧妙做广告,降低成本。考虑到产品的特殊性,郑钻经常在各种专业技术杂志上投放广告,并且和行业协会、科研机构合作牵头组织技术和产品研讨会、展览会,积极参与和主持超硬刀具国家和机械行业标准的制定,这些活动不仅成本低廉,而且极大地提升了公司和品牌的知名度,收到很好效果。

注重企业文化建设和人才激励。郑钻有这样的经营理念:用先进的设备来弥补部分人员操作水平带来的工件误差,用优秀的人才强化落实设备的优越。公司现有员工 350 人,大专以上学历 153 人,技术人员 49 人,管理人员 68 人,员工队伍非常年轻,活力十足。除物质激励外,郑钻非常注重文化建设,引导员工个人与企业共同发展。2014 年,创办了企业内刊,每月一期从未间断,内刊并非简单自娱自乐,内容非常丰富,从行业动态、技术前沿到管理故事,每一期都办得很认真、用心。公司还经常组织员工开展旅游、外出学习等活动,甚至还聘请陈家沟太极拳传人到公司中传授太极拳,丰富员工业余生活。公司页面上可以看到郑钻职业生涯、培训等各个完整的人力资源管理模块,而且,这些模块并不是简单引用理论,而是郑钻实实在在的、正在实行的人力资源管理方式和模式,这些公开化的管理模式,对于吸引和留住人才具有很好的示范作用。

以服务传递质量。尽管郑钻产品在技术、质量上具有强势地位,但公司从未放松过服务,从未怠慢过客户。其实除了价格外,郑钻能够从跨国公司口中夺食,更重要的靠的是及时、有效的服务,尽管企业在成长壮大,但郑钻并未忘记其最初成功的根本。在服务方面,郑钻的许多举措可圈可点:每日 24 小时的技术援助,为客户提供不间断及时服务;技术开放日,定期安排杰出的技术团队,进行技术开放上门行动,提供最新的技术和产品资讯、展示成功案例、解决问题、提出方案;现场技术支持;定制支持;行业支持;技术研讨等。

开阔视界永不止步。从单一产品优势开始,郑钻不断地向自己开火,不断提出更高要求,避免故步自封。公司现在已经向整条生产线刀具配套技术解决方案进军,目前已经向郑州日产、一汽大众等提供了整条生产线刀具配套服务,并且已经形成航天行业整条线配套服务能力。

打造食品机械第一品牌,引领行业发展水平

河南万杰食品机械有限公司创建于 1996 年,一直致力于和面系列、揉面系列、馒头系列、包馅系列、鲜食面条系列、蒸制系列、大型食品加工生产线系列等民族文化主食机械的研发、制造、营销和服务。"万杰牌"产品以其结构先进、性能稳定、节能环保等特点,依托百余家经销商、代理商的强大前沿市场开拓,凭借诸如白象、双汇、天津利达等大型食品企业的赞誉,在客户中享有很高的声誉。

19 年来,万杰凭借着"讲真话,做实事,先做强,再做大"的万杰精神,以实现食品机械第一品牌,完成中式面点产业化生态系统商业模式,带动民族文化主食健康发展为企业使命,发展成为拥有 500 多名员工,各类专业技能人才占 70% 以上,年产 16 000 多台/套的现代化企业。2012 年"万杰牌"被评为河南省著名商标,公司荣获食品机械加工全国十大知名品牌,先后获得各项专利 32 项。

万杰自成立以来一直将主食安全视为己任,致力于主食机械的深度研发,推动主食机械行业向着更加安全、稳定、节能、高效的方向发展。进入互联网时代,万杰考虑最多

的是如何利用新技术升级产品,进一步改变主食安全的现状。通过万杰人多年在主食原料、工艺以及机器自动化程度等方面的刻苦钻研,终于在主食机械智能化方面取得了重大进展,给传统主食机械植入智能化大脑,让机器能够更聪明、更高效、更安全的工作,并用极简的方式呈现出来。

由于是一家技术型公司,万杰一直在营销上进展缓慢,优秀的科研成果如何能被用户广泛使用,发挥科技优势推动行业发展,成为万杰面临的一大难题。然而,机会总是留给有准备的人,2015 年夏季,万杰与先行战略营销机构达成合作意向,先行将助力万杰从企业竞争战略上进行调整,用全新的商业模式快速推动主食机械进入智能时代。为了达到这样的目标,先行战略营销机构还携手先行原点投资公司,注入资本的力量,用资本驱动营销,极大缩短了万杰与发展目标的距离。

万杰还与中国包装和食品机械有限公司签署了战略合作协议,借助中国包装和食品机械有限公司海外资源优势,更好地践行国家"一带一路"和"走出去"战略,与其抱团出海,共同开发海外项目。

天工之美:坚持钧瓷那一抹红彩

钧瓷是河南的一张名片,晋家钧窑又是钧瓷中的佼佼者。禹州市晋家钧窑有限公司在两位国家陶瓷艺术大师晋佩章、晋晓瞳的先后经营中,一直致力于研究、传承与创新。晋晓瞳凭着对钧瓷艺术的执着,努力发展和弘扬古典钧瓷文化,专注于技术创新,潜心做产品,创作出一批具有代表性的底蕴深厚、符合时代精神的钧瓷作品。

一、名门与名师的传承

晋晓瞳是中国陶瓷艺术大师,钧瓷柴烧工艺恢复者,河南非物质文化遗产代表性传承人。作品以瓶、尊、洗、鼎等传统器皿造型为主,他偏爱柴烧工艺,认为钧窑以柴烧成是传统烧制中较有特点的,这也造就了他的釉色风格以"流动的线体结构"组成釉彩画面,雄浑壮丽、美妙多姿、内涵深厚。他制作的钧瓷作品窑变奇特,绚丽多彩,器型线条流畅,釉层浑厚均匀,数十件钧瓷作品被外交部、国家博物馆、故宫博物院等收藏。2008 年制做的《牵牛花瓶》荣获香港国际陶瓷大赛金奖,并被英国国家博物馆收藏。

他的父亲晋佩章(1926—2008 年)是著名钧瓷艺人,首批中国陶瓷艺术大师,自号"刘山老人""大刘山人"。晋晓瞳 12 岁起追随父亲学习钧瓷小炉烧制技艺。1980—1982年,拜禹州市钧瓷一厂文付章先生为师,学习钧窑煤窑烧成技术。1982—1987 年转入禹州市钧瓷二厂工作;1985 年 10 月得徐国桢老师力荐进入钧瓷二厂造型设计组工作,任陶瓷造型设计员。期间,先后追随业内名师温大木、邢国政、温国立诸位老师学习钧瓷雕塑、钧瓷造型制作技艺。

2001 年起,晋晓瞳独立运作晋家钧窑,走上钧瓷创作与工艺研究创新之路。多年的学习与探索,名师的影响与熏陶,从摸索起步到逐渐成熟,他靠着永不言弃的精神迅速成长起来。正是那种对钧瓷艺术的执着,让晋晓瞳打下了坚实的实践与理论基础,成长为一名技艺卓越、发展全面的钧瓷艺术家。2004年3月,在神垕镇创办晋家钧窑有限公司,独立开始市场化运营。2010年荣获中国陶瓷艺术大师荣誉称号。

二、研究恢复柴烧钧瓷工艺

在2004—2006年3年多的时间,根据考古发现古代柴烧钧瓷的痕迹,经过反复实验,摸索出钧瓷柴烧工艺的烧成操作规律,初步完成钧瓷柴烧工艺的基础性研究工作,并独立完成锌、钛体结晶釉在钧瓷生产工艺中初步的应用试验,为钧瓷发展做出了贡献

近年来,晋家钧窑一直把柴烧钧瓷为主要研究方向。烧制钧瓷,最难让人预料的窑变是个很关键的工序。钧瓷的绝妙之处就在于这种难以让人预知的窑变,正是钧瓷"入窑一色、出炉万彩"的窑变艺术境界,给人以无穷的艺术享受。这个行业可以说是泥土与火焰交织出来的梦。由于钧瓷自古就有"十窑九不成"和"生在成型死在烧成"之说。虽然期待中的窑变未知丑俊,却又像面对将要诞生下的生命,既让人兴奋期待又使人惴惴不安。为了实现这种梦想,晋晓瞳把他的目光紧紧锁定在失传700多年钧瓷柴烧工艺上,始终抓住钧瓷窑变艺术独特的艺术特质,把握着柴烧钧瓷艺术脉络的晋晓瞳先生,一次次把柴烧钧瓷推向现代钧瓷艺术的巅峰。

三、坚持纯手工制作

晋晓瞳作为钧瓷之乡富有影响力的钧瓷艺术家,在30多年的学习与探索实践中,继承并吸取了传统钧瓷文化艺术的精华,不断进行艺术创新和发展。晋晓瞳认为,钧瓷的传统文化是钧瓷文化的根和本,钧瓷的发展必须要珍惜和尊重这个本。不断提高产品品质,丰富钧瓷的文化内涵,美化人们的生活,才能使这一千年古老的艺术展现出新的光彩。手工制作,才能匠心独运,打造出独具魅力的艺术精品。晋晓瞳长期坚持采用手工制坯工艺制作作品,采用钧瓷柴烧工艺烧造,用新的艺术理念打造自己的作品,将钧瓷窑变艺术鉴赏作为与钧瓷爱好者互动的着眼点,从创作理念和工艺基础上,牢牢把握"窑变艺术是钧瓷艺术之魂"的根本原则,给钧瓷注入新的活力。

四、继承与创新的有机结合

晋晓瞳作为钧瓷之乡富有影响力的钧瓷艺术家,作为钧瓷艺术土生土长的传承人人,为担负起当代钧瓷发展的重任,在30多年的学习与探索实践中,继承并吸取了传统钧瓷文化艺术的精华,将传统工艺与现代技术结合起来,不断进行艺术创新和发展,使古老的钧瓷文化焕发出新的光彩。

晋晓瞳在钧釉研制上不断创新。从艺30多年来,他始终紧紧抓住钧瓷独特的窑变艺术特征,坚持把现代科技应用到钧瓷制作工艺中,进行技术创新,提高钧瓷工艺水平。他的钧瓷作品以五彩斑斓的釉色、蕴润雅致的特色著称于世,是窑变釉彩和陶瓷器型完美结合的产物。他的作品同其他钧瓷窑口在风格上有很大的不同。其釉色艳丽多变,浑厚凝重,青如碧草,红若海棠,紫若茄皮,其意境深邃有如火树银花,有如海底探月,有如古道西风,有自然窑变构成的那一幅幅精妙绝伦的美妙图案,常常使人浮想联翩、流连忘返,其造型古朴典雅,更让人思维超越时空把远古和未来连接在一起。神奇的钧瓷窑变艺术成就了钧瓷在当代陶瓷艺术中的重要地位,晋家二代艺人数十年潜心研究的积淀,使这一具有千年历史的艺术瑰宝绽放出了更加绚丽的光彩。

当年晋佩章老先生从老一代钧瓷艺人继承下来的技术配方相对简单。经过老先生反复试验，获得的炉钧配方比例才趋于稳定。该项技术传到晋晓瞳后，他不满足于现有的技术水平，结合现代的生产条件和技术手段，紧紧抓住钧瓷窑变独特的艺术特征，将之发展为一种全新的窑变炉钧花釉工艺，并独创了红绿交映的釉色，为钧瓷艺术的发展再添新枝。

环保产品科技创新，助力企业持续发展

中国的工业发展已超过环境负荷，成为世界上大气污染最严重的国家之一。2015年1月开始实施的《环保法》，被称为"史上最严厉"的一部《环保法》，各地政府在新《环保法》实施前对企业进行了普查，污染企业被要求必须进行整改，否则就要受到处罚，还得关门停产。

郑州华博科技有限公司是一家集科研、设计、生产、安装于一体的专业烟气治理的科技环保公司，主要业务是各种烟尘废气的除尘、脱硫、脱硝的环保治理技术创新工作，公司也是河南省环保产业协会的长期会员。

一、追求技术领先，大力促进技术学习与培训

作为环保产品生产及环境治理的专业企业，华博科技自2009年建立以来就尤为重视环保技术的学习及掌握，认为技术领先是专业技术公司进行市场竞争的基础与前提，是未来市场立足的根本。

公司制定了多项鼓励技术学习及培训的制度，以增强企业的技术创新能力。如培训费用全额报销，世界领先技术学习优先奖励的措施等，从公司层面打造学习和培训的氛围及环境。

另一方面，正是由于鼓励学习的制度激励了员工进行技术创新及培训的热情，公司派出人员培训与学习的次数逐年递增，技术员、工程师纷纷为提高自己的技术和研究水平参加培训，参加各种会议研讨，如污染减排与脱硫国际技术研讨会；2013、2014中国（南京）国际环保企业及技术交流会；全国烟气脱硫、脱硝系统工程设计与应用技术高级研修班等。

公司因此而获得多项资质证书，拥有各种环保工程项目管理师、施工监理师、机电工程师多名，服务对象遍布国内诸多知名企业。

二、追求产品创新，提高环保效果

公司以环保建设、治理为依托，以科技为先导，在立足环保市场的基础上不断进行产品创新和技术革新。

公司的除尘设备里有一种叫作花岗岩湿式脱硫除尘器。这种设备要求坚固耐用，经得起长期的除尘要求。但客户在使用过程中发现，这种产品在使用半年左右的时间后容易出现不稳定现象，但这已经比市场上同类型产品好很多了。公司获得这个消息以后，

并没有沾沾自喜,而是进行了技术革新。公司找到了山东、福建丰富的天然花岗岩资源进行深加工作为设备的主材,双切镜面见光,色彩以淡印度橙为主,美观大方,使用性强,其材质具有耐高温、耐磨损、耐冲击、耐腐蚀、硬度大、强度高等突出特点;粘接材料使用公司独创的耐高温、耐磨损、耐腐蚀、耐裂变的特种专用材料,确保产品坚固耐用,美观大方。新产品经国家有关部门检测结果显示:二氧化硅的含量>80%,抗压强度>130Mpa,抗折强度>17.0Mpa,耐酸率>99.9%,远远高于了同类型产品,迅速占领了市场。

公司自主研制的旋流板高效脱硫除尘器,设计新颖、结构独特、经济高效,除尘效率达99%以上,脱硫效率达85%以上,净烟排放林格曼1级,性能优异可靠,能够完全解决当今各种高含硫煤质及燃烧不完全的锅炉、煅烧炉、熔岩炉、窑炉等烟气脱硫排放治理难的问题,赢得了客户充分的赞誉和信赖,自然在市场上独占鳌头。

三、深度定制企业客户

在经济高速发展,技术要求日益严密的情况下,华博科技依靠成熟的技术,雄厚的实力,针对性地为用户提供从设计、制造、安装、调试及售后服务等一条龙服务,创新性地解决企业实际问题,助力企业发展。

2014年,与宋河酒业股份有限公司签订了环保治理合同。宋河原有3台锅炉,2台为链条炉,1台循环流化床锅炉,配置的均为老式有麻石水膜除尘器,随着大气治理严峻形势的不断变化,该麻石水膜除尘器已经不能解决烟气排放达标的问题。宋河非常重视,提出要进行升级改造,达到环保部门的排放要求。

公司技术人员根据宋河锅炉车间的特点、锅炉运行期间的相关参数烟气量、温度、硫份、烟尘量、工作时间等,结合多年实践经验,经过综合考虑,通过详细计算和论证后,本着准确采用先进有效的烟尘、烟气治理技术工艺和设备,最大程度的节省建设投资,减少占地面积,缩短建设周期,提高治理效率,降低治理费用和运行成本,便于操作、运行、维护方便的原则,选用设备不但要具备工艺理论上的先进性,而且更要具备实际运行的可操作性,确保烟尘、烟气治理后效果明显,达到环保排放要求和预期目的。决定将3#20T锅炉增加布袋除尘器后,加花岗岩旋流板高效脱硫塔,以及将1#、2#锅炉麻石水膜除尘器升级改造为高效旋流板脱硫除尘器,脱硫采用双碱法脱硫工艺,彻底将3台锅炉的除尘和脱硫治理后达标排放。

该工程于2014年底施工完毕,并顺利投入使用。经过宋河一年的使用,多方考察和评估,均得到了一致好评。烟尘达到13mg/m³,除尘效率达到99.99%,二氧化硫排放达到58mg/m³,效率达到95%以上,烟尘,二氧化硫,氮氧化物三项综合排放指标均远低于GB13271—2001规定的当地排放标准。布袋除尘器和高效脱硫除尘设备的兴建每年可减少向大气中的排污量近千吨,为企业减轻了大量排污费的问题,带来显著的社会、经济、环境效益,既达到了环保部门规定的排放标准,也改善了企业职工的自身生产、生活环境,有了显著的环境效益。同时,也为宋河的未来发展塑造一个良好的企业外部形象,注入了活力,其社会效益和环境效益尤为明显。

华博科技技术创新脱硫除尘的典型案例,还有河南神火集团的气箱脉冲袋式除尘、汇源铝业公司脱硫塔脱硫、上海金丝猴集团清真食品公司除尘、上海辅仁药业开封制药厂脱硫项目治理、河北唐山迁西热力公司脱硫除尘项目治理等。

技术领先，拳头产品打天下

随着经济的发展与城市化进程的加快，各类开发项目不断上马，一幢幢摩天大楼与各类场馆如雨后春笋般拔地而起。建筑的不断增多，使大量的新材料、新结构、新技术得到广泛应用，建筑的防水也不可忽视的一个重要方面。

禹州市安信达防水环保材料有限公司是专业生产、销售防水卷材的企业。公司拥有5条多功能全自动环保型防水卷材生产线，年生产"启源牌"SBS、APP改性沥青防水卷材1 600万平方米，道桥防水材料、自粘橡胶沥青防水卷材、聚氨酯防水涂料、水泥基渗透结晶型防水涂料、防水垫层QY120、150系列聚乙烯丙纶复合防水卷材800万平方米，三元乙丙橡胶防水卷材200万平方米。

而在公司最初成立的时候，生产效益并不好，生产工艺在同类企业中属于中等，生产出来的产品质量还算可以，防水指标与国家标准基本持平，市场范围较小，基本上是在禹州地区进行销售。

随着市场上同类企业越来越多，竞争进一步加剧。公司也为了更好地发展，决定投入大量人力、物力、财力进行产品研发。公司聘请中国建筑防水协会相关专家共同参与技术研发，同时广揽优秀技术人才，可谓下足本钱。经过反复研究、试验，最终成功开发出SBS防水卷材。这种防水卷材在温度方面十分稳定，在高温下能够不流淌、不起泡、不滑动，就是在温度很高的夏天，也能够对建筑进行全面的保护，同时能够承受一定的压力，不易变形，易于施工，不脆裂。它适用于工业和民用建筑屋面、地下室、卫生间等的防水防潮，性能优异。

新产品研发成功后，公司迅速投入生产，投放市场，很快便以优越的性能赢得了大量客户的信赖，成交量迅猛攀升。公司尝到技术创新的甜头之后，又不断增加研发投入，进行产品改进及新产品研发。目前，公司已经有了两款技术领先的拳头产品：SBS和APP改性沥青防水卷材，在国内市场销售势头良好，占据了企业产品销售的大量份额。

对于安信达来说，现有的技术优势还能保持多久？拳头产品能够永葆青春么？让我们拭目以待吧！

技术人员组建公司　专业就是特色

河南溯源科技有限公司由多位多年从事软件开发、网站开发、手机程序开发的技术人员组建而成，主要业务包括专业的网站设计及开发服务（包括互联产品网站、电商网站）、溯源云主机的互联网服务提供、为企业提供全方位的软件技术开发，等等。

由于公司人员全部是专业的计算机技术人员，在溯源科技成立之初，不管是业务上，还是与其他企业沟通联系上,都带有强烈的传统技术人员特点,也就是特别认真地去做每一件事情,追求完美,希望为客户提供完善的技术服务。大到软件、网站的易用性,小到某一个点击按钮的样式,公司都力求站在用户的角度,去理解需求、理解功能,尽量做到交互完美、技术精湛、专业性高、用户体验好。因此,在郑州的网站建设市场上,公司用专业的建站技术超越了众多的竞争对手,拿下了可观的市场份额。

随着移动互联网大潮的来临,众多的中小微企业面临着困惑,希望能够参与其中,有更好的盈利,但又不清楚如何参与,能够做什么事情。这样的局面对于溯源科技来说,是机遇,也是挑战。公司迅速进行了市场分析,做出重大决策:抓住机遇,兵分两路,出击移动互联网领域。

一方面,加大相关技术人员的引进和内部人员技术水平的提升,开发社交及应用类网站建设技术,进行手机网站开发、手机 APP、微信接口二次开发(包括 IOS、Android、Win 等多平台),继续以强大的专业技术来满足企业对移动互联的需求。

另一方面,加大营销力度,不再仅仅依靠技术打天下。溯源科技与腾讯建立了深度的战略合作关系,聘请来自腾讯的微信营销专家及其他专家,对企业进行指导,相继推出了微官网、微会员、微商城、微支付、微互动等等,为企业建立新互联网营销模式,帮助企业在微营销时代,用营销的专业性取得更好的营销效果。

出色的市场业绩证明,公司又一次做出了正确的决策,推动企业开始了新的腾飞。

玻璃钢制品,我在行

河南荣锦玻璃钢制品有限公司是一家专业从事 FRP 采光板 PC(聚碳酸酯)板材生产及销售热塑型板材生产商,是中国著名的玻璃钢制品生产和销售企业。公司以先进的管理水平和雄厚的技术力量,高品质多层次的系列阳光板产品,完善的售后服务赢得国内外客户的高度认可。

随着国民经济的发展,在建筑领域,采光板是一个发展的重点,是目前建筑行业中发展很快的一类,全国每年都会增加不少采光板建筑。采光板的安全性和经济性更符合当前的经济发展需要,但采光板等板材市场正由供不应求向供大于求转变,迫使市场竞争由以价格为主转向以高品质、高技术含量为主。在此情况下,进行转型升级是未来行业发展的必然选择。

荣锦企业成立三十年以来,坚持以"诚信、品质、效率、服务"为企业宗旨,秉承"客户永远是企业关注的焦点"的经营理念,不断积累经验,现如今已成为河南省内玻璃钢行业的领导者,跟企业"做专业的产品,做先进的产品"的理念密切相关。

荣锦以"成为最受关注、尊重及世界同行业领先的企业"为企业愿景;以"品质无界,进取无垠"为目标,一直以来就把技术升级、产品创新放在了第一位,坚持不断创新产品,以先进的管理和一流的质量满足客户需求,并通过国家化学建筑材料测试中心及国家防火建筑材料检测,通过了 ISO9001:2000 国际质量管理体系认证。

　　经过 30 年的锤炼,公司造就了一支高素质、思进取、敢创新的专业化团队,并有预见性地先后从国外引进世界一流的意大利 UNION 公司 PC 板材全自动生产线 5 条,具有贴膜、涂覆胶衣、玻纤毡、加强筋、排气泡等多种复合功能,是目前国内工艺最先进、功能型号最完备、自动化程度最高的采光板流水线生产设备。生产线可生产厚度 0.6~5.0mm,展开宽度 300~1 250mm,长度任意定尺的各种形式的 FRP 板材,涵盖目前国内采光板市场的百余种板型,年生产能力可达 400 万米以上。同时,选用德国拜耳(BAYER)及美国通用电器进口高分子材料,结合以色列最先进的生产技术生产的高级 PC 板材,产品环保,性能稳定,采光极佳。产品投放市场以来,以优异的特性,销售到全国 20 多个省市区,广泛用于大型厂房的屋面采光瓦、农业蔬菜大棚保温采光板、养殖行业采光带、大型网架结构屋面墙面板,以及有腐蚀环境的各类建筑墙面屋面板,赢得了广大客户青睐,深受客户好评。

　　同时,公司紧跟互联网的发展趋势,把销售做到了网络上。通过互联网销售产品,为各地区的客户提供了更多便利,也为企业创造了更多机会。

　　现在,荣锦开始思考一个问题:我国板材业以中小企业为主,今后,随着采光瓦等板材行业的迅速发展,如何提高企业核心竞争力呢?产业集群?还是……

不仅仅是环保生产企业　　更是环保急先锋

　　河南海韵环保科技有限公司于 2014 年 9 月成立,是一家专业从事研发、生产水处理材料及环保填料的综合性企业。公司始终坚持"质量第一,诚信为本,质量信誉同发展",以优良服务为标准,不断研发新产品,保证产品质量和性能在同行业中处领先水平。

　　我国污水处理产业起步较晚,新中国成立以来到改革开放前,我国污水处理的需求主要是以工业和国防尖端使用为主。进入 21 世纪,国民经济的快速发展,人民生活水平的显著提高,拉动了污水处理的需求,污水处理产业高速增长。我国污水处理正在经历由规模小、水平低、品种单一、严重不能满足需求,到具有相当规模和水平、品种质量显著提高和初步满足国民经济发展要求的深刻转变,需求将逐步实现自给。

　　河南海韵环保科技有限公司正是在这样的大背景下诞生的,其前身为郑州市华瑞水处理器材厂,生产水处理材料已经很多年,积累了大量的生产经验及环保处理经验。通过不断的技术创新,公司已近形成了较为完备的产品线。目前,公司生产的净水材料有四大系列:各种果壳活性炭、脱硫活性炭、黄金吸附活性炭、粉状脱色活性炭、水处理净化吸附活性炭、无烟煤滤料、石英砂滤料、磁铁矿滤料、纤维球(除油)滤料等近百种产品。公司具有先进的生产工艺和完善的检测手段,技术力量雄厚,通过实现科学化管理,产品的各项技术指标均达到国家建设部等部门水处理滤料质量检测中心认定,广泛用于冶金,电力、化工、造纸、石油、自来水、污水处理等行业的工业水处理和城镇给排水应用。同时,也承担了企业的中小型水处理工程设计及施工 100 余项,提供成套设备 80 余套。这些工业企业在使用设备或产品后,都给予了高度评价。

海韵环保也积极投身于环保治理的公益宣传事业中,在不同场合,用自己从事环保生产的经验去推广污水治理、环境保护的观念与信息,努力促使更多的人参与到环保事业中去。

空气净化技术转型带来天天"上合蓝"

郑州环春郎泰环保科技有限公司是一家集家用、商用、车载空气净化器的研发、生产、销售为一体的高科技环保企业,成功地在专业制造无过滤网、无二次污染、无维护成本系列空气净化行业里崭露头角。

这家环保科技公司是在 2000 年左右建立起来的,当时研发、生产的产品还只是工业用的除尘设备,主要供应工矿企业,也就是在那时,积累了大量的空气除尘设备的研发经验。

随着社会发展,人们生活的城市受到各种生活工业垃圾、废气污水、化学物质等的污染,人们对生活环境以及室内空气越来越敏感,要求越来越高,并且对自身的健康也越来越关注。尤其是近几年来,北京、上海、广州等城市不同程度受到雾霾污染的影响,而且自 2011 年以来全国范围雾霾天气比重增加了 300%,空气污染从一二线城市蔓延至三四线,包括河南地区都深受雾霾的严重危害。为此,消费者对生活环境、空气质量的关注不断提升,从而也带动空气净化器产品热销。能够清洁室内空气环境,为人们带来清新、舒适的居住环境的高端空气净化器市场前景广阔,预计到 2017 年,市场规模可达到 1 000 亿元以上。

郑州环春郎泰环保科技有限公司正是看到了这一点,决定进入民用空气净化的市场。公司结合十余年的环保设备研发优势,开始专注于将工业用途的大型吸附净化效果转移到家庭使用,这中间也经历了很多的曲折。由于工业用途的设备主要用于生产环节,因此多有笨重、不易挪移的特点,但家用的、民用的就不一样。公司投入大量人力、物力、财力进行产品研发,技术人员四处取经,并邀请相关专家共同参与研发,同时广揽优秀技术人才,经过反复的试验,最终研制出适合民用的空气净化设备。

公司经过调研发现,2013 年来高端空气净化器在市场上的销售占比稳步提升,3 000元以上的产品零售量已经达到约 23%,零售金额已经达到 52.7%,增速超过市场平均水平。因此,公司又一次进行了重大决策,调整产品定位,决定依托先进的科学技术和严谨的科研态度,秉承"环保、健康、低碳"的信念,制造高端的智能空气净化产品。

公司决定将空气净化器的功能变得更为强大。研发创新滤网设计,让粉尘更轻易被电离子吸附过滤又能透过高压电离子灭除病毒;改进传统净化过滤网不足,研发出颠覆传统的可水洗、零耗材的过滤网;外观融入时尚简约富有科技感的设计元素,让空气净化器不只是单纯的机器,而是兼具功能与造型的品位单品,让居家空间时尚、舒适,最重要的是干净。新产品研发成功后,公司迅速投入生产,投放市场,很快便赢得了客户的信赖,成交量迅猛攀升。

　　公司又不断改进产品,提高产品性能。2015年12月,国家室内车内环境及环保产品质量监督检验中心、中国室内车内环境监测工作委员会召开以创业、创新、发展为主题的全国第二届空气净化器行业发展大会,朗泰空气净化器成为2016年首批通过新国标的净化器品牌。

　　另一方面,环春郎泰经过长时间的考察,与河南河兴电子商务有限公司进行商业合作,选择河兴电子作为网络代理经销的代理商,开始拓展新的渠道与市场。

万达环保,你身边的净水专家

　　饮用水水源的污染会给人类的生命健康带来灾难性的影响。首先是水体受化学有毒物质污染后,通过饮水或食物链可能造成急性和慢性中毒。该中毒危害极大,污染物"生物体内积累",人体吸收的污染将会比原来在水体中的污染更为严重,其次是致癌,最后是发生以水为媒介的传染病。饮用水的水源直接关系人体的生命健康,而河南万达环保工程有限公司正是进行各类型净化水设备的生产企业。

　　河南万达环保工程有限公司的厂区位于河南省郑州市中原区须水工业园。公司创建于2002年,是专业从事水处理及空气净化技术研究、设备制造、工程施工的高新技术企业,也是全国最早从事膜分离技术研究与产品开发,广泛应用膜技术于各个领域的企业之一。正因为万达环保深刻地认识到水污染带来的严重后果,因此,公司本着质量第一、用户至上的原则,把严格的质量管理贯穿于企业的各个生产运营环节,竭诚为每一位用户提供优质产品、优质服务。

　　公司技术力量雄厚,拥有一支由高级专业技术人员组成的技术过硬、作风严谨的科研队伍和施工队伍。近年来,公司通过与国内科研机构和高校合作、联合开发,同时借鉴国际先进的生产工艺,从机械的研发设计,到生产制造等方面,形成了一套独特的工艺技术,其中多项技术达到国内领先水平,这样就保证了产品的可靠性、先进性、科学性,使得产品在行业内拥有极高的信誉度。

　　万达环保建立了严格的质量管理体系。公司在河南省率先通过ISO9001∶2008质量管理体系认证、ISO14001—2004环境管理体系认证,并取得卫生部相关涉水安全卫生许可证件【豫(2014)卫水字第0066号】。公司所有的万达净水设备都是由自己生产加工。企业拥有标准化现代生产厂房,软硬件设施齐全,可以提供技术咨询、现场勘查、工程设计、商务洽谈、安装调试等服务。推出的WD-RO-F1净水机,可以让来自市政的水经过5微米PP棉滤芯、前置活性炭滤芯、1微米PP棉滤芯、反渗透RO膜以及后置活性炭滤芯共五级过滤处理,达到洁净、弱碱性、富含矿物质微量元素的标准。产品已出口到俄罗斯、印度、马来西亚、澳大利亚、阿根廷等30多个国家,创造出了良好的业绩。

　　正因为在产品质量上的严格规范,公司被中国质量诚信企业协会、中国品牌价值评估中心、河南省质量诚信监督委员会评为2014年河南省质量诚信AAA级品牌企业;被郑州市保护消费者权益委员会评为2014年度郑州十大诚信企业;被河南省电视台,评为

2014 年河南省质量过硬金牌产品。

自主 IP，让企业走得更远

雾霾的严重污染，公民环保意识大大增强，环境保护已成为社会重视的重要问题，选用效率高，并且排放浓度低的除尘设备已成为环保的发展趋势。机遇永远是属于有准备的人。河南蓝柃月环保设备有限公司是集环保工程技术研发、产品制造、销售和技术服务于一体的科技生产型企业。多年来，公司与国内重点科研机构、高校加强合作，以原化工部、建材部、冶金协会、中科院等重点设计院所为技术依托，大胆采用新型环保材料，积极引进国外先进技术，开发生产了系列高可靠静电除尘器、蜂窝式电捕焦油器、布袋除尘器等系列产品，应用于工业部门的除雾、除焦油、脱水、杂质分离和回收稀有金属及其他原料等领域，是保护发展、节能综合利用的重要设备，其中的电捕焦油除尘设备产品质量和技术水平均位于同行业优秀水平，产品销往全国碳素、化工、动力等行业。

也许有人会说，产品卖得好了，自然会有其他企业进入这个行业，竞争不就加剧了么？是的，竞争加剧了，但河南蓝柃月环保设备有限公司核心竞争力依然存在。

答案就在于，河南蓝柃月环保设备有限公司的诸多产品都是拥有独立自主 IP 的产品，就是有自己的独特专利技术，是受到国家法律保护的。

公司从 2008 年成立进入到这个行业，就很清醒地认识到专利技术对整个行业的强大作用，于是专门成立了研发团队，并多方请教，提高自己的科研能力，进而进行新产品研发。随着研发进度不断推进，属于自己的独特工艺、技术也不断地展现出来。公司迅速向国家申请专利保护，形成自己的技术壁垒。

2009 年，公司在原有的环保除尘设备上进行研制、开发并生产出新型的电捕焦油除尘设备之后，一个月内就成功申请了国家专利，得到合法保护。随后，市场上众多企业开始依据这项专利生产出蜂窝式电捕焦油器、立式电捕焦油器、布袋除尘器、脱硫塔等环保除尘装置，但就因为河南蓝柃月拥有自主产权，这些企业需要向公司交纳不菲的专利费，因此提高了成本，自然市场竞争力不如河南蓝柃月了。河南蓝柃月生产的电捕焦油除尘设备赢得了更多顾客的喜爱，取得较好的经济效益和社会效益。

但企业并不满足，凭借着多年来研发、生产电捕焦油器设备、蜂窝式电捕焦油器、脱硫除尘环保设备的经验，认为企业的配套环保无污染标准化设备是必然的趋势，公司也顺应这个趋势推出了配套除尘设备和工艺过程，同样也申请了专利，为原有专利增加更大的保障。

河南蓝柃月环保设备有限公司始终坚持以高新技术为支点，以市场需求为导向的经营方针，研发了数项具有较高技术水平和推广应用价值的高新技术产品，获得多项国家实用专利，使企业在激烈的市场竞争中立于不败之地。

以技术和服务创新建设水处理标杆企业

河南泳佳水处理设备有限公司是一家专业从事水处理设备的研发、设计、生产集合的三位一体的公司,多年来一直致力于游泳池循环水处理、景观河湖水处理、工业循环水处理、纯水处理、污水处理等领域的研发,生产的 JR 系列产品在水处理工程中受到客户的一致好评,已成为国内水处理设备的优质供应商,在国内水处理行业位于领先地位。公司以不断的技术创新、高技术含量的设产品计、精工制造赋予了水处理设备卓尔不群的内涵与品质,定义了水处理设备的新标杆,而周到的售后服务也较大程度的助推了公司产品成功销售国内外。

泳佳特别重视建立技术的研发优势,经过 12 年的发展,已经汇集了一批拥有先进水处理技术等各专业的、拥有丰富实践经验的高、中级人才队伍,这些技术人员长期从事膜技术研究和开发,经验丰富。公司与多所院校及科研机构联合,致力于反渗透、电渗析、离子交换器、超滤、纳滤、微滤等产品的开发和应用,为客户提供高端水处理技术支持与咨询,提供高端产品和服务。

通过不断的技术创新,公司迄今已申请了 108 项技术专利,其中泳池净化设备产品重力式过滤设备高效、节能、环保、使用寿命长,代替了传统式游泳馆过滤砂缸的使用。这项技术成功已经运用于国内数百座游泳场馆,涵盖了不同功能的大中小型室内外游泳场馆,处理效果获得了客户一致称赞。

泳佳在水处理领域获得了较大优势后,继续在水资源的回收方面进行科技攻关,在水资源的循环利用技术领域取得突破,各种浓盐水回收高达 90%,苦咸水综合利用率高达 98%,最终水回收率高达 98%,从而减少了客户整体工程的初期投资,工艺整体投资比采用传统工艺技术的初期运营投资节省约 30%,运营成本大大降低。

泳佳水非常重视客户的售后体验,在行业内首次提出并实现了整机质保五年的承诺,并提供免费指导及培训,得到众多客户的认可。公司多名资深产品研发专员定期跟踪客户使用设备情况,及时为客户提供最新的咨询服务,解答各种设备问题。

2016 年,泳佳水处理将涉及更广泛的领域,不仅包括环保水处理模块,还将流体(物料)的深度处理模块以及空气净化与治理模块,作为企业未来 10 年发展规划的项目,这样在净水市场的激烈竞争之下才会立于不败之地,为客户企业带来利润倍增和环境保护方面的双重保障,也带来自身的再次飞跃。

技术见长,精益求精

随着国民经济的迅速发展,我国的环保行业也得以快速增长,产值从 2012 年的 3 万亿增长到 2014 年的 3.98 万亿,年复合增长率为 15.2%。2013 年国务院下发的《关于加快发展节能环保产业的意见》提出,我国节能环保行业产值年均增速应在 15% 以上。因此,预计 2017 年行业产值将超过 6 万亿,加上近年来不断颁发的环保政策的助推,未来我国环保行业具有较大的提升空间。

郑州市净天环保设备有限公司是一家较早进入了环保行业,具有自主知识产权,集工程技术研究、新产品开发、制造、销售和技术服务于一体的科技生产型企业。公司特别重视技术的开发与提升,经过十几年的发展,形成了雄厚的技术力量,拥有一支由多名高级专业技术人员组成的技术过硬、作风严谨的科研队伍和施工队伍。2012 年建成 CAD 设计中心,下设研发部和实验部,已研制开发出数项具有较高科技水平和推广价值的高新技术产品。近年来,公司还通过与省内科研机构和高校合作、联合开发,同时借鉴国际先进的生产技术工艺,形成了一套自家独特的工艺技术,其中多项技术达到国内领先水平。

2015 年 12 月,河南中铝碳素有限公司对由郑州市净天环保设备有限公司承建的立式电捕焦油器及配套设备进行了试车,取得了圆满成功。净天环保公司研发的这种立式蜂窝式电捕焦油器与传统的除焦油器相比,具有结构紧凑合理,没有电场盲区,有效空间利用率高,重量轻,耗材少,捕集特性好和净化率高等优点,而由此开发的 JFD 系列电捕焦油器荣获了 3 项专利。试车结束后,净天环保又用了 3 个月的时间,对电捕焦油器的设计、工艺进行了进一步的改进、完善,努力做到精益求精,满足了用户的需求。

公司把产品高技术、产品高质量视为企业的生命,坚持以技术求生存、以质量求发展,实施技术领先发展战略,不断改进完善生产科研装备水平,走出了一条高质量、技术新而赢得市场的新路子。公司在行业内率先通过了 GB/T 19001—2008 质量管理体系认证、GB/T 24001—2004 环境管理体系认证,先后获得中国知名品牌、全国质量过硬、信誉保证放心品牌,树立了良好的品牌形象。

执着品质,破冰前行

他是一位技术工人,从 20 世纪 90 年代初涉足太阳能行业开始,一直从事太阳能热水器及相关产品的研发工作;他是一位收藏爱好者,在并不算宽敞的办公室里,翰墨丹青,灵石宝玉,整整齐齐地铺陈了大半个屋子;他是一位社会慈善家,发起成立了圣普爱心公益基金,捐助和帮扶河南地区的贫困人群。他就是冯现东,郑州圣普太阳能有限公司总经理。

一、技术工人白手起家

1990 年,20 岁出头的冯现东顺利从学校毕业,好学又勤奋的他经过熟人介绍,进入了北京天普太阳能集团公司的前身——北京天普太阳能设备厂工作。刚进厂时,冯现东每天的主要任务就是跟随着年长一些的技术人员设计图纸、测算数据,时不时地也会到生产车间与一线工人一道生产、组装太阳能产品。

或因他聪慧的天赋,或因他努力的精神,抑或因他高超的悟性,冯现东凭借谦虚的处事态度和出色的工作表现,得到公司领导与同事的肯定和赞许。很快,冯现东被安排了新的工作,从一名可能在常人眼中并不算起眼的小学徒工,成为主要负责太阳能热水器研发工作的技术人员。

1993年下半年的一次回家探亲,再一次将冯现东的社会角色改变。冯现东觉得应该为家乡做点儿什么事。在那个时候,虽然我国的太阳能热利用行业还处于起步阶段,行业中大大小小的太阳能热水器生产企业也不过区区百家,但是整个河南省的太阳能厂家已经大约有40~50家左右了,而且几乎遍及省里的每一个市、县区域。

冯现东是个善于观察和分析的人,他心里清楚,河南人可能或多或少地受到中原地区的地域和文化影响,人们的思想较为保守,对新生事物接受比较慢。"但我从这么多厂家的身上看到了这项阳光产业的前途,我相信它会发展壮大,前景也一定会非常灿烂。"

在家人的支持和鼓励下,冯现东依靠烂熟于心的技术,满怀着一腔炙热的喜爱之情,花掉全部的积蓄和向亲戚朋友借来的钱,在1994年创建了一家属于自己的集研究、生产和销售为一体的太阳能热水器公司。

时光如流水般飞逝。如今,冯现东的郑州圣普太阳能有限公司已经逐步发展成熟,他专注于太阳能光热应用的雄心和立志追求卓越品质的信念也矢志不渝。

二、过程控制决定品质结果

圣普太阳能始终秉承"冠军品质,信誉至上"的企业宗旨,注重科技创新,狠抓产品质量,以严格的质量保障体系和完善的售后服务得到了广大消费者的认可,并先后获得了中国知名品牌、中国名优精品等多项荣誉称号,销售网络已全面覆盖河南、河北、江苏、安徽、山东、山西等诸多省市和地区。

多年来,圣普太阳能一直强调品质第一,把产品质量看作像生命一样重要。同时,加强与国内知名院校的合作,力求在热吸收方面和保温防冻方面获得更大的技术突破。"太阳能热水器最看重的是热效率,这是产品的核心问题。"冯现东说,圣普太阳能为了让出品的每一台太阳能热水器都能够达到高能效,特别针对太阳能热水器水箱研发了一种名为"太极盾"的专利技术。太阳能热水器水箱内胆中保温材料的好坏直接影响着热效率,圣普太阳能为此专门在其外壁添加了一层反辐射层,主要起到保热御寒的作用,减少热量损失。

冯现东说,一个企业要想走得长久,除了坚持对产品进行创新和改良以外,还要严格控制每一道生产过程。冯现东认为过程控制决定了品质结果,制造企业的产品检测过程是否过硬,质量能否得到保证,这些因素都实实在在地影响着企业的发展。因此,公司专门将部分原来一直参与售后服务的工作人员撤出来,专门用于质量把关。要求每一位操作工人必须完成操作前来料全检和完工后自我检验才能流入下一道工序,再利用专门引进的检测设备对每一件流水线上下来的产品进行质量检验和测试。此后,还要进行两次人工检测,以确保产品零故障以及过程控制的完整性。

"只要努力做好质量管理,不懈追求完善服务,哪怕在企业规模上与一些同行相比还存在差距,但是我相信圣普今后的成长空间依然十分广阔。"冯现东自信地说。

三、三步走提升品牌张力

我国的太阳能热水器企业大部分是民营企业和乡镇企业,品牌意识淡漠,由于太阳能行业未来的发展趋势就是品牌竞争,因此,这成为一些企业的致命弱点。面对太阳能行业的现状,冯现东认为只有冷静思考,加强投入,提升品牌才能坚定又扎实地走下去。品牌是企业发展的风帆和动力,为了有效应对行业危机,圣普太阳能专门制定了三步走战略:加大广告宣传力度,完善渠道招商队伍和做好终端促销活动这三大举措,以此来全面提升圣普的品牌美誉度和影响力。

圣普太阳能当前的销售区域主要集中在每个省的市、县一级,在二级乡镇和下面的行政村很少有稍具规模的销售网点。为了提高品牌知名度,公司利用公路边的墙体广告和灯箱广告,在每个乡村的中心或者显著位置粉刷墙体广告,向人口密集居住的区域安排车载广告,大面积、多形式、全方位地宣传、推广、销售圣普太阳能。

冯现东认为,终端促销活动是提升品牌拉力的重要手段之一。圣普太阳能一般以县级区域为单位,在核心销售市场和重点开发市场进行大型的城乡终端促销联合活动。公司在举办活动的前一个星期,就将条幅及海报等宣传物料悬挂和张贴在即将开展活动的区域附近,并且派出销售经验丰富的业务人员分片工作。针对家中没有太阳能热水器的百姓,业务人员会挨家挨户地上门拜访,发放宣传彩页,在普及太阳能相关知识的同时,详细介绍活动情况;如果居民家中已经安装了太阳能热水器,他们会采取市场调查和意见反馈的方式,一边告知太阳能的维护和保养方法,一边推介自己的产品。在促销活动当天,运用充气飞艇围绕活动区域盘旋飞行,在现场专门安排了歌舞和杂技等精彩的表演节目助兴,以此引发大家的好奇心,让人们都来到活动现场见证圣普太阳能的实力和风采。

展望未来,圣普太阳能将根据自身的特点和优势,总结经验,取长补短,在踏踏实实做好现有市场的同时,积极开拓新市场,提供高质量、低价位的新能源产品,更好地服务大众,回报社会。

做工业用户身边的清洁用品专家

在中国工业化发展的过程中,有一种不起眼的基础物料在逐渐的进入工业生产中——工业擦拭品。工业擦拭品行业在中国属于一个个新兴的行业,它属于工业品耗材,在欧洲、美国、中国台湾,已经有了将近50多年的历史,在欧美,擦拭纸是很普遍的产品,在任何一个五金机电商店都可以买到。但是,中国工业用的擦拭品基本依赖于进口,进口的擦拭品不仅价格比较高,运输周期较长,而且相关的规格、参数也并非按照中国的国情制造,给中国的使用者带来了极大的不便。

郑州正植科技有限公司是一家致力于清洁与防护产品的研发、生产和销售的高新技术企业,公司拥有一支以博士、硕士等高学历专业人才为主要科研力量的专业化经营团队,形成了较强的技术研发能力,在专业清洁领域获得了快速的发展。

自成立以来,正植科技树立了"让您清洁更轻松"的专业理念,针对客户在工作场所和商业场所中遇到的清洁难题,引进国外领先的技术和原料,研发、生产、销售有擦拭布、防静电服及清洁剂等方面的专业产品,帮助客户有效提高员工生产效率、控制使用成本,提供可靠的劳动安全整体解决方案。产品低碳、环保、安全、高效。

正植科技在平顶山市建有"泛洁"(panclean)清洁系列产品生产基地,同时也是多家国外行业知名品牌的代理商,经营分支机构遍布平顶山、郑州、武汉、北京等地。正植科技专注清洁行业领域,以完整、科学的质量管理体系与积极的市场开拓精神,为客户提供周到的服务,诚信务实,永攀高峰。

经过多年的发展,正植科技的诚信、实力和产品质量获得业界的认可。其中"泛洁"专业清洁解决方案及产品,已被成功应用于汽车制造、食品加工、电子电器、航空工业、金属加工、生物制药、餐饮连锁等领域。被客户称赞为:泛洁——您身边的清洁用品专家!

郑州洪威:解决城市污泥处理之痛

随着我国城镇化的飞速发展,城市污水污泥产生量巨大,污水污泥处理问题日渐突出。按含水率80%计算,每天可产生超过2万吨以上的污泥,体积庞大。处理污泥的一般做法是尽量脱水,压缩体积,最后通过堆肥、焚烧等变废为宝。而深度脱水是许多污泥处置资源化利用的首要前提,也是物理环保行业共同追求的目标,但传统的挤压污泥脱水法,仅能将污泥脱水到含水率60%,体积仍很大,且能耗高、程序烦琐,效果较差。

郑州洪威高新能源工程技术有限公司是一家集污泥处理工艺、污泥处理设备研发、生产、销售于一体的股份制高科技环保企业,公司建立了自己的科研与实验基地,聚集了一批专业从事污泥处理处置的专家和优秀人才,聘请了该领域知名院士、教授作为顾问,着力研发和推广具有自主知识产权的技术。

郑州洪威在研发上不惜投入,斥资千万打造了国内顶尖的污泥处理实验室,加强污泥处理等方面的技术研发。2014年,公司研发出超高压深度污泥脱水技术与相应的污泥深度脱水设备,打破了我国传统污泥压滤机污泥脱水效率低下、处理后含水率居高不下的困局,可将污泥处理效率提高70%以上,处理成本降低50%~70%,处理后的泥饼含水率降低15%~40%,减少九成污泥量,且全自动操作,实现了我国污泥脱水处理领域的重大突破。

郑州洪威还与郑州大学、郑州轻工业学院等在相关领域有所建树的院校合作,共同进行技术研发。2015年,公司与环境污染治理与生态修复河南省协同创新中心签署了产学研合作协议。

洪威的污泥脱水处理设备性能优越,已在河南、陕西、湖北、安徽、广东等多个省份投入使用,涉及污水处理、化工、制药、印染、造纸等行业。洪威的技术创新产生了良好的经济效益和社会效益,帮助许多城市解决了污泥处理之痛。

用心加固，精益求精

郑州华千建材有限公司成立于 2008 年，是一家以研究、生产和销售特种建筑材料为主的民营建材企业，是专业从事加固材料生产的厂家。经过多年的潜心经营，已经形成了独特的经营模式、产品体系和销售网络，公司拥有的"斯温格"品牌已成为加固行业的一面旗帜。

经过多年的技术开发，华千建材已经形成了完善的产品体系，产品覆盖结构加固、混凝土修补、防水堵漏、裂缝处理、防腐蚀处理、墙体保温及多种装饰装修材料领域。其中，以灌浆料为代表的 CGM 系列产品、以粘钢胶、植筋胶为代表的 YJS 建筑结构胶系列产品、以功能性聚合物砂浆为代表的 EC2000 系列、Z5 系列产品，在不同的市场领域取得了良好的成绩。因为在业界的影响力，华千建材一度成为高强无收缩灌浆料、瓷砖黏合剂、环氧修补砂浆、混凝土地面起砂处理剂、建筑结构胶等特种建材的销售中心。

华千建材生产的灌浆料具有独特的特点，应用范围广泛。早强高强，浇后 1～3 天强度高达 30Mpa 以上，能有效缩短工期。自流态，现场只需加水搅拌，直接灌入设备基础，砂浆自流，施工免振，确保无振动、长距离的灌浆施工。微膨胀，浇注体长期使用无收缩，保证设备与基础紧密接触，基础与基础之间无收缩，并适当的膨胀压应力确保设备长期安全运行。抗油渗，在机油中浸泡 30 天后其强度提高 10% 以上，密实、抗渗，适应机座油污环保。耐久性，经过 200 万次疲劳试验，50 次冻融环境试验强度无明显变化。耐候性好，在−40℃～600℃的温度环境下，可以长期安全使用。低碱耐蚀，严格控制原材料碱含量，适用于碱−集料反应有抑制要求的工程。

通过高质量、高标准的施工，才能确保灌浆料的效果。华千制订了严格的施工工艺流程和标准，在施工时要严格按要求进行。严格控制混凝土灌浆料的坍落度，入泵前坍落度为 160±20mm；竖向结构严格分层浇筑，一次下料厚度控制在 50cm 以内；对于灌浆高度，混凝土灌浆料浇筑时自由下落高度控制在 2m 以内，超过规定时，采取接长泵软管或使用溜槽灌浆；在浇筑和灌浆过程中，上浮的泌水和浮浆顺混凝土灌浆料面流到板底，随混凝土向前推进，由集水坑或后浇带处抽排；严格掌握混凝土表面收光时机，采取二次抹压技术，最后一道抹压收活控制在终凝之前完成。细节决定成败，质量决定命运。只有把质量放在整个工作的第一位，把它作为企业的生命，一丝不苟，精益求精，始终保持优质高效，才能树立企业的良好形象。

突破技术瓶颈，引领除臭市场潮流

化工业、养殖业等传统污染较高行业造成畜禽粪便、城市垃圾、河道污水等对环境的破坏。面对这些问题，人们普遍采用的方式就是活性炭吸附、空气净化器净化，再好一点就是使用除臭剂。可是，在 2012 年以前，一般的除臭剂也不能从根源上降解臭气，除臭效果只能在较短时间内显现，之后又会恢复原样甚至更糟。很多环保研发者、环保企业都想尽快改变这种现状。

河南省磁磊键环保科技有限公司就是一家专业从事污水处理、药剂供应、恶臭异味治理等环保产品研发、生产、销售的高科技环保企业。公司在 2012 年组建之前，就已着手组建一支高科技人才队伍。经过广泛召集、重点聘请，至今公司已拥有由中国管理科学研究院特约研究员、香港国际高新技术交流促进会高级技术顾问、英国伦敦应用技术研究院高级研员、美国技术专家合作组建的国际化专业团队。这支团队在首席技术专家的带领下，以多年的经验为基础，通过无数次的生物试验和不断尝试，将生物技术与化学处理相结合，最终，在 2012 年 10 月找到了一条新生化处理途径，研发出革命性除臭产品。这种产品真正突破了除臭的技术瓶颈，从生物化学角度进行有益菌体培植，通过快速菌体繁殖，在短时间内（30 分钟左右）从根源上进行臭气降解，消除恶臭。

为了保证质量与效果，在产品正式投放市场前，公司用了数月时间进行了产品试用、升级、再试用的循环测试。公司把试用品发送到河南省内近 30 个养殖场、污水处理场，用户试用后，把相关问题反馈给技术人员，再进行产品的升级优化。由于除臭效果明显，在试用期间，就有很多的企业和个人打电话咨询，并主动要求获取试用品。

经过反复的测试和改进，产品终于定型。"多功能生化除臭剂"升级产品一经正式推出，很快就占领了全国大部除臭市场，真正成为行业领先产品。2012 年，公司在研发的基础上形成了学术论文《一种生化除臭剂的作用机理》，被中国未来研究会、中国高科技产业化研究会、科技导报社、发现杂志社评为"2012 年度中国科技创新最佳发明成果奖"。"多功能生化除臭灭菌剂"也被评为中国绿色环保产品、全国产品质量公认十佳知名品牌，也是中华环保宣传网力推的品牌产品。

郑州牧原智能：技术高于一切

郑州牧原智能电子有限公司是国内最早从事网络高清摄像机研发、生产的企业之一，专注于百万高清摄像机、NVR 硬盘录像机、高清解码器的研发、生产和销售，制定大中型百万高清网络摄像机解决方案。郑州牧原电子还是深圳牧原智能电子有限公司驻郑州办事处，是深圳安防协会理事单位。"牧原"是首届中国智慧城市推荐品牌。

郑州牧原电子专注于技术研发，依靠研发能力的不断提升在市场上站稳脚跟。公司拥有专业的技术研发团队，有多名从事百万高清网络摄像机视频图像处理及软件开发工程师，与多家国内相关科研机构合作，并和美国 TI、AMBARELLA 华为海思等一流芯片厂商建立了广泛而密切的合作关系。公司有独立的百万高清监控摄像机全系列产品设计、研发能力，能提供多种整体解决方案，也可以根据客户要求提供 OEM 贴牌生产。

郑州牧原专注于高清，普及高清，共赢高清，用过硬的技术和优质服务赢得客户信任。公司先后在四川、陕西、河南等地设立了售后服务及营销中心,并与2013年面向全国发展各级代理商。公司采用专业化合作模式,为代理商提供了完善的营销与服务体系,保证合作伙伴利润最大化。

郑州牧原智能适应未来信息技术的飞速发展,把更高级的压缩算法、云技术与移动技术等应用于网络高清监控摄像机的研制,开发出功能多样的、标准化的产品,适应更高标准的消费需求。

依托深圳牧原智能的品牌形象,郑州牧原智能电子作为独立的运作实体,有了更大的施展才能的空间。

金腾膜结构:以技术和服务求发展

膜结构又称张拉膜结构,是以建筑织物即膜材料为张拉主体,与支撑构件或拉索共同组成的机构体系,它以其新颖独特的建筑造型,良好的受力特点,成为大跨度空间结构的主要形式之一。空间膜是一种全新的建筑结构形式,它集建筑学、结构力学、精细化工与材料科学、计算机科学为一体,具有很高的技术含量,曲面可以随着建筑师的设计需要任意变化,建造出标志性形象工程。膜建筑可广泛应用于大型公共设施建设,如体育场馆、机场大厅、展览中心、站台等,也可用于休闲设施等景观性建筑小品的建设。

郑州金腾膜结构工程公司是一家专业从事膜结构的研究开发、设计、制作和安装的高科技企业,有专业核心员工近百人,并汇聚了多名行业内领先的技术专家,拥有先进的膜加工、检验和测试设备,具有专业的设计、施工能力。

膜结构工程领域竞争激烈,其核心在于设计和工程质量。金腾公司从市场需求出发,加强技术研发,不断提高设计和施工水平,在市场上逐步确立了自己的竞争优势。

金腾加强与各方面的合作,不断完善技术创新体系。公司不但与国内膜结构领域知名科研院校建立了紧密的合作关系,还与国内大的设计机构、钢结构生产厂家合作,并积极与国外相关公司进行技术交流,引进先进的制作及施工技术,与企业自主研发相结合进行技术创新。

工程质量上,金腾本着"诚信服务、创造精品"的理念,通过科学的管理、个性化的设计、精确的制作安装、严格的质量检测、良好的后期服务,重视每一个客户,完善每一个创意,为客户创造高质量、个性独特的作品。

金腾膜结构公司以技术和服务取胜,虽然现在公司规模不大,但未来前景光明。

研发优势成就绿色建材企业

河南聚能新型建材有限公司成立于2012年,是一家专业生产销售混凝土外加剂、石膏建材的综合性企业,是国内建筑防水材料、保温材料、石膏建材行业中的重要一员,是混凝土膨胀剂国家标准参编单位之一。公司拥有雄厚的技术攻关实力,拥有一支专业的研发队伍,经过多年的生产实践,产品技术不断更新改进,在全国处于领先水平,旗下产品荣获省优、部优和北京第二届国际博览会金奖,行销全国各地,广泛用于矿山、铁路、公路、地铁和国防建设等各类工程施工中,在国内享有较高声誉。

聚能新型建材在研发上不惜重金,广泛吸引人才,加大资金投入,在该领域拥领先的有核心技术,形成了独特的竞争优势。公司重视产品质量,严格按照质量管理体系的要求组织生产,充分满足行业内各地区的品质标准要求,生产的各种产品全部通过国家建筑材料监督检验中心或河南省建科院的检测。

通过加强技术研发,聚能新建材取得了一系列的技术突破,至今获得多项专利:"聚苯乙烯复合保温材料及保温板的制备方法专利""石膏煅烧设备国家发明专利""自保温复合混凝土自承重砌块专利""水泥多孔聚合物复合保温板专利"等。

2015年2月,公司申报了6项拥有自主知识产权的磷石膏预处理与悬浮煅烧技术专利,这是一项可将生产磷肥产生的磷石膏废渣,通过最先进的煅烧技术转化为建筑石膏,这是一个技术上的突破。磷石膏废渣是生产磷肥产生的废料,对于水源和土壤具有很强的污染,是危险的废弃物,磷石膏的治理和利用是世界性难题。通过专利技术用磷石膏取代现有的石膏制品,可以降低建筑成本20%,并可降低建筑能耗达50%,磷石膏废渣变成了无害的绿色建材。

聚能新建材凭借技术及专利优势,已于2015年8月和齐鲁证券合作,准备于2016年在新三板挂牌上市,这将成为河南绿色建材第一股。

创新科技,助推环保节能细砂回收新方式

近年来,随着城市化进程的加剧,一座座高楼大厦拔地而起,与此同时带来的是滥采滥伐天然砂石,这加剧了建筑行业与砂石骨料的供需矛盾,致使很多企业转向人工砂石的生产,促进了细砂回收设备行业的快速发展。郑州山邦机械设备有限公司是一家以生产重型矿山机器为主,集科研、生产、销售为一体的大型股份制企业。公司位于河南省郑州荥阳建设西路,占地2万平方米,主要生产全系列细砂回收机、洗砂机、脱水筛、洗砂回收一体机、洗砂脱水一体机等细砂回收设备。

山邦机械注重产品的研发,以创新作为提高企业竞争力的重要手段,成立了砂石机械设备研究室、选矿机械设备研究室。在产品研发上,山邦机械紧紧以市场需求为导向,满足客户的真正需求。如为解决细沙流失的问题,山邦机械就研制出来了细沙回收系统。该系统是公司结合国际上先进技术独家设计出来的具有世界先进水平的细砂回收装置,具有人性化的设计,能够有效降低细砂的流失量,从而解决了人工骨料加工系统出现的成品砂细度模数偏高、石粉含量偏低这两个问题。相比同行,出砂量提高24%,能耗降低8%。因为该系统能够广泛应用在各种环境,并且非常行之有效,因而受到广大用户

的格外关注。

根据用户的不同要求，设计解决方案是山邦机械增加销量的一种很好的方法。山邦机械在发展过程中推出了种类齐全的设备，凭借强大的技术队伍，能够根据制砂厂家的不同需求设计相应的解决方案，选择不同的型号进行配置。采用先进技术为客户量身定做的制砂生产线以稳定的性能和较大的产量，受到众多客户的青睐。

现在，有很多的石料生产厂家都愿意到山邦机械购买设备。这一方面是因为公司的设备能够满足要求，另一方面是也因为公司的服务态度足够好。山邦机械以"真心、真货、真价"为原则，诚信经营，致力于为客户提供最优质的产品和最完善的服务，实现与客户的共同成长。

以创新求发展，以品质求口碑

新郑市利发磨料磨具有限公司成立于1998年，地处被誉为"黄帝故里"的河南省新郑市，是一家专业从事绿碳化硅砂轮、低白刚玉砂轮、棕刚玉砂轮、铬刚玉砂轮、树脂金刚石砂轮、陶瓷金刚石砂轮、电镀金刚石砂轮等磨料磨具产品研发、生产、销售的磨料磨具生产型高新技术企业。

利发认为，如果产品没有技术含量，没有差异性，谁都能做，那企业就只能用低价格去换市场。低价格换市场，意味着企业利润的下降，这会进一步降低企业的研发、生产、销售等能力，从而使企业陷入恶性循环。多年来，利发公司秉承"质量就是生命"的经营理念，集贤纳士，聚集了一批经验丰富、技术过硬的磨料磨具专业人员，组建了高水平的研发团队。依托雄厚的技术力量，利发公司贴近市场，与时俱进，不断创新。经过多年的研发和创新，利发公司在晶硅片切割料碳化硅微粉及低碳精密陶瓷制品开发和生产工艺方面已经取得了核心技术优势，生产工艺和产品质量达到同类产品国际领先水平。凭借领先的技术优势、优质的产品质量和完善的售后服务，利发公司取得了众多客户的良好口碑，并和国内众多知名企业建立了长期稳定的合作关系。

自成立以来，利发公司便将"信"字作为生产经营的座右铭，本着"服务用户，共同发展"的经营理念，把诚信贯穿于企业整个生产经营和营销过程中，以"恒则成"的坚定信念，踏实做产品，诚心做服务，赢得了良好的市场信誉。近两年，随着国内外经济增长速度的放缓和竞争的加剧，利发公司积极借助互联网思维探索模式创新，整合资源，优化营销渠道，寻找新的赢利点。

星月璀璨 光明世界

河南鑫星月光电科技有限公司是一家成立于2011年，集灯具专业研制、设计、生产、安装为一体的大型综合性照明企业。采用国际先进的技术和生产工艺,选用优质钢材,生产造型独特、工艺精美、质量上乘的高杆灯、路灯、景观灯、庭院灯、草坪灯、广场灯等六大系列、3 000 余种规格照明灯具。

一、星星之火,终成燎原

鑫星月光电科技早期涉足灯具市场时,只有 4 名员工。从无到有,从小到大,企业成长凝聚了两代星月人的努力,到了今天,星星之火,已成燎原之之势。

1986 年 9 月,鑫星月光电科技的前身郑州市铁路灯具厂成立,4 个人开始了光明之路,生产普通灯具。当时,条件艰苦,但几个人坚持产品创新,后来开始涉足工矿灯 GC 系列产品的制造。1991 年,开始与郑州市内单位团体进行合作,拓展营销渠道。当时与中原商战头把交椅的郑州亚细亚商场进行了大规模业务合作,成为其优质供应商,也成为当年中原商战的见证者。

1993 年,公司迁入郑州西开发区,迅速扩大产能,单位团体的订单也越来越多,承接了如升达大学、郑州煤炭干部管理学院等大型工程的户外照明。2005 年,承接郑州市人民公园、世纪欢乐园、平顶山建设路、鹰城广场、安钢集团等省内大型重点工程的亮化。

2006 年 7 月,公司驻西安办事处设立直营店。2008 年,西安办事处相继打开了四川、西藏、新疆、内蒙古、甘肃、青海、宁夏等市场,产品及服务获得一致好评,提升了品牌知名度。

2015 年,河南鑫星月光电科技有限公司迅速发展,除郑州以外,已在西安、兰州开设有分公司,照明业务已覆盖全国 30 多个省市、自治区。

二、产品创新,技术突破

企业的生意越来越好,但始终没有忘记技术升级、产品创新,多年来坚持与多家科研机构和设计单位紧密合作,集合一批照明方面的专业人才,将具有科技性、环保性的"新、奇、特"产品提供给社会,让星月之光铺满大地。

1994 年,公司引进中型折弯机生产线,通过内部技术人员进行技术革新,成功创造了以中型设备生产大型棱锥形路灯杆的历史,为省内首创。1999 年,公司通过技术创新,开始介入大型景观灯的生产,并承接了郑州市政一街等重点中心路段的形象照明工程。2004 年,公司引入标准大型路灯生产线,实现圆锥、棱锥及高杆等的流水化作业。2012 年,公司首次将民用级的太阳能技术用于大型路灯,使之成为一款绿色、节能、环保的照明产品。

对于技术创新,公司坚持两条腿走路,一方面是自己研发,另一方面还积极与国内外大型光电企业进行合作,扩大企业在全国范围的影响力,提高盈利能力。公司先后于与山东科明光电科技有限公司、美国通用电气公司、浙江司贝宁照明灯具制造有限公司、南京南纺集团经纬照明有限公司等形成战略合作,成为美国通用电气 GE 照明、山东科明大功率节能灯厂房照明、浙江司贝宁照明、南京经纬照明在河南省的总代理。

用技术创新打造雕刻机量身定制专家

河南奥德星数控设备有限公司是集研发、生产和销售为一体的多功能雕刻机制造企业,专注于雕刻机精加工领域的技术创新,可以为客户量身定制数控雕刻机、激光雕刻机、木工雕刻机、石材雕刻机、广告雕刻机、模具雕刻机、三维立体雕刻机等设备。公司肩负着"助力中小企业成长,为企量身定制"的使命,在国内率先提出"专属雕刻机定制+全程无忧黄金保姆服务+互联网营销协助"。奥德星是专属雕刻机定制的始创者,是雕刻机精加工领域的领导者,是助力传统行业盈利和发展的推动者。

奥德星坚持以市场需求为导向,从顾客利益出发,通过持续的技术创新,实施高标准的精细化管理,形成了高水平的研发和生产实力。奥德星积极学习和吸收国际先机制造技术以及国内优秀生产厂家经验,不断提高科技水平,完善产品质量。通过有计划的员工选拔和培养,组成专业的技术团队和服务团队,可以根据客户具体要求,用创新的设计理念,雄厚的技术实力,丰富的设计经验,为客户进行个性化的产品设计与生产,充分满足各种客户的独特需求。经过长期技术探索和不断改进,奥德星已具备了自主研发和制造 CNC 雕刻机、CAD/CAM 软件、数控系统的综合能力。公司研制的奥德星牌数控雕刻机系列,以设计先进、质量稳定而著称,已通过国内外质量检测部门双重检测,产品远销东南亚、中东、欧美、非洲等多个国家和地区,在雕刻机行业处于领先地位。

在企业发展中,奥德星坚持优良产品的路线,秉承以顾客为中心,与客户合作共赢的经营理念,为客户提供全方位的优质服务,解除客户的后顾之忧。公司引进德国先机的生产技术和设备,建立了完善的质量管理体系,为打造高品质的雕刻机提供了有力的保证。奥德星在全国建立了十多家销售及服务网点,对客户提供准确的售前指导、个性化解决方案的设计,进行免费培训、保养、图库升级、快速的技术支持等系列的售后服务,帮助客户创造更高的价值。

维恒于新,领创未来

河南维恒科技有限公司是一家专业研制、开发、生产各类 CNC 数控机床的工贸一体的厂家。公司不断学习和引进国际先进技术和生产加工工艺,积极进取,锐意创新,关注细节,用心做事,研制和开发出高性能高质量的机器,较好地满足了不同客户的需求。凭借在自动化领域的专业技术和先进的管理理念,通过不断创新,在数控领域迅速崛起。公司产品已经涵盖石材加工、木材加工、广告、工艺品礼品木器加工、雕刻模具等行业,在加工速度、精度、强度、稳定性等方面的性能表现优异。

注重细节,严格生产工艺要求。维恒科技秉承的生产理念是细节决定成败,在企业中努力培育细节文化,培育员工的精品意识,引导员工踏踏实实地做事。坚持细节从上紧每颗螺丝钉开始,要求员工自觉遵守生产工艺流程的各项要求,努力把工作中最小最细节的事情做好,不放过任何细节和问题。正是这种细心、细致、细工、细活,才成就了公司精细的产品,也正是由于这种细小的差别,才导致了精美产品独到之处,增强了产品的市场竞争力。

注重人才的培养,建立专业的研发团队。维恒科技秉承人才是公司无与伦比的、永不枯竭的最宝贵财富的人才理念,加强创新人才的培养,不断学习国内外的先进技术,建设高水平的研发团队。公司相信人的创造力和潜力,放手让员工自由发挥自己的聪明才智,激励优秀人才。让每个员工都做经营者,把秉性各异、富有个性的人们团结在一起工作,是一个公司力量强大的原因之所在。满足员工的合理需要,拉近员工距离,使合作简单协调,鼓励创新,有效地交流,快乐地工作。

维恒科技用将心比心的服务理念对待客户,将优质服务认真落实到每一个具体环节。针对客户对产品价格的要求,公司采取各种措施,尽最大的努力挖掘潜力,降低产品成本;使用先进的设备和生产技术,选用优质的零部件,尽最大的努力生产出最好的产品;建立完善的售后服务体系和专业的维修团队,提供 24 小时全天候的售后服务,快速响应,迅速解决客户的问题;客户想要适合自己的机器,公司的技术团队就不断改进和完善设计,给客户提供功能更强大、更实用的个性化机器设备。总之,以吾心换彼心。

产品领先就是企业生命

河南黎红机械设备有限公司专业生产各种选矿设备,如磨粉机、破碎机及免烧砖机等设备。创建至今,黎红机械始终坚持"创新科技,提高质量,服务用户"的经营理念,用领先的产品闯市场,高规格的产品赢市场,从客户利益出发,生产出大批质量过硬、性能高超的选矿产品,得到了众多用户的认可。

拥有高素质的科技人才队伍,才能在产品创新上拔得头筹,才能有卓越的加工工艺水平,完美的检测方案;拥有优秀的销售及售后服务人员,才能在传统的面对面服务方式外,把网络销售做得更出色,才能保证提供最完善、最优质的服务。黎红机械坚持"科技与品质同行,技术是根,创新是魂,人才是本"的理念,始终把人才作为企业发展的创业之本、竞争之本、发展之本,坚信一流的人才是建设一流产品的基础,是产品领先的保证,因此,特别注重人才的培养和引进。不管是对生产一线的技术人员,还是售后服务团队,都严格要求,并出台各种措施,鼓励他们参加各种学习、培训、提升和深造,加大各类人才引进的力度。

黎红时刻关注用户的需求,以客户需求为生产调整的基点,不断研发出满足客户需求的新产品,努力提高客户的满意度。根据市场的变化,黎红先后开发了多种民用和环保项目相结合的新技术成果,如研制的 MZJ60-8A 型免烧压砖机系列设备既取代了传统的焙烧方式,又节约了大量的土地资源,该产品填补了多项国家环保工程的空白,各项技术指标均达到建材工业部 LC353-96 的技术要求。由于该项目利用的是三废材料,产品成本降低 40% 以上,推入市场后赢得了空前的社会效益和可观的经济利益,深受客户的好评。

在加强产品创新的同时,黎红机械还十分注重改进生产工艺,提高产品质量。比如重要部件及易磨损部件均采用优质的耐磨材料和先进的加工工艺进行生产,使设备使用寿命更长久。过硬的产品质量赢得了客户的信任,也为企业带来了更多的订单。

只为大江南北的那一抹蓝

2015 年 6 月,在第六届全球绿色经济财富论坛上,我国环保部规划财务司司长赵华林指出,今年我国在大气治理方面的投入是 125 亿元,"十三五"期间大气环保方面累计投入将达到 1.7 万亿元。市场估计,我国"十三五"期间各方面环境治理需投入 20 万亿。我国环境治理企业面临空前的发展时机。

郑州朴华科技有限公司是专业从事环保设备研发生产近 10 年的技术型企业,精于设计、生产各种工业除尘器设备、自动计量系统和水处理等项目,可提供除尘方案设计、除尘器生产、除尘设备改造等业务,以及相关设备的特殊设计、安装和调试等完善服务。

公司把产品质量放在重要位置,对产品质量进行全程控制。公司拥有高水平的技术研发团队和实际操作经验丰富的工程技术人员,依托现代化的管理模式,采用国外最新的生产设备,不断引入先进的除尘设备制造技术和相关检测工艺,并采取多种措施提高自主创新能力。注重质量管理,建立了严格的质量管理制度,通过了 ISO9001:2000 国际质量体系认证。

朴华科技积极推进产品创新,用技术实力打造企业的竞争优势。提高持续的研发,公司拥有了多项具有自己的 IP 技术的专利产品:复合除尘器 ZL200920088440.1、自动配料系统 ZL201120023424.1、气力物料输送系统 ZL201120023433.0、物料自动分选系统 ZL201120023432.6、物料自动计量系统 ZL201120023422.2,等等,企业的特种分离过滤设备荣获国家发明专利奖。

长期以来,朴华人坚守认真、严格、主动、高效的做事风格,坚持科学严谨的服务理念,用自己的高科技环保产品,用一颗环保心,从北疆到海角,都在守卫着天空中那绚丽的一抹蓝。未来,朴华科技还将乘风破浪,更进一步,努力开发出更多更好的世界顶级高技术产品,倾心竭力为客户提供全方位、高品质的服务,为人类健康和环保事业而开拓进取,不懈奋斗。

一个85后大学生的温室大棚情结

一个毕业于西北农林科技大学园艺学院设施农业专业的高才生,本可以留在大城市从事园林工作,可他却毅然回到农村老家创业,并且坚持从事农业温室大棚的设计、建设近4年,带领乡亲们脱贫致富。他,就是宋海笛,一个地道的农民娃子,河南歌珊温室工程有限公司总经理。

河南歌珊温室工程有限公司成立于2012年5月,主营业务为各类温室大棚的设计及建造、温室大棚相关的技术指导、咨询和服务、各种温室大棚资材的批发和零售、温室大棚改造等。

宋海笛出身农民,骨子里有着浓厚的农民的情结。长期的农村生活,使他感慨于农民脸朝黄土、背朝天的辛苦。2004年在填报高考志愿时,就果断地填报了农业大学设施农业的专业,一心想用高科技的农业设施改变家里人、家乡人的命运。大学毕业后,宋海笛回到家乡,希望用自己所学能在农业上帮助更多人。

拿着多方支援的300万元,带着家乡人的殷殷希望,2012年,宋海笛投身于农村普遍拥有的温室行业,开始了初次创业。刚开始创业时,也是困难重重。技术人员缺乏,他就多次回到母校,请恩师出台把刚毕业的弟子推荐给他,把有经验的师哥师姐请到企业做指导;销售不好,他又带着人马东奔西走跑市场。经过3年多的创业实践,积累了丰富的温室种植经验,也帮扶了众多农民脱贫致富。在这一过程中,他不求把公司做多大,只求能为客户提供良好的温室技术服务。

依靠身上不懈的韧劲儿,经过多年的实践摸索,宋海笛带领他的团队,借助先进的技术和经验,结合我国不同地区的气候特点,成功设计出一系列适合我国国情的温室类型,形成了PC板连栋温室、玻璃连栋温室、薄膜连栋温室、高效节能日光温室、单体拱棚等几大类十几种产品,广泛应用于蔬菜生产、工厂化育苗、花卉种植、苗木生产、生态餐厅、花卉市场、现代农业观光、科研实验及教学示范等方面。

生意越做越大,但宋海笛依旧保持着一颗农民朴素的心。初心不改,不变的农业大棚之心。2015年,宋海笛又奔波于同行之间,反复沟通、交流,经过大家的共同努力,促成了河南郑州温室行业协会的成立。协会可以团结同行的力量,为众多农民提供更好的服务,促进更多的温室企业获得更快的发展。

最专业的污水处理整体方案提供商

河南环源环保设备有限公司位于郑州中原区须水工贸园,拥有现代化的生产基地和各种先进加工设备,提供从一体化污水处理设备到全套污水废水工程系统的设备和服务,处理工艺已覆盖多个行业,在养殖、化工、电力、电镀、酿酒、生活污水、食品加工、屠宰污水、医院、印染、印刷、制革、制药等众多行业领域,都有环源环保公司的身影。环源拥有从研发、设计、制造、施工、调试、售后为一体化的成熟加工体系,可提供整套污水工程系统的工艺方案、设备订制加工、设备施工、设备质量验收、技术人员培训等一系列全方位高效率、高品质服务。

过硬的产品质量一直是环源环保公司的核心优势。经过十多年的不断探索和改进,环源公司建立了一套完善的产品质量管理体系,从整个产品的设计、研发、检测、销售到后续的售后服务,都是以最专业、最科学的技术和工艺为广大客户提供最满意的产品,生产的处理污水设备始终处于同行业领先的技术水平,受到了客户的高度认同。

环源环保始终坚持加强技术创新,以提高产品的竞争力。公司积极引进国外先进设备和技术,再结合国内的污水处理情况,进行技术创新,拥有了多项专利技术和产品。公司十分重视与高校、科研机构等进行合作,与科研院所建立了长期、密切的技术合作关系,有效地增强了创新能力。公司建立了专业的研发中心,全力推动公司在产品创新和研发技术上的进程,目前,针对不同行业都建立了拥有精湛技术、经验丰富的研发团队,形成了以行业资深专家、博士、硕士研究生等组成的技术研发队伍,凝聚了一批设备研发、工艺改进以及到自动控制、分析污水特性等专业人才。

经过不断的探索,环源环保拥有了从每天处理 3 000 吨到每小时 1 吨的各种污水处理实施经验,成套的污水处理加工设备可以为用户提供全面的污水处理解决方案。公司始终以客户需求为基础,以完善的生产体系和质量管理体系为保障,通过与科研院所的广泛合作,全面开展多行业、多领域的污水系统处理集成技术服务,使公司的产品能够更加系统化和系列化。

坚守十年,只为更专业

新乡市牧野区三友电动喷雾器厂于 2004 年 8 月成立,专业生产电动喷雾器、实验田喷雾器、手提喷雾器、高效智能充电器喷雾及其他配件,在质量、价格与售后服务有着强大的竞争力。三友自建立以来,就充分发挥自身在农业自动化机械等领域的调查和研究的优势,以专业生产农具的充电器为主,在原料配方、生产工艺和检测技术上不断创新,致力于研发各类型的充电器,并确保产品质量的一致性、可靠性和稳定性。

十多年来,三友都在做一件事,电动喷雾器与充电器的研发与生产。公司的充电器从 6 ~ 72 伏,7 ~ 60 安时系列完整,也可以定做特殊型号。企业在秉承充电设备行业多年生产经验同时,还以河南农业大学等多所高校相关专业团队为技术依托,组建专业技术攻关小组,建立多个校企联合实验中心,利用各种资源优势为客户提供新型产品,进行新技术的研发与引进。

2010 年,先进的农业省份开始兴起电动喷雾器这种产品,三友在得到消息之后,就派专业的技术人员到使用电动喷雾器的地区、厂家进行考察,认真、虚心地向生产厂家请教、学习,并沟通相关数据资料,适时转变企业的生产方向,以研发 12 伏喷雾器充电器为主。最后与省内外多家喷雾器厂合作,并通过自己的技术力量,研发出来市场上最新型的喷雾器充电器:一充五型充电器。这款产品可同时充五个喷雾器,质量达到了全国最优,迅速销往全国,年产销达 100 多万只。

在生产充电器的基础上,三友又独立研制出更新型喷雾器,这款产品已通过农业部机械部许可,其外形协调美观,花样色彩斑斓,以环保、节能、高效而服务于大众,更以省钱、省力、省时而迅速普及。

三友以专一、专业,坚守十年,终于在激烈的市场竞争中站稳了脚跟,并获得较快的发展。

以先进产品,带动世界光明

近日,家住郑州金水区泉源社区的方先生因为家里客厅的灯具老化严重,打算换新灯具。"现在我家用的是节能灯,昨天去灯具市场转了一圈,发现市场上节能灯已经很少。"方先生最后买了 LED 灯。一家灯具店的店主赵先生介绍:"现在买节能灯的人比较少,很多年轻人在装修新房时都会买 LED 灯。"到 2016 年 10 月,我国将全面禁止进口和销售 15 瓦及以上普通照明用白炽灯。白炽灯基本退出市场,而曾经大力推广的节能灯也逐渐淘汰,LED 灯成为市场主流。

郑州森林谷电子有限公司是专注于 LED 节能产品、新能源的研发、生产、销售、服务的高科技企业,主要有 LED 节能灯、LED 灯管、LED 灯泡、LED 日光灯、LED 路灯、LED 吸顶灯等产品。

森林谷注重技术创新,加强研发团队的建设。经过数年引进与培训,公司已拥有近 30 人的研发与技术队伍,包括电子工程师、电力工程师、光伏工程师、结构工程师等经验丰富的专业人员,其中有引进来的教授、博士等研究人员,还有公司连年派到先进企业学习、到研究机构培训的技术力量。每一位技术人员都秉承"先进产品带动企业腾飞"的理念,在产品研发、技术攻关等方面团结拼搏,敢为天下先,争取每一件新产品都能够在全国同类产品中排在前列。而产品先进性的确是森林谷客户一直以来津津乐道的。

一直以来,光衰都是 LED 行业的一个关注重点,是一款产品质量好坏的重要评价标准。森林谷一直潜心研究 LED 的光衰解决方案,经过长期的研究和实验,最终成功地解决了 LED 光源光衰的通病。

公司特别重视新技术在照明领域的作用,以改进和提高产品的性能。在照明效果上,森林谷的 LED 日光灯产品采用最新技术,有针对性地对学校教室、图书馆等场所进行技术升级,利用恒流驱动电源,将 220V 的交流电转换为低电压恒定电流的直流电,恒流输出稳定,没有频闪,对于在学校、展馆、公司办公场所、图书馆等场合使用,能很好地起到视力保护作用。

只做领先，只为环保

随着工业化、城市化的快速发展，人类生存与自然环境之间的矛盾日趋激烈，资源、能源的枯竭、环境的恶化已威胁到人类的生存，节能环保成为急待解决的重要问题。郑州市的城市规划要求，到2016年底，城市非主干道、隧道灯基本完成LED照明改造。由于高效的节能、环保等特点，LED已成为第三代绿色照明光源。

河南华威照明科技有限公司注册于2010年1月，专业从事电子电器、LED节能灯具、配电及照明智能控制领域的技术研究、生产、销售及服务，拥有专业精湛的技术研发、销售团队和完善的售后服务体系。企业主要产品有LED户外亮化、室内照明、智能控制、广告光源、开关电源、低压配电控制设备等。

华威照明尚在规划建设期间，就以节能、环保的理念，立志于做绿色健康的高品质光源。在2009年前后，市场上销量最大的还是白炽灯，受政府政策支持最大的是节能灯，LED灯则刚刚出现。在公司的几个股东之间，对于产品选择存在意见分歧。生产白炽灯、节能灯都能看到美好的市场前景，能挣钱；生产LED灯，投入大，耗资金，产出周期长，在当时的市场上，还属于新型技术产品，最大的优点就是环保。经过多方考察，通过各种试验和实践，证明了半导体发光二极管光谱中没有紫外线与红外线，故没有热量，没有辐射，属于典型的绿色、健康照明光源。于是，公司做出决定：不生产落后的产品，而去生产LED灯，用先进的产品、绿色健康的高品质光源打开市场。

公司的科研人员经过不懈努力，将半导体发光二极管（LED）的优良物理特性，配上公司自主研发的专利电路，研制和生产出汉威系列LED照明灯，比同行的LED灯省电30%；公司拥有自主IP产权的智能LED楼道灯、智能LED车库灯、LED厨房灯、LED景光灯等等，更为国内首创。产品推向市场之后，广受欢迎。随后，公司又加大研发投入，自主开发了其他多系列的产品。公司开发的LED动画设计软件，能够为客户提供全方位的动画设计，在市场竞争中拥有较大的市场份额。

凭借先进的生产技术、环保的理念和产品概念，华威照明成为河南灯具行业发展最快的企业之一。

LED 显示屏控制专家

路过郑州火车站，很多旅客都会被车站广场前的一块大型LED显示屏所吸引，这块显示屏实时发布全国来往车次信息，宣传河南文化底蕴，成为河南最优秀的"代言人"。显示屏面积虽然达100多平方米，但仍然显示清晰，这也给该LED大屏幕的投资商郑州威利普电子技术有限公司带来了丰厚的收益。经过2010年12月至今的长时间的运行，状况良好,也证明了威利普的 LED 控制水平达到了国际 LED 控制技术标准,成为真正的 LED 显示屏控制专家。

郑州威利普电子技术有限公司成立于 2010 年 7 月,是一家专业从事 LED 显示屏控制系统研发、生产、销售的高新技术企业。公司现有员工 50 多名,其中教授级高工 2 名,研发工程师 20 余名,核心成员具有 20 余年显示屏控制理论和控制系统研发、显示屏工程设计实践的深厚底蕴,专注于创新性的专业设计,不断地探索 LED 显示技术的创新与应用,独家拥有多项控制技术,引领显示行业的发展潮流。

公司研发、生产、销售的全系列单双色控制卡、异步/同步全彩卡、WIFI 卡等产品覆盖市场所有应用需求,功能、性能、价位综合指标行业领先,在远程集群控制系统、城市交通诱导系统、高速情报发布板、橱窗广告机等领域得到广泛应用,产生了良好的社会效益和经济效益。

2008 年奥运会期间,威利普电子参与制造的水立方 LED 控制系统完美地呈现出水立方的美丽身影。

2011 年 3 月,威利普制造的"LED 显示屏控制卡"中标福建省高速公路可变情报板发布系统,并运行平稳。

2011 年 4 月,公司"无线 3G LED 显示屏控制卡"中标郑州市城市交通诱导系统,并成功开通运行,为郑州交通的流畅运行出了一把力。

同样,香港海洋公园于 2011 年 12 月推出的"华丽圣诞灯海"圣诞灯饰景区,以数百万颗环保 LED 控制卡控制,灯光晶莹璀璨,也包含威利普人的智慧与成果。

威利普在 2015 年春节过后,又在全国率先推出了 WIFI 系列 LED 控制系统,摆脱了传统的 U 盘、网口、串口的有线控制方式,提供了最便捷的操作方案。

拥有众多先进科技成果的威利普科技,于 2015 年 11 月荣获了 2015 年度 LED 显示屏行业十佳品牌评选"十佳 LED 显示屏周边设备"的奖项,可谓实至名归。

城市航空安全的卫士

城市中,现代化的建筑比比皆是。又一栋高层住宅楼拔地而起,刚刚封顶,一到夜晚黑漆漆一片,除了楼顶上一闪一闪的一个灯,这就是航空障碍灯。航空障碍灯作为一种民用机场的特殊类灯具,虽然鲜为人知,但却大量出现在城市建筑或是自然物的顶部,履行着保护职责,指引着飞行器的飞行安全。每一个屹立在高空中闪烁着的航空障碍灯都经过层层严格把关,只有符合并超过测试条件的,才会被批准站立在障碍物的最高处"保驾护航"。郑州赛阳电子科技有限公司正是一家集智能航空障碍灯研发、设计、生产及销售于一体的专业性公司。

赛阳电子的研发部门一直致力于航空障碍灯的技术开发,不断吸收国外先进产品的技术特点,遵循国际民航组织标准附件十四卷Ⅱ《国际标准和建议措施》、中国民用航空行业标准 MH/T6012—1999《航空障碍灯》等有关标准,先后研制出高、中、低光强普通型长寿命航空障碍灯、采用单片计算机控制技术的电脑智能型航空障碍灯、太阳能节能航空障碍灯,GPS定位航空障碍灯四大系列产品。这些产品不断被用于高层大楼、机场、电视台、通讯铁塔、电力铁塔、电厂烟囱等高大建筑。公司的产品均通过了国际ROHS、CE、FCC认证,产品畅销全国近30多个省、市、自治区,并远销东南亚、欧美等国家,在国内外均有良好的口碑!

赛阳电子秉持"质量是生命,服务是保障"的宗旨,制定了一整套科学的服务流程及规范,保障客户服务的统一与优质。设立专门的销售服务机构,产品出售后,公司将安排相关专业人员到现场安装,教授客户掌握正确的使用方法;对于售后问题,公司建立起1小时响应维护服务制度,保证24小时内到达现场并解决问题等。

2012年,国务院、中央军委印发了《关于深化我国低空空域管理改革的意见》,对我国低空空域管理改革作出部署,确定了强制进行航空保障的相关规定。郑州赛阳电子看到了市场的广阔前景,迅速进行了扩产及市场拓展。

当你在夜晚闲暇的时候,遥望城市上空,站在那里的,正是经过千挑万选,历经千辛万苦才能炼成的航空障碍灯战士,培养他们的就是郑州赛阳电子科技有限公司。

小湿巾,大天地

张少武,河南方捷科技公司创始人,是一位在低碳环保专用湿巾行业的工作者,具有鲜明开朗的个性、稳重沉着干练的做事风格、儒家的思想。张少武和自己的团队加强产品研发,相继研发出竹炭湿巾、竹炭擦鞋巾、竹炭卸甲巾、竹炭洗甲巾等产品,被称为国内环保低碳专用湿巾的领航人。

曾经是从农村走出的穷小子,在繁华的都市闯荡几年后,张少武先是在繁华的大都市广州求学,后又在美丽的海岛三亚工作,最终回到自己的家乡郑州,边深造边工作,还取得了中级职称。但最终不甘寂寞的他,毅然放弃自己心爱的职业,只身去古都西安,开始第一次的艰辛创业。在餐饮行业,张少武取得了第一桶金,并开创了我形我秀连锁加盟专卖,但好景不长,遇到金融危机,再加上管理不善,一下从有到无,走入低谷。在失败后,张少武依然坚持不懈,于2010年开创了方捷科技有限公司,进军湿巾行业,通过市场调查和客户消费需求分析,先后打造出一系列专用湿巾产品,开创国内专用湿巾的先河。

河南方捷科技有限公司是一家产品研发、技术指导及制造和销售的科技企业,经营思维主要产品有环保节能的居家生活清洁用品(多功能去污巾等)、美甲系列用品(如卸甲巾、洗甲巾、洗甲水等),还有擦鞋巾(高光擦鞋巾、绵羊油擦鞋巾等)、皮具(真皮)美容巾、防污金刚(防水剂)、鞋油、防雾剂等一系列产品。这些产品都精确地对准了各自的细分市场,很好地满足了市场需求。如方捷一次性擦鞋巾,不但具有鞋油的效果,可以擦拭各色皮鞋,也是皮鞋护理的日用品,同时也符合现在社会的生活节奏,省事省力、方便快捷,只需像使用湿巾一样,抽取一张,轻轻擦拭要保养的皮鞋即可。目前,方捷科技在全国主要城市开始设立研发与销售分部,产品已与国内众多大型超市合作上柜。

随着社会发展和科技进步,追求环保、低碳的产品是未来很长一段时间的市场趋势与主流。张少武以敏锐的市场洞察力,凭借优秀的研发团队和营销团队,积极开发和引领市场需求,正在开创属于自己的天地。

以质量为企业生命,靠创新谋企业发展

郑州高氏电磁感应加热设备有限公司是一家颇具实力的感应加热设备生产企业,也是一个年轻的、朝气蓬勃的企业。经过多年的奋斗,产品销往河南、河北、北京、山东、江苏、浙江、福建、广东、山西、湖南、广西等二十多个省市。主要客户有三一重工、宇通集团、西仪股份、常兴科技、长命汽配、一汽红塔、三合机电、永光集团、荣达工具、北量瑞科、山东大学等大中型企业和院校。2009 年公司开始对外出口,销往俄罗斯、新加坡、芬兰、巴基斯坦、印度、巴西、埃及、南非等 10 余个国家和地区。

电磁加热以其广泛的应用,越来越得到塑胶、医药化工、建材等行业的认可。电磁加热技术的应用,不仅有利于产品品质、生产效率的提升和节能降耗降低成本,也提升了设备制造企业的技术水平,电磁加热设备拥有广阔的市场前景。郑州高氏公司致力于推动中国感应加热工业的发展,与客户共享感应热处理技术的成果。高氏公司依据现代电力电子理论,以严格的工艺要求生产的"力牌"系列超高频感应加热设备、高频感应加热设备、超音频感应加热设备、中频感应加热设备、双频感应加热等设备,受到了用户的认可与赞誉。

高氏公司始终秉承"高效、团结、协作、求实、创新"的经营理念,以及"为客户创造价值"的服务理念,根据机械零部件加工行业产品多样性的现状,针对感应加热设备具有供货要求时间短、设备工作环境差、设备工作的适应性、匹配性强等特点,加强技术创新和工艺创新,不断改进、调整和完善生产管理体系,以满足客户对产品可靠性的需求,同时为客户提供及时、高效、全面、优质的服务。随着互联网的快速发展,高氏公司还积极利用电子商务平台、B2B 网站等推广模式积极开拓市场,取得了良好的市场效果。

臭氧消毒领域的技术派

在越来越强调食品安全的今天,人们对食品加工与消费过程中卫生操作的要求不断提高,这一趋势向各类食品加工企业提出了挑战。严格的卫生要求,高度的卫生水准,是食品加工企业成功发展的基本保障。同时,也有利于企业减少损失,提高经营利润。臭氧消毒技术是近年才引入食品加工业的一项卫生消毒新技术,因其消毒能力强,安全可靠,在市场上得以迅速推广。

河南天新臭氧技术有限公司成立于 2002 年,是一家专业从事臭氧技术研究、开发与产品生产、销售的技术型公司,主要致力于臭氧技术的技术创新和产业化。公司坚持技术导向,经过十多年的潜心研究,已经开发出一系列成熟的臭氧技术、臭氧应用技术及臭氧发生器技术。公司已经形成了系列消毒产品的生产能力,主要提供移动式臭氧消毒机、臭氧发生器、壁挂式臭氧消毒机、空气净化器、负离子发生器、家用活氧机、臭氧发生器的配件、臭氧电池等产品。公司最新研制的高铅臭氧发生器,臭氧量大,工作性能稳定,使用寿命长,工作时间>20 000小时,已成功推向市场。

臭氧消毒技术主要是依靠专业的臭氧发生器,担任食品消毒的主力。臭氧主要是利用高压放电的原理,以空气为原料,一定频率的高压电流制造高压电晕电场,使电场内或电场周围的氧分子发生电化学反应,从而制造臭氧,通过臭氧对有毒化学成分及细菌病毒的分解,从而实现对人们生活的全面保护。具有很强的活性,对细菌有极强的氧化作用,将其杀死,多余的氧原子则会自行重新结合成为普通氧原子(O_2),不存在任何有毒残留物,故称无污染消毒剂,它不但对各种细菌(包括肝炎病毒,大肠杆菌,绿脓杆菌及杂菌等)有极强的杀灭能力,而且对杀死霉素也很有效。

天新臭氧技术有限公司注重技术研发,已经获得系列的技术专利。公司开发出系列臭氧杀毒产品,广泛应用于食品加工车间、制药、生物制品、遗传工程、医院手术室、无菌室、公共娱乐场所、无菌病房、仪器加工、地下商场、冷藏保鲜、禽类殖业等要求无菌操作的局部及全部和单向无菌的洁净环境的灭菌消毒。产品使用安全、方便,消毒快速、彻底、无死角、无二次污染,较好地满足了不同客户的各种杀毒要求。

从不一样的视角看缤纷世界

郑州大学UFO航拍工作室成立于2013年1月,初始成员为郑州大学机器人实验室成员,具有扎实的研发基础。工作室可以根据客户需求的不同,具体研究、分析得出为满足工程而需要的软硬件设施,提供相应的无人机方案并进行研制,飞行器的售后等一系列服务,还可以提供整套技术解决方案。

UFO工作室创立初期的两年并未直接进行商业运作,而是潜心研究,在两年内掌握了飞行器及其模块的研发技术,开发了一定的社会资源及合作伙伴,如荷尔蒙影视机构、亚柏科技、某军事院校无人机研究室,等等。工作室于2015年初进入社会进行商业运营。

工作室的业务涵盖航拍和农业植保等领域,并围绕这些业务建立了两个团队:航拍团队与植保团队。服务及产品主要有以下五类:不同种类飞行器的飞手培训业务、特殊航拍业务、小规模大田农药喷洒业务、特殊需求飞行器的定制业务、关于飞行器实际问题的方案解决。

工作室经过3年技术沉淀,已拥有一套完善的研发流程。研发团队成员具备机械设计制作、电子设计制作、基础软件开发等能力,并通过对开源飞控的开发,能够独立设计制作出在各种恶劣环境中稳定使用的飞行器,从而满足特殊条件下航拍和农业植保的业务需求。为了提高研发和业务能力,已形成自己的人才培养梯队,以保证持续不断的人才输入。

UFO航拍工作室注重打造适合自身文化氛围的生态圈,注重将自身诉求与合作伙伴的诉求相结合,以自身兼顾开发与实践的优势为合作伙伴提供力所能及的优质服务。

工作室的发展方向以"单而精"为前导,坚持"多方合作共赢"的理念,快速推进工作室的工作进程。工作室创立至今,成员活跃在郑州各个角落,航拍分队已公益性为郑州大学、郑州一中等多所高校提供公益性航拍服务;在航拍业务中,公司与河南电视台及多家影视公司建立良好合作关系,为其提供优质的航拍服务,并依据客户要求设计制作能满足特殊需求的航拍飞行器,获得客户的一致认可。在农业植保业务中,公司与河南多家农业公司及团队合作,深入大田进行喷洒作业,并积极与农户交流,获得一手数据,并及时反馈给研发团队进行改进实验,从而圆满完成当季大田作业。

河南油烟净化的领跑者

河南今迈环保节能技术有限公司是集餐饮油烟净化设计、加工、安装、维护,以及排烟系统改造、治理为一体的高新技术企业。今迈环保也是河南省最专业的,第一个能向所有客户提供油烟净化效果现场实验,保证目测无烟,并承诺无效全额退款的公司。

一、八年专注于排烟,六年工程实践

在今迈公司建立之初,还仅仅是一个很小的五金作坊,制作家庭烟机的排烟外壳。公司从小到大,从家用到工程施工,今迈经历过生意的清淡,也有过不断的订单,一步一步,积累经验,走上了专业提供餐饮业油烟净化解决方案的道路。

今迈环保发展至今,尤为擅长排烟系统改造,无论是在居民密集的高档小区楼下,还是在商业街;无论是高空排放油烟,还是低空排放油烟,都能看到公司的成功案例,如郑州机场内餐饮企业排烟改造、平顶山鱼羊鲜烧烤店油烟污染改造、山西晋城尚滋味虾蟹馆油烟污染处理、省人防办公室厨房排烟系统等项目,在治理厨房排烟不畅、油烟净化效果不佳、管道滴油漏油、排烟系统噪音扰民等方面积累了丰富的经验。

二、产品持续创新,市场接连领先

今迈环保紧跟国家环保政策,驾驭潮流,一直致力于厨房油烟的高科技环保研究,成功研发出一系列的净化产品,并能在市场领先的情况下,继续进行新产品研发,把领先优势继续保持在自己手里。如超净系列高空排放油烟净化器就是在广泛吸收国内外先进技术及工艺的基础上,研制出的新一代绿色环保餐饮厨房油油烟净化器。该系列产品的净化效率已达到国家环保总局烟气排放标准(GWPBS5—2000)《饮食业油烟排放标准》的要求,并获得国家环保认定证书,深受客户的喜爱。而高压静电式油烟净化器是治理中西餐饮业厨房所产生油烟的专用设备,该设备具有模块式组合、设备运行稳定、使用年限长、操作简单、维护清洗方便等特点,主要用于宾馆、饭馆、酒家、餐厅以及学校、机关、工厂等场所油烟的净化治理,净化效率高达98%。

正是因为对自己的产品极具信心,今迈环保经常举办现场实验,客户也可以自备例如劈柴、木炭、花椒、辣椒、羊油等物料,亲自试验。通过实验,用事实告诉大家,业内唯一保证100%净化油烟的净化企业就是今迈环保。

今迈环保拥有强大的售前客服团队、工程设计团队、施工团队、售后团队,对所承接的工程以及售出的设备,提供终身质保和技术支持,免除客户的一切后顾之忧。

专注,就是核心竞争力

河南是人口大省,也是农业大省,既是全国粮仓,也是全国厨房。因此,河南的粮食生产和经济增长对全国至关重要。要稳定粮食生产,就必然需要好的农业机械。河南力垦农业机械有限公司成立于2014年10月,是由河南省农业科学院小麦研究所参股并严格按照现代企业制度运营的高新技术企业,注册商标"力垦(LiC)"。现有职工20余人,其中具有高级职称职工5人,中级职称15人。公司背后有着强大的研究力量,河南省农业科学院小麦研究所及其联合研发力量。

经过科研攻关,针对国内外农业科学研究工作中的田间群体试验对小区高精准条播播种机的需求,力垦研发出具有自主知识产权的2BZL-6(A)型自走式数控小区播种机。该机器设计理念先进,并通过了河南省农机局组织的技术鉴定,申报国家专利6项。整机制造工艺精湛,售价比同类进口机型降低50%以上。产品推向市场后,迅速打开了销路,在河南省迅速普及,地里田间遍布力垦的产品。由于这种产品目前国内只有河南力垦农业机械有限公司一家生产,没有其他同类产品能满足农垦的要求,因此,很多关于自走式小区播种机的采购只能采用单一来源采购。同时,力垦又把销售网络做到全国。

尝到技术带来的甜头后,力垦就把目光集中到了播种机身上,把全部资金和技术力量都放在这上面,开始走专注于生产自走式数控小区条播播种机的道路,再一次增强了自身的核心竞争力。随后,又研发出2B-6-ZL150自走式数控小播种机等一系列升级产品,广受农业市场的欢迎。

有了销售,自然不会丢下售后服务。为了更好地服务客户,力垦建设了完善的售后服务体系,并设立服务热线,随时解决用户在使用过程中出现的问题。

我们相信,随着自走式数控小区播种机在农业科研中的广泛应用,必将大大提高农业科研水平,更加有力地助推农业现代化,也会使得力垦农业机械在市场中更加出彩,走得更远。

与老天竞赛的专业公司

2015年秋收期间,江苏太仓市遭遇了罕见的大规模、间歇性降雨天气,给水稻收割和小麦播种带来了极大的影响,如果不能及时收割或播种,今年乃至第二年,农民都会颗粒无收。好在全市近两年建设的一批粮食烘干中心发挥了极大的作用,在一定程度上加快了秋收秋种进度,跟老天抢得了时间。比如城厢镇永丰村的粮食烘干中心开足马力,每天烘干的粮食达到了300吨左右,不仅顺利完成了村合作农场1 300多亩水稻的烘干工作,还为周边村的3 000多亩水稻提供烘干服务。他们使用的粮食烘干设备是由郑州裕科机械设备有限公司生产的。

郑州裕科机械设备有限公司是集科研、开发、生产、经营于一体的实体企业,是面向国内外粮食行业,提供热力装备及烘干设备的专业制造商,可以说是跟老天爷争工作的企业。公司核心产品为大中型节能王粮食烘干机、玉米烘干塔、水稻烘干塔等粮食烘干机及热风炉等,多种机型获得了国家农机推广鉴定,为客户获得安全稳定的产品和服务提供了保障。

一直以来,为了更好地适应市场不断对粮食烘干的需求,裕科机械加大了科研的力度,主攻干燥设备及热风炉的开发研制。由于全国各地区有着不同的使用环境,对设备要求也多种多样,因此,公司派出大量的技术人员到各地进行调研,掌握当地气候、环境等第一手资料,开发出不同的干燥工艺,更好地适应不同地区的干燥要求,这也体现出了干燥技术行业发展的方向。

同时,裕科机械始终关注国内外干燥行业的最新发展动态,积极派出人员参加各种行业会议,参加各种论坛。2015年11月,公司参加了中南地区玉米籽粒机收展论坛,与来自河南、安徽、湖北等省的150多位农资经销商、种粮大户进行了交流,听取他们对烘干设备的意见,以更好的改进自身产品。

目前,国内的烘干塔设备不断进步,正在向自动化、更环保的方向发展,郑州裕科机械设备有限公司将如何进行产品研发,能否再一次领先市场,赛过老天呢?!

培育竞争优势,打造龙头农企品牌

河南省星河油脂有限公司是一家专业从事花生油加工的大型股份制企业。星河油脂的设备、技术、工艺先进,生产能力为年加工10万吨花生油、12万吨花生粕,生产规模位居全国花生油行业前列。公司被省政府命名为"农业产业化省级重点龙头企业",被安阳市政府命名为"安阳市十强农业龙头企业"。公司直接和间接带动农户达40多万户,真正起到了农业产业化龙头企业带动作用。2008年成为国家农业综合开发重点参股企业,河南省食用植物油生产倍增计划重点项目,企业技术中心 2009 年被评为省级企业技术中心。

基于先进的加工技术和设备、国家级生态示范基地、原材料就地采购、纯物理自榨、无菌灌装等优势,通过科学的管理,严格的质量控制,造就了低成本、高品质的星河花生油这一绿色食品。

安阳市内黄县是"国家级生态环境示范区",森林覆盖率高达 36.4%,被誉为"豫北天然氧吧",气候、土质条件适宜,是花生的重要产区。这里出产的花生,颗粒饱满,营养丰富,富含不饱和脂肪酸,确保了星河压榨一级花生油的品质。公司拥有生态种植基地,生产优质无污染的花生,为加工提供了高品质与充足的原料。

公司的主要产品"星河"牌压榨一级花生油采用纯物理压榨、植物纤维过滤等工艺方法,使油脂直接从花生中分离出来,全面保留花生的营养成分与原汁原味,生产的产品色泽清澈透明、滋味纯正,属于天然的绿色食品。油脂加工生产的副产品——花生粕,蛋白含量高达 50% 左右,是饲料加工业及畜禽养殖户的最佳原料。

星河重视先进技术和设备的使用,采用长混技术、九脱精炼,以欧美粮油质量指标为标准,保证所有产品品质都符合国际化的标准;采用传统物理机械压榨工艺,八层植物纤维过滤系统,确保花生油色泽金黄清澈透明,不含胆固醇及添加剂,入锅不起沫、不冒烟;全自动无菌灌装车间年生产油 10 万吨,确保产品灌装质量。

星河油脂以铸造诚信品牌、争创"全国驰名商标"为目标,以质量打造品牌,以诚信开拓市场,以先进的生产技术、过硬的产品质量、良好的企业信誉和完整的服务体系,不断提高产品与品牌的影响力。

把普通产品做到极致

自 2001 年以来,在钢铁、有色、石化、建材等高温工业高速发展的强力拉动下,耐火材料行业保持着良好的增长态势,我国已成为世界耐火材料的主要生产和出口大国。

郑州盛华耐火材料有限公司位于新密市来集镇,是一家集技术研发、生产制造、销售服务为一体的科技型、规模化的耐火材料企业。公司自 2004 年成立以来就专注于耐火材料的制造、研发与革新,致力于为玻璃、钢铁、冶金、化工等企业打造环保、节能、长效窑炉,全力推动国内工业的进步成长。

国内耐火材料生产厂家众多,市场竞争激烈。郑州盛华耐火材料有限公司在耐火材料行业表现出较强的实力,公司总占地面积 135 000 m²,有 3 个分厂,拥有 2 条电熔耐材生产线、2 条烧结耐材生产线和 1 条不定型耐材生线,可以生产电熔锆刚玉、烧结耐材及不定形耐火材料三大系列产品系列。完整、先进的生产线,科学的生产技术和工艺,严格的管理,为优质产品的生产提供了可靠的保证。

产品质量的另一个保证就是技术研发和产品检测中心。公司设有化学分析室、常温室、高温室,拥有先进的检测设备和研发支持,专业技术人员达到了 112 人,其中 3 名教授级研究人员,4 名副教授级研究人员,形成了结构合理的技术团队,为公司的技术研发、生产和服务奠定了坚实的知识基础。

公司立足于科技创新,用先进的检测技术保证高质量,用领先的研发保证高质量的延续。2015 年以来,公司董事长马万治看准电熔行业难得的发展机遇,加大研发与生产投入,进行技术革新,完善生产工艺,以"客户利益第一,共同实现双赢"的经营理念,用最优的产品质量和服务,赢得了安徽德力日用玻璃、河北迎新玻璃集团、山西青春玻璃、山东巨源玻璃等一批玻璃窑炉新老客户的青睐。目前,公司已经满负荷生产。

关注健康,为客户提供放心的产品及服务

我国是农业大国,具有丰富的天然植物资源、优越的地理条件及多样的气候条件,为植物提取物行业提供了良好的发展空间。近年来,植物提取物行业在国内发展速度迅猛。郑州荔诺生物科技有限公司就是一家专业从事食品添加剂、天然植物提取物、化妆品原料、化工中间体、营养补充剂等研发、销售的高新技术企业。

由于公司的产品质量直接关系到消费者的生命健康,荔诺生物特别重视产品质量管理,通过了 ISO9001:2000 质量管理体系、欧洲 CE、GMP 等认证。工艺流程遵循 GMP 规范要求(原料→精选→提取→浓缩→沉降→离心分离→柱层析→浓缩→精制→干燥→混合→灭菌→包装→成品),努力解决天然植物原料的稳定性,降低原料中重金属及农药残留等问题。

企业要想在激烈的市场竞争中取胜,关键在于核心技术。荔诺生物在技术研发上加强与高校及研究机构的合作,建立起以自主研发为主、以大专院校和科研单位为依托的相互结合的研发体系,为企业的可持续发展提供了有力的技术保障。通过多年的不懈努力,开发出了众多的高技术含量产品以及多项先进生产技术。凭着优质的产品、良好的服务和信誉,获得到了欧、美、日、东南亚等国及国内客户的认可,从而成为国内最大的、具有国际影响的植物提取物内销和出口的企业之一。

荔诺生物注重植物提取物专业技术、销售队伍的建设,以及优秀经营管理人员的培养与引进,公司坚持"服务大众,有益健康"的企业宗旨,坚持务实创新的企业精神,倡导有益于顾客、有益于社会、有益于员工的"众益"理念。荔诺生物建立了较为健全的营销网络,拥有自营进出口经营权,始终遵循质量第一和以用户满意为目标的经营方针,以信誉为本,积极开拓国内外市场。

呵护生命,关注健康

郑州鼎恒电子科技有限公司是以电子产品研发、生产为主的高科技企业,位于郑州

高新技术产业开发区。由公司研制、生产的人体秤以其高质量、高可靠性在国内外同类市场上享有很高的声誉,产品行销全国并出口到俄罗斯、澳大利亚、东南亚、中东、美洲等国家和地区,广泛应用于超市、医院、学校、代孕体检中心、体育馆、健身房、公安体检系统以及各种体检场所,产品的各项技术指标均居同类产品领先地位。

如今,随着生活节奏的加快,人们身体的各种亚健康情况也越来越多,每个人都更加重视自身的健康状况。因此,人们迫切需要一种专业的仪器,以方便、及时地对自己的身体进行测量,并通过测量结果来判断身体状况正常与否。据此,人们能够及时发现并改善自身的身体健康状况。由此,人体秤便应运而生。

郑州鼎恒电子科技有限公司根据市场体检的需要,经过在各大医院、学校、体检中心、妇幼保健院、大药房、疾病预防中心、营养协会等市场的调查研究,并结合消费者的需求特点,特别研究设计了多种针对身体健康指数检测的健康体检测量秤,主要包括超声波医用秤系列与投币秤系列。前者主要针对医疗机构、体检中心、中高端人群等客户,将超声波人体参数测量技术应用于人体秤而设计的;后者主要针对药店、商场、超市等经营者的需要而设计的。

鼎恒注重产品创新,始终恪守真诚的服务理念,形成了高素质的研发队伍,拥有先进的生产设备、严格的质量检验以及完善的售后服务。公司以对用户认真负责的态度、诚信的经营和卓越的品质,赢得了广大客户的信任、尊重和认可。

晟通:立足于产品、服务于环保

郑州晟通环保科技有限公司是一家专门生产 GLS-65 型加气铝粉膏、专业生产加气铝粉球磨机的环保类企业,是中国加气协会会员单位。

环保和节能是当今时代发展的主题,绿色建筑越来越受到重视。其中,绿色建材加气混凝土是以粉煤灰(或砂)、石灰、石膏等主要原料,经铝粉(膏)发气,高压饱和蒸汽蒸压养护而获得的具有一定程度的多孔轻质建筑材料。这种建筑材料加大了对粉煤灰、炉渣、工业废石膏等的利用,并利用新技术提高了混凝土的强度、降低了密度,并具有保温特点,是理想的环保节能建筑材料。用铝粉膏做添加剂生产的加气砖具有轻质高强、保温隔热、抗渗防水、防火阻燃、施工便捷、经济实用等特点,广泛受到使用单位的青睐。

晟通生产的加气铝粉膏原料全部来自于中国铝业公司高忙度铝箔,活性铝含量高、水分散性好、发气均匀,是硅酸盐制品的理想添加剂、发气剂。公司生产的加气铝粉球磨机等铝粉生产设备,在国内首先采用水循环系统,环保无污染,在矿山机械和加气铝粉化工行业赢得了客户好评。

良好的技术和品质让晟通获得客户信赖,利用晟通的加气铝粉生产技术、经验和生产设备,可比同行提高 50% 的产量,耗电节约 20% 以上,每吨能使纯利润增加千元以上。2013 年晟通被河南省科技厅评为节能减排科技创新示范企业。

由于质量和服务上的保证,晟通产品远销越南、印尼、泰国、马来西亚等国,在国内广东、广西、江苏、安徽、北京、山西等多个省份都占据较高的市场份额,创造了行业内中小企业不俗的业绩。

打造智能+(家)

两三年前,几乎所有家电巨头都开始针对智能家电领域进行排兵布阵、跑马圈地,从产品的智能化,到营销渠道、盈利模式的互联网化,再到植入互联网基因打造新品牌,以及与互联网企业的各种联姻等,宣告着家电智能化、互联网化时代的来临。如果说,家电的智能化转型是因,那么智能家居产业的落地就是果,尤其是互联网时代的全面来袭,让智能家居也渐入寻常百姓家。

智能照明系统作为智能家居领域最大的产品类别之一,自然备受关注,各式各样不同功能的智能照明产品如雨后春笋般次第推出。位于郑州市高新区大学科技园的郑州伟尚电子科技有限公司推出的智能开关,有望开启家居"智能+"物联的新时代。

一、倾力打造人性化的智能照明系统

成立于 2012 年的郑州伟尚电子科技有限公司以颠覆性的经营理念,提供全球终端客户、各级企业、消费团体有关的 3C 电子科技产品的全面性的多角管理,并透过整合研发、制造、零售、网络营销及前后端客户服务的多元经营模式,展现完全的企业特色,而有别于其他企业分层式的经营。伟尚电子正致力于智能照明解决方案的设计和开发,以节能、环保、人性为设计理念,以期能够为人们提供极致的照明体验,倾力打造全民智能照明项目。

目前,市场上有一些公司已经在做智能家居的事情,但很多并不智能。2014 年 6 月,在一个智能家居的展厅里面,有人向一位销售人员请教如何智能化打开灯光,销售人员拿出手机,解锁找到应用,找到房间,找到灯具打开,整个过程用了大概 30 s。那么很多人就在问"开关就在这里,为什么不可以按一下呢?"其实,很多时候,所谓的"智能家居"并没有给我们带来便利,而是添了很多麻烦。

追求高品质生活的人都知道,厨房、客厅、卧室、书房等场景的照明需求都不同,有的需要明亮,有的需要柔和。在伟尚科技灯光体验区,智能开关就实现了多种情景的一键切换。智能照明开关有方形的,也有圆形的,大小不等。伟尚科技研发的智能开关只需要用户将开关装在墙上任意地方就可以使用,并且不需要电线,可以贴在墙上,也可以拿在手中。

伟尚科技开发的智能开关还可以进行异位控制,有卧房里控制客厅的、客厅里控制卫生间的,想在哪里控制就在哪里控制,特别方便。同时,他们的智能开关还采用强弱电分离设计,用继电器代替了原来的直接物理触板,手指接触的部分为 12V 的弱电,安全性是传统开关的几百倍。

二、"来听"智慧生活

经过持续的技术创新和积累,伟尚科技坚持人性化的灯光管理理念。2015 年 6 月,又创新地推出了达到国际标准的更加智能的照明系统："来听"，用了最极致的成本控制，以及最易上手的用户界面，为千家万户送去智慧生活。

回顾一下传统照明。传统照明有很多年的历史，它的技术很成熟，故障率很低，每个人都会用。"来听"是一种不用电源、不布线、不开槽的新型照明控制系统，它由一个智能照明电箱、无源开关以及传感器构成，智能照明电箱可以提供开关、调节亮度、调节色温甚至调节颜色这样的功能，当然无开关。由于它不需要用电、布线的原理，可以任意地安装在家里的任何位置，甚至是拿在手里，而且很坚固耐用。

来听照明可以给居民带来什么？采用"来听"系统以后，楼梯间只剩下电源线，不再有任何控制电路，原来家里面这些照明布线也不再需要，控制线路也不再需要，大大减少布线，从而减少了大量的施工人员，有效地缩短施工周期，降低施工成本。"来听"可以节约大约45%的布线，减少绝大多数的建筑垃圾，而且杜绝触电危险，且坚固耐用。

"来听"照明为人们提供了更多的交互方式。在保留了传统翘板式开关，不需改变用户的习惯，无论老人还是小孩不需要学习就可以使用的基础以上，通过对用户生活习惯的学习和记录，自动地帮助人们智能化地关闭灯光。举个例子，家里面客厅里有吊灯、射灯、灯带，当居民回家的时候，可能会觉得吊灯是用来装饰的，打开它很费电也很亮，会把射灯打开，把它调到很适宜的亮度，也可能把灯带打开，调节成一个暖色调的色温，因为这样会比较温馨。于是，"来听"经过一个时期，记住了客户的想法、习惯。噢，原来主人喜欢一个温馨的晚上照明环境。下一次回到家里，触碰到家里任意一个客厅开关，"来听"都会知道想要的是温馨模式了。"来听"智能家居系统已经通过了国家的CCC认证、欧盟CE认证以及美国联邦通讯委员会的FCC认证，"来听"也在不断向国家申请知识产权保护。

伟尚科技也正在开发有自然语言的交互系统。在未来，"来听"可以听到客户的想法，帮助客户实现想要的效果；"来听"也会为用户提供手机端的远程控制；"来听"专门服务于建筑，通过预装来听可以让传统建筑低成本地升级为智能建筑。

其实，智能家居只有照明是不够的，伟尚科技已经与北京中科联众科技股份有限公司和南京普天通信股份有限公司建立战略合作关系，联合打造具有国际通用标准的家居生态链，共同采用SO1453的国际通用标准，同时可以兼容全球超过107家知名企业的优秀产品，从而可以打造以照明为中心，无缝扩展，遮阳、安防、温控、节能甚至是健康的完善智能家居系统。

"来听"项目已经被UFO众创空间创投基金看中，并达成了投资协议，获得了天使融资。同时，已经与著名地产公司建业、永威等开展了战略合作关系，把"来听"智能照明控制系统用于他们开发的楼盘，成为房地产公司打造智慧社区的一部分。其中，与河南建业产品中心进行了深度合作，尝试将"来听"作为下一代建筑中的照明布线标准。

成功的光鲜来源于信念和执着

经济水平的提高预示着人们生活品质的提高,当社会大众的基本需求得到满足以后,健康就成为一个关系国计民生的大产业。目前,全国有因脑中风而导致的瘫痪人数超过 3 000 万人,且年发病率在 8.7% 左右,患者的康复治疗给患者及其家属带来了极大的不便和痛苦。安阳神方康复机器人公司就是一家为患者肢体康复而孜孜以求的设备公司,其生产的上肢康复机器人是国内首创,填补了国内空白,是参与制定国家上肢康复机器人产品标准的唯一一家企业,也是目前唯一一家取得上肢康复机器人产品医疗注册证的企业。该产品不仅适应于脑中风引起的肢体康复治疗,也适用于因各类手术、外伤引起的肢体运动功能障碍患者的康复治疗训练与评估,能提高患者上肢运动能力,改善患者生活质量。

安阳神方机器人公司是何方神圣?为什么会有这样的创新研发实力?其实这家公司是一家地地道道的白手起家的民营企业,创始人付风生是早年毕业于解放军信息工程大学软件工程专业的年过半百的追梦人,凭着"康复一人,解放全家"的信念,以及对产品开发坚持不懈的追求,一步步从无到有,直到今天成为肢体康复机器人的先驱。

神方机器人公司的创始人付风生最初走上康复机器人的创业之路,跟身边的一个亲戚的患病经历有关。付风生的表哥在 2002 年意外中风,大病不死后左臂失去知觉,在康复治疗过程中,给家庭带来了经济和精神上的压力。康复训练需要家人手把手运动,单调而枯燥,患者也很痛苦。看到这种状况,付风生决定要助一臂之力,他用拆卸的自行车做了一个简单的机械,让患者用右手自己摇动做康复治疗,后经过对设备进行改进,如加上电机、安装调速设备后,效果明显提高,患者的胳膊也慢慢康复起来。这个简单的设备就成了康复机器人的雏形。付风生后来了解到,这类设备在国内尚属空白,国外虽有研究,但也没有效果很好的正式面世的康复设备。这让付风生看到了市场空间与创业的机遇,从此就跟康复机器人结下不解之缘。

2007 年,年近不惑之年的付风生组建了自己的团队,开始进行产品研发,用以因脑神经损伤所导致的运动功能障碍的康复治疗及评价。研发的切入点就是电机装置,当初用于治疗表哥疾病的简单机械装置虽然加上了电机,但如果转速控制不当,超出人体正常活动范围,会对身体产生反效果。付风生一点一点钻研、积累相关知识,并高薪聘请清华大学、哈尔滨工程大学等高校专业人员进行交流和指导,获得智慧支持。研发团队对康复机器人的了解从无到有,在反复试验、推敲之后开发出了一套电机装置,可以准确控制电机转速,同时收获了 3 件发明专利和 4 件实用新型专利。2010 年,首台上肢康复机器人问世,同年注册成立安阳神方康复机器人有限公司。

付风生就是在这样的摸索下,通过不断的试验、调整、改进,拥有多项专利技术的康复机器人才慢慢完善,并被患者所接受。2012 年,原创研发的"六自由度上肢康复机器人"项目被正式获批为"十二五"国际科技支持课题项目,并获得国家专项科研经费资助。

该项目在国内属首创,受到国内外同行的极大关注,产品的研发成功,打破了国内上肢康复设备依赖国外进口的局面,神方也作为唯一的企业参与制定并形成了尚属空白的国家相关标准。自此,安阳康复机器人公司的发展走上坦途。

从一个念头的闪现,经过艰苦的研发、试验,到产品的形成经过了逾十年的时间。神方六自由度上肢康复机器人功能不断完善,2013年获得河南省科技进步奖,2014年获得国家中小企业创新基金立项资助,2014年安阳神方被认定为国家高新技术企业,享受国家特殊政策优惠支持。

现如今,安阳神方公司的产品不但有上肢康复机器人等拳头产品,还有下肢康复机器人,并均为系列化、单元化产品。神方公司的下肢康复机器人是国家863计划项目并获国家支撑计划项目资助,该产品已经2015年4月已经完成临床试验,并已完成注册评审,近期即可获得医疗器械注册证,届时将是国内首次获得产品证书的下肢康复机器人。

目前,安阳神方康复机器人公司在技术研发的强大支持下,产品不断完善,已走进众多的医院康复科、康复医院和社区康复中心。企业的生产已经实现规模化,年产康复机器人可达200台以上,年销售收入可达亿元。

安阳神方公司在"康复一人,解放全家"信念的指引和执着的追求下,已经成为国内领先的康复机器人高新技术企业。对于未来的发展,年过半百、卓尔不群的企业家付先生还有更高的愿景:让神方成为世界医疗康复装备行业一流的高端医疗康复设备系统供应商和服务运营商,让每一位肢体残障人员通过康复训练能够得到健康,全家幸福。

飞轮威尔:国际电动平衡车行业的领航者

在时代的大背景下,通过不断创新,科技型创新公司飞轮威尔出尽了风头。2012年成立的郑州飞轮威尔实业有限公司,在创业者李威的带领下,切入智能独轮平衡车市场,用了短短2年的时间就成为全球行业市场主要品牌之一。截至2014年底销量就达到10万台,销售收入2亿元人民币,并被德国《RTL》电视台、《环球时报》等国内外知名媒体报道,当年并获得了最佳责任品牌奖和最佳汽车旅途伴侣大奖。

2015年5月,飞轮威尔被国家科技部、河南省政府列为创新创业科技企业模范的代表,接受曹健林部长、谢伏瞻省长接见指导,并荣获当年行业最具影响力品牌。12月,飞轮威尔登上了中央电视台《新闻联播》,足足用了4 min时间,介绍公司的自主创新能力和最新科技成果。

2016年1月6日全球最大的国际消费电子展(CES)在美国拉斯维加斯开幕。飞轮威尔携首创产品icarbot小i云车及旗下平衡车系列产品参展,吸引全球瞩目,并获得美国主流媒体现场采访。icarbot是一款互联网智能的迷你汽车机器人,中文名叫小i云车,外观简约、体积小巧,和一个mini笔记本大小差不多,重仅3.4kg,是目前已知的最轻载人代步工具。其最大速度达12km/h,可载重100kg,,可通过10度斜坡,是功能强大的出行娱乐工具。

风光无限的飞轮威尔及其创始人李威在绿色环保、健康、智能、未来出行的主题下披荆斩棘,铺就锦绣前途,有人还就此和特斯拉做比较。飞轮威尔到底有何底气?

其实,创业者李威出身"微寒",2011 年才毕业于黄河科技大学。读大学时就在学校创业创新政策的支持下组建团队,创建大学生门户网站,与周边商家联合推出联名让利卡,并获得人生第一桶金。毕业时到百度任职一年后离职,与有 8 年机器人和无人机行业从业经验的好友张辉杉合作,开始对独轮平衡车进行研究。张辉杉对倒立摆系统的应用(平衡车原理)有深入的研究和见解,这为飞轮威尔快速推出独轮平衡车奠定了基础。

电动独轮车是一种由电力驱动、具有自平衡能力的代步装备,发展不过 4 年左右,但创新速度惊人。中国是电动独轮车最成熟的市场,中国的电动独轮车厂家至今占有全球市场份额 95% 左右。但是,电动独轮车市场因为门槛低、精品少、大都不想投入只想搭便车,业内估计,在 2015 年中期市场上销售出去的电动独轮车产品 80% 都是作坊式杂牌、贴牌产品,而此时,飞轮威尔的市场份额为 15%。

电动独轮车的普及有其必然性。城市交通拥堵、严重的环境污染、短距离的便捷代步等因素都促成了电动独轮车的快速发展。飞轮威尔的研发团队是全球最早研发独轮平衡车的团队之一,自 2013 年推出第一款产品以后,以其专注性和专业性,引领和见证了电动独轮车的发展。

飞轮威尔电动独轮车搭载高端原装机电、三星电芯锂电池,零排放无污染,百公里近消耗一度电,是最环保的代步工具之一。

飞轮威尔 Q 系列电动独轮车搭配磁悬浮电机,无任何噪音,使用航天姿态控制原理实现车辆前后方向的平衡,内置智能芯片,轻微摆动身体就可以实现加减速等操作。赤兔电动独轮车的智能芯片反应更加敏捷,操作顺畅自如,并有限速保护、倾侧保护、低电保护等,安全更有保障。2014 年底推出海豚 Dolphin one 系列电动独轮车,搭载手机 APP 智能交互,云更新固件版本。

由于飞轮威尔在行业的影响力,从而获得了政策的引领支持。2015 年,得到中国工程院院士刘人怀、科学院院士严纯化等在研发上的指导,使飞轮威尔初步形成互联网平衡车的战略布局。

在 2016 年初推出的小 i 云车是一款全新概念的智能 mini 云汽车,公司的专利产品,人称"背包里的体感汽车"。小 i 云车颠覆了传统的独轮或双轮自平衡车的概念,未发布就已经在《新闻联播》赚足了眼球。这款车解决了独轮车平衡安全系数低、学习难、不便携带的难点,有望带来市场销量的飞跃。

好产品要有好的形象,才更容易打开销路。飞轮威尔为树立企业形象做了不少公益活动:在 2014 年南京大屠杀公祭日举办飞轮威尔小飞侠俱乐部万人签名悼念活动,2014 年底举办"筑梦学子、衣暖人心"山乡公益计划活动,2015 年春赞助郑开马拉松国际赛事等。飞轮威尔也做了不少市场推广活动,如针对高铁旅客目标群体,和高铁合作印制 10 万副专供扑克,并发起和扑克合影送平衡车活动,迅速增加产品的关注度和粉丝量;为了淘汰市场上参差不齐的劣质品牌,飞轮威尔发起了用任何品牌平衡车以旧换新活动,2 个月内换新 1 000 台,很好地提升了市场美誉度和知名度。

好产品自己会说话。飞轮威尔每一款产品都精益求精,性能卓越,性价比高,产品不但在国内畅销,发展了超过 300 家代理商,还吸引全球各个国家的慧眼识珠的代理商,迅速把产品销往全球 50 多个国家和地区。

这些只是创业的开始。

飞轮威尔从切入智能代步领域开始,不断迎合新时代消费者的需求。未来会用极致的产品搭载个人智能出行生态圈,在轻便时尚、环保、智能的引领下,会涵盖诸多绿色个人代步产品,如独轮车、平衡车、智能电动滑板车、智能自行车、自平衡汽车、无人机等;融入上游产业如设计、电池、电机金融服务,并结合互联网产业如垂直网站、垂直电商、移动APP 等,形成个人出行产业生态闭环,成为个人智能出行生态圈的开创者。

飞轮威尔已经启动上市计划,预计 2016 年将会完成上市募资,正式开启个人智能出行生态圈的新征程。

致力于地理信息行业的模式创新

河南科普信息技术工程有限公司成立于 2006 年,位于郑州市高新技术开发区,是集测绘、国土规划、城建规划、GIS 软件研发、无人机航拍、遥感影像制作、摄影测量、三维激光扫描技术为一体的高新技术企业,是较早从事地理信息产业的企业之一。

公司定位为地理信息数字化专业供应商,设有测绘地理信息、规划和软件三个事业部。测绘地理信息事业部拥有国家测绘地理信息局颁发的测绘甲级资质,主要承接国土、城建、农业、林业、水利、环保、交通、矿产资源等各行业领域的测绘工程,可以开展POS 辅助航空摄影、摄影测量与遥感、工程测量、地籍测量、城市三维景观、地理空间信息数据采集加工服务、各种地图、专题图编制、无人机研发生产、数字城市、古建复原三维信息化建设等业务。规划事业部拥有土地规划甲级资质、工程勘察类农林行业工程设计乙级资质、城建规划乙级资质等,可以满足国土行业的全业务领域的项目承接,开展土地整治项目设计、土地利用总体规划、建设用地预审、基本农田划定项目、基准地价更新、土地交易价格评估、土地抵押评估等业务。软件事业部主要为政府和企事业单位的信息化建设提供专业的解决方案,专注于三维 GIS 软件开发、三维建模和数据生产、三维地下管线、三维应用软件研发、移动执法监察管理信息系统、国土资源遥感监测"一张图"、智慧城市、硬件系统集成等业务。

坚持"缔造中国地理信息行业的卓越品牌"的企业愿景,科普信息技术工程有限公司致力于地理信息行业的新技术、新方向的探寻。公司加强技术研发,获得了多项技术专利,具有行业领先的技术能力和水平。与郑州大学合作参与郑州市智慧城市建设,与解放军信息工程大学合作参与北斗导航产业河南创新中心建设,发展民族卫星导航产业,致力北斗地理信息产业研究与产业化。与郑州大学、华北水利水电大学、河南理工大学等高校合作共建大学生实习基地,制定高端人才联合培养计划,充分夯实科普的人才基础。

目前,公司正向科普集团化方向稳步前行,调整、完善产品结构和业务模式,初步形成以郑州为总部,以北京为中心,向山东、安徽、陕西、山西和江苏等地辐射,逐步向全国拓展的格局。

全彩显示屏专家

郑州胜龙信息技术股份有限公司创建于 1998 年,是一家集电子信息设备、光电显示系统的研发、生产销售、服务于一体的专业性高新技术产业公司。公司拥有一流的研发、生产设备,团结高效、经验丰富的专业人才队伍,严格的质量保障手段,完善的售前、售中、售后服务体系,及高效、务实的管理方法。生产的主要产品 LED 显示设备、大屏幕拼接显示系统、无线智能排队系统、工业监测设备广泛应用于行政单位、金融系统、电信、军工等行业。

多年来,凭借资深的研发、生产团队,完善的制造技术和先进的生产工艺,产品在同行业中的处于绝对优势,博得了用户的信赖和支持,赢得了市场认的可。公司坚持以信誉为基础,高科技为依托,跟踪世界最新技术成果,不断加强技术与产品创新,积累了丰富的设计和生产经验,已在国内各地及各类场所成功承建数千块各类显示系统,并出口国外。

公司研发的智能公交调度显示系统,利用 GPRS/GSM 无线传输设备、GPS 卫星定位,结合语音器等设备可将接收后的公交信息、广告、新闻、气象、路况信息在 LED 显示设备上进行实时播放。系统具有信息发布及时、预警功能、全自动语音播报、信号稳定、扩充功能强大等诸多优点,既解决了公交运行混乱问题,实现了公交系统信息化管理,又为乘客提供了更高层次的服务,为运营商带来不菲的收益,是一种具有良好发展前景的传媒载体和高科技产品。公司生产的智能公交调度显示系统引入交通运输领域,建立了全新的公交调度、运营和管理体系,有效降低了企业的管理成本、运营成本、车耗成本,提高了工作质量和调度工作的时效性,大大提升了公交公司的公交管理能力,使城市的公共交通管理迈上新的台阶,带来巨大的经济效益和社会效益。

公司开发的无线气象预警预报系统,可将实时气象数据通过无线接收设备接收后,通过电子显示设备和语音设备进行实时播报,适用于各种使用环境,具有信息发布及时、架设灵活方便、全自动播报、信号覆盖范围广阔、保密性强、信号稳定、扩充功能强大等诸多优点,极大地提高了使用单位的气象预警能力。

信息化建设技术服务的探索者

河南元丰科技网络股份有限公司成立于 2009 年 3 月,是一家专注企业数字化系统、市民之家综合服务平台、农业物联网中控平台等信息技术服务的方案提供商和研发、建设、运营商。同时为中国移动、中国联通、中国电信等通信运营商提供通信系统集成服务，为政企事业单位提供信息化集成服务。公司专注于农业信息化、智慧城市建设和运营，具有深厚的标准产品研发和定制化服务技术能力。元丰公司开展企业信息化建设十余年，积累了丰富的研发、建设与运营经验，致力于技术创新、产业融合、信息服务，成为领先的信息化系统解决方案提供商和运营商。

公司与深圳宇川智能系统有限公司、湖南青果软件有限公司、上海西默通信技术有限公司、河南理工大学、郑州工业大学等单位合作，共同建立智能卡、数字矿山中间件设备研发和生产基地，实现 RFID 在矿山中应用、井下一机通（包含精确人员定位、即时通信和生命体征检测）、消费机、考勤机、门禁机、节能设备水控器、电控器的工业化生产，并开发针对已有不同品牌系统如矿用电器管理、矿灯管理、考勤管理、智能巡更、资产监控管理等的中间件接口设备，构建整合系统云平台，实现数字化矿山精细化管理。

数字化矿山是以网络为基础，利用先进的信息化手段和工具，实现从环境、资源到活动的全部数字化。元丰矿山一卡通及其网络系统的应用，使矿山员工持卡作为身份识别的手段，用于考勤、门禁、矿灯管理、吊篮管理、洗衣管理、资产管理、车辆管理、会议签到等；作为电子交易手段，将现金集中于矿山财务部门，金额记入所有者的卡内，可以用于矿山内的小额消费；作为金融服务手段，通过矿山一卡通平台将银行金融服务延伸，覆盖整个矿山，提供查询银行信息，交纳大额费用等服务；与运营商结合，为用户带来便利的通讯服务，以及智能卡一卡通的全部传统功能，消费或刷卡后短信提醒；利用无线通信方式实现空中充值、空中补助发放、空中开户等增值功能。同时，矿山一卡通系统为实现员工的基本信息、管理信息、后勤信息查询、消费统计分析查询，以及宏观管理的综合查询等，提供了一个统一、简便、快捷的平台，进而可以与矿山的各种管理信息系统无缝连接，以此为纽带促进"数字化矿山"的构建。

公司不断提高经营管理水平，加大研发和创新资金投入，提升企业的核心竞争力。公司先后取得多个发明专利、实用新型专利、农业信息化软件著作权、数字化校园软件著作权，为企业信息化建设做出了较大贡献。

用技术创新占据耐材行业的领先优势

耐火材料是钢铁、有色、石化、建材、机械、电力、环保乃至国防等涉及高温工业的重要基础材料，也是各种高温工业热工窑炉和装备不可或缺的重要支撑材料。耐火材料的技术进步对高温工业的发展起着不可替代的关键作用。

河南是耐火材料生产大省。由于耐火材料的生产工艺流程短，建厂投资较小，在耐火材料行业快速发展的过程中一大批中小耐材企业涌现出来，并造成了耐材行业"小、多、散"的状况，行业集中度低，市场竞争激烈；同时，企业的基础研究十分薄弱，创新能力明显不足。近年来，受下游行业产能过剩的影响，耐火材料产量下降，利润走低，企业资金周转困难，部分企业陷入经营困境。在这种局势下，耐火材料行业必须转型升级，进行产业结构调整,提高产业集中度,适应经济发展的新常态。其次,企业要注重科技创新,在提高创新能力方面下功夫,提高企业的竞争力。

　　始建于1993年的郑州开阳窑具制品有限公司是一家股份制高科技企业,位于新密市经济开发区,致力于碳化硅系列高档耐火材料的研究开发、生产和销售。公司秉承"诚信为本,科技创新,以质取胜"的经营理念,坚持产品领先战略,通过技术创新建立企业的竞争优势。公司长期与清华大学、郑州大学、洛耐院(中钢集团洛阳耐火材料研究院)、武钢研究院、上海硅酸盐研究所、华北电力大学等多家科研院所合作,建立高水平的研发团队,提高企业的研发能力,打造自己的优势产品,从而保证企业始终处于国际、国内同行业的领先水平。公司的产销量逐年增加,规模逐步扩大。目前,碳化硅制品年产量已达8 000多吨,产值1亿多元。面对严峻的经济形势,在稳定国内市场的同时,他们加强了国际市场的开发,产品出口到德国、日本、印尼、越南、印度、澳大利亚、伊朗等国家和地区。

一、确立高档碳化硅市场的优势地位

　　公司技术力量雄厚,拥有中高级工程师产品开发团队20多人,采用国内先进技术进行产品开发设计。生产设备先进,具有国际上最先进的高温节能环保梭式窑炉6座和3 000吨、1 000吨、500吨等各型压力机9台,捣固成型机20台及先进的制粒、制粉、混砂设备20多台(套)。公司于2010年12月迁入新址,新址占地60余亩,建设9个标准化碳化硅制品生产车间,一幢五层办公楼房5 000平方米,一幢两层科研楼2 000平方米,年产1.5~2万吨碳化硅制品。项目建成后,成为亚洲最大、世界一流的碳化硅制品生产企业。公司产品系列碳化硅罐(匣钵)、碳化硅管道、碳化硅棚板、碳化硅砖、氮化硅结合碳化硅制品、耐磨耐腐叶轮、耐磨密封件等,广泛应用在电瓷、直接还原铁、钒钛、选矿、冶金、电力等行业。

　　公司生产的碳化硅制品采用98%含量的高档碳化硅原材料,并对原材料的精选增加了一道特别工序,保证了原材料的高纯度。特别是2003年研究开发的直接还原铁行业专用的碳化硅罐,以其优越的质量,低廉的价格而受到了国内外多家钢铁公司一致好评。

　　公司于2003年研究开发了直接还原铁行业专用的碳化硅罐。直接还原铁用于优质钢的冶炼,是国家"十一五"期间重点推广项目,属朝阳行业。直接还原铁行业原使用黏土罐,每个罐只能使用3~5次,且罐子直径小,装入产品量少,自动化程度低。通过使用开阳公司生产的碳化硅罐,每个罐子至少可以使用至100次以上,且产品装入量大,进而提高了产量,保证了质量,节省了劳动力以及大量的资金,使广大用户都切实地感到使用碳化硅罐的优越性。自2003年生产碳化硅罐以来,先后供货于攀枝花攀阳钒钛有限公司、攀枝花创盛粉末冶金有限公司、西昌兴洋实业有限公司、莱芜泰钢粉末公司、昆钢集团、包钢集团、济南钢铁集团等国内20余家集团公司,同时出口蒙古、印度、老挝、朝鲜等国家。通过对产品的精益求精,严格控制生产工艺,保证了产品质量的稳定性提升,得到了广大用户的一致好评。目前,开阳公司的产品在国内碳化硅罐市场占有率达40%,居国内同行业之首。

二、不断创新耐磨、耐腐蚀的碳化硅内衬管道技术

　　磨损、腐蚀是设备密集型企业普遍面临的共性问题。电力、冶金、石化、煤炭和化工等大型工业企业每年因磨损、腐蚀而造成直接费用数千亿元,从而导致的间接损失更大。

为开发新的适应市场需求耐磨、防腐的高端产品,2009年抽调、招聘技术人才组建科技研发队伍,筹集专用资金,购进先进设备。针对国内这一空白,研发队伍瞄准此攻关项目,经数百次的反复试验,终于在2010年3月成功研制出高级耐磨、耐腐蚀的多种碳化硅内衬管道。碳化硅是一种人工合成的碳化物,分子式为SiC。通常是由二氧化硅和碳在通电后2 000℃以上高温下形成的,理论密度是3.18g/cm^3,其莫氏硬度仅次于金刚石,在9.2~9.8之间,显微硬度为3 300 kg/mm^3,具有高硬度、高耐磨性、耐腐蚀性及较高的高温强度等特点。在最高温度1 627℃以下均可正常使用,并且抗酸能力极强。

他们与华北电力大学合作,经过十余年的努力,开发了反应合成陶瓷—金属复合材料熔覆层系列技术和耐氯硫腐蚀新材料技术,有效解决了高耐磨性陶瓷—金属复合材料的原位反应合成等一系列问题,大幅度提高了重要部件的寿命和可靠性,并具有节能降耗的效果。

目前研发定型或已供应市场的产品有:用于火电厂的煤粉输送管道,型号Φ300mm~800mm均可正常生产制作;用于煤炭行业洗煤厂的耐磨输送管道;用于化工行业各种型号的耐腐蚀管道。耐磨管道经厂家试验,比目前普遍采用的耐磨钢管道使用寿命可延长10倍,大大降低了直接成本和间接费用。

未来耐火材料的技术将向着长寿、低耗、节能、环保、低碳、回收利用与功能型相结合的方向发展,普通耐火材料需求将大幅度降低,而优质、长寿、高效、功能性耐火材料和需求量将相应增加,因此,耐火材料企业需要不断提高综合实力,特别是要提高技术创新能力,不断开发高寿命、高质量耐火材料产品,满足用户的需求,从整体上提升我国耐火材料产业的国际竞争力。

开阳的目标是,争取在2年内年产量达到1.5万吨,产值2亿元。不断提高技术创新能力和综合实力,当好碳化硅制品行业的排头兵,使公司枝繁叶茂、长盛不衰。

用先进技术和产品培育核心竞争力

近年来,火灾多发。在一些大型建筑及人员密集的场所,消防设备极其烦琐,这些设备包括火灾自动报警系统、自动喷洒系统、消防事故广播/电话、排烟系统、气体灭火系统、消火栓系统、应急照明系统、消防电梯等,消防设备的运行状况直接决定着消防安全的水平。一直以来,因供电电源失控造成消防设备失灵,导致火灾蔓延的安全事故时有发生,特别是在供电紧张、设备质量不佳、安全意识淡薄、设计施工欠缺规范的影响下,这一问题更显得尤为突出。

针对这些问题,河南力安测控科技有限公司自主研制出了LDS200消防设备电源监控系统,遵从强制性国家标准GB28184—2011《消防设备电源监控系统》,通过实时监测消防设备电源的电压、电流、温度、开关状态等有关信息,从而判断消防设备电源是否有断路、短路、过压、欠压、缺相、错相以及过流(过载)等故障,实时反应被监控设备电源的运行状况,可以有效避免在火灾发生时,消防设备由于电源故障而无法正常工作的危急情况,最大限度保障了消防联动系统的可靠性。这一系统已经广泛应用于省内大型商场、医院、学校、展览楼、影剧院、广播电视楼、电信楼、财贸金融楼、宾馆、地铁、国家重点消防单位等领域,多次有效地进行了火灾的提前干预,避免了更大损失。

河南力安测控科技有限公司是一家专注于电气安全监控技术研究的高新技术企业,是电气安全监控整体解决方案的专业提供商。公司集研发、设计、生产、销售及服务于一体,已通过ISO9000质量管理体系认证。

因安全监控产品专业性的要求,企业一向对产品研发特别重视,建立了产品研发与技术中心,进行技术创新及产品升级,从技术层面上掌握关键核心技术,拥有自主知识产权,建立企业的竞争优势。力安科技已先后获得2项发明、13项实用新型专利、5项软件著作权;获得河南省消防科技进步一等奖及河南省科技进步二等奖,得到国家科技创新项目与国家重点新产品计划项目资金的支持。

2012年,力安科技作为主要编制单位,参加了河南省地方标准—《电气火灾监控系统设计、施工及验收规范》(DBJ/T114)的编制;2013年,力安科技承担了国家公安部重大消防科技攻关项目,这是河南消防领域近8年来首次承担的国家级科技攻关项目,该项目于2014年5月通过公安部验收。

同时,力安科技还将技术与企业实际结合在一起,开发出适合不同行业的产品。针对容易发生电气火灾事故的煤矿企业,力安科技开发出GDS3000工矿电气安全监控与管理系统。该系统采用微处理和总线技术,有效提高了系统的安全性和可靠性;针对电力企业大量使用电缆的情况,开发出LCS200电缆温度在线检测系统等。

力安测控正在尝试云技术,建立电气安全物联网,让电气设备有智能感知。力安测控通过利用更新的、更先进的技术与产品,打造国内电气安全监控第一品牌。

狭小空间的机械能手

郑州科步科技有限公司的前身是日本ヤザキ工业株式会社在郑州的加工厂"郑州矢崎金型机械加工有限公司",主要从事机械模具的设计、造型和加工。2009年,矢崎金型机械被国内资本收购,组建成为郑州科步科技有限公司。

科步科技拥有一支高素质的科研队伍,具有雄厚的技术研发能力。同时,借助于各种焊接及数控加工设备,可根据用户要求进行特殊设计,满足不同行业的需求。公司也是国内从事狭窄空间用的微型履带起重机研发生产的唯一厂家。科步科技主要产品有KB系列微型履带起重机、KBG系列高空作业平台、KBJ系列建筑高空吊运机、KBD系列全电动微型轮式起重机。这些设备主要用于狭窄空间的汽车发动机车间设备检维修、电力检维修、化工车间检维修,以及建筑幕墙安装、高铁车站的建设、陵园石材行业等空间狭小的场合使用。生产的微型履带起重机拥有自主知识产权,并申请了多项生产专利技术。2012年10月,取得欧盟的CE安全认证。

科步科技的产品已被国家电网、南方电网、通用汽车、本田汽车、中石油及中石化等选用,在北京网通大厦建设和上海市中心大厦施工、深圳地铁工程等项目也使用了科步的产品,为施工单位在狭小空间作业提供了强有力的支持。

2013年4月,俄罗斯客户需要微型履带式起重机机器能满足寒冷地区使用,经过科步科技的科技人员连续几个星期进行科研攻关,终于研制成功,并通过了客户验收,已交付客户在-40℃的条件下作业使用,效果良好。

先进产品的生产离不开先进的企业管理。科步科技在2012年4月就通过了中ISO9001：2000质量管理体系认证,更加完善了组织管理,提高产品的质量与竞争力。

公司在国内市场成为唯一,但并没有故步自封,而是更加积极、更加广泛地开展国际技术交流,与国际上技术领先企业、机构展开全方位技术合作。2013年10月,公司参加了上海国际电力电工展览会,与国内外的企业进行了深度交流,学习了先进经验,也引来了国外企业的关注。2014年9月,科步公司就市场的开发问题与日本YAZAKI公司多次进行交流,最后凭借先进的研发能力,多款产品成功登陆日本市场。

目前,科步公司产品已出口加拿大、英国、俄罗斯、澳大利亚、美国、巴西、越南、阿联酋等国。

高技术　高服务

郑州天芮节能科技有限公司创建于2003年,并在2013年通过严格审查,入选为河南省发改委备案的专业节能服务公司。如今,郑州天芮已是中原地区知名的以技术研发为核心竞争力,锐意进取,不断创新的专业节能服务公司。天芮节能对节能技术与节能服务模式进行创新,采用合同能源管理模式为政府机构、大中型企业、大型商业综合体等高端客户提供了高效率、高品质的节能服务。

天芮以技术的不断领先作为优质服务的根本,组建了一支高素质的研发团队,包括高校教授级的专家,也包括年轻的博士、硕士,研发出了全球最领先的照明与变频技术服务于客户。

从2003—2012年,全国城市道路照明路灯需求量从800多万上升到2 000多万,但从2009—2013年全国LED路灯实际安装数量只有200万盏,普及效果很不明显。但天芮并没有因此而继续开发、生产老旧的节能灯系列,反而扩大科研投入,加大力度支持LED节能灯的研发,研制出了高效节能路灯。它的核心技术主要是：先进的光源技术、可调光、可调功率的系统、可回收使用光资源的高效反射器,通过这几点,实现了照明路灯的高光效、长寿命,也可以把产品的成本控制在预期内。天芮以此项目得到融资近千万元,从而大规模生产出高规格、高效节能产品,迅速占领了市场。

2014年,卢氏县城建局为了本县的照明工程改造,特地赴郑州市上街区对天芮节能科技的节能产品进行实地考察。为了更好地测试节能照明效果,晚上9点半之后,上街区主要路段考察了一遍。结果是各项技术指标如照度、照度均匀度、炫光抑制、透雾能力、色彩还原均远远优于当前采用的高压钠灯以及普通的 LED 路灯。这样的实地测试，天芮节能科技遇到很多。

天芮节能的另一个法宝是高品质的节能服务，为客户进行节能改造。节能改造是一项系统的、复杂的工程，它不单包括对现有设备的更换或维护，更多的是围绕能源诊断、设计、施工、运维等一系列环节开展的工作。

天芮节能组建之时，就组建了专业化的团队进行节能改造前的能源诊断，根据不同类型、不同行业领域对企业的设备进行整体的评估，让用能企业在实施改造前能够清楚地知道能耗状况，从而，公司可为企业量身定制出最合理的节能改造方案，使得节能改造顺利进行。

公司的节能方案设计团队，在实施节能改造项目时，往往能够发挥更大的优势，为客户提供一条龙服务。在提供先进的节能技术与产品的同时，还"想客户之所想，急客户之所急"，为客户设计出最合适的节能改造实施方案，以最少的资金投入，获取最大的节能减排效益。天芮节能还负责节能设备的更换和后期系统的维护，通过管理和维护保证整个系统正常稳定运作，可以将用能企业从繁杂的管理工作中解脱出来，免去了用能企业的后顾之忧。

技术创新带动企业快速发展

2012 年，仅欧洲应急灯用高温电池市场就约 2.2 亿美元，配套逆变器市场约 2 亿美元，全球市场份额约 10 亿多美元。而国内电池行业的发展重点为锂离子电池以及电动车电池，市场竞争相当激烈。国内可以达到欧美应急灯专用高温电池生产标准的企业仅 3~5 家，且规模相对较小应急灯专用高温电池市场空间巨大。驻马店市圣力源科技有限公司是一家致力于应急充电电池研究、制造与市场开发的专业公司，年产值近千万美元。

圣力源科技有限公司的创始人齐汝平，1979 年考入上海交通大学，先后获取上海交通大学液压传动与自动控制硕士，西安交通大学管理科学与工程博士，高级工程师。2005 年成立深圳市圣力源电池有限公司，依靠自有品牌和技术，研制应急灯高温电池、逆变电源、应急照明等，产品通过欧洲 CE 安全认证、美国 UL 认证及 ISO9001 质量体系认证，70% 多的产品出口国外。2012 年将公司搬到驻马店市，成立驻马店市圣力源科技有限公司。

新公司延续了自主创新的道路，不断进行新产品研发，遥控型应急电源装置、应急用 LED 灯管等 5 项专利就是在此期间发明的，经过成果转化，发挥出了巨大的经济效益。同时，公司还与中南大学化学化工学院共同开展"全钒液流储能系统"技术研究战略合作，进行更先进技术的研发。

长期以来，在电池生产线上，由于劳动力成本偏低，影响了电池设备自动化的发展，特别是自动化测试、自动化分拣等领域以人工为主，容易造成人为的分容错误、标识不清，造成人力和时间成本的浪费。在对这种现象仔细研究之后，圣力源科技的团队凭借着多年的电池生产经验,研发出了圆柱形电池智能分拣机器人设计与制造系统。这一项目在国内国际上属于空白,使用这一生产技术可以节省50%以上人工成本,杜绝了电池在生产过程中的分容、电压、内阻等测试与标识错误,基本避免了电池二次分容等重复性工作,总的车间成本能降低50%以上。这套系统是一种固定的电池电压内部测试仪,由可识别电池托盘、电池测试工作台、电磁吸盘分拣机、计算管理与电池生产过程能力分析系统等组成,实现了电池检测与分拣的自动化与电池生产的在线监管。该技术获得四项新型专利,还有四项发明专利正在申请中。

工作过程中,计算机对整套机组的测试与分拣进行控制,完成电池托盘的读写、电池性能数据的记录、存储、分档,并根据预设分拣要求进行分拣操作,同时根据所存储的电池数据完成电池生产工艺能力 SPC 的计算与分析,实现电池生产过程的在线监控。

根据目前国内电池生产厂家的数量统计,在使用的柜式电池分容机是 10～20 万台,预计新系统的市场规模为 10～25 亿元,前景可观。

技术领先,逆势增长

河南省禹州市神禹纺织有限公司始建于 1998 年,公司的品牌产品"神禹"牌 45sT/C 纱荣获河南省优质产品,产品远销全国各地,2013、2014 年均实现了产销率 100%、货款回收率 100%,销售收入上亿元,实现利润近千万元,呈现出逆势增长的经营势头。

受国际市场需求减弱,国内市场需求增长趋缓,国内外棉花差价过大等因素影响,我国纺织行业运行呈现下滑态势,生产增速明显下降,出口数量有所减少,企业效益下滑,很多企业的日子很不好过。行业内外部环境复杂,作为棉纺织企业能够坚持活下来,就是胜利。尤其是像神禹纺织这样的企业,在产品结构调整、技术创新等方面没有几招真本事是难以生存的。

为了提升企业整体技术水平,神禹纺织与国内知名企业建立了技术合作关系,外聘专家对企业进行技术指导、咨询、查找问题和技术培训。2014 年 5 月,在产品开发过程中,在技术专家帮助下,解决了紧密赛络纺 40 支、JC50/R50 自动络筒捻接工艺和捻接质量问题,使公司棉纺产品技术水平上了一个新台阶,在市场上占据了有利的地位。

2014 年底,公司通过技术革新,以非棉纤维替代纯棉纤维,化解国内外棉花价差对企业造成的影响。目前,企业用棉已调整到仅占原料总量的 40%。通过生产差异化产品,无论是高档精梳,还是赛络纺,在市场上都具有很强的优势,产品畅销广东、浙江、江苏和福建等地。

公司不满足于行业现状,而是立足客户,站在消费者的角度开发新产品。结合多种纤维的优缺点,在 2015 年 3 月研制出了五合一纱线。五合一纱线的原料包括黏胶、棉、纤竹、天丝和腈纶等材料。其中,天丝从美国进口,腈纶从德国进口。五合一纱线纤维混纺克服了各种纤维的缺点,实现了各种纤维的性能互补,突出了优点。该产品具有新颖性、先进性和独特性,制成内衣穿着舒适柔软保暖,吸湿透气,抗菌环保,填补了市场空白,目前只有神禹纺织一家公司生产。

　　神禹纺织还可以根据客户需求和季节变化进行不同比例的混合，以及再组合。在行业内的混合比例很多都是两合一、三合一，三合一的技术已经很难了，但是神禹纺织做的是混纺，行业标准是 1.5% 误差，他们可以做到 0.5% 的误差，这是很多企业达不到的。神禹纺织就可以自行开发出多种组合纱线，也可以为下游用户定制特殊要求的纱线。

　　正因为在技术上的突破和领先，神禹纺织才能够在行业内持续发展，逆势增长。

农业机械行业持续创新的推动者

　　农业机械是现代农业的重要物质基础，农业机械化是农业现代化的重要标志。我国正处于从传统农业向现代农业转变的关键时期，加快推进农业机械化和农机工业发展，对于提高农业装备水平，改善农业生产条件，增强农业综合生产能力等具有重要意义。国家加大农机补贴力度，激发了农民购机热情，并拉动了农业机械行业的发展。国家"十三五"规划建议大力推进农业现代化，"提高农业机械化水平，持续增加农业投入，完善农业补贴政策"，对农业机械行业是重大利好。城镇化与农业现代化协调发展，也将为农业机械行业提供难得的发展机遇。

　　千年丰农业机械有限公司地处洛阳，这里是全国以生产拖拉机闻名的工业生产基地。千年丰是一家以中小轮式拖拉机研发、装配为主要经营范围的农机企业，是国内农机行业的后起之秀。十几年来，千年丰坚持以市场为导向，以技术创新为动力，取得了迅猛发展，成为拥有两个生产基地的综合性农机生产企业。产品销往新疆、东北、华北、华南等十余个省份，建立了稳定而发达的经销商网络。2009 年，公司产品获得了"河南省优质产品"称号。

　　为三农服务是千年丰的宗旨；质量第一，用户第一，服务第一是千年丰的承诺；按照市场需要不断改进，不断创新，竭诚为客户服务是千年丰发展的方向。遵循和坚守企业经营理念，加强技术人才的引进和培养，适应市场需求不断推进技术与产品创新，千年丰农业机械才得以迅速发展壮大。在以小四轮简易拖拉机为主导产品的初期，产品的功率等级根据用户需求不断提升，不仅生产 17-18 马力等级的小四轮，同时还开发 20、22、25、28 直至 32 马力的大型小四轮；在产品结构上，不仅有普通型，还开发出生产减震型、带后动力输出轴型以及简易四驱型等多种变型产品。在满足广大用户需求的同时，公司生产规模迅速扩大，很快达到年产两万台以上。

　　伴随国家农业机械化的发展，小四轮拖拉机已满足不了农田作业的需求，千年丰农业机械在充分进行市场调研的基础上，及时研制出标准型的中型轮式拖拉机。从 2010 年开始，先后研发了 25-30 马力的小中拖、30-45 马力的以及 45-60 马力的中型拖拉机。为了适应蔬菜大棚和果园作业的需要，公司开发了大棚用拖拉机的变型产品系列——"大棚王"。从 2013 年开始，根据市场发展，千年丰农业机械又开发了 100-130 马力的大型轮式拖拉机系列产品投放市场，受到了用户广泛欢迎。现在千年丰农业机械正在开发

140-160 马力更大功率的大轮拖,即将投放市场。

公司轮拖产品的发展,不仅体现在功率段的增长和功率范围的扩大,而且在各种变型产品的开发和结构创新上亦取得了可观的成绩。在基本型系列产品型号的基础上,千年丰相继研发出窄轮距型、高地隙型、侧操纵型以及液压提升系统强升强降型等多种变型产品,在充分满足用户的不同使用需求的同时,千年丰农业机械的生产规模也由此获得了突飞猛进的增长。

创新立体绿化,做人类绿色的变革者

河南希芳阁绿化工程股份有限公司成立于 2009 年 4 月,是一家专业从事生态环保技术开发、生产、应用的高科技公司,致力于屋顶绿化、墙面绿化等绿色环保事业的研究与推广,为建筑物提供生态绿化解决方案,实现绿化从室外到室内、从地面到房顶、从平面到立面的变革。公司加强新产品的研发及应用,积极开拓销售渠道,拓展产品用途,专注于屋顶绿化、墙面绿化、阳台绿化、屋顶农业等科技绿化,同时,开展无土草坪的公园、小区、道路、足球场、高尔夫球场等常规绿化应用。

希芳阁绿化工程是河南省大学生创业首批扶植项目。2009 年底与华夏海纳投资公司联姻,并入住河南国家大学生创业园区,是河南省政府重点支持公司。2013 年,公司成为首批获得城乡立体绿化资质的 16 个公司之一,同时也是河南省首家获得城乡立体绿化资质公司。2014 年 1 月 24 日,希芳阁(430557)在全国中小企业股份转让系统(新三板)挂牌,成为中原建筑绿化行业第一个上市企业。

一、以专业为基础的创业之路

公司董事长兼 CEO、31 岁的王洋洋是创业大学生的典型代表。2001 年 9 月,王洋洋考入河南农业大学农业资源与环境学院。几乎和所有的创业者一样,王洋洋的创业之路也是从艰辛的摸爬滚打中走过来的。在上大学期间,王洋洋曾两次创业。第一次创业选择的项目是,为本校及周边学校的文艺演出、开幕式等大型活动提供音响设备的租赁服务,第二次是做关于企业成本压缩的培训,推广著名讲师的课程。两次创业虽然都没有亏本,但却没能持续下去。究其原因,一方面是选择的项目缺少核心竞争力,另一方面则是因为不愿放弃自己的专业。"最好在自己熟悉的领域发展,专业是创业成功的必备要素。自己学的是植物营养,想走与专业一致或相关的创业路。"王洋洋说。

王洋洋后来选择的"无土草坪"这一高新环保项目是受到 2008 年北京奥运会的启发。那时,他正在河南农大读研究生。奥运会中全部用草铺设的巴士车的出现,让王洋洋眼前一亮,并从中看到了商机。王洋洋清楚认识到,环保产业是朝阳产业,依托农大的实验室,无土草坪在技术上没有问题,这条路靠谱! 就这样,2009 年希芳阁公司成立,40天后,第一批无土草坪正式成坪。

然而,在创业的过程中却充满艰辛和曲折,王洋洋的创业之路在 2009 年冬天跌入低谷。当年冬天异常寒冷,生产的草坪冻成了冰疙瘩,员工多月发不出工资。"创业没有回头路,只能在过程当中不断调整、纠偏,这个时候我们选择了坚持。"回忆起当时的情景,王洋洋言语间透着坚毅。

不少年轻人都喜欢浪漫的草坪婚礼,为什么不用无土草坪做草坪婚礼呢？王洋洋想到把无土草坪用到婚礼上。当时不少婚庆公司用的都是假草,如果能把真草用在室内,肯定大受欢迎。原生态草坪婚礼一推向市场就受到欢迎,这一尝试也让企业起死回生,得到了第一桶金。以此为契机,"希芳阁"乘势而上,不断开发新的项目,展会绿化、屋顶绿化、绿色家装等业务迅速铺开,公司走上了平稳、快速发展的道路。

二、创新绿化技术

基于对核心竞争力的独特认识,希芳阁在技术研发方面进行重点投入,具有较强的研发能力。公司拥有河南农业大学、河南农业科学院两大科研基地以及千亩种植及实验基地,技术实力雄厚,已取得发明专利 5 项,软件著作权 2 项。公司有博士 2 名、硕士 5 名,教授、研究员顾问 5 名,园林景观设计、施工、喷灌工程、植物营养、室内环境监测等专业技术人才 20 余名,形成了结构合理、综合实力强的研发团队。2013 年 3 月,公司参与制定的《屋顶绿化技术规范》河南省地方标准通过专家评审,成为我国继北京、上海、广州之后的第四部《屋顶绿化技术规范》地方标准。2013 年 4 月,公司成为我国首批获得《城乡立体绿化资质》的十六家单位之一,是河南首家。2013 年 5 月,公司成为河南省屋顶与立体绿化工作委员会秘书长单位,为规范行业行为、促进行业健康发展做了基础保障。2013 年 10 月,公司获批建设"郑州市建筑生态绿化工程研究中心",工程中心以行业链上下游的关键材料和技术研发为重点,为实现公司产业化运作做好科研开发。

2012 年 1 月,在东方今报的报道《监测 PM2.5 还城市一个"绿肺"》中,省政协委员翟建宏建议,从源头上控制并减少 PM2.5,可把楼顶利用起来,推广屋顶绿化,这与王洋洋的想法不谋而合。"屋顶绿化年平均滞尘量是 12.3g/m²,如果把城市屋顶的 20% 利用起来进行绿化,就能减少一半的雾霾天气。"王洋洋说。希芳阁及时进行技术开发,并取得技术上的突破,同时,公司的业务团队很快联合郑州市屋顶绿化协会、业内企业在郑州市推广屋顶绿化。在这个过程中,希芳阁取得了无土草坪立体绿化结构及其建造方法发明专利和无土草坪立体绿化结构实用新型专利两项,公司也成为《屋顶绿化技术规范》河南省地方标准的起草人之一。企业找到了新发展方向。

自 2009 年成立至今,希芳阁设计施工的屋顶和立体绿化项目每年以 300% 的速度递增发展,由原来的 5 亩无土草坪生产基地,发展为现在的上百亩特种苗木中心;业务范围由单一的草坪逐渐拓展为屋顶绿化、墙面绿化等建筑生态绿化领域;从单点的无土草坪技术优势,布局形成到拥有到屋顶轻质生态营养土、立体墙面绿化结构等多项发明专利的多点技术优势,并在积极开展屋顶农业方面的研究与推广;主要客户群体不仅涉及企事业单位、学校、商场、酒店、医院、社区等公共屋顶和墙体绿化,还涉及个人屋顶和墙体绿化等业务。

引领未来立体绿化的发展方向,做人类绿色的变革者是希芳阁人的使命。希芳阁将以特种苗木中心、工程技术研究中心及产学研合作为平台,不断加强与新加坡、日本、德国等国内外企业之间的战略合作,同时开展产业链关键技术及产品的研发,引领屋顶绿化与立体绿化行业发展,为人类生存环境的优化做出卓著贡献。

立足 GPS 定位，提供优质客户服务

郑州北斗电子科技有限公司是成立于 2011 年的一家专门从事 GPS 全球定位系统的销售公司。经过数年的发展，北斗电子已经成为一家集 GPS 全球定位系统的研发、加工生产、销售、安装和服务为一体的专业化公司。

北斗电子公司注重技术创新，加强产品研发，所经营的 GPS 定位监控系统相继通过了交通部的相关国家标准 JT/T794—2011、JT/T796—2011。公司以质量为第一准则，追求客户满意。在市场经营中，公司以优质的产品、合理的价位及精湛的服务赢得了广大客户，产品广泛应用于按揭信贷车辆、物流车辆、企事业单位车辆、私家车、出租车、长途客车、混凝土车辆、工程车辆、烟草配送车辆、银行运钞车、邮政运输车及危险品运输车辆等，客户遍及各个领域。

出于国家安全的需要，中国于 2012 年就开始提供服务的国产北斗定位系统全面进入市场。一方面，由于国家的全力支持，另一方面，基于毫不逊色的定位精度及优越性能，北斗定位系统攻城略地，在 GPS 定位系统中国市场形成了强大的市场竞争力。

有预测显示，以美国主导的 GPS 定位系统在中国的市场份额会呈现出逐年下滑的趋势，郑州北斗电子有限公司利用在导航市场积累的市场份额和运作经验，也逐步转向北斗定位系统产品的销售和服务，广泛接触并挑选高性价比的北斗应用产品投向市场。

随着我国国家地位的提高和国家安全意识的加强，定位系统服务前景广阔。郑州北斗电子公司凭借高水平的技术和优秀的服务团队，不断向市场推出优质系统产品，发展潜力巨大。

用先进技术和优质服务构建发展的基础

无论是任何产品都需要包装，包装的精美程度已影响到消费品位。随着消费水平的提高，包装机械行业也随之迅速发展，竞争日益激烈，在国内外包装机械市场繁荣的背后正演绎着一场场市场争夺战。目前，中国包装企业能站在国际舞台上的只有极少数的几家。郑州奥特包装设备有限公司就是其中的一家大型包装机械制造企业。

郑州奥特包装设备有限公司成立于 2007 年，是专业研制、开发、生产、销售各种类型粉剂、颗粒剂、液体、膏体定量灌装生产线、自动称重配料生产线设备的高科技民营企业，产品遍布全国各地，产品销量领先。秉持以"市场为导向，科技为先导"的发展理念，公司根据市场需求不断吸收、引进国内外先进技术，特别注重进行自主技术攻关与开发，在激烈的市场竞争中，及时把最新技术成果转化为适应市场需求的优质产品，成为奥特包装走向成功的强大动力。

　　一系列技术成果的背后是奥特包装拥有的强大的技术支持力量。一方面,公司积极与省内外高校进行深度合作,建立了技术研发中心,全力推动公司产品创新和技术创新的进程;另一方面,广招人才,建立了在各种不同包装材料领域都拥有十分丰富的技术和经验的研发队伍,组成了以行业资深专家、研究生为主体的研发团队,从设备研发、工艺改进以及自动控制等各个环节保证了产品的高科技性。

　　公司坚持"市场为导向,服务为后盾"的经营思路,建立了完善的市场服务体系,努力为客户提供优质服务。对待每一个客户,无论是硬件设施支持还是售后服务,都能以五星级服务为标准,为客户提供最贴心舒适的线上线下相结合的服务保障。线上通过互联网及移动网络技术,随时随地和客户保持联系,为客户解决疑虑提供服务;线下,一方面参加各类的大型展销会,扩大与客户的接触面,另一方面在现有运营店面基础上,经常派出技术和业务人员实地考察客户的场地、物料等情况,进行深入的交流,充分了解和解决客户的问题。

　　经过不断的发展和市场开拓,奥特包装已走出河南,客户遍布全国各地,其中不乏像东阿阿胶、山东鲁抗医药、安徽洽洽食品、六个核桃集团等大中型企业。

空气净化服务的创新者

　　当前,环保风暴愈演愈烈,空气污染治理、脱硫罚单、水污染治理等都是对环保产业的利好,环保产业的春天即将来临。其中,为我们提供美食的厨房也在治理的范畴。现在,城市中肺癌患者逐年增多,致癌途径与厨房油烟导致的突变性和高温食用油氧化分解的致变物有关,厨房油烟,尤其是餐饮企业的厨房油烟污染对室内空气的污染非常严重。河南新空气环保工程有限公司是一家专业从事环境污染治理的高新技术企业,主打产品就是油烟净化器、烟气脱硫除尘、环保通风设备、降噪音设备、厨房油烟净化设备等。公司加强技术研发,不断改进和推出新产品,满足人们对清新空气的要求。

　　河南新空气环保工程有限公司凭借着雄厚的技术实力、齐全的生产线,在环保业取得了突出的成就。公司拥有一批具有丰富经验和开拓精神的高级专业技术与管理人才,具有较强的技术研发与产品开发能力,获得了建设部颁发的环境工程设计甲级资质证书,通过了职业健康安全、质量、环境三标一体化的认证,通过了 TS16949 质量体系认证,并获三项环保领域技术专利。同时,公司也积极参与到环保行业的标准制定工作中,多次对国家、行业及地方标准的编制提出了自己的意见与建议。

　　在强大的技术团队的支持下,公司在真正了解客户的需求的基础上,不断开发出富有吸引力的解决方案和新型产品,适应餐饮行业及日常消费者的厨房油烟净化的需求。2012 年,公司开发的高压静电厨房油烟净化器主要适用于酒店、宾馆、企事业单位食堂厨房油烟排放的净化处理。该产品外形亮丽大方,设计先进合理,制作工艺精良,规格型号齐全,体积小,功率低,阻力小,省电又便于安装保养。

　　2013 年,公司又针对印染行业、金属加工行业生产中产生的油烟污染,设计生产了新型静电油烟净化设备,主要应用于印染行业中定型生产线的油烟净化及回收、人造革行业中的发泡炉油雾净化及回收、各类金属加工油雾净化处理,从而以更高规格的净化效率,获得了大量的工业客户,并以安全、高效、节能、环保而称誉于广大客户。

科慧科技:领军河南焊接机器人制造

郑州科慧科技股份有限公司成立于 1996 年,是"新三板"挂牌上市企业。科慧科技主营业务为智能焊接自动化设备及生产线的研发、生产、销售,同时研发、生产和销售热处理冷却技术设备,主要产品为专用焊接机器人、标准焊接机器人及工作站、基于标准焊接机器人的焊接生产线和热处理冷却技术设备等。

科慧科技专注于智能焊接装备的研发制造与智能焊接机器人的相关技术,经过近 20 年的研发实践,具有成熟的焊接机器人工作站及生产线技术,在汽车制造、医疗器械、工程机械等行业多有应用,已建成年产 1 000 台套智能焊接机器人的生产研发基地,可为用户提供标准及专用焊接机器人、智能焊接自动化装备、智能焊接车间等,是国内少数掌握此项核心技术的企业之一。公司加强技术研发,已经拥有 26 项国家专利、6 项软件著作权。公司在焊接自动化设备、智能焊接机器人的研发与生产方面具有多年经验,在国内处于领先地位,是河南省智能焊接自动化省级工程实验室依托单位、河南省机器人产业联盟副理事长单位、郑州市智能焊接自动化研究中心依托单位,是国家认定的高新技术企业。

科慧科技总部位于郑州国家高新技术产业开发区,拥有六个控股子公司:郑州科慧福瑞通机器人设备有限公司、圣基恒信(十堰)工业装备技术有限公司、郑州科慧汽车装备技术有限公司、南京臻铭信机电科技有限公司、郑州科慧智能技术有限公司和郑州科慧机械制造有限公司。

按照未来装备制造业的发展趋势及焊接机器人的产业规模,必将有一批掌握核心技术的企业得到飞跃式发展。科慧科技作为新三板上市企业,将借助资本市场的力量,有望在 2020 年实现百亿以上产值,成为全球技术领先的智能焊接整体解决方案提供商,帮助更多高端装备制造企业实现装备升级。

5

营 销 创 新

以客户需求为导向,以价值创造为目标,已经成为企业营销实践与创新的基本方向。所谓营销创新就是根据营销环境的变化情况,并结合企业自身的资源条件和经营实力,寻求营销要素在某一方面或某一系列的突破或变革的过程。彼得?德鲁克说"一家企业只有两个基本职能:创新和营销。"对于企业来讲,创新和营销作为企业生存与发展的核心问题,是企业经营的焦点和重点。

围绕客户需求及潜在需求进行创新,是企业市场营销的重要任务。营销创新不仅是营销技术上的或要素的创新,更重要的是市场价值的创造。也就是说,创新的重点在于创造客户价值,而并非只是寻求营销要素与方式的新突破。市场价值的创造唯有通过市场考验,为客户所接受,建立客户忠诚,才能真正地创造出客户价值。市场需求是市场竞争的焦点,因此,围绕市场需求与竞争对手进行区隔,进行差异化营销,是营销创新的中心任务之一。企业营销不仅要满足消费者外在的需求,营销创新的重点在于发掘、激发、创造并满足客户细分的、潜在的、尚未满足的需求,将其需求与我们所能提供的产品或服务进行成功对接,使创新得到市场的认可与检验。

随着市场的发展,企业需要从更高层次上以更有效的方式在企业与客户之间建立起有别于传统的新型的主动性关系。传统的营销要素已经无法满足客户的多样化需求,新的营销要素的作用越来越突出。新的营销要素不断涌现,新的营销模式不断产生,无论4P、4C或是4R、4V,都无法概括日益丰富的营销要素,也很难在更加复杂的市场竞争中营销制胜。新的营销实践不断提供如何在4P、4C、4R、4V之间进行创新整合的多种答案。客户价值主张、品牌创新、形象塑造、体验式营销、网络营销、微营销等这些当代市场经营的重要手段,正以其鲜明的特征进入营销领域,并散发出独特的市场魅力。

企业营销创新实践证明,卖产品不如卖服务,卖服务不如卖品牌,卖品牌不如卖文化。实际上,无论对于传统的制造业、服务业,还是高新技术企业,卖服务就是提供解决方案,卖品牌就是交换情感价值,卖文化就是创新生活方式。

定位精准，占领职业装定制细分市场

郑州服装业经过"十二五"的发展，已经成为走出去的一张名片，特别是女裤、女装，甚至整个服装类别都在全国占有举足轻重的分量。郑州成为继石狮、广州、杭州之后的又一个服装产业集群，拥有梦舒雅、渡森、娅丽达等多个中国服装行业驰名商标，并有众多二三线品牌，配套产业链包括设计、加工、质检、纺织机械等已经形成，郑州已经成为服装产业的重要基地。

华尚服饰就诞生在郑州这片服装业的沃土上。但是，服装行业经过改革开放发展至今已经发展得相对成熟和完善，并把大量产能输出到海外，新成立的公司若是找不到合适的定位，要在当前环境下生存下去是比较困难的。

华尚服饰找到了职业装定制的突破口，在2006年成立时就有了精准的自身定位。河南服装定制市场上大多是外来企业，本土企业因为信息化程度低，小批量的个性化定制产品成本高而难以产生利润。河南市场上比较活跃的就是本土品牌隆庆祥，这是一个老牌企业，专注于西服的定制，但近年没有看到其较大的市场扩张行为。

华尚定位于职业装定制，口号极为简洁并便于传播："18年服装定制经验，6套解决方案"。华尚并不是对所有的职业装都进行定制，而是在市场调研的基础上，精简出6套最有潜力的职业装定制方案，便于精益求精。这六套方案包括"男士西装""女士西装""男士衬衫""女士衬衫""女士风衣"和"工装夹克"。同时，配以资深设计师组成的设计团队，以及专业化的生产设备和加工工艺，就很好地解决了职业装定制的难题。

准确定位让华尚逐步在市场中站稳脚跟。至今，华尚已经先后为店连店打折网、大商集团、郑煤集团、美巢装饰等企业设计制作形象服，并获得了广泛赞誉。基于其较大的市场影响力，"华尚"还被评为河南省知名品牌。

漫族年代秀——主题餐厅新玩法

"人是铁，饭是钢，一顿不吃饿得慌"。作为历史悠久，却永不过时的行业，餐饮业近年来也不可避免地成为(移动)互联网、物联网巨头和创业者们"首当其冲"垂青的领域，也令诸多资本潮疯狂地涌入。

在这样的浪潮中，我们也发现了餐饮业者牛国豪的创新前行的身影。从事餐饮行业20多年的牛国豪，做过在郑州轰动一时的2046香辣虾，一年不到的时间做到60家；做过重庆小板凳火锅，与人合伙做过眉州酒楼。我们从他的经历中，总能发现连锁经营、发现主题餐厅的影子，比如2046香辣虾的电影主题，我们还总能发现牛国豪在这些创业经历中的文艺气质。这也许是漫族年代秀主题餐厅能出现的原因。

漫族年代秀是牛国豪打造的一个新品牌。

一、漫族年代，味爱而生

个性化消费时代，主题餐厅一时间遍地而起。主题餐厅是通过一个或多个主题，让人既可以品尝到美味佳肴，又能体会某种文化氛围。漫族年代秀是融合海派文化、民国文化、电影文化为主题的餐厅，想通过对民国时期的上海再现的形式，营造一份时尚、浪漫、品味并存的主题休闲餐厅。

走进漫族年代秀，首先映入眼帘的是老上海百乐门圆形的立式话筒，旁边摆着老式的留声机，缓缓流淌的是《夜上海》优美的音乐，墙壁上挂着老上海人丹、香烟、雪花膏的美女广告，书架上摆放着张爱玲、林徽因、徐志摩等民国时期才子佳人的书。当你打开菜单，也许你点的是张爱玲爱吃的一份菜，是林徽因徐志摩约会时的一道菜……

通过氛围营造、产品设置、包间设置等，让顾客进店之后能够抛开门外的浮躁和喧嚣，领略和体悟民国上海独特的氛围和文化，让"80后""90后""00后"重拾文化辉煌，实现牛国豪心里的文化传承梦。味爱而生，这个味是美味，这个爱是大爱。

二、穿越古今，数据经营

虽然是传统的主题，但采用的是现代化式的经营方式。在互联网浪潮下，餐饮行业天然具备"互联网+"的特性。现在的餐饮都是线上线下双经营模式，但是"互联网+"的方式一定不仅仅只有一种方式，运用互联网时代的数据留存、数据分析、数据挖掘为顾客更好的服务，是漫族年代秀想做的事情。

在漫族点餐，用的是漫族年代秀自己开发的点餐系统，系统会根据对顾客数据的分析进行针对性的服务；漫族年代秀也有自己的微信公众号，让顾客及时掌控到最新的店内消息和美食动态；同时与各团购网站都有合作；与新媒体结合的很多新营销方式，牛总都在尝试。漫族年代是一个年代主题餐厅，也会是一个拥有物联网科技的现代化数据餐厅。

三、传承文化，连锁发展

民国时期，兵荒马乱，风起云涌，激荡之下人才辈出。漫族年代秀希望做的就是给顾客提供一种沉静的，隔绝喧嚣的，又是能被新新人类接受的具有知识气息的氛围和环境。

创始人牛国豪想的是将它打造成一个主题连锁品牌，近一年之内最多开5家分店，而且都采用直营的模式。现在第一家店在郑州市未来路已经开业，第二家分店花园路店正在装修。

牛国豪心里总有一种情怀，总想以餐饮为载体实现自己的梦想。他有的时候说自己只是个做饭的，会把饭做好，但又可能在新环境下做出一件新的好玩儿的事。他的人生可以以一首诗来总结：曾经为厨煎烹炸，更知人生苦与辣；志存高远心平常，上善若水艺升华。

传统小微企业的转型困境

河南纳佰得服饰是一家成立不到两年的服装定制企业,现有人员 15 人,公司成立的初始想法是凭借自己的专业,试图在传统产业里找到一个小众市场,从而站稳脚跟。因为初创时,公司老板还是个刚有两年工作经验并面临就业压力的学生。

河南本土的服装定制市场整体处于散乱状态,尚没有形成有影响力的龙头企业,资历比较老的如隆庆祥等,若干年也没有很出色的表现,服装定制应该是个不错的突破口。另外局限于资金等实力的限制,公司选择组织市场的服装定制作为自己的目标市场,自主设计和销售,通过外包加工,主打西装制服、工装、文化衫等制作。

河南的服装定制大客户如银行、通信企业等都被域外有实力的企业所把控,如海澜之家、罗蒙等,纳佰得服饰公司依靠创始人既有的关系网络和高效的销售团队还是很快地开拓了自己的生存空间,2014 年销售额达 120 万元,并小有盈利,达到了既定的站稳脚跟的目标。2015 年里因为由于市场下行的影响等原因,使销售目标实现突破变得艰难,也使公司强烈意识到传统销售方法——人际关系培植的缺陷。人际关系本来是组织客户销售的基本技巧,一方面依赖于销售人员的高销售成本,另一方面面临辛辛苦苦培养起来的客户关系因客户人力资源上的重新调配而又从零开始,而且人际关系在未来的竞争中会越来越规范化,对小微企业来讲如何才能面向未来?

网络营销的兴起给公司带来了希望,纳佰得服饰公司希望通过网络完成设计及销售的转型,像红领西服定制,但这需要强大的资金、技术、设备的支持,对纳佰得来说该当如何?

星巢家居:我的时尚晾衣专家

晾衣架是家居必备的产品,它从无到有,从不专业到专业,已经进入快速发展期。但市场上厂家众多,已经有上千个品牌,发展较为混乱。生产厂家以小作坊式的生产方式居多,几乎没有生产标准,对行业健康发展的冲击很大。在销售上以传统的销售方式为主,最近两年电商获得了一定的发展。

赵金亮和他的创业伙伴通过对晾衣架市场的深入调研和分析,看到了晾衣架市场良好的发展前景。在目前混乱的市场中,还没有形成有影响力的品牌,这给了潜在进入者很好的机会,可以快速形成和建立竞争优势,抢先进入消费者眼球、思维内,先入为主,树立品牌形象,确立市场地位。郑州星巢家居作为一家新创小企业,创立了"画衣"晾衣架品牌,突出产品的专业与时尚设计,在经营上稳步推进,以区域市场为突破口,逐步拓展周边市场。在明确的经营思路指导下,企业进行了系列的经营创新。

一是深入了解消费者需求,加强产品创新,突出差异化经营。在产品销售、安装过程中,全面收集消费者、经销商的意见和建议,从消费者的实际需要出发不断改进产品,突出品质、时尚与人性化。

二是加强渠道创新,实现电商与传统渠道的结合。在分析了晾衣架传统渠道的弊端之后,坚持走短渠道,在区域市场直接做县城,提供各种有效手段充分调动县域经销商的积极性。同时,企业积极进行电商的布局,目前,已经在淘宝开设网店,加强网络营销。

三是通过服务创新,提升品牌形象,走品牌化经营之路。注重品牌建设,逐步提升品牌的影响力。在对消费者提供优质服务的同时,加强对经销商的管理和服务,开发了经销商管理规范,为经销商提供了从开店、销售、售后、现场管理、客户关系管理、员工管理等一系列支持方案。

嘉轩画业未来成长机会

嘉轩画业是一家开业不到一年的小公司,在郑州商都路与农业路口的窗帘城经营室内装饰画,老板是一个毕业刚三年多的年轻人。最初在装饰公司上班的小老板,基于对装修装饰的认知,选择了其中的一个品类——装饰画作为创业的突破点。

在"互联网+"蓬勃发展的今天,按说这种传统的产品加上传统的销售方法,很多成功人士都不建议做。但这个小老板带着三五个人的小团队居然在半年时间实现了盈利,虽然微不足道,但不啻为一种探索未来商业机会的一种尝试,毕竟我们太多的大学生毕业时,一没有兴趣和爱好,二不知道自己能干啥,在能养活公司的情况下通过市场探索也许会发现一条不一样的路。

郑州的室内装饰画公司大多位于花卉市场内,靠客户主动上门进行销售。嘉轩画业有一部分是客户主动找到市场内的店面的,但销售金额小;稍大的单子都是从组织客户那里开发的,像快捷酒店、KTV 等休闲娱乐场所,但一个比较严重的问题是,若大客户金额比较大的话,客户自己就会抛开中间商直接和厂家洽谈,发展空间受到限制。

公司对未来的想法是可以折旧换新或者租赁经营。折旧换新就是消费者买一幅画挂腻了,可以掏一定的折旧费换其他的画;租赁的经营方式就像室内花木的租赁一样,不过需要更大的资金投入。

按互联网观念来说,是否可以这样经营:经营手写书画作品,与相应的书画协会或者美院等合作,免费让消费者试挂一段时间,用一个互联网平台展示相关作品,供粉丝爱好者进行鉴赏,最后可以发展成为画家和消费者对接的平台。

可以运用的方式很多,需要经营者的不断探索。这要求经营者要有很强的书画理论及鉴赏水平,对书画的评判有自己的见解,有能力联合相关资源进行最后的整合。对这位年轻的创业者来讲,需要一个不断学习、积累及探索的过程。

向低空发展，开拓未来蓝海

随着低空空域管理改革的逐步展开，我国通用航空产业有望迎来飞跃式发展，低空飞行服务领域是个正在开拓中的利润海洋。通用航空飞行任务是特指旅客运输和货物运输以外的其他飞行任务，如景点旅游客观光、空中表演、空中航拍、空中测绘、撒播农药等特殊飞行任务。

自 2009 年以来，我国通用航空行业规模快速扩大，截至目前，全国共有通用航空企业 268 家，相比 2009 年增加 165 家，增长 160%；在册通用航空器 2 210 架。作业能力持续提升，在飞行驾照培训、海上石油和公务飞行领域较为活跃，在工农业生产、抢险救灾、生态环境保护等方面也在逐渐发挥作用。

和美国相比，中国通用航空才刚刚起步。美国目前通用飞机保有量超过 20 万个，通用航空使用的机场 1.9 万个，是我国同类产品数量的百倍左右，我国通用航空市场未来增量空间无限。随着我国低空领域的渐次开放，包括私人飞机、公务飞行、旅游、农业、海洋开发等在内的低空飞行应用市场将逐步打开。有机构预测，通用航空产业将面临战略性发展机遇，将有 10 ~ 15 年的黄金发展期，产业规模有望达到万亿。

河南波音航空俱乐部有限公司就是在这样的背景下成立的。波音航空俱乐部立足河南、面向全国，以高端、迅捷、服务为经营理念，首家提出航空基地、航空城等经营模式，致力于打造中国通用航空服务的领先者，开拓中国私飞专家第一品牌。

河南波音航空俱乐部的业务主要有四个方面。①直升机与无人机的销售。公司与世界主流航空器制造商有密切的合作关系，有优先、优惠采购的专享待遇，并提供配套的系列销售支持服务。②飞机租赁与托管。为客户提供医疗救护、航空探矿、空中游览、公务飞行、农林合作、森林防火、应急救助等航空作业服务。③进行飞行员私照、熟练飞行训练等服务。依靠专业过硬的飞行机组和地面保障机务，国内领先的航空器设备，点对点服务，给客户专有化定制服务。④飞行体验服务。公司有林州和洛阳两个航空基地，让客户体验乘坐飞机飞入高空、飘入云端、投入天空的怀抱，畅想自由的感官享受，体验奇妙空间之旅。

为了更好地发展应急救援产品市场，河南波音航空航空俱乐部牵头成立了"河南航空应急救援中心"，并由省应急办、省应急救援指挥中心、省医疗应急救援指挥中心等若干防护、医疗单位，我省其他 14 家通用民航企业共同联盟成立，成为河南航空救援的大本营。以河南波音航空俱乐部的 5 个飞行基地为基础，建立航空、公路、水库、森林、医疗等救援，带动航空应急产业技术和科研成果的转化，推动中原地区航空应急救援产业的转型升级。

河南波音航空俱乐部在市场的拓展上，主要采用会员制，面向高端收入群体和有需求的组织客户。公司根据会员的等级决定提供一般的航空客户、飞行体验或者是专享飞机购买及飞行培训等业务服务，并配以飞行服务响应的其他服务，如高端会所、餐饮、住宿、酒店、健康服务等。当然核心飞行业务以外的其他服务俱乐部会通过合作、联盟甚至投资的形式去强化和其之间的纽带关系,成为共赢利益中间的一环。

波音航空俱乐部为了更好地拓展市场,开展了更为接地气的业务。如私人管家式俱乐部全程高端董事服务、飞机广告空中巡游、直升机空中婚礼服务、空中巡查,以及大型商场活动、楼盘开盘、机构开业等的直升机静态展示等。当然,这些都是正在拓展中的业务。随着消费者对航空俱乐部的认知越来越深入,俱乐部的业务类型会更加多样,只要消费者想到的,波音航空俱乐部就会根据实际情况提供这项业务。

郑州精渔企业:实体绘本连锁开创者

有没有想过绘本也可以开连锁店?有需求的年轻妈妈们可能很关心这个问题,郑州精渔企业管理咨询正是一家绘本实体店连锁加盟公司,至今,全国的加盟馆已超过200家。

绘本,英文称PictureBook,顾名思义就是"画出来的书",即指一类以绘画为主,兼附有少量文字的书籍。绘本图书以低幼儿童阅读为主,内容涉及文学、教育、科普等。高质量的绘本图书用符合孩子习惯的、风趣、活泼的简短文字,构筑一个跌宕起伏的故事,有很强的文学性和艺术性,对孩子有很强的吸引力。通过阅读高质量的绘本,对孩子的认知能力、观察能力、沟通能力、想象力、创造力,还有情感培养等都有着难以估量的潜移默化的影响。

绘本是孩子在人生道路上最初见到的书,是以后漫长的读书生涯中所读到的最重要的书。一个孩子从绘本中体会到多少快乐,将决定他一生是否喜欢读书。精渔企业的创始人李涛,感受到了绘本的力量,从2008年起,放弃了服务十年的传统行业,从一名普通的爸爸,创立了绘本自有品牌。从最初的22平方米的社区馆开始,亲力亲为,直至成为绘本TAXI、绘本BUS双品牌绘本实体连锁品牌拥有者,并成为中国最大的实体绘本馆连锁机构。

基于绘本馆连锁模式对行业的影响,精渔企业获得中国图书馆学会授予的"中国最有潜力绘本馆连锁"及"中国十大影响力绘本馆馆主"荣誉称号。

精渔企业对绘本研究至深,精益求精。公司经常邀请行业专家和有影响力的幼儿教育从业者如儿童作家梅子涵等,给从业者和家长做绘本阅读的讲座,影响和传播绘本的魅力。精渔企业本身也定期开展绘本入门课程培训,至今已培训31期,培训的对象包括绘本馆筹备人员、幼教老师、绘本爱好者及想创业的妈妈们,通过精心细致的课程培训,也找到了不少志同道合的绘本馆加盟创业者。

精渔在绘本影响力及品牌的传播上,运用了多种互联网工具,如清新有趣的网站、微信公众号,还上线了绘本之家APP客户端,全面扩展企业的影响力。

行业不在大小,在于能够做精做透。

猪司令：舞动能量　快乐蹄劲

猪肉是许多家庭餐桌上的必备食品。我国每年出栏七亿多头猪，猪的延伸市场很大。但经营上采用的仍是养殖、收购、加工、销售的传统模式，猪市场上缺乏较高端的品牌，在产品延伸方面也难以取得有效突破。"猪司令"毛伟从猪肉的休闲零食入手，以猪蹄为突破口，立足于大格局，小入口，以点带面，希望把"蹄劲"猪蹄打造成一个爆品。

毛伟原来在雏鹰集团工作，经历了猪肉产品的生产、销售、零售等多环节，长期的市场磨炼及敏锐的洞察力，使其对猪肉市场有着深刻的领悟。2015 年创立了"蹄劲"猪蹄品牌，并以市场为导向，运用精益创业的理念，坚持"大胆假设，小心求证，快速试错，迭代更新"创新思路，稳步推进产品和市场创新。

在目标市场选择上，瞄准三类人群，即办公室白领、学生、旅游爱好者和商务人士，他们在特定场景中有吃零食、补充能量、体力的需求，功能、口感、包装、价格、故事等合适的休闲食品可以成为他们理想的选择。因此，公司在豫菜大师的指导下，进行全方位测试，反复试验、试吃，以工匠精神不断改进和打造适合消费者需求的猪蹄产品，来提高产品的辨识度，让消费者吃过之后能念念不忘，形成口味区隔。如辣的风骚、香的诱惑。

确定了"全球首款能量肉类快消品牌"的产品定位，用能量形成市场区隔。在原材料选择方面，借助雏鹰的全产业链，保障食材的独立、独有；在产品加工工艺方面，突出以汤为魂，汤里富含具有高营养、高能量的肽，并且没有其他老汤里的有害物质，产品安全性得到保障。研发了具有专利技术的加工设备，在保。证口味、口感的基础上，实现了加工的标准化、批量化。

在营销和推广方面，以品牌引导，以快乐为题材，线上线下结合，大胆创新，全面发力，迅速扩大市场影响，引爆产品。与逻辑思维合作开展系列活动，借助于其庞大的粉丝阵容，整合相关资源，以参与感吸引对蹄劲品牌的关注；创作了"小猪蹄劲"歌舞，开展地推，开展小蹄劲舞蹈、吃猪蹄跳舞等活动；运用病毒营销进行传播，在朋友圈开展了送猪蹄活动，6 小时吸粉 6 万人，送出 1 500 个猪蹄；在郑州举办的互联网大会上，精心策划了"猪路中原"获得，一群有俄罗斯、乌克兰以及国内模特组成的美女团在会议现场遛猪，劲爆现场，赚足眼球；运用微信公众号、朋友圈及时发布各种相关信息，进行持续性传播；精心设计制作了五个公仔：猪司令、猪嘿嘿、猪小白、猪花花、猪藏藏，赋予他们不同的品牌故事、性格和特征，作为后期传播的载体；吸引一批相互喜欢的社会大众的参与热情，推进全民卖猪蹄活动，让消费者成为销售者，成为"蹄劲小兼商"，边啃猪蹄边赚钱，体验创业的乐趣。

用真诚的合作实现共赢

在大众创业,万众创新口号的感召下,三个在暖通行业摸爬滚打了十多年的人决定创业,于2015年4月成立了美格菲新能源有限公司,经营暖通系列产品、配件,包括暖气、进水、新风系统、地暖等。经营的产品以代理品牌为主,并开始OEM生产自有品牌。

由于在该行业工作时间较长,对整个生产的发展状况有深刻的感悟,对生产、经营、销售、服务等环节非常熟悉,做起来轻车熟路,利用市场、渠道优势,深入挖掘和整合资源,迅速建立起了自己的销售体系。在经营中坚持合作共赢的发展思路,与经销商、品牌商等建立了稳固的合作关系。

倡导舒适家居的理念,重视消费者体验。对于装修主体材料的选择,顾客需要直观体验,经过多方面收集信息,反复比较,有了深刻的认识后,才可能下单。因此,在销售过程中,公司特别注重产品陈列,注重销售人员介绍、服务的专业性,在介绍的过程中,向顾客宣传舒适家居的生活理念,引导顾客进行产品体验,较好地增强了顾客的消费信心。

加强经销商管理。与经销商建立合作共赢的关系,把经销商与公司的利益捆绑在一起,大家共同进步。对专卖店建设,公司统一设计,统一形象,并与经销商共同投入,进行改造、升级,使整体形象与舒适家居的理念相协调。对经销商的销售人员统一组织培训,提高他们的销售技巧与能力。引导经销商认清暖通市场竞争的状况,要敢于促销,要变坐商为行商,走出去主动销售。

注重营销活动的实效。在营销思路上,注意市场的培养和积累,前期蓄水,后期爆破。在活动方式上讲究实效,开展的活动真正能引爆市场。公司与多个暖通品牌建立合作联盟,大家联合在一起,在各个市场区域共同开展营销活动。大家一起行动,一起投入,一起获利,既能降低各品牌的营销活动成本,又能共同营造声势,扩大活动的影响。这样,就可以给消费者更多的让利,用优惠的价格有效地吸引和争取消费者,提高销售额,扩大品牌的影响力。

百果亨:恋上你的味道

恋味商贸从2011年开始经营酒店用品,为酒店进行物品、食品配送。在经历了几年稳定发展后,受整个经济环境的影响,2014年开始进入低迷期。面对经营压力,企业考虑转型发展。

在转型的思路上,公司借鉴转型企业成败的经验教训,认为一方面要脚踏实地,稳扎稳打,稳步发展,探索适合的发展道路;另一方面,要尽可能与原来经营的产品、资源等相结合,降低经营风险。经过对市场的考察和分析,最终选择了干果经营。

随着社会的发展和人们生活水平的提高,以及食品安全方面的要求,干果的消费会逐步提升,未来的市场前景十分广阔。但从干果市场发展情况看,除开心果外,大多数产品基本以散货为主,企业的经营方式简单、原始,没有包装,没有品牌,市场经营比较混乱。这也为企业提供了有利的发展机遇,只要思路正确,方法得当,措施得力,就能创造出一片发展的天地。

恋味商贸针对市场缺乏品牌引领的现状,着力打造百果亨品牌,进行品牌化经营。公司注册了百果亨商标,并结合消费需求的特点设计了独特的产品口味和包装,形成产品特性,提升了产品的品位,增强了产品的市场影响力。

在市场开发方面,线上线下销售相结合。在线上通过淘宝店进行销售,线下开展批发业务,并向酒店配送。

有了好的产品,还必须加强市场推广,吸引消费者的广泛关注。打造独特的产品概念,通过微信公众号、微信商城等宣传产品、促销等信息;在淘宝进行广告宣传,扩大影响力。

企业转型升级面临诸多可能,失败的概率很高,很多企业的转型之路成为不归路。恋味商贸的转型经营告诉我们,在新经济时代,企业必须从传统的经营方式转向与互联网的结合,但转型要以原来的经营为根基,有关联地转型,因为企业对原来的产品、市场、渠道、经营方式、各种链条有一定的了解,能提高转型的成功率。同时,要有一定的赢利点,能够支撑企业的生存与发展。

中原茶仙子——文化营销的实践者

中原茶仙子工作室创办人彭女士是位文静的姑娘,虽然年轻却拥有众多跟茶有关的荣誉和资格:国家高级茶艺技师、国家级高级评茶师、国家级高级考评员、河南省茶叶协会副秘书长、信阳师范学院生命科学系茶文化客座教授、六如茶文化培训中心讲师、全国等级茶馆评审委员会专家、中国国际茶文化研究会茶馆委员会秘书长等,在茶文化领域让人刮目相看。

彭女士生于茶乡信阳,对茶有着特别的敏感和情怀,一直钟情于茶行业。为了能够找到茶文化的精髓,还历尽曲折拜行业泰斗“六如茶痴”林治为师,成为其关门弟子。凭借超人的灵感和悟性,彭女士很快成为中国茶文化领域有影响力的人物,并在2015年代表中国茶、代表信阳毛尖在米兰世博会向世界推广悠远的中华茶文化。

中原茶仙子工作室是彭女士弘扬民族文化、传播茶艺茶道的有效载体,其核心能力是创设新的茶茗品种及与之匹配的沏泡茶艺,并通过茶艺师的培训传播出去。工作室创设了很多产品,如在信阳红茶中加入牡丹花成为牡丹红茶,有符合年轻人口味的“东方美人”“忘情水”等。工作室自成立以来的3年多的时间里,培训了近千名学员,广泛分布在茶馆、产业公司等领域。工作室还与国内外行业组织进行广泛交流,比如2013年同河南省副省长王铁、福建省副省长张家坤、云南省副省长沈培平在福建厦门、武夷山进行茶文

化交流活动、2014 年代表中国和 20 几个国家茶人代表在重庆进行茶文化交流

通过创设茶品、创新茶艺等方式推广中华茶文化,进而带动茶艺相关培训及自设品牌茶仙子茶叶的销售,形成了良性的互动关系。弘扬文化是个长期的工程,以文促销亦是个细活慢炖的过程,以口碑传递信誉,追求功到自然成。

中原茶仙子工作室在精细的推广策略上有微信、微博的网上互动,还有主题茶会、茶旅游、茶社区等网下沟通,让参与的人能以茶养身,以道养心,真正体会到茶给我们带来健康、精致、诗意浪漫的生活新方式。

白果树国际象棋俱乐部——公益第一的有益尝试

"仓廪实而知礼节"。在建筑及建筑咨询行业浸淫了 15 年后的 2013 年,凭借背后工程招标和造价咨询公司微薄的利润支持,孙先生本着普及和推广国际象棋传播公益的理念,依照同学的启发开设了郑州第一家国际象棋俱乐部。

国际象棋是世界仅次于足球的第二大运动,在国内的普及远不如国际。我国对国际象棋的认知还处于初级阶段,只有像青岛、深圳、北京、上海等经济发达地区有较好的群众基础,其他地方尚都在待开发阶段,谢军、候逸凡等名将还不太为大众所知晓。

一项体育运动的普及是需要精力和财力的投入以及推广力度关联在一起的,特别是一项不为大众所熟悉的项目,况且在可替代竞争品里,中国象棋和围棋早已深入人心,国际象棋的在郑州的推广难度可想而知。

白果树为了实现未来持续经营的目标,俱乐部在师资上和河南省棋牌院及有教育经验的幼教教师合作,开设免费的公益课堂为老年人和青年人提供国际象棋的培训,着力培养可以长期合作的师资团队;在生源上主要基于普及的理念和若干小学进行合作免费教学,再借此找到那些有兴趣而且愿意更深入学习的学生收费授课,构建"课内普及,课外提高,校外强化"的学习训练模式。目前白果树已经和 6 所中小学合作并开设了 6 个俱乐部切磋教室,普及听课学生达 3 000 余人,会员已达 200 余人,成为郑州市人数最多的国际象棋俱乐部。

白果树象棋俱乐部到目前的运作面临招生难、收费低、宣传力度小等问题,其创始人孙先生自俱乐部开业之初就定下了"让国际象棋更好地为全人类服务"的让一般人感到难懂的服务宗旨,孙先生表示无论如何都会持续经营下去。当问起"为什么会起白果树这个名字时",孙先生说:"我确山的老家门前有一棵 1 500 年树龄的白果树,须 7 人抱才能合围,我从小就在这棵白果树下长大,十年树木百年树人,我想做些能体现社会价值的事情而不单单是赚钱。"

白果树现在也会接受一些企业间的合作与赞助,前提是把商业意味降到最低,通过更广泛的文化传播来传递国际象棋带给人们的价值。

善璞农业:让人们返璞归真

随着城镇化的不断发展,城市规模越来越大,与城市相关的问题也越来越多。以前长在乡下,现在在城市里打拼并获得生存空间的人们,发现满目只有水泥和建筑,儿时的美好成为记忆;生长在城市的孩子们的生活中,只有大楼和街道,没有田地,没有春华秋实。人的成长不但要有物质,更要亲近自然,因为我们本来就是从土地上走出来的。

郑州是拥有1亿人口的河南省的省会,市区有600多万人口,而郑州周边可供市民休闲娱乐亲近大自然的地方并不多。在这样的大背景下,河南善璞生态农业有限公司于2013年成立。善璞农业位于郑州新密市大隗镇黄湾寨村,占地1 000多亩,主要种植多种无公害生态作物,既可参观游览,也可在收成后作为绿色食品销售。

去农田参观,让孩子对农作物有直接的感官认知是很多城市家长带孩子来善璞农业的目的。在善璞农庄内种有多种作物,如葡萄、樱桃、黄豆、小麦、红薯、蔬菜等,与之配套的有餐饮住宿等。在这里,吃的是农家无公害新鲜蔬菜,住的是黄土窑洞,风味十足。

善璞对绿色产品的生产过程和质量把关严格,从源头到成品,保证无公害,以及富含丰富的营养物质,让消费者放心。善璞还利用各类农产品展会加强宣传推广,扩大公司的影响。

现在,善璞在经营上主要以农业观光旅游为主,产品销售为辅,因为千亩农田收获的绿色食品数量有限,在有限的时间及区域内就会销售完毕。未来,善璞会用土地流转的方法拓展更大的绿色农业种植区,生产更多的绿色食品供应给消费者。

娅丽达——一个有梦想的品牌

娅丽达,源自1995年,只做女裤。以20年的专业、专注打造娅丽达品牌,并以其独特的女裤专营模式开创了中国女裤行业无数个第一。在服装行业剧烈的竞争中,娅丽达为什么会取得到今天的成就?

一、进取:自强不息

公司董事长赵孙立走过了一条充满艰辛、不平凡的创业之路。"天行健,君子以自强不息"的进取精神是他不断克服困难、攀上事业高峰的原动力。赵孙立的第一份工作是环卫工人。20世纪80年代初,刚刚学校毕业的他在尘土和嘲笑中开始了他的人生中最为惨淡的日子。吃苦,受累,遭人嘲笑……赵孙立都置之度外,最让他难过的是,山盟海誓的女朋友也因他的职业缘故向他发出了最后的通牒。1982年,赵孙立不顾父母的劝告和眼泪辞职了。在那个年代,丢掉铁饭碗,就相当于给自己断了后路,"风萧萧兮易水寒",赵孙立像荆轲一样破釜沉舟。

从 1982—1995 年,赵孙立在火车上度过了他最为宝贵的年轻时光。13 年的时间也使他从白手起家到拥有资产近 500 万元。然而,赵孙立是不满足的,他在寻找机会把他的事业做大做强。在竞争日渐激烈的服装圈里,找到一个新的突破点不是一件容易的事,赵孙立只有自己摸着石头过河。在做生意的同时,他自信学习能帮他找到突破口,能做他的老师。那时候信息较全、较新颖的关于创业和经济方面的杂志,在他的家里都能找得到。"渡船满板霜如雪,印我青鞋第一痕"。一天,赵孙立了解到电脑绣花将要流行的消息后,一举投资 200 百万元购买了 3 台电脑绣花机,成立了河南第一家电脑绣花机厂。市场证明,赵孙立的眼光和判断是正确的,电脑绣花成了后来服装业发展一个长盛不衰的行业。当其他同行发现电脑绣花的商机时,赵孙立已经赚得盆满钵溢。当追随者蜂拥而至时,他果断地做出决定:退出绣花市场,进军成衣行业。

二、专注:心怀责任

因为专心,所以专业。"作为一个有梦想的品牌,作为一个有责任的企业,娅丽达承载了郑州女裤产业向高端突破,中国女裤产业向价值突围的责任。"赵孙立曾这样说:"我们要专业、专注、聚焦。若干年内我们一直专注做女裤,把女裤做好,做精,做到极致,做成女裤的代名词。"

风雨 20 载,攀登女裤巅峰并非易事,遥遥路途上,娅丽达始终以一颗谦虚坚定的心为支撑,每行一步都尽全力踩下最坚实的脚印。"我们这些走在前面的企业,有责任也有义务带领河南服装企业再上一个台阶。心怀担当,所以娅丽达始终走在时尚的前沿,不断探索前进的道路。"正如赵孙立所言:"我们从作坊式企业,从二十几个人发展到拥有现代化的工业园,拥有 1 000 多名员工,这样的规模,我们走了 18 年。18 年来,我们也是历尽了坎坷。能发展到今天,一个是诚信,再一个是品质,我们娅丽达提出来以质量求生存,我们不单单停留在口头上,更重要的是我们落实在行动上。"

三、专业:缔造精品

任何时代,任何行业,品质都是产品的生命。女裤的生命来之于当初那块布,而赋予这一生命灵魂的则是版型。专注女裤 20 年,娅丽达如一个"偏执"的匠人,孜孜不倦地探索在女裤版型之路上。在娅丽达车间的那些手艺人手里,一块布也有生命,也有梦想。

3 道验布,层层质检:甄别筛选优质面料。一般布料即使有些小疵点做成成衣后稍作处理也不易被发现,在娅丽达,采购回的面料必须经过入库质检、瑕疵质检、裁片质检,在验布机和质检师的"火眼金睛"下,有疵点的布料立即就被剔除、退回。

3 次预缩,反复测试:精雕细琢顶级触感。娅丽达对面料的预缩处理要求远超行业标准,经过机器预缩后的面料还要再放置 24 小时,让面料完成完全的自然回弹。对面料的色牢度、耐磨度和起毛球性都一一进行专门检测,因此,产品耐磨耐洗,色牢度高,定型性好。

24 处定点熨烫:工艺领先。每一道裁剪和缝制,都伴随定点熨烫,整条裤子缝制完成,再进行大烫,细节小烫加整体大烫。

36 次细致裁剪:只为极致精准尺度。每一次与尺子的亲密接触,每一次与剪刀的完美邂逅,都是一个个精准数据的再现。反复的测量、对比,只为了每一针脚精准、更精准。

万次以上精致缝纫：一块布完成梦想之旅。成百上万次的洗礼之后，终于，一块布如凤凰涅槃，成为一条条舒适、时尚、修身，具有极致穿着体验的高品质女裤。

20 年来，娅丽达累积了百万身型数据及版型研发经验，运用三维立体测量技术对女裤版型进行深层研究，360 度重塑女性体型，构筑出独一无二的"版型帝国"。

四、定位：铸就品牌差异化

娅丽达作为河南本土的服装企业，当初也和许许多多的"本地造"没有什么两样，对品牌营销也没有什么概念。当时在郑州服装界，看上去热热闹闹，但真正称得上在创自己牌子的少之又少。"盯着女人的钱包，盯着女裤，专做女裤"，起初，赵孙立就很朦胧地认为自己需要这样走，但随着一步步深入，老赵认为"一门精"是再好不过的事了。走到这条路上来，按大多数的营销理论讲，就是市场细分的结果，是品牌差异化的需要。

娅丽达最初的品牌定位是 25～45 岁的女性，这个年龄段的女性大多已成家，掌握了家庭的经济大权，这样一个群体应该是最具有消费能力的。这种理念维系着娅丽达公司不断发展壮大，本着"源自 1995，只做女裤"的专业和专注，20 年来坚持时尚简约、典雅大方、舒适自然的设计风格，设计制作华丽锦类、灵动牛仔、经典化纤、舒适水洗、知性格纹等多风格多面料产品；以"针针认真、关关把关"的质量理念，融合西式化立体剪裁工艺和东方独有的时尚元素，全方位塑造女裤优雅时尚的单品魅力。

如今，娅丽达也推出了一系列时尚、前卫的服装。赵孙立这样解释这一变化：意在长远，是要把市场更细化，是为了更好地保持品牌的延续性，也是为我们的品牌营销培养后备力量。比如说，现在的年轻女孩，甚至 5～10 岁的小女孩，都要让她们知道娅丽达，让她们穿娅丽达，等她们到 25 岁以后时，就自然成为娅丽达品牌的忠实支持者和消费者了。

在细分市场中寻找商机

由于现代社会快节奏的工作与生活，饮食结构的变化，造成口腔营养不均衡，口腔免疫力下降，人们大多对饮食、烟酒、熬夜、生活压力、气候变化等导致的口腔溃疡、口腔异味十分苦恼。真世好药业凭借多年的药物开发生产经验和多项国家专利的优势，推出以"修复口腔损伤，清除口腔异味"为主要诉求点的药物牙膏——真世好牙膏，既发挥了企业自身优势，又很好地满足了市场需求。真世好牙膏主要成分含有"表皮生长因子"（EGF），可刺激表皮细胞、内皮细胞等多种细胞的增殖，对于角膜损伤疗效良好，发现该因子的科学家 Montalcini 和 Cohen 教授被授予 1986 年诺贝尔生理学及医学获奖，真世好牙膏也成功将该因子申请为自身专利。真世好牙膏一经面世，很快就在激烈的牙膏行业竞争中占有了自己的一席之地。

一、市场定位

与以往竞争对手产品大多为牙膏不同，真世好牙膏配合牙刷、漱口水、口腔喷雾剂、牙线等辅助产品,组成一整套的口腔护理产品,主推其治疗口腔溃疡、口腔异味、牙斑暗黄、牙龈出血等具体方面的功效,突出在"修复口腔损伤、清除口腔异味"这一诉求上的实用价值。在目前的市场上,不少牙膏品牌都具有修损伤、除异味的能效,但是以成套口腔护理用品达到这一类功效的,真世好属于首创,这个细分市场相对竞争较小。这也使得真世好牙膏在口腔修复与口腔异味的细分市场的竞争中占据先机。

二、目标群体

真世好牙膏价格在 40 元/支左右,从价格上来看,真世好牙膏将自己定位在高端市场,目标受众主要锁定在两个人群:一是有口腔损伤、口腔异味症状或注重该方面防御的高端收入人群;二是在收入上不一定有多高,但至少有以上疾病的患者。换句话说,真世好针对的是"有钱人"和没钱也要用真世好的人群。再从包装上来看,白色为主、蓝色为辅的包装盒,形象乖巧可爱的"牛形"吉祥物,传递出其注重青年、少年市场的信号。定价不低也不放弃低年龄层市场,可见,真世好牙膏并没有给自身划定太死板的受众界限。

三、渠道选择

真世好牙膏是针对饮食、烟酒、熬夜、生活压力、气候变化五大因素导致口腔溃疡而特别定制的口腔护理品,给人以优越感知和清新体味的刷护体验。根据牙膏特点和市场定位,真世好将其产品渠道确定为药店和医院,避开与其他国际大品牌的正面冲突,从而减少市场压力与经营风险,在消费者中建立了自身专业的品牌形象。不但可以突出 EGF 专利的功效,凸显其在"修复口腔损伤,清除口腔异味"的高效,而且符合其高端的定位,支撑接近 40 元的高昂定价体系。

四、市场推广

在产品推广阶段,真世好牙膏瞄准了数量庞大的公交受众,选择了公交车身广告,作为产品推广的第一波媒体。公交车频繁来往于市内各主干道和商业繁华地段并逐渐延伸至周边各大社区,能够起到很好的"广而告之"的作用,一来在广大受众心中建立品牌形象,并且兼有招加盟商之意。此后,再接再厉,真世好牙膏又在央视二套、七套、十二套等电视媒体循环播出广告,以扩大受众群体和树立产品形象。

五、布局河南

作为人口大省,在日化领域,无论是膏霜护肤品,还是洗涤护理产品,河南省都是各品牌中原角逐的核心市场。近几年来,河南省的经济发展速度不断加快,人们的生活水平及卫生习惯都有了很大程度的改善与提高,对于牙膏这一口腔护理用品,市场需求量也急剧增大,无论是外资的高露洁、佳洁士、黑人,还是国产的两面针、冷酸灵、云南白药,各大牙膏品牌在河南市场摩拳擦掌,展开了中原角逐的攻守之战。真世好牙膏自然也不会放弃庞大的河南市场,如今,它已经在河南设置了办事处,负责河南省市场的推广与市场成果的巩固。凭借企业自身优势和产品特色,相信在群雄逐鹿的中原地带,真世好牙膏能够博得属于自己的一片蓝天。

时尚职业装，时尚创造差异

电影《绿芥警探》中有一句台词非常打动人心，剧中那位很有风韵的女人对男主人公说："我不漂亮，也不会做饭，但我懂得爱。"这样一句简单的台词充满着浓浓的女人味。女人味不是一种特质，也不是一个单词，它更像一种无形的力量，传达出女人的气息。英文 Female 可以是"女性"，也可以是"女人味"、"韵味"，甚至可以是"女权"，它所代表的不仅仅是成熟、温柔，还有美丽和性感。然而，在现代社会的激烈竞争中，在个人能力和职位不再与性别有关的今天，也有不少女人把自己包裹在职业装里，收藏起柔弱和妩媚，用干练和硬朗去与男人打拼。女人们是否已经忽略掉自己的性别身份，忘记了女人味的艺术？

郑州市红一方制衣有限公司坚信女人味是透明、自然和拒绝单调。这家公司创立于1998年，是一家集产品设计、研发、生产、销售、服务于一体的知名品牌商务时尚女装生产企业，新建1万平方米的生产基地，从德国、日本、意大利等国引进先进的服装生产线设备。

公司的目标客户主要是企业集团、金融机构、学校、政府等，为了满足这些客户的需求，公司专门聘请香港服装设计师协会多名设计师，并引进服装 CAD/CAM 设计系统。开发商务时尚女装等系列产品时，公司在结合亚洲体型的基础上引入欧洲时尚元素，获得了客户的认可和好评，也使得"红一方"品牌获得"河南省著名商标"等称号，以及"中国精品商务时尚女装"的美誉，在商务时尚女装领域享有良好的声誉与较高的知名度。

为了更好地满足客户的需求、增加客户体验以及拓展市场，公司不仅设立了商务时尚女装研发中心、产品陈列中心、客服物流中心等，还成立了电子商务中心，建立了"红一方"服装品牌招商加盟网站，将成品销售和专业定制两大业务形式有机结合起来，初步形成了"地空"一体、虚实互补的销售模式，销售网点已遍布河南、江苏、上海、安徽、北京、山东以及东北和西北地区，并在郑州二七区设立了营销展示接待中心。通过不懈努力和不断创新，相信郑州市红一方制衣将成为中国商务时尚女装领域的佼佼者。

顺势而为，融媒体时代的创新

随着信息经济的迅猛发展，媒体融合发展已是大势所趋，媒体企业唯有借力社会资源，开拓创新，开展对外合作与资源整合，才能在激烈的市场竞争中获得发展。河南商报高瞻远瞩，顺势而为，于2013年组建了全资子公司河南小象网络科技有限公司（简称小象融媒）。小象融媒定位于"营销渠道开发商"，以"项目引领资本，资本驱动项目"为发展理念，自成立以来，已经形成广告传媒中心、智慧服务中心、文体娱乐中心三大板块，在此之下形成了"号外"直投、"贵圈"活动、"路标"道闸、河南商报网、"龙门"科技、"符号"设计、"光芒"影视等七大产品线，畅销河南房地产营销等市场。

小象融媒充分发挥自身优势，精心打造广告传媒板块，其中"号外"直投产品线是依托《河南商报》品牌公信力，为企业量身定制派单产品，并利用河南商报专属渠道派发，以实现合作企业用最小的投入，获得最大的回报；"贵圈"活动产品线则汲取河南商报在商界影响力之精华，以商界巨擘、社会名流、意见领袖为核心受众群体，以实现圈层融合为宗旨，聚拢高端圈层资源，打造圈层资源共享平台；"路标"道闸产品线专注于运营河南商报社投资的"双行道"户外道闸，倡导"社区媒体融合"，为广告主与业主架桥梁，在河南首创社区渠道 O2O 模式，以"社区道闸"和"社区购"的形式为企业和市民服务。同时，小象融媒积极融合互联网，打造智慧服务板块，其中河南商报网是专门办给经商、涉商、喜商人群的财经网站，面向中原地区 30 万生意人用户，打造生意人聚合平台；"龙门"科技产品线则凭借专业的技术开发团队，服务设计企业个性网站开发、手机网站开发、app 开发、微信托管、H5 场景制作等，为政府及企事业单位提供全方位的网络技术服务；"符号"设计产品线依托河南商报强大的美编团队，秉承"形式为内容服务"的设计理念，专注于平面设计领域。

此外，小象融媒还积极开拓文化娱乐市场，借助网络大电影的东风开发出"光芒"影视产品线，主营电影投资、电影制作、电影宣发等业务。同时，依托"光芒"影视现有的团队和设备，面向社会提供影视及音视频定制等服务。2016 年伊始，小象融媒又发起了中原首支电影基金，并主办了中原首届影视投资高峰论坛，凝聚着更多的资本、人才和 IP 资源，共同推动中原影视行业发展。

倡导低碳生活，创建环保家园

在国家对节能减排的政策引导和大力扶持下，许多节能减排企业得到了快速成长。郑州春光冷暖设备安装有限公司是郑州春光集团节能减排的龙头企业，2010 年国家首批认证公示的合同能源管理服务企业，合同能源管理项目享受国家财政专项资金奖励，并与河南省 CDM 技术服务中心签约，正式进入国际碳排放交易市场。公司专业从事地源热泵中央空调和企业"三废"改造利用、技术研发、设备生产制造、工程设计、安装和售后服务一条龙业务，2003 年就被河南省科技厅评定为高新技术企业。

为了更好地满足客户对节能减排的需求，在新产品开发模式上，郑州春光既采取国外引进也采取自主研发的模式。目前，公司引进了美国技术成功研制的地源热泵满液式螺杆机组（冷、暖、浴三用），能效比高达 6 ~ 8，具有突出的社会效益、环境效益和经济效益。自主研发的太阳能吸收式热泵中央空调，综合效益突出，获得国家发明专利，填白了国内的空白。郑州春光的产品已遍布全国多个城市和地区，一直受到用户的好评和认可。

郑州春光的客户群体主要集中于公共企事业单位、住宅小区、医院、宾馆、商场、别墅、洗浴中心等。在与客户的合作模式上，针对不同的客户需求，郑州春光提供了由公司投资、用能单位投资、双方共同投资以及投资期间回购四种模式，能够使客户根据自身情况和目的有针对性地选择合作模式，有效地提高了客户的服务价值。

郑州春光始终秉承"客户永远第一"的服务理念，着力于为客户提供量身定做的完整解决方案，保证售前、售中、售后的全过程优质服务。售前，按照用户要求，依据"以最少投入，获得最大效能"原则为用户甄选最优方案；公司技术工程师为客户现场勘察及规划场地；提供设备清单、设备整体布局图、设备基础图等技术资料。售中，严格按合同要求组织设备的出厂检验及发货；设计翔实工程技术资料，与客户沟通确认；遵照国家行业规范组织施工及设备调试验收。售后，免费对用户机组人员进行现场培训，正常运行后不定期回访用户。在公司团队共同努力下，郑州春光在市场上赢得了良好的口碑。

东星今典家天下

河南东星今典家具有限公司是一家集高档沙发的设计、生产、销售、服务于一体的专业化家具企业。公司占地面积四万多平方米，拥有员工 200 余人，主要产品有真皮沙发、布艺沙发、软体沙发、折叠沙发、衣柜、床和床垫等。企业坚持市场导向，通过不断的创新建立企业的竞争优势。

加强产品创新，增强企业的市场竞争能力。东星今典注重产品设计与创新，公司拥有高级专业技术人才 30 多人，技术力量雄厚，产品研发能力强，不断推陈出新。目前，公司已经拥有东星桦胜、东星今典、千美千色、新逸族软床等多个产品系列，给消费者提供了更多的选择。公司引进了德国的专业家具生产设备和生产线，通过科学的生产管理与严格的质量把控，保证产品品质，从而在软体沙发行业中独树一帜。对于设计的注重，对于品质的坚持，使得东星今典在销售中不断攻城略地，开拓出更大的市场空间。

坚持市场导向，关注消费需求。东星今典密切关注和把握家具市场的发展趋势，坚持以市场为导向，深入了解消费需求的变化，围绕消费者对舒适、高雅的"家"的氛围的要求，不断改进产品设计。公司把消费者及经销商的利益放在重要位置，坚持"合作共赢，品质第一，持续发展，成果共享"的核心价值观，以一流的技术、一流信誉、一流管理、一流的服务和超值的价格，凭借自身的诚信、实力和可靠的产品质量获得业界及消费者的认可，并获得了河南省"重合同、守信用"单位、最具实力企业奖、中国 18 省市家具最诚信企业等荣誉。

坚持品牌化经营，不断提升品牌影响力。在营销策略上，东星今典注重品牌的打造，走的是一条自有品牌建设和发展的道路，秉持"成为中国软体家居一流品牌"的企业愿景，通过过硬的产品品质、优质的服务、有力的宣传推广，不断提升企业的品牌价值。并以郑州以及周边城市作为市场的起点，稳步推进，一步一个脚印地迈向全国市场。

农业生态园的耕读文化教育梦

2013年,在外创业的耿珹得知家乡要对沙荒区黄龙潭进行土地开发治理。在外漂泊多年的耿珹一直有着反哺家乡,回报社会的念头,于是他满怀激情地开启了新的创业模式,建设黄龙潭农业生态观光园,同时也是为了实现他心中一直向往的耕读文化教育的梦想。

黄龙潭位于滑县中西部,距县城14千米。据古史记载,"汉时河(黄河)经此地,既而水退,遗一潭水,历年不竭,内有黄龙潜焉,故名。"后来由于黄河多次改道,使这一带沉积了大量的泥沙,成为典型的沙荒区,整个潭区沙丘高低不平,跌宕起伏。耿珹凭着顽强毅力和拼命三郎精神,带领团队日夜奋战,很快便将"风吹黄沙漫天舞,昼行沙雾迷天地"的沙荒地变为一片绿洲。为了节省开支,生态园的整体规划设计是耿珹和昔日同窗加班加点赶制而成,园内的许多景点也是就地取材,变废为宝,青年人的创新精神和智慧被体现得淋漓尽致。

观光园采取生产与旅游观光、美化环境相结合的经营模式,沿用中国传统徽派建筑风格,集农业生产、观光旅游、教学研究、会议承办、餐饮娱乐、休闲度假等服务功能于一体。园区占地500余亩,开设了基围虾养殖区、绿色果蔬种植区、生态禽畜养殖区、观赏动物养殖园、生态主题餐厅、书吧驿站、儿童游乐园、动漫水世界等十余个功能区域。园区内小桥流水,粉墙黛瓦,亭台楼榭,曲径回廊。这里,有着王维诗中的"明月松间""莲动竹喧",犹如陶渊明笔下的"悠然南山""世外桃源",令人心旷神怡,流连忘返。

为了打造符合自己教育理念的耕读文化园区,满足田园化、游学化的教学需求,耿珹特意在生态园内开发了大片薰衣草田、春意盎然的油菜花地,趣味十足的果蔬采摘园、农作物自耕园,让孩子在徜徉花海、欣赏花容之余,能够体验亲手劳作带来的无限乐趣。园内白鹅引颈,羊群漫步,美丽的鸵鸟成双结对,与小动物们的零距离接触,可带动孩子所有的感官能力,修复被现代城市文明遮蔽的心灵,激发他们无穷的想象力和创造力。另外,园内还配置了的大型室内游乐设施,打造出最佳的亲子互动乐园,让父母与孩子在欢乐的氛围中充分享受家庭的温馨,拉近彼此心灵的距离。

目前,黄龙潭农业生态观光园的建设还处于起步阶段,未来的五年内,园区建设总投资将超过1亿元。耿珹的目标是把它建成全省最大的耕读文化教育基地,并借助这一平台实现城乡互动,让远在都市的孩子体验到更加丰富的生活。

隆生数码生活馆的进退法则

"别犹豫,网购IT数码每三人就有一人上京东",京东的巨幅广告牌已经在三四线城市落地，相比之下，实体数码卖场却江河日下，比如早在2011年北京的标志性卖场——太平洋数码城已经关闭，而现在这种趋势已经向二三线城市蔓延，似乎3C数码卖场的末日只是时间问题。

这种现象其实毫不新鲜，不过商业史表明，问题往往出在企业层次上，而不是产业层次上，产业确实限定了企业的生存环境，但并不是完全捆住了企业的手脚。我们身边就有一家这样的数码企业——隆生数码生活馆，凭着强烈的品牌和服务意识反而逆流而上，活得越来越精彩。隆生数码是苹果公司南阳地区唯一授权经销商，同时经营索尼、爱浪、JBL、BOSE、YAMAHA、松下等品牌，经营范围涵盖手机、相机、电视、高端音响等，并且开始扩大规模，已经在潍坊、驻马店、平顶山开设多家分店。

事实上，尽管电商成为主要渠道已是时代洪流，不过传统数码卖场更多的是革了自己的命：偷梁换柱、水货山寨、欺瞒强卖……所以，隆生数码的策略其实很简单，彻底抛弃传统数码卖场泥沙俱下的粗放做法，踏踏实实做精品，做服务，做品牌。

第一，只经营正规厂商授权产品，坚决杜绝山寨。按常理这是经营者的底线，但其实又很难做到。隆生数码做到了。

第二，从销售向售后服务延伸。销售和售后分开早已成为国内几乎所有行业的惯例，隆生数码却重新捡回了20世纪80年代国内商业企业的传统——做售后，看似倒退的做法却恰恰触到了消费者当下的痛点，由于销售和售后完全分开，二者毫不相干，消费者往往会遇到这样的体验——"买时是大爷，修时为孙子"。隆生数码则是一体的，产品出问题时，顾客可以重新回到店里，享受购买时同样的服务，这种体验恰恰是电商无法具备的。

第三，强烈的品牌意识。在经营中不断强化员工的服务意识和业务能力，在客户中建立了非产好的口碑效应。2014年12月1日，公司正式开通全国统一服务热线：4008610067，使品牌形象得到进一步提升。

第四，增加体量。在技术、服务标准化之后，隆生数码走向了适度扩张之路。这种扩张不是基于膨胀的野心，而是因为要与厂家直接对接、降低成本和缩短中间环节，就必须达到一定体量，同时也能产生更大的品牌效应。

郑州七彩科技公司的多平台体验式营销

七彩软件科技有限公司成立于2012年，为客户提供网站建设、网站设计、网站优化推广、手机APP、微信微网站、网络营销等整套网络解决方案，依靠独特的多平台体验式营销，该公司在短短几年时间里发展成为省内乃至周边地域重要的网络服务供应商，其知名客户包括龙发装饰、新浪郑州、雨润集团、河南工业大学、河南电视台、百岁山矿泉水等数百家组织，实现了近乎野蛮的快速成长。

现代营销已经进入了第七纪——体验，现在的消费者不是通过产品或者服务建立起对品牌的忠诚度，而是通过体验。而体验的核心，是内容。产品和服务很容易被复制、大量生产,已经无法成为被消费者选择的理由。而消费者越来越渴望与众不同的东西,这时,只有体验才能将自己与其他品牌区别开来。当一个品牌能够给消费者带来与众不同的体验时,产品对消费者反而显得不那么重要了。那么,七彩科技又是如何进行体验式营销的呢?

多平台体验。对于一家网络服务供应商,具体来说是一家以网站设计为主业的公司,自身网站的设计和展示就是一种重要的客户体验载体。七彩科技采取了一种非常独特的方式——公司建立了3个网站,分别是:http://www.qicaikj.cn/,http://www.rwxwl.com/,http://www.qicaizz.com/。这三个网站在内容上虽大同小异,但色彩、结构、风格迥异,给客户带来了很强的视觉冲击,很容易形成这样一种体验:原来网站可以有这么多玩法,有这么多种组合和风格,那么,设计公司一定有很强的实力。我们原以为这种多网站并存是网站设计公司行业的通行做法,但在全国范围内查询了几十家设计公司后发现,七彩科技的多网站做法还的确是独具一格,足够任性,但效果很好。而且,三个网站并不违背定位法则,其公司名称、理念、主题是一致的,并不会导致顾客认知上的混乱。

丰富的案例展示。七彩科技并不像许多同行那样,只是简单罗列一些知名客户的名字,而是尽可能地展示更多的成功案例,并且把为客户设计的网站首页浓缩成大图标的方式进行排列展示,在以上3个网站中分别列举了20、50、28个成功案例,点击后,可以看到客户公司的网址、业务介绍、经营理念等详细信息,新客户通过复制网址进入案例样板客户的网站,就可以浏览到真实的、丰富多彩的网站设计作品,带来很好的体验,而且这对老客户还是一种传播,从而为客户之间、新老客户之间架起合作的桥梁。

丰富而快速的服务响应。虽然后台是一样的,但在网站页面前端,七彩科技在三个不同网站上配备的在线客服架构是不同的。在http://www.qicaikj.cn上提供了多达12个客服,包括8个售前客服,分别是网站建设、网站定制、高端网站定制、网站优化、手机建站、微信网站、网站域名、空间服务器,4个售后客服分别是:技术支持、域名备案、故障申报、投诉建议;http://www.rwxwl.com则完全按功能划分在线服务:客服2名、咨询1名、售后1名、技术2名、美工1名;http://www.qicaizz.com上提供了"业务咨询"6名、售后咨询和技术支持各1名、投诉建议1名共9位客服。经我们伴装客户进行随机测试,三个网站的客服能够做到很好的快速响应。这种体验是实实在在的:不仅网站的风格、架构可以多样化,而且功能也可以有多种组合,给客户留下深刻印象。网站还留出了实名客户评价功能,下面是我们截取的部分客户评价:

紫玉仙官公司李忠——网站做得挺不错的,售后很好,价格合理,值得合作,最主要的是后期的服务很到位,客服很给力,还教了我们一些营销的知识。

天禾新型建筑材料有限公司张总——网站页面做得干净大气,我很喜欢,希望以后的合作更加愉快,最值得收到(应为"称道")的是他们的售后工作做得很好,免费帮你修改图片,上传图片,其他公司都不愿意做这些事。

华夏医疗王总——服务态度很好,页面的设计比较给力;

河南鸿正机电美的空调代理魏总——我做的是全新建站加网站推广,现在我们好的关键字都到首页了,网站做得也很满意,后期的服务很到位。

珠宝一拍网:我们是行业领头羊,通过竞标我们选择了七彩科技,无论从设计到后续维护都很到位……由于这些评价完全是实名的,其中的一些错别字和病句甚至还予以了保留,给意向客户带来非常可信的体验。

坚持内容原创,提升网站排名。许多对网站建设、网站设计有需求的客户往往只是简单想当然地要建立一个属于自己的网站,而对相关知识或者说常识知之甚少、毫无头绪,不知如何下手。七彩科技在上述 3 个网站中原创了大量的软文,介绍和讲解有关网站设计、优化、网络营销的知识和理念。我们都知道网站需要大量的原创文章来支撑搜索引擎排名,这种做法不仅给客户丰富了相关知识,在客户心目中提升专业形象,而且使得七彩科技自身的网站排名得以提升,一举三得。当然,真正进行原创并不容易,需要大家付出辛勤汗水,多观察、勤思考、常练笔,这方面七彩科技可以说是不遗余力,对员工的原创工作给予大量支持和鼓励,公司内部每月都要举办营销创新研讨会,探讨各种创新点,主动为客户拓展最新、最适合的营销渠道。这些工作获得了丰厚回报,通过不断积累,公司培养了内容原创的强大能力。凭借这些能力,公司业务从简单地给客户建设和制作网站,进化为帮助客户提升网站排名,对于客户的营销、品牌、产品等产生实质性推动,让客户网站真正起到应有的作用,客户完全摆脱了后顾之忧,七彩科技也成功地转型为综合性互联网服务供应商。

在产品展示上,七彩科技对产品进行多种标准的分类与组合,直观形象地展示出来,供客户选择。分类一:网站建设、SEO 推广、移动网站、微网站;分类二:企业官方网站、门户网站、高端网站、购物商城网站、移动端网站、flash 互动网站;分类三:网站建设、网站优化、网站托管、优化推广、仿站;分类四:高端品牌网站设计(重在创意)、网站程序定制开发(重在功能和技术)、网络营销解决方案(重在长期);分类五(建站套餐):模板型、普及型、形象展示型、创意型、响应式多终端型、尊贵豪华型、商城站点型。这些非常丰富而明确的产品展示都给客户带来很好的体验,有利于他们的理解和选择。

七彩科技的体验式营销是一个完整的系统:多平台网站展示和内容原创→网站排名、良好体验和吸引顾客→快速而优良的服务和技术→获取顾客→点评和案例增加→更丰富的体验→业务升级……最终形成良性循环。

黄河古陶研制厂的原产地文化营销

与文物不同,新工艺品一方面要有独特性,另一方面又要考虑成本或者说经济性,此二者往往互相矛盾。比如,只能由某位传承人手工制作的产品,当然具有独特性和不可复制性,但成本高企、产量受到限制,从而缺乏规模经济,从业者基本上处在手工作坊的零散状态;反过来,能够大规模批量生产的工艺品,又很难具有收藏和艺术价值,容易复制,溢价空间小。然而,河南鹤壁淇县的黄河古陶研制厂给我们上演了一出原产地文化营销的大戏,鱼和熊掌兼而得之,在我省文化创意产业中占据一席之地,连年获得河南省文化创意产业优秀企业奖。

黄河古陶有限公司成立于 1998 年,生产民用日用产品,走的是传统路子。也就是成立那年,厂里组织人去山东淄博考察,在一个工艺品店里不知怎么回事弄碎了柜台上的一件瓷器,对方开出了不菲的索赔价格,赔偿后大家都很懊恼,实在没想到一件小东西这么值钱。"我们也能做这个啊!"不知谁来了一句。"是啊,我们也可以做这个啊!"大家沮丧的心神一下开朗了。考察回来后,企业决定跳出传统思维,转型为传统技法文化工艺品。经过几年的磨炼,公司在继承传统陶器手工工艺基础上,大胆使用浮雕、高浮雕、浮雕镂空等新技法,创作出具有现代韵味的陶器新品种——"宝鼎"牌黄河古陶。色泽上突破了传统的灰、红、黑三色,焙烧出了橘黄、石青、仿青铜、石褐、娟黄等颜色的陶制品,产品类型达数百种。不过,由于企业基础薄弱,资金积累有限,特别是产地偏僻,知名度和品牌影响力不足,严重制约了市场开拓和经济效益的提升,正所谓酒香也怕巷子深。于是从2006年起黄河古陶开始了一系列的原产地和文化营销。

一、文化营销

第一步,提炼和嫁接地方传统文化。在豫、陕、晋、鲁等黄河流域至今仍存有不少古制陶遗址,制陶业在这里曾盛行数千年,这些产地的陶器被称之为黄河古陶。秦汉后期,黄河古陶的制作工艺因瓷器的出现而衰落,形成空白和断代。鹤壁乃古时赵都,古黄河穿境而过,黄河古陶研制厂的艺人们,在中央美院、中国古陶博物馆的支持和众多专家学者、藏家的参与下,历经数千次实验,终于再现了古色古香的黄河古陶。

第二步,公关和传播。2005年,中央电视台以黄河古陶大放异彩为题,在"乡音""华夏掠影""文化博览"等栏目进行专题播放,引起不小反响。同年9月,在"中原文化上海行"活动中,黄河古陶荣获金奖。10月,作为河南省首家为首都博物馆提供陶艺产品的生产厂家,为首都博物馆量身制作、复制320件陶艺文物,入住首都博物馆。2006年,黄河古陶又被河南省文化厅公布为首届河南省知名文化产品。2007年黄河古陶研制厂被评为河南省"旅游商品定点生产企业",成为"中国陶瓷工业协会理事单位。"2007年,黄河古陶研制厂被定为庆祝建军八十周年组委会合作单位,创作、设计、生产了"八一成功杯",并被国家军事博物馆和南昌起义纪念馆收藏。

二、原产地营销

经过第一阶段的营销,黄河古陶的知名度和影响力大大提高,销量和效益明显改善。不过,第一阶段的文化营销偏于宏观,传播诉求限于对传统文化的传承和发扬,同企业和产品的结合不够紧密,特别是未能充分体现其产品的独特性、难以复制性,以及和同类产品的区分点。所以,尽管造势很成功,却未能产生实质性影响。于是,经过一段时间的沉淀和探究,黄河古陶将文化营销进一步深化、细化为原产地营销。

第一步,挖掘原产地概念。

传说远古时鹤壁人制陶的辛勤感动了上苍,于是,用五色土补天的女娲来到鹤壁,化作神山圣水,从此,当地人能烧制出一种神奇的陶器,用这种陶器煮出来的食物,美味无比。至今鹤壁还保留着一个神秘庆典——神陶节,据许多当地百姓回忆,他们过去用的陶壶、陶碗、陶盆,做饭、泡茶都很香,盛放鸡蛋、面、油等食物能够长时间不变味、不变质,而且每个陶器都有独特的音色,敲击起来有钟磬之声,挑出几件来,能当乐器用,当然这种陶器已经难觅踪影。

传说往往有其自然和生活背景。在鹤壁神陶村尚存一位叫张学民的手工艺人能烧制神陶,他认为赋予神陶特殊性能的并非是工艺,而是当地特殊的"红、白、黄、黑、灰"五色黏土和神奇的淇河水。研究发现,鹤壁曾处于滨湖—浅海环境,之后水退陆进,出现了高山平原,在周而复始的沧桑巨变中,泥土变得黏性越来越强,最终出现了这种奇异的五色黏土,在河南师范大学实验室进行的 X 射线衍射试验中,发现五色土中含有伊利石和绿泥石,这两种成分有一种神奇的潜质,在烧制后能形成一种致密结构,作为器皿,它既不漏水又能透气,可以起到优良的保鲜作用,同时会发出钟磬之声,成就了神陶唱歌的美名。而在美丽的淇河岸边,有一处古老的火山遗迹,地质研究表明,这些遗迹由火山多次喷发形成,其中甚至有红宝石、绿宝石的踪迹。经等离子发射光谱试验,在河水中竟然发现锂、铈、锰、镧、锌、钡、钕、锶等十多种罕见的微量元素,河边鸭子生下的鸭蛋在煮熟后,可以呈现出一圈一圈花儿一样的纹路,可见淇河水之神奇。

第二步,深化传播。

黄河古陶厂与央视科教频道之"地理中国"栏目合作拍摄的《神陶谜案》纪录片,2013年在央视 "探秘"栏目试播,稍后在央视"科教频道"地理中国栏目正式播出。紧接着,又和中央电视台科教频道联合拍摄了《会唱歌的神陶》纪录片,在"地理中国"栏目中播出。这两期节目巧妙地将传说、习俗、淇河水、五色土与神陶结合起来,并隐喻黄河古陶产品的差异性和不可复制性,播出后,引起了很大反响,销量节节攀升,并且并远销日本、美国、法国、德国、新西兰及港澳地区和东南亚。现在黄河古陶研发中心及展览馆项目已经开建,规划总占地面积 25 亩,建成后将达 20 万件(套)、陶炻工艺品 8 万件(套)的产能。

三、思考与问题

偏离主题。在上述原产地营销中,虽然电视节目制作很成功,但几乎未提到黄河古陶厂或黄河古陶,核心主题是"神陶",二者关系不明,只强调了原产地水土之神奇和稀有,容易导致原产地营销中常见的搭便车现象。

概念模糊。五色土储量和分布零散,很多已被破坏,采取并不容易,而黄河古陶厂的原材料是否为五色土并未在传播中体现出来,在黄河古陶厂的网站页面介绍中,亦并未提到五色黏土,只是说取自黄河古道地表以下 3 米处,韧性好、油性大,烧制出来发亮,古香古色。张学民本人和黄河古陶的关系不明,张学民的采土位置似乎有独家秘诀,并非来自随意的黄河古道深处。

未突出品牌。黄河古陶的品牌为"宝鼎",未能体现出原产地的特点,在传播中甚至都没有提到。或许如果叫作"五色神""淇神"会更具传播价值。

映像网教育频道的体验营销价值链

所谓体验营销,是指企业以服务为舞台,以商品为道具,以消费者为中心,创造能够使消费者参与、值得其回味的活动,它的实现方式是设计一个事件,让每个人以个性化的方式参与其中。消费者消费的是一种感觉,一种情绪上、体力上、智力上甚至精神上的感觉,是消费者参与一个事件之后获得的回味。而体验的核心是内容,企业应尽量创造最小、最简单的,但又能对消费者产生重大影响的体验形式。通常消费者需要的是更好的教育、娱乐、指导性的内容或者是与其他消费者建立联系等。要创造性地解决消费者的这些需求,找到消费者的痛点并不容易。

映象网隶属于河南大象融媒体集团有限公司,是国家一类新闻网站,河南省重点新闻网站,河南省最大的音视频网站,由省新闻出版广电局主管,河南人民广播电台主办。依托这样一个强大后盾,映像网教育频道不断创新业务模式,展现新媒体力量,完全突破了传统网站单向、简单汇集内容的方式,其独特而又颇具新意的内容设计给体验式营销注入了活力。其业务模式和核心内容设计如下图所示。

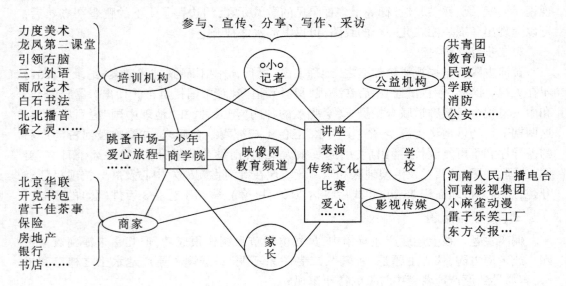

作为事件的设计和发起者,教育频道创造了一个个有趣的主题,并围绕主题举办了一系列活动,使得学生、家长、商家、学校、培训机构、公益机构等多向互动、分享合作,成为快乐融洽的利益共同体,将教育、娱乐、文化、智力、道德、情感、美学、感官、触觉等融入其中,实现各方的共同成长与收益。

一、小记者

中小学生是映像教育频道的主要客户,各种活动的成败取决于能否对中小学生产生吸引力,因为,这个群体非常庞大,对商家、培训机构来说都具有重要意义。为了体现媒体的特质,以及激发中小学生的好奇心和参与度,教育频道首先从河南广电全媒体小记者俱乐部入手,2013年7月,首次组织近80名小记者和他们的家长参观映像网的制作现场,引起同学们极大的兴趣。这样逐步发展,通过活动,不断扩大影响力。最终,教育频道把核心客户定位为小记者,这不仅符合映像网和教育频道媒体的特点,也更容易和更多的学校、学生建立联络,如2014年5月,92中小记者站成立,36名小记者加入;中原制药厂幼儿园小记者站挂牌。此外,诸如81中、七十中、郑上路二小、南阳路一小、纬一路小学、文化路二小等许多中小学的小记者站成立。在此基础上,组织小记者俱乐部,参加各种活动,鼓励小记者写作分享,产生了巨大的带动和辐射作用,可谓四两拨千斤。

二、少年商学院

少年商学院是映象网教育频道自开办以来重点打造的品牌活动。目前包括两种主要形式:跳蚤市场和爱心旅程。

跳蚤市场已成功举办6期,成为最受小记者及家长们喜爱的公益活动之一。2014年9月,映象教育、北京华联重磅打造的"跳蚤市场"吸引了两百多组家庭的积极参与。盛况空前的映象少年商学院更成了龙凤第二课堂、郑学教育、力度美术、开克书包、育博苑、雀之灵等商家展示自己的绝佳平台。无论是北京华联,还是陪孩子们的爸爸妈妈,都愿意和"小卖家"进行沟通,气氛十分活跃,各方评价良好。2014年儿童节,映象教育联合安徐庄地产开发商的"七里香堤"楼盘项目,共同发起了"在跳蚤市场里寻找童年"的大型公益活动,共吸引了四百多组家庭前来参与。

爱心旅程活动是跳蚤市场的升级或变形。2015年10月,共青团郑州市委权益部和映象教育联合举行了少年商学院爱心旅程大型公益活动,最大亮点是设置捐赠环节,在此环节中,孩子可以将自己的衣服、图书、文具和零钱捐给更需要的儿童。活动结束后,捐赠物款由团市委权益部和活动主办方亲自送至新密市岳村镇中王庙小学。在活动中,每名孩子至少由一位家长带领,在各自摊位展卖家中闲置的物品,可以是看过的图书、不用的文具或旧玩具,孩子必须独立完成销售,家长仅作指导。活动不仅能够提升孩子的语言表达能力、沟通交际能力与理财能力,增强环保意识和公益观念,还能够培养孩子的自信和勇气,另一方面也为家长提供了更多陪伴孩子、了解孩子的机会。

三、教育活动

教育活动的主题和类型非常广泛,内容和体验更是各具特色。

2013年8月,映象教育联合郑州天诚心理咨询箱庭游戏工作室举办了一场别样的亲子沟通活动,九组家庭共18人按照"1+1"的形式参与了沙盘游戏。经过这次箱庭游戏后,小记者们说,工作室里的老师说出的都是自己的心声,仿佛被透视了一样,父母们也都觉得很有新意。相对于参观活动,沙盘游戏让他们更容易亲近,而相对于心理讲座,一对一的咨询师解答更有针对性。

2014年12月,由团市委、市教育局和市学联联合主办、映象教育承办的学习习近平总书记系列重要讲话精神之"我的中国梦——奋斗的青春最美丽"郑州市大中学生演讲比赛启动,吸引力大量学生参与。

2015年11月,河南影视集团、映象教育、小麻雀动漫影视文化公司联合主办,京城小剧场话剧领军品牌"雷子乐笑工厂"创作并演出的大型亲子互动儿童音乐剧《小麻雀找凤凰》第二季精彩上映,赢得满场一千多位观众的喝彩,进而在孩子们群体中掀起一股"儿童舞台剧"参演潮。

整合消防、交警、红十字会、保险公司等社会资源,在郑州市部分中小学开展了五十多场"平安校园"系列活动,为孩子们的安全保驾护航,让学生增强平安自护意识,提高自护能力。2015年5月,映象教育联合中国平安给郑州七中的带去了一份特别的礼物——"学平险"。

树行业新锐　铸民族品牌

河南雄峰科技有限公司创立于 1998 年,是中国饲料行业第一家专业从事猪料预混料生产的企业,历经十多年的磨砺与成长,开创了以"猪场管家系统"为核心的"雄峰模式",成为中部地区猪用预混料第一品牌。

一、专业化的市场定位与系统化的服务能力

公司成立时,养猪行业正处于最为低迷之时,绝大多数养猪企业亏本,给饲料企业的生存与经营发展带来了巨大压力。在这种行情极为不利的情况下,企业的创始人许锐先生毅然逆流而上,带领 8 位志同道合的"战友"创立了自己的企业,开始了艰辛的创业历程。在创业初期,雄峰企业的创业伙伴们清醒地认识到市场细分与专业化分工的必然,以及养猪行业规模化趋势所孕育的巨大商机,同时更清醒地认识到养猪业巨大的服务需求,理智地将事业版图聚焦在养猪行业,聚焦在最具成长性的规模化猪场,聚焦在未来最适宜集约化养殖发展的华中地区。在大家的共同努力下,两年时间迅速发展为河南省预混料前三名企业。

十多年的实践证明,以"猪场管家系统"为核心的"雄峰模式"将目标客户锁定在规模化猪场,不仅使公司在成长过程中成功规避了数次因行情波动对饲料企业造成的冲击,而且成功地踏上了养猪行业快速发展的步伐与节奏,成为业内为数不多的拥有众多大型养殖企业客户群的饲料企业,为未来的发展奠定了坚实的基础及更为广阔的商业运行空间。

"专业预混料、猪料专家"的定位,对专业化的坚持,使公司成为能够提供规模化猪场全过程最佳营养解决方案的企业,在市场营销中成功地重新定义并细分市场,创造了策略制胜的奇迹。为保证兑现承诺,雄峰企业不仅率先在业内通过 ISO 双体系认证并持之以恒严格运行,而且从制造设备、原料采购、生产品控等方面用高标准要求自己,保证将高质量产品交付客户。

二、良好的企业文化与强大的品牌建设能力

"雄鹰展翅,志在高峰"。雄峰坚持"激情成长,和谐伙伴"企业文化核心理念,以"品格财富,智慧英雄"为企业精神。雄峰企业是良好企业文化与品牌建设的受益者,也是不遗余力的传播者。雄峰企业是行业内为数不多的在创业初期就全面导入品牌建设,并进行系统企业文化建设的企业。公司深信,优秀的企业是以思想和文化优良为基础的,因为企业文化的质量将决定公司旗帜下会聚集什么样的队伍,企业的未来将取决于这个团队的素质与能力。

雄峰企业以优异的企业文化建设著称,这缘于董事长许锐的国学功底,他深谙中国传统文化,把这些与商业文化相结合,应用于企业文化建设,十几年来始终坚守这种传统文化与商业价值的传递,形成了独特的雄峰文化。源静则流清,本固则丰茂;内修则外

理,形端则影直。

通过十多年如一日的坚持与推动,雄风企业已成长为一个拥有良好企业文化、强大的市场运营力和服务支撑力的企业。在业界,雄峰是具有一定影响力的品牌。源于这样的影响力,年轻人不断投身雄峰企业,带来了新的活力,在这个过程中,公司的价值观与处世哲学不断碰撞、认同、升华,逐步形成了雄峰独特的企业文化,也在业界塑造了良好的品牌形象。

三、优秀的研发团队与高效的合作模式

雄风每年拿出产值的 1% 作为研发费用,十多年的沉淀,打造起高素质的研发团队:四川动物营养研究所、雄风企业科学研究院、中国农大、北京农科院、华中农大、河南农大、各原料企业专家博士团队;建设大基地:世界先进的布勒预混料自动生产线、河南省级技术中心、一流的原料检测设备、3 000 头母猪群体的试验基地等等。因此,从顾客征询、产品设计、供方选择到原料采购与质量检验,从工艺设计、设备选择、生产过程控制到最终产品放行乃至产品最后的使用指导,始终严格遵照 ISO9001 与 ISO22000 管理体系的管理规范执行,从而达成产品零缺陷的实现。

作为"猪场管家"概念的缔造者与实践的先行者,雄风突破了以往饲料企业单纯的饲料交易的经营模式,构建了国内最庞大的由国内外专家、流动服务人员与驻厂技术人员构成的专业化服务团队,以及与其相配套的服务资源,成为业内首屈一指的能提供猪场管理全面解决方案并有效付诸实施的企业。在城镇与乡村,雄风企业的猪场管家体系与无数个养殖计划相伴,重视每一个养殖场的每一笔投资,并以优质的服务帮助他们建立乐观的未来。

雄风秉承"成长与成功的伙伴"这一核心价值观,始终将合伙伙伴的利益与需求作为关注焦点。公司现已成功地从"业务能力、解决问题能力"转型为"推动合作伙伴成长与成功的系统能力",帮助众多合作伙伴从猪场向现代化养殖企业转型。在不断帮助合作伙伴成长、成功的过程中,也逐步推动雄峰企业成为行业内少有的、能够运用品牌影响力与企业文化感召力赢得客户、赢得竞争的企业。

以为消费者提供健康、绿色的产品为使命

郑州市逸田农业科技有限公司成立于 2010 年 9 月。公司以杜仲经济林种植、杜仲茶叶采摘加工、杜仲鸡养殖、杜仲猪肉加工、杜仲香菇培育以及深加工为主营业务,有三处生产示范基地,一号生态园旅游和杜仲鸡、杜仲猪养殖基地,二号优良品种苗木培育基地,三号杜仲茶叶采集、杜仲香菇种植基地。

逸田农科以自建杜仲产业示范基地为样板,以发展农户加盟为种植和养殖模式,以品牌营销和杜仲专卖店连锁加盟为营销模式。目前,发展了加盟农户 40 多户,带动农户 1 000 多户,增加农户收入 1 500 多万元,经济利益和社会效益显著。

自成立以来,逸田农科大力开展产品技术和研发工作,与中国杜仲研究机构中国林

学会杜仲研究会、西北农林科技大学、中国林科院经济林研究开发中心和河南省农业科学院、河南省食品工业研究所、河南农业大学等单位达成战略合作与协作。在杜红岩、张康健、苏印泉教授等专家团队的指导下,逐步完善科研技术与设备,公司的研发团队不断提升产品科技含量,提升产品质量,采用专利技术研究开发的杜仲"雄花茶"、杜仲"三宝茶""那蘭花黑茶""杜仲女人红"及养生功能杜仲鸡、杜仲猪和杜仲食用香菇等产品,已成造福广大民众,享誉中原大地的优势品牌。产品除在郑州、洛阳销售外,还远销海南、广东、广西、湖北、山东等保健意识强的南方省市,年销售收入达 2 000 多万元。

在品牌运营与推广方面,逸田农科在郑州市郑东新区建立了杜仲系列产品品牌运营中心,以社区营销为根据地,以连锁加盟经营为营销模式,以五云山杜仲生态旅游为宣传窗口,与河南电视台新农村频道建立战略合作伙伴关系,进行杜仲产品的宣传和新经济模式的推广。在市场拓展上,确定了首先将郑州打造成杜仲养生产品的样板市场,然后辐射北京、上海、深圳等一线城市,最终占领全国市场的战略发展部署。

逸田农科以发展杜仲产业为己任,以为消费者提供健康、绿色的杜仲系列产品为使命,以带动广大杜仲种植、养殖农户共同致富为目标,在国家大政方针的指引下,团结奋进,开拓进取,致力于将逸田打造成一家专业杜仲种植、养殖、加工、销售为一体化的产业集团公司。

做良心餐饮,树民族品牌

民以食为天,有人的地方就有吃货,有吃货的地方就有餐饮。但是,随着经营环境的变化、市场竞争的加剧,如今餐饮业不断地向专业化方向发展,更多的餐饮人开始对市场及自身有了新的认识,加盟知名连锁店与寻求专业管理咨询也成了投资者在餐饮业的选择。在中原之都郑州,有一家知名度较高的餐饮管理咨询企业——郑州张一绝餐饮企业管理咨询有限公司。

张一绝餐饮旗下品牌有"张一绝""爷品堂""面皇米后""小吃培训"百余种项目。公司凭借较强的经济实力和良好的服务信誉,以"顾客至上、锐意进取"为经营理念,以"一切为客户的创业成功"为服务理念,已发展成为集餐饮开发、品牌包装、招商加盟、运营指导为一体的连锁餐饮综合机构。

从张一绝黄焖鸡起步,张一绝餐饮经历从特色餐饮到现在的各品牌连锁餐饮,专注养生菜品,一步一个脚印,从菜品制作工艺、盛菜器具,形成了独有的餐饮文化。张一绝餐饮凭借独具特色的面食米食文化与技术,确保所提供的餐品能够契合市场上的需求。在招商加盟过程中,从前期的店铺选址到后期的产品更新,张一绝餐饮全程为合作商提供服务和指导,进行人性化管理,为客户的创业成功铺就康庄大道。

继成功推广张一绝黄焖鸡之后,张一绝餐饮再接再厉,于 2012 年开始打造"爷品堂"全国连锁品牌,主要从事酱香系列的快餐连锁,代表菜品是酱香排骨饭。"爷品堂"的酱香排骨饭跟传统的酱香排骨不同,是结合豫菜、鲁菜、川菜这三大菜系的精髓,用 50 多种调料酿造而成,同时融合现代人的消费理念,打造出了营养均衡、味美可口的菜品。对于合作商而言,"爷品堂"品牌具有操作简单、加盟门槛低等特点,受到低成本创业者的喜爱。张一绝餐饮还推出了"面皇米后"养生餐饮连锁品牌,以养生健康为消费主题,主要经营以米食、面食为主,汤为辅的菜品,以食材优良、餐品美味营养、价格经济实惠,来满足快节奏生活中各行各业的人对饮食的美味、营养、快捷的需求。

张一绝餐饮以"做良心餐饮,树民族品牌"为经营目标,致力于与合作商建立规范、合作、互信、共赢的发展氛围,创建全新的民族餐饮品牌,以海纳百川的创意气度,积蓄能量,向更广阔的天空飞翔。

做原阳大米第一品牌

从村里的种田能手,到料理万亩稻田、远近闻名的"农场主",再到带领村民脱贫致富的农村专业合作社"社长",如今,他要把原阳县近一半的稻米都贴上"水牛稻"的牌子,扛起振兴原阳大米的一杆大旗。他就是水牛赵村和罗李村两个村的党支部书记,原生种植农民专业合作社的理事长,水牛稻农业科技有限公司的董事长赵俊海。

20世纪八九十年代,原阳县的水稻种植面积曾经多达20万亩,1995年最多的时候曾经有40多万亩。然而,随着背井离乡的村民们纷纷撂地抛荒,近年来原阳县的水稻种植面积逐年萎缩。好多人都说:原阳米吃不到了,原阳米不好吃了,其实不是不好吃了,是真的太少,假的太多了,很多都是拿东北米、山东米、六安米包装出来的,赵俊海决心对鱼龙混杂的原阳大米做一次"拨乱反正",将原阳近50%的水稻统一在"水牛稻"这个品牌之下,让人们能够吃到真正的、不掺一粒假的原阳大米。

为了最大程度上保证水牛稻的天然绿色,稻田里施用的都是有机化肥,喷洒的全都是生物制剂,后者的成本比农药要高一倍以上。算一笔总账的话,水牛稻一亩地要比其他的稻田多投入80元左右。但是,赵俊海相信人们会乐意为品质更优的大米多掏一些钱。作为一名天生的种田人,每每说到自己种出来的水稻,他都是一脸的自信。

当偷菜游戏风靡全国时,赵俊海就想,城里人既然喜欢在电脑上种地种菜,何不给他们辟出一亩三分地,请他们来水牛稻当地主、种稻子,亲眼见证这里白鹭飞、秋蟹肥的生态环境,还可以成为水牛稻口口相传的"活广告"。2013年,水牛稻启动了请城里人当地主的"一亩三分地"项目,让城里人自己种、自己吃,并且可以通过远程监控,在家里、办公室24小时都能看到自己的地。

在中原地区,自己包地种植蔬菜、瓜果的模式已经遍地开花,但是像一亩三分地这样的以大田作物作为种植对象的模式,还属独一份儿。虽然这种模式取得了意想不到的成功,今年有望突破1 000户,然而赵俊海并不打算无限制扩张一亩三分地的规模,而是要在量力而为的范围内做到最好的服务。

树健康典范，为有机点赞

近年来，随着人们环保和健康意识的增强，消费者对食品的要求逐渐从量的追求转移到质的提升上，有机食品行业得到快速发展，生产过程无公害、无污染、纯天然的"有机食品"成为市场的宠儿。淇县天钙特产开发有限公司成立于2000年3月，是一家集杂粮生产、加工、销售、林果开发于一体的有限责任公司，位于淇县北阳镇大水头村东，这里四面环山，绿树成荫，四季流水，花果飘香。公司依托淇县优质的土壤条件，开发绿色有机食品，倡导绿色健康生活，致力于成为国内特产市场第一品牌。

自成立以来，天钙特产公司开荒整地，建立农场，设立生产示范基地，采用"公司+基地+农户"模式，以"服务农民，富裕农村，成就农业"为宗旨，将种植区域化、生产标准化、经营产业化作为发展思路，把"天钙食品，健康为本"作为企业商品定位，以生产优质、保健、安全食品为己任，把实现企业与农民的双赢为落脚点，积极开拓市场，打造企业品牌。公司已经形成谷物脱壳及谷物碾磨两个加工项目，现有米类、豆类、杂粮和当地特产、礼盒食品共计40多个单品，产品不但营养丰富，还特别好看好吃，深受消费者的欢迎。

天钙特产公司坚持以健康为本，以质量求生存，以创新求发展，全力打造有特色、差异化的产品。公司生产加工的"托梁"牌石碾高钙有机山小米和石磨高钙有机小麦粉，由于其独特的产地条件，产品含钙量高，是其他地区同类产品的3~5倍；生产、加工过程中不使用化肥、农药，不添加任何添加剂；采用石碾工艺，避免了加工过程中由于高温对产品形成的糊化污染，使其原有品质得以保护。正是由于这些鲜明的特点，2005年被中国绿色食品发展中心认证为"有机食品""绿色食品"，并授权使用标志；被省质检局审定为"高钙小米"。

配合合适的定价策略、包装策略以及推广策略，"托梁"系列有机食品通过丹尼斯、世纪联华、沃尔玛、卜蜂莲花、家乐福等知名度较高的超市进入鹤壁、郑州、北京等大中城市市场后，迅速受到消费者的青睐。

对于未来的发展，天钙特产公司本着专业开发，打造名牌的思路，不断拓展市场，将"托梁"系列产品做大做强，使公司形成种植区域化、生产标准化、经营产业化、产品系列化，不断壮大龙头企业的带动辐射能力，带动更多的农民增收致富。

郑州贝克企业管理咨询公司的市场拓展

郑州贝克企业管理咨询有限公司系源动力餐饮集团华中（郑州）运营中心，是独立运营的实体单位。源动力餐饮集团创建于2001年，总部位于济南，是中国最大的中小型连锁企业和最具发展潜力的餐饮连锁企业，曾获得过"中国最具投资价值连锁品牌"。集团现已成为一家旗下有 4 大独立投资公司、11 大运营管理服务基地、4 个中央仓储物流中心、集管理咨询、连锁经营、网络科技、机械设备制造为一体的综合性企业,拥有贝克汉堡、柠檬工坊、蒸美味等 30 多个餐饮连锁加盟品牌。

源动力餐饮发展迅速、不断创新。比如创业者生态圈计划,就是以利他为表征、以共赢为目标,相互分享、相互支持、以利益共享形成经济生态链,让有创业梦想的人和集团的创业资源有机结合,实现创业者和公司的共赢、共生。源动力设有 4 大基金:商学院基金、"手拉手爱心互助"基金、孝老感恩基金和"手拉手互助创业"基金,用以帮助员工、帮助创业者等,使公司凝聚力极高、认同度高、人员流失率低。

源动力郑州分公司,即贝克企业管理咨询公司成立于 2014 年 4 月,迄今为止在河南已经发展加盟连锁机构 400 多家,销售额达到 4 000 多万元,发展极为迅速。分公司的基本运作模式是寻找加盟商,用集团的资源培育新的创业联合体,成熟后包装成新品牌推向加盟市场。还可以运用集团公司的资源支持系统,吸纳连锁品牌进入,形成 1+1>2 的效果。

贝克公司拓展市场寻找加盟商的途径很多,其中一个重要的思路是拓展在大学校园的影响力。因为现在学生面临就业难的问题,公司的小投资成熟项目易复制,成功概率大,刚好可以和即将走向社会的学生实现对接,实现共赢。大学生创业大讲堂就是支持学生创业的举措之一,和高校联合举办创业讲座,让学生吸取前人经验少走弯路。大学生创业俱乐部是通过微信建立的互动空间,不定期地举办活动,传播公司的文化理念及创业项目。目前,在郑州合作的高校有 3 家,未来会扩展到大部分高校。

针对河南区域加盟空白的地市,贝克公司可以免加盟费,并给予资金支持,放手让缺乏资金的创业者经营,以形成形象店辐射整个地市,快速形成品牌影响力。在源动力只有想不到没有做不到,相信在公司强大的文化及创业氛围下,贝克公司会快速成为郑州餐饮连锁加盟的典范。

产品质量严控源头,服务把控追求客户满意

郑州金田纸业有限公司成立于 2009 年,是集铜版纸、双胶纸、书写纸、白卡纸等加工与销售为一体的现代化企业,主要品牌有:太阳、晨鸣、金东、华泰、白云、江河、龙丰、金桂、新亚、博汇等,发展至今,已成为河南核心纸张供应商之一,年销售额 15 亿元。

在如今的纸张市场,竞争非常激烈,大大小小的制造企业林林总总,各企业的最终产品呈现出同质化的特点。那么,金田纸业又如何在这个激烈竞争中能够站住脚跟,甚至拿到了较大的市场份额呢?

金田对于纸品的市场竞争有着自己的认识。他们认为,客户购买我们的产品,取决于两个方面:一是客户最为看中的就是产品质量、产品的使用价值,因此金田纸业以对客户认真负责的态度,严把产品质量关;一是优质的服务。

为保证产品质量,先从进货关着手。原材料的优劣对于纸品质量来说有着特别重要

的关系,金田对此特别重视,不仅是原材料的品类选择、供应商的资质、材料采购等各个环节派专人进行负责,而且公司还会不定期的派出督察人员随时进行抽查及监督,也就从源头进行了质量把控;生产过程中,不断改进生产技术,提高纸品的产出质量。现在又引进了国外尖端全自动化高速分切机设备,可满足各种规格产品的分切需求,做到出品规格的标准统一。

正因为产品质量优异,金田与众多企业建立了长期的合作关系,产品畅销山东、河北,天津、安徽、上海、广东、山西等近 30 多个省、市、自治区并远销越南、老挝、柬埔寨等国家。

金田本着客户第一,信誉第一的原则,拿出最大可能的服务措施对广大客户进行售前、售中、售后服务。从客户的前期咨询、产品选择、问题解答等方面,就专人负责进行追踪,随时解答客户的疑问,真正做到服务于前,服务始终。

在新的市场机遇下,金田公司以挑战极限,勇创一流的精神,优化企业资源配置,以全新的企业形象,高素质的员工队伍,优良的产品质量和卓越的服务,不断满足客户需要,促进企业发展。

抢滩市场蓝海　构建共赢模式

郑州慕光银贸易有限公司成立于 2012 年,旗下有慕光银饰、慕光珠宝两大品牌,是一家集首饰设计、生产、加工和批发为一体的大型企业,主营千足金、银饰、名表、翡翠、玉石及手工编织等为主的时尚类饰品。公司拥有一批资深的设计师,研发的产品包括吊坠、戒指、头饰、手链、项链、脚链、名表,等时尚配饰以及天然玉石、玛瑙、水晶、琥珀、翡翠等系列。在珠宝行业慨叹不景气的时候,慕光银用了不到一年半的时间,几乎没有投入什么资金,打造出拥有近 150 人的团队、250 多家店的"慕光珠宝",业内同仁将之称为"慕光现象"。

一、定位城镇珠宝,开辟珠宝新蓝海

一直以来,珠宝市场的渠道根据行政区域的不同,重点有所差异。以河南市场为例,目前在省会郑州的珠宝渠道以百货商场、购物广场、专业珠宝卖场为主,商超和品牌专营店为辅;在地市级市场,根据各区域发展状况的不同,百货商场珠宝专柜和品牌专营店各自擅长;在县一级市场,基本以珠宝品牌专营店为主要渠道;而乡镇市场,虽有个别店面,对于珠宝品牌而言,相当于是一个完全的空白市场。

慕光珠宝突破珠宝行业的惯性思维,进入了看起来消费水平并不高的乡镇市场,直接将品牌定位为城镇珠宝品牌。这一市场具有了三大优势:①城镇目标市场指向明确,可以更为针对性地进行商业模式的构建及市场开发。②市场前景巨大,按照市场规模来看,仅河南市场而言,目前拥有 18 个地市、51 个市辖区、107 个县市、599 个街道办事处和1721 个乡镇;按照品牌定位的目标,即使抛开县市区所属的街道办事处,仅仅河南省高达1721 个目标区域市场,可谓发展前景巨大。③抢占市场蓝海。目前,城镇市场对于传统珠宝品牌而言,基本上是完全的空白市场,除了偶尔有品牌市场的广告宣传和推广以外,几乎很少有珠宝专营店涉足,这也就意味着几乎的空白市场区间。

二、深究产品结构,创新产品思路

城镇珠宝品牌,既定位了前期主打的是乡镇市场,又确定了主营的商品是珠宝产品,这样,如何在珠宝品类中选择产品就至关重要。产品的选择一方面取决于消费者的购买选择,另外还取决于店铺的投入成本。

慕光珠宝对城镇珠宝市场进行了深度的研究,确立了以主销跑量产品、辅销潜力产品和动销形象产品相结合的"三位一体"品牌产品结构,选择以银饰、玉石和手表构建初步的"三位一体"的产品模型。这样的产品结构,既控制了整个店铺的投资成本,也提升了城镇珠宝店的品牌形象,为品牌的迅速扩张打下了坚实的基础。

三、强化招商核心,快速扩张构建新市场

对于品牌的市场地位而言,最重要的是知名度。一个初创品牌收获知名度的方法,基本上就靠快速的市场扩张、扩大店铺规模,以在整个行业形成一种不可挡的大势。要达成这样的目标,招商加盟就非常重要。

在目前纷繁复杂的市场环境之下,什么才是招商的核心?是美轮美奂的项目计划书?是富丽堂皇的终端店铺形象?是舌灿莲花的吹捧溢美之词?抑或是蛊惑人心的快速暴富神话?

慕光珠宝靠的也许有以上的各种情况,但真正核心的是以良好运营店铺形成的优质口碑,客户现身说法带来的信誉背书,利润承诺背后的巨大信心。或许才是成功的关键。

至于优质客户推荐、意向客户参观、招商会的火爆、口号宣传的拔高,或许都只是在优秀产品核心之上的创意包装。

四、优化运营模式,助力加盟店铺起飞

对于乡镇珠宝市场而言,为什么一直以来没有成熟的珠宝品牌涉足?为什么这么大一片的空白市场大家并不关注?原因有很多,究其核心可能是投入产出比不足。如何构建一个成功的商业模型,直接关系到城镇珠宝品牌发展的成败。

对于传统珠宝品牌而言,主要负责品牌授权、品牌推广、货品支持等一系列的事务,对于店面具体运营的模式、市场营销的方式等都由终端店铺自身来完成。但越是下沉的终端市场,运营管理、市场营销的水平就越薄弱。对于当前的商业竞争环境而言,仅仅是打开门做生意想做成一个优势的品牌,基本上是非常困难的。

慕光的市场运营小组负责管理区域终端店铺的市场调研分析、营销活动策划、产品配送上门、店铺运营诊断等一系列的运营服务支持,确保了每一个店铺不是一个独立的个体存在,同时分享了多区域、多市场的成功运营案例,确保了每一个店铺运营的成功率。

在"大众创业、万众创新"的新形势下,慕光紧紧抓住国家鼓励大力发展城镇建设、大力鼓励创业创新热潮的大势,借着国家宏观政策的东风,推出了各项创业者加盟优惠政策,极大吸引了创业者的眼球与加盟,形成了合作共赢的大好局面。

以武会友　商行天下

精武会武术文化发展有限公司成立于 2005 年春,是一家专业制作木人桩等武术用品的企业,产品有武术专业相关的图书光碟、服装器械如咏春拳木人桩、截拳道木人桩等各种款式木人桩、吸盘落地式木人桩、钢板落地式木人桩等。公司以客户需求为中心,为客户提供传统尺寸的产品,以及按客户不同身高提供量身定做服务,全方位满足客户的需求。

公司成立时,河南体育用品(武术用品)市场经营者众多,但都规模不大,并且非常分散,企业之间同质化严重,行业内的交流很少,尤其是专业的武术用品更加独立。面对愈来愈激烈的市场竞争,精武会武术文化发展有限公司在经营过程中大胆探索和尝试,逐步明确了公司发展途径,用创新思维推动市场开拓。

一、以武会友,以武结缘,以武行商

精武会坚持"以武会友""以武结缘""以武行商",利用全省乃至全国举办各种武术赛事的机会,广结朋友,与武术界的同仁进行武术方面的交流。武术搭台,经贸唱戏,通过各种活动大力推广自己的武术衍生产品。

2013 年 12 月,由国家体育总局武术研究院和中国体育科学学会武术分会、陕西省文化厅在西安举办了 2013 年武术文化与传承暨武术非物质文化遗产保护研讨会。在这个会议上,公司人员积极与行业内专家进行交流,探讨武术与武术用品的历史传承问题,结识了很多朋友,这些朋友后来成为了公司的优质客户。

2015 年 2 月,第 38 届北京天坛推手段位拳交流大会在天坛公园内广场隆重举办,这是北京武术推手段位拳交流的品牌活动。公司同样结交了很多武术界朋友,取得不菲的业务成绩。

公司也对省内的武术赛事也积极参与,比如每年的中国郑州国际少林武术节都是公司最新产品的展示会。在这里,以武会友,以武行商,成为每个公司员工的自觉行动。

经过 10 多年的发展,精武会不断壮大,现已投资成立了 4 家加工厂,分别是郑州精武会木人桩加工厂(独资,主要生产加工精武会牌咏春拳木人桩及其他木制产品),郑州市精武会太极服饰加工厂(独资,主要生产加工精武会牌太极服及舞蹈表演服,刀剑背包等),定州武术器械加工厂(合资成立的武术器械加工基地,主产十八般兵器、表演刀剑等),与郑州皮鞋厂合作生产精武会牌太极鞋,形成了设计、生产、销售、培训等一条龙服务。

二、建网站,广播武术思想;网上商城,服务社会大众

互联网的迅猛发展,也带来了公司的思考。武术仅限于师徒相传已不能满足现代社会的需求,如何更为广泛地传播武术思想,营销公司产品呢?

当时,在郑州有一个"四海武友读书会",2002 年开始就在各武术杂志及网站同时进

行资料交流,致力于武术资料收藏工作。精武会武术文化发展有限公司与其进行了深度合作,并把其纳入公司的范畴,开始为武术爱好者提供优惠的武术用品及资源。

2005年元月,精武会武术网正式建成,当时主要是打造武术行业门户航母,用意在于全方位传播武术文化,教授各派功夫技巧。目前,已经发展成国内最大的武术产业网络信息服务提供商之一。武术网主要有五大业务:武术资讯及专业技术服务,专业的网上购物服务,互动交流论坛服务,武校及个人网络广告及推广服务,武术课程培训与对外交流业务。

根据公司拓展电子商务和提高信息化水平的发展战略,精武会注重发挥自身的资源优势,发展电子商务。2010年5月,精武会武术网的在线商城正式成立,开始向武术爱好者提供多达4 000余种武术商品,成为销售武术相关产品、弘扬中华武术文化的专业电子商务平台。其中一个特色就是,商城依托郑州市的地理优势,与各大图书音像出版社建立密切联系,汇集了全国60多家出版单位、文体用品厂的近万种图书、音像制品和体育用品,源源不断满足武术爱好者的需求。

在线商城经过多年运营,发展为目前国内武术类产品用户最多的电子商务网站之一。上线以来,商城一直秉承一切以用户价值为依归的经营理念,始终处于稳健、高速发展的状态,充分发挥"全、新、快"的优势,最大限度的满足用户需求,传播武术知识、服务社会大众!

只为专业企业设计制造

随着我国经济的不断发展,净化工程成为众多企业的需求。空气净化工程可以控制产品的生产环境,如硅芯片等产品所接触的大气的洁净度及温湿度,使产品能在一个良好的环境空间中生产、制造。这样的空间设计施工过程即可称为净化工程。净化工程在一些相关行业的需求是相当大的。

河南铭泰净化科技发展有限公司是一家专业从事空气净化工程和洁净工程的高新技术企业。目前,工程项目及相关设备业务涉及国内大部分地区。2008年,河南铭泰净化科技发展有限公司成立后,就瞄准了这个巨大的市场,专业从事风淋室等空气净化设备以及臭氧消毒机、臭氧杀菌机、臭氧发生器等空气消毒杀菌设备的设计与制造,以及工程服务。

公司开始运营不久,发现了一个问题,尽管净化工程在全国范围内是个大趋势,但在河南省内相关食品、电子等行业发展并不均衡,只有特大型企业才配有特殊的空气净化设备,这些设备价格昂贵,因此,净化设备与产品在省内的销售情况并不是很好。

面对这样的状况,铭泰净化如何去选择呢?是选择销往路途遥远的外省?还是尽力推销呢?铭泰选择了后者,但不是尽力推销,而是全力在河南省内进行净化工程的科普宣传工作。

首先,铭泰净化科技积极主动地与河南省质检局、河南省工商局、食品行业协会、电子行业协会等政府机关、行业组织进行沟通,宣传净化工程对产品生产、产品质量起到的重要作用,争取相关单位的支持;同时,也对这些行业的中小企业进行净化工程的科普,反复宣讲净化工程带来的企业效益的提升等好处。

随着科普的深入,越来越多的企业开始重视净化工程,向铭泰进行咨询,并成为铭泰的客户,这样,第一桶金出现了。迄今为止,河南省内的合作项目业越来越多,如开封岗李乡水厂灌装间净化工程、新乡添益医疗器械有限公司三十万级净化车间、郑州纯水厂千级灌装间净化装修工程、漯河市龙城镇消毒水厂净化车间装修工程顺利完工、镇平县香料厂净化车间顺利完工、周口医院百级手术室净化装修等工程;国内及国际数千家的单位也成为合作伙伴,公司为他们提供优质、洁净生产环境、车间服务和高品质专用设备。

与此同时,铭泰还紧密结合市场需求,与美国、俄罗斯、加拿大等国家和地区的众多科研院所、大学和产业集团的专家和专业技术小组建立了密切的合作关系,培养了一批专业水平高、实际经验丰富的空气净化工程师、专业技术人员、工程设计、安装和技术监督队伍,高素质的员工队伍为公司参与市场竞争提供了可靠的保证。

用质量赢得口碑　用口碑赢得市场

郑州力源环保科技有限公司 2009 年注册于郑州,在成立之初属于小微企业。但就是这样,公司还是投入巨资,从德国引进了 JESCO 先进技术,秉承"质量就是生命"的经营理念,专业致力于水处理技术的研发、生产和销售。经过几年的发展,公司逐步拥有了核心技术优势及各类中高级人才,具有很强的研发和市场开拓能力,并配备先进的检验、测试、生产设备,在城市供水、污水处理、中水回用、一体化净水及工业自动化方面积累了先进的技术和丰富的经验,并通过 ISO9002 质量体系认证。公司主要业务是生产和销售力源牌家用净水器、家用纯水机、办公用纯水机、中央净水器、中央软水器、工业纯水设备。

有了先进的技术、产品,市场怎么打开呢?

不做广告,不花这个钱!力源环保开始了自己的营销之道。第一个客户尝试使用公司的水处理产品后,觉得质量不错,那就请客户推荐客户,为客户的朋友提供相关产品。在中国,成为朋友,事情就好办了;成为朋友,产品就有了更多的销路。在众多使用者的"口口相传,朋友点赞"效应下,公司迅速发展成为市场上认知度比较高的专业品牌。

相关大企业是力源重要的目标客户。多年来,公司大力加强企业客户的开发,先后为河南、安徽、宁夏、新疆、昆明等地供水公司、污水处理厂及吉林油田、长岭石化、华润电力、六盘水钢铁集团等一大批国内知名企业提供了多方面的优质服务,赢得了广大用户的充分信任。

对于企业用户是这样,对待家庭用户的产品需求更是这样。力源环保依靠多年积累的技术优势,为家庭用户提供优良的净水器。力源牌净水器将膜过滤技术和纳米金属滤料完美结合,高效去除自来水中的异味、铁锈、红虫、泥沙、细菌和余氯、重金属离子等危害人体健康的物质,为千家万户提供安全、健康的饮用水。在销售上,力源环保找到的突破口就是家庭主妇,通过她们使用取得优异效果之后,搭台唱戏,提供机会让主妇们进行经验交流,在交流中学知识,在交流中接纳公司的产品。为此,仅 2015 年内,企业就举办了多场"主妇会""健康家庭评选"等活动,通过一系列的活动,真正地把净水概念带到千家万户,把力源净水器造就成家庭健康生活的标准。

压力下寻求突破,创新可持续发展

2000 年 6 月成立的长城保险经纪有限公司是中国首批获准成立的三家全国综合性的保险经纪公司之一。同月,获中国保险监督管理委员会颁发的中国第一张"保险经纪机构法人许可证"(0000003 号)。这些年来,凭借多年保险服务的专业经验,以国际化视野和全球资源整合能力,建立起以北京、上海、广州三大中心城市为依托,向境内外双向辐射的主导市场,使公司逐步成为具备全球经营能力的综合性保险经纪公司。2000 年 10 月,长城河南服务部开业,随后升格为河南省分公司,服务范围遍布河南省的郑州、开封、鹤壁、濮阳、许昌、平顶山、洛阳、信阳等大部分地市。业务范围包括风险评估、分析;保险方案的设计;询价及比较报价;投保安排;保险回顾;再保险安排;以及经中国保监会批准的其他业务。

一、成立即与传统相异,创新带来市场立足

尽管保险业已走进了市民、企业的日常生活或经营管理,但保险经纪对绝大多数人(公司)来说仍是一个非常陌生或容易被混淆的概念,许多保户都以为给自己办理投保手续的保险公司业务员就是保险经纪人。开业之初,公司就面临着各种各样的认识与误解,以及非正规保险公司等的错误认识。如何在保险两大主体保险公司和保险代理人的挤压下生存下去,如何破除误解及错误认识,是公司不得不面对的问题。

2000 年的"保险经纪论坛(广州)"拉开了保险经纪知识普及的序幕,全国各地的保险经纪论坛及企业家联谊会等如雨后春笋密集展开。河南分公司 2001 年就在河南各地举办了近百场的科普论坛及企业家联谊会。通过这些免费的论坛、联谊会,人们看到了保险经纪的"真面目":代表投保人的利益,为投保人量身定制保险条款,向承保公司讨价还价,力争更有利于投保人的费率、足额的保险赔偿,更多的企业开始了解保险经纪以及长城保险经纪有限公司河南分公司。

公司的另一项策略是,通过总公司,每个月至少聘请两次国际同行的资深人员为员工传经。这些资深人士每次很准时从香港到河南,免费传授经验,午间只用一份快餐,且常有高级经纪人主动请缨。他们传授的都是当时世界上最先进的管理经验、险种以及技巧等。这些培训使河南分公司的各层次人员迅速掌握了最先进的保险业务经验。

刚刚诞生的保险经纪业就此逐步进入角色,河南分公司在市场上得以立足。

二、紧盯重点项目,快速获得市场份额

自河南分公司建立以来,就严格按照国际标准进行经营管理,强调稳健经营,并以河南经济的迅猛发展为突破口,抓大放小,紧盯河南省内重点项目,扩大影响,扩大效益。

2002年5月,新乡至郑州高速公路项目建设有限公司特聘长城保险经纪公司作为该项目的保险顾问,并由人保河南省分公司承保了"新乡至郑州高速公路暨黄河特大桥建设项目"建筑工程一切险及第三者责任险,投保金额达25亿元人民币。这是公司首次介入河南省交通领域的基础设施建设项目,担当业主及承包商的保险顾问的经纪公司,根据项目的特点,为其量身定做保险方案,代表业主及承包人与保险公司谈判,为业主及承包人争取最大限度的保障。该项目的成功安排,标志着河南省在交通建设业内,对保险经纪人有了新的认识,也为实现河南经济、企业利益多赢树立了一个范例。

随后,河南分公司又接连拿下河南经济建设的一些重点项目,如与河南省南水北调中线工程建设管理局成功签署服务委托协议书,成为南水北调河南省配套工程的保险经纪服务商;交通银行河南省分行聘请公司为全方位、专业的风险管控、保险理赔的专业服务顾问,为交通银行的稳健经营提供安全保障,这亦是河南省内的保险经纪业和银行的首次联袂。

近日,随着郑万、郑合高铁的建设开工,河南分公司对这些重点项目保险经纪业务也深入地向前推进。

三、创新销售渠道,打造竞争蓝海

在当今社会分工越来越细,专业化程度越来越高的大趋势下,将非公司强项的部分工作外包,显然是最经济最有效的选择,而保险经纪恰恰是接受企业风险管理工作外包的专业机构。作为专业的保险经纪机构,长城保险经纪有限公司一直在探索保险销售渠道的创新,以期获得新的利益增长点。

2003年,公司首次与汽车企业神龙公司进行了合作。长城保险经纪公司作为保险顾问,进行专业化策划与管理,试行"共保模式",实现"一对一"的集中管理,在防范经营风险上迈出与国际接轨的重要一步。通过这次和汽车企业的合作,公司的保险理念更加先进,尤其是对公司原有的险种做了大量补充,风险覆盖面更广。针对神龙自身的风险特征,在保留原来3个险种(不含车损险)的基础上,增加了7个险种,使新保险方案设计险种达到了10个,特别是对一些新的险种进行探索、研究;在扩展条款上,在保留原有扩展条款18条的基础上,修订、补充了111条扩展条款或特别约定,既扩大了保障范围,又避免了一些因保险单概念不清晰或不严谨引起的歧义和纠纷。

随后,公司开始有意识的加强了同汽车行业链中各类企业的合作,进入车商渠道。2011年,长城同新奇特车业服务股份有限公司开始进行深度的战略合作试点,开始又一次的渠道创新,以期打造汽车保险蓝海市场。这次战略合作选择的合作伙伴新奇特车业服务股份有限公司创建于2001年,目前是国内最具实力的汽车服务连锁企业。但面对互联网的兴起,4S店的侵蚀,国家有关《关于进一步规范保险中介市场准入的通知》等四项政策的严格制约,企业也面临从前场转向后场,从做销售转向做服务转型,遇到了缺失兼业代理资格,也面临着如何延续保险业务资格的问题。

通过与新奇特的战略合作,长城保险经纪迅速在车企内部14家店面(2015年已达50多个门店)设立了长城车险营业部,搭建了保险综合服务平台,并通过管理层的人事、管理、业务、运营相互渗透,逐步合二为一、合署办公,快速将保险业务纳入新奇特的日常业务流程中,将车企自身业务与保险经纪业务进行了无缝链接。车企的各环节、各工种均能够视保险业务为自己的业务,从而保险业务无需到外界开拓客户,服务对象便是新奇特门店的上门车辆客户,如洗车客户、车辆美容客户、车辆维修保养客户,在满足车企客户车辆保险相关服务的基础上,进一步尝试挖掘车主客户的意外险、家庭财产险及寿险等一揽子的保险需求,提供高质量的增值保险经纪服务。其次,依托新奇特门店自身良好的硬件设施、维修服务,对车企各部门的服务资源进行有效整合,为保险客户提供了高质量的车辆维修、保养增值服务,为合作双方带来新的利润增长空间,创造新的管理模式,最终达到服务水平专业化和保险服务人性化目的,造就客户、保险、车企多赢的局面。

河南分公司的车商渠道战略合作伙伴是郑州红黄蓝汽车维修服务有限公司,合作双方正延续新奇特的成功之路,利用各自的资源优势,通过设立车行营业部的形式,建立品牌化、标准化的保险服务体系的模式,推动了步入专业化经营的发展轨道,顺应汽车后市场发展的客观趋势,正朝着客户、车商和保险公司多方共赢的健康新局面迈进。

2015年底,长城保险经纪有限公司河南分公司开始推进居家养老服务进社区、汽车服务进社区、保险服务进社区的又一次渠道创新,同时,顺应互联网+潮流的长城健康管理APP正式上线。

郑州庭欣纸品:以品质立足市场

随着大众生活品质的逐步改善,一次性纸品如商务盘纸、擦手纸、纸杯、纸塑、餐巾纸等,已成为人们生活的必需品,而且用量很大。一次性纸品生产企业大都规模较小,不需要很高的技术含量,进入门槛比较低,所以,市场上此类企业很多,几乎每个地区都会有多家类似企业,经营品种与业务类别也十分相似,没有大的差异度。在这样的竞争环境中,一次性纸品的企业利润就越来越低,有些企业甚至举步维艰。

这种竞争环境要求企业从产品品质等方面寻求差异化,用卫生合格、品质保障的产品赢得客户信任。

2014年成立的郑州庭欣纸业就是一家这样生产一次性纸品的公司,而且同样面临着同行的激烈竞争。郑州庭欣的创设者上海庭欣酒店用品有限公司迄今已经成立了14年,拥有广泛的行业经营经验。上海庭欣拥有先进生产线28条,涉及多种一次性用品的生产。公司的理念就是追求品质,通过不断引进各种先进的设备和技术,加强生产管理,改进生产工艺等,强化产品质量。

郑州庭欣纸品公司在经营过程中坚持以客户为导向,用优质产品赢得客户的支持。为了保证产品质量,公司建设了2 000多平方米的示范化生产车间,建立了完整的产品质量管理体系,是河南省目前唯一的一家全净化一次性纸品工厂。公司用过硬的产品质量换取客户信任,在河南及周边市场享有较好的声誉,也获得了相应的市场份额。

郑州庭欣纸品的市场推广依然沿用传统的营销方法,营销费用较高。在网络高度渗入的时代里,庭欣纸品能不能和网络营销建立联系,用更经济、更快捷的方式营销产品,是未来应该关注的一个方向。

冷门产品靠什么热起来?

河南扬博防雷科技有限公司自2006年成立以来已完成防雷工程万余项,培养和造就了一批经验丰富的防雷电专业人才。公司具有防雷专业设计、施工双乙级资质,拥有专业防雷工程师有18位,在防雷、避雷产品这种绝对够得上冷门的市场上活得有滋有味。

不同于日用消费品,这种工业品尤其是冷门的工业品,依靠普通的广告、促销方式进行营销是不会有什么效果的。其实,只要问下我们周围的人看有谁能说出几个防雷产品品牌或公司名称,就不难明白这个道理了。这种产品的成功特别依赖于在业内积累的声誉,而这又要靠及时有效的服务、有针对性的产品以及良好而稳固的客户关系。

扬博防雷制定了很高的服务标准。比如承诺对客户的响应时间为半个工作日,在二个工作日内完成客户需要的产品更换服务;承诺在一个工作日内派员到达事故现场予以处理;在质保期内对每个安装点的具体工作人员进行防雷设施的维护及自检工作的业务培训;每个季节的第一个月内,由扬博防雷的工程服务部与各个安装点的具体工作人员进行联络,促请其对各个安装点的防雷设施进行自检等,通过优质、周到、细致的服务,赢得了客户的信任。

扬博防雷还针对不同行业、不同用途规范,定制了不同的解决方案。目前,除普通民用建筑外,公司制定了十种特殊的工程解决方案,涉及金融系统、教育系统、机房、道路监控、文物古迹、能源系统、政府机构、电力系统、通信系统、公共建筑等,从而能够满足各种特殊防雷需求。

在市场拓展上,扬博防雷采用了加盟的方式,将自身的技术优势同加盟商的地方优势结合起来,加快业务的发展。同时,公司在市场部之外,还特别设立了品牌部,以加强公司品牌建设,统一公司形象和传播,加强市场管控,避免加盟体系的混乱和短期行为。

波尔克建材:专业成就未来

河南波尔克建材有限公司于2015年2月成立,是一家集研发、生产、销售和服务为一体的专业干粉砂浆高新技术企业,主要产品是瓷砖胶。

瓷砖胶是一种黏合剂,是经过改良的把特种水泥砂浆、高标准水泥与精选石英砂以一定比例混合,加入辅料而形成的新产品,它比普通水泥砂浆黏结力大大提高,是一种环保、耐水、耐老化的理想粘贴材料。在装修行业,常常会遇到墙上掉砖的问题,为解决这一问题,瓷砖胶就应运而生了。瓷砖胶主要应用场景是人流量高的公共场所、大型商业场所、房地产项目等建筑的内外墙面。瓷砖胶在国外已经十分普及,而国内才刚刚起步,在建筑瓷砖粘贴市场份额不足 10%。

在我国,瓷砖胶的消费者认知度较低,主要原因一是成本高,二是消费者一看到"胶"字就觉得有异味、不环保;再者是瓷砖胶领域进入门槛低,市场上的产品众多,质量参差不齐。

波尔克建材首先在产品品质方面下足功夫。公司为保证产品质量,引入了德国的先进技术,和德国瓦克公司签订战略合作协议,并加强质量管理,建立了完善质量保障体系,对原材料、生产各环节严格把关,确保每一袋产品都是符合标准的合格产品。

波尔克重视品牌建设,以良好的品牌形象开拓市场。公司定位于为陶瓷企业产品做配套服务,完善陶瓷行业售后服务系统,在提升陶瓷企业产品附加值的同时,推广瓷砖胶,提高消费者对瓷砖胶的认知。

波尔克公司在品牌推广上注重网络的力量。公司建立了自己的网站,通过阿里巴巴、聪慧网、中国建材网、百度推广等合作推广,还和国内 30 多家装饰公司合作建设品牌推广体系,在线下还通过车体广告进行品牌推广。

瓷砖胶作为一种性能优越的新型黏结材料,将会越来越多的应用于建筑砖贴。当概念被大众熟知和接受,国内瓷砖胶广泛取代水泥粘贴就会成为现实。

建筑机械设备企业逆境求生

随着中国房地产经济高峰期的渐行渐远,建筑设备生产行业的市场已经开始萎缩,大企业如三一重工,小企业如混凝土搅拌机企业等,都遇到了有史以来最为艰难的日子。

郑州新峰机械制造有限公司是一家专业研发、生产、销售大中型混凝土搅拌站、搅拌机、混凝土拌合站设备的机械设备制造企业。公司技术力量雄厚,工艺先进,荣获农业部一级企业称号,产品曾获中国科技精品博览会金奖。

为了不断增强市场竞争能力,新峰机械严把质量关,在产品质量上精益求精。公司建立了完善的质量管理体系,通过了 ISO9001∶2000 国际质量体系认证。公司严格按照质量体系标准生产、管理和服务,受到客户好评。

面对严峻的市场形势,新峰机械进一步加强了市场开发。一方面,公司从客户关系管理角度提升客户利益,注重老客户群体的未来价值,用良好的服务抓住回头客,形成长期客户关系,从而对公司的业绩形成有力的支撑;另一方面,公司制定了互联网营销战略,充分利用互联网的快速反应和覆盖面广泛的优势进行信息传播,从全国乃至全球范围内寻找和发展客户。公司在聪慧网、行业网站及其他各类网站推广平台进行宣传,并加入了百度口碑信誉推广,让客户放心购买,从而构建了自己的电子商务沟通渠道,效果较为明显。

新峰机械所在地郑州市地处中原,对内交通四通八达,物流便利;对外是欧亚大陆桥大动脉东入口,产品可以方便地输向全国乃至世界各地。依托国家"一路一带"的国际化战略,新峰机械在逆境中求得生存发展的商机。

华强现代建筑材料:在质量和服务中求生存

郑州华强现代建筑材料有限公司是我国首批引进美国 SPANCRETE 公司的全套设备及工艺流程、专利技术和商标使用权生产大跨度预应力空心板(简称 SP 板)的企业之一,公司注册资金 2 100 万,是河南省生产 SP 板的混凝土预制构件专业二级企业,中国混凝土行业优秀企业。

SP 板生产在西方已有 60 多年的历史,工艺处水平较高,在欧亚美等国家和地区广泛应用。SP 板可连续生产,最大跨度达 18 米,还可以根据用户设计要求,在允许范围内任意切割板长,是国家建设部重点推广的节能环保建筑材料。SP 板早在 1993 年就已引进我国,技术已经得到充分完善,是替代传统预制板的首选产品。

郑州华强在 2000 年引入 SP 板专利技术及工艺设备,2006 年通过 ISO9001:2000 质量体系认证。基于先进的工艺技术和科学的生产管理,华强 SP 板质量过硬,已被河南及其周边各类建筑广泛应用,抽检合格率 100%,出厂合格率 100%,得到了客户的好评,获得了良好的口碑,并被郑州市建委评委质量管理先进单位。

SP 板在国内授权许多厂家许可生产,郑州市就有另外一家公司也可生产,若干个地市也有生产厂家,市场竞争激烈。运输问题限制了 SP 板的销售半径,郑州华强的销售和服务就按这种特点铺开。传统上,公司采用线下销售方式,在销售范围内,销售人员上门推销产品,效果良好但成本较高。近年来,华强把大部分精力放在了电子商务上,加大了网络营销的力度。客户有需求时可以直接上网找到公司的产品和报价,了解公司的各项服务措施。依靠公司良好的口碑效应、优质的服务和客户认可度,较好地提高了公司的销售业绩。

郑州华强在激烈的竞争中靠质量和服务谋求了有利的生存发展空间。

经济转型时期小型机械企业尚能饭否?

河南方锐机械厂是一家小型设备生产商,已有 30 多年的生产经营历史,是集科研、开发、制造、销售及售后服务为一体的机械设备制造企业。企业的主营设备是各种面皮机、凉皮机、朝鲜冷面机及米线机等,型号多样。

方锐机械厂地处中原腹地全国百强县之一的巩义市,经济发达,配套企业聚集,交通便捷。公司有专业的售后服务队伍,专业负责安装调试和维修,为客户排忧解难,目前产品已经销往全国 20 多个省市。

从宏观经济来说,中国正处于由粗放型传统经济向节约型、以互联网为代表的新技术经济转型阶段。传统制造业生存艰难,特别是低附加值,技术含量低的企业更是首先成为淘汰对象。从微观上来说,方锐机械厂的产品属于小型设备,销售主要面对众多的中小餐饮企业,"大众创业"在传统食品餐饮领域里体现比较明显,方锐的设备就有了更为广阔的销售市场。

国内的小吃等餐饮市场正在走规范化、连锁化经营之路,很多企业做大以后快速向外复制输出,为了保证产品质量,其生产设备也往往由企业自己生产,如源动力餐饮就有自己的机械设备生产公司。方锐的机械设备从整体上说技术含量不高,可替代性较强,这就要求企业加强科技研发力度,也可以和科研院所合作共同开发,推出更有针对性的设备。

方锐机械厂生产的设备是通用设备,面向全国市场销售,网络是最好的销售渠道,实际上公司也是这么做的。经过多年的运作,公司已经有了一批老客户群体,并建立了一定的品牌信誉,销售渠道畅通。关注客户需求变化,跟踪行业发展动态,加强产品创新是公司未来长期发展的关键。

郑州明迈特:以质量见证品质

郑州明迈特公司是一家以生产和销售耐火材料为主的企业实体,坐落在有丰富铝矾土和煤炭资源的新密市境内。这里交通便利,物流四通八达,为公司的生产经营提供了得天独厚的条件。

明迈特成立于 20 世纪 90 年代初,经历了中国经济建设的高速发展,公司也分享到了经济发展的红利,现在已经成为冶金、电力、建材、化工、玻璃、有色金属等行业所需耐火材料的综合性生产供应商。公司现有员工 180 余人,其中技术人员 20 余人,总投资 2 000 余万元,主要产品包括耐火砖、高铝转、高铝耐火砖、耐火浇注料等冶金辅助材料,年产 5 万余吨。

耐火材料市场竞争激烈,品质决定了产品的销量。明迈特公司坚持创新、依靠科技力量促进发展,积极构建以企业为主体、以市场为导向、产学研相结合的技术创新体系,加强创新人才队伍建设,推动科技与企业紧密结合。公司目前已与国内知名院所,如中科院、河南工业大学、上海交通大学等建立了良好的产学研究合作关系,并在碳化硅技术上取得优秀的研究成果。

明迈特为了让顾客找到最适合自己的最优质的产品,向客户提供了产品试用服务。客户通过试用多种不同产品,能够做出合理的决策,得到安全、高效的服务。基于产品的特点,公司的产品销售主要是通过网络,如在淘宝和阿里巴巴都建立了销售店铺,便于全国、甚至全球范围内的客户快捷地得到产品和服务。公司积极拓展国外销售渠道,拥有独立的进出口经营权。

明迈特以推动技术进步为己任,以开发、生产、销售优质碳化硅粉、制品为核心,坚持以优质碳化硅和冶金材料为主要的产品方向,努力打造成为碳化硅与冶金辅助材料行业的龙头企业。

开拓创新,质量造就销量

郑州博尔德磨料磨具有限公司是专业从事立方氮化硼(CBN)及人造金刚石等磨具制品的生产和销售的企业。公司自成立以来,本着质量第一、顾客至上、不断创新的宗旨,积极开拓市场,很快在河南市场获得了一定的知名度。

在磨料磨具市场,质量造就销量。企业要想赢得客户的信任,必须保证产品品质真材实料,不能偷工减料。比如,质量不好的砂轮,也许磨了十件产品就将被淘汰;质量好的砂轮,也许能磨四五十件产品,其品质高低一目了然。一旦客户使用企业的产品却没有达到预期的效果,公司就会损失一个客户。博尔德严格按照ISO9001:2000质量体系实施品质控制,采用先进的生产设备和产品设计研发技术,以及完善的进料检测、过程控制及严格的终检手段,保证产品品质,以精益求精的产品质量赢得市场。如公司生产的芝麻轮就以具有高弹性、高耐热性、磨削效率高、使用寿命长等特点,从而受到广大客户的普遍好评。

博尔德公司的经营理念是开拓创新,始终坚持以市场需求为导向,以先进的研发手段,严格的质量管理,优良的产品质量,有力的销售服务保障,为客户提供满意的服务。同时,针对不同客户的特殊需求,博尔德还能够为客户提供量身定制的综合磨削解决方案,为客户创造更大的价值。

面对激烈的市场竞争,博尔德注重营销渠道的优化和拓展,致力于与渠道商建立长期、共赢的合作关系,对渠道商进行培植,并给它们保留足够的利润空间,提高渠道商的抗风险能力。正确的营销理念和稳固的渠道关系,共同推动了博尔德茁壮成长。

产品线丰富 直达客户需求地

郑州正太交通设施商贸有限公司毗邻郑州航空港区,占地20余亩,拥有现代化厂房,交通便利。经过十余年的努力与拼搏,正太生产的交通设施产品,主要包括道路照明产品、电子警察杆、信号灯杆、监控杆、路灯杆、标志钢杆、高标灯、标志标牌及龙门架等,用质量赢得信誉,用真诚服务客户,努力做河南乃至全国最好的交通设施生产企业。

在交通设施、照明设备这个行业领域,客户的需求多种多样,产品类别也很多,尤其是杆类,小类别、多型号的订单比比皆是。针对这种情况,在2011年正太成立之初,就开始大规模引进生产线,生产全系列的产品来满足客户的需要。

引进之初,由于资金的问题,公司也遇到了很多的阻力。公司部分管理人员认为全生产线的引进花费太大,占用资金过多,不划算。但经过市场考察后,毅然于2011、2012、2013年先后引进了大型折弯机、开平机、斜剪机、自动埋弧焊机及大型喷塑设备,基本覆盖交通、市政上的照明、杆类的产品品类,以最大可能来满足市政照明工程及交通设施产品的生产制造。

同时,企业为了保证产品的延续和先进,不断加强与国内企业的技术合作,完成了从技术研发、产品创新到产业化的过程,最大可能地根据客户的需求改进产品的安全性、可靠性,不断提升用户对产品使用的体验价值。经过10余年的发展,公司的产品已经涵盖八棱杆信号灯系列、八棱杆电子杆系列、高杆灯、标志杆、显示屏系列等多个领域。

在完善的售后服务体系支持下,公司的大多数产品直接与行业用户进行接洽,进行业务合作,采用直销的方式销售到全国。这样的话,客户只要有一点意见或建议,就可以反映到公司总部,随之针对其要求,进行产品改进,做出客户需要的东西。正太与众多行业领域的企业建立了良好的合作关系,生产的产品在各个领域中得到广大客户的一致认可。

弘扬中华养生文化,传播中医养生之道

香港美群化妆品集团有限公司成立于1999年,总部位于香港马宝道华宝商业大厦,是集化妆品研发、生产、销售、服务、咨询管理、教育培训于一体的大型美容企业。美群的中国(大陆)咨询服务中心位于郑州市,并成立了郑州美群化妆品商行、郑州美群健康信息咨询有限公司两大子公司,以及专业健康信息咨询机构——岐黄之术健康养生俱乐部。香港美群化妆品集团拥有功效、护肤、养生、减肥及口服五大系列,美群、寇碧斯、天使丽人、岐黄之术、丽莎爱尔、依恋五大品牌。

美群一贯秉承以市场和客户需求为根本,始终坚持"以诚取信,以质求存"的经营理念和持续发展的经营战略,建立了科学规范的管理机制、专业的技术人才团队及广泛的营销网络。美群以最优秀的品牌、最优惠的价格、最卓越的品质、最专业的服务,为消费者提供高品质的产品。

公司于2000年分别在广东和海南成立化妆品及口服产品科研、生产子公司,多年来与国内外诸多美容科研机构联袂合作,致力于技术创新,拥有众多的科研成果。2005年与法国爱尔(lover)生物科研机构合作、生产适合多元营销的专业养生品牌——丽莎爱尔。经过五年的市场论证和发展,于2010年隆重推出"美群中药祛斑"及"丽莎爱尔胶原蛋白"产品,在美容行业引起巨大反响。

在十余年的发展历程中,公司一贯秉承"科技创新,顾客至上"的服务宗旨,始终坚持"以诚取信,以质求存"的经营理念和持续发展的经营战略,建立了科学规范的管理机制、专业的技术人才及广泛的营销网络。公司坚持用专业的养生技术培训带动产品的市场拓展,历经 6 年的市场检验,得到广大客户的一致好评和认可,公司的产品已覆盖河南、河北、陕西、江苏、山东等省。未来,公司将在美容健康养生领域深入发展,专业精进,不断提高专业技术和服务水平,向广大消费者奉献出高品质的产品和更专业的健康信息交流。

美群以雄厚的人力资本和不断创新的意识,本着企业是"船",品牌是"帆",文化是"魂"的经营理念,倾力打造美群这艘专业级航母,实现"做美容行业的领头羊"的企业目标。

用一流技术打造高品质家具

郑州市宝居特家居设计装饰有限公司是专业从事整体橱柜、实体面材、橱柜门板、UV板的开发、设计、生产和安装的实体企业,拥有专业的设计团队、生产基地和销售平台。自 2000 年创办以来,坚持以其精心的设计、优良的品质,完善的服务为客户定制家具,赢得客户了的信任,在竞争激烈的家具市场获得稳步发展。

宝居特通过人性化的设计,运用先进的加工设备为客户生产高品质的家具产品。公司具有规模生产能力,拥有国内一流的生产线和意大利进口设备,采用德国、意大利等欧美国家先进的原材料和零配件进行生产。同时,宝居特拥有一支精锐的专业设计队伍,设计师关注时尚的变化和消费需求的特点,深入与客户进行沟通,了解客户的真实想法,努力提高产品设计质量,让每一个设计细节都符合功能的需要,能够为不同喜好、个性各异的用户提供各种风格的精品厨房及家具,确保客户需求得到全面的满足。公司的网站对产品进行了全面的展示和介绍,为客户收集信息、进行比较提供了便利。

严格产品质量管理。宝居特橱柜在产品设计、工艺流程、质量控制、安装施工等环节采用欧洲先进的控制标准和管理方法,辅以严谨的工作作风,使宝居特产品始终保持着较高的质量标准,为追求生活品位、讲究生活质量的精英一族提供产品和服务。公司生产的宝居特 UV 漆门板等在国内同行中居领先水平,并为全国各地 200 多家橱柜品牌厂商配套门板,卓越的品质得到客户的好评。宝居特橱柜门板也以其精湛的工艺,时尚的款式,深得消费者喜爱。

以顾客为中心,坚持高技术、新设备、人性化设计,努力营造舒适高雅的家居环境,是宝居特坚持不懈追求的目标。

用心感受　创造美味

河南掌柜食品有限公司成立于 2004 年 6 月,是一家以食品科研、生产和销售为一体的大型粮食深加工企业,下辖孟州和周口两个分公司。掌柜食品始终坚持以市场为导向,以创新求发展,严格质量管理,产品因其个性化、休闲化、差异化得到消费者的认可,产品主要销往河南、河北、山西、山东、江苏、湖北等省市,并迅速向周边市场拓展。

掌柜食品在发展中,始终坚持以创新为立足之本,坚持做别人没有说没有做的事情,坚持做好别人说了做了没做好的事情,坚持用创新的思维解决传统的问题。由于坚持创新,才使得新产品不断推出,并以差异化占领市场。公司定位为"健康饮食倡导者",不断开发与时俱进的特色食品、冻干食品和休闲食品等。主销产品是"膳掌柜"系列特色实物方便面,"杨掌柜"系列特色方便产品(即食红薯粉丝、七彩蔬菜粉丝、粉面组合、冻干面条),"杨家铺子"系列特色休闲产品等。

为了保证产品质量,掌柜食品建立了一套科学、严谨的新产品开发上市流程和品质管控体系。在原料采购环节,对供应商选择、供货严格把关,不仅与供应商签订廉洁经营承诺书、产品质量承诺书,还要求供应商向社会公众签订了食品质量安全承诺书;采购部严格执行向供应商索证、索票制度;品控部化验室对所有原料进行理化检测和感官检验,确保原料批批检验,确保不合格原料坚决不用。在生产环节,公司制定了《生产过程产品质量管控100条》,生产现场实行"三级检验",在生产现场包装后未入库前,设立专人负责成品抽检,对入库前的成品进行抽样检验,确保入库产品合格率达到100%。公司建立了关键质量控制点控制办法,对关键质量控制点实行专人跟踪和记录;对成品批批检验,确保出厂产品全部合格。公司通过了质量管理体系、HACCP体系、环境管理体系三体系认证,提高了综合管理水平。

在销售环节,公司建立了产品客诉管理规定,对出现的客户投诉及时处理、解决和改善。成立了"经销商参政议政委员会",让经销商直接参与公司的销售管理和新产品研发等重大决策,并定期召开经销商分区会议,研讨在相关区域发现的市场与产品等方面的问题。这样,通过经销商来管理公司的产品、市场及经销商队伍,有效促进了公司销售水平的不断提高。

坚持以人为本,实施人性化管理。掌柜食品制定了员工社保制度、保底工资制度、旅游制度、掌柜明星评选制、员工体检制度、残工帮扶制度等,通过制度的建立和实施,确保人性化管理执行到位。六项制度体现了公司对员工生活、培养教育等方面的重视和爱心。公司每年都组织员工旅游,在旅游的过程中员工可以和家庭成员一起,感受公司对员工及其家人关爱。

女裤专家与领导者

梦舒雅是领秀服饰旗下的女裤品牌。郑州领秀服饰有限公司创立于1993年,是集女裤产品的技术研发、生产制造、市场销售和品牌运作于一体的大型专业女裤集团。经过20多年的发展,领秀服饰已坐拥现代化的领秀新工业园。领秀工业园占地面积178亩,规划总体建筑面积13.6万平方米,是目前亚洲乃至世界最大的女裤加工基地,拥有梦舒雅、领秀、OREE、艾蜜尔等四个自主品牌。从产品研发、设计,到生产系统、销售网络建设、市场开发,梦舒雅打已经造成为具有鲜明特色的中国女裤产业发展标杆。

一、强大的产品研发能力

在激烈的市场竞争中,只有高品质的产品才能经得住考验。品质是销售成功的一座桥,它自然地沟通企业与消费者,达到互利互惠的默契。梦舒雅以领先的产品研发能力和生产能力形成了出色的产品领先优势。

梦舒雅建立起国内首家女裤科学研发中心和女裤美学艺术研发中心,在追求女裤版型极致美的基础上,给女裤注入了富有灵性的东方神韵美,是中国乃至世界第一个注重女裤神韵美,并提出女裤美学艺术概念的专业女裤企业。

女裤科学研发中心,是领秀服饰旗下专注于女裤尖端领域研发和应用的专业机构,在女裤新版型的研发、新面料的应用等方面有着强大的优势。目前,该中心拥有一支设计理念新颖、技艺娴熟的设计师队伍,建立起一个数据庞大且不断更新的女性人体数据库,对中国女性身材特征进行科学化、系统化的研究,不断刷新女裤行业的第一标准。

女裤美学艺术中心是领秀服饰研究女裤美学艺术的专业机构,在这里汇聚了一批国内外美学、服装科研院校的专家、学者,他们具有独特的敏锐的艺术美感和专业的女裤设计水平,在追求女裤版型极致美的基础上,将富有灵性的神韵美注入了女裤的设计之中,赋予领秀服饰旗下各品牌女裤独有的精、气、神。

以女裤为核心产品线,配饰产品(鞋、包、腰带、内搭)为辅助品类,在潮流中提炼经典,使产品既简约时尚,又具备包容性;版型舒适修身,优质流行面料,精致做工;设计适合顾客不同场合、不同需求的多样产品;满足越来越多顾客的裤装需求,扩大和占据女裤第一的市场占有率。

梦舒雅拥有国内先进的国际化标准的女裤生产线,从选料、设计、打版、剪裁、加工、熨烫到最后包装等各个环节都建立了一整套标准化的女裤工艺流程。每一原材料、每一道工序从车间直至分解到单机,每一精细工艺从流水协作分解到每一双灵秀的手,始终都要求经过全面细致的质量检验,从而保证了领秀产出的每一条女裤之每一部件都极尽精准,使得设计师的预想美感得以完美呈现。

二、稳固的渠道优势

市场上产品种类繁多和质量趋同化,渠道的作用就日益上升,甚至可以成为企业的核心竞争力。随着女装产业竞争的加剧,销售模式或渠道的地位日益突出,成为企业在市场竞争中的重要支柱。梦舒雅的嗅觉无疑是最灵敏的,牢牢把握市场发展的趋势,在女裤业率先推行连锁加盟模式,数年间销售网络进入大江南北,在所有省份均设置省级管理机构,千家专卖店已遍布全国各地。如此大规模的渠道创新,在业界掀起了层层波澜,也创造了女裤业典型的特许经营范例。

在中国女装市场正待勃发之际,梦舒雅已经在渠道创新中取得了赫赫战绩。一位知名营销专家曾说过:"在市场整体处于胶着状态的时候,在产品质量和品牌号召力一定的情况下,谁的渠道好,在可以增加销量的同时降低销售成本,获得更为丰厚的回报,谁就可以率先走出胶着状态,取得先发优势。"梦舒雅品牌的飞速成长正是最好的验证。

在"创建世界最大的专业女裤加工基地,打造女裤产销规模世界第一的国际型企业"

的战略目标规划下,梦舒雅国内的市场拓展、外单加工业务、线上电子商务平台建设都将有序进行,领秀服饰将从战略规划、产品研发、市场销售、内部团队建设、物流以及客户服务等多层阶多角度打造第一运作平台。

三、精准的品牌定位

梦舒雅在 18 年的品牌历练中,始终将"企业发展战略、品牌发展战略、品牌商业模式研究。"三大问题作为品牌延展与探索的关键提纲。

自梦舒雅品牌成立以来,一直不断致力于女裤行业未来方向的思索与探究,在引领女裤行业发展的道路上担任着开拓者的角色。在全行业依然以批发模式为主要的赢利来源的时候,是梦舒雅率先在行业中举起了品牌化发展的旗帜。十余年间,梦舒雅完成了从生产型企业到品牌型企业的转变、终端店铺的本地化到全国化的拓展、企业人才、设备、管理的全面升级。

2011 年,梦舒雅与全球最顶尖的素有"定位之父"的营销战略家特劳特(中国)公司合作,在对品牌行业地位和品牌优势进行深入分析后,确立了"女裤专家与领导者"的精准定位。"女裤专家与领导者"思想的确认,进一步坚定了品牌长期以来坚持以女裤作为核心竞争力,以行业的开拓者和引路人为使命的发展战略。伴随着这一战略的全面进行,梦舒雅将以更加清晰的操作思路和更加精准的发展战略游刃于激烈的市场环境中,使品牌在消费者和行业两个层面均占据独特的心智地位,更加有力地支持和推进梦舒雅逐步完善品牌的高效管理,在未来市场竞争中,迅速提升品牌形象。

梦舒雅,一个历经 20 多年积极探索与坚持的女裤品牌,不断引领中国女裤迈向更高更广阔的未来之路。梦舒雅已经全情勾画出"女裤专家与领导者"的精准新定位,目前,正以全新步伐刷新行业模式,实现大格局下的品牌理想,推动中国女裤业实现脱胎换骨的腾飞。

超越自我　渡木成森

郑州渡森服饰有限公司成立于 1995 年,以男裤起家,历经 20 年的发展,如今已经成为中国服装行业集产品研发、生产、销售为一体的大型服装企业,渡森品牌成为中国驰名商标。渡森现有新密曲梁和郑州市中原区纺织产业园两个现代化工业园,产品涉及中高档时尚休闲男装、各种男裤等。渡森始终把产品质量放在首位,以产品的差异化和高性价比作为终端盈利的利器。本着"打造中国时尚休闲男装第一品牌"的目标,渡森由原来的单品经营到如今的系列化运作,由原来的批发经营到如今的专卖连锁运作,由原来的产品经营到品牌运作,走过了一条稳步发展的道路。面对新的经济形势,渡森调整经营思路,顺势而为,努力探索新常态下的企业发展之路。

一、以产品为核心的经营理念

受市场大环境不景气的影响,服装行业整体处在一个大的整合和调整过程中,多数企业面临诸多困惑,如产品定位、线上线下、品牌价值、核心竞争力等。无论是生产性企业,还是代理加盟商,都在进行战略性的调整和收缩。然而,在这样的背景下,渡森服饰近三年来不但没有收缩,更没有下滑,而是以每年15%的发展速度在增长。渡森服饰董事长侯建超认为,能够平稳地向前发展的核心就是产品,不管是我个人还是每一位渡森人,不管是在研发、设计、生产、销售的任何一个环节,都会紧紧抓住产品这个最核心的理念,这是我们发展的根本。只有抓住了这个根本,那么一切问题就都不再是问题。

精准化的产品定位是品牌运作的基本所在。产品定位包括品牌风格定位、年龄定位、价格定位、区域定位、消费群体定位等要素,根据企业自身发展的不同,这些要素的重要程度也是各不相同的。而在渡森的发展过程中,区域定位是渡森走向市场的重要因素之一。

侯建超表示,区域定位一直是渡森产品定位坚守的核心。渡森前期的发展目标不是全国市场,而是以河南为中心,辐射整个中部地区,包括山东、安徽、河北、山西、陕西等的一二线城市。

其实,在服装圈里,对于侯建超这样"独特的商业眼光",很多人并不理解。2005年渡森选择甄子丹做品牌代言人,对于渡森来说,这是一个很好的机会把渡森推向全国市场,做国内一线男装品牌,渡森为什么把市场定位在了中原地区呢?

对于市场和同行的困惑,侯建超有自己的考虑。渡森选择中原地区这个市场,主要是从以下四个方面来考虑,①中部地区文化差异比较小,人文地理、消费需求、市场环境几乎相通;②渡森身在中原,河南是中原地区的腹地,对于中原地区的消费习惯能够更好地掌控;③中原地区人口数量大,四季分明,春夏秋冬四季装需求各不相同,服装需求相对于南部沿海地区四季不分明来说,市场更为广阔;④郑州处在中部地区的中心,企业距离客户和市场更近,在终端客户的维护和服务上更便捷和顺利。

侯建超说:"不一定非要做全国市场,只求做好现在的中部市场,做好、做大、做强就可以了。不要认为我们小,我们很强,未来会更大、更强。"

作为渡森的领头人,侯建超有这样一个梦想,让"渡森"这个品牌也能承载着更多的期望,让优良的基因一代一代传承下去,去打造一个属于渡森的"百年企业"。虽然渡森只成立了20年,但一直努力用"最好的性价比"产品满足市场和消费者的需求。只要找准我们的核心竞争力,并且坚持下去,这应该是新常态下我们亟须树立的观念。把一件事做到极致,这其实就是一种成功。

二、终端店铺货品相互流通

对于生产型企业来说,终端消费者是核心竞争力。面对买方市场,终端消费者的需求越来越挑剔,谁能在竞争中抓住消费者的眼球和需求,谁就会赢得市场。因此,对终端消费者的维护,是现阶段每一家企业在产品运作和终端服务上首先要考虑的问题。

侯建超说,终端维护是我们近年来一直在做的事,维护好每一个进店客户是渡森的职责。渡森目前在终端店铺中实行货品流通的形式,就是所有的货品可以在各个店铺之间相互流通,这家店没有货品,就可以在系统上查出哪一家店铺有货,然后直接调货,这样就实现了消费最大化,让消费者不管在哪里,都可以买到他想要的那个款式的衣服。

"这种货品流通模式体现出我们市场区域定位的重要性。"侯建超说,中部地区物流很方便,今天需要的东西明天就可以送达,最快速地满足消费者的需求,提升消费者对品牌的忠实度。这种终端店铺货品流通方式,不仅可以解决货品供需问题,还能做到信息及时反馈,让企业研发、生产者第一时间了解市场需求,从而最快速地做出反应。

三、互联网思维是未来竞争的关键

电子商务的兴起,促使越来越多的服装企业涉足电商领域。在这一电商浪潮中,有些企业成功转型,而大多数企业还在困顿、摸索中向前发展,如何实现线上线下联动发展,是企业必须正视和解决的问题。

"电子商务是一种趋势,渡森近两年也进入了电商领域,线上发展取得了一些进展。"侯建超说,但目前渡森的线上线下发展还未联通,未来线上联动线下,是一种形势,也是一种趋势,这也将是渡森明后两年工作的重点。除此之外,渡森将着重在产品运作和服务上下功夫,这两点是渡森的核心理念,也是发展的重中之重。

"企业需要有冲劲的年轻人,他们的思维更活跃,反应更迅速,对于市场能更快速地做出选择,这些人会是未来企业的中坚力量。"侯建超说,未来互联网思维将会是一种主流,企业需要这种先进的思维方式来带动发展。

2015年4月渡森财富家园上线。渡森财富家园主要涉及零售技能、爆款推荐、信息传递、店铺互动、公司文化等业务模块,将努力打造终端竞争力,提高品牌影响力,塑造门店销售力,让公司员工、合作加盟老板、店长、导购、齐聚一堂,共赢财富!

倾力展现知性女性的优雅与自信

洛阳市浩洋服饰有限公司是一家集自主研发设计、生产制造、市场销售和品牌运作为一体的中高档女装生产企业,拥有"依贝奇""浩洋百惠""浩洋国际"三个品牌。公司创立于2001年,在董事长司马杰的带领下,经过15年的稳健发展,公司现已拥成为有员工1 000余人,年产量100万件的规模化现代服装企业。浩洋服饰秉承"以人为本,以质取胜"的发展策略,"以细节铸就品牌,用诚信编织未来"的服务理念,敢于创新,勇于实践,以坚定的信念将产品推向国内驰名品牌行列,并逐步走向国际市场。

在经营管理的过程中,公司注重员工队伍建设,逐步形成了用于创新的设计精英团队、团结务实的管理核心团队,以及高效精干的营销团队,构建了企业在女装市场上的人才优势。为了提高产品设计能力和生产工艺水平,公司充分研究发展的发展潮流和趋势,学习先进的服装技术,并先后购买了国内一流的电脑CAD制版系统、排版系统、电脑平车及各种进口专用设备。建立了精干、高效的经营系统,公司生产、销售业绩逐年提升,目前在全国已拥有50多家省级代理运营商及1 000多家专卖店,形成了遍布全国的销售网络。主打品牌"浩洋百惠"荣获2007年度中国著名品牌,"依贝奇"荣获2007年河南服装知名品牌、2007年度CCTV央视上榜品牌,树立了良好的品牌形象。

浩洋作为成熟的女装品牌,历经多年的市场洗礼,蜕变无数,通过清晰定位,得以稳步成长。浩洋的目标消费群是25~35岁知性女性,她们有较强经济能力,有良好的文化底蕴,讲究生活品位,追求时尚,崇尚典雅的现代女性。针对这一顾客群体,公司追求在简约、典雅、时尚简约中体现个性、实用中感受精细、生活中展现品味、品味中演绎经典的产品风格;产品以休闲、典雅、简约、时尚为设计理念,将欧韩时尚与东方文化融为一体,使女性独有的浪漫、知性、自信展示得淋漓尽致,在工作和生活中完美的诠释女性独有的魅力和生活品位。

浩洋服饰以经典时尚为设计理念,结合一流的设计、生产制作工艺,强调产品的质感和与众不同,倾情打造知性女人的雅致、时尚与品位,确立了稳定的市场地位。

唯有依仙,方得圣姿

依,人在衣中,为依靠、依偎、依依不舍之意;仙,仙女,是人们对拥有爱心、善良、美丽、神力的女子的称呼。唯有依仙,方得圣姿。二者合二为一,即为依仙圣姿。

郑州依仙圣姿服饰有限公司始建于1993年,是一家集女裤的研发设计、生产销售为一体的专业服装公司,位于郑州市二七区金城服饰广场。依仙圣姿本着"客户第一,诚信至上"的原则,与多家企业建立了长期的合作关系。公司一直倡导以诚为本,以精求质,以异求新,以才求人的经营理念,注重人才培养,勇于开拓创新,不断扩大规模向更高点攀升,竭力满足市场高层次的需求,销售量逐年稳步增长。

依仙圣姿的品牌定位于简约、个性、时尚,适合25~45岁之间的成熟、职业、时尚女士群体;追求成熟高雅,自信端庄的品牌形象。依仙圣姿品牌女裤凭借最近几年的迅速发展,已经成为国内十大女裤品牌的龙头,确立了创新能力强,产品开发洞悉市场的流行趋势,引导市场,创造市场的品牌优势。依仙圣姿已建立了完善的经营管理体系,形成了优秀的营销团队和产品研发设计团队,通过不断的市场开拓,已在北京、上海、济南、太原、哈尔滨、石家庄、兰州、昆明等20多个大中型城市建立了省级分公司,拥有专卖店和商场专柜300多家,销售网点近千个,迅速形成了遍布全国的销售网络。

适应国际国内竞争的要求,不断提高产品质量和工艺技术水平。公司凭借优良的装备,精湛的生产加工工艺,雄厚的技术实力,有效地保证了女裤质量的日趋完善。现已通过ISO9001:2000国际质量体系认证,并在2006年荣获"中国女裤十佳品牌"和"中国著名品牌",2007年被评为"河南最具有发展潜力女裤品牌"。

秉承"以人为本,厚德载物"的企业宗旨,依仙圣姿凭借先进的生产设备、优质的产品、富有创意的营销、周到的服务、完善的经营管理体系、雄厚的实力,形成了企业独特的优势,取得了令人瞩目的成就。依仙圣姿始终将自身腾飞与回报社会的使命紧密结合,在发展中壮大,在创新中前进,致力为客户提供更好的产品,努力缔造中国女装第一品牌,为员工搭建更广阔的发展平台,为社会创造更大的价值。

韩氏伊人,诉说美丽的传奇

韩氏伊人是郑州韩氏服饰有限公司的女装品牌。韩氏服饰创建于 2004 年,是一家集女装研发、设计、生产、营销为一体的现代化服装企业。公司技术力量雄厚,拥有一整套的国内一流专业女裤生产流水线,建立了由一批出色的设计师组成的研发设计团队、高质量的生产管理团队及经验丰富的市场营销团队。公司自成立以来,凭借着关注趋势、熟悉市场、勇于创新、游刃有余的设计实力,以品牌定位为基础,广泛地吸纳各种流行元素,成功打造出"成熟、时尚、典雅"的个性品牌,深受消费者的青睐和好评,确立了公司稳固的市场地位。

在不断地发展、创新的过程中,韩氏服饰逐步明确了公司的品牌定位。简洁、时尚、优雅的韩氏服饰,讲究流畅的线条、立体的褶皱和精致的细节,完美演绎东女性的柔美与知性,体现新女性主义的优雅、随性的生活状态。韩氏服饰注重乐趣(enjoyment)、放松(relaxing)、时尚(fashion)、亲情(honey),并以高档的视觉形象、适中的价格定位、"时尚休闲、自然个性"的款式风格,吸引了众多 18~35 岁年龄段的时尚女性。先后开发出了率性牛仔系列、韩氏休闲系列、经典白色系列、经典格纹系列等产品,给消费者提供了更多的选择。一个精品女人,永远在时尚的蓓蕾中绽放光芒,勾起人们对浪漫往事的美好回忆。似水年华中,"韩氏伊人"陪伴她们走过了一春又一春,浅浅诉说着美丽的传奇。

公司注重市场开发,加强市场网络建设,扩大品牌的影响力。目前"韩氏伊人"品牌遍布全国各个省份,在 20 多家省会城市设立了营销中心,为全国的 620 多家标准加盟店提供服务,为各地有加盟意向的商家和全国消费者开启便捷服务之门。适应互联网发展的趋势,公司在天猫等开设了旗舰店,并进驻京东等网络销售平台,取得了良好的销售业绩。在新的社会经济形势下,公司坚持"质量第一,顾客第一"指导思想,不断提高技术实力,改进经营管理,致力于将"韩氏伊人"品牌打造成行业驰名品牌,服务于更多客户。

一流产品,一流服务

郑州禾力照明工程有限公司创建于 2005 年,位于郑东新区商业聚集区,主要致力于城市楼宇亮化、街道亮化、道路及桥梁亮化、景观照明、酒店 KTV 灯光、园林亮化、广场亮化等照明工程的专业设计、LED 系列灯具销售、施工、服务等业务。

禾力照明公司依托"一流的产品,一流的服务,一流的售后"创造着行业一流的业绩,从而致力成就"质量、信誉、服务"的品牌理念。公司时刻都在强调为客户提供产品、工程的同时,不断提升自身的技能与服务意识,以高效的服务,满足客户的不同需求。

公司建立了严格的质量管理规范。对于产品质量,公司一贯承诺,产品的制造和检测必须符合国家标准，大部分还要高于国标；产品在生产线、线下都由专业检测人员进行检测，确保产品的各项指标达到质量标准，符合客户要求；同时，对待质量问题从不推诿，产品在质保期内如果存在质量问题，公司愿意承担一切责任。

企业还通过建立合理的销售服务管理制度及体系，保障客户服务的统一与优质。产品出售后，公司会安排相关专业人员到客户现场，负责教授正确的使用方法；为防止用户使用不当而造成不必要的损失，在产品使用过程中，公司的技术人员驻扎企业基层向用户进行技术指导，确保正确使用该产品，让用户用得安全、放心；对于售后问题，公司建立起1小时响应维护服务制度，保证24小时内到达现场并解决问题。

为了更好地接收用户反馈的问题，公司还设有专门的售后24小时服务电话，有专业人员接听并及时做好记录和反馈，并提供解决问题的法。如有需要到现场指导的，公司会在24小时之内安排相关专业人员到指定地点进行及时指导。

经过数年来的努力与发展，禾力照明已经成为河南照明行业内的主导企业之一，禾力照明的工程营销系统覆盖整个郑州，占据河南以及山西等周边市场的巨大份额，为社会和用户营造出优良的照明环境，成为受人尊敬的照明企业。

你的心意，我全权表达

在商业活动中，企业做促销，一般会有广告促销礼品，五花八门的赠品让消费者应接不暇。当企业发展到一定规模时，商务交往中互赠带有企业LOGO或其他企业信息的礼品，不只是心意的表达，更是企业文化和实力的一种表现。而在递交名片时如果再送上一份有档次的商务礼品更能让对方记住你，记住你的企业。

郑州紫洋商贸有限公司是一家专业化、综合性、一站式设计、印刷礼品的服务公司，成立于2014年3月，以实体加商贸为经营模式，礼品主要为OEM定制。紫洋商贸作为刚刚建立一年多的企业，凭什么在激烈的市场竞争中立足呢？其实，原因也很简单，那就是深度的企业定制，为客户提供全权表达心意的礼品。

市场上，赠品、礼品很多，但是，那些赠品突出了企业宣传的重点吗？真正起到促进销售的作用了吗？一般的礼品，消费者拿回去之后，因为用途不大，经常会束之高阁，很难让消费者记住。所以，商务赠送最好能选择定制礼品，把公司的LOGO或名称印制在礼品上，让消费者一看就知道是谁的，不断强化企业在消费者脑海中的印象。

郑州紫洋商贸有限公司自建立以来，就拥有完整、科学的质量管理体系、完善的客户一对一策划流程及服务能力。为清楚了解客户的需求，公司派专人在客户的促销现场、赠送现场深入进行调研与了解，针对客户实际情况，制定出相应的礼品解决方案。在解决方案实施过程中，还会进行相应的调整，确保礼品赠送的实施效果。

为了更好地实现礼品质量，公司一直致力于引进世界先进印刷设备及技术，缩短与先进地区的差距。公司先后引进了河南省首批全新日本小森对开、北人08设备等，满足了客户的印刷需求。还与多个企业合作，强强联手，提高工作效率。公司加强产品开发，形成了合理的产品线,有 2 500 多个规格的产品可供客户选择。进行 OEM 生产,减少客户的成本,全心全意为客户做到省时间、降成本。

基于对客户需求的了解和把握,公司服务的客户已涉及政府部门、事业单位以及金融、房地产、科技、家具、服装、食品等行业,长期与多家明星企业如白象、百事可乐、农业银行、统一食品、三星电子、大众汽车、福特汽车等合作,迅速成长为行业里的明星企业。

因为专注,所以专业

品牌是企业的无形资产,成就自己的品牌一直是中国许多企业的梦想。立足未来,着眼于企业长远发展的企业家,对企业的自主品牌都梦寐以求和执着追求。郑州泰宇文化传媒有限公司专注于"企业自主品牌"全系统打造,为企业提供专业、实战的品牌创建、整合、提升等全系列战略咨询;提供品牌及产品系统、立体的 CI 形象创建咨询服务;咨询业务专注于中国新兴市场成长型企业及品牌的发展、企业战略规划和品牌拓展规划。

泰宇文化传媒注重市场调研,在对市场认真调查研究的基础之上,凭借专业的品牌建设服务执行团队,运用创新思维,为企业自主品牌建设提供高质量的服务。通过对全球新兴市场成长型企业及品牌创建基因的提炼,运用企业魅力经营理论,整合行业及企业品牌资源,提供品牌商标开发、CI 形象系统创建、品牌策略执行、商业战略规划、商业模式打造等全系统咨询服务,辅导企业创建、实施品牌战略。

坚持用激情与灵感赋予品牌更高的价值,是泰宇文化传媒对自己的要求。泰宇文化传媒立志做品牌最亲密的设计价值管理者,做真正为客户提供优秀设计,让设计为品牌带来利润的专业设计公司。在对待客户关系上,泰宇文化传媒致力于建设不可或缺的战略伙伴关系,以专业、周到的服务为客户赢取市场价值和品牌价值的最大化,用行动证明设计的价值,并以这种价值赢得社会的广泛尊重。凭借全心致力于客户利益最大化的追求以及专业负责的服务,泰宇文化传媒让客户看到,公司的服务不仅切实推动了产品销售的增长,从长远看,更推动了品牌卓有成效的成长。

全力以赴,引领郑州餐饮新形象

郑州小香驴餐饮管理有限公司是一家集餐饮、菜肴开发、对外服务、特许加盟、连锁经营管理为一体的现代化美食机构。为了更好地打造品牌形象,公司已申请注册了"小香驴"商标。

驴肉火锅是由北方的驴肉菜肴"驴肉汤"变化而来,其质地软嫩,汤鲜味美,颇受食者欢迎。驴肉细嫩味美,营养价值高,素有"天上龙肉,地上驴肉"的美称。小香驴在传统工艺的基础上,吸取现代营养的精华,探索出独具特色的小香驴特色火锅,选用天然牧场的优质小毛驴为原料,在传统工艺的基础上又配入几十种中草药,经数小时温火煨制而成,其肉质细嫩,鲜香可口,具有健胃、养脾、补肾、祛寒之功效。产品自面世以来,以其独特的口味受到消费者的青睐与好评,享誉省内外,被称为"中原一绝",是中国火锅餐饮业中一颗璀璨的明珠。

为进一步满足和适应广大消费者的需求,弘扬民族餐饮文化,提高企业的市场竞争力,小香驴在经营推广"小香驴火锅"系列的同时,不断开发特色火锅系列菜肴,成功地将中式菜肴制作体系与连锁经营体系融为一体。小香驴以统一形象、先进管理、规范服务、标准生产、及时配送、灵活销售为经营标准,积极发展特许经营事业,倡导"效益双赢",坚持以分店利益为出发点,努力开拓市场。

"全力以赴,做到最好"是小香驴的企业精神。小香驴以优良的服务质量、良好的服务态度、出色的服务效率和无私奉献的精神为"小香驴"赢得了良好的声誉。小香驴以树立郑州餐饮新形象为目标,以不断开拓的经营理念、严谨的管理模式、完美的服务精神及优秀的产品质量,为顾客提供一流的就餐服务与享受,努力以精美的餐品、平价的消费与超值的服务,在郑州餐饮业树立起一面崭新的旗帜。

中国土豆粉加盟行业的颠覆者

"土豆粉"起源于西秦,具有悠久的历史,是民族风味小吃的一朵奇葩。相传,当时一位王姓的老人发明了土豆粉,挑担沿街叫卖,因鲜香味美,食者蜂拥而至,博得人们的喜爱,曾一度成为朝宴贡品。唐代大诗人白居易在品尝土豆粉以后,曾说它:"入口留醇香,回味悠远长。"称赞土豆粉汤味之美妙。

郑州粉爱面餐饮管理有限公司的运营中心位于中原腹地郑州。其旗下品牌"粉爱面"专注于以土豆粉为代表的特色小吃招商加盟和咨询服务。自粉爱面成立以来,借助先进的管理理念、专业的市场运营、令顾客满意的独特口感及良好的客户服务,始终处于高速而稳健的发展态势。截至目前,粉爱面在全国多数大中小城市拥有直营店和加盟店。

土豆粉加盟项目大受欢迎,让越来越多的创业者选择加盟该项目,还缘于粉爱面可以为加盟商提供多方面的服务和支持,让加盟商无忧创业,顺利实现创业成功。粉爱面为加盟商提供了从开业前到开业后的全方位服务,开业前,市场团队手把手支持;开业时,运营团队手把手支持,提供技术及市场指导;开业后,督导团队手把手支持。

为便于品牌的复制和管理,增强创业者的信心,粉爱面还对店面的每一项工作都建立了"简单"而严格的执行和考核标准,制定了《运营标准手册》,包含岗位操作标准、产品操作标准、卫生清洁标准、礼仪服务标准、人事管理、财务管理、订货管理、成本控制管理、店长值班管理、活动促销管理、店面危机管理等内容,从而使加盟商在原材料采购、产品制作和店面管理等方面有所依照,可以快速复制,使经营步入正轨。规范化的推广模式,使粉爱面成为许多没有创业经验的有志青年、大学生和上班族一个理想的创业品牌。

倡导健康，传递美味

橙榄天下是西班牙橄榄油的古老品牌，由西班牙贵族 Martinez Carlos 伯爵于 1882 年创立，依靠橄榄庄园的优势，致力于生产庄园级高品质橄榄油。百年品牌与现代品控流程的完美结合，成就了 OLIVES WORLD 的辉煌与梦想。OLIVES WORLD 特级初榨橄榄油先后获得西班牙原产地认证、CAAE 认证、安达卢西亚高品质认证。百年品牌，品质始终如一，OLIVES WORLD 坚持以最高的标准为全球消费者提供品质卓越的西班牙橄榄油。

上海舸力国际贸易有限公司主营西班牙原瓶原装进口庄园级特级初榨橄榄油，旗下品牌"橄榄天下"已全面覆盖国内市场。上海舸力河南分公司位于郑东新区，2014 年登记注册，专业从事国外高端食材进口及批发，致力于健康食用油在中国市场的业务拓展。企业秉承"健康、美丽、智慧"的理念，以传播健康知识、灌输健康理念、倡导健康膳食为使命，为高品质生活的健康安全饮食尽自己全力。

舸力贸易一直走在健康生活的前端，致力于健康生活方式的研究与推广，力争成为国内健康产品主导品牌。引入西班牙百年品牌"橄榄天下"，将最为传统、绿色、优质、健康的特级初榨橄榄油引进中国，并逐步渗透到消费者的日常生活中。2013 年，OLIVES WORLD 中文商标"橄榄天下"在中国大陆申请注册，橄榄天下强势进入中国市场。2014 年初，橄榄天下大中华区营销中心于郑州成立，建立了 100 余人的专业营销团队，将"传播健康知识，灌输健康理念，倡导健康膳食"作为企业使命，以优越的资源，雄厚的实力，原装原瓶进口的产品品质，全力开拓市场。河南分公司通过专业的销售和技术团队，加强市场开发，建立了完善的销售体系，努力为客户提供最好的产品、良好的技术支持、健全的售后服务，传播科学的产品知识和健康生活的理念。

为了给顾客带来更真实的感觉和体验，公司倾力打造了橄榄天下生活馆，它是集工艺展示、产品体验、健康饮食于一体的综合馆，按照西班牙餐厅风格设计理念进行装修布局。走进生活馆，可以感受西班牙的阳光雨露，给顾客带来的不仅仅是视觉的冲击，更是健康品质生活的熏陶。生活馆是阳光、激情、健康、生活品质、西班牙风情的化身，代表了一种健康向上、享受生活的形态，为消费者带来无限的西班牙阳光与健康体验！

来自南美洲的功能性营养饮料

玛咖是秘鲁人不可缺少的食材，也是当今世界上发现的营养最丰富的药食两用珍稀植物之一。玛咖富含高单位营养素，有滋补强身的功用，食用过的人体力充沛、精神旺盛不衰。玛咖还能促进新陈代谢，抵抗压力，调节亚健康状态，并改善性功能、生育力及乳汁分泌,还能消除更年期障碍、减缓老化、增进脑活力。2001 年,玛咖进入美国,成为美国 NDSA(美国太空总署)和 UIAA(国际登山组织联盟)必备的营养品。2011 年 5 月,我国卫生部把玛咖粉列为国家新资源食品。

万亿宝玛咖饮料是用原装进口的秘鲁玛咖精心研制的天然功能性营养品。作为中国玛咖饮料领导品牌,万亿宝品牌由万亿宝集团推出。万亿宝集团整合了多方资源,借助各方力量共同运营万亿宝饮料。由南美洲万亿宝玛咖研发有限公建立全球玛咖研发基地,香港扶摇国际贸易有限公司作为秘鲁玛咖的国际采购商,河南万亿宝网络科技有限公司进行全国网络推广策划,河南森龙商贸有限公司是全国独家运营商。

万亿宝玛咖饮料具备玛咖的独特功效。万亿宝玛咖饮料于 2015 年初在国内上市销售,不到一年多时间在全国十多个省份和地区发展了一批代理销售,市场反响火爆,并以其口味甘甜、提神保健,深得国内消费者的喜爱。万亿宝玛咖饮料独特的箱体包装设计和罐体设计,增强了消费者购买的欲望,红色和黑色的搭配充满了能量感,罐体磨砂材质的运用更增强了手感和大气,为销售添加了更多的人气。

公司于 2015 年 2 月开始投入电视广告进行宣传,并参加全国各地的展会进行产品和形象宣传,进行各种活动的赞助等,不断扩大产品的影响。电视广告投放在湖南卫视等媒体,赞助了多部热播电视连续剧如《偏偏喜欢你》《冰与火的青春》等以及《阿健论道》的专访报道。同时,还借助互联网的影响力,在网络上进行产品宣传和销售。

根植市场,周到服务

郑州有萍商贸有限公司成立于 2011 年,其前身是成立于 1999 年的专业经营井盖、箅子等市政产品的个体户。公司秉持"根植郑州,服务河南,追求卓越"的经营理念,精心生产,周到服务,为郑州市及河南其他地区提供了优质的市政铸铁等产品,赢得了市场和客户的口碑。经过多年的学习、积累和创新,公司造就了一支技术过硬、管理严谨的专业的铸造研发、生产、经营管理团队,奠定了企业健康发展的坚实基础。

以客户需求为中心,加强技术研发,不断开发新产品,有效提高了企业的市场竞争力。根据市场的变化,公司基于客户需求,加大研发投入,为客户定制产品,最大限度地满足客户的实际需要。近年来,在南方一些城市新建道路的下水井盖均采用了隐形井盖。对此,公司多次派人赴山西等地考察学习,经过反复试验,研发出了高质量、高性能的隐形铸造产品,较好地满足了客户的特定需求,使郑州有萍商贸公司的市场地位大幅提高。

深入了解市场,加大市场开发力度。公司不断开拓市场,在河南的十八个地级市均设立了自己的营销办事处。办事处在加强产品销售的同时,积极开展客户需求调研,了解和把握所在地的市场状况,及时为公司的经营决策提供可靠的信息。近年来,我国经济进入新常态,企业也面临较大的经营压力。在新常态下,公司认清形势,调整经营策略,积极开拓空白市场,销售额不减反增,市场销售实现了新的跨越。

面对网络经济的发展趋势,公司抓住机遇,建设线上线下相结合的全方位营销体系,充分利益互联网的力量,把公司的产品做成影响河南,辐射全国市场的精品铸铁产品。

用文化思维做专业的茶业市场

河南国香茶城管理有限公司是一家以茶产业综合体开发、运营、商业服务、茶文化传播为一体的管理公司。在河南茶叶商贸界的领军人物、公司董事长姬霞敏的带领下,国香先后成功创建了多座茶叶批发市场。专业市场的建立,填补了河南省无专业茶叶批发市场的空白,也为中原茶产业发展树立了新标杆。公司坚持文化引领,专业化经营,实现了硬件、软件、模式上的不断突破和创新,成为我省茶产业发展的风向标,在国内茶业界也成为市场经营成功的范例。

一、茶业市场建设的三级跳

从 2003 年创建中原首家综合性茶叶专业市场——郑州茶叶批发市场,2008 年创建国香茶城,到 2013 投资建设中原首座独立产权式茶业商业文化中心——河南国香茶城商业文化中心,姬总带领企业实现了市场建设的三级跳。

郑州虽然不是茶叶产地,却形成了一个茶叶批发集散地,辐射范围遍及全国各地。姬霞敏认为,"郑州之所以能成为全国知名茶叶集散地,主要存在三个方面的原因。交通便利,处于交通枢纽位置;文化底蕴深厚,为茶叶市场发展提供了文化基础;客户群体庞大,市场基础好。"

2003 年建设的位于航海路与紫荆山路的郑州茶叶批发市场,是郑州第一家专业性的茶叶批发市场,入住商户 300 多家。经过多年经营,品牌效应凸显,地位稳固,店铺供不应求,是郑州市民心目中的老茶城。有了这个平台,郑州的茶客群体一天天庞大起来,茶类也日渐丰富。如今,经过多年的发展,郑州的茶叶市场迅猛发展,建成了国香茶城、北茶城、北茶城三期、亚星茶城、万客来茶叶市场等茶叶市场。

作为郑州茶叶批发市场的二期项目,国香茶城经营面积达 10 万平方米,号称"中原茶叶航母"。国香茶城是一座集名优茶叶、精美茶具、根雕、紫砂、陶瓷、字画工艺品、茶文化展示为一体的中原首家茶文化特色街区。入驻商家 500 余家,云集了来自云南、福建、安徽、浙江、湖南等产茶区数百家知名企业,汇聚了五云茶叶、蓝天茶叶、曦瓜大红袍、正山堂、少林禅茶、御馨名茶等数百个知名茶品牌,囊括了中国的六大茶类及全国各地的名陶名瓷,同时也解决了 3 000 多人的就业问题,目前已逐渐打造为中原经济区集旅游购物、商务接待、城市休闲为一体的综合性特色街区,成为我国南茶北销的集散地、中转站。

2013 年,河南国香茶城管理有限公司投入巨资,倾心打造以茶文化为主题的商业综合体——河南国香茶城商业文化中心,实现了市场建设新的飞跃。该中心也是全国首家拥有独立产权式的茶主题产业化商业综合体。中心旨在创建融合茶业、文化、商务、旅游为一体的体验式茶商业基地,致力于打造中原茶产业总部经济,使其成为南茶北销集散地、中原茶文化交流中心、中原茶叶交易博览中心、河南茶文化旅游的观光地,并将文化元素、特色商业、特色餐饮融入购物体验。同时,中心也致力于成为茶文化的倡导者和践行者,深度结合河南文化产业资源,将河南深厚的历史文化底蕴与现代都市文化特色完美结合,全力打造中原具有独特文化气质的茶商业综合体。

二、致力于专业茶业市场建设

经过多年发展,河南茶叶市场日趋成熟,品种也更加多元。姬霞敏认为,众多中国名优茶叶汇集中原,表明全国产茶区、茶行业都非常看重河南市场,也为消费者提供了更加丰富的选择,不同阶层、不同口味的消费者都可以选择到自己喜欢的茶。但是,如何经营,每个市场必须有自己的科学定位。国香经过市场竞争的考验,坚持走建设专业茶业市场的道路。

姬霞敏认为,茶本身可以带动很多产业:茶叶、茶具、工艺品、根雕等,这是一个很大的产业链,但是不能做杂,一个市场必须有它的专业性、创造性,才有长久的生存。与其他茶叶批发市场相比,国香茶城更注重市场的专业化经营、专业化服务。"成立初期,也有人说硬件条件很好,你可以吸纳一些别的产业进来,缓解一下公司运营的压力,但是我们考虑要做,就做专业化。"

国香茶城70%的商户是来自茶叶原产地的茶农,这些商户家里有茶厂,品质和价格都有很好的保证。对茶叶这种农副产品来说,专业市场更容易被消费者信赖和认可,服务条件、性价比比较好。

"随着市场需求的变化,面对严峻的竞争形势,在坚持做专业市场的同时,茶城的经营思路也要转型,不能简单地像以前那样出租门面就行了。"姬霞敏认为,随着茶产业的壮大,无论是市场硬件还是经营理念,茶城都急需升级换代。"目前市场上的茶商70%都是原产地的茶农,品牌意识和推广意识都比较弱,理念急需升级。"茶城有许多工作需要开展。

三、全力打造茶文化特色街区

国香茶城作为展示中原茶文化的窗口,在发展中,以"培育特色,完善功能,加强管理,创建品牌"为目标,秉承"高品位打造,精细化建设,专业化经营,规范化管理,优质化服务"的发展理念,强化特色魅力,实施商业特色街区建设改造提升工程,打造中原地区最大的茶叶交易中心。国香茶城从单纯的茶叶销售,变成集茶叶加工、批发集散、物流配送、茶叶展示为一体的交易中心和能够影响全国茶叶行情的价格中心。经过不断建设和改造,市场得到了稳步快速的发展,茶文化特色日益凸显,受到社会各界的一致好评。国香茶城已在全国茶叶交易中心排名前三,连续三年销售总额达3亿元以上,成为河南茶叶交易规模最大、容量最大的专业茶叶市场。2009年,被郑州市人民政府评为首批茶文化特色街区;2011年,成为国家AAA级旅游景区;2012年,被评为郑州市农业产业化龙头企业;2013年被评为中国特色商业街,全国重点茶市。

四、用茶文化推动市场发展

茶叶作为国饮,有着悠久的历史和丰富的文化内涵。随着人民生活水平的不断提升,饮茶逐渐成为一种生活方式,茶叶消费能力越来越强,对茶文化的要求也越来越高。作为中国国际茶文化研究会副会长、中国茶叶流通协会常务理事、河南省茶文化研究会副会长、河南省茶叶商会会长的姬霞敏对茶文化的发展与传播有着深刻的理解,她表示,"要做真正专业的茶城,一定要先以茶文化为先导,做好茶文化的传承与弘扬,光做茶叶流通肯定是不能适应未来发展需求的。"

河南国香茶城管理有限公司成立多年来,以茶文化的传播为己任,成功举办了多项特色茶文化活动:中日茶文化交流会、河南紫砂艺术节、中原首家茶文化夜市、2009 郑州城市休闲游暨国际旅游小姐走进国香茶城启动仪式、河南普洱茶品鉴展会、河南省秋季铁观音茶王赛、茶文化论坛与讲座等。在茶城还进行系列化的茶叶、茶艺培训,在青少年中传播茶文化与茶知识。公司先后被评为郑州市农业产业化龙头企业、国家 AAA 级旅游景区、全国重点茶市、河南首家国家级特色商业街。

文化,一种无形的黏性

营销的最高境界就是文化,而茶叶与文化又有着不解之缘。成立于 2003 年的河南明君子茶业是一家专营茶叶、茶具的批发零售企业,它用文化的思维去看待市场,用"明君子"的心态经营企业,以独特的文化竞争优势为基础,使公司获得健康稳定的发展。明君子茶业总经理李学昌,中国国际茶文化研究会理事,河南省茶文化研究会副秘书长,郑州市茶叶商会副会长。他,安静,随和,谦逊。正如他所经营的明君子,用"求真、至诚、倡和"的六字真言自知,自爱,爱人。

一、明君子:心灵的归宿

1997 年,一个偶然机会,李学昌接触到了一个新事物——茶社,这让他找到了自己的方向,那就是成为一名"茶人"。"茶叶是比较安静、平和的,很符合我的性格。"李学昌说,"人应该先弄明白自己,懂得自己才能读懂别人。这很重要。"

随后,李学昌买来关于茶的书籍,认真学习,越读越沉迷其中。他还到主要产茶地了解茶的知识:在云南,他看西双版纳的茶树王;在上海,他借鉴都市茶馆的装修与布置方法;在信阳,他了解到了茶采摘、烘制方法;他还到过宜兴识紫砂,跑湖州拜茶圣陆羽墓……

随着茶文化知识的积淀,李学昌意识到品牌的重要性,2003 年,他开始打造自己的品牌"明君子"。"明君子是做人的最高境界,也是茶人的最高追求。"在明君子,他找到了自己前进的方向。现在,明君子商标已在国家工商局注册,企业也获得快速发展,在省内郑州、平顶山、安阳、濮阳、淮阳等地设立了多家直营店及加盟店。

二、文化:事业的根基

"我经营的是一种文化——茶文化。"在中国,文人赋予了茶丰富的文化内涵,茶也成了中国特有的文化。茶,属中庸之道,包含儒家、道家和佛家思想,对茶文化了解越深刻,文化涵养也就越深。做茶就不能不深刻了解茶文化。李学昌认为,只有深刻了解了茶文化,才能"自知",才能"明"。

"茶是一种独特的饮品,没有哪一种植物能像茶这么神奇,这么美妙,看似简单的树叶,可越往里走,了解越多,你越感觉知之越少,越博大精深。它芳香四溢、使人齿颊流香;体悟人生、修养身心;一杯清茶,可激起思古之幽情,引发历史之震撼,抒发未来之理想。茶陪伴了中国文人几千年,中国文人又把茶得以精神化。"他深深被茶文化吸引,同时又将茶文化的精髓通过明君子很好地诠释给每一位茶客。

公司开办了"明君子课堂",经常举办茶文化、传统文化等方面的讲座和论坛,吸引了一大批茶文化的爱好者;组织茶叶爱好者的茶乡行活动,多次到福建、云南、信阳等茶产地参观考察;组织厂家现场做茶,让消费者直接体验茶叶制作过程;在明君子的书柜里,排得满满的都是茶叶、茶文化等各方面的报刊、书籍,公司也建立制度,要求员工不断加强茶文化的学习。明君子在销售茶叶的同时,也在传播着茶叶、茶艺知识,推广博大精深的茶文化。明君子为客户提供了更多的、与众不同的更高层次的附加产品,满足了客户在赏茶、选茶、品茶的同时对茶文化的需求。正是这种无形的差异,使同质化的茶产品产生了明显的差异,使客户认为在明君子购买的不仅仅是茶叶,更多的是一种美妙体验、一种优秀文化。

三、品质:成功的保障

明君子一步步发展壮大,源于清晰的经营理念——求真、至诚、倡和。

求真。明君子经营的茶叶、茶具皆采购于原产地,到产地亲自品尝、挑选,追求品质、品位及物美价廉。经营几年来,逐渐摸索出了一套行之有效的适应市场的运行服务体系。在产品采购上,采取"公司+农户"的运行模式,在信阳、安溪等地精选茶农,建立自己的加工场及收购点,去掉中间环节。为了保证茶叶质量,将农户基地作为第一车间,从茶叶鲜叶采摘、粗加工、精加工、储藏、运输、销售等各个环节严格把关。同时,明君子是全国知名品牌云南"勐库戎氏"普洱茶的一级代理商,借助于和名牌的结盟,迅速扩大影响力。

至诚。诚信为本是明君子的经营原则。在李学昌看来,茶叶的经营必须以诚信为本,他说:"明君子是爱人的。茶行业的透明度不高,只有诚信经营,得到顾客的充分信任,才能持续经营下去。"明君子踏踏实实地践行着自己的原则,多次被评为诚信文明单位。

倡和。和,作为中庸的最高境界,是中国文化意识的集中体现,也是仁人志士修身养性的理想境界。茶的精神核心也是和,所以更讲究的是文化底蕴和文化氛围。李学昌始终坚持以低调、谦逊、平和的心态,与客商及茶叶爱好者精诚合作,深受大家的好评。

四、氛围:自然的黏性

批发、零售、茶舍是最常见的三种茶叶经营业态。明君子以批发为主,兼营零售,这是茶叶市场大多经营者的模式,不同之处在于明君子营造了一种茶舍文化的氛围,不同族群之间能进行充分的交流、沟通和心灵碰撞。

在明君子,经常聚积了来自不同行业、不同背景的各界人士。茶文化所包含的黄河文明、做人低调、诚信、色彩、线条、儒商等各种看似毫无联系的话题,时常在这里碰撞出思想的火花,让人不断有顿悟的感觉。在这里品茶,海阔天空地让思想自由飞翔,每位谈客都感到心灵从喧嚣的尘世中解脱出来,得到了一次洗礼、涤荡,细细品味"心灵茶汤"。在明君子,顾客找到了归属感,得到了群体的认可,得到了尊重,满足了客户较高层次的心理需求。

明君子用茶文化营造了一个客户的心灵有效感应的体系,这个体系既包含了经营者对茶文化的理解和创新高度,也包含了客户对茶文化的欣赏和接纳直至溶解过程,这个过程就是让客户感觉亲近熟悉、身心愉悦,最后加入了对文化的载体——茶的体验。

如果硬件、装饰可以模仿,明君子的这种软环境,这样一种浓浓的文化氛围却是很难模仿的,这也正是明君子的核心竞争力所在,是最大的差异化。

倾力打造独特口味的精酿啤酒

中国已经成为世界上最大的啤酒消费市场,人均年消费量达到 35 升左右。但是有迹象表明,大批量生产的淡啤酒已经不能满足中国人的口味,他们变得同世界其他国家和地区的鉴赏家一样,更偏爱有创意、高质量的手工精酿酿酒。根据《福布斯》杂志的调查,仅上海地区,自 2013 年以来,出售精酿啤酒的店铺就翻了两倍。在很多国家,精酿啤酒的产值占啤酒总产值的 20% 左右,而国内这一比例还不足 1%,精酿啤酒在国内还有 1 500 亿的市场潜力。

认识到精酿啤酒市场巨大的发展潜力,河南省啤博士精酿啤酒有限公司于 2015 年在开封成立,本着"客户第一,诚信至上"的原则,以最好的产品、专业的销售和技术团队,为客户提供最好的精酿啤酒、良好的技术支持、健全的售后服务,积极开发精酿啤酒市场。

啤博士从 2013 年就开始了精酿啤酒的研究,致力于精酿啤酒新工艺及新产品的开发。在啤酒传统发酵工艺的基础上,采用能够改变啤酒香型及酒体的特种酵母,添加不同比例及不同种类的特种麦芽,使用不同种类、不同香型的啤酒花,采用不同的啤酒花添加时间及添加方式,根据啤酒的种类,调控发酵温度及发酵时间,添加辅料如西瓜、怀山药、菊花等增加啤酒的口味。在生产工艺方面,拒绝高温灭菌,拒绝过滤,绝不添加稀释水,酿造原汁原味的精酿鲜啤酒。通过对原料、工艺的不断改进和创新,成功研制出了适合国人口味又具有河南地域特色的菊花啤酒、怀山药啤酒、西瓜啤酒及新型黑啤、姜汁暖啤、特制 IPA 等多个精酿啤酒品种。

在拥有了成熟的产品技术后,经过科学细致的市场考察和分析,公司在前期建成了一条日产 1 吨的精酿啤酒生产线。对于市场营销,啤博士坚持立足开封,采用通过酒店、高档小吃街、夜市、酒吧等代销,以及开设啤酒吧直营的模式,先占领开封本地市场,然后将此模式复制到其他地区。同时,啤博士运用互联网思维,积极进行微营销、互联网营销等多种营销手段进行产品推广和品牌宣传,不断开拓市场。

大师托起的品牌

1 300 多年前,洛阳唐三彩伴随着华丽无比的绫罗绸缎,沿着风沙弥漫的"丝绸之路"和惊涛骇浪的水路,辗转西传东播。从伊拉克的沙玛拉遗址到苏丹红海沿岸的埃扎堡,从朝鲜半岛到日本列岛,唐三彩的艺术之美,跨越时空,驰名中外。

提起唐三彩,不得不提到"三彩艺";提起"三彩艺",不能不提到郭爱和大师。"三彩艺"是河南省工艺美术大师郭爱和创建的品牌,多年来他一直致力于"唐三彩"平面艺术的研究和设计,将古老的洛阳三彩艺术融入自己的创作之中,并在传统三彩工艺的基础上,采用独特的施釉和烧制技术,创造出非同一般的艺术效果。

其实,很少人知道"三彩艺"的所属企业洛阳天旗工艺有限责任公司。洛阳天旗的前身是洛阳师院壁画工艺研究室,创办于 1986 年,当时还是一个小小的工艺美术画室。现如今,公司已发展成为文化集团公司,在职职工人数 100 余人,先后培养出一批优秀的三彩工艺技师和四位省级工艺美术大师,成为中央工艺美术学院(现清华大学美术学院)、中国美术学院、景德镇陶瓷学院、洛阳师范学院等国内多家高校学生参观交流实习创作基地。

郭爱和在 2005 年创立了洛阳三彩艺术馆(简称"三彩艺"),隶属天旗工艺公司。目前,艺术馆在洛阳设有两家,由洛阳三彩艺术研究中心、洛阳三彩设计制作中心和洛阳三彩艺术展厅组成,集洛阳三彩艺术的研究、制作、展示、销售于一身。多年来,"三彩艺"工艺品先后荣获多项国际、国内大奖,远销港澳台、西欧、加拿大、美国等国内外市场,并得到海内外顾客的高度赞誉和广泛鉴赏。

"三彩艺"能够被大家知晓,得益于天旗工艺有限责任公司负责人郭爱和对"洛阳三彩"的研究和三彩艺术的传承与发展。从 1987 年成功设计烧制出第一幅"三彩艺"大型壁画开始,天旗工艺的命运就绑在了郭爱和的身上。1998 年,郭爱和制作、烧制出世界最长的"三彩艺"壁画《法界远流图》;2006 年,在河南省政府向国家推荐的中国工艺美术大师中,郭爱和是唐三彩行业中唯一一人,三彩艺作品《酣睡》、《梯田》、《鲜花丛中的牡丹》在中国国家博物馆展评。

郭爱和成为大师之后,声名远播,甚至盖过了天旗工艺的名头,艺术品界越来越多的出现郭爱和大师的名号,而天旗工艺慢慢隐到了大师的身后,借助大师快速发展。2007年,制作世界最大的"三彩艺"壁画《风和日丽》;2008 年,郭爱和代表中国出席了世界手工艺大会和国际陶艺大会,《鸟巢》"三彩艺"作品荣获联合国教科文组织国际陶艺学会第 43 届国际陶艺大会金奖,并入选《中国工艺美术大展》;2009 年,"三彩艺"作品《华文》唯一入展"2009 世界邮展"中心展区;2010 年设计烧制完成上海世博会最大的工艺品"三彩艺"壁画《国之中,城之源》;三彩艺作品《唐韵》获"联合国教科文组织世界杰出手工品徽章";洛阳天旗工艺有限责任公司创作的多个"三彩艺"工艺品也荣获多项国际国内大奖。

演绎科技精彩

　　1932 年，美国艾瓦德教授根据婴儿在母体羊水中成长的原理发明了水床，它突破了人类千百年来一直在静态环境下睡眠的旧习惯，创造了动态环境下的睡眠，第一次实现了睡床与人体的紧密贴合，人们躺在水床上，就像躺在海滨浴场微波荡漾的水面上一样。由于它冬暖夏凉，柔软而舒适，水流的分散压力能呵护脊椎，减轻病痛，解除身心疲惫，促进深度睡眠，逐渐被许多人接受，20 世纪 90 年代起在欧美发达国家流行，历久不衰。

　　郑州铭旭电子科技有限公司是铭旭华朗（香港）控股集团旗下子公司，被授权使用"铭旭华朗"水床品牌的商标在大陆开展业务，主要经营高档水床，专业服务于商务、主题、星级酒店。铭旭电子科技有限公司成立至今，仅仅不到 2 年的时间，通过为客户提供最好的产品、良好的技术支持、健全的售后服务，将产品销到省内外数百家酒店，与国内外众多知名酒店管理集团、中国旅游饭店协会、中国健康协会、装饰设计工程集团等相关单位保持着良好的合作关系，是漂浮睡眠系统工程最具影响力的品牌。

　　水床是利用水的浮力原理而设计创造的，更大幅度地符合了人体生理曲线，使颈椎、腰椎不再悬空，均匀支撑全身重量，减轻身体自重对脊椎、肌肉、微血管和神经系统的压力，有效构成健康的符合国际标准的水床垫微循环，并对脊柱起到特别护理作用。铭旭华朗水床系列用品是引进瑞士核心技术专业设计制造的休闲产品，在同类产品优点的基础上经科学合理的改进，重点突出了理疗、保健。铭旭华朗电子恒温水床采用瑞士技术，结合中国人睡眠习惯，分"大波浪、中波浪、小波浪"，软硬度可在安装时自由调节，无须担心酒店客户不适应。同时，除自主开发生产的系列产品外，还能按用户的要求设计、安装各具特色的产品与配套设施。

　　激烈的市场竞争，使酒店也在思变，从而扩大了水床的市场空间。经常是购买了铭旭华朗产品升级为"豪华水床房"后，酒店的客房档次提升了，销售卖点增加了，于是就会在原有基础上提高 30% ~40% 房价，每床每月可提升 3000 ~5000 元的净利润。

　　铭旭电子建立了完善的售后服务体系，为酒店提供安装、调试、维修等服务，提供酒店宣传使用的 X 展架、宣传 DM、操作说明台卡，并为酒店重要岗位负责人提供水床房销售和注意事项的培训，帮助企业快速销售。

　　铭旭电子坚持"以人为本，诚信经营"的理念，遵循"人性、和谐、时尚、专业"的指导思想，不断创新，造就了科技的精彩。

全力打造微生态制剂领导品牌

　　EM 菌为一种混合菌，一般包括光合菌、酵母菌、乳酸菌等有益菌类，可用于食品添加、养殖病害防治、土壤改良、生根壮苗、污水治理等。EM 菌是生态农业的发展方向,有利于农业的可持续发展。80 年代末 90 年代初,EM 菌已被日本、泰国、巴西、美国、印度尼西亚、斯里兰卡等国广泛应用于农业、养殖、种植、环保等领域,取得了明显的经济效益和生态效益。

作为国内最早从事 EM 菌发酵剂研发与生产的企业之一,郑州农富康生物科技有限公司成立于 2005 年。十多年来,公司始终以绝对的产品技术优势及广泛的市场客户占有率领跑行业风向。农富康的产品有发酵床菌种(菌液)、养殖菌种(菌液)、种植菌种(菌液)、水产菌种(菌液)、除臭消毒液、粪便发酵菌种(粪便分解剂)、秸秆发酵剂、微生物促长剂等品牌。同时,公司生产有 EM 菌种原种、EM 菌液原液等通用型制剂,满足客户对产品的多样用途的需求。

“一直被模仿,从未被超越”是最能形象描述农富康运营现状的一句话。农富康凭着员工的智慧与梦想,始终把用户对产品的使用感受放在首位,凭着产品质量和技术服务,赢得并稳定了大量的回头客。农富康一直奉行“质量第一,用户至上”的原则,一直不断创新,开拓进取,不断的改进和完善 EM 菌的品质和质量,使其含菌量和各种菌群的保有量不断攀升,达到预定使用目标。

农富康具有完善的技术支持体系,购买农富康产品,农富康生物科技公司免费提供资料光盘及技术大全,提供 24 小时免费电话指导,量大还可上门制作。同时,农富康还具有完善的终身售后服务体系,购买农富康产品后,客户只需记住产品顾问的联系电话、QQ 等,使用过程中遇到任何问题,都可咨询产品顾问,公司的产品顾问是经过专业培训的“活的产品使用说明书”,如果产品顾问没能解决客户的问题,将会在 12 小时内转接公司的技术专家为客户解疑,保证使用效果。

百视特:河南智能安防系统的集成者

郑州百视特科技有限公司是一家智能安防系统的集成商,也是深圳捷沃克智能科技的河南总代理,专门从事安防类产品系统集成的推广及应用。其主要推广产品类别有:智能门禁系统、智能停车系统、智能 IC 卡梯控系统、人行通道闸系统、巡更系统及考勤访客系统等,主要为企业、小区、道路交通、事业单位等提供各种安防工程系统解决方案。

安防业是近 10 年来伴随着房地产的繁荣而发展起来的相关行业。经济的迅速繁荣带来环境的巨变,随之而来的就是安全问题。另外,信息化技术的普及,加上国家在智慧城市上的指引,使安防迅速进入智能管理的各个领域。在大城市,安防设备几乎涉及消费者出入的各个场所,成了无处不在的智能信息化产品。

河南是个人口大省,流动人口众多,安全问题突出,安防产品有着更为巨大的市场潜力。在全国安防系统研发生产企业众多,客户大多弄不太清品牌之间的差异,也就是品牌的影响力并不明显,客户只是关心产品的功能和价格,这也为众多中小安防企业提供了更大的开发市场的空间。

百视特公司位于郑州科技市场附近,有良好的区位优势。公司凭着丰富的信息资源和较为雄厚的技术支持进行安防产品的推广,营销网络已经遍及全省各地市,现在每个地市、县城几乎都可以看到百视特推广的产品应用案例。

百视特希望在企业的发展中加入创新元素,增强企业的研发能力,以科技求发展,以品牌求生存。公司已经加大了在研发方面的投入,正在努力开发具有自主知识产权的新产品。

产品质量是企业持续经营的保证

随着我国房地产业的发展,建材业得以快速成长,木地板就是近 20 年来飞速发展的行业之一。木地板行业品牌琳琅满目,生产车间遍地,产品质量参差不齐。在经济下行、地产行业景气度下降的背景下,众多木地板品牌在逆风中前行,大浪淘沙始见金。

郑州铭兰木地板商行是吉象木地板河南总代理,已经有十几年的吉象产品营销经验。从河南销售区域来看,吉象木地板一直是行业的佼佼者,销售额在 1 000 万元以上,即使在行业景气度每况愈下的 2015 年,依靠优异的产品质量和品牌优势,依然实现了销售额的持续增长。

由于木地板行业进入门槛较低,几乎每个地市都有几家木地板厂,加上国家对行业标准的要求相对不高,使很多辛辛苦苦建立起来的品牌企业利润微薄,举步维艰。

吉象木地板成立于 1993 年,投资达 1.5 亿美元,是国内最早的木地板企业之一。吉象从地板的原料到产成品,包括种植人工林、生产甲醛和胶水、生产和销售目地板等进行一体化运作,保证了产品的质量和环保性能。特别是,公司有 55 万亩人造林基地,把 60 多万农户投入到种植速生林的行业中,轮伐轮植,既保持了生态又提供了绿色环保的产品原料,公司基材产品也是国内众多著名品牌的供应商。为了保证产品品质,吉象所用的 12 条生产线全部从德国引进,并建立了产品质量管理标准体系,产品远销美国、俄国、澳大利亚及东南亚地区。目前,吉象在全国有 5 个生产基地、650 家地板专卖店、200 家分销中心,年销售额超过 20 亿人民币。

网络营销的兴起也给木地板的销售带来一定的冲击,但整体影响不大。原因在于网络虽能解决销售交易问题,但没有办法解决安装等服务问题,另外,还会面临网上产品和发货产品可能会出现色差等问题。

郑州铭兰木地板商行用传统的销售方法,通过开发空白区域客户、更新产品种类和各种促销活动等获得了销量的持续增长。随着网络经济的发展,铭兰正在网络营销领域里进行切合实际的探索。

一切以消费者为中心是企业成功的关键

一个企业要想成功,要想持续反展,必须以消费者为中心,生产消费者需要的产品,提供消费者需要的服务,动态地满足消费者不断变化的需求,成为消费者的贴心伙伴。

宏耐地板成立于 1996 年,是中国地板行业成立最早的公司之一。在发展过程中,宏耐始终关注消费者需求的变化,不断改进产品和服务,赢得了市场的认可。宏耐伴随着中国地产行业的成长而壮大,紧跟着房地产业主思路的变化而变化,业主需要产品时提供产品,业主关注质量时提供质量承诺和质量保证,业主需要环保产品时提供绿色环保装饰材料,业主对众多品牌茫然不知所措时入选中国地板十大放心品牌和售后服务优秀企业,业主需要时尚时提供色彩星座地板,业主不想逛实体店时提供了"电商+工程"销售模式。发展至今,宏耐已成为中国地板业十大品牌、十佳品牌,并荣获"产品质量与售后服务双承诺企业""中国地板营销创新奖"等称号,在激烈的市场竞争中稳立行业潮头。

随着消费者需求变化不断完善产品和服务的过程,是一个不断创新、不断超越自我的过程,这也保证了宏耐地板一直走在行业的前列,成为消费者购买时的首选品牌之一。

宏耐地板河南分公司在总公司的产品和政策支持下,在河南市场取得了较好的业绩。分公司在省内各地市都有经销商的专卖店,可以给消费者提供给优质的服务,宏耐已经成为河南地板行业的知名品牌。

嘉禾木业:崛起的河南本土地板品牌

东南沿海得风气之先,自改革开放以来一直处于经济的领头羊位置,地板行业也是如此。在河南见到的基本都是东南沿海各省的地板品牌,本土品牌很少见到,即使有,也是遮遮掩掩不愿意说出产品及品牌属地,河南本土地板品牌与沿海各省的差距可见一斑。河南嘉禾木业承担了塑造本土地板品牌形象的重任。

河南嘉禾木业有限公司成立于 2007 年,位于郑州航空港区尉氏县境内,这里交通方便,物流四通八达。公司投资规模达 1.5 亿元,从产品到服务多方面打造品牌形象,公司现在已经拥有 4 个不同风格的地板品牌:家居色彩"嘉柏仕"、时尚古典"美格世嘉"、欧美风情"欧嘉丽"、陈古仿真"森颐嘉"等。

为了保证产品的品质,嘉禾木业注意学习、引进和应用先进的生产技术。公司引进了德国全套生产线,能够生产 20 多个产品系列、200 多个产品型号、2 000 多个花色品种。公司严格过程控制和产品质量管理,产品质量达到国标和欧标标准,曾获得"守合同重信用企业""中国名优产品证书""中国质量放心企业(品牌)"等荣誉。

嘉禾木业立足中原,不断拓展中西部市场,努力塑造企业品牌形象,以质量和成本优势逐步获得了消费者的认可。公司与 3 000 多家代理商建立了合作关系,形成了较广泛的地面推广的优势。在新媒体应用上,主要是应用微博和微信进行营销,一方面能更紧密地建立与代理商的合作关系,另一方面可以获得快速的传播效应,扩大品牌的影响力。

名杉:整木家装一站式体验营销实践者

我国木制家装市场已今非昔比,以前的地产业繁荣带动整个建材装饰业的繁荣,而今的地产业调整也使木制家装市场受到影响。众多商家已经不能像以前那样轻轻松松挣钱了,市场已经到了精细化的程度,追求专业、细分、品质。同时,木制家装市场品牌杂乱,在消费者心中没有明确的品牌定位,为了消除不确定性,消费者往往选择一家品牌厂商打包购买,如木制楼梯、木门、木制衣柜等。这就要求商家要通过完善产品线来满足消费者的一站式购买需求。

名杉就是一家适应这一市场的木制整体家装制造公司。名杉成立于 2001 年,最初专注于木制楼梯,拥有数十项国家楼梯专利技术,以自主外观设计、精湛工艺和木种全球采购赢得用户。后来逐步加入木门、木地板、橱柜和墙裙板等产品,并不断向木家具、木饰品等家具木制品渗透,力争"做中国最好的整木家装品牌"。为此,公司在全国开设了几十家体验式整木家装生活馆,并把上百家专卖店升级为生活馆,根据消费者的个性需求进行产品整体定制,达到室内装饰风格的完美统一,享受公司整体设计带来的愉悦舒适空间。

郑州名杉楼梯是名杉的代理商之一,专攻细分市场,通过整体定制完成一站式销售。对于楼梯市场,低端产品已经在大量厂家的挤压下逐渐失去利润空间。郑州名杉的产品定位于中高端,一个订单金额都在 20 ~ 100 万之间,具有良好的发展空间。在销售过程中,引导消费者对产品进行直接感受,体验产品的特点与优势。

基于产品安装等服务在业务中占据比重较大,郑州名杉网上业务的拓展还处于探索的过程当中。网络让价格趋于透明,网络环境下经销商可能最终变成服务提供商。

品牌童装的低价位扩张模式

郑州满天星童装服饰管理有限公司是一家集采购、开发、品牌管理与市场营销为一体的大型儿童用品公司,拥有雄厚的资产实力、良好的品牌形象、丰富的行业资源、人才资源与管理经验。公司秉持"踏实稳重见诚信,步步为赢显实力"企业精神,努力发展童装的连锁经营,建立终端品牌童装低价超市,提高市场占有率。

满天星建立了强大的童装专家团队与营销专家团队,形成了完整的品牌童装低价超市运营模式,可以将整套管理运营模式复制给每一个经销商。

在经营思路上,满天星童装直接从几千个童装生产厂家集中采购进货,坚持"低价做品牌,平价卖品质"的原则,积微利为大利,以量变求质变。满天星童装总部通过资本运作,依靠上游生产企业的返点来赢利,以量取胜。以品牌童装平价超市为销售终端网络,提供货源充足和品质保障,致力于打造亚洲最大的品牌童装物流平台。在产品质量管理上,公司专业的质检专员负责跟单、订货,保证生产企业货品质量。

在服务方式上,从店面选址分析、店面设计、产品选配、店堂陈列,到前沿导购、营业服务及高层管理人员培训,以及促销方法与技巧、售后服务、谈判策略、配货与流行时尚、管理与营销战略等,对加盟商进行全方位指导和培训。对每个合作伙伴实行一对一的快速资讯服务和全程营运指导,确保每一家经销店的产品进购合理、配送及时高效。对于实际经营中可能遇到的问题,帮助经销店建立适合当地市场情况的风险规避和防范措施,让经销商在当地市场形成处于有利的竞争地位,不断提高市场占有率。

郑州满天星童装结合市场热点,经常举办社会公益性活动和服务性活动,推出让消费者到商场参与商品展示或评议活动的概念营销,举办童装产品质量跟踪营销活动等。通过一系列活动,赢得了社会公众的好感和信任,为企业带来了更多的客源。

关注时尚潮流,注重时尚消费,满天星利用自主生产、名品折扣、外贸精品三大货源汇集了数百余种品牌韩潮童装。良好的品牌形象,独特的设计风格,吸引了更多消费者的关注。在促销方面,以 6 元的超低价格形成巨大的诱惑力,抄底韩潮童装市场,打造新的营销模式。

用创新扮靓生活,点亮未来

河南中云创光电科技股份有限公司成立于 2011 年,位于驻马店市,是集 LED 照明系列产品的研发、生产、销售、工程设计、安装及服务为一体的高新技术企业。公司以节能、环保、减排、健康为使命,重视技术研发合作平台建设,不断提高自主创新能力,与中科院、华中科技大学、深圳大学等单位建立了产、学、研战略合作联盟,实行人才、资源共享,联合攻关,致力于 LED 新产品、智能照明系统的研发,为 LED 产品的技术创新和产业升级提供了强有力的技术支撑。2014 年被评定为"国家高新技术企业""河南省 LED 灯具检验检测中心"。申请专利 40 多项,已通过授权 19 项。

经过不断的技术开发,中云创光电的产品已覆盖 LED 助航灯、远程探照灯、路灯、隧道灯、交通信号灯、泛光灯、投光灯、面板灯、筒灯、灯管、天花灯和射灯等品类,广泛应用于国防、商业、家居、户外景观亮化工程、道路工程和智能照明系统以及新型 LED 显示屏等各个生产、生活领域。

中云创光电积极探索和创新业务模式。公司成立了商业照明项目事业部,拥有专业化的团队,采用项目组统筹的形式,针对星级酒店、高档小区、商场、市政公共区域等领域的灯具安装和节能改造项目,提供方案设计、灯具选型、产品安装等全方位的服务,使客户真正地体验到一体化服务。积极推进与落实政府和企业资本合作的 PPP 项目,推出了针对道路照明节能改造的 EMBOOT(能源 EMBOOT 管理)模式,灵活结合了 EMC 与 BOOT(建设-拥有-经营-移交)模式的优点,是对 EMC 模式在 LED 路灯照明改造工程中进行的创新性发展。而传统 EMC 模式只是进行光源部分替换改造,进行节能量测试,提供就路灯基础施工、电缆敷设、路灯灯杆安装全部工程。新模式实现了政府对道路照明设施的零投入、零费用,促进了城市建设,既节约能源、保护环境,又有效解决了政府城市基础设施建设资金不足问题。

为了拓展市场,提升"中云创照明"品牌的知名度和影响力,公司制定投资合作方案,在全国范围内设立中云创照明 LED 产品工厂直营专销旗舰店。现有 14 个省级代理商,102 家经销商,营业网点 300 多个,市场划分东北、西北、华北、华南 4 个大区进行管理,每个区域均有公司设立的办事处,为客户提供专业的服务。公司在知识产权、人才引进、技术标准等领域不断努力,致力于打造中国 LED 照明行业领先品牌,为 LED 事业发展做出新的贡献。

以"土"吸引更多消费者

当服装、家具等设计理念都在极力追求"潮"的时候,有一种商品却在追求"土"。对于土特产店面来说,只有够"土",才更能吸引更多的消费者关注,激发购买欲望。近年来,消费者对各地土特产的兴趣渐渐浓厚,土特产专卖店应运而生。驻马店天中味道农产品集团有限公司始创于 1998 年,2013 年完成品牌升级后成立天中味道农产品集团有限公司,拥有老查记、天中味道、陡沟、淮河农家四个自有品牌,建有天中味道农业综合体、生产基地和 6 家连锁店,逐步成为集基地、生产、销售、技术服务于一体的具有一定规模的规范化、专业型的土特产公司,销售网络遍及全国及省内多个城市和地区。

天之中、味之道。矢志成为驻马店土特产的代言名片以及这个城市文化标识的代表符号之一的天中味道农产品集团,一直坚持"土特产礼品专家"的目标,经过 6 年的发展,逐步成为驻马店地区土特产的领导品牌。公司的主要产品有"老查记"手工空心挂面、"老查记"金大麦茶、"多蘑多"野生菌等,具有浓郁的地方特色。

对于如何让当地的土特产走得更远,更有市场影响力,天中味道农产品集团进行了深入的探索,一直在朝着"一站式土特产供应专家"的角色定位而努力。公司全方位整合了驻马店市丰富的农产品资源和信息资源,开启了农特产销售的一条新路,不但建立了天中味道商城,还连续举办各种销售活动,为广大消费者搭建起一个便利的"一站式"购物平台,而且将为驻马店的绿色食品生产企业、农业产业化龙头企业,以及地方优势产业可持续发展构建贸易平台。天中味道农产品集团的经营实践,对当地完善产业配套服务、增强综合竞争优势、延长产业销售渠道、转变发展方式,具有显著的推动作用,对延伸产业辐射、带动生产服务业发展、推进经济社会双转型,具有一定的现实意义。

天中味道总经理查长江说:"天中味道农产品集团以挖掘天中地区土特产品,弘扬天中特色饮食文化、继承传统工艺为己任。店里的土特产都是亲自到产地选购的,由于没有中间环节,价格比市场上同类产品还便宜。绿色、低碳、健康、环保是现代人提倡的生活方式,因此,适时送上一份富有农家特色的礼品是不错的选择。"

绚丽红珊瑚,铭刻旅途的精彩

世界经济正在发生着深刻的结构性变化,服务在经济生活中的重要作用日益凸现。酒店业作为服务业中的一个传统而又富有活力的产业,近十几年来取得了突飞猛进的发展。但是,即使是在服务业已经相当发达的地区和国家,酒店业仍然时常暴露出在某些方面不尽人意。这很大一部分原因是随着人们生活水平的不断提高,消费需求层次越来越高,日益多样化、个性化,而传统的服务质量管理与过程控制已不能全面适应宾客愈来愈复杂的新需求。

作为河南省首家挂牌的四星级酒店,河南省红珊瑚酒店在新的环境下,认真审视自己所面对的市场,以现代酒店营销理念为指引,不断完善以服务为导向的经营体系,打造集住宿、餐饮、康乐、商贸于一体的现代化高智能商务酒店。红珊瑚具有得天独厚的地理优势,酒店位于郑州火车站广场北侧,属于郑州二七塔商圈,交通便利,可极大的满足顾客的购物、交通等需求。

从主要目标客户来看,红珊瑚酒店的住宿需求主要以国内游客为主。而这些游客来自五湖四海,有着不同的偏好。为了更好地满足游客的需求,红珊瑚酒店配套有中、西餐厅、桑拿、游泳馆、KTV 房各项娱乐及会议中心等功能齐全的设施,中央空调四季如春,观光电梯赏心悦目,并提供多项商务秘书服务及订票服务,让游客安心办公、快乐出行、温馨享受。

对内外部装饰,红珊瑚酒店从高档中追求品味与特色。由于红珊瑚酒店设施功能齐全,服务质量优良,地理位置优越,使不少海外旅游团队组织者一见倾心。日、韩、新马泰、欧美国家等团队接踵而至,一些国外政要、境外客商也纷纷下榻红珊瑚酒店,使红珊瑚成为河南对外开放的重要窗口。

文化天下,创造传奇

郑州星辉文化传媒有限公司成立于 2006 年,历经 9 年的发展,已成为一家集电影、微电影、电视剧、广告片、形象宣传片、专题纪录片、汇报招商片等制作、电视栏目运营等为一体的大型影视传媒企业。

星辉文化传媒公司拒绝平庸,视创新为企业的生命,秉承"创意引领潮流,创新占领市场"的宗旨,通过准确的市场判断、出色的创新能力,站在营销的高度,以小投入大产出为特征的新模式,准确把握时代脉搏,努力为客户提供有效的解决方案,从而帮助客户突破发展瓶颈,提升品牌形象,促进企业发展。

区别于其他同类型的公司,星辉文化传媒公司通过诊断,确定客户应该做什么,而不是仅仅给客户提供一份模板清单由其选择具体的项目。这得益于公司拥有的高级专家顾问团、专业的影视剧制作团队以及专业的品牌营销、文案策划、影视广告团队,而且与国内外一线导演、摄影、美术指导、后期制作公司等保持着长期的战略合作关系。凭借强大的专业团队和资源整合能力,星辉文化传媒公司具备较强的市场认知能力,能够洞悉瞬息万变的市场及消费者的需求,在此基础之上,为不同客户提供定制化、高效的服务。

公司自成立至今,以精湛的艺术水平和敏锐的时尚触觉打造着星辉文化传媒这块品牌,以"客户的满意"为经营理念,立足中原,业务覆盖范围辐射至京、沪、广等一线城市。日月更替,时光荏苒,在中原经济区发展的大环境下,星辉影视将会搭乘中原崛起的列车,吸纳中外艺术的营养,传承文化精华。

校园里的女梳公司

近年来,我国大众创业发展很快,大学生、留学归国人员和返乡农民工等正成为大众创业的主要群体。在黄河科技学院的校园里,就出现了一个在校大学生创办的创业企业郑州梳女馆商贸有限公司。公司是集檀木梳的研发、包装、推广及销售于一体的专业化小木制品企业,注册了檀木梳品牌梳女馆。它的创始人是在校的大三学生刘辉。

2013年,刘辉结束了那场准备数年的艰辛考试,迈进了梦想已久的大学校园。一进入黄河科技学院,刘辉就想通过自己的双手养活自己。学习之余,积极参加各种活动,参加学生社团、创业实践,并在演讲比赛、辩论赛、营销大赛取得优异成绩,在这些活动中他开阔了自己的眼界,增长了知识,也萌发了己创业的念想。

没有资金,没有项目,如何创业呢?"不安分"的刘辉就开始琢磨着各种赚钱的方法,他摆过地摊,卖过盆栽,也当过校园代理。一次偶然的机会,刘辉接触到了檀木梳这个产品。檀木梳可以提神醒脑,宁神定气,檀木富含天然油脂,有滋养头发的作用。于是,放假回家就想给母亲带把檀木梳,但是市场上真正的檀木梳的价格很高,而且还没有一个大众化的品牌,存在一个市场空当。经过一番考虑和调查,刘辉觉得这是一个不错的机会,选择了檀木梳作为创业的起点,开创了一个檀木梳的中端品牌——梳女馆。

创业是困难的,尤其是一个还没有走出校门的学生更是难上加难。开始时只有刘辉一个人"单打独斗",从创业的想法,到市场调研,所有的一切都要自己全部拿下,后来有了合伙人陆续加入,形成了稳定的六人创业团队,有营销、物流、计算机、公共关系各专业的,每个人都能发挥自己的长处,从而使团队产生最大的力量。

有调查才有发言权,初创企业一定不能想当然。梳女馆前期开发出来的产品,都是创业团队自己认为好卖的,就委托带工厂加工,但产品到了市场,就是不接受,买者寥寥。后来,创业团队的成员几乎跑遍了郑州大大小小的檀木梳专卖店,研究了市场上各大品牌后,才推出了被市场认可的产品:爱情系列梳、亲情系列梳、友情系列梳。

作为一个在校大学生的创业团队，前期资金比较短缺，产品生产以代工的形式进行，团队对工厂的用料和做工进行严格标准的监督，产品经过公司的重重检查和筛选，才能进入消费者手中。

公司的销售采用线上和线下两种模式，线上通过淘宝、微信、官方微博等销售产品。线下，目前主要攻占的是郑州各大高校的市场，在郑州地区的各个高校内及校外精品店都有合作销售，梳女馆已经进驻高校周边的14家精品店，在很多高校也发展了校园代理，梳女馆的经营已步入正轨。

2016年，刘辉即将毕业，"梳女馆"将摆脱单一的产品品类，开发更多的周边产品，让更多的人知道"梳女馆"，让创业之路走得更远。

小小布袋开创大天地

郑州织耕堂商贸有限公司创建于2008年，是专注于布艺包装定制与开发、融美学与文学为一体的布艺包装公司，拥有产品设计中心、创意中心、生产运营中心、销售中心以及物流中心五大核心部门。

公司的一位创始人曾在日本留学，深受日本茶道文化的熏陶，认识到茶道文化的重要性，于是联合另外两位创始人开创了"织耕堂"这一品牌，着重于禅茶布艺的包装。起初，公司的主打产品主要有茶席、茶垫、茶袋、心经袋、佛珠袋、禅包、一壶四杯袋，以及维摩演教图、听琴图等赋予了浓郁佛教文化气息的空间布艺。直到现在，公司仍然保留着这些体现企业文化特色产品，并占据着一定的市场地位。

为了不断提高设计水平，使产品更具有时尚气息，适应现代社会潮流的发展，公司聘请了数名优秀青年设计师，为产品设计注入新鲜血液和有生力量。为保证独特的产品品质，公司开发了优质布类供应商及产品加工商，全心全意为每一位客户提供时尚优质的产品。

随着企业的发展壮大，公司意识到布艺包装的范围不能仅仅局限于禅茶艺包装，需要更时尚的元素来填充，才能适应现代大众的审美眼光。而且，布艺包装本身就是环保的，是现代社会所提倡、所需要的。于是，在发展禅茶艺包装的基础上，开发了帆布袋、环保袋、杂粮袋，甚至是居家日常所需的玄关、窗帘、围裙等。公司的合作对象由禅宗少林音乐大典、普净寺发展到三全、思念、建业、三色鸽等企业，从禅茶艺包装的局限中走出来，开发了大量实用、环保、时尚的新产品，如三全粽子袋、iPad袋、雨伞袋、地毯袋等。

在产品设上，始终从市场的角度和客户的需求出发，秉承"品质优先、成本优先"的经营宗旨，本着"用专业的精神为客户提供有效设计"的理念，为展现更完美的产品细节，一个小小的内袋，一颗小小的扣子，甚至是袋子上一个小小的商标，或者是袋子上一个小小的花纹，设计师都会精心研究。从设计、出版到印刷、加工各环节，都由设计师全程关注、跟单，以为了更好地为顾客呈现优质产品，获得顾客最大程度的满意。

织耕堂的发展是一个从小到大，从封闭到开放的过程。在此过程中，努力向外拓展，拥有了更多、更大的展示空间和平台,使更多的人知道织耕堂,了解织耕堂并,逐渐走向织耕堂。在不断的交流中,合作对象也在逐渐的发生转变,从宗教类企业发展到房地产行业以及餐饮业,产品也变得越来越实用,越来越贴近现实生活。2016 年 1 月,织耕堂为美食圈 2016 城市首秀"盛宴"特别定制的美食圈专版餐垫受到了很多在场企业的欢迎。

实实在在服务,追求十全十美的品质

驻马店超世达石业有限公司的前身是始建于 1994 年的金桥天然石材厂,1999 年,超世达石业有限公司正式成立。超世达是一家集生产加工、销售、安装、清洁与养护为一体的大型石材企业,是豫南地区规模最大、实力最强、品种最全的石材企业和欧式装饰构件基地。公司拥有先进的生产加工技术和设备,施工力量雄厚,建立了完善的设计、施工、储运、安装和售后服务体系,能为客户提供石材养护、翻新、修整、增光、着色等一条龙服务,公司严格产品质量和服务质量管理,以优质服务赢得客户,曾多次参加省内外重大工程的石材供应和装饰施工。

在企业经营中,超世达以石会友,坚持"石石在在"的原则、"石全石美"的品质、"石心石意"的服务理念,从市场需求出发,不断推出全新、优质、美观的产品,与客户真诚合作,全心全意地满足客户的要求。公司拥有技术过硬的生产和施工队伍、经验丰富和理念先进的技术人员,建立了科学的自检质量保障体系,形成了明显的竞争优势。经过多年的市场考验和磨炼,超世达石材已经从一个默默无闻的小公司,变得更加沉稳、高端、时尚,确立了自己的市场地位,成为石材界的一支中坚力量。

为了塑造和维护良好的企业形象,超世达不断加强服务管理,完善服务体系,以优质、高效的服务赢得客户的支持。对于公司接手的工程,及时派项目经理和设计人员到现场,全面了解客户的实际情况,科学设计施工方案。在施工中,狠抓质量管理,以严格的要求保证施工质量,并做好售后服务工作。对超世达供应的石材或施工完成的工程,严格按照售后服务程序全力做好服务工作,定期走访客户,做好石材的维修、保洁、养护,以良好的售后服务赢得客户。对铺设的石材,不论是否通过甲方的验收,在铺设中如发现有不符合国家标准的产品,保证及时调换。对公司完成的工程,如果质量出现问题,保证在接到客户通知 3 日内(指距离较远)派遣有关售后服务人员赶到现场解决问题;壹年内出现质量问题,负责免费保修;3 年内出现质量问题,负责维修;公司完成的工程将提供终身保洁、养护服务。

老贵:用心酿造良心酒

贵州茅台镇是个传奇酒都,是我国大曲酱香型酒的鼻祖,其酿酒历史可上溯至 2 000

年前的汉武帝时期,期间酿酒业从未间断,成为茅台镇的特色。至今,茅台镇产出了众多名酒,其中以茅台、习酒最为著名。大贵酒业也是茅台镇按照传统茅台工艺制造的酿酒企业,位于茅台镇酱香型白酒 7.5 平方千米核心产区,和茅台酒同根同源,有着不可复制的自然环境优势。

贵州省老贵酒业成立于 1999 年,并在 2008 年改制后成为独立法人实体企业。继承先祖王丙乾之衣钵,到 2009 年对生产系统进行改造后,形成年产能力 1 500 吨,库存基酒 5 000 多吨的企业。老贵酒业以弘扬传统工艺为己任,誓做传统工艺的捍卫者和守护者。公司坚持传统生产工艺,从原料的选配、酿造、储藏、勾调均严格遵守酱香工艺。公司的生产技术总工程师是茅台酒厂和茅台异地实验培养出来的集酿造和勾调技术于一身的品酒大师,是茅台酒厂一股勾调大师李兴发的嫡传弟子,为产品稳定的品质提供了可靠的技术保证。

自 2008 年至今,老贵酒业已经通过了质量、环保、视频安全管理体系等认证。公司严格工艺流程与产品品质管理,生产的产品酱香突出,酒体醇厚,优雅细腻,回味悠长,空杯留香,赢得了广大消费者的厚爱。以产品特色为基础,老贵酒业已经发展成为一家专业白酒生产、包装经营、销售一体化的酒业公司,是怀仁市规模工业企业。

随着企业的快速发展,老贵酒业适应消费需求先后推出了"老贵酒系列""亮魂酒""同门酱香酒""一冠粮心酒"等系列品牌产品,其中,"一冠粮心"成为贵州省著名商标。老贵酒业依靠地理区位优势,强化产品品质与管理,产品已经行销全国各地。随着酱香型白酒的快速发展,老贵酒业必将抓住历史机遇,成就企业梦想,未来发展潜力巨大。

精耕于区域的金润共晶润滑油销售商

润滑油行业是中国的国家支柱产业,与国家宏观经济形势及汽车、机械等行业的发展息息相关,是工业快速增长的"催化剂"。到 2015 年,我国已经成为世界第二大润滑油消费国,年需求量达到 760 万吨,也是全球少数保持持续增长的国家之一。

润滑油工业技术密集、生产复杂、销售环节多,涉及原油的品种、质量、生产工艺、添加剂的数量及品种、油品的配方等多个方面。金润共晶润滑油是加拿大的企业在上海合资生产的产品,在中国已经有十几年的运作经验,拥有内燃机润滑油、工业齿轮油、液压油、润滑脂、防冻液、金属加工液等数百种产品。金润共晶润滑油不仅仅将成熟的配方搬到中国,而且还根据中国客户的需求进行了产品改良,使之更能符合中国市场的需求。

河南驰跃润滑油销售有限公司是金润共晶润滑油的华北地区唯一授权销售商,公司位于九州之中的中华腹地郑州,交通便利,物流四通八达,具有明显的区位优势。驰跃引入了金润共晶的各类润滑油产品,用自己的网络辐射能力,迅速打开了市场。依靠良好的信誉和优质服务,驰跃赢得了客户的信赖和支持,收获了良好的效果。

随着我国汽车保有量的迅猛增加,润滑油市场竞争也日益激烈,在中国较为活跃的高端国际品牌如壳牌、美孚、嘉实多,和国内知名品牌如长城、统一、昆仑等都在加大市场推广力度,金润共晶的市场份额面临着不小的压力。作为华北区域的销售商河南驰跃来说,未来将会面临更多的市场挑战。这就要求河南驰跃适应市场需求,进行市场创新,不断拓展发展空间。

携手河南移动电视频道,共创户外移动电视未来

传统的室内固定放置的电视屏幕的优势地位正日渐受到互联网的冲击,其开机率已大不如前,移动的屏幕如手机、平板等成了标准的替代品。而在移动公共领域,如公交或地铁上,河南移动电视频道有着较好的收视优势。

河南电视移动频道是经国家广播电视总局于2006年批准成立的新媒体,隶属于河南广电局,利用各类移动媒体屏幕为载体,通过中原福塔向全省发射媒体信号,覆盖全省各主要公共场所,是唯一在河南省范围内开展移动媒体业务的传媒机构。该频道节目及广告的代理制作合作方是河南萃鼎文化传媒公司。

萃鼎文化成立于2015年12月,是一家专业性的传媒公司,主营代理、创意、策划、设计、制作、发布各类户内外广告,服务品牌战略管理、承接企业公关活动等。萃鼎文化与河南移动电视频道的合作采用买断方式经营节目及广告。其中,买断公交频道3~5年,覆盖郑州3 600辆公交车,一年的费用800万元;买断地铁频道5年,计划投放3 600个屏幕,一年的费用为1 700万元。

公交和地铁是有活力的年轻人最主要的市内出行方式,装载于交通工具之上的移动电视视频就成为不可或缺的路途消遣品。移动频道的节目设置为年轻人所喜闻乐见,如《游历中原》《美食帮》《精选音乐榜》《影视在线》《购物街》《整点生活播报》《新鲜事》等,均为年轻人喜闻乐见,具有较好的收视效果。据相关调查评价,郑州公交频道价值预估在3 650万元以上,移动电视地铁频道价值预估在6 650万元以上,具有非常高的投入回报率。

河南萃鼎文化有限公司作为刚起步的传媒企业,会持续活跃在都市年轻人的生活中。随着城市公共交通系统的不断发展,其未来的成长空间十分广阔。

传承茶文化,品牌播茶香

郑州一点红商贸有限公司主要从事茶叶的加工与销售。公司在郑州设立贸易公司,主要负责全国范围内的茶叶销售及运输,在福建设有茶庄,负责茶叶的生产与加工。自2000年成立以来,公司本着以质量求生存,以诚信求发展,互惠互利的经营理念,加强品牌建设,注重诚信经营和优质服务,建立了雄厚的客户资源,茶产品远销国内外市场,在北京、上海、郑州、石家庄、长春、兰州、广州、库尔勒等城市有着不小的销售量。

公司在福建的茶业农庄集生态基地建设、科研、生产、加工销售于一体,以百年传统制茶工艺和现代化科技相结合,进行茶叶的生产加工。公司在提高管理水平和产品质量方面投入了大量的精力,在海拔680米的白云山间,建立了1 000多亩的标准化生态小叶种茶园基地,盖起了1 600平方米的现代化茶叶生产、加工车间。

一点红商贸高度重视品牌建设。公司把发展目标定位为品牌化、国际化、生活化;对农庄进行了升级,改造为一点红商贸旗下的农博茶业有限公司,成立了茶品研究所、准化实验室,开展茶品的品质跟踪和新产品的开发研究,全力提升公司的品牌形象。提升,加强产品开发,经过不断的试验,研发生产出了"博兴"品牌的三大系列精品礼茶:武夷岩茶系列、铁观音系列、金骏眉系列,一经推出就深受消费者欢迎。2012年,公司获得中国驰名商标"坦洋工夫"的特许生产,为"博兴"品牌拓展红茶市场注入新的价值,成为"博兴"品牌的第四个系列茶品。

公司在"博兴"品牌建设的同时,加大了品牌的延伸力度,从茶品,扩展到了茶食、茶具的规模化配套生产。公司开发的茶食高定位、高标准,以独特的风味和别具一格的产品理念赢得市场的青睐。

公司与科技院校密切合作,引进了先进茶叶加工工艺和技术,创新和改进茶品自动化生产流水线设备,通过了国家食品安全市场准入(QS)认证以及农业部良好农业规范(GAP)认证,建立起了一整套公司产品质量可追溯体系,确保了茶产品的安全可靠,为"博兴"品牌好口碑树立了坚实的基础。

在未来的发展中,郑州一点红商贸有限公司将会一如既往,深入挖掘中国茶业文化底蕴,打造"博兴,天下共兴"的企业精神,把博兴品牌发扬光大,让中国茶文化隽永流长,让茶香四方远播。

"豆状元":零添加,开创中国豆腐品牌新纪元

河南天然豆腐豆状元食品有限公司是"天然豆腐"的开创者,是集产、学、研于一体的专业品牌运营公司。自2010年成立以来,经过不懈努力,联合众多各方科研力量于2015年8月还原了新密打虎亭壁画中所描述的1 800多年前"汉代豆腐"制作工艺。豆状元天然豆腐以"让孩子和家庭远离添加剂的危害,让更多的人吃到零添加的天然豆腐"为宗旨,建立了世界先进的天然豆腐产品生产线。

豆状元的前身是郑州新农源绿色食品有限公司,其生产的新农村产品在加工制造后直接销往餐厅、批发市场,盈利微薄。所以,尽管新农村产品给消费者提供了最大的食品安全保障,但由于豆制品行业进入障碍较低,市场趋于成熟,产品需求增长缓慢等因素,公司又没有自己的品牌,使得公司优质产品不能得到优质优价,只能采取降价策略攻取市场,经营状况一直不理想。在此背景下,新农源意识到,企业如果没有定位,没有品牌概念,将会一直处于无序竞争的恶性循环中。于是,在2015年还原了"汉代豆腐"制作工艺后,成立了专门的品牌运营公司:河南天然豆腐豆状元食品有限公司。

食品行业中天然的定义是,用只减不加的方法生产,秉天道而行,尊法则而为。大自然的创造之物是为天然。豆状元天然豆腐原料全部使用深层优质地下矿物质水和精选优质非转基因大豆,在传统老浆点制的基础上,运用独创的现代恒温维生素发酵点制技术,使整个生产过程不添加任何添加剂。与普通豆腐相比,豆状元天然豆腐含有更多对人体有益的微生物,以及更容易被人体吸收的营养成分,最大限度地保留了豆的香味和营养,更加迎合了人们对健康的需求。

豆状元天然豆腐通过广告、公关、提升营销层次等方式,对豆状元品牌进行价值推广和精心运营,不仅塑造了消费者心中第一豆腐品牌,同时也获得了品牌带来的价值回报。豆状元天然豆腐品牌是豆制品行业品牌转型升级的标志,对于推进豆制品品牌建设,推动豆制品行业新型工业化,具有积极意义。

豆状元品牌直接与消费者对接,努力打造豆腐行业的第一安全品牌。豆状元天然豆腐已成为郑州 200 多所幼儿园的共同选择,并与河南宇通集团、富士康集团、巴奴火锅、阿五美食、绝味鸭脖等多家知名品牌企业合作营运。

豆状元坚持只做良心豆腐,专做零添加的健康豆腐,成为河南省豆制品协会会长单位,先后获得了全国豆制品行业质量安全示范单位、郑州市级企业技术中心、2015 中原农产品十大安全品牌、郑州市农业产业化经营重点龙头企业、河南省科技型中小企业、河南餐饮首批放心食材供应商、2016 年 3 · 15 消费者满意品牌等殊荣。

叶氏家族的一道祖传秘制私房菜

邓城叶氏猪蹄,传承 200 余年,是河南邓城叶氏家族的一道祖传秘制私房菜。1997 年 6 月,原国务院总理朱镕基来周口视察工作,邓城叶氏猪蹄作为本地特产,特意宴请朱镕基品尝。朱镕基品尝后对其赞不绝口,给予很高评价,认为其肉香味美,确实名不虚传。

说起邓城叶氏猪蹄,还得从三国时期的魏国大将军邓艾说起。据说,三国时期的魏国大将军邓艾爱吃猪蹄儿,在邓城屯田期间,每有闲暇,便令手下烧制猪蹄下酒。他们烧制的猪蹄以肥而不腻、香脆爽口而闻名,后流传于民间。至清朝中期,叶氏叶和最擅长卤制猪蹄,逐步形成一套卤制秘方,但他遵守"技术保密"这一商业准则,传男不传女,而叶和妻下无子女。当时,诚实精明能干的叶脑在叶和在店里经常帮助老人家烧制猪蹄,深得老先生信任,便收他为亲传弟子,把猪蹄卤制秘方传授给他。叶脑是一位革新家,他利用当地原料富足和天然优质的沙颍水,调整了传统秘方,在邓城创办了叶氏酱卤坊,叶氏猪蹄从此名声大噪。

邓城叶氏猪蹄的制作经过长期的探索,已经形成自己独特的一套工艺。历经历史沧桑,世代承袭祖辈优良传统的叶氏传人,凭借灵巧的手艺、独特的配方以及每道工序的一丝不苟,使这一历史名肴发展成为独树一帜的中华名吃,在色、香、味、形、养等诸多方面日臻完美,盛名天下。再加上猪蹄本身含有丰富的胶原蛋白和多种微量元素,经常食用,可促进皮肤细胞吸收和贮存水分,防止皮肤干燥起皱,使皮肤靓显娇嫩细腻,所以邓城叶氏猪蹄有"小熊掌"之美誉。

随着邓城猪蹄知名度的日益提高,该镇的猪蹄加工还落户到郑州、西安、南京、许昌、新乡等全国各地,小小猪蹄为一方经济的发展做出了贡献。谈到未来的发展,邓城叶氏猪蹄负责人叶振华说,邓城叶氏猪蹄经过200余年的发展,再加上近些年来不断地完善创新,已经在市场上有了相当高的知名度,为了让更多的人吃到正宗的邓城叶氏猪蹄,他们现在正积极地申请"中华老字号",以期形成自己的品牌,让邓城叶氏猪蹄走出河南,走向世界。

线上线下结合的休闲食品市场推广创新

"互联网+"的热潮,消费习惯的变化,对传统休闲食品行业产生了较大的冲击。对此,各厂商使出浑身解数,运用各种市场推广手段,力争从空中到面进行立体拦截,吸引消费者眼球,以提升消费者品牌忠诚度,拉动终端销售。这又进一步加剧了行业的竞争。

天津顶园食品有限公司郑州分公司(即康师傅糕饼)隶属于康师傅(控股)顶新国际集团,主营产品为妙芙蛋糕、3+2夹心饼干、蛋酥卷等休闲食品,目前在糕饼行业为第二大品牌。近年来,受市场环境和竞争态势的影响,市场地位受到前所未有的威胁。作为市场的领导者,如何在传统的推广策略和方式上实现突破?郑州分公司市场部的营销人员进行了积极探索。

一是注重各品牌主题诉求+通路的落地。传统的通路人力推广方式效果欠佳,因此,郑分公司强调,产品及品牌的推广需要有吸引消费者的主题。以3+2夹心饼干高校开学季推广为例,推广目的是提升品牌知名度及喜好度,确定的推广主题为:"夹心时刻,来一块3+2""风和日丽,出去嗨还是宿舍宅?"在线上推出H5游戏,同时进行微信传播:TA将含3+2的出游的有趣照片,回传微信后台即有机会获美味大礼。线下20点校园超市落地推广:与顶津合作推出活力包(3+2饼干+冰红茶,内附活力卡告知活动),同时进行展架、讯息告知等。这样,通过线上品牌主题诉求,线下校园通路落地的方式,真正从推广主题、诉求和消费者接触方式等方面进行整合传播,达到了阶段性推广的目的。

二是开展异业合作。传统通路在萎缩,而京东、淘宝等新电商通路的崛起为休闲食品带来新的增长点,异业合作的必要性凸显。康师傅糕饼在河南市场精准地找到了与自身产品及品牌相同的TA进行合作。如针对妙芙蛋糕的女性白领消费群,选择高档写字楼、婚纱摄影、高档花店等进行异业合作,同时,通过设计的一些环节与TA进行互动,现场进行品牌布建,收到了非同凡响的效果。

休闲食品行业的市场推广一直走在前沿,但近年来消费者接受新事物的意识不断增强,所以,适时改变和创新市场推广方式,有助于引导和培养消费者新的消费习惯,继而产生对自身的品牌的忠诚度。作为食品行业的领导者,康师傅糕饼的推广创新,值得行业内其他厂商借鉴和思考。

6

服 务 创 新

知识经济时代的一个重要特征就是服务业的迅猛发展,消费模式发生了巨变,体验经济和创意经济的地位陡然上升,服务业在世界经济中的地位越来越重要。全球产业结构正在从工业型经济向服务型经济转变,服务业增加值占 GDP 的比重不断上升,服务经济的典型特征尽显。正因如此,作为推动服务经济的强大工具,服务创新受到越来越多的关注。

服务创新是指企业为了提高服务质量和创造新的市场价值,对服务系统进行的有目的、有组织的变革的动态过程。长期以来,很多企业主要采取价格竞争策略来应对同质化的市场,而不是依靠提升服务质量实现差异化竞争,这对于企业的发展极为不利。如果不改变传统的竞争策略,不仅会影响企业自身的市场竞争力,还会影响到我国产业体系的转型升级,甚至会阻碍经济社会的可持续发展。尽管我国很多企业加大了服务创新的力度,不断提高服务质量,也取得了较好的市场效果,但与发达国家相比,我国企业的服务意识、服务理念和服务水平都存在着较大差距。进行服务创新,可以推动企业提高服务质量,降低经营成本,提高响应能力,塑造良好的企业形象,加快市场开拓的步伐。

积极推进服务创新的企业为我们提供了成功的经验和思路。一是必须树立与时代发展相适应的新的服务理念,以理念为先导,推动企业的服务创新活动。二是要密切关注市场的发展变化,坚持以客户为中心,以客户需求为导向,以企业内部资源为基础,在服务创新理念的引领下拓展和延伸企业的价值链。三是要创新企业服务模式,构建面向市场、快速响应的服务体系,增强企业核心竞争能力,打造具有独特竞争优势的服务模式。四是加强企业的服务文化建设,把服务文化贯穿于企业服务的全过程。没有良好服务文化的底蕴,服务创新就会缺乏根基,就难以形成独有的服务模式。通过服务文化的贯彻与宣传,鼓励和支持员工树立优质服务与创新服务的精神,同时,还需要不断加强对员工的服务知识、技能的培训和教育,提高员工的职业素养和服务水平。

邂逅当下，赢得未来

邂逅时光咖啡馆创立于 2013 年，位于新郑龙湖高校园区郑州升达经贸管理学院院内，是一所高校内的咖啡馆，营业面积 400 多平方米。主营业务包括咖啡等各类饮品、甜点等。咖啡馆的创办人袁宁是郑州升达经贸管理学院第一届毕业生，曾担任升达华中校友会会长、升达全国校友会会长。

作为一个在高校内部的咖啡馆，邂逅时光的营业面积无疑是超大的，郑州升达经贸管理学院在校生只有两万余人，相匹配的校园咖啡馆面积应该以不超过 100 平方米为宜。否则，客流与坪效都很难实现，相应的投资回报也很难实现。邂逅时光充分开发和利用高校的各种优势资源，克服种种困难，不断创新经营方式，业务状况得以稳步上升。

一、围绕大学生的消费特点开展经营活动

针对自身的经营环境，结合大学生的消费特点和消费习惯，邂逅时光以良好的产品品质、独特的服务，吸引着大学生的眼光。

以产品品质为依托，赢得良好的口碑。虽然邂逅时光是一家高校咖啡馆，但在经营中十分注重产品质量管理，产品的品质可以赶超很多社会咖啡馆。很多原料从全球连锁的麦德龙超市购进，原材料质量的安全、稳定及可追溯性，帮助咖啡馆保证了产品品质；咖啡豆则由国内一线咖啡豆生产商提供，优于很多咖啡小馆。产品品质的有效保障，会使当期学生毕业后在与社会咖啡馆的对比中，体会到敢于和任何咖啡馆媲美产品物美价廉的邂逅时光咖啡。同时，新员工入职培训及日常学习培训不断，从业者的加工、服务等技能得到很好的保证。

以咖啡馆为依托，延伸服务内容。咖啡馆的创办人袁宁深知，高校咖啡馆不同于社会咖啡馆，应该具有更多的外延性、增值性服务。结合高校的特点，咖啡馆不定期为学生举办各类讲座，利用个人资源邀请各行业专家举办沙龙、论坛等，与学生们进行良好、充分的交流，如邀请资深咖啡人士举办咖啡知识及品鉴的常识讲座，邀请优秀毕业生进行大学学习方法及在校生努力方向的交流，邀请优秀创业者分享创业的经验和体会，激发在校大学生的创业激情，邀请心理专家进行大学生心理辅导及大学时光如何度过的交流等。通过学生喜闻乐见的形式，咖啡馆为客户及潜在客户提供了更多的增值服务。

在节假日举办各种活动，活跃大学生的业余文化生活。如举办大学生们喜欢的圣诞节 Party、跨年小型音乐会等活动，用活动来增加客户黏性，增加咖啡馆的美誉度。

二、着眼未来，创新经营方式

正常的经营活动很难使一个 400 多平方米的高校咖啡馆达到营收平衡，实现盈利。自创立以来，邂逅时光虽然并未实现盈利，但经营情况稳步上升，这种局面的出现，并非赢在产品，更多的是得益于经营思路的创新。

为在校大学生提供兼职的机会。邂逅时光咖啡馆提供了十几个勤工俭学的兼职机

会,除了店长及咖啡师是专职员工,其余服务人员皆为在校生兼职,效仿国外对留学生实行的打工机制,兼职学生须提供课程表,利用课余时间安排工作时长,原则上每人每周工作时间不超过 20 小时,每天平均工作时间不超过 3 小时。学生可以在课余时间兼职打工,既不会影响到学习,也不会影响到必需的休息。对于兼职学生只要培训到位,统筹安排,就可以让学生们自我管理和实践能力都得到了提高。而且,对家庭经济条件稍差的学生优先录用,让在校生通过自己的实践获取一定经济报酬,减轻家庭经济负担。每学期学生的时薪都有近 20% 的增加,保障了学生兼职的持续性,减轻了培训强度,保证了服务质量,服务时间最长的学生兼职超过四个学期,而学生兼职的制度也扩大了咖啡馆在学生群体中的知名度。

充分挖掘高校、大学生、咖啡馆交集的特点,创新服务方式。邂逅时光咖啡馆创办人充分袤宁利用自身的各种优势,如毕业学长、校友身份、多年的社会关系等,结合社会需求、企业需求,为在校生联系、提供很多实习及就业岗位。通过在日常经营中与学生形成良好互动,增加了咖啡馆的美誉度,扩大了吸引力。

实行差异化的定价策略。在邂逅时光,每杯咖啡的定价有三个不同层次,即社会人士、学生及 VIP 会员价,用社会通用价格服务于来自校外人士及毕业生,这部分客人大概占到咖啡馆客人的 10%,但是能提供大约 30% 的毛利,而这部分客人的需求是未来的一个经营方向;学生价格是普通价格,低于市场价格但属于比较居中的经营价格,客人来源占到 50% 以上,这部分客人保证了咖啡馆的主流消费群体的平均消费,略低于正常的经营利润;VIP 会员享受非常优惠的产品价格,目的是吸引长期消费者的加入,保障了咖啡馆拥有长期、稳定的客源。

进行数据的积累和挖掘,建立大数据库,服务于未来业务的发展。利用参加活动签到制度和会员招募机制等形式,咖啡馆收集了部分消费者的信息,并不断收集各种在校生信息,期望利用这些数据进行深入挖掘和分析,以了解和掌握不同年级学生的不同需求,为未来能为在校生提供更为精准的服务积累经营数据。同时,主动与人才服务企业进行对接,为企业推荐、提供优秀毕业生,帮助学生实习就业,这也可以成为未来利润的增长点。

经营思路的发散,带来了利润来源的不断扩大。在校生数量是固定的,且消费能力是有限的,但毕业生的总体数量每年递增。邂逅时光咖啡馆创办人的经营目标是服务广大在校生,并保持良好的沟通渠道,形成独特的品牌形象,以期在这些学生毕业后,可以通过电子商务的形式为他们提供产品,如案头咖啡、加班咖啡、休闲咖啡等,以此形成一条利润的来源渠道。

科技企业共赢平台——海昌企业孵化器有限公司

海昌企业孵化器有限公司作为一家科技服务企业,坚持"聚一流资源,连万家企业,促科技发展"的理念,通过为资源各方搭建平台,实现资源对接,认真把平台做实,把产业园、孵化器、创业园、企业、政府、社会机构等不同的平台串接起来,让各种社会资源更好地发挥价值,实现合作共赢。

在多年服务企业的实践中,公司看到在企业服务的不少环节缺乏有机衔接,对政府的优惠政策、扶持措施企业不了解,或者不知道如何申报;产业园与孵化器的服务缺失;企业发展面临很多问题,自身缺乏解决能力等。

为解决科技企业的这些问题,公司发挥自身熟悉各环节运作要求的优势,围绕产业园、孵化器建设,做好服务工作。一是搭建服务平台,实现资源对接;二是与产业园、孵化器合作,提供系列服务,对入园企业进行帮扶,提升园区的品牌;三是对国家、省市的政策、项目进行宣传、推广;四是开展科技成果推广等。

公司还与各地的创业园、孵化器等合作,为园区培养各类人才,对其入园企业开展10次左右的相关方面的培训、辅导,与园区利益共享。

公司对服务企业实行会员制,开展收费服务。会员合同5年,这期间公司将对会员企业根据项目进行5年的系统规划,也可以根据企业需求与平台资源对接,如进行各种项目申报、升级、解决资金需求等,扶持会员企业健康成长。

在公司经营方面,实行合伙人制,以吸引更多的社会资源。合伙人熟悉当地的企业与各种资源,容易进行对接,能较好地提高公司的运营效率和服务质量,降低运用成本。与合伙人建立良好的利益共享机制,以实现业务的快速拓展。

公司未来希望从服务的企业中选择100家左右,进行资本运作,与资本市场进行对接。这样的商业模式设计,将对公司提出什么样的新要求呢?

从本开始,用心护航

郑州伯利恒幼儿园源自美国。美国伯利恒国际幼儿教育机构创建于1956年,坐落在洛杉矶,在美国、中国的大陆和台湾地区开办了自己的幼儿学校。伯利恒不仅了解西方先进的教育模式,而且对中西方文化的融合有更丰富的经验,创办人米兰花园长有40多年的幼儿教育经验。经过多年努力,伯利恒国际幼儿学校得到世界教育机构的认可。伯利恒国际学校是NBI在中国签约的第一所学校,意味着伯利恒的学生将和所有美国毕业学生一样,在NBI下属的所有学校,享受同等入学的标准。这让伯利恒的学生可以更充分享受来自美国的优势教育资源,为中国孩子走向世界拓宽了道路。

儿童快乐成长,需要两个条件,一是良好的环境,二是良好的师资。伯利恒幼儿园一直关注幼儿的心灵成长,注重为幼儿创造丰富多元的教育环境。伯利恒幼儿园秉承先进的教育理念和文化积淀,借助学术引进,相信孩子,赏识孩子,为孩子的终身学习奠定了良好的基础。

一、关注心灵成长,创造丰富多元的教育环境

在整体教学设计上,伯利恒关注儿童心灵成长,创造了丰富多元的教学环境,培养学习兴趣,引导孩子学会生存,学会学习,学会交往,学会做人。在教学方式上,注重情景教

学,用精心设计的、丰富的教学环境影响和改变孩子的观念和行为。

伯利恒幼儿园设置了七大主题教室,分别是神秘森林(探索感观教学),海洋世界(研究感观教学),空中遨游(创造感观教学),小小世界(国际感观教学),奥林匹克(团结协作教学),科学探讨(操作教学),奥福音乐训练(感官教学)。每个情境教室的布置都别具一格,情趣盎然,能充分激发孩子的好奇心和学习兴趣,从不同的角度培养孩子的思维能力、交际能力、认知能力等。

伯利恒国际幼儿学校实行全球同步课程模式,确保每个孩子都体验到美国幼儿学校的生活。专业幼儿外籍教师全天候陪同,通过教具的操作,实现感官训练、建构数字概念等。另外,强调从小培养幼儿自律、自立、自主的素质,为幼儿步入更高阶段学习打下良好的基础。

二、特色课程,开启智慧之旅

为了开展综合的素质教育,促进儿童全面成长,伯利恒幼儿园建立了八个不同的特色课程教室。

(1)图书时光。在经典的儿童文学作品熏陶中,不仅让幼儿获得美的享受,而且让幼儿自然地学习语言,大大地提升孩子的阅读能力,培养孩子的静态运动和专注力,让幼儿受益终生。

(2)美劳教室。幼儿绘画是幼儿内心世界的一种表达,是孩子的想象力及创造性最大限度地得到发挥,培养幼儿色彩的认知和美的欣赏。

(3)计算机教室。作为21世界的通行证,计算机的重要性毋庸置疑。把计算机引进幼儿园,让幼儿从小接触现代科技,探索未知世界,意义深远。

(4)陶艺制作。幼儿在陶艺活动中通过用手对泥作搓、捏、拉、团等动作,锻炼手部触觉的敏感性,刺激手部细小肌肉群的发育,提高孩子手脑的协调发展。

(5)多媒体国际同步教学。中美同步开放教学,培养孩子的国际观念,开阔视野。

(6)科学实验教室。根据年龄层,分别给予孩子不同的科学实验,培养孩子探索的能力,提高孩子的逻辑思维能力。

(7)音乐舞蹈。通过韵律,提升孩子音乐的感知,培养孩子的节奏感。舞蹈通过对孩子身体的训练,培养孩子与众不同的气质与文化修养。

(8)游戏教室 & 免税商店。游戏教室有色彩丰富的海洋球池,有形状各异的软积木,还有可以令孩子躺下来用小脚在墙上尽情挥洒的木板画。让孩子多一分选择,多一种快乐。免税商店里琳琅满目的商品都是免费的,小朋友们凭伯利恒护照上的小印章,可以换取对应的礼物,让孩子学会等待,充满期待。

伯利恒的另一个特色就是外语教学。主张幼儿学英语,在6岁前大脑母语区发育完整前建立第二语言的渗透式教学,在孩子的语言爆发期给孩子提供一个语言的氛围非常重要。伯利恒的外教老师来自美国,用最纯正的美语,和孩子交谈。另外有通过口语面试的专业八级的英文助教老师,让孩子在一个英文的海洋里尽情地畅游,从孩子日常生活的语言学起,把英语当成工具,快乐生活,快乐学习。

三、科学的办学理念

伯利恒从创办以来,就一直坚持从本开始,用心护航的办学理念。本着一切为了孩子,为了孩子的一切的思想,给孩子一个快乐的幼年、和谐发展的环境及幸福的未来。在教学中,创造令孩子生活、学习轻松愉快的条件,培养幼儿完整的人格。

多方面培养孩子的能力,促进孩子的全面、健康成长。伯利恒注重12个方面的能力培养:自理能力,毅力与勇气,乐观与上进,适应与耐力,学习与交流,配合与管理,领导与沟通,创新与智慧,奉献与感激,团结与协作,交流与参与,平等与爱心。把孩子的能力培养出来了,以后的选择他可以自己决定,这样才能参与国际竞争,中国才能国际化发展。

伯利恒国际幼儿园自建校起,就注重课程的科学性、系统性,注重教师的选择、培养。外籍教师有10年以上的幼儿园教育经验,拥有教室资格证的专业助教老师、专业的幼教老师,各科老师均经过严格的岗前培训。

小班化教学。每班15人,中外小朋友混班,每班全天候配备外籍教师,创造纯正美语环境。严格遵循老师和孩子1∶5的比例,每个课程3个老师15个小朋友,让每一位小朋友都可以得到很好的照顾。

幼儿园有妇幼专业的医师,每天为孩子进行三检,每月一次的定项检查。完善的消毒和检查,没有任何安全死角、卫生死角,让孩子的童年零风险,让孩子的环境更卫生。幼儿园的膳食由专业的营养师配餐,带量食谱使每位小朋友都可以均衡地摄入营养。中西餐分离、饮用水软净化处理、麦德龙配送食材,体现出管理的科学化、家庭化、精细化。

诺依曼科技商户收款系统代理

网络的发展催生出众多开拓新领域的创业者,如何帮助商户快速打通线上线下,实现无缝对接,就是创业者的重要任务之一,互联网金融方兴未艾,发展空间巨大。有心创业的2013年毕业生余成长,也梦想踏入这个征途。

考虑到自身实力的限制,还有风险的因素,能从门槛比较低的地方找到抓手应该算是不错的初始选择。北京的一家公司北京微智全景信息技术有限公司拥有第三方支付牌照,有较为雄厚的背景实力,可以通过网络POS机武装商户,完成消费者网上网下消费支付(如微信支付、支付宝支付)等,适应了消费者的需求。诺依曼科技就选择这个项目做代理,短则可以获得第一桶金,长则可以作为北京微智全景信息技术有限公司的长久的合作伙伴,或对商户做深度价值挖掘。

全国有第三方支付牌照的公司200多家,市场竞争十分激烈。诺依曼和各大商户谈判时,往往面临众多竞争者。激烈的竞争使一些企业难以为继,其间不乏代理商倒下的消息。诺依曼科技把最初的30万元资金都集中投向餐饮、药店和KTV等客户开发上,一年多的时间就开发了100多家。另外,公司通过引入合伙人降低运营成本,使公司有了更大的回旋余地。

随着互联网金融逐渐被大众所接受,刷卡流水近期呈现快速增长态势。公司计划未来一年商户要达到1 000家,仅此就有相当的利润想象空间。

在开发店面商户的同时,诺依曼科技还可以帮助客户开发微信公众号,对缺乏维护人员的商户还可进行后期维护,公司现在此类客户有 40~50 家,也成为公司的可靠收入来源。并且,随着商户的增加,还可以对其深度挖掘,如帮客户做促销活动、与商户进行其他合作等。

HeyRunning,英语与足球相结合的特色少儿培训

2015 年毕业的创业者小张是个 90 后,名牌大学足球特长生,并经过正规的研究生教育。小张从小就接触足球,对足球有特别的兴趣,在校期间就想办一个少儿足球学校,但是有没有机会?若有机会如何办呢?

足球是个大产业,在中国有众多的球迷,但是中国足球水平在亚洲都排不上号,空投精力几十年,成绩依然裹足不前,众多球迷伤心不已。究其原因,关键在于我国缺乏系统的足球教育系统,鲜有人从小就开始足球训练,与之相配套的球场运动设施也很缺乏,即使有心也很难如愿。

2015 年初,《中国足球改革发展总体方案》通过,方案传达出振兴足球建体育强国的强烈信息。要实现中华民族的伟大复兴,必须实现体育强国梦想,这也是全国人民的期盼。

创业者小张刚一毕业,就投入创业的征程。其创业的思路是让足球和英语结合,为学龄前儿童提供全英语的足球课程,不仅让学生训练了足球,而且还学习了英语,一举两得,较好地解决了家长怕孩子耽误学业的顾虑。这种定位在郑州尚属首家。

说干就干,小张在省体育馆租了室内场地,作为全天候的训练场所;请来了在郑州执业的外籍教练,在整个足球训练过程中体现英语特色,并引入了德国青训系统的教育理念。他的理想目标是,用足球运动锻炼小学员的意志品质和竞争协作的意识,培养其勇于拼搏、不怕困难的精神;用英语口语氛围,让孩子身临其境,感受英语的魅力,提高英语综合能力,最终实现以兴趣带动学习、全面提升儿童身体素质,在快乐成长中塑造健康、坚强品质的理想。

HeyRunning 开业已经半年有余,学员反馈情况还不错。但创业者小张面临两个难题:一是教材问题,他还没有找到适合于学龄前儿童的足球理论体系及其教材;二是外教队伍的稳定问题。所聘外教大都是短期在郑的教育职业人员,流动比较快,影响教学的连贯性。

创业过程中面临各种困难很正常,期望小张能信心满满,一步步解决各种问题,到达胜利的彼岸。

澜音咨询怀揣利器闯市场

澜音咨询是 2015 年刚成立的公司,主要经营方向是教育咨询。全国性的知名教育咨询机构都如日中天,而河南本土的教育咨询机构鲜有耳闻,大概是河南人的理念、思路等与北上广落差较大所致。河南本土的澜音凭啥能耐来闯荡市场?

澜音创办人 48 岁的郑总,是河南省民办教育研究会教育培训专业委员会秘书长,曾先后供职于媒体和民办教育机构,堪称老革命。在《东方今报》《郑州晚报》期间担任教育版面主编,通过跨界、异业联盟等形式广泛合作,大幅扩张教育版面版图,业绩不俗,后来先后被河南民营教育佼佼者大山、晨钟等高薪抢走任副总经理,近年晨钟教育年收入已超亿元。积累了大量的民办教育实践与传播经验的郑总,看到了民办教育的痛点,今年果断出击,创建了由 5 人团队组成的澜音咨询。

澜音创办不久就得到了一家台资背景的幼教机构的合作合同,凭丰富的市场运作经验迅速和成熟的产品完成对接。澜音拓展市场的思路是通过上门对客户进行问诊,找到客户的问题(产品、价格、员工、教学、招生等)所在,有针对性地提出建议。大部分民办机构都没有相应的执行力量,如果需要澜音也可以介入甚至托管。

澜音为了打造核心竞争能力,把郑州爱乐钢琴教育纳入麾下,并与爱乐合作成立爱乐澜音教育机构。爱乐借教育卖钢琴,澜音靠教育塑造钢琴培训品牌形象。钢琴培训是民营教育机构里的小众市场,但随着未来求学、就业的多元化,主流培训如英语等份额不断下降,钢琴等素质教育份额不断上升。基于钢琴市场众多不同的教育方法,爱乐澜音未来会开发标准化的培训课程和体系用于品牌的加盟,通过小众精品占领口碑市场。

澜音未来还会打造民办教育机构类俱乐部品牌——校长会客厅,通过定期的交流了解市场、了解目标客户的思路与问题,从而拓展教育咨询业务。

弓已拉开,箭在弦上;静候澜音,展翅飞翔。

衡宝投资:用心构建全方位的服务体系

河南省衡宝投资控股有限责任公司成立于 2002 年,是一家以直接投资业务为主,其他衍生服务为辅的专业性股权投资机构,为客户提供企业上市辅导、IPO/新三板上市培育、企业融资、资产管理、保荐服务、投资咨询、战略策划、资产重组、并购顾问、私募融资、高科技产品推荐等服务。在企业经营中,坚持"高效、创新、感恩、厚德"的经营理念,以客户需求为导向,不断推动管理与业务创新,追求效率、效益、效能,有效整合优与化配置资源,实现资源的集约化、高效化,在投资等领域获得快速发展。

一、致力于中小企业的发展和保荐业务

河南衡宝具有长期为中小企业提供服务的经验和优势,知道他们真实的需求。河南衡宝一直致力于解决中小企业的发展问题,经过20多年与企业的深入接触和服务,深切地感觉到中小企业在发展中面临的技术、财务、产品、管理、人才、法律等各方面存在的困难、问题和风险,每一步都可能成为制约企业发展的瓶颈。于是衡量投资借助旗下的会计师事务所、律师事务所、评估事务所、工程造价事务所等专业机构,凭着多年来为企业服务积累下的专业经验、获得的信誉和企业认同感,努力打造着一个集财税管理、金融、法律、人力资源管理、技术服务、产权交易、闲置资产交易、商务服务等资源共享、信息互通的"中小企业服务平台",在此平台上为企业提供一站式、深层次、保姆式的服务。让新生企业从一开始都能按照现代企业制度的要求建规建制,健康发展;让面临发展瓶颈的企业得到专业团队的帮助,顺利解决问题;让有潜力的优质企业更快地走进资本市场,进入上市企业的快车道。

公司以促进高新技术中小企业和民营企业发展为使命,积极为所投资的企业引进战略投资者;支持中小企业完善公司治理结构,提升核心竞争力,进而实现其健康快速成长;源源不断地为主板、中小板、创业板及境外资本市场培育和输送优质上市后备资源。同时,为企业提供优质市场资源和无形资产链接。

河南衡宝投资控股公司在中原地区是比较早的股权投资机构之一,是天交所第一批保荐人机构。公司在天交所成功保荐了近20家企业(超汇食品、统一电器、钧龙养殖、湖北纽斯达食品股份等),参与投资了6家新三板挂牌和即将挂牌的企业,在中原地区有着良好的赞誉。

二、打造专业化的服务团队

围绕业务发展和市场需求,公司先后成立了河南中财德普会计师事务所、河南中财德普税务师事务所、河南中财德普资产评估师事务所、河南中财德普工程造价事务所、河南德佑房地产评估咨询公司及河南都林律师事务所等机构,能为企业提供全方位的、专业的投资服务。在长期的发展过程中,企业关注和适应社会环境的变化,密切关注客户的需求,不断学习、历练和探索,已经形成了一个集投行、审计、评估、法律等专业的职业化团队。会计师事务所、税务师事务所、评估师事务所、工程造价事务所,在河南已经深耕30多年,服务了数以万计的企业,很多上规模的大中型企业包括郑州的几家上市公司,当年的注册登记、税务整理及股份改制都是由衡宝的团队来完成,并与衡宝建立了良好的合作关系,成为衡宝业务发展的重要基础。

衡宝还注重与专业投资机构的合作,提升企业的整体实力,借力发展。已经建立了和广发证券、信达证券、日信证券、中原证券等券商及东方资产管理公司、长城资产、华融资产管理公司、立信会计师事务所、上会会计师事务所等专业金融财务机构深度合作的多年优势,加之自己的会计师事务所、税务师事务所、造价师事务所、评估师事务所、律师事务所等专业机构,具有较高水平的服务能力,能够为准上市企业量身打造专业化的上市审计、评估、税务、法律等全方位服务。

三、不断探索,形成了独特的股权投资模式

股权投资也是企业的重要投资方向。在很多人没有股权投资这一概念的时候,衡宝

的创始人就已经开始探索股权投资问题,选择具有良好发展前景的优势项目进行股权投资实践,逐步形成了衡宝股权投资的独特模式。

衡宝最有价值的股权投资项目之一是"南阳范蠡纪念馆",当地也称"府财神庙",这是一个传统文化项目。2006年6月,由河南衡宝投资董事长时振宇女士与南阳市政府合作投资1700万,历时一年多建成。该项目已经在南阳及其周边产生很大的影响,成为中原地区一个非常重要的文化交流场所。目前,从弘扬国家传统文化以及商圣范蠡的影响方面估值,该项目的无形资产价值已高达数亿元。

河南衡宝于2010年投资400万,拥有实景实业40%的股份。该农业项目位于登封市火石岭镇,拥有2000多亩的山核桃、金银花种植区、乌凤鸡养殖基地和金银花凉茶生产线。现已初具规模,评估值约1.5亿元人民币。

衡宝适应消费需求发展的趋势,投资了河南菲特时尚健身管理有限公司,进军健康产业。菲特时尚健身投资2000多万经营的菲特健身四季店项目,综合了休闲、健身、游泳、书吧、男女SPA、私人会所、茶馆、客房等功能的高端人士信息交流、资源共享平台。目前已聚集了300多名会员爱好者的加盟,会员既是消费者又是这个平台的股东。

郑州最大儿童成长中心的快乐创想

索易快乐成长中心位于郑东新区,紧邻郑州市图书馆,地理位置优越。该中心占地40亩,建筑面积达3万平方米,是包含4大功能区的一个独栋3层的独特圆形建筑,是2013年郑州市重点建设项目,按照儿童的成长规律用时2年设计建造而成。索易快乐成长中心2015年5月开业,是河南省最大、而且是国内具有高度创新的大型室内儿童娱乐综合体。

1.5亿元的投资,远远超出了一般儿童早教机构的想象!索易到底有何特色,是如何从硬件打造独特的儿童早教教育机构,从软件上成就儿童快乐成长、创想未来的教育理念呢?

一、硬件及其功能设施

索易儿童成长中心外形独特,装饰、色彩及内部设计符合儿童心理需求。独栋建筑共4层,由索易儿童游泳馆、索易儿童产品馆、索易儿童创意体验馆、索易高宽幼儿园和楼顶大型露天活动区组成。

地面一层为儿童游泳馆和儿童产品馆。游泳馆占地1 800平方米,集日常畅游及技能培训等服务为一体,为0~12岁孩子提供游泳、攀岩等运动设施。一层的外围是儿童产品馆,分割后用以招商,为儿童提供配套国内外高端配套装备和服务。现已入驻品牌20余家,包括美国美吉姆早教、韩国数学逻辑、丹麦乐高机器人、宝贝街区、彩虹熊、费雪、芭比等知名品牌。

二层为索易儿童创意体验馆。根据儿童身心发展的规律与特点,精心设置了满足儿童成长发展所需的9~11个体验区,包括美术区、陶艺区、音乐舞蹈区、喜剧区、亲子厨房、阳光花房、动漫区等,并且动态区与静态区相结合,让孩子在欣赏和体验中拓展视野,挖掘儿童兴趣及特长。

三层为索易高宽幼儿园,由楼顶的露天活动区与其他体验及运动设施相配套,室内外结合,成为孩子快乐成长的乐园。索易高宽幼儿园是美国 Highscope 总部在中国北区的唯一合作机构,用先进的理念激发孩子的探索欲望、发现孩子的兴趣所在,让孩子在活动中实现自我成长。

二、软件及其思维逻辑

索易儿童成长馆的投资额之大,在国内儿童早教机构中实属罕见,其创始人是如何思考、如何为未来打算呢?

索易儿童成长馆创始人崔广波是个 70 后,有着特有的执着与不达目的誓不罢休的精神追求,他要打造全国独一无二的大型儿童成长教育馆!

国内的早教机构大都是功利式的,孩子学到的多是一些技能,如钢琴、舞蹈、英语、数学计算之类,这些和现在的应试教育没有什么区别。但我们的教育本身就有很多问题,长期的应试教育使学生成为考试的机器,单纯地为了考试而学习、为了分数而学习,学生的想象能力、创造能力比较差,学生学业结束后难以融入社会。有的早教机构做职业体验,让孩子体验不同的职业,从中感受不同职业的不同生活方式,但是社会发展太快了,同一个职业 20 年以后可能不是这么干的,对孩子来说接受这些既定的条条框框的意义在未来就会大打折扣。

崔广波开始研究美国高宽的教育理念,即高度热情,宽泛学习。这个理念来源于 50 年前的美国,现在已经有了成熟的教育体系。早教的本质应当是给小孩可能性,而不是告诉他们可行性,只有孩子自己发现了自己的长处与兴趣所在,孩子才能真正发挥能动的创造力。这个场馆就是在这样的思想指导下,请德国 CBA 建筑设计团队量身打造的。

索易高宽幼儿园没有教材,除去分割开的大小不同的教室外,孩子可以使用整栋场馆里的任意区域设施,让孩子在感受中挖掘兴趣。幼师的职责是和孩子们商量当日的计划,在所需资料和场馆设施准备停当后,就把剩下的事交给孩子去完成。老师在孩子完成当天任务的过程中观察和记录,了解每一个孩子的特质与信息体征,为其制定个性化的方案,让孩子在每天的任务中发挥想象力、创造可能性,获得各类能力与知识的提升。

索易快乐成长中心现在和美国高宽教育机构、台湾故事屋等诸多早教机构合作,并聘请国内外诸多教育专家作指导,获得了广泛的认可。

三、索易快乐成长中心的未来

索易快乐成长中心开业半年以来,以高质量的儿童活动效果,获得高端家长客户的青睐,索易高宽幼儿园已经接受了近 200 名学员。为了扩大索易的影响力提升教育水平,整个场馆除了供幼儿园使用外,非幼儿园的儿童可以以会员制的方式使用馆内各种设施,如可以单独用游泳或游泳训练、也可单独体验二层的各个场馆。

索易快乐成长中心利用良好的高端家长口碑获得了品牌的快速传播,索易还利用新媒体的力量吸引除郑州以外的全省各地市高端客户,并利用各种论坛、沙龙等对品牌进行推介。

教育是个长期的事业。索易在每一个细节都精益求精,希望成为未来的儿童早期教育的标杆。对于未来,索易还有一个为期20年的计划,即通过与高校合作,专门研究儿童成长的过程与规律,持续20年,观察上百个样本,每年发布一个研究报告,并根据报告研发更适合国内儿童的课程。

70后的崔广波用耐心和毅力实践着自己的梦想。

了解与满足客户需求才是企业生存发展的根本

在校园地下室开公司的王经理面色红润,侃侃而谈,一开话匣子就刹不住车。当被问及其业务时,其回答略显迟疑,"大概就是做设计打印复印的吧",言语之下好像是一句话说不清楚,难道不是我印象里的校内复印店?这还能有啥大发展?

王经理的创印设计公司,从2009年艰难起步,到2015年已经是营业额200万的企业了,业务范围涵盖设计文印及高校相关设备的销售,俨然已初具规模、花灯初上。

王经理和学校有啥关系,能揽下学校诸多业务?说起来很简单,王经理曾是这个学校的学生,在校时还是校学生会外联部长,当然和学校各方关系就相对熟络啦。毕业那一年刚好遇上国家鼓励学生自主创业,给予税费等优惠,而且学校还提供办公场地可免费使用,小王同学就在系领导的鼓励下雇人才买设备,欣然成立了公司,经营起了最简单、一开门就业务不断的设计文印事业。

创印公司自己的设备印刷成本较高,对定制类小批量产品有优势;对大批量印刷业务,公司通过河南省的一个"都能印"商家联盟来完成,极大地降低了运营物流等成本。"都能印"是河南20多个印刷企业和40多个商家共同成立的商家联盟,内部业务协作高效,创印设计公司也是其中的一员,在新郑龙湖区域只此一家。

有了成本上的优势,公司的业务慢慢多了起来,打印学校各类印刷制品,如学生守则、手册、规章等。后来学校的很多零星采购业务也找上门来。按学校规定1万元以下的采购无须通过国资处,可由部门自行采购,这类采购都是零星订单,但部门多,需求的产品多。很多部门对产品采购也是一头雾水,自己费时费力上网查询、四处比价,精疲力竭之后也没有得到很满意的答案,这些订单很自然就给了小王经理机会。因每个订单金额都不大,且大部分都是要求商家先到货学校见票后按规定走流程付款,很多企业不愿做这种赊账的小本买卖,在客户面前混个脸熟的小王经理欣然接下,虽说利润大都不高,但积少成多,总体利润可观。站在客户(学校)角度来说,小王经理是帮了他们的忙,自然关系越来越融洽。

做到后来,客户有啥需求都会找小王经理商量,看小王经理是否能够出手帮忙解决,甚至是大型的实验仪器及设备。小王经理两头联络,驾轻就熟,有时即使是临时垫资,也可以轻松获得订单和利润。还有,小王经理能接学校低利润甚至亏损的订单,因为他知道客户不会亏待他,果不其然,客户给了他本来属于其他人的业务,自然公司就蒸蒸日上了。

实际上,创印公司在发展过程中不是没有挫折,在开始的 4 年里公司经营艰难,没有经验还买错设备,再花钱更换设备;免费的地下室暑假遭遇爆管水淹损失 8 万元设备等,创业伊始的小王经理都扛过来了。在和客户打交道的过程中,小王经理逐渐摸清了客户的需求,最终成了给客户解决问题的人,这也是小王经理经营的秘诀所在。

体验式培训公司注定规模难以做大?

得赛普管理咨询公司成立于 2008 年,业务集中在体验式培训领域。2015 年公司员工 16 人,有稳定增长的业务和利润来源。对于年轻人创业几年后的生活状态及发展而言,创业者是满怀信心的,但对体验式培训公司的未来能否更上层楼却心存疑虑。

体验式培训大约于 1997 年引入我国,主要形式是基地拓展培训,因为强调培训人员间的互动、沟通、合作,而且趣味性强,能极大提高团队的凝聚力而迅速被企业所接受,市场规模迅速扩大,2015 年仅郑州市就有相关培训机构 200 多家。提供体验式培训的公司运作简单,只要能找到有需求的客户,就可以整合市场上的培训师、拓展基地,甚至景区资源等快速为客户提供服务。也就是说只要有间办公室、有个业务员就可以开展业务了,所有的资源都可以外部整合,每个订单的成本利润等一目了然。所以,寻找客户是公司的重心所在。

基于此种经营模式,虽然公司所用的培训师是可以固定的、培训质量是可以保障的,但不同公司提供的产品雷同率却非常高,而且只要有一个公司的培训方式有所创新,其他公司就会迅速跟进,结果是同质化竞争激烈。

培训创新主要来自培训师,培训师本身需要活力,这就受到年龄的制约,要达到名师很难,大部分都可以迅速被年轻人替代,所以培训师是和青春有关的工作,好多有潜质的年轻人不愿加入。另外,低门槛的运营方式让体验式培训机构难以做大,规模发展到 200 万左右很容易,再上一个台阶却很难,因为利润的诱惑会让一些业务员有动力另起炉灶,成为竞争者。这两个因素制约了公司的发展规模。

得赛普现在就面临上述两个问题的困扰。在移动互联风起云涌的今天,几乎没有行业不互联网了,得赛普能有办法和互联网连在一起,通过创新解决规模瓶颈吗?当问及有没有通过互联网展开业务时,得赛普的回答是:唯一用的是百度竞价排名。事实上整个行业都是如此。

德国 HABA 中国变形记

HABA 牌玩具产品由德国 Habermaass 集团公司推出。早在 1938 年,HABA 就开始从孩子们的角度出发研发产品,致力于为孩子们工作是 HABA 公司理念的核心所在,这一点始终没有改变过。迄今为止,HABA 已有 60 多年开发儿童玩具和儿童家具的丰富经验。资深顾问、著名专家精心研究开发出的产品,令孩子们爱不释手。

一、HABA 的历史与发展

1938 年,现任管理者 Klaus Habermaass 的父母创立 HABA,他们出生于德国的斯图加特,在年轻时做一些木头玩具的小生意,随后经过他们的不懈努力慢慢发展壮大。

HABA 通过游戏的学习方法培养孩子的学习动机,提高孩子的学习兴趣,开发孩子的学习能力。70 多年以来,在无数家庭及众多德国顶尖幼教权威专家的共同努力下,HABA 不断改进和完善产品,它的每一件产品都代表着品质、高层次的教育意义和游戏者的无限趣味。

经过不断的发展与市场开拓,在全世界有大约 6 000 位专业经销商和社会经营机构销售 HABA 的产品。除中国、法国和美国的部门之外,HABA 在其他 20 个国家中有自己的代理商,包括瑞士、日本、意大利、韩国、俄国和斯洛文尼亚。HABA 的目录已被超过 15 种不同的语言印刷。

HABA 逻辑思维中国总部位于上海,成立于 2004 年,主要是推广及运营高端幼儿早教课程。

二、德国 haba 中国变形:由卖产品变为卖课程

在企业运营的区域扩张过程中,最容易遇到的问题就是政治环境、文化环境、社会环境的差异化,比较经典的有宝洁的"尿布风波"。

德国的社会环境与中国有较大的差异。在德国,一个家庭都有多个孩子,特别适合把 HABA 的产品作为玩具买回家去,几个孩子一起玩儿。德国的销售形式从成本上来说比较划算,HABA 的产品特性也容易体现。但在中国的社会环境下,一个家庭只有一个孩子,把教具买回家特别不划算,另外,孩子自己也不能玩,无法体现德国 HABA 的理念。

在其他国家以销售产品为模式的 HABA,到了中国后,到了郑州,到底该采用什么样

的运营模式呢？

郑州市良林艺术培训中心作为河南 HABA 逻辑思维课程的总代理,现在在郑州三家店,包括 2 家直营店和 1 家加盟店。在总部强大的技术支持和政策支持下,经营模式由在德国卖产品转化为主推 HABA 逻辑思维课程,来适应中国一个家庭只有一个孩子的特殊社会环境。各个阶段的课程设置和教具均从德国引进,每次课程由来自不同家庭的几个孩子组成,孩子之间有了互动,家长也由购买产品转换成了购买课程。德国的专家依据严格的教育理念结合孩子年龄设计课程,借助各种有趣的教具,以游戏为依托转化成课程,让孩子在游戏中开心快乐的学习数学概念和数学理论,进而全面开发和提高孩子的各项能力,引导孩子提升如何运用智慧、发现规律、总结规律的能力。

HABA 逻辑思维课程重在培养 2~7 岁孩子的思维能力和学习能力,用德国进口的教具让孩子学习数概念和数学基础运算(包括测量、分类、比较、序列、规律、图形、空间、几何等概念)。HABA 注重培养孩子的逻辑思维能力,让孩子掌握科学的思维方法,养成科学的思维习惯(即思考问题先观察,再分析、推理、判断,最终做出科学的决策),在遇到问题时学会三思而后行,谋定而后动,提高孩子分析和解决问题的能力。同时。课程还注意提高幼儿的专注力、记忆力、反应力、观察力、创造力,抗挫折能力和感统能力等。总之,让孩子从小养成良好地生活习惯、学习习惯和思维习惯。

这样的由卖产品转换成卖课程的适应环境的调整,不但遵循了 HABA"从孩子们的角度出发,致力于为孩子们工作"的核心理念,并且适应了中国的社会文化环境,适应了中国的一个家庭只有一个孩子的现实情况,适应了中国现阶段的家庭消费能力,使得 HABA 在中国有了快速发展。

让孩子在大自然中锻炼成长

子女教育是家长们普遍关心的问题,但是我们传统的教育模式以应试教育为主导,缺乏综合性的心理素质教育,存在很多缺陷。许多家长对教育现状不满意,但又无力改变。安晓春老师在早期的孩子教育中也遇到了这些问题。

后来,国外的朋友带孩子来中国,安老师对外国孩子的行为方式及教育很感兴趣。经过与朋友的交流后,开始反思自己孩子的教育问题。安老师在对国外的教育理念、教育方式方法有了一定的了解和认识之后,先从自己的孩子进行尝试,带孩子到大自然中,到城市、乡村游学等,激发了孩子浓厚的兴趣。后来,孩子的同学开始加入,这个群体不断扩大。在这个过程中,不断探讨、调整活动的方式,后来又加入中华传统文化的内容,逐渐形成了系列活动,并成立了亲子活动俱乐部。目前,俱乐部针对 3~12 岁年龄段的孩子,研发出 150 多种活动。

俱乐部在发展中逐步形成了自己的教育理念:让孩子走入大自然,健康快乐生活。在教育思路上,坚持以传统文化为底蕴,以把孩子带到大自然中去做各种挑战活动为形式,以挖掘和激发孩子成长的内在动力为目标。主要通过游学、夏令营、户外亲子特训营、公益讲座等活动形式,希望能把家庭、学校教育中缺失的部分补出来。

游学是俱乐部的一种有特色的、重要活动方式,目前已经走过 50 多个城市,以及一些山村、大山、海边等。游学费用很低,但内容丰富,包括参观文化历史古迹、博物馆、博物院、游览名山大川、户外拓展等形式。读万卷书,行万里路,游学不仅仅是玩,而是在玩中学,从对大自然的规律的感受中学习。通过各种有意义、有挑战性的活动,激发兴趣,砥砺意志,培养孩子们的生活技能、良好的生活习惯、责任心、意志力、合作意识、成就感、历史知识、文化知识等,帮助孩子健康成长。

虽然没有进行宣传,但良好的培训效果已经形成消费者的口碑。目前俱乐部已经拥有会员 1 000 多人,参加活动 5 000 多人,形成稳步发展的势头。

一个在校大学生的创业之路

牛威,一个体格健硕的大男孩,郑州大学体育学院三年级学生,为了追求梦想于 2005 年初成立了尚博击剑俱乐部,扬起了未来事业的风帆。

牛威原本从事的是散打专业,但郑州市散打类的俱乐部竞争激烈,其他诸如跆拳道、瑜伽等都已步入红海,而击剑因门槛高、开办机构少成了其首选创业项目。击剑源于中世纪的骑士阶层,逐渐演变为贵族时尚运动,后来成为奥运会的传统竞赛项目,但在中国,迄今为止击剑还没有被民众广泛认知。击剑相比跆拳道、散打,优势在于点到为止,对学员身体伤害最小。从郑州的市场情况看,目前只有两三家击剑俱乐部,并且从管理到后期运营都远没有达到规范的地步。这给牛威同学提供了施展才能的空间。

目前,郑州的击剑俱乐部从培训的教材到教授的动作,都还没达到规范的程度,一般都只教授基本的姿势技巧,而且学员大都是 7～9 岁的学生。从学生的角度看,能逐渐从课程中培养出兴趣,提高身体素质,顺带又学习了西方的体育文化,家长基本是满意的。在郑州的 3 个击剑俱乐部里,尚博的优势在于服务质量好,能让学员满意而归,甚至在学费不变的情况下,还可以给学员适当增加课时量,以提高击剑成绩。

通过一系列探索,牛威对尚博俱乐部的未来充满信心。经营上,一方面要物色相对稀缺的教练资源,增强培训能力;另一方面,通过和其他机构联合活动,增加自己的会员数量,并且通过微信的沟通互动,达到增强客户黏性的目的。

以定制服务赢得婚纱市场

雅氏嫁衣婚纱礼服源自传统英伦皇家礼服,结合当下流行的韩式婚纱设计及定制文化,追求以精致工艺缔造卓越品味。雅氏的品牌使命是为完美新娘提供优雅合体的婚纱礼服,品牌特色是秉承东西方传统人文美学之精华,塑造并彰显新娘优雅气质。坚持专业、专注、专心,重视过程控制,是他们走向成功的关键。随着近几年婚纱礼服市场的转型与变化,雅氏嫁衣用服务业去定义业务的发展,真正用定制走向大众。

传统服装行业属于劳动密集型产业。近几年,随着经济大环境的低迷,服装品牌核心竞争力的消失,加上服装行业全面同质化发展的陷阱,造成传统服装行业无节制的渠道铺张式的拓展,无疑让服装行业迎来了最寒冷的深冬。

而婚纱行业是一个创新型产业,同时婚纱也是时尚产品,是服装和时尚的混合行业,行业冲击下企业的定位很重要。婚纱从 20 世纪 90 年代进军中国,一人一生消费一次,并且其目标消费者是低频高价的消费结构。雅氏嫁衣充分把握消费者心理——"以中端的价格消费高端的东西"。随着近几年"80 后"、"90 后"人群对婚纱需求的提高,婚纱行业还是有很好的市场发展和前景。

婚纱行业在努力推出焕然一新的产品的同时,还需将产品做细做精,在设计、选料、裁缝上,不可有一丝疏漏。雅氏推出的钉珠款式的礼服在设计加工是比较有特色的,能根据出席场合不一样定制不同的衣服,同时钉珠款式的婚纱和礼服也能在市场提升品牌的价值。

虽然婚纱礼服是新兴行业,但婚纱礼服和定制还是不一样的,雅氏嫁衣目前进军礼服市场,女士消费群体占比 90% 。为赢得消费者的要青睐,雅氏以服务为切入口,从产品、质量以及服务等方面挖掘潜力,全方位提升和扩大品牌影响力,让更多消费者青睐雅氏、钟情雅氏,使企业最终在婚纱礼服定制领域占领一席之地。

红黄蓝亲子园:我教孩子会说话

目前早教市场品牌众多,各种机构遍布大街小巷。在教育方式上各有特点,一类是引进西方的方式,有以互动为主的,也有双语教学的、艺术类的;一类是本土品牌,研发能力不足,多是一些课程的拼凑,缺乏经营特色,同质化比较严重,导致竞争激烈。

红黄蓝郑州亲子园是北京红黄蓝早教机构的加盟商,为 0～7 岁的孩子开办亲子探索课、音乐、情商、语言、思维等课程,并开设了入园过渡班,帮助一些孩子提前适应幼儿园的生活。作为加盟商,红黄蓝郑州亲子园在总部系统、规范管理的基础上,结合本地的实际情况不断创新。通过对 0～7 岁教育市场的深度分析,发现很多 2 岁多的孩子不说话,或者不能流畅的表达,成为孩子成长的严重障碍。在与家长的交流及观察中发现,许多家长不与孩子交流,或者不会交流,造成了孩子的语言问题。郑州亲子园结合自身的优势,针对 0～7 岁的儿童的特定的说话与表达问题,突出语言课,进行教学方法、方式的探索和设计,形成了自己的特色和优势。

首先,要科学施教。孩子在不同年龄的心理表现、行为表现、语言表现是不同的。亲子园深入分析了儿童成长的特点、特性、存在的问题,找出教育规律,有针对性地开发语言培训课程和培训方式,如朗读、演讲、儿童剧、小记者、场景式游戏等,与智力开发、思维拓展、良好行为习惯养成等结合起来,逐步改善与增强问题孩子的语言表达能力,能够快乐地与人交流,促进孩子健康成长。

其次,加强与家长的交流与沟通。早教"育的是儿童,教的是家长",儿童身上的很多问题缘于家长和家庭,家长也缺乏对孩子成长规律的了解。这就需要家长调整行为方式,用心投入,用合理的方式与孩子交流。亲子园给家长布置家庭作业,回去带着孩子反复练习;让家长多带孩子走出去,多与其他孩子交流,增加孩子的感觉、感知,慢慢改变语言习惯。

第三,向精细化要效果。婴幼儿的心理比较敏感,并且不容易了解。亲子园要求所有教师必须密切注意每个孩子的心理状态、心理变化、心理特点,做好每一个细节,有针对性地解决问题。

第四,坚持家园共育的理念,加强家长的教育和培训。公司开展了各种形式的公益讲座、父母课堂等,并利用微信公众号、朋友圈等宣传儿童心理、儿童教育与成长、亲子关系等方面的知识与方法,提高家长的教育能力,使亲子园的教育功能和方法向家庭和生活延伸。

小创业家:专注于青少年能力与价值观培养

7~12岁是孩子价值观形成的雏形期,如何在这一成长的关键期及时给予孩子正确的引导和培养,克服成长过程中的各种诱惑与障碍,是青少年教育面临的一个挑战。家长和学校在价值观教育方面都存在较大局限性。

马来西亚籍华人汤添顺在1994年来到中国后,开始探索青少年品格培养问题。他把中国传统文化与国外素质培养的成功经验相结合,针对中国国情,以行为心理学为指导,逐步开发和形成了"小创业家"青少年品格培养体系。

小创业家青少年品格培养工程是一项与家庭、学校相配合的素质培养体系。秉承"蒙以养正,知行合一"的教育理念,根据7~12岁青少年的身心特点及心理发展需求,以中华传统文化为基础,传播"忠、义、礼、孝、德、智、信、仁、勇、严"的核心价值,通过富有挑战性的、循序渐进的室内、户外训练活动,以全面融入、互动、参与、感受、体验、磨难、挫折、经验为主线的体验式学习模式,在其人生观、价值观形成的关键时期给予导向指引,从而让孩子形成优良的心理素质、品德修养和技能技巧。通过持续的训练,使活动中的感受逐渐内化为自己的思维模式、为人处世的方式,形成良好的行为习惯,增强适应社会的能力,在他们身上从小培训创业家精神,从而获得全面、均衡的发展。

在孩子成长的不同阶段,其心理、行为等都表现出不同的特点,有他们喜欢的活动方式。7~12岁的孩子喜欢挑战、探索、好玩、新奇心强,有一定的自我意识、荣誉感和归属感。小创业家利于孩子们好玩的天性,寓教于乐,把训练内容渗透到有趣的群体游戏内,模拟现实的场景,在游戏过程中尝试、学习、体验、历练、感悟与超越。教官要仔细观察每个孩子的长处与不足,通过在后续的游戏中转换其角色,经过不断的总结、分享,引导他去调整自己,改变自己,释放自己。小创业家找到了与孩子内心对接的方式、方法,成为孩子在家庭和学校之间的第三空间。

小创业家还注重每个孩子的个性化培养,为每个孩子建立了培训档案,教官要认真观察、记录、分析成长的过程,发现优势,并与家长和孩子进行沟通,提出有针对性的具体建议。希望把孩子的兴趣激发出来,把个性化的东西挖掘出来,找到他们自己喜欢的东西,让每个孩子成为他自己,逐渐形成自己的创新力。

"小怪授",一只习惯性要强的小怪兽

世界上没有才能的人是没有的。问题在于教育者要去发现每一位学生的禀赋、兴趣、爱好和特长,为他们的表现和发展提供充分的条件和正确引导。从我手里经过的学生成千上万,奇怪的是,留给我印象最深的并不是无可挑剔的模范生,而是别具特点、与众不同的孩子。

——苏联教育实践家　苏霍姆林斯基

在心中描绘每个行业创业者的标准像是一件非常有趣的事情,行业自身最新的特质会通过这个行业创业者的标准像呈现出来。因为工作性质的原因,笔者接触了很多从事儿童教育行业的创业者,他们自身虽然各有各的特色,但有一点比较统一,那就是他们无一不把焦点落在了教育本身,无一不以教育者的"标准像"呈现出来,而儿童教育机构小怪授的到来,则打破了对教育创业者的一个固有的看法,优秀的管理者也可以是教育创业者的标准像。

小怪授的主战场

"郑州是教育竞争最为激烈同时也是最为粗放的城市之一。"这是小怪授的吴总在年初考察郑州市场时得出的结论。虽然教育行业有着自己的法律门槛,但是,市面上百分之九十以上的机构都没有这个准入资格,也就没有人深究这个法律问题,结果就是准入门槛低,也就出现了众多同质化严重的竞争者。一方面本土创业者在红海中激烈厮杀,另一方面一些连锁儿童教育巨头也逐步把目光对准了郑州,但是儿童教育本身的特质也对这些连锁教育巨头产生了一些壁垒,儿童教育培训是服务业,连锁巨头确实带来了完善的标准化服务,获得了强劲的竞争力,但是,植根于社区的本土教育机构依旧可以通过用户情感的培养获得相当的竞争优势。

从小怪授自身产品体系来看,通过依托成熟的科学实验课程,结合自身专业老师队伍的建设来构建属于自己的核心竞争力。表面上看确实与其他儿童教育培训机构相去不远,但小怪授真正的力量就在于在这些平凡的地方做出了自己的不平凡。每个年龄阶段的小朋友来了,学的都是一样的吗?小怪授的答案是否定的。小怪授通过能力素质模型来为每位小朋友进行专业的评估,并通过评估结果为每位小朋友安排课程体系,再通过科学实验作为突破口,让小朋友们在科学实验中提升自己的动手能力、专注力、自信心和团队协作。就目前郑州儿童教育行业的情况来看,大部分从业者将自己的重心放在了教育课程上面,当然,此举无可厚非,但焦点仅仅局限在教育课程上也就意味着视野变窄了,很难关注到视野之外的东西。即便是再精品的课程依旧是通过"人"这个载体来呈现出来,"人"这一因素极可能成为自身核心竞争力的催化剂,也可能成为自己的阿喀琉斯之踵。课程服务很重要,同时,对于课程输出载体的人的管理运营同样也很重要。

小怪授的管理法

人该怎么管?毕业于国内知名院校的管理学硕士吴总有话说,十余年的企业管理咨询经验让自己越发认同这样一个道理:大道至简。管理学并不是那么讳莫如深的东西,大部分关于管理的知识都可以在书本中找到,但关键就是怎样才能充分在实践中运用这些知识。因为出身于管理学科班,并且有十余年管理咨询经验,专业惯性理所当然的使自己将管理学理论实践在"小怪授"中。面对一群"90后"成员,如何让这些年轻人充分融入团队当中,这是遇到的第一个问题。"给我冲"和"跟我冲"你会选择哪一个?吴总很显然选择了"跟我冲",身先士卒冲在第一线所发散出的感召力,让自己的"90后"小伙伴们真正团结了集体之中,管理是感召而非征服。既然人心齐,那么如何让团队的运作更加高效呢?吴总在管理实践中也总结出了一些自己观点——"嗑瓜子效应"。人为什么喜欢嗑瓜子?这是吴总抛给我们的一个问题。因为嗑瓜子的人马上就能吃到这个瓜子的果仁,奖励是即时的,所以,一旦开始嗑瓜子就停不下来。对于团队成员的奖励同样也是如此,业务发生奖励就在第二天随之而来,让一线员工充分体验到只要努力就必然会有收获,同时,对于绩效奖励部分也是通过实践一步一步去摸索平衡点,因为"饥则无体力,饱则无斗志"。同时,在日常的团队管理过程中也会有"囧了"这样的自我爆料来每日三省吾身等小的日常管理方法。不管黑猫白猫,能抓老鼠就是好猫。日常管理中的点点滴滴所形成的团队文化就是自己的核心竞争力。

小怪授的创业范儿

创业是不是一定要在聚光灯下进行?小怪授再次给出了否定答案。在这个创业故事满天飞的时代,"习惯性要强"的小怪兽选择的是一条人迹稀少、布满荆棘的道路,或许没有人在一旁为自己摇旗呐喊,没有各种光环的照耀,只用自己极致的服务,低头干事,来让消费者真正得到收益,这就是小怪授的创业范儿。

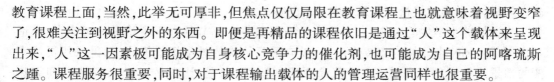

体验提升客户满意度

未来少儿艺术俱乐部位于未来路顺河路附近,比邻曼哈顿广场,在半径3千米范围内有不少高档社区,适龄学习儿童众多。俱乐部成立于2011年,单店面积达400平方米,经过4年的发展,已经形成拥有20个员工的工作团队,年营业额达到140万元。俱乐部针对客户的心理需求,通过提供优质、周到的服务,加强客户体验,来提升客户满意度。

未来艺术俱乐部主要经营三类业务:美术、钢琴和声乐少儿教育培训。经过不断的探索和改进,每种培训都形成了成熟的培训教材和培训模式,如美术采用美国K12美式教育教材,让学生能轻松有趣地领略艺术的魅力。

为了培养小学生的兴趣,未来艺术俱乐部在各个环节都进行了认真的考虑,使其适合少年儿童的特点。如内部装修设计,没有采用传统的教学场景模式,而是采用灵活多变的情景式教学的场景设计,场景像酒吧,但不是酒吧,让学员一进来就感觉到趣味无穷。

俱乐部的收费和同档次竞争者一样,其吸引回头客的主要方法是经常和其他机构合作举办活动,如和河南电视台联手举办亲子真人秀节目《爱出发》,请省流行音乐学会会长来俱乐部献唱,甚至在美术课程里加入时装设计等内容,使学生兴趣盎然。

在与客户互动方面,未来艺术俱乐部充分利用了微信这种社交工具,因为现有及潜在客户有限,所以能和客户很好地进行沟通和交流,形成互动,以充分调动学员的兴趣,感觉到俱乐部学习就像到了另一个欢乐的空间。通过优质服务,从学员的满意中吸引客户成为长期客户。

学员满意是未来少儿艺术俱乐部制胜的法宝。

服装演绎职业,时尚创造价值

在大多数人的印象里,职业装往往比较单调、呆板和生硬,缺少色彩。近年来,随着人们需求的多元化,不管是企业还是员工,对职业装的需求越来越倾向于彰显个性。郑州绅岚服装设计有限公司专业从事职业服装的设计、生产、销售与服务,以职业时装、职业制服、职业工装为研发目标和主营业务,以时尚新颖的面料、款式和专业的量体裁衣为基础,满足人们的着装需求,通过不断创新,为各个行业的职业装加入个性化的设计元素,为客户设计出符合企业文化理念的优秀服装,协助企业提高自身形象和市场竞争力。

注重企业服装形象的策划。公司根据客户企业的理念、行业特色以及企业视觉结构进行职业装的设计构思,并与同业 VI 视觉识别系统进行比较,确定职业装的整体风格,使企业的精神意识化作形象的职业装,成为赋予企业灵魂的形象信息载体,并从中体现和传达出企业的精神面貌,突现品牌文化和综合实力。

拥有良好的职业服装设计实力。公司由中国职业装设计名师赵可朋先生担纲设计总监,在工业、商业、金融、交通、酒店、通信等企事业机构的职业服装设计中有众多成功案例,是郑州最早专业从事职业服装设计及整体形象策划的机构,拥有专业的方案设计及形象策划团队、专业的板型研发团队和专业的生产制造基地。

独立开发的时尚版型技术。公司的版型是结合当前国际流行趋势,在研究了欧美、亚洲各种先进样板风格的基础上,根据中国人的体型特征和审美诉求,并结合职业装的职业要求所确定的。目前在版型研发方面,已独立开发出 A、B、C、Y 四种体型样板(一般职业装公司只有 A 体型样板),采用工业量体数据,人群覆盖率达到98%,团体量体裁衣合格率达95%以上。

严格控制生产质量。公司坚持以先进的制造工艺,严格的质量控制,统一的工艺标准,合理的流水作业流程,严格按照 ISO9001：2000 国际质量体系全程管理,将完美的设计方案转化成客户所期望的成衣。

实施项目管理机制。公司为更好地为客户"创造满意",实施了项目管理机制,通过计划、组织、指导和控制,实现项目全过程的动态管理及项目目标的实现。

创新营销方式。公司针对目标客户采取电话营销+预约上门等方式,快捷、方便。专业针对团购客户,无店铺销售,节约运营成本,让利于客户,更好地实现了用户价值。

量体裁衣，追逐个性

在人们追求时尚穿着、潮流搭配的今天,职业装早已确立了其在日常生活中的地位。据统计,我国约有 6.5 亿的职业大军,由国家规定统一穿职业装的行业有 19 个之多,每年的市场需求应 3 000 ~ 4 000 亿元人民币以上。目前,中国职业装生产企业有近 3 万家之多,并形成一定的产业集群。

郑州奕佳制衣有限公司就是这个行业中的一员,专注于职业装、西装等的研发、设计、加工、生产和销售。公司倾心打造的"领麒"品牌服饰,给人以清爽明快之感,充分体现了现代成功人士的自信与从容,集内敛的民族魅力和张扬的时尚性情于一身,给白领人士带来一种全新的归属感,受到众多消费者的喜爱。

目前,我国职业装市场鱼龙混杂,价格混乱,质量参差不齐,恶性竞争严重。奕佳制衣长期以来秉承"真诚、尊重、服务"的企业理念,为规范行业竞争,加快行业产品的更新与升级做着不懈的努力。奕佳制衣始终坚持"质量好,服务好,用户至上,诚勤务实"的经营原则,为广大用户提供品质高、价格优的服装制品,受到众多企事业单位客户的青睐。公司采用先进的技术,结合国外最新流行资讯及先进工艺,通过企业严谨的生产管理制度和工艺流程,使每件成品都能做到精确、标准、做工精美。

随着社会发展和人们审美诉求的提高,职业装的款式在逐步演变,不再拘泥于单纯的白衬衫、黑西装,而是需要在商务之外,整合更多轻松、休闲,甚至个性化的设计。奕佳制衣针对各种需求的职业装进行了积极探索研究,积累了丰富的制作与量体裁衣的经验。公司凭借国内职业装领域优秀的设计师团队,根据市场需求的变化,进行设计创新,不定期地设计出最新款式、最新流行色以及最新面料的服装服饰。奕佳制衣在设计上,不仅仅关注职业装本身的功能,而且更多地去挖掘职业装背后的文化底蕴和鲜明个性,更充分地体现客户的特色。

奕佳制衣追求的是,当无情的岁月如流水般慢慢逝去,在紧张、快捷的都市生活之外,用自己的技术和品位,能够使商务人士拥有更多的处乱不惊的态度,以及属于自己的格调和气质。

十年居美 百年创想

郑州居美不动产公司成立于 2004 年，是经郑州市房地产管理局批准，在郑州市工商行政管理局注册的合法机构，专业从事二手房买卖、租赁，提供二手房按揭贷款、房地产政策、法律、法规咨询等业务。公司经过多年的探索与发展，现已积累了许多成功的经验，并拥有了一套成功的运营模式。

公司总经理赵磊，1984 年出生于黄帝故里郑州新郑，毕业于河南工程学院，曾是一名名副其实的指挥官。2006 年，他在机缘巧合之下开始从事房地产经纪行业，在知名品牌经纪公司从一线做起，年少的他身上有着炎黄子孙的聪明智慧和踏实肯干的精神，很快便出类拔萃。优秀不动产服务商的一线业务经验，再加上他指挥官出身的管理才能，使他注定要在郑州的市场上闯出自己的一片天。这期间，有过成功的喜悦，经历过失败的挫折，居美不动产成立、站稳并不断发展壮大，坚持诚心为顾客提供优质服务的原则，一直走到今天。

居美不动产的成长，很大一部分原因在于公司注重对客户服务的质量。公司崇尚"从小事做起"，并将为客户的服务视为长期事业，忠心耿耿，尽力而为；充分考虑业主及客户的权益，将安全当作置业服务过程的核心内容。针对郑州市房产中介业秩序混乱，黑中介坑蒙客户猖獗的现状，公司始终本着"公开资讯，公平交易"的原则，以劳动换取等价回报，绝对不擅自加价。为达成上述服务，公司还积极拓展分店网络，目前在郑州市的分店已超过 10 个。

互联网的快速发展也让赵磊看到了新的商机，敏锐地意识到网络营销的重要性，并迅速采取行动。2011 年，他带领团队参加了居美不动产搜房帮网络营销培训会，全面提升居美不动产网络营销水平。通过培训，公司的经纪人对搜房网有了更深入的了解，同时对搜房帮的使用方法与技能也更熟练，并懂得如何让自己的网络房源在网友眼中脱颖而出。网络营销有力促进了公司的业绩，2012 年，居美不动产被搜房网评为"郑州二手房十大号召力品牌机构"。

用点点亮光照耀儿童艺术成长之路

现在，越来越多的孩子生活在课业负担的压迫中，课余时间也被电视、网络和电子游戏占用。由于多种原因，很多孩子无法观赏到优秀的儿童剧目。萤火虫儿童剧院坚持做优质优品，活跃儿童演出市场。萤火虫儿童剧院成立于 2009 年，是中原首家以儿童演员为主的舞台剧目演出的艺术团体，一直致力于儿童剧的创作研发以及小演员的培养，现已成为中国儿童戏剧教育示范基地。

用产品创新突破同质化局面。现今的儿童剧创作，题材单一，神话剧、童话剧居多，而优秀的现实题材、科幻题材、喜剧题材较少，创作想象力不够充分，艺术性不强，同质化现象严重。萤火虫儿童剧院坚持"既要继承传统的宝贵财富，又要打开眼界，借鉴世界优秀艺术的成果"的创作思路，结合儿童的心理与成长特点，大胆进行剧目创新。依托中原大舞台剧场和萤火虫儿童剧院成功研发了《大肚猴与他的伙伴们》《大肚猴前传》《大肚猴历险记》等一系列的儿童剧。

打造少儿艺术教育一站式服务平台。儿童剧在戏剧中是比较复杂的一个剧种涉及面广，如神话、动漫、动画、木偶、杂技、卡通、皮影、魔术、人偶、多媒体、音乐舞蹈、音乐剧、史诗、益智趣味、魔幻、立志、大型、奇幻现实主义等。萤火虫少以儿童舞台剧这门综合艺术来培养孩子，舞台剧的学习涵盖了舞蹈、语言、表演、声乐、台词等多种艺术门类，通过综合艺术的学习来挖掘、开发孩子的艺术天赋，因材施教重点培养孩子所擅长的艺术方向，寓教于乐，让孩子快速找到正确的艺术道路。

努力培育市场，将儿童剧做活做久。儿童剧的受众导致它不能走完全市场化的道路，家长会对完全商业化的行为产生排斥。在儿童剧同样需要市场化运营的今天，如何将儿童剧的市场做"活"，也成为行业发展中的关键问题。萤火虫儿童剧院立足于培养观众，开拓市场，如举办"儿童戏剧进校园"工程、"中原戏剧节"等活动，培养孩子的兴趣，取得了一定的成效。有些学校已经把儿童剧作为校本课程，为儿童剧观众的培养打下一定的基础。

为艺术类考生插上腾飞的翅膀

创建于2006年的蒙太奇艺考培训学校是河南最大的艺考培训机构，多年来一直专注于艺术考试培训，涉及编导制作、空乘模特、播音主持、影视表演四大专业。学校汇集的近百名资深名师组建的梦幻教学团队，为高中毕业生提供的整套艺考升学方案，让近万名学子实现了大学梦。蒙太奇艺考在郑州、南阳、洛阳、平顶山等地创建了20多个校区，升学率连续5年稳居全省第一，已经成为河南省最受广大学生和家长信赖的艺考培训品牌。

（1）专业的师资团队。高水平的师资队伍是学校立足的根本，蒙太奇依托河南高校的优质资源，由近百名艺术专业的大学老师组成教学团队，并且在考试前由专业的评委老师对考生进行有针对性的指导教学。学校积累了丰富的培训实战经验，和众多的高校达成良好的战略合作关系。

（2）直营管理模式。为了保证统一管理和办学质量，所有校区都是全资直营模式，师资统一调配，有职业的管理团队，负责对学员的管理和服务。对考生提供一站式贴心服务，从带队统考和校考，一直到拿到大学录取通知书，形成了完善的服务和管理模式。

（3）务实的办学理念。秉承"为你的梦想而生"的办学理念，为每一位学员量身定制，提供一对一的升学方案。每个专业实行版块教学，由最专业的老师进行授课。除了专业的学习,蒙太奇更注重学生品格的培养,气质的提升,性格的塑造,全方位地达成每位学员的卓越发展。

(4)良好的行业口碑。本着办学而非办班的理念,让文化课三四百分的学员通过艺考考上理想的本科院校,是学校的价值所在,蒙太奇认真负责的口碑是其健康发展的关键。

千雅商贸:立中原,礼天下

在当前的社会经济环境下,礼品经营企业普遍遇到巨大的压力,市场竞争异常激烈。千雅商贸成立10年来,秉承为客户创造价值的经营理念,立足于礼品行业,专注于礼品策划、礼品设计、礼品开发及礼品制作,为客户提供最专业的礼品解决方案。立中原,礼天下,致力于打造订单式礼品采购第一平台,为社会传承最健康的华夏礼仪文化。千雅商贸以专业化、优质化的服务,赢得了客户的信任,获得稳步发展。

10年专注礼品行业,3 000家客户成功见证。千雅科贸自成立至今,专注于礼品行业的深耕,并牢牢站稳了脚跟。经过多年的发展,客户遍布各个行业,并以专业的服务得到了客户们的一致认可,公司合作伙伴遍布各个品牌线。

为客户提供全程一体化优质服务。对很多客户来说,礼品选择是一个难题。公司根据客户的具体要求,可以提供礼品策划、礼品设计、礼品制作、礼品派送等一体化服务。

企业开发、整合供应资源,与980多家厂家建立直供合作关系,可以提供20 000多种礼品。公司还建立了礼品资源方案库,能够提供促销活动方案、会议礼品方案、商务礼品方案、员工福利方案、礼品策划方案等,给予客户充分的选择余地。千雅还是目前唯一一家拥有自己配送车队的礼品公司,市内2小时到货,给客户提供了更多的便利。

推出"百名老板的圆梦计划"。为满足有志于礼品行业的创业者的要求,千雅礼品推出了"百名老板的圆梦计划"项目,让创业者与千雅携手,成为合作伙伴,借助千雅的平台优势,实现成功创业的梦想。

盛茂永代立体车库——传统产业里的朝阳

伴随着汽车业的繁荣,停车难日益成为严重的问题。平日里,郑州市几乎所有的路边都可以看到无序乱停的车辆,严重影响正常出行和基本生活秩序。从2014年开始,国家就鼓励社会力量投资建设各类车库,缓解停车矛盾。盛茂永代机械公司立足未来,主营立体车库,为市民出行停车难提供配套解决方案。

立体车库市场发展空间很大,在地面空间有限的情况下,机关、企业、居民小区等都有建设需求,但这个市场的难题在于进入门槛不高,竞争激烈,几乎每个地市都有企业生产。

盛茂永代拥有完备的从研发、生产到销售的全产业链，公司的技术最初来自日本，后来通过研发及并购获得、拥有专利和著作权50多项，还获得河南省2013年度机械式设备最佳进步奖。公司拥有国家质检总局颁发的A级生产资质，在河南省市场占有较大市场份额。

但从整体经营来看，盛茂永代公司的产品目前基本在省内销售，市场拓展的方式主要是靠销售人员的推销，通过拓展人际关系网络来完成。现在公司的销售状况还不错，但这种销售方法是基于人脉的，可持续性不强。同时，应收账款成了一个不小的麻烦，账款回收困难。

面对激烈的市场竞争，盛茂永代公司必须不断创新才能拥有未来。他们正在思考：能否通过技术创新提高公司产品独特性？能否通过加强资源整合甚至联盟合作降低成本，驱逐高成本的小公司而提高市场占有率？能否借用网络力量拓展省外甚至国际市场？

未来前景要靠公司自己的行动给出答案。

好工程自己会说话——中域天能

企业想要发展，必须要产品说话。成立于1998年的河南中域天能电子科技有限公司（原名"河南亚通科技有限公司"），是一家专业从事多媒体控制系统、安防监控系统、智能大厦强弱电系统、集团电话系统、公司内部局域网搭建、广播系统、视讯会议系统等十一大系统的工程设计、施工及维护的专业化系统集成公司，一直坚信"好的工程自己会说话"。公司始终秉承"技术领先、规范施工、完善服务"的经营理念，通过近千个项目的经验积累和不断提高，针对不同的项目具有独特的设计和解决方案，树立了良好的品牌形象。

一、尊重客户需求，提供定制化工程方案

从河南中域天能的目标市场来看，客户的需求存在着明显的差异。为了尽可能地满足每个用户的不同需求，中域天能坚持为客户精心定制个性化的工程方案。虽然定制工程方案需要大量的投入和长期的积累，但公司坚信量身定做的方案是好工程的保障，一流的工程方案和严格的施工也使公司得到了客户一致好评，在行业内得到了广泛的认可。如，南阳淅川县李先生的工厂需要安装监控，从网上看到公司的消息，就与公司负责人进行联系。尽管距离郑州有些远，但是为了能制作出最贴切的施工方案，公司项目经理、技术人员亲自去现场勘查、测量数据，并和李先生沟通，了解施工要求。回来之后加班加点按照李先生的要求做出方案发给李先生。李先生表示，找了多家企业，唯有中域天能的方案最令他满意。公司成立17年来先后为包括政府在内的300多家企事业单位的近千个弱电项目设计出了优秀的施工解决方案。

二、追求精益求精，铸就工程施工品质

中域天能非常重视工程施工质量，根据工程方案组建现场施工班子，严格遵守施工规范和标准，对工程施工严把质量关。公司始终坚持以诚信赢得商机、专业铸就品质的企业精神和对工程施工质量精益求精。正是有了这种精益求精的精品意识，一丝不苟的施工态度和对工程质量的不懈追求，长期以来公司在系统集成行业享有很高的声誉，客户涉及政府机关、军警、文教、金融、房地产、保险、宾馆酒店、超市商场、乡村、中外企业等领域，所做工程皆为优质工程并获得一致好评，形成了良好的口碑市场，并成为部队安防指定工程商。

三、强化专业技术人才队伍建设，保障工程产品质量

专业技术人才对系统集成企业的发展至关重要，也是工程产品质量的重要保障，尤其是随着知识经济的全球化，拥有一支专业技术能力强、充满活力与创新精神的专业技术人才队伍，越来越成为系统集成企业可持续发展的关键所在。因此，如何有效地加强专业技术人才的队伍建设，激发专业技术人才的积极性和创造力，是河南中域天能特别重视的问题。公司秉承"以人为本"的理念，站在企业发展的制高点上，抓住培养、使用、吸引、激励、选拔等环节，创新机制，强化措施，全方位、多层次加强专业技术人才队伍建设，并认真研究专业技术人才的特点和影响公司发展的各种因素，在管理观念、管理模式、管理重心、管理方法等方面进行大胆探索和创新。多年来，中域天能在强化专业技术人才队伍建设方面进行了很多有益的尝试，并取得了较好的效果，拥有了一批技术过硬的专业技术人才，为实现公司又快又好发展以及保障工程产品质量提供了强有力的人才保障和智力支持。

四、注重售后服务，提升工程产品附加价值

售后服务不仅是工程产品质量的重要组成部分，也是衡量一个企业力量的标准，关乎客户的切身利益。对于客户来说，不仅要看质量，看品牌，还会看售后服务。随着系统集成行业的发展，同质化竞争和价格战已经让众多企业倍感压力，行业两极分化日趋明显，强者愈强，综合实力突飞猛进，在抢夺市场份额方面亦是攻城略地；而弱者愈弱，在市场竞争中苟延残喘直至被淘汰出局。优胜劣汰、适者生存，谁能尽早跳出单纯硬件产品的混战，转而在软实力的比拼中寻求差异化道路，谁就能拥抱明天的太阳。售后服务无疑是提升企业软实力的重要途径，中域天能首创业内保姆式的售后服务，24小时快速响应，对客户认真负责，免费技术培训，全方位技术保障6种服务渠道，服务更周到，彻底解决客户的后顾之忧，提升企业竞争的软实力。

在互联网时代，确实有人整天琢磨标新立异，在嘴上下功夫，而要真想做成事情，还是把更多的时间、精力和资源，投入工程产品中去。河南中域天能坚持让好的工程产品自己去说话，去建立口碑，留住客户，开拓市场。如今，公司在这一基础之上，又根据市场环境的变化积极借助电商大平台，加强客户关系管理，将线下的市场机会与互联网结合，让互联网成为线下交易的前台，在线上线下与客户形成有效的互动，关心用户体验，密切与客户的关系。相信河南中域天能电子科技有限公司发展前景会变得越来越好。

以优质高效的服务，赢得客户的支持

　　作为全国陆路、铁路和航空枢纽，九州之中、十省通衢的郑州是全国物流集聚地。发展物流行业，郑州有着得天独厚的优势，占据郑州物流业高地，就能辐射全国物流市场。借着天时、地利、人和，郑州豪翔金时代物流有限公司顺势而起，在各级政府和豫宛商会的大力支持下，于 2005 年正式成立，现已稳稳扎根郑州物流市场，鼎立中原货运行业潮头。经过 10 年跨越式发展，已经成为一家以物流为主业，兼营农牧、混凝土、家具、钢材等产业的大型民营企业集团。

　　"想客户之所想，急客户之所急"是豪翔金时代物流有限公司不变的服务宗旨。十年来，豪翔物流秉承"放飞梦想，创中国物流品牌"的发展理念，诚信经营，开拓创新，以特色服务为基础，以和谐共赢为动力。在董事长高鹏的率领下，从一台货车发展到如今的近千台运输车辆，从 3 名员工壮大到如今的近千名员工，从一条线路发展到如今的省内外近 300 条线路，创造了物流界的豪翔速度。如今，豪翔物流拥有三大物流园区，省内线路近 90 条，省外线路覆盖全国 20 多个省份。

　　随着公司业务量不断增长，业务种类也随着客户的需求不断丰富更新，豪翔物流注重服务质量的提升，确保顾客满意。为满足客户不同层次需求，豪翔物流提供包括仓储、运输、包装、装卸等特色增值服务。以"至诚、至信、全心合意、方便快捷"的为指引，以丰富的货运经验、认真严谨的工作作风、高效的物流管理能力为客户提供专业、周到、满意的服务，豪翔物流赢得了客户支持与厚爱，在业界树立了良好的企业形象。2013 年，豪翔物流荣获由河南商报和河南省交通物流协会联合颁发的"2013 河南物流用户满意奖"。送货快、回款更快、当日提货、当日放款的豪翔模式，成为豪翔快速发展的核心竞争力，并一直被中原物流界津津乐道。

　　2014 年 5 月 5 日，位于郑州航海东路与经开区 22 大街交叉口的豪翔物流园盛大开园，引来各界关注。该园建筑面积 6 万多平方米，投资近亿元，集立体式仓储和物流配送于一体，开启了豪翔物流发展的新纪元。区位优势是物流企业发展的基础。从南三环到南四环，再到毗邻京港澳高速的 22 大街，豪翔物流的每一次跨越发展，都走在郑州物流区位优势的最前沿。

　　2013 年 11 月，占地 20 亩的豪翔信基调味品配送中心开业，2014 年，位于华南城占地近百亩的豪翔配送中心投资兴建。服务专业批发市场，打造一站式配送中心，成为豪翔抢占市场的核心服务理念。

　　如今，三园鼎立的豪翔物流再度扬帆，以开通河南全境 130 多条线路、全省无盲区、全国 30 省份全覆盖的超强线路优势，稳居河南物流行业前列。

　　一路走来，豪翔物流积极践行企业社会责任，汶川和玉树地震，豪翔人驰援千里，免费运送救灾物资；多年来，豪翔人出资数十万元助残救孤，资助 40 多名贫困大学生。豪翔物流成为中原物流界为数不多、热衷公益事业的企业之一。

应对瞬息万变的物流行情,需要超强的市场洞察力和敏锐的市场嗅觉。为了给客户提供更加方便快捷的增值服务,豪翔物流注册成立了德通快递,努力打造一站式无缝对接的物流快递业务。随着快递业务的爆发式增长,航空货运已成为各大快递公司无法绕开的关键环节。电子商务、网上购物的迅猛发展和普及,催生了巨大的物流市场,在"速度经济"理念的带动下,时间价值的重要性越来越突出,航空运输的价值也随之提高。一个半小时航程内可覆盖全国2/3主要城市和3/5人口,郑州具有独一无二的区位优势,郑州航空港经济综合实验区发展规划获得国务院批复后,给物流企业带来了新的契机。为应对消费者对物流及时性及准确性越来越高的要求,在河南"生根"多年的豪翔物流也把目光投向了航空物流。豪翔物流以四港联动大道和京港澳高速区位之便利,借郑州国际物流园区建设的东风,承接国内外空港货物运输,打造具有豪翔特色的物流和快递业务。

展翅冲天,豪翔高飞。豪翔物流凭借国内线路全覆盖的发展优势,以特色服务为核心竞争力,占尽天时、地理、人和,必将发展成为一家具有全国影响力的知名物流企业。

真诚,让客户感动

河南上蝶阀门股份有限公司是集科、工、贸为一体的专业生产阀门的现代化企业,其前身是始建于1969年的郑州市上街蝶阀厂,1998年经过改制组建而成。上蝶阀门的产品品种和规格比较齐全,广泛应用于石油、天然气、化工、冶金、电力、水力等行业的装置配套及重大工程建设上,具有较高的知名度和良好的品牌形象。上碟用心生产,用心服务,深受用户的信赖。

上蝶阀门一直致力于依靠技术创新,满足客户的各种需求。上蝶阀门不仅生产通用阀门,还凭借强大的技术开发能力生产大通径阀门,根据用户的需要设计制造各类特种阀门,以满足客户的特殊需求。上蝶阀门在向客户提供各类标准化工业阀门的同时,还提供全系列的工程阀门解决方案,提供技术咨询、培训等各类增值服务。

由于阀门行业客户需求的差异性以及阀门产品的技术性和专业性等要求,上碟阀门非常重视售前、售中和售后服务。在售前,上蝶根据不同行业的应用需求,积极为用户出谋划策;从产品选型到特殊产品的开发和试制,按用户要求提供各种产品标准、原材料、检验和试验方法、标准和技术咨询;提供来样制造、定制等。在售中,根据用户订单需要,以保证质量和交货期为前提,进行精心设计、生产、加工和测试;用户可在任何时间到工厂现场抽检毛坯、在制品和进行产品测试复检,并按用户要求制作产品外观涂漆和供货包装形式等。在售后,提供阀门的日常维护、保养及常见故障排除的培训服务;提供远距离或现场阀门复检、安装和使用技术指导;对于用户的质量投诉,在电话技术支持后,如有进一步的需要,将派专业售后服务人员24小时内到达现场服务;对用户的技术质量咨询,24小时内给予答复;提供24个月(18+6)的产品质量保证期(国家标准18个月);提供24小时技术支持热线等。

上蝶阀门采用自营和代理的销售方式在国内市场销售产品,在全国近40个主要城市设有销售网点。同时,上蝶还积极开拓国外市场,产品远销美国、意大利、越南、马来西亚、新加坡、巴基斯坦等国,深得海外用户的青睐。

薇薇鲜花:真心爱花,用心制花

薇薇鲜花店于1988年成立,1995年在郑州市的经七路开设分店,2005年正式注册为郑州市薇薇鲜花贸易有限公司。20多年来,薇薇鲜花一直以诚信经营,服务大众为宗旨,潜心研究花艺,不断提高服务水平。薇薇鲜花的花艺师经过澳门佩华花艺学院首席教师、新加坡花艺大师高炎发,世界杯花艺大赛第三名台湾林慧理老师,欧洲杯亚军丹尼尔老师专业培训,并获得美国花艺学院讲师证书,并在2008年4月参加国际花商联中国杯花艺大赛并荣获最佳创意奖,数年来在河南省花协举办的各种大赛中多次获奖。

薇薇鲜花是河南省委办公厅唯一指定用花单位,河南省委贵宾室用花均由薇薇鲜花店的花艺师设计制作。公司多次承接省、市各种大型活动,得到主办方的一致好评,并发展为长期友好合作伙伴。经过20多年来不断努力、开拓和发展,现今薇薇鲜花已有花艺师25人,其中资深花艺师10人,花艺师15人,在行业内具有较强的影响力。

面对移动互联网时代服务的新特点,为满足新消费群体不断变化的需求,公司开发了薇薇鲜花微信商城,线上线下结合,为消费者提供更加完善、周到的服务。消费者可以随时随地用手机预订鲜花,薇薇将为顾客提供送花上门服务。所有花束200元起,三环内免费送货,四环内加收20元,四环外另算;300元起,四环内免费,四环外另算。薇薇鲜花还是全球鲜花协会成员,全球范围内均可与协会内花店实现资源共享,支持异地下单配送。

薇薇鲜花真心爱花,用心制花,努力为大家亲密、甜蜜的亲情、爱情、友情锦上添花!

以业务和服务创新奠定法律服务业的立足之本

律师行业是一个传统行业,也是一个并非纯粹商业性质的行业,有其独特的运行特点。随着社会经济的发展,律师事务所面临内外部环境变化带来的前所未有的机遇和挑战。法律服务市场正逐步开放,伴随着外国资本、技术和服务的进入,法律服务业面临着严峻挑战。同时,中国律师行业的属性和定位随着政治、经济、文化的新需求也有所变化。在这种形势下,律师事务所要获得可持续发展,业务与服务创新将起到决定性的作用。

河南亮辅律师事务所自成立以来,始终以提供优质、专业的法律服务为宗旨,以严谨踏实的作风,严格遵循律师职业规范准则和职业道德,竭诚为客户提供专业、全方位的优质高效的法律服务。事务所拥有一批理论精深、经验丰富、德才兼备的律师,多名律师拥有法学博士或法学硕士学位,以专业化、团队化、标准化的工作模式为当事人及客户服务。事务所的追求是最大限度和不遗余力地维护当事人的合法权益。

在亮辅所有业务中,法律顾问是增长最稳定、最成熟的业务,是事务所服务的市场、立足市场的基石。法律顾问在合同起草与审查、纠纷处理、公司治理结构与重组改制、员工劳动保护、法律培训等法务方面为客户提供咨询服务,帮助客户把脉法律事务,提供决策参考法律意见,进而预防、控制和避免法律风险。事务所服务的企业很多,通过专业、周到、细致的服务,与这些企业建立了长期的合作关系。

随着我国资本市场的快速发展,许多企业存在上市的法律规范方面的要求。亮辅分析自身的优劣势,逐步介入资本市场,选择开展新三板上市企业的法律服务,作为新的增长点。同时,承接上市公司的后续法律业务。

以专业分工和团队合作相结合的理念推进事务所的运营。根据专业特长对律师进行专业划分;所有法律服务项目由事务所统筹监管,并指派有经验的专业律师组成项目团队,确保法律服务的质量,跨专业的业务由各部门及时提供支持,确保为客户提供高质量的专业服务;加强技术人才的培养,为事务所的发展建立高素质的人才储备。依靠律师团队的经验、专业知识、能力、密切协调与配合,在充分理解客户具体需要的基础上,确保能够满足各类客户高水平法律服务的要求。

儿童艺术创想天地

郑州艾瑞克儿童艺术创想馆是专业绘画培训服务机构,主要培训课程有少儿美术培训、儿童手工培训、少儿泥塑培训、少儿绘画培训等。艾瑞克立足于师资建设,致力于诚信经营,通过专业培训,完善的服务,塑造儿童培训教育行业的优质品牌形象。

学习美术,不仅可以让我们拥有一技之长,同时也可以有效地陶冶我们的情操,使人拥有更多的艺术气息,拥有更好的想象力。在少儿时期,绘画是儿童自身的心理需求,他们对世界上的任何事物都充满着好奇心与求知心,并渴望去了解。对此,如果没有正确的引导,或者不了解儿童绘画的心理及思想,就很难培养他们的兴趣,从而也很难提高儿童的绘画水平。艾瑞克开设的针对不同年龄阶段的美术设计课程,就是希望能够激发儿童丰富的想象力,选用涂鸦或者是绘画的方式创作出来一件件作品。

作为国内首个以提升儿童学习能力、创想能力为主的儿童思维教育品牌,艾瑞克结合儿童成长的规律和艺术培训的特点,建立了科学的培训课程体系和方法。培训以艺术课程为载体,法国创造性思维课程体系为主体,以主题式的游戏活动为授课模式,激发儿童原始的好奇心和对问题的探索欲望,通过学习科学构建儿童全面的知识结构,让儿童集合艺术审美教学、物理、化学、建筑、机械等学科知识并动手操作,激发大脑的想象力、逻辑思维,从而发现问题、思考问题、解决问题,让孩子在充满欢乐的氛围中增长见识。

艾瑞克不断创新培训方式,用有趣味的学习形式,让每个小朋友都能热爱艺术,敢于创新。在举办的幼儿园烘焙活动中,在烘焙老师指导下,家长和小朋友按照比例配置各种材料,孩子用小手用力搅拌,使用模具按压,一直到烘焙,每一个步骤都认真操作,俨然是一位专业的烘焙师。最后,各种动物图案造型的小饼干摆在孩子们的面前,空气里都是甜甜香香的味道啊。每一个小朋友在制作过程中要与老师、其他小朋友进行良好的交流,对于小朋友的动手能力、交流能力都是很好的锻炼。

成师傅:成功依靠适时而变

在三公消费受到严格限制的背景下,往日生意异常红火的高档餐饮企业进入经营的寒冬,不少酒店难以为继,面临严峻的转型问题。

1975年出生在中国厨师之乡长垣的成国富,20年沉浸餐饮业,靠着对餐饮业的浓厚兴趣,勤奋好学,一步步成长为企业掌舵者,于2008年创办了河南成师傅企业管理咨询有限公司,相继在郑州投资了成师傅大长垣美食、中兴楼酒店、中兴楼烤鸭店等酒店。在中低端消费成为餐饮业主导的投资回报拉长期,果断转型,靠独特的经营,酒店的生意依然有声有色。

2012年,成国富看中了郑东新区一块宝地,东临大学城、南挨高铁站、高档写字楼,西接省厅单位,北边紧邻居民区。6月,按照人均消费200元的标准,5 000平方米的饭店开始装修。在2013年1月酒店装修完工时,全国范围内的狠刹三公消费风掀起。而中兴楼成师傅开业在即,怎么办?

面对市场环境的巨大变化,经过冷静分析,决定调整酒店的定位,改变经营布局,从高端及时调头到"养生"上来,转向中低端消费市场。二楼、三楼人均定位80元,一楼人均消费50元;做好的菜谱全扔掉,重新制作;对于包桌,调整成婚宴、特色生日宴为主。原来设计的一张30人台的宴会桌,预计消费2万元不成问题,调整后,4 000多元已算常见。为了有效降低成本,在经营上,一方面增加低价格的菜品,这些菜不是原料不好,而是运用加工技法凸显技术含量;另一方面通过特色产品、过硬的质量、良好的口碑吸引顾客,提高上座率。

事实证明,不管是与之同时开业的同行,还是在业内享有盛名的高端饭店,不少因负之"盛名"而转型困难,举步维艰。而中兴楼成师傅面对环境变化,及时调整经营定位,从开业第四个月时开始盈利,至今一直处于良性运转状态。

用创新浇筑企业发展的根基

卫辉市豫北化工有限公司的前身是始建于1968年的卫辉市化肥厂,1998年改制为股份制企业,主要生产碳酸氢铵、甲醇、液氨等产品。公司尊崇"踏实、拼搏、责任"的企业精神,"诚信、共赢、开创"经营理念,坚持用户至上,用心服务客户,用创新思维不断改进和完善企业管理,提高企业管理水平,实现了快速稳定的发展。

一、服务创新的客户思维

在经营过程中,豫北化工深入了解客户需求,基于客户价值的提高不断推进服务创新,以领先的服务提升品牌形象,增强企业的市场竞争力。公司在与客户交流时,发现发货环节存在的缺陷,进行了系统的创新,取得了明显的效果。

过去公司给客户发货涉及多个环节和部门。具体的发货流程是:销售人员下单——生产部门负责装货——计量部门过磅——财务部门负责客户资金审核、收款,同意放行——门卫放客户车辆出厂。

在过去很长时期,同类企业的惯例是,发货时间与企业整体的上下班时间一致,一般是上午8:30到下午5点,下班后不再发货。但在实际销售时,仍有不少用户下午到达,需要晚上发货,直接装车、赶路,这样他们可以节省时间,降低各种费用等。有的客户甚至愿意每吨多付一些钱,晚上发货。

通过对客户需求的深入分析,公司销售部门认为,晚上发货可以吸引和得到更多客户,能有效增加销售,减少产品库存;同时也能建立良好的客户关系,有利于公司的业务发展,提高公司的市场竞争能力。考虑到公司和客户的共同利益,销售部门希望能改变下班后不再发货惯例,延长晚上的发货时间,更好地满足客户,服务客户。

发货涉及公司多部门、多环节,改变发货方式需要等方面的联动与密切配合。在实施过程中,公司内部各环节也经过了反复的沟通与磨合,最后,在公司的大力支持和统一协调下,形成了加班发货管理规范。

目前,公司的具体做法是,早上8:00至晚上12点发货。液胺是24小时装货,这在全国都是有名的。只要接到销售部门的加班通知,各环节就自动进入加班流程,形成了制度化。很多客户愿意到公司进货,因为他们晚上9点多还能拉到货。

晚上加班发货的制度实行后,取得了良好的效果。提高了客户的满意度,密切了与客户的关系;争取到了更多的客户,增加了公司的出货量(大致每天提高了200~300吨),最高一天发货增加了1 600多吨;有效减少了产品库存,增强了公司对产品价格变动的适应能力,公司的市场竞争能力得到较大提高。

二、持续推进管理创新

企业管理的完善是一个长期的、系统的过程,需要管理者适应环境的变化,不断寻找漏洞,发现问题,推进企业管理的不断完善。

2013年,公司针对原材料供应方面存在的问题进行了深入的变革,彻底改变了原来的采购供应模式。原来的供应方式是,由车间等使用部门报采购计划,确定需要采购的数量、规格、标准等要求,采购部门据此进行采购。

采购部门在工作中发现,经常存在采购申报单还没到采购部,供应商已经把产品准备好了,供应商提供的产品与收到的申购单的要求完全一致。这些供应商都是与企业合作时间比较长的。在对供应的产品进行的检测中,也发现了一些以次充好、价格较高等问题。并且,很多供应商要求必须现款支付,不允许账款延期,增加了公司的资金占用,抬高了资金成本。通过分析,公司预感到这里面一定有不少问题。为了公司的健康发展和长期利益,必须对采购供应制度进行变革。

公司经过慎重考虑,决定更换供应商,通过招标等方式,寻找新的供应商。但新供应商供货后,使用部门经常反映供应的材料、零件、工具等存在质量问题,影响了生产进度和产品质量。经过采购部门与供应商的充分沟通,发现问题的原因不在于产品质量,而在于操作环节,在于他们不愿意更换供应商,所以,就以质量问题阻止公司与新供应商合作。

找到问题的症结后,在总公司的强力支持下,对采购供应制度进行了系统的改革,形成新的采购供应制度。规定,任何车间和使用部门在报采购计划时,不允许推荐企业,只提出标准和要求。有国家标准的产品必须符合国家标准的要求。

新选择的供应商的产品在使用中出现问题的,如果确实存在一定的质量问题,认定后就要更换厂家。如果不是质量问题,就要求厂家派技术人员对工人进行现场指导,手把手教会工人。厂家为了开发客户,销售产品,对培训非常尽心尽力,很认真、耐心、用心地教员工如何操作。公司规定,厂家教会了员工以后,车间使用中又出现问题,就由车间承担责任,如果车间解决不好就换人。如原来员工在拧阀门时,由于不负责任,往往随意一拧,经常不到位,可能对生产造成损失。经过培训,形成了统一的标准和操作规范,要求很详细、具体、明确,便于操作和控制。

随着公司新的采购供应制度的推行,在供应方面出现一系列新的变化。①淘汰了劣质厂家,引入了优质供应商,供应的产品质量更好、更稳定了;②采购价格、成本降低了,提高了公司的效益;③供货的账期得以延长,货款可以延期支付,减少了公司的资金占用,资金成本降低了;④供应商可以提供相关方面的培训,能够提高员工的技能,节约了公司的培训成本;⑤促进了员工在思想观念等方面发生了深刻的变化,在企业中形成了积极向上、自觉维护公司利益的良好风气。

管家式服务成就逆势成长

近日,最后一辆辉腾下线,大众宣布该车型正式停产。辉腾的停产折射出国内豪华车市场销量下滑的现状,业内人士认为,全国市场上豪华品牌的高端车型正面临销量困局。通过大幅降价、推出大量促销品等方式稳定市场份额,已成为很多品牌不得已的选择。

郑州龙宝行汽车销售服务有限公司是紫龙集团旗下的子公司,是一家纯正的高档汽车销售服务公司,主营业务为奔驰顶级商旅车、外交级商务车、全进口房车及特种定制车辆(奔驰校车、救护车、消防指挥车、特警指挥车气象监测车等),覆盖现有市场全系高档商务车和房车车型及特种车辆。2015年,龙宝行受国内低迷市场环境的影响不大,整体销售行情不错,不降反升,销售额同比增长了10%,可谓逆势成长,现已成为河南地区最大的高档商务车销售企业。

逆势成长的背后,在于龙宝行打破了常规汽车销售商家的传统销售服务模式,采用了领先的"一站式,互联网托管服务",以无忧购车、悦乘驾享、托管式售后的三大核心服务理念,征服了用户,龙宝行以服务、品质、实力,成为客户购车时的首选。

首先,托管服务的基础来源于企业员工的高素质。龙宝行从源头抓起,严格招聘工作,招募到大批高素质、高学历、拥有丰富销售和管理经验的员工,形成了一支精英销售管家团队。这支团队年轻、有活力、有干劲,凭借敏锐的嗅觉与观察力,洞察市场变化的每一个细节,悉心为客户服务,真正为用户起到了"管得起家"的作用。

其次,全面推行"管家式"服务理念。在服务的各个环节,在每一位员工身上,从快捷可靠的原厂备件,到省心高效的标准化服务流程,全方位地满足客户的要求,无不体现以客户为尊的管家用心,以赢得客户最大程度的信赖,从而打造出行业中一流水平的销售网络和营销体系。

第三,"一站式,互联网托管服务"结合了选择高端出行用户的需求,为每位客户配备一名专属服务顾问(即专属管家),其他岗位作为支撑。在日常车辆使用中,客户有任何关于保养、保险、预约、咨询等用车问题都可通过网络、移动网络等方式通知管家,由专属管家全天候协调解决。客户想不到的,管家要为客户想到;客户想到做不到的,管家要为客户做到;尽最大可能做到客户只管用车,其他相关服务管家来解决,让龙宝行真正成为客户用车的"管家"。

诚信为本,独立公正

随着市场化进程的不断深化,信用评估行业显得越来越重要,无论政府、企业还是个人,都在一定程度上依赖于它。在这个大背景下,河南博诚信用评估有限公司不断壮大,业务发展得风生水起。

信用评估是一个比较特殊的行业。博诚信用评估公司以第三方客观、公正的立场,根据规范的评估指标体系,运用科学的评估方法,履行严格的评估程序,对受评企业的信用记录、人员素质、行业发展趋势、企业发展战略、经营管理能力、财务状况、经济效益、偿债能力、合同履约能力、特殊事件风险等方面进行独立、客观、公平、公正的分析和评价。公正性依赖于专业性,从新员工的招聘、培训,乃至各个具体的业务环节,博诚信用都极为强调从业人员的专业素养。公司拥有一批高水准的咨询、分析、评价师专业队伍,理论研究和实务操作专业范围覆盖以企业信用评级为核心的战略、市场分析、人力资源、风险、财务、投资、电子商务与市场营销、创新与核心竞争力、生产组织等企业运行的各个方面,为企业提供基于信用评级的企业诊断、创业策划、管理咨询、项目评估、投资咨询、财务分析、信用建设、资信调查、风险控制等全面全程培育服务。

依托优势资源,借力发展。博诚信用已与商务部、中国人民银行、技术监督局等相关部委建立了企业信用体系建设、信用咨询、信用评价、信用分析等信息联络中心,推广诚信文化和信用服务体系建设。此外,公司还与省内各商协会建立长期合作战略关系,帮助提高行业协会、商会的公信力,推进行业自律体系和社会信用体系建设。

专业优势加上网络优势,使博诚信用的各项业务,如委托信用调查、信用分析,编制信用报告等得到客户好评,公司出具的诚信评价和信息报告及分析结果得到相关部门的广泛肯定。

吃出营养,吃出健康

阿利,本名卢广利,一个来自王屋山脚下的山里小伙子,涉足餐饮行业起源于和妻子的新婚之旅。在桂林旅游时,阿利看到桂林米粉的生意很好,而在河南,米粉却很少见。阿利便也想在郑州开一家米粉店。2001 年 4 月,阿利的桂林米粉店在郑州正式开业。经过最初创业的艰辛之后,阿利的米粉店凭借出色的口感、优质的服务以及实惠的价格,很快受到周边人们的喜爱。2003 年 6 月,阿利桂林米粉迁至人民路丹尼斯附近,更名为阿利米粉。

2005 年,阿利与合伙人去老家王屋山游玩,当地的番茄刀削面吸引了合伙人。两人就合计北方人的餐饮毕竟是以面食为主,决定开家特色面馆。但是,在郑州充斥着各种各样的面馆,如何开出特色,吸引到顾客?阿利与合伙人经过认真思考之后,决定要起一个容易吸引人的店名,同时还需要对面进行改良,以味道取胜。阿利带领团队大胆采用优质新鲜的番茄作为主要原料,配以刀削面,再加上特制的调料,做出了一碗风味独特、营养丰富、颜色诱人的刀削面——阿利茄汁面,也是世界上第一碗阿利茄汁面,同时也宣告阿利茄汁面品牌正式诞生。茄汁面推出以后,天天座无虚席,供不应求。

随着"阿利茄汁面"的名气越来越大,阿利的目标也变得更远大。当时,快餐连锁经营进入快速成长期,有着广阔的市场前景。阿利认为阿利茄汁面必须要顺应餐饮发展的潮流,决定采用特许经营的加盟方式,快速实现市场的扩张。随着加盟体系的成长,阿利茄汁面的品牌价值得到迅速提升。

在特许经营模式下,"阿利茄汁面"为各个投资商提供了一套完善的发展平台,并与他们一起共同成长。这种发展模式也能够保证品牌的健康发展,增强管理和控制力度,杜绝滥开店、开烂店的短期行为。"阿利茄汁面"采用特许经营的模式,克服了完全直营造成的资金压力和开店速度缓慢而丧失很多机会的弊端,也克服了完全依赖加盟发展带来诸多经营和管理不善的弊端,保证了发展质量,使企业一跃成为业界的新星。

福泽九州,鼎立中原

建筑安装业是国民经济的重要物质生产部门,它与整个国家经济的发展、人民生活的改善有着密切的关系。近年来,随着建筑业的快速发展,建筑安装业也得到了迅猛发展,并呈现市场竞争过度的态势。建筑安装企业开始愈来愈关注企业发展环境和客户需求趋势的变化,思考如何在激烈的市场竞争中脱颖而出。

成立于 2005 年的河南福元鼎安装工程有限公司,经营的业务主要涉及中央空调、消防、机电、节能减排等系统的安装服务。面对日趋竞争激烈的建筑安装市场,深信一个注重技术、注重开发、注重工程质量、注重服务和重视人才的公司,一个个勇于创新、善于学习、充满智慧和朝气的福元鼎人,在竞争激烈的市场经济发展浪潮中不断完善自我,必将成为广大客户最信赖的朋友。

优良的工程质量是公司的生存之基。福元鼎把质量当生命,坚持工程施工规范,严格工程监督管理程序,严把材料关,不断开发应用新技术新工艺,不断提高施工工艺水平,创造了一大批优质样板工程。

同时,福元鼎还把优质的售后服务作为公司的发展之源。公司坚持以诚为本,信誉至上的服务原则,成立了客户服务部和售后服务部,建立客户工程档案,定期跟踪服务,以优质的服务质量满足客户的需求,深得客户好评,塑造了良好的社会公众形象。对于福元鼎来讲,服务不仅是售前、售中服务,更重要的是售后服务,售后服务是建安公司所提供服务的最后一个环节,关系到一个企业是否真正对客户负责、把客户的利益放在首位。

对于建筑安装企业来说,客户最关注的就是建筑安装企业在安装施工整个过程中实实在在的表现。福元鼎坚信为客户提供优秀的安装设计、优良的安装工程和优质的安装服务就是最好的营销。时刻考虑和满足客户的利益,踏踏实实,精益求精,行动是最好的宣传,表现是最好的营销。

追求卓越品质,与众共同分享

河南泽亿房地产开发有限公司是集房地产开发、商贸、投资管理为一体的专业房地产运营商,于 2008 年进军郑州市场。泽亿地产较为年轻,但超前的发展原则,使公司的实力、品牌价值得到迅速提升。同时,政府的支持、优越的地理条件、顶尖的品牌嫁接、品质轩昂的圈层辐射、专业的人才等因素,也使泽亿地产的发展如虎添翼。借此得天独厚的优势,泽亿地产精心雕琢,打造出高品质公寓、一站式休闲商业街、高端度假野奢酒店、创意文化艺术街区、甲级写字楼、国际五星级酒店等产品,影响力已渗透新疆、安徽、郑州、济源等地。

泽亿房地产开发公司以"城市品质地产运营商"的理念,先后打造了城市中心区商业步行街项目、城市中心高品质住宅项目及城市高端住宅项目等,累计开发产品已达到 45 万平方米以上。泽亿房地产开发公司注重把开发的产品与文化相结合,其于 2015 年 11 月与兰博基尼集团联合共建的云邑托尼洛·兰博基尼盘龙谷度假酒店,就很好地体现了这一点。

该酒店位于景色宜人的安徽省泾县,建设理念是"野奢"。野,即野外原野,是回归自然,尊重自然;奢,即奢华,是真正的建筑形态和提供的服务方面的奢华,更是空间的奢华、景观的奢华、体验的奢华、精神与感官的震撼与洗礼。泽亿地产董事长李宝丰认为，"任何一种产品，只有赋予其文化的灵魂，才更有价值。我们将通过内容的感受、细节的打造以及情感的体验，实现东方文化的传承与现代意大利文化精髓之间的碰撞与完美交融。"泽亿房地产开发公司在追逐产品高品质的同时，也在引领、创造一种新的消费理念和消费方式，在国内树立一个行业标杆引，领人们消费理念的转变。

对房地产行业而言，2015年是充满挑战的一年，也是转型和创新之年。从报纸、电视到互联网，再到如今的移动互联网和自媒体，人们获取信息的方式已经发生改变，这也迫使地产人重新思考营销方式的变化。面对新的市场环境，泽亿房地产积极探索新的营销方式。以智慧城云筑为例，自项目入市以来，并没有沿用户外大牌、报纸广告等传统营销方式，而是通过电商、微博大V号、微信自媒体账号、朋友圈等渠道进行推广宣传，并制作了一些移动端互动游戏，吸引购房者的关注及参与，大大节省了营销费用。

以市场为导向，紧跟市场潮流

河南兴强电子科技有限公司是佛山市易驾星科技有限公司的直属子公司，是一家专业从事网络、电子产品销售、电子产品研发和服务、品牌授权代理的服务型企业。公司的易驾星系列产品符合市场发展潮流，加之市场定位准确，受到众多消费者的喜爱。

随着消费观念的转变，消费者尤其是青年消费者更注重追求生活品质和品位，对新生事物有着极强的接受度，同时拥有极强的购买力，他们对代步工具的需求不再仅仅是作为一种交通工具，而是变成和时装一样，是一种自我实现、自我表达的元素。这种消费需求、消费潮流的改变，催生了学车模拟器消费巨大的市场能量。另一方面，城市化加剧道路拥堵，肆意的机动车尾气造成空气污染，改善生活居住环境，倡导低碳出行成为各个国家政府大力宣传、支持与鼓励的重要内容。在此背景下，易驾星汽车驾驶培训模拟器应时而生。

易驾星汽车驾驶培训模拟器采用德国专利技术，是利用高科技的虚拟现实仿真技术为驾驶者营造出多种逼真的驾驶训练环境，让驾驶者感觉到自己犹如真在学习驾驶一部汽车一样。通过一段时间的练习，学习者就能获得在驾校都没有机会学到的熟练驾驶技术。易驾星的总部佛山市升强电子科技有限公司是全球专业的便携式汽车驾驶训练机生产厂家，产品已获得国家专利，在市场上具有先发优势和广阔的发展空间。易驾星汽车驾驶培训模拟器使用户工作、学车两不误，迎合了现在社会快节奏的生活需要；练车与游戏的结合，也很好地满足了目标市场群体的现实需求。

目前，河南兴强对易驾星汽车驾驶培训模拟器的市场渠道建设主要采用加盟的方式。公司对各市、区域严格实行商圈保护，同一区域代理只限一名，以最大化地保障渠道商的利益。同时，公司还为渠道商提供技术、配送、售后、培训等方面的支持。河南兴强以诚信为根本，以质量创品牌，以市场为导向，以效益求发展，通过专业的生产基地、成熟的技术、可靠的营销渠道，使公司不断发展壮大，产品日益赢得更多客户的喜爱。

教育情结指引着的"跨界者"

　　"我觉得自己是一个有教育情结的人",这是郑州墨岩企业管理咨询有限公司的耿总解释为什么从风生水起的建筑行业,跨界到投身儿童教育行业的原因。也正是基于教育情结,墨岩从自己的角度阐述"蒙氏教育":读而废耕,饥寒交至;耕而废读,礼仪遂亡。希望通过将农业与传统文化相结合,从中国传统农耕文化和优秀传统文化中去探索实践中国特色的"蒙氏教育"。

　　幼儿园的去小学化是不可逆的趋势,幼儿园也将真正成为素质教育的起点。对于素质教育,墨岩选择的是将农业、传统文化与学前教育相结合的方式。那么如何实现结合?面对城乡如此巨大的教育差距自己能够为此做些什么?墨岩给出了自己的答案,即通过农庄,在经营传统业务的同时,将其中一部分土地专门划出来,供幼儿园使用,举办夏令营、冬令营等活动,一方面让农庄资源得以充分利用,另一方面也给了幼儿园的小朋友们一个接触自然的好机会。当然,这个好机会并不仅仅是能够接触大自然,同时,还有专门的各项课程让小朋友们在大自然中学习中国农耕文化、学习其他传统文化。而这些课程的设计师正是驻扎在这个农庄的教育工作者们,小朋友们的参与给予教育工作者充分的样本,专家又会利用样本采集的信息,设置更为科学有效的课程供小朋友们学习。

　　那么,如何通过农庄、夏令营的运作来弥补一部分城乡教育差距呢?墨岩有自己的计划,城市的孩子在接触科学实验、传统文化教育方面相对于农村孩子有较大的优势,反过来农村孩子在大自然中的见闻比城市中的孩子要多一点。农庄夏令营就是为解决这个问题而存在的,为城市的孩子提供更多接触大自然的机会,同时不忘学习农业背后的传统文化和植物科学知识;为农村孩子提供更多在乡村他们已经习以为常的这些农业背后的科学知识和文化知识,而落地平台就是农庄,城乡的孩子们在这个平台上找到各自需要的东西。

　　要想让更多的城乡孩子受益,就不能局限在这个小小的农庄里。利用公司的教育研发力量开发出更为优秀的课程,梳理教育模式,开展针对幼儿园老师的培训课程,将自己的模式输出给更多的幼儿园和地方教育组织,未来可能每个地方模式落地的载体并不一定是农庄,但教育产品体系和运营模式则是稳定的。墨岩希望以幼儿园和其他教育组织为核心,通过农业、传统文化的有机结合,在盘活农业和教育行业的同时,为城乡的小朋友们带来真正的福祉。

由传统到前沿,由专业到更专业

　　河南立付电子科技有限公司成立于 2012 年 8 月,主要从事第三方支付,已与拉卡拉支付有限公司、深圳瑞银信信息技术有限公司、现代金融控股(成都)有限公司签约合作.

全国市场上,200多家企业具有第三方支付牌照,河南市场竞争也激烈异常。在与各大商户的谈判过程中,众多竞争者纷纷加入,其间不乏代理商停止运营的事情发生。立付电子在成立之初,就进入了这个市场,与拉卡拉支付有限公司、深圳瑞银信信息技术有限公司、现代金融控股(成都)有限公司签约POS机河南省代理商。企业本着诚信、专业、开拓进取的企业精神,经过自身坚持不懈的努力,力求成为第三方支付行业的知名企业。

经过几年的企业运营,立付积累了丰富的行业运营经验,依托于业务创新和技术创新,建立了标准化、规范化、专业化的统一的服务体系,形成了后台管理、前台销售、中台运维、机具适配采购供应等一站式专业服务模式,最大化满足市场上传统支付的发展需求。

现如今,网络经济的发展催生出众多开拓新领域的创业者,互联网金融发展迅速,发展空间巨大。立付公司以与时俱进的态度,经过市场调研,针对不断的市场变化,决定进入移动支付领域。

立付电子借助在传统支付行业的丰富经验,快速地进行了选择,与深圳瑞银信信息技术有限公司签约为手机POS机国家级代理资质,以合作共赢的方式共同开发市场、维护市场,共同在移动支付领域发展壮大。但传统市场与移动支付市场存在诸多不同,因此,成为代理商之前,立付公司就派出专业技术人员、营销人员专门至上海进行了为期三个月的培训和后期研究,力求在人员素质上达到更为专业化、业务精细化与服务针对化,成为河南市场上移动支付的重要力量。随着移动支付业务的铺开,随着互联网金融逐渐被大众所接受,移动支付现象呈现出快速增长态势,公司的业绩也呈现出可喜的态势。

未来,立付电子的发展之路还需要更多的坚持和探索,脚步永不停歇,要始终以"因为专业,所以更好"为企业发展的信念与动力,专注于线下收单、移动支付及互联网支付,致力于发展成为移动支付行业的领先品牌。

迎合移动支付大趋势 安全产品占据市场

在欧美,平均每万人拥有179台POS机,在日韩,平均每万人拥有625台POS机,然而在中国,平均每万人仅拥有13.7台POS机。中国目前有7 000万小微商户,但拥有POS机的商户却不足300万,POS机只占了市场份额的5%,有95%的市场处于空白状态,发展"钱"景可观。

同时,随着国家对互联网金融的研究越来越透彻,互联网金融、网银支付获得迅猛发展。在智能手机时代,产生了以手机游戏、移动电商为代表的大量新兴业务,同时也产生了基于移动端的各种支付需求,推动了支付方式的新发展。随时随地、高频率、低额度的移动支付特征让用户享受便捷的购买和支付服务体验,也得到了国家相关政策的支持和鼓励。

河南译国电子科技有限公司以敏锐的眼光看到了互联网金融发展潜力,于是以大手笔的1 000万元资金投入其中,2015年2月成立公司,由国内金融、支付、科技等领域资深从业人士组成。公司以先进的经营管理理念、完善的售后服务团队,致力于打造河南省最具规模的POS机销售、收单服务商。

公司与北京海科融通支付服务股份有限公司签订协议,成为其在河南省的核心省级代理商,全面代理其第三方支付产品与服务业务。北京海科融通有较为雄厚的背景和实力,隶属于中关村(唯一一家具有国企背景),拥有全国范围内经营第三方支付业务的从业资质,具备了非金融支付机构的职能。北京海科融通以第三方支付这一朝阳行业所具有的创新与激情,完成了多款支付终端产品的研制与开发:固定电话线POS终端、网线POS终端、移动POS终端,适应了商户与消费者的市场需求。

为迅速打开市场局面,译国科技成立了河南运营中心,直接对接洛阳、许昌、南阳、焦作等河南区域的经销商,增强了人员营销力度,进一步拓展河南市场。2015年3月,公司精心打造的金融服务平台正式上线,借助平台向广大商户进行全方位的招商、咨询服务,效果显著。

截至2015年10月,译国科商户总报开量已突破36 000台,特约商户签约量也刷新了平台记录,形成了公司的稳定收入来源。

在拓展商户的同时,为提高客户对产品的信心,保证资金安全,又与北京海科融通合作推出精心打造的安全支付工具支付通Qpos。这款以"小微商户金融支付专家"为服务理念的收单产品安全可靠,经过银行卡检测中心安全检测认证,综合安全性堪比POS。这样的安全产品不断拓展,使译国逐步建立了以安全支付为核心的市场竞争力,拉开了与竞争对手的距离,形成差异化优势。

技术带动产品领先　一流质量撬开客户大门

郑州某酒店内,一场特别的婚礼正在进行。一个英式古堡呈现在宾客的面前,一对新人正从古堡里款款走来,梦幻与复古的古堡情调,传统与时髦的经典搭配,将王子与公主的浪漫爱情做了最唯美的演绎! 众多宾客都惊呆了,怎么回事? 古堡那么逼真! 好似就在眼前。

这场梦幻的婚礼就是通过郑州圣之影电子科技有限公司的全息技术呈现出来的。现在,传统的婚礼仪式平淡无奇,满足不了人们的需求,婚庆行业已经开始利用高端科技进行展现。成立多年以来,郑州圣之影电子科技有限公司的全息婚礼技术已经炉火纯青,以创意、不拘一格的创新,把婚礼的氛围打造成一个梦幻、变化莫测、唯美、温馨的场景,颠覆看客的视觉,巨大的感官刺激给人们留下一个刻骨铭心的婚礼。

郑州圣之影电子科技有限公司(圣影中国)技术服务团队是新兴数字展示行业系统集成的新锐力量,是中国数字展示行业系统集成的探索者与领路者,2008年正式成立。成立之初,公司就汇聚了一批业内顶级系统集成工程师和展示设计师,提供从硬件平台、软件系统、项目运作到故障分析、数据分析和支持等一系列强劲而快捷的技术支持,通过超级图形显示技术、全息影像技术、三维动画技术、体感交互技术、云端中央控制技术等前沿展示科技,囊括数字展示整案设计及实现、创意数字内容制作、数字展项的软、硬件开发和集成等全方位一体化服务。

梦幻婚礼只是圣之影电子科技公司技术应用的一个小项目,他们推出的高科技产品还有雷达眼、多媒体展览馆、圣之影电子科技智能中控系统、互动投影、环幕影院、全息影像、全息婚礼多媒体宴会厅、沉浸式沙盘,等等,主要用于商务合作,在商务服务—文化传媒行业获得广大客户的认可,为地产、金融、能源、军工、企业、政府机关及各行业客户量身设计,满足数字可视化及互动展示需求。

虽然同类公司也数不胜数,但真正能做到完美无瑕、多姿多彩的震撼场面的没有几家。正因为技术的领先,跟圣之影合作的公司逐年再增加,行业分布呈现出多行业特点,如恒大地产、绿地置业、升龙置业、建业地产、江苏汇川地产、南昌市规划局、兰州市规划局、青岛市旅游局、河南武警总队、中国文学博物馆、许昌市博物馆、山西省襄垣县人民政府、中国移动河南分公司、许继集团、碧桂园集团,等等。

为了保证项目质量,圣之影努力打造出一支质量过硬、服务到位的项目施工队伍。公司秉承"保证一流质量,保持一级信誉"的经营理念,对于大小工程,都一视同仁,从项目评估、勘查,到方案设计、生产运输、项目施工、交付使用,能够全心投入,保证整个系统平台完整统一,并且运行稳定,达到客户满意。坚持客户第一的原则为广大客户提供优质的服务,有专业的售后人员,定期为客户更新系统、检测、维护,让客户用得舒心、放心。

以质量求生存,以创新求发展

噪声污染是世界范围内三个主要环境问题之一。在生活中,交通噪声、建筑噪声以及其他噪声充斥着人们的耳膜,对我们的生活、心理、健康都带来一定的影响。如何解决这个问题呢?其实,我们也有克制这些噪声的法宝,那就是吸音材料。郑州佳音吸音材料有限公司就是集生产、加工、来样定做于一体的专业声学材料企业,是吸音、隔音材料的生产基地,公司拥有专业的声学研究人员,为广大客户提供专业的声学咨询、声学设计。一直以来,公司本着"改善噪声环境,营造高雅空间"的崇高理念,在声学材料领域不断提高自身的产品品质和服务水平,使公司产品得到了国内诸多大学的声学教授和国内众多知名装饰设计公司的大力推广。

郑州佳音吸音材料有限公司成立于2005年,成立时就专注于声学材料研发、生产和推广。公司下设声学材料研发部、建筑声学部、声学材料部和完美视听空间部进行科学研究,并把研究成果落地,形成极具竞争力的商业产品。比如,针对我国建筑市场快速发展情况下日益凸显的建筑声学问题,公司先后开发了以楼板吸音垫为核心的吸音系统、以吸音毡为核心的轻型墙体隔音系统等等,以及以装饰吸音板为核心的室内声学装修系统,并最终形成了建筑声学集成解决方案。

产品优秀,还需要施工的配合,才能保证最后吸音效果的优异。对此,佳音一直秉承为客户负责、自己施工的原则,经过艰苦的摸索与发展,开发出了高效的施工技术,为客户进行专业吸音施工量超过 100 万平方米,成为无机纤维喷涂行业规模领先、质量优的吸音材料公司。

佳音公司培训和创建了一支熟练掌握施工技术和精湛工艺的专业施工队伍,完成了一系列高质量要求的标志性工程,已经掌握和积累了丰富的施工实战经验。公司研发的无机纤维喷涂技术,已经成功地应用在地下车库、电梯井、楼梯间、幕墙、高铁站台、地铁、设备机房、体育馆、博物馆、音乐厅、展示厅、隧道等多个领域,它集绝热、吸声、防火、降噪等诸多功效于一身,得到客户的一致认可,为人们的生活带来更加环保节能、优质舒适的美好环境。

以技术保质量,以质量求得发展

河南豫宛电子科技有限公司是一家集多媒体设备、智能录播及系统集成为一体的信息技术企业,拥有设备销售中心、安装工程部、售后维护及维修服务团队,主要从事录播教室、多媒体教室、视频会议系统、LED 显示屏等系统工程的承包与建设。

创办人闫珂从公司成立之日起,就特别重视技术的研发,凭着一批专业技术人才和一套现代化的管理体系,艰苦创业,不断创新,使公司在同行业中以技术见长,在市场上争得了一席之位。

但企业并没有满足,一直以"逆水行舟,不进则退"来警惕自己,告诫自己不断拼搏,寻求更高层次的技术合作。2015 年 6 月,公司与深圳市德安智讯科技有限公司进行技术合作,成为其在河南的分支机构。深圳市德安智讯科技有限公司致力于自主研发、生产、销售高清视频产品视频会议摄像机、教育录播摄像机、庭审专用摄像机、高清录播一体机等视频产品,技术在全国名列前茅。

河南豫宛借合作之机,学习深圳德安智讯的高精技术,培养出了一批高水平的技术、工程、售后服务人员,增强了公司的核心竞争力,迅速跻身于河南的高清云台摄像机、音视频编解码产品研制领域的最前沿。

豫宛的另一个法宝,就是用技术带动产品质量的提升与稳定。对于产品质量,公司从不松懈,从原材料的采购、到生产、包装、运输、安装、售后,都由专人负责进行监控,严格控制产品不良率,高质量的产品才能出售,不良的产品一概销毁。

公司本着"以技术保证质量,以质量求得发展"的宗旨,建立了完善的售前、售中、售后全方位服务体系,确保各个环节的质量,赢得顾客的回头。因此,客户购买到的是企业提供的最好的产品,享受的是健全、最好的售后服务。

随着"互联网+教育""互联网+医疗""互联网+会议"等"互联网+"概念在商务领域中的进一步落地,充分利用信息通信技术与互联网平台,让互联网与传统行业进行深度融合,推动行业发展的全面革新,带领了一系列的机遇。河南豫宛能否把握机会,提升技术,让企业再次飞跃呢?

向客户倾斜　服务才是特色

河南巨飞电子科技有限公司位于郑州市中原区,致力于计算机技术、数字化城市、智能化小区、计算机系统维护等专业服务,承接河南省内各类弱电施工,包括监控及周界防范、电子围栏、广播及音响工程、有线电视、集团电话、无线覆盖、楼宇对讲、计算机网络、机房建设、综合布线、一站式 KTV、宾馆、酒店、厂区,等等。公司始终如一地以优良服务和不断开拓创新的敬业精神立足于市场,坚持"信誉至上、服务为先"的经营理念,不断追求技术创新、管理创新、服务创新,提高公司在业内的声誉。

随着公司所在器材行业的不断更新和变化,公司也在不断提高员工的技术水平,加强新产品的开发。公司结合市场发展趋势,整合资源,以研发监控器材为中心,不断开拓产品线,全面发展各种规格和用途的监控器材、计算机硬件、计算机软件、综合布线等产品,满足客户的各种需要;同时整合弱电集成和系统集成的优点,合理的、健康的、人性化的为客户量身打造质量过硬的施工工程。

如餐饮行业的海底捞一样,公司在注重提供优质产品的同时,更十分注重为客户提供全方位的优质服务。公司建立了一套完善的售后服务体系,为客户提供完整的质量保障。凡公司销售的产品均免费质量保修壹年,本地公司每半年一次免费上门维护服务,对所售产品终生维护;凡系统出现故障,可拨打 24 小时维护中心热线进行维修等,使用户没有后顾之忧。公司在数码、电脑—网络工程行业获得了客户的一致认可和高度评价。

产品优质,服务到位,是公司坚持的发展导向。正因为如此,让公司产品得到了可靠的技术质量保证,也得到了丰富的客户回报。多年来,公司已经为公安、部队、铁路、医院、校园和企业提供了各种监控产品、网络建设及相关项目,以及网络信息化建设等项目。

产品开发领先,市场自然青睐

河南合创科贸有限公司创始于 2008 年 10 月,位于有"河南浦东"之称的郑东新区,是一家集安防设备销售及售后服务为一体的专业综合系统集成商,公司设立了智能车辆管理系统部、安防监控事业部、楼宇对讲门禁部、舞台灯光事业部、智能电控舞幕部、智能身份证识别系统等门。公司一直秉承"技术为本"的经营宗旨,在安防系统设备的经营过程中取得了长足的发展,在监控系统、自动化控制及防盗报警、门禁系统、楼宇对讲系统与其他弱电项目的网络集成等领域获得突破,在消费者当中享有较高的声誉,公司与多家零售商和代理商建立了长期稳定的合作关系。

公司的健康发展,是跟敏锐的市场眼光,产品领先的思维有着密切关系。早在2003年6月,十届人大三次会议通过了《居民身份证法》,于2004年1月1日起施行。由于二代新身份证内藏数字芯片,可以与机具进行相互认证,通过机读信息进行安全性确认,实现现代化人口信息管理。公司捕捉到这个信息后,开始着手开发第二代居民身份证阅读机具。

刚开始的时候,公司也是一头雾水。随着不断派人到北京等地调研、学习,经过不断的探索,逐渐掌握了阅读机具的相关技术。但当时限于各种条件,并没有拿到公安部派发的第二代居民身份证阅读机具生产资质。怎么办?做还是不做?

公司经过深思熟虑,做出了一个大胆的决定:做!自己没资质,就和有资质的企业合作。于是,经过多轮谈判,终于与公安部指定的第二代居民身份证阅读机具生产厂家合作,开始生产相关机具,供应全国各地市场。随着各省市在2005年5月开始陆续启动二代证的换发,公司的产品也大量行销全国,广泛用于公安、金融、通信、保险、教育、民政等领域,河南市场的占有率近60%。

同时,公司与国内知名的OCR(文字图像识别技术)技术生产商、文档影像技术和应用解决方案提供商北京文通公司合作,以其精准的解决方案,成功应用于中国移动通信领域。目前,公司是中国专业的"数字身份证"信息解决方案提供商——思创银联在河南唯一服务合作伙伴。

经过多年来的努力,公司已经站在了科技的前沿。稳定的产品质量,过硬的技术能力,热情的服务态度,确保了可以持久的为日益增长的安全产业提供合适的应用和服务。

这些事,我们更专业

河南金兰工程管理有限公司,始创于2006年,是由资深策划师、工程师、分析师等行业精英投资组建的专业工程咨询团队,有着专业的行业分析和项目策划能力,为各类企业、机构及个人提供编制可行性研究报告、项目建议书、资金申请报告、节能评估报告等工程咨询服务。

从全社会固定资产投资规模来看,社会上各类经济投资体量极其巨大,且保持了较快的增长速度,据某专业机构最低的预测,增速达到15%。对于很多固定资产投资者,即工程企业而言,企业主关注的是他解决市场扩展的问题,他的客户增加的问题,很少有人想到政府相关部门要求的文本规范的等等问题,或者想到但做不到,如前期费时费力的市场调研问题等。但当企业主遇到这种问题时,才明白他必须要有相关的数据或专业文本。因此,工程咨询行业的市场需求规模十分巨大。河南金兰工程管理有限公司应运而生,以高度专业化的姿态进入这一市场。

首先,金兰不断地扩充自己的专家资源库,从最初的2、3位到现在的核心专家500位、外围专家1 000多位,核心团队汇聚了产业经济、技术经济、财务金融、能源与环境、化学、生物、机械、电子信息、新材料、物流与电子商务等学科的高级人才,并且公司建立了专业人才网络和内部培训等支持系统,以保证人才储备与业务需求的结构合理性。拥有这样的行业广泛、学科完备的专家资源库,公司才能够为客户提供及时、专业的项目评审服务,形成科学、高效的咨询工作程序,不断提升服务质量,实现服务创新。

其次,公司积极进行外联,寻求与各专业设计院、高等院校、科研机构建立广泛的业务联系渠道和信息传递网络,让其成为自己的技术支持大后方,自己的智囊团。

同时,公司针对每一个项目都会组织由资深策划师、工程师组成专业团队进行讨论、研究,重大项目会外请研究院的专家亲临现场考察,从项目前期市场调研到可行性研究、节能评估、项目选址、工程设计、工程施工、员工培训、企业管理、产品营销、广告策划、战略指导等全过程提供高质量、专业性的服务,确保出具的每一份项目报告都具有极强的专业性、针对性、科学性、标准性、权威性,杜绝套模板胡编乱造的报告。

多年来,公司已为2万多家客户提供了专业、精准的工程咨询及企业策划等服务,积累了丰富的行业经验,得到了客户及行业的一致好评。

你的伙伴,你的创业合伙人

北京博斐讯科技有限公司郑州分公司是一家专业的商务服务公司,为客户提供公司注册、代理记账、商标注册等服务。

2014年3月1日实施的新《公司法》,取消了对一般性公司较低注册资本及注册资本实缴的限制,这让创业者拥有自己公司的梦想变得触手可及。现今,在大众创业,万众创新浪潮的推动下,越来越多的人选择了创业。他们可能拥有一腔创业的热血,也可能是踌躇满志,但是,很多创业者都遇到了一些问题,比如不知道注册一家公司需要什么条件,不清楚公司成立后如何报税,不明白商标注册或者专利申请怎么解决等。而网络上琳琅满目的代理公司让人难以抉择,价格不透明,隐性收费多,专业程度低,周期长,很多创业者为此付出了很大的代价,往往是时间和金钱的双重浪费,错失创业良机。

针对这些问题,北京博斐讯科技有限公司提出了"互联网+创业服务"的新模式。还是90后的公司创始人冷鹏程表示,初创企业刚开始的第一年是最艰难的,所以,博斐讯针对初创企业会提供保姆式服务,解决公司注册、财务代理、合理避税、商标、资本对接等一系列初创公司会遇到的问题。

郑州分公司团队成员既有超过10年行业经验的资深人士,也有来自知名IT、互联网行业的顶尖人才。通过专业团队的服务,依靠中国最大的自营式企业电商平台,公司可以让用户不必东奔西跑,就能够享受到一站式、全方位的企业服务,从公司注册到商标注册、代理记账、知识产权维护和法律顾问等问题得到有效解决。

博斐讯和传统的公司有哪些不同呢?博斐讯可以提供全程网络化操作,工商加急办理,时效性更强;全流程价格透明,全程可跟踪服务模式,每个关键节点都会有短信、微信、电子邮件提醒;专家督查团对每个代账会计的工作进行审核、督查,规避错误;专家顾问团依据每月账目和经营状况,会给企业提供财税风险警示,并提出改进和完善建议,降低经营和税收风险；因平台代账会计失职造成的涉税方面的责任（补税和罚款），由平台全额先行赔付。

创业者通常很关心公司注册的时间、价格、专业程度、安全性等问题。博斐讯通过互联网对业务流程进行优化，使得成本降低，价格相对同行低近50%，时间缩短30%以上，并且更加专业化，效率更高。

经历了两年的发展，博斐讯已在北京、香港、深圳、郑州、东莞等10多个城市开设分公司，预计在接下来的6个月内可以进入20多个省会城市。

2016年伊始，公司又获得了天使轮投资2 000万元。博斐讯又将怎么利用投资，又会给带给我们什么样的惊喜呢？

向太阳要世界

随着地球上各类资源日渐枯竭，发展可再生能源是大势所趋，人们对新兴替代能源的呼唤也日益高涨，太阳能作为一种安全、节能、环保的新能源越来越受到人们的关注。河南盛世光谷能源科技有限公司以发展绿色能源，造福人类社会为己任，积极致力于太阳能新能源应用领域的开发和推广。盛世光谷是一家集研发、制造、销售于一体，主要业务为太阳能光伏产业的高科技企业，主要从事太阳能电池、组件的生产、销售，光伏产品技术开发与销售，光伏系统集成，电力设备销售等业务。公司可以根据客户的需要进行订制生产，满足各种行业的特殊应用。公司成立于2009年，经过不断发展，形成了一支有过多年光伏行业经验、高素质的光伏产业团队。

公司的专业技术团队致力于新技术的研发与应用，对太阳能分布式光伏发电系统集成进行深入研究与相关的技术升级。技术团队针对居民用户、工商业用户、公共建筑用户等不同类型，都会多次来到现场，勘察客户的建筑物结构、全面考虑当地光照条件、建筑特点、光伏发电补贴政策、电网接入情况等因素，制订针对性的能源利用计划，竭力为客户提供可控、可调、稳定、高效的太阳能光伏发电系统智能化解决方案，并可根据用户实际需要，从立项咨询、方案设计、备案申请、工程安装、并网支持、发电运营、监测维护、系统升级等各个环节为用户提供一站式综合性服务。

公司的专业服务团队构建了机制灵活、结构完善、快速敏捷的服务网络机制。公司拥有的强大的售前客服团队、售后团队，对所承接的工程以及售出的设备，能够提供24小时的技术支持与终身质保的售后服务，免去客户的一切后顾之忧，深受客户喜欢。在我省广大家庭的屋顶、工厂、商业楼群的屋顶、畜牧养殖业基地、学校、医院屋顶、各种公共设施上都可以看到盛世光谷的光能源产品，真正做到了向太阳要能源，借太阳建世界。

目前，光伏发电系统成为当下最火热的项目。利用太阳能进行发电，自己用电不花钱，还可以拿国家补贴。盛世光谷在积累了丰富光伏经验的基础上，也大力进军了农村市场。2016年3月，盛世光谷应平顶山汝州县海尔经销商邀请，到当地对居民进行光伏相关知识的培训，让更多的人了解光伏发电，让更多的人从光伏发电系统中收益。

因为专业所以信赖，因为用心所以超越

随着奢侈品购买量的增加，奢侈品回收服务持续走俏。两全其美珠宝是一家集钻石、珠宝、钟表、箱包、黄金饰品、翡翠、高端奢侈品等回收与销售为一体的综合型珠宝公司，在河南省率先开展了专业二手名包评估回收业务。目前，公司在郑州、长沙、南京、苏州均设有客户接待中心，为需要出售二手奢侈品的顾客提供良好的服务平台。

过度消费往往会带来消费过剩，二手交易平台就成了许多消费者处理买多了或过时闲置物品的上佳选择。两全其美珠宝致力于打造河南省最公平、最专业、最便捷的奢侈品交易平台，凭借经验丰富的专业从事回收评估的团队，竭诚为每一位客户服务，让客户闲置的奢侈品真正活起来，使二手物品变现不再困难。

对于二手奢侈品交易平台，客户最关心是专业、公平与诚信。自公司成立以来，两全其美珠宝始终坚守"客户至上，专业精准，用心服务"的业界良心，秉承评估精确、价格公道、变现迅速的行为准则，通过打造专业的鉴定团队、严格的估价体系、优质的服务体系和完善的管理制度，为客户创造了一个安全、优良的奢侈品回收与服务环境。

两全其美珠宝本着为客户竭诚服务的理念，急客户之所急，想客户之所想。客户可以直接到店咨询、鉴定，公司会有专人为客户提供一对一的专业服务。对于不方便直接到店的客户，公司还提供了微信、QQ、电话等沟通方式和交易渠道。同时，两全其美珠宝还要求服务人员不仅能够为客户提供贴心的服务，还要善于学习，具备各种专业的知识，以了如指掌的奢侈品知识为客户提供有价值的顾问式服务，用真诚、专业与贴心服务赢得客户的信赖。

用业务模式创新成就服装外贸企业的梦想

河南驰蓝进出口贸易有限公司成立于 2012 年，专注于纺织品、服装的出口业务，市场主要为欧洲、美国等地。公司主营产品有休闲夹克、休闲棉衣、户外滑雪装、冲锋衣、雨衣、针织童装等。近几年，服装出口市场的不断调整，企业面临的经营压力越来越多。驰蓝面对严峻形势，锐意创新，迎难而上，调整经营方式，取得了良好的效果。

驰蓝，寓意为驰骋蓝天，象征着内心对于自由、民主的向往。驰蓝（CCIOLA）的英文源于希腊语 LUCCIOA，汉语寓意为"萤火虫"。萤火虫在人们的理念中象征着自然、浪漫和力量。借此寓意，公司希望自己的每一位员工能够在驰蓝这个公平、开放的舞台上，能充分发挥自己的聪明才智，绽放自己独有的魅力。公司的管理理念在于，让每位员工充分体会到作为公司主人的自由和自主性。经过不断的发展，公司已经建立了团结向上、积极奋进的专业团队。公司的技术力量以有 20 年以上工作经验的中年师傅为主，业务骨干以年轻力量为主,相辅相成,形成了合理的人才梯队结构。

驰蓝的业务模式是自主品牌的生产和外贸代工相结合。公司主要以出口欧美市场为主,在接受国外 OEM 订单的同时,也在致力于发展、开拓自己的品牌。面对目前严峻的外贸出口形势,公司一方面深入了解市场的变化,不断改进产品设计,提高产品质量和服务质量,努力争取出口订单;另一方面,公司加强了与国内有实力的服装设计、生产厂家的合作,建立双赢的战略伙伴关系,携手共度经济寒冬。

公司在致力于自我创新、自我发展的同时,也以自己的管理方式和理念影响着合作伙伴,以实际行动,投入公司的技术力量和业务指导,支持着省内各地位于农村以及城镇的有合作关系的小加工厂的管理和发展,主动承担起帮扶的社会责任,帮加工工厂解决实际困难和技术问题,实现共同成长。

为千家万户送去清新的空气

当"雾霾"不再是一个新鲜词汇,当人们外出行动就只能"以罩遮口"时,越来越多城市人开始更加重视空气污染对健康的危害,而各种环境下的室内,如写字楼的办公场所、电影院、居民家庭等,受装修、吸烟、烹饪等多种因素的影响,室内的甲醛污染、PM2.5 浓度等并不一定比室外低。有关资料表明,室内空气污染比室外高 5 ~ 10 倍,室内空气污染物多达 500 多种,室内空气污染已成为多种疾病的诱因。

河南康正环保科技有限公司是一家专注于室内环境和车内环境健康领域,集销售、工程服务为一体的环保科技企业,业务范围主要是室内环境污染检测及综合治理,集中空调通风系统清洗服务,推广、销售空气净化器、净水器等人居健康产品等。公司期望通过先进的产品、优秀的施工,让千家万户享受到清新的空气。

公司重视技术研发,组建了由十多位中、高级工程师领衔的、专业高效的研发团队。同时,与省内知名环保专家、高等院校进行合作,共同开展室内污染与健康领域的研究与技术开发,从而更为准确地把握研发方向,不断提高研发层次,从根本上保证产品和服务不断朝着国内一流水平的目标稳步前进。公司拥有多项发明和实用新型专利,多项核心技术处于国内或省内领先水平,其中,基于气触媒优异的产品性能,独创了"气体+液体"的室内空气污染综合治理模式,再配合高标准、严格要求的服务流程,使室内污染治理效果显著,安全、高效且不反弹,尤其是除甲醛的效果优异,深受广大客户的信赖。

公司一贯坚持质量就是企业生命,大力实施质量立业,建立了较完善的产品策划、实验、测试、质量控制系统,把室内、车内空气净化产品的研发、制造、服务和现场管理都置入严格的质量管理体系之中,真正把出厂前的产品质量控制在较高的水平之上,不让品质降低,为让客户营造真正满意的健康、环保的环境。

通过多年的市场营销实践,公司形成了显性差异化运营商务模式,在与不同行业领域内的客户进行合作时,会有针对性地进行定制化的污染的治理与解决方案的设计,从而大大提高了治理的成功性。公司还通过先进的市场营销手段,吸引了国内多家商务推广平台的主动合作,建立紧密的战略合作伙伴关系,为公司的产品推广、工程业务拓展等提供了强有力的支撑。

以纸代塑,倡导绿色消费

可回收利用的一次性纸杯在环保方面有着绝对的优势。纸是由可再生的天然木材为原料制造的,它的优点就是可降解和可回收。随着政府和消费者环保意识的不断增强,虽然在短期内完全禁止使用塑料食品包装是不可能的,但纸制品将在更多的领域内取代塑料制品是一个必然的趋势。据了解,目前国内市场年消耗一次性纸杯餐盒达1.2亿只,且消费量逐年递增,市场前景广阔。在今后相当长的一段时间内,纸杯市场需求仍将保持较高速的增长,不少企业或投资者把目光投向了纸杯行业。

一次性纸杯为目前国际上提倡的"以纸代塑"、消除"白色污染"的绿色替代品。成立于2000年的郑州益馨纸杯有限公司,是专业设计印刷生产高档中号广告纸杯、一次性市场通用纸杯、品尝小纸杯等纸制杯的专业厂家,一直致力于国内环保产业的发展和促进绿色消费。公司从方便消费需求和环保的角度出发,严格产品质量管理。公司拥有先进的自动制杯机械及印刷设备,纸杯的原材料、印刷油墨符合国家食品级卫生标准,产品采用原生木浆加PE双层设计,大豆环保油墨,四色机印刷,天然环保,并且具有耐高温、不渗水等特点。

益馨纸杯着眼于向客户提供优质的产品和服务,通过合理安排生产和不断扩大产能,确保向用户按时、有效地供货;免费为客户提供专业拍照、印前设计、出彩稿等服务,以优质的服务提高客户的价值;对客户的需求力求快速做出响应,高效执行客户的订单任务,确保客户百分百的满意度。在经营过程中,益馨纸杯坚持信誉第一,真诚对待每一位客户,以客户的信任作为衡量公司是否成功的标准。同时,益馨纸杯还十分重视产品的创新,坚持以市场为导向,需求为引导,创造性地设计和开发符合环保要求的产品,以卓越的产品品质,构筑企业的品牌。

用完善的服务打造人们的平安生活

经过多年的发展,国内安防市场基本改变了以前较为混乱的局面,规模化的安防企业越来越多。同时,随着技术的不断创新,安防产品越来越丰富,多样化的产品能够帮助安防企业实现快速发展,这也导致了安防行业竞争极为激烈。

河南亚奥达电子科技有限公司是一个高起点的,专业致力于智能化、数字监控销售与安装为一体的新型高科技企业,主要提供安防(视频监控、防盗报警、楼宇对讲、电子巡查、出入口控制、停车场管理)、多媒体(教室、会议室、多功能厅)、智能家居的高端系统集成等服务。针对市场的整体状况,公司不断加强服务创新,用优质的、完善的服务为客户构建安全的工作与生活环境。

公司高度重视队伍建设,促进员工素质的不断提高。不管是产品设计人员,还是产品售后服务人员、销售人员,公司都加强都进行系统化培训,使公司人才济济,技术力量雄厚。坚持以人为本,凝聚了一批国内一流的软件及电子技术专业人才,采用"重视人才,珍惜人才,爱护人才"的用人政策,使员工素质在实践中得到升华,是企业的技术实力持续增强。公司还与省内高校及科研机构保持密切的合作关系,借助专业研究机构的科研力量与成果,大大增强了公司的技术创新能力,从而保证了安防设备的高精新性,有效满足了各行业客户的需要。

亚奥达电子科技还建立了完善的产品服务保障体系。"一流的技术支持,完善的售后服务,注重效率,讲求信誉"是河南亚奥达的经营原则。除了常规的客户技术支持服务外,公司还根据客户的实际需求,提供协作开发、整体解决方案咨询、客户现场支援等服务,使公司的服务得到了用户的充分认可和信赖,并成为公司重要的竞争优势。

经过多年的发展,企业的产品在省内各大银行、机场、电力、电信、交通、煤矿、水利、医疗、监狱、教育、小区、政府机关等领域得到广泛应用,成为河南最有实力的安防企业之一。

随着农村经济的发展,亚奥达电子科技注意到了农村安防市场的变化趋势,认识到随着农民收入的不断增多,农村消费结构正发生着巨大改变。国家提出的"平安农村"建设和农民对安全的重视及认识观念的不断提升,使农村安防已经成为中国安防行业的又一增长点。因此,2016年伊始,亚奥达电子科技就开始着手进行农村安防市场的渗透,期望在这一领域大展身手。

郑州力天宏业:安防蓝海里的遨游者

经济发展导致人口流动频繁,社会治安及安全形势成了社会问题,随之安防成了近年来发展最为迅速的行业之一,产生了像大华、海康威视等国际级大公司。伴随着各种安防产品的出现,不法分子无处遁形。

郑州力天宏业科技有限公司是一家区域性安防公司,是河南省公安厅重点推荐的安防科技实体。公司建立了专业化的人才队伍,有着丰富的安防工程建设的经验,提供从安防监控到网络工程等服务,特别是在固定目标的监控、报警、可视对讲等系统工程项目上,能够提供从设计、安装到维护的全过程服务,逐渐成长为一家高科技、网络化、规模化的产品开发与电子保安服务为一体的优质企业。力天宏业注重员工队伍的整体素质和专业技能,公司70%以上的员工具有专科以上学历,并且有十多人具有省公安厅安全防范办公室颁发的安防资质专业从业资格证书。

力天宏业在市场上注重与相关企业的横向合作,如和深圳K牌、三星、索尼、杭州数尔、北京汉邦高科、莱克安防等都建立了长期稳定的业务合作关系,从合作中学习安防经验和技术,用别人之长补自身之短。经过持续的市场开发,力天宏业的产品已经应用到包括银行、证券公司、商业、学校、公共建筑等不同场景模式中,效果良好。

本着"用户至上"的经营理念,力天宏业立足郑州,放眼河南,正在走向全国。力天用专业团队、优秀的服务品质深耕市场,获得了客户认可。相信通过不断的努力,力天宏业的未来会更加美好。

雷昊电气:专注于防雷业务市场

郑州雷昊电气设备公司成立于2015年,是一家专业设计、生产、销售防雷器、避雷针的企业,主要产品有避雷针、防雷器、避雷塔等,并集成其他品牌产品,提供涉及安防、通讯、金融、交通、石化、智慧城市等领域的防雷一揽子解决方案。

雷昊电气通过建设高水平的设计、生产、施工队伍奠定了市场竞争的基础。公司具有中国气象局颁发的防雷工程专业施工、设计丙级单位资质证书,有自己的设计研发团队,核心成员都有承担大型防雷项目设计、施工管理的丰富经验,工程项目不外包、不挂靠。公司现有高级工程师2人,具有专业防雷工程资格证书6人,以及一批持有各类技术工程上岗证的技术工人,都受过专业知识的培训,可以满足大中型项目防雷设计、施工的需要。

雷昊电气以高效的管理降低产品成本,在保证质量的前提下,给客户提供有竞争力的价格支持,获得了良好的市场信誉,如近期完成的南阳某加工厂防雷项目就赢得客户高度认可。

防雷市场是个小众市场,市场容量有限,雷昊电气要发展,必须在市场拓展上下功夫。雷昊的市场举措之一就是进行网络营销。雷昊建立了自己的专业网站,通过国内各种网络媒介推广自己的网站与品牌,利用网络的力量更广泛地宣传自己,让有需求的客户能方便、快捷地联系到公司,既方便了客户又节省了销售成本。

雷昊电气才刚刚起步,以后的路还很远。比如建设更加专业的研发设计队伍,生产技术含量更高的防雷产品等。相信雷昊电气未来更美好。

提供最好的后勤服务,做创业者事业的好帮手

河南金科餐饮管理有限公司是一家综合性餐饮机构,拥有餐饮管理总部及运营培训中心两大核心,一个大型的培训基地。现已招收、培训近万名学员,员工100多人,涉及餐饮开发、餐饮培训、餐饮加盟、设备生产四大核心业务领域,在业内具有较强的实力。

自成立以来,金科餐饮始终坚持"自主创新、服务市场、精诚合作、共创双赢"的企业宗旨,本着"做老实人、说老实话、办老实事、走老实路、赚老实钱"的五老实企业精神,以

质量求生存,以信誉谋发展,不断开拓创新,在激烈的市场竞争下,通过公司敏锐的市场洞察力,丰富的项目运作经验,成功运作推广了餐饮连锁投入少、风险小、周期短、收益大的优势项目,凭借口碑与合作关系,在持续改进、不断创新、追求卓越的信念支持下,企业迅速发展壮大。

经过多年励精图治,金科人本着对餐饮行业的执着与热爱,以发扬"绿色餐饮"为己任,不断围绕"特色、养生、品质"进行科技研发,目前,总部旗下拥有多项金牌特色餐饮项目和几十种特色餐饮技术。金科凭借长年的实战经验积累及对国内外餐饮经营企业管理的深入研究,不断地将先进的餐饮管理模式与中国餐饮业的实际情况相结合,为广大创业者创造了一个完善的特色餐饮创业平台,带领众多创业者获得了人生的创业成功。

金科餐饮着眼于与客户建立长期良好的合作关系,重信用、守信誉,为客户提供优质的产品和高效贴心的服务。公司秉承"诚信为本,市场为导,准确定位,共谋发展"的企业理念,坚持以客户满意作为公司产品和服务的标准,坚持以诚信立足、诚信经营,在市场中树立了良好的企业形象。

民生银行成立了专门负责产品创新的认定委员会,对新产品进行全面评估认定,并制定相应的奖励政策,加大对新产品开发的激励。从买方付息票据贴现业务、外汇票据买断业务到保理业务、民生集团网,再到账户信息即时通、住房二次抵押贷款以及个人委托贷款、理财风暴、"一桶金"小企业主经营贷款等业务,不断推出的创新金融产品已形成民生银行独具特色的、有市场竞争力的金融产品体系,强化和提升了民生银行的品牌内涵。

民生银行郑州鑫苑中央花园社区支行在发展消费信贷业务过程中,把房屋按揭业务作为重点突破口,针对不同消费者的个性化需求,大力开展家庭综合消费贷款、消费微贷、汽车消费贷款等业务,创新推出四大产品,为迅速扩大消费信贷业务提供了重要支撑。

(1)消贷自助支付。消费者在申请贷款额度时,可以签约"消贷自助支付"功能,将贷款额度与放款的借记卡进行绑定,在持卡交易时就能联动触发单笔贷款发放。这一"贷款额度+借记卡+多渠道自助放款"模式,实现了消费者在交易场景就能支用贷款,简化了放款申请操作,大大提升了消费者用款体验。

(2)消贷自动化。是一种"互联网平台申请+数据模型分析+多渠道自助支用"的全新业务模式,在网上银行、手机银行、第三方合作平台、自助机具、门户网站等建立"消费贷款申请专区",将借款申请受理转移到线上,不仅突破了物理网点和营业时间限制,而且实现个人消费微贷的"规模化、批量化"受理,节省了人工成本,提高了评审效率。

(3)小区宝消费贷款移动受理平台。即以运行 ios、android 等操作系统的手持移动智能终端(如 ipad 等)为载体,将移动互联网技术与小区金融服务相结合,不仅具备消费贷款申请、实时授信额度评分等功能,而且以智能终端为平台,提供消费贷款业务的集中营销、销售管理、产品培训以及学习提升等支持服务。

(4)消费微贷产品创新。银行基于个人所得税、社保缴费、公积金缴存、电话费、银联交易数据、日常水电缴费等大数据信息,开发的个人消费信贷申请、审批流程及相关产品。

创造多元化的幼儿教育环境

福晓幼儿园位于新郑市龙湖镇文昌路，以"高品质、国际化、贵族式"的办学定位和"关注心灵成长，创造丰富多元的教育环境，培养孩子学习兴趣、学会学习、学会交往、学会做人、学会生存，创造孩子生活、学习轻松愉快的条件"的办学特色确立了独特的品牌形象。福晓幼儿园与美国幼儿园同步教学，实施精品教育，让孩子切实享受全方位的国际化优质教育。Lisa 园长表示：福晓幼儿园用国际化课程、国际化视野让孩子在 3～6 岁最重要的人生阶段，接受最适合他们的教育，同时也为幼儿建立正确的世界观，提升人生格局打下基础，提供良好的保障和便利。

课程与美国同步。福晓幼儿园的课程是原汁原味的英文原版教材——美国丹尼斯情景教学。每个教室都是一个情景，专业幼儿外籍教师全天候陪同，通过教具的操作，实现感官训练、建构数字概念等，来培养和锻炼孩子的各种能力。

独具匠心的教育环境。福晓幼儿园集合了中、美等多地的顶尖文化及先进教育理念，从外部装修到内部设备的装配，从丰富的玩教具到各类的特色主题教室，从优秀的教育理念到高级的师资配备，都传承了国际教育机构的精髓及理念。大型玩具和独具匠心的图书室、科学探索实验室、美劳室、音乐感统教室等现代化教学用房等，处处彰显着福晓幼儿园的精致、精细与精心，环境时尚现代而又格调高雅。幼儿园的每块空间、每个区域都精心设计，每个角落都体现出教育的功能，为幼儿的成长创设了最优的环境。

坚持小班制，每班 15 个孩子，配备 3 位老师，分别为外籍教师、外语助教、中文教师。在教师配备上，严格保证 5 个孩子一个老师的比例，以充分保障老师有足够的精力和体力细微观察到每一个孩子，尊重他们的个性，满足他们的个性需求，从而让孩子得到真正的快乐。

福晓幼儿园的外籍教师都具备国外幼儿教育的相关认证和证书，外语助教一般是从国外留学回来的老师，或者是从外语系毕业的优秀教师，中文助教是从专业幼儿师范类院校毕业的优秀教师。幼儿园经常开展不同层次的培训，使教师都能得到相应的发展，老师们能在第一时间学习到孩子们真正需要的知识。福晓坚持专家引领与实践反思相结合，为教师搭建各种学习与实践平台，使教师在活动中拓宽专业视野，提升整体素质。

点燃心灯　师爱无限

两岸早教是来自台湾与世界同步的婴幼儿早教机构。2008 年登陆郑州，目前拥有婴幼儿游泳抚触馆、两岸母婴用品旗舰店、婴幼儿摄影工作室（成长记录）及 B2C 网络商城，拥有 6 家总面积超过 6 000 平方米的教学中心，并吸纳 4 000 名高素质会员家庭，是郑州最大、最专业的婴幼儿一站式服务专家。依靠先进的教育理念和高水平的团队,两岸早教在规模、实力、师资、课程、口碑、影响力及收益等多方面飞速发展,成为中部地区婴幼儿早期教育一站式服务专家及领军品牌。

一、先进的教育理念

两岸国际教育集团源自台湾理念,同步世界发展,是国内婴幼儿早期教育的权威品牌。秉承中华民族悠久的历史底蕴,融合东西方文化的交流与思想碰撞,带来教育的多元价值。

两岸早教以国际先进的教育理论为基础,设计和构建教育体系。以蒙特梭利博士的教育理念为指导,用爱和尊重、自由和宽松作实践的指导;以美国南加州大学艾尔丝博士的感觉教育和感觉统合训练为基础;以英国牛津大学脑科学研究理论为依循;以美国哈佛大学的多元智能开发理论为课程;以台湾潜能研究中心编著的儿童身心发展综合能力测评量表做评价;不断引进世界最先进的科学教育研究理论,从脑科学、多元智能、感觉统合等方面系统地对孩子进行3Q教育(IQ:智商开发、EQ:情商培养、CQ:创造思维和创造能力培养)。

两岸的教育目标是"亲、子、师"三位一体,坚持亲子同步、共同成长的学习方法。家庭是孩子成长的重要环境,父母是对孩子影响最大的因素。让家长学会科学正确的教育方法,对孩子的健康、快乐成长意义重大。家长要习惯于在家中给孩子创造一个和谐的学习环境,毕竟家长是孩子最重要的老师。只有家庭、孩子和早教中心共同配合,才能够真正地达到早期教育的目的。

二、课程体系

两岸早教倡导"亲子师三位一体"的科学教育理念,在国内率先提出"科学早教不仅针对孩子,更重要的是指导家长"这一重要教育方向,将科学开发幼儿潜能和寓教于乐的学习课程有机结合,在亲子课程、感统课程、音乐课程方面拥有国际领先的课程研发体系。

(1)亲子课程。侧重开发幼儿的潜能,促进幼儿语言、智力、艺术、情感、人格和社会性等方面的全面发展。

(2)感统课程。从孩子身心能力发展的角度,设计合适的教具与活动,以求高效能地帮助孩子感觉系统的健康成长。

(3)游泳抚触。亲肤接触外界事物,促进感觉系统的学习,并通过运动促使肢体和肌肉的发育。

(4)特色音乐。运用实景感知特色民族的风俗风情,进而深入感知民族音乐的韵律、曲调和节奏。

(5)入园课程。帮助宝宝创立并适应进入幼儿园生活的自主活动环境,让宝宝顺利完成进入幼儿园的过渡阶段。

两岸早教针对宝宝各个年龄阶段不同的生理发展需求、心理发展规律,以及不同阶段的关键期,设计具有针对性的课程。0~3岁是宝宝的感官敏感期,没有抽象思考和逻辑思维的能力,主要是通过味觉、嗅觉、视觉、听觉和触觉等途径来获得基本经验、形成概念,作为想象,思考和创造的基础,应尽量让宝宝自己去看、去听、去摸、去操作来获得实际经验,给予宝宝感官的刺激练习。在亲子课上,有自我介绍的环节,引导宝宝说出自己的名字、年龄、性别,并学会说谢谢,增加宝宝的语言表达能力,建立自我表现意识。老师用专业语言,引导宝宝依次领取工作材料,并在操作完成后,独立归还,培养宝宝的秩序感。在做活动展示时,老师要求家长不要给宝宝过多的语言干涉,因为宝宝的大脑发育不成熟,做事时常左顾右盼,专注力短暂,接受信息在瞬间完成,所以要给宝宝一个安静的观察空间,培养专注力。课程中设计的音乐亲子律动,不仅增加宝宝的音乐节奏感,同时促进宝宝与家长间的亲子感情,和其他宝宝的互动,也可以增进宝宝的社会交往能力,培养良好情绪。在教室的活动中,会进行专业蒙氏精细动作的训练,锻炼宝宝手指的灵活性和手眼协调的能力。在感统厅进行的亲子感统课,会有大滑板、组合、球池等练习,锻炼宝宝身体的协调性和大肌肉动作的发展。

总之,课程注重宝宝习惯的养成、性格的塑造和感觉教育,让宝宝在一个轻松的氛围中感受爱的温暖,充分发挥自己的潜能。两岸早教倡导爱与科学,尊重孩子个体的发展,培养宝宝成为健康、快乐、自信又高能的孩子。

三、优秀的团队运营

两岸早教从战略布局、服务、教学、研发乃至硬件设施、公司形象等方面,都以高标准和高专业度要求自己,以卓越服务和品质为广大家庭提供最为优质和科学的服务。两岸早教坚持"专业+经验+创意+服务"的经营理念,锐意进取,追求卓越,打造出优秀的教学团队和运营团队,致力于成为国内最权威、最专业、最大的婴幼儿成长一站式教育机构。

两岸早教坚持一流的师资水准,所有教师均按照台湾教学研发团队的标准统一培训,持国家高级育婴师资格证上岗,秉承两岸早教专业、系统、科学的教育方法,以一流的国际化课程和高品质的服务提供科学、专业的早教指导!早教属于专业性比较强的行业,对从业人员的要求非常高。亲子老师和亲子顾问需要先接受为期至少30天的前期培训,工作之后也是培训不断。公司要求每个岗位都要坚持每天有演练和培训。

两岸总部对于分支机构的支持非常全面。总部有运营指导、课程培训、团队拓展、销售能力提升等,全面提高分支机构的运营能力和水平。对于出现的问题,总部会及时回复和解决。

两岸早教各中心装修全面执行国际标准,所涉及材料一律采用无毒、无害、无过敏的装修材料,并且要通过权威部门严格的质量安全检验。教学器材也同样选择对宝宝身体健康无任何危害的环保材料定做而成,一切都旨在达到最安全的教学环境,呵护每一位宝宝的健康。

两岸的发展目标是"立足中原,放眼全国"。目前,已在省内多数城市成立了两岸早教中心和幼儿园,在全国一些大城市如北京、太原、重庆等地成立了早教中心,两岸的分支机构已超过40家。下一步,两岸将成立上海总部、两岸国际学校、两岸职业培训学校等系列教育机构,并继续以中原为发展基地,面向全国各地展开全面连锁合作,计划在全国20多个省市的100多个重点城市陆续建设两岸教育机构,把最专业的教育理念、最优秀的服务带给全国各地,将两岸教育之爱播撒至中华大地。

专业演出营销，你找我

河南比比西文化传媒有限公司是一家集演出、活动创意、策划、设计、执行为一体的公关活动策划公司，主要业务为承办各类型礼仪庆典、晚会演出、周年庆典策划制作、灯光舞美布置、商务会议、商业路演、公关会务、新闻发布、时装走秀、展览展示等活动。

经历了2014年的市场短暂调整后，中国的商务会展、演出业再次取得较快增长。据不完全统计，2015年全国性展会达3 500多个，地方的商务会议、年会、发布会等不计其数，而经济发达地区的市场增长更为明显，"精耕细作"式的发展逐渐成为活动策划业发展的"新常态"。

在这个充满了商业机会的市场里，河南比比西文化传媒有限公司在建立之初，就提出"专业"二字，以专业对待市场需求。凭借多年的专业演出营销、服务以及对时尚脉搏的把握，系统整合各方资源优势，坚持"以客户为中心"，以便捷省心的一站式服务、个性化的策划，打造高效、完美的项目活动效果。

比比西由业内资深人士共同出资组建，每个人都在这个行业里从业多年，经验丰富，管理团队相当专业；与公司合作的专业模特有数百名，包括中外平面模特、影视模特、时装演出模特、内衣模特、商展模特等，均来自国际、国内一流模特经纪公司，具有国际水准；企划人员在商业活动策划、组织方面具有丰富经验，主要成员拥有多年在不同行业的实战营销经验，特别是对大型工业产品、快速消费类产品的市场营销推广深有体会，能够不断创新，为演出演艺、展览展示、庆典、会议植入新的概念和生命力，努力做到设计理念能充分诠释客户的意图，做到空间艺术与商业运用的完美结合，高质量完成每一次的演出、展览及庆典工程，使每次活动、每个细节都充分体现出比比西卓越的策划、统筹和执行能力。

公司还努力把握国际、国内的时尚气息，用"更时尚"来要求旗下的演员、模特和策划人员，把时尚用于企业的演出营销，以高端的时尚服务为每个客户提供品牌建设、形象推广，打造特有的企业时尚形象，使郑州乃至河南的企业不再是"土""俗"的代名词。

经过多年的专业经营，凭借优质的服务，公司的客户已涉及国际、国内各类知名品牌、各类企业、政府及事业单位，覆盖电视、互联网、报纸、杂志等国内外重要媒体，合作伙伴遍布全省及其他省市。

新鲜 Idea 新鲜人

河南北冥有鱼广告有限公司是一家具有崭新广告理念，集广告设计、制作为一体的综合性广告服务公司。公司的主要业务是为企业量身定制品牌体系、规划战略，在企业定位、新品策略、终端形象、品牌体系及广告发布等方面都有强大的专业实力。坚持以服务求生存,以创新求发展的经营理念,使公司在竞争激烈的市场中赢得了一席之地。

作为广告公司,要进行品牌策划,最重要的就是思想、创意和策略。北冥有鱼广告有限公司汇聚了新鲜血液,融合了前沿广告思想,专注于为客户提供全面的品牌解决方案。公司坚持以市场为先导,倡导策略化设计,致力于为客户创作脍炙人口的大创意,而不仅仅是小创意或是画面设计。设计中重视现代数码的应用,认为数码是广告策划中不可分割的重要组成,它能更好地让消费者参与互动,推动消费者与品牌建立更深的联结,使营销活动更具效果及影响力。

正因为拥有前沿的广告思想,北冥有鱼才能在众多竞争者手中获得客户的垂青。2013 年,北京布拉格商业公园对其企业识别系统进行整体策划招标。布拉格商业花园是全北京唯一一座布拉格建筑风格的购物中心,是亚洲最大的居民社区,因此它的招标条件严格至极。北冥有鱼凭借着超前的意识,独特的构思,高端的视觉效果,赢得了客户的赞赏,成功夺标。公司凭借着超前的策划理念,还帮助了多家家具厂商(如非凡客厅、明宇家私等)设计产品手册,并一直着保持良好的合作关系。

北冥有鱼也善于把前沿广告思想落地,带来了现实的营销业绩。2015 年,公司签下了由银联商务与联企科技开发的全民付金融自助设备的河南省内广告运营业务,借助全民付设备在全省超市的放置,把合作企业的广告推送给大众,使企业取得了良好的广告效益。

公司拥有一批年轻、乐观、积极、勤奋的员工,这些专业广告设计师、策划师和市场精英都怀着共同信念,接受先进的广告思想,将专业的设计技能,独到的创新思维,融入每一件作品,以真诚的服务之心对待每一位客户,力争为客户交上一份满意的答卷。新鲜人做新鲜事,出新鲜广告,这才使公司在竞争激烈的市场中得以稳步发展。

神"雕"大侠

在广告行业里,有些公司精于策划,有些公司精于创意,而郑州神雕广告有限公司则精于制作、安装,尤其是精于专业制作各种发光字、标识标牌、楼体亮化工程。神雕广告位于中国最大的中力国际广告材料市场,在这个市场里,大大小小 100 余间商铺聚集了河南省内绝大多数的广告材料、设备、设计、制作加工相关的知名公司。神雕广告在激烈的市场竞争中,一步一个脚印,稳健地向前发展。

公司成立于 2002 年,当时只是一个小加工门面,做招贴等简单的广告业务。2005 年,经过详细的调研,发现安阳有一家小企业神雕一号灯箱加工企业的生产技术不错,经过充分协商,双方进行了合并,成为集制作、安装及材料销售为一体的专业公司,专门研究、制作发光字。随着业务的开展,生意愈做愈好,公司设立了设计部、生产部、业务部、工程部,拥有了自己的的企业团队。2008 年,公司签约"深圳华胜光电",拥有了自己的灯具供应厂家。2011 年,开始涉足标识标牌的设计、加工、制作、安装业务。

公司一直专注于加工,加工,还是加工,从简单到复杂,从手工到自动化,虽有起伏,但从未改变。也正因为如此,神雕广告公司也逐步成为河南发光字加工制作行业的龙头企业。现今,公司拥有大型设备6台,辅助设备30余台,拥有技术人员30多人,在这个行业里愈做愈专业。

在业务发展的同时,公司积极与国内同行企业进行交流,多次参与行业论坛和技术交流活动;时刻关注新技术、新材料的发展,利用新技术、新材料提升自己的制作工艺,推进产品升级。

经过多年不懈努力,公司在全国发展了一大批合作伙伴,涵盖房地产、酒店、医院、商场、写字楼、厂区、高速公路、新农村建设等领域,近期完成的项目有郑州九江酒店楼顶大字施工、安阳KTV楼顶发光字工程施工、百盛商场楼顶大字施工等。通过不懈的能力,公司取得了良好的经济效益。

十年老店,还是这里到位

郑州盛天亚影视广告有限公司成立于2001年,一直致力于影视广告片、企业专题片、微电影等策划、拍摄与制作,成功地为银行、房地产、食品、电子信息、酒店、家电、农资等不同行业的企业的产品推广、企业形象宣传以及城市形象、旅游推广等,拍摄过大量的电视专题、宣传片、广告片等,优秀作品近千件,为许多企业的产品拓展市场发挥了重要作用,赢得了越来越多的信赖与支持。

一、成长,从无到优

1999年,郑州盛天亚影视广告有限公司的创始人、总经理刘志广,只身来到郑州谋出路。当时,由于条件所限,只能给别人打打小工。后来,有个机会,刘志广去了一家开在郑州经三路明鸿新城小区从事广告业务的公司。当时的经三路,北边尚未打通,整个东风渠一带,都极其荒凉。"刚到黄昏,基本上就没人了,女的都不敢往那边去,我们几个男的胆大一些,去一趟也是跟探险一样。"尽管周边荒凉,尽管公司窝在小区里,但这家广告公司也是很有实力的。也正是这样,刘志广学到了很多后来在自己开办公司中受益匪浅的东西。

经过系统的学习,2000年底,刘志广开始筹备创业。2001年4月,公司正式成立,办公地点设在农业路的易华大厦,是个大"筒子楼",条件一般,十几个人就在那里加班加点,给别人做各种广告。如果有客户上门,他们总是要"小心伺候"着,仿佛谁来就是照顾生意一样,属于完全的买方市场。2003年,随着业绩的不断提升,刘志广把公司搬到了号称"黄金大道"的经三路,入驻金成国际广场。

经过十几年的艰苦创业,凭借优质的服务,公司越做越大,也有了较多的固定客户,在业内也有了一定的影响力。2016年,刘志广开始考虑搬去CBD,"做生意毕竟是要往上走的"。

二、从业余到更专业

在十多年不断的学习与实战中,盛天亚的广告团队更加强悍,创意更加犀利,经验更加老道,同时也沉淀了大量的各种资源,包括内地及港台的知名导演、摄像师、灯光师、造型师、作曲配音师等合作人脉,更有国内外一线明星演员及多家经纪公司的合作渠道,在市场里奠定了自己的优势,也同样造就了众多优秀的广告影片。

1. 做农化,盛天亚

盛天亚其实已服务农化近 20 年。从 1998 年的金大穗,1999 年的大复杀,到 2000 年的宏福二铵、铜大师等,在 2001 年公司正式注册之前,已经成功打造了多个红遍大江南北的农资品牌。在 2001 年公司注册之后,更是与诸多在农化行业耳熟能详的大企业进行合作,服务了美国陶氏、美国杜邦、中农集团、凯盛肥业、山东乔昌、广西田园、德国巴斯夫、德国拜耳、澳大利亚埃尔夫、美国富美实、天脊化肥、宏福集团、撒可富、湖北洋丰、绿野化工、诺普信等国内外数百个农资品牌。在公司高水平创意、策划的推动下,经典的农化广告层出不穷,铸造了一个又一个辉煌。

农资广告,看似简单,要想做好,却也不容易。某农资知名企业想大手笔做广告片,去北京找到叶茂中策划机构。叶茂中说,"做农资广告,你还是去郑州吧"。于是该企业到了郑州,又听业内同行有"做农化,盛天亚"的说法,最终找到了盛天亚。当然,结果是十分圆满的。这得益于公司强大的团队和专业能力。

时代在进步,市场在发展,农资广告也时时刻刻都有新的演进。随着市场的变化,公司也会推陈出新,继续发挥在农化广告方面的优势。

2. 企业宣传片,嫁得出去的新娘子

同样的女子经不同媒婆的介绍,会有不同的结果。企业宣传片往往就是企业视频名片,通过企业专题片可以向政府部门、客户、员工等介绍企业情况,展示企业风采,塑造企业形象,增强员工的归属感和企业的凝聚力。

盛天亚在十几年的发展中未有松懈,日夜修炼,在企业宣传片的拍摄、制作上取得了不菲的成绩。盛天亚所作专题从形式上不拘一格,引人入胜;从文案上,布局有章法;从制作上,把握轻重缓急,有张有弛,让人看得舒服。

盛天亚制作的优秀专题片不计其数,更有盛天亚在行业内独创的"栏目"形式的专题片。栏目形式的专题片是结合以往炒作时代的思维模式,更具有张力,更能吸引人的眼球,做出来的专题片往往独树一帜,社会传播力、影响力大大增强……

三、随变化到引领变化

过去的十几年中,盛天亚在广告行业里努力前行,凭借自己对广告的理解与创新,及时了解社会经济形势及广告行业的变迁,随之改变,带动广告潮流的发展。

2011 年,随着移动新媒体技术的发展和网络视频业务的壮大,微电影引发的狂潮席卷全国,优秀的微电影作品大量涌现,各大网站也纷纷开启微电影计划。盛天亚也不落后,用自己十几年的专业经验,加上敏锐的时尚洞察力,在微电影拍摄中做得风生水起。

盛天亚认为:微电影一定要在"微"字的框架内,把"火花"展现出来。低成本不是没有火花的理由,也不是火花不够灿烂的理由,没有火花的商业微电影,不如直接拍支广

告。也正是基于这样的认识,盛天亚拍出来的微电影在网络上流传甚广,给企业客户带来了优异的营销效果。

三大优势造强企

近年来,因 LED 电子显示屏显示效果出众,宣传优势明显,还能在恶劣天气下正常运转、工作,因此,市场需求越来越大。但由于行业发展缺乏规范,生产企业林林总总,产品质量参差不齐,还有很多小公司进行的低劣的生产及安装,经常出现显示屏出现故障而找不到维修人员的现象,给广大用户带来不便和困扰。郑州纳森科技有限公司却在这个行业里依然保持着强劲的发展势头,客户的订单如约而至,纷至沓来。

郑州纳森科技有限公司是一家专业从事 LED 显示屏、LED 亮化照明工程、触控技术、多媒体技术及相关软件研发、生产、销售、售后、工程服务的高新科技企业。纳森科技在同行眼中、客户口碑里有着三大市场优势。

(1)严格把关每道程序,始终坚持诚信经营。纳森科技的产品包括各种规格的 LED 显示屏和 LED 照明产品,纳森科技就像对自己的孩子一样,悉心照顾,尤其是 LED 显示屏产品,从选材、加工、产出到质检,都要经过严格地把控,确保每一个 LED 电子显示屏产品使用寿命达到 30 年,保证产品高质量产出,高效利用。

(2)先进的技术储备,科学完善的管理。公司初始注册资金 5 000 万元,厂区总占地26 640 平方米,生产车间 12 800 平方米,硬件设施十分完备。自 2009 年公司创建以来,公司加强了技术人员的引进与培养,形成了结构合理的研发团队。硬件与软件的高配备,保证了纳森产品技术的先进性、质量的稳定性以及生产的高效性。

为了扩大业务范围,公司还涉足了触控技术的开发,自行设计、生产、销售各种系列触控查询一体机,技术已达到全国领先水平。

(3)完善的售后服务体系。纳森科技严格执行 ISO9000:2000 质量体系标准和ISO14000:2004 环境体系标准,同时又是国内外多种品牌触摸屏、LED 显示屏的代理及产品维修中心,因此,售后服务体系比较完备,技术支持力量强劲。

正因为在市场上的优势明显,纳森科技成为国家电网改造的中标企业,并先后服务于国家电网、南水北调等国家战略项目。

2016 年,纳森科技将开始拓展出口业务,积极向海外市场进军。

电路板专业制造商

市场中,从事电路板 PCB 打样的厂家不计其数。众多的企业,众多的产品,不规范的运行,造成了电路板打样质量良莠不齐,价格混乱。河南中一天元电子设备有限公司则是这个市场中优质经营的代表。

成立于 2004 年的河南中一天元电子设备有限公司,是一家集印制电路板样板(单面线路板、双面线路板、多层线路板、铝基线路板等中、高档电路板)及批量 PCB 电路板生产制造和销售服务的专业供应商,有先进的线路板制作经验。10 多年来,公司精工制造,锐意进取,开拓创新,迅速成为国内电路板行业当之无愧的领航者。在企业发展中,四大保障功不可没。

PCB 原材料保障。在市场中,一些小企业为了降低成本,选用质量低劣的材料用于 PCB 板的印制,可想而知,一旦通电使用,小则电路运行不畅,大则出现重大事故。中一天元从源头做起,重视原材料采购,不合格的原材料坚决不用。公司承诺:所有采购的 PCB 板材全部采用高质量的 A 级军工料,公司可随时提供板材证明,这也从生产后的产品质量得到了印证,客户也愿意去采购优质原材料制作的产品。

产品质量保障。公司严格质量管理,通过了 ISO9001:2008 质量管理体系认证和 UL 认证。公司汇集了一批高素质的管理人才和技术精湛的科研精英,这些经验丰富的技术和管理人才,负责解决生产中的问题、进行品质管控和售后服务工作,所有员工都经过专业培训,严格按照制作流程和生产细节的要求工作。中一天元还先后投入巨资从美国、德国等国家和地区引进了具有世界先进水平的现代化生产检测设备和软件系统,样板采用飞针测试,批量采用测试架测试,每块板长都经过测试合格才出厂。

交货时间保障。经过多年的探索,公司建立了一套完整的服务体系,并开通了网络订单系统,利用快捷的互联网为全球客户提供从印刷电路板 PCB 到 PCBA 一站式电子制造服务,特别是样品和小批量订单,具有 24 小时不断的快速报价、快速生产、全球速递的特点。公司打造了一支经验丰富的服务团队,配备了营销、技术和生产团队 7×24 小时为客户提供技术支持、生产运作及订单服务,快速响应客户的个性化需求。公司承诺:普通样板在确认资料后三天交货,加急样板可保证 19 个小时交货。批量生产双面板 5~7 天交货,多层板 10 天交货。24/48/72 小时加急打样,郑州市区免费送货上门,交货延时全额退款。

公司还为每一个客户建立档案,使传统线下服务与网络在线服务双管齐下,优势互补,贴心、高效,赢得了客户们的广泛赞誉。

高性价比保障。在电路板领域,中一天元实施了高性价比策略。比方说,5cm 以内双面板只需 50 元/款,5cm 以内四层板只需 200 元/款。这在郑州,已经算比较低的价格,而质量却在同行里面是属于 A 级品质。

诚信务实,追求卓越

经济的不断发展和城市化进程的日益加快,促进了标识标牌制作行业的快速发展。公交车站牌、大厦商场导视牌、医院标识、商铺发光灯箱店招、办公室写字楼科室牌等,层出不穷,生活中的很多领域都能与标识标牌这个产业挂钩。河南华鑫标牌制作有限公司是一家专业设计研发、生产制作各类标牌、标志牌、标识牌、标语牌、警示牌等的企业,多年来为许许多多的企事业单位及个人提供标示标牌制作服务,在河南市场具有较高的知名度。

市场上,标识标牌制作企业可以说是鱼龙混杂,面对日益激烈的市场竞争,以及用户对产品要求的不断提高,迫使一些制作企业不得不将竞争优势转嫁到成本之上。极少数无良者,在客户对这个领域了解不深的情况下,甚至会以次充好来牟取不正当利益。华鑫标牌坚持"质量第一,诚信为本"的原则,严格按照国家 GP2894—2008《安全标志》、GB2158—2003《工作场所职业病危害警示标识》、GB13609—1992《常用危害化学品标志》、GB190—1990《危害货物包装标志》等国家最新的 GB 标准图案严格设计印制,在选材上绝不偷工减料,切实地保障客户的权益。

华鑫标牌以合理的价格、周到的服务为客户提供标识标牌系统规划、设计、制作、安装及维护服务。规划决定了整个标识标牌系统的功能是否完整、数量是否恰当、运用是否合理,也决定了项目资金的经济性。华鑫标牌在多年工作经验的积累下,能合理地为客户提供一套完整的、实用的标识系统规划案,并向客户提供一个明确的预算。设计是一套完美的标识标牌系统的灵魂。华鑫标牌既有长年的经验与成功案例的积累,又能在不断地创新与发展中求思路、求灵感、求精品、求完美。经过不懈的努力,公司已经拥有了一支高素质、业务全面的能满足市场需求的设计团队。在不断地学习、发展与成长中,华鑫标牌已经拥有了一流标识公司的制作能力。另外,华鑫标牌还注重安装与维护服务,用高品质的服务质量树立企业的形象。

公司员工精诚合作、共同努力,坚持"注重细节,追求完美"的品质理念,"创新、个性化"的设计理念以及"以客为尊,卓越服务"的服务理念,诚信务实,追求卓越,致力于为客户提供一个品牌的承诺。

企业的伙伴,劳动者的家

人力资源公司是人力资源市场的重要力量,人才咨询等服务对促进劳动力供求均衡、减少劳动力市场摩擦、降低劳动力交易成本、促进劳动力合理流动等方面具有重要作用。其中的公共就业服务更能起到提高人力资源市场的透明度、保持人力资源市场的公平、帮助就业困难群体避免陷入不利地位的特殊作用。随着改革开放的不断深入和市场经济体制的逐步发展,经过三十年的努力,人才咨询服务得到了迅速发展。

中国人才咨询服务机构的迅速发展得益于中国政府提供的法律和政策环境。鹤壁市鼎鑫劳务有限公司是经鹤壁市劳动和社会保障局、鹤壁市建设局、鹤壁市工商行政管理局批准注册成立的一家具有独立法人资格的综合性服务企业,是鹤壁市团市委命名的鹤壁市首家青年就业服务中心,是共青团河南省委命名的青年就业创业基地。连续六年被鹤壁市劳动保障局评为放心职介单位,被河南省劳动厅评为鹤壁市首家诚信职介机构。

鼎鑫劳务公司成立于2004年,是以转业军人为主体,专业从事人力资源管理咨询、人才评测、员工培训、劳务派遣、劳务代理等一站式服务的专业人力资源管理公司。公司奉行"以人为本、用心做事"的宗旨,坚持"全心全意为劳动者服务"的经营理念,为求职者免费提供就业服务,为用人单位提供高素质的人力资源,在人才供需双方之间有效发挥了桥梁作用。对于客户,认真理顺非在册人员的劳动关系,改变传统的用人模式,使人才使用市场化,用工管理社会化,从而有效地化解了企业用工风险。

鼎鑫劳务公司对待客户的态度不是简单的服务与被服务的关系,而是把自己作为客户的真诚伙伴与搭档,与客户肝胆相照,着眼于与客户建立长期的合作关系。针对不同客户的需求,鼎鑫劳务公司成立专业项目小组,为客户量身定制解决方案,提供全面细致的一站式服务。多年来,鼎鑫劳务公司为国家机关、政府机构、社会团体、各型企业以及个人求职者提供了优质的人力资源服务,深得客户的好评。

健康饮用水的探索者

当人体内酸性物质累积过多,身体不堪重负,就会导致疾病产生,如便秘、过度肥胖、消化不良,高血压、心脏病等。医学研究表明,人类所患疾病70%与酸性体质有关。要健康就应该避免酸性体质的产生,除了日常饮食上的注意,喝弱碱水是一种最简便、最直接有效的方法,通过饮用弱碱性水平衡体内的酸碱度。世界卫生组织提出的优质饮用水标准,其一就是"pH值呈弱碱性,能中和人体内多余酸素"。因此,国际上把"弱碱水"称为"健康水"。

河南水之蓝饮品有限公司成立于2014年1月,是一家生产和销售天然弱碱水的公司,现有天然饮用弱碱水、天然饮用矿泉水,天然饮用高氧矿物质水等系列。本着健康时尚的理念,走在行业的前沿。公司第一款产品水之蓝梦瓶装饮用弱碱水于2012年开始研发、生产,并于2013年5月在商丘市面市;2014年8月,在山清水秀的焦作设立生产基地,生产出公司的第二款产品水之蓝梦矿物质水。2015年,在宁陵建立第二个生产基地。

水之蓝梦弱碱水,pH值7.0-8.2,其酸碱性非常接近健康人的体液,水中含有的碱性离子,能够快速、直接地被人体吸收,中和体内产生的酸性物质,调节体液的酸碱度,扫除由酸性体质带来的种种健康障碍。同时促进人体新陈代谢,帮助营养物质进行体内运输、消化、吸收,把代谢废物排出体外,有效避免酸性体质的产生,提高免疫力,对身体健康大有益处。"水之蓝梦弱碱水"自上市以来,以过硬的质量,优质的售后服务,充满活力的营销网络赢得广大客户的青睐,从而使"水之蓝梦弱碱水"在市场竞争激烈的水行业中脱颖而出。

水之蓝以维护国人健康,改善居民饮水质量为己任,建立严格的质量管理体系,完善生产管理的各个环节,严把质量关。完善销售体系和售后服务,建立科学的送水网络,在每个市场设立多个供水点,迅速把纯水送到客户家中,解除了客户在家等水的烦恼,真正做到让用户安心、放心、省心。

在企业管理上,水之蓝努力营造团结奋进的工作氛围,以贡献定报酬,凭责任定待遇,鼓励员工充分发挥自己的聪明才智。在经营中诚信做人,诚信对待经销商,真正做到让顾客喝上放心水,将质优价廉的产品、顾客至上的服务理念进行到底。

无限创新 贴近用户

郑州三华科技实业有限公司成立于 1996 年,是一家致力于汽车修补漆及装饰漆调色设备的研发、生产和销售为一体的专业企业。公司业务高度国际化,大部分销售额来自海外市场,营销体系和服务体系遍及全球。公司有 26 家代理商、3 家办事处和位于美国、荷兰、波兰 3 家全资子公司,为全球客户提供优质、高效的销售与售后服务。

三华科技一直坚持"持续改进、无限创新"的经营理念,培育了一只高水平的研发团队,建立了行业内最大的技术研发中心和软件开发中心,不断研发新技术和新产品,目前已拥有 30 多项专利技术,通过了 ISO9001:2008 认证、ROHS 声明、CE 安全认证、WEEE 认证开关盒、电机等关键部件的防爆等认证。三华科技的产品汽车修补漆搅拌机系列,拥有独有的锥形齿轮传动方式、超低噪声设计、先进的定位方式以及流畅雅致的外观,这些特性确保了产品在中国、东南亚、中东、非洲、澳洲市场占有率第一,并在欧洲、拉美、东北亚市场占有率持续上升。自主研发的智能调色软件能够兼容其他任何第三方调色软件,拥有众多创新技术和专利,在国内、东南亚、北非市场占有率第一。

三华科技秉承以"贴近客户,快速响应"为核心的服务理念,建立了完善的服务体系。在国内,公司以总部为中心,结合分布于各省区的 19 家服务站,向客户提供贴心、高效、便捷的服务。在国外市场,经过 20 年的发展,三华科技先后在美国、波兰和澳大利亚成立了分公司,在埃及、尼日利亚和肯尼亚设立了办事处,并与荷兰、巴西、南非、印尼、新加坡、意大利等国家的 29 个合作伙伴一起,建立了由总部团队、分支机构和合作伙伴组成的三级服务体系,向全球客户提供优质、便捷的售前、售中与售后服务。

作为全球调色设备制造领域的领导者之一,三华科始终坚持以诚信为本,以回馈社会为使命,努力坚持可持续的发展方向,致力于为客户提供稳定的调色解决方案和技术服务支持,力求以非凡的综合实力,成为客户最为信任和最为可靠的合作伙伴。

用专业精神创造房地产营销的价值

SAMETONE 尚同地产营销策划公司成立于 2010 年,是由香港大学 IMC 整合营销传播专业集合北京、上海、香港在内的多家广告公司共同出资组成的广告联盟,汇集了来自北京、上海、香港的优秀广告人,以行业一流的技术标准为房地产商提供最有价值的项目推广服务。2012 年,郑州尚同地产营销策划公司成立,至今服务的项目有中实·润城、盛润·锦绣城、楷林 IFC、半山半岛、城中城、城上城等。

尚同的核心优势,不仅在于用出色的专业水准服务好客户的项目,而且在于为客户的持续发展规划未来。尚同是专业房地产品牌整合推广传播机构,团队成员极具活力且经验丰富,具有强烈开拓创新精神;员工专业涵盖市场调研、产品定位、营销策划、广告设计、媒体传播、公关延展等领域,以专业、专注的精神,富有创意的表现力,精准的策略和营销环节的顾问支持,实现与客户良好的沟通,并达成与客户的真诚合作。

尚同作为最具代表性的专业地产服务机构,以理解产品、概念化品牌建构和缜密的传播系统见长,善于用整体思维的营销策略保障庞杂的营销管理系统,用独特的创意表达传播直击消费者心灵的广告。从"品牌传播"和"人文主题"出发进行"整体营销"策划,着力于"软性系统+硬件系统"并举的研究,专注于为房地产企业提供全方位整合推广服务,创造"影响力项目"使商品价值最大化,使品牌和客户产生跨越式发展。

尚同为房地产商所做的策划都是围绕着房产"消费者"而展开的,通过进行全面的文脉研究、居住形态分类研究、消费者文化与情感研究、主题社区营造、品牌前景工程、整合行销传播、社会营销等,让地产不断产生附加价值。而这些看不见摸不着的"软系统",能够让项目生出"动人之处",赢得房产消费者的偏爱,从而体现出尚同的意义和价值。

经过一系列的营销策划实践,尚同相信,一个有着远景规划的地产商只有将"影响人"放在最重要的考量因素上,平衡好长期和短期的关系,才能为未来打下基础。随着房地产市场的变化,产业发展将越来越规范、透明,竞争会越来越激烈,专业价值将迎来新的历史机遇。

让明亮与夜空相伴

照明行业历经 30 多年快速发展,白炽灯时代迎来了节能灯、LED 照明。以中国灯饰之都古镇镇为主要生产基地的灯饰产业近几年全面爆发,灯饰消费全面提速。在"低碳经济""节能减排"的政策指引下,灯具照明行业迎来巨大的发展机遇。不可否认,现代都市的夜晚景色,主要是由霓虹灯、亮化工程散发出来的光彩所形成。这些绚丽的夜景不仅给人们带来美的体验,其中也蕴含着巨大的商业价值,受到众多企业的重视。

在深圳以及古镇镇众多 LED 厂家的协助下,明亮公司分别在北京、郑州两个城市成立公司并运营。经过多年的发展,明亮公司现已成为中国照明电器协会会员单位,中国 LED 照明亮化协会会员、理事单位。其中,郑州明亮霓虹灯灯饰有限公司是一家集设计、制作、安装及售后服务为一体的专业照明亮化公司,在河南市场有着较高的知名度。

郑州明亮公司专注于"技术创新、管理创新、营销创新、服务创新",坚持"百年明亮梦想",秉承"做事让人喜欢,做人让你感动"的营销理念,提出"人品就是产品"的明亮精神,全力打造明亮品质。公司以务实的态度和稳健进取的精神,通过整合深圳以及古镇镇众多 LED 厂家资源,相对于同行企业具有较为明显的设计优势、厂家优势以及价格优势,这也是公司能够快速发展的重要原因之一。

在竞争日益激烈的照明市场中,郑州明亮公司不断完善品质保证体系,打造专业的亮化设计师、制作工程师团队、营销团队以及专职精干的安装团队,为城市楼体、桥梁、广场、小区、酒店、医院、企业、银行、学校机关单位提供售前、售中、售后一条龙服务。多年来,郑州明亮公司凭借成熟的生产系统、质量过硬的技术、快捷、安全、规范施工的组织体系以及周到的服务,赢得了广大客户的赞誉和信赖。

设计求胜,质量求声

当今时代,随着科学技术的飞速发展,新产品不断出现,加剧了市场的竞争。如何有效地展现自己的产品特色,让产品吸引客户的眼球,是商家不得不认真考虑的问题,商业展示也愈发凸显其重要性。郑州聚美装饰是一家专注商业空间设计与高档展柜设计的生产服务型企业,业务范围涉及商业空间的店面整体形象设计、道具设计、展示柜的设计与制作等多个方面,是集终端展示设计、生产制作与施工为一体的高水准、高质量、专业化的公司。

聚美装饰作为中国商业展具行业中一家兼备商业空间设计能力和生产制造能力的企业,坚持执着地走专业化、品牌化的发展路线。公司经过多年的长期积淀,凝聚了一支具有强烈团队合作意识的设计专业团队和技艺精湛、管理严格的施工队伍。聚美装饰以市场为导向,凭借专业的设计能力,努力在装饰设计领域倡导时尚潮流,并不断突破工艺瓶颈,走向引领中国装饰品牌设计的宏伟目标。聚美装饰在设计上,抓住美观、高雅及简约的特性来设计,产品造型优雅、时尚,高贵典雅。聚美装饰的产品还富有较深刻的文化内涵和鲜明的时代特征,成为"高素质生活"的代名词,引导着人们的消费观念和潮流。

诚信经营,是聚美装饰发展的铭牌;以人为本,是聚美装饰成功的基石;实现双赢,是聚美装饰追求的目标。一直以来,聚美装饰致力于构筑学习型组织,建立效益型企业。在企业的日常设计生产运营中,聚美装饰坚持以客户为中心,力争为客户提供最契合的设计方案、最完美的产品成果和最贴心的售后服务。视客户利益为己任,坚持贯彻诚信经营、合作双赢、高效生产、创新设计的企业经营理念,使公司焕发出更为强盛的生命力和高效的战斗力。公司以精品工程为基准来树立企业品牌知名度,关注细节,严控质量,求得声誉,并以科学的管理和经营手段降低企业生产运营成本,从而在竞争日趋残酷的展具行业中绽放出独特的光彩。

征程光电:打造低碳照明环境

随着绿色环保的概念逐渐成为生活的主旋律,与我们的生活息息相关的灯具也开始以崭新的面貌迎接着自己的华丽蜕变,从之前的钨丝灯泡到现在的 LED 节能灯,看似一个简单的替代,实际是凝聚了几百年来人类的进步,更是对美好生活的向往,对倡导绿色生活的渴望。

河南征程光电照明工程有限公司正是秉承着绿色环保照明的时代使命,专业、专注、专精于绿色环保照明产品的应用,集夜景照明工程设计、安装、维护为一体,依靠过硬的产品质量和专业的服务团队,成为河南绿色环保照明应用行业的佼佼者。征程光电拥有专业的夜景照明设计师,专业市政建设建造师以及专业的持证上岗的安装施工团队,在LED系列产品的应用施工上取得了突破性的进展。

征程光电始终以"打造低碳照明环境,以创新引领世界"为技术创新理念,紧跟市场追求,面向实际,不断创新,坚持以领先技术科技为基础,以独特新颖、客户满意为衡量标准。公司坚持信誉至上,诚信为本,打造亮化照明行业先锋。征程光电经营范围涵盖城市夜景照明工程,建筑物户外泛光照明,公园、广场、道路桥梁照明,以及各种艺术景观照明、商业照明等系列照明。目前,公司已成功承接省内各地市重点照明工程数十项,得到了各级领导的广泛认可,并取得了较好的社会效应。

随着灯具行业的不断发展与成熟,特别是城市夜景照明在社会经济发展日新月异的今天,城市夜景体现了一个城市的经济发展,已经被广大人民所关注,也受到各城市领导层的高度重视。征程光电顺应市场与社会的发展需要,在异军突起的绿色环保照明行业顺势而为,坚持信誉至上与诚信为本,打造绿色环保照明行业先锋,争创中国知名照明企业。

立足科技,追求卓越

随着企业的业务量增加,通话成本不断提高。在这种背景下,voip网络电话应运而生。voip网络电话质优价廉,不改变打电话习惯,不用电脑也能打voip网络电话,受到众多企业用户的青睐。为此,郑州泰利通科技有限公司紧抓市场机遇,在中原IP语音通信行业里凭借着自己的市场洞察力以及真诚和热情,打出了自己的一片天地,为中原崛起尽了自己的一分力量。

泰利通是一家集voip网络电话综合接入产品研发、应用、销售、服务一体的高科技企业。随着业务的不断扩展,很多企业需要在不同地区发展客户及增设分支机构,往来客户和分支机构间的电话也越来越频繁。在传统的PSTN下进行通讯,通信费用(尤其是长话费)已成为许多企业的一项重大支出。减少开支,以及如何减少,成为各大、中、小型企业追赶的潮流。因此,泰利通把目标市场集中于拥有分公司、分支机构的企业和市话多的电话营销企业,为这些企业提供通话质量跟传统电话相媲美的网络电话,并且资费低廉,比传统电话便宜5~10倍。

泰利通一直坚持以市场为主导、以技术为生命、向管理要效益、以服务回报客户的原则,集中优势技术力量及时研发、推广市场需要的相关产品,并在相关领域不断拓展自己的业务范围,使自己的产品拥有众多客户。泰利通清醒地认识到,跟所有的行业一样,唯有凭借实力方可在这个残酷的国内网络电话市场竞争中占有一席之地。

价格曾经是网络电话敲开了市场大门的法宝,即使到今天,低廉的话费仍然是许多用户选择网络电话的理由,可仅仅靠着低价并不能征服市场。泰利通重视品牌的塑造,深入了解客户的需求,注重服务、质量与信誉,凭借多年的专业 voip 运营经验以及稳定的电信级 voip 运营平台,致力于成为一个贴近用户的、低成本、高质量、专业化的 VOIP 网络电话综合接入产品与业务服务的提供商,努力将客户的需求与最好的技术相结合,创造最佳的网络电话解决方案,不断增强自身的市场竞争能力。

在这里,语言不是问题

随着我国国际地位的提高,以及国人日渐融入全球文化和经济的趋势,中国已经成为全球重要的外语培训市场之一。世界第二的语言英语培训曾经在外语培训市场上占据着"一统天下"的绝对优势,但随着外语学习人群的需求多元化及"第二外语热"的逐渐兴起,小语种培训正在成为外语培训市场上的一匹黑马。

郑州当代教育外语专修学院是一家专注于中国义务教育学生以及上班族等社会人士的个性化外语辅导教育机构,教育内容包括大语种英语,更多的还是小语种如日语、韩语、德语、法语、西班牙语等种类。

当代外语学院是由一名 80 后的年轻人张攀带着最初创业的信念,在 2010 年 8 月创建的,当时算不上大规模的培训机构,只有一两间小教室。几年来,张攀带领着一个朝气蓬勃、敢想敢拼的年轻队伍,凭借着团队艰苦奋斗的精神,勤勤恳恳的态度,坚持不懈的努力,风雨同舟,绝不言弃,坚持着"成为中国最优秀民办教育"的不变愿景。

创业最初期,当代外语学院是以日语、韩语起家,本着对学生"关心,爱心,耐心"的基本原则,勤勤恳恳,精益求精的教学质量一步一步发展,壮大至今天的 6 家分校,分布在紫荆山商圈、北环文化中心、文化路学习中心、以郑州大学为主体的西大学城和以郑州航空工业管理学院为主体的东大学城等。当代外语学院在逐步地壮大,在郑州生根发芽,被越来越多的人认识、了解、熟悉、认可和信赖。

当代外语学院师资雄厚,授课教师 50 多名,由海外留学归来的老师和国内资深外语老师组成,其中海外留学归来的老师都有着不少于 3 年的海外留学经历,国内的外语专业老师都有着丰富的个性化教学经验。当代外语学院的教师在教育教学方面体现了诸多特色,如相信所有学生都能出色地学习、充分了解各语种的教学和考试特点、创造丰富的教学情境、加强教师团队的培训与教研活动的开展等,这些都是当代外语学院优质教学服务的基础。

当代外语积极倡导以人为本的教育,推出"个性化"创新教育理念,课程实现个性化、多元化,采取因材施教的模式,尊重和关注学生的个性差异,把学习者从繁重的课业负担中解放出来,让学生有更多主观思考、加深趣味地学习,增加课外知识并发挥潜能,促进学生的全面发展。

当代外语学院通过对学生的培养,为每一个学生进行诊断测评、更新最适合学生们的教学方案,进行个性化的辅导教学,帮助学生培养良好的学习外语的习惯,开拓思维,获得学习成绩与综合素质的双丰收,为学生的学习能力打下坚实的基础。

当代外语学院根据学生不同的学习阶段、语种特点和辅导需求,为学生定制辅导内容。包括:个性化1对1同步辅导,面向基础知识薄弱的考生提供课下辅导,专门针对考试的强化训练,暑假的集中强化课程,对现有语言水平的培优和拔高等。

同时,在不断的教学实践中,形成了特创性的外语教学模式:全外语教学+全天候外语环境+精通外语的辅导员全程督导,使每个学生都能在轻松愉悦的氛围中学会流利的外语。

良好的管理制度体现在每开设一个新班级,班级管理员均为各分校的分校长,便于学生随时反映任课老师上课的情况以及自己的建议或者意见。网络信息发达时代,有利于所在班级的学生课上以及课下的随时交流,实现良好的语言环境。老师会通过较为畅通的微信或者QQ形式,及时分享一些国家的文化、地理、历史和该语种的语法总结,趣味性学习方法等,学员可以轻松掌握国家动态以及语言特色,老师的课后作业也可以通过非书写形式来检查纠正,大大提高了学习效率。

尽管当代教育学院是一个商业培训机构,但在老师眼里,在每一位当代教育的员工眼里,学员们不是产品,不是流水线下来的冷冰冰的东西,而是自己的亲人,对于亲人,怎么服务也不为过。因此,每个岗位的员工都时刻注重伸一把手,笑一次脸,打个电话询问一下,做好学员学习的强大后盾。

在今天,当代教育同样没有忘记教育的本质,自创业以来,一直秉承着每报名一个人捐赠10元为还在求学路上的莘莘学子助力加油,阳光助学坚持帮助那些家庭贫困成绩优秀的"未来希望之星",呼吁所有社会人爱心接力,呼吁所有人多读书,读好书,在增长文化知识的同时,更能充实自己的精神世界,成为学习和生活的强者。当代外语学院一直以来节省、节约、畅谈环保、推行低碳,爱护这些与我们的生活息息相关的点点滴滴。

所有努力,换来的是当代外语学院出色的业绩和荣誉。当代外语被多家政府、行政单位(如郑州市教育局、郑州市民办学校工作领导小组及河南省语言协会)授予诸多荣誉,广大学员也给予了极高的评价。放眼未来,谋划当下,当代外语大胆创新,严谨布局线上教育,开发手机教学客户端APP,网站视频学习等中长期规划正在稳步推进。当代内部由最初的个体创业,到逐步迈向大众创业的全新管理模式,形成了当代外语特色的创业合伙人制,使员工和企业命运高度紧密相连。这个年轻的团队正以自信而坚实的步伐,响应政府万众创业的号召,迎接属于当代的辉煌。

专业造就行业名企

经过30多年的发展,我国知识产权事业取得了举世公认的巨大成就,进入了由知识产权大国向知识产权强国转变的关键时期,未来的五年是全面推进知识产权强国建设的第一个五年,也是全面完成《国家知识产权战略纲要》目标任务的重要五年。而当下,我国正形成创新创业的新热潮,知识产权正是创新驱动的基础保障,是创新、创业的重要支撑。

郑州至圣钧诚知识产权代理有限公司是一家专业从事知识产权代理和商务咨询的法律服务机构,自 2013 年建立以来,坚持以三个专业、客户满意放心的理念服务客户,恪守行业代理人的执业准则,致力于为国内外客户提供专业的、全方位的知识产权法律服务,为客户进行上万件商标、专利、域名的注册申请、版权登记以及其他相关的产权申请。

经过 3 年多的发展,至圣钧诚拥有着一支优秀的知识产权专业团队,其中 80% 的商标、专利代理人同时拥有律师资格证书,在技术知识、从业经验及法律功底方面,实现了完美的结合,尤其在商标注册、咨询等方面已形成高级顾问、律师,以及商标和专利代理人为中坚力量的专业团队,可为客户提供最佳方案。

专业化的业务处理结构为至圣钧诚的知识产权保护提供了高效的团队效率,优化合理的具体职责搭配和安排成就了知识产权业务办理的综合实力,从而保障了为客户提供灵活多样的解决方案。同时,通过确权和侵权两种途径的密切配合,并通过各种细节的把握提高所受案件成功的最大可能性,全方位、多角度地为客户最后彻底解决了知识产权纠纷,其经办的多起诉讼案件被评为省内部分地方法院的典型案例。由此更为典型地体现出的科学化、专业化的管理,是至圣钧诚为客户提供高效、优质服务的有力保障。

除专业的知识产权业务服务本身,至圣钧诚还与知识产权各主管部门和相关的业内媒体、协会组织保持着专业化的沟通,与北京惠文知识产权发展中心建立的战略合作伙伴关系,也使至圣钧诚的客户服务得到更广泛的延伸。

专业、有效的企业文化,也是至圣钧诚不断前行的动力。在提供专业化服务的基础之上,至圣钧诚的每一位员工都能从细节处着手,从而实现客户的最大利益。不论何时,至圣钧诚的员工都能始终保持创业者的拼搏与执着精神,加之坚决的执行力、独立的解决能力和协同作战的工作习惯,保证了钧诚服务的最高效率和最优业务质量。

随着中原经济区的建设上升为国家战略,至圣钧诚也迎来了发展的大好机会。通过公司硬软件的不断提升和"专业、专注、专心"的做事风格,至圣钧诚势必会为中原经济区的建设与河南的经济腾飞做出更大的贡献。

高端壁纸领跑者

据统计,在装修材料使用上,日韩墙纸的使用率在 98% 以上,欧美墙纸的使用率约 50% 以上,中国大陆墙纸普及率仅仅 3%。预计未来 5 ~ 10 年,中国墙纸的使用率将达到 20% ~ 30%,中国将成为世界上最大的墙纸使用国。

在郑州,有这么一家装饰材料公司,在全国做墙纸最早,是国内唯一完整地经历了中国墙纸从无到有的墙纸制造公司,这就是河南阿斯顿装饰装材料有限公司。

河南阿斯顿装饰装材料有限公司始建于 1998 年,是一家专业生产、经营墙纸的企业,它不仅仅是一家是拥有世界最先进生产设备的专业化、规模化、现代化的墙纸制造企业,更是一家提供室内视觉享受的公司,为什么呢？只因传奇,只因高端！

阿斯顿墙纸公司,历史传奇。在中国,伴随着中国墙纸从无到的,只有阿斯顿一家,因此,要说情怀,非它莫属。阿斯顿墙纸创始人薛总经历了其中的风风雨雨,有着传奇的经历,是一段关于墙纸的历史佳话。由于行事低调,媒体鲜有报道,但在墙纸行业内,被誉为"中国墙纸第一人"。中国墙纸第一家公司同样经历过生死存亡的时期,但薛总在那时表现出来的大无畏的精神,振作了所有人,最终使得企业渡过难关,重振雄风。阿斯顿为中国墙纸行业的发展,起到开创性的作用,并成为墙纸企业改制的标杆性企业。

"ASTON",品牌高端。ASTON,是一个专注于墙纸的专业品牌,意思是对"顶级完美的追求";希望每个人只要睁开眼睛就能看到 ASTON 的产品,并带给大家清新淡雅的享受、绿色环保的装饰。阿斯顿品牌注重时尚、高端,用独特的设计抓住了消费者的注意力,赢得客户的青睐。阿斯顿一心打造"高端壁纸领跑者",秉承"提供优质室内时装,美化人类居住环境"的使命,"以质量求生存,以创新求发展,提供一流产品,实现满意服务"的企业精神,为人类提供优质、环保、健康的绿色墙纸。

阿斯顿服务,周到大气。阿斯顿一贯坚持以顾客为中心,生产、挑选、送货、施工、售后等各个环节,无不散发出家的味道,始终如家人般地周到细致。客户签下订单后,会得到一张由阿斯顿壁纸施工专家提供的《ASTON 阿斯顿温馨提示卡》,提醒您壁纸安装前的注意事项。公司拥有 6 支专业的施工队伍,施工服务技师近百人,多名高级施工技师拥有十年以上施工经验,确保阿斯顿壁纸用户无后顾之忧。公司每年针对所有施工人员进行定期或不定期的专业技术培训,并实行考核上岗,不断提高和完善施工技术与服务。搭配阿斯顿高标准的施工流程,加上日本原装进口的专业施工工具与环保施工辅料,保证了消费者对壁纸铺装服务日益提升的需求和对高品质生活的追求。

事业成功的好帮手

很多企业面临的人力资源管理问题通常不是某方面的单一问题,人力资源管理问题的解决方案需要综合的整体解决能力。

河南华夏纵横管理咨询有限公司成立于 2006 年 11 月,是专注于企业人力资源管理的咨询公司,尤其在绩效管理和薪酬管理方面有独到的见解,能够高效率地解决企业人力资源管理的有关问题。公司由管理咨询行业的资深专家团队创立,整合各行业内拔尖的实战型咨询专家及著名院校名师,拥有一批实战型咨询顾问,以及强大的师资力量,皆为绩效管理、薪酬管理、财务、税务、生产运营、市场营销等方面的专业人员,分别拥有大中型国有、外资、合资、中小企业实操经验。如,刘有法是国内著名实战型营销专家、管理专家,"营销九段"创始人,多家高校名誉、客座教授;赵天奇是清华大学博士后,中国资深管理与信息化专家、世界银行 IT 项目与数据库应用专家,等等。

专家团队的主要成员,在企业界浸淫多年,特别专注于人力资源管理领域,对企业内训和管理咨询实践经验丰富,又具有深厚的理论功力,对企业问题把脉较准。公司在长期的实战中打造出一支高绩效的职业化咨询团队,建立并增强了企业的核心竞争力。

公司在推广先进管理理念和方法的同时,对国内企业管理现状感同身受,深刻理解企业家对提升管理水平的渴求和现实困境,因而致力于提供适合企业自身特点,有实效、促提升的咨询服务,尤其是侧重于绩效管理理论的不断创新和实践应用,从绩效管理与工作执行力、绩效管理与团队建设、绩效管理与成本控制、绩效管理与运营效率、绩效管理与企业效益等基础层面入手,对于企业在运营管理中出现的各种问题提出有针对性的解决办案。

华夏纵横秉承"培训塑理念,咨询出效益"的经营理念,坚持低价位、高品质、重实效的服务理念,坚持与时俱进,走自主创新之路。公司开发出培训、咨询模式20多项,能为客户提供多种"量身定制"式培训+咨询服务组合。公司成立近10年来,累计服务企业100多家,被客户称为"企业管理咨询专家""事业成功好帮手"!

用创新创建领先的动保品牌

徐州天意动物药业有限公司是一家集科研、开发、生产、销售、服务为一体的高科技企业,拥有粉剂、散剂、预混剂、口服液(含中药提取)、颗粒剂(含中药提取)、杀虫剂、消毒剂、预混合饲料添加剂等10多条生产线。天意动物药业在河南市场发展了多家合作伙伴,取得了良好的市场业绩。

一、产学研合作增强技术创新能力

天意动物药业秉承"专注动保领先科技,持续为人类创造价值"的研发理念,以中国农业大学、南京农业大学、河南农业大学、重庆大学等高等院校的强大技术力量为后盾,加强产品研发能力建设,将包合、缓释、固体分散、微细粉等新制药技术率先应用于动保行业,专业从事规模化养殖场保健产品、治疗产品的研发和生产。通过持续创新,天意药业已经拥有逆转细菌耐药专利技术,以及中药制粒技术、超临界二氧化碳流体萃取技术、分子嫁接技术等先进技术。生物制药方面,天意拥有发酵制药、胶体金检测、抗病毒蛋白等核心专利。目前,天意拥有3个国家三类技术药,15项核心国家发明专利,与国家动物保健品工程技术研究中心、广西大学、重庆畜牧科学院、河南农大、新疆农科院等诸多科研机构和高效密切合作。

在制药工艺方面,天意药业使用先进的包合技术,能改变药物的溶解性,使其吸收更彻底;还能提高稳定性,防氧化、防光分解、防热破坏;使某些液态药变成粉末,便于加工成型;掩盖不良气味,减轻局部刺激,降低不良反应;调节释放药物的速度,还拥有超临界二氧化碳流体萃取技术,有效成分提取效率高、污染少。

天意药业一直秉承"承天之佑,意惠于民,品质如金,铸就辉煌"的理念,严谨自律,严格遵循兽药GMP生产管理程序,严把质量关,以高于国家标准进行生产,对环境也是以高标准要求,过硬的内功显示了强大的优势,并顺利通过ISO9001国际质量体系认证。

二、不断创新服务模式

在市场竞争日趋白热化的兽药市场中,企业要想独立存活几乎是不可能的,这就需要进行强大的合作。天意药业清楚地认识到,在市场中,想要与客户达成合作,最重要的就是真诚。公司董事长乔书喜认为:"我们企业一直遵循以义为利,用真诚的态度让客户感受到我们是用实力做产品,用诚意做服务,用爱心促合作。"为此,天意药业不断加大服务投入,提升服务品质,创新服务模式,加速推广正确的养殖知识,实实在在地让养殖朋友切实受益。随着科技水平的不断提升,畜牧业生产模式也发生了巨大的变化,小型农户养殖不断减少,规模化养殖企业越来越多,服务需求也和以前大不一样,墨守成规的兽药经营逐步走向没落,创新经营模式成为突破发展的唯一途径。天意创新服务模式不仅是公司的发展需求,也在于帮助公司的合作伙伴快速突破,顺利跃升成为真正满足用户需求的区域服务中心,从而确立合作伙伴在区域内成为行业龙头。

坚持用户至上,站在用户角度考虑产品开发,不管是质量、性价比、价值的增加、使用的便利性等,都在天意开发新品的考虑范围之内。与合作伙伴加强联系,让更多人深入了解天意,同时也增强对客户进行专业培训的力度,让用户感觉到产品更加方便好用,增值更高,性价比更高。

天意追求服务更加高效便捷、方便贴心,增强专业知识普及,尽力把产品使用中复杂的程序由天意完成,用户在使用过程中更加可以简单高效,使用最新技术和模式,把产品和服务做到最能满足用户需求,并及时推出的新产品类型,能够更加适应养殖规模和方式,能够更加让用户愉快使用。

目前,天意的业务范围覆盖全国,合伙人深入接触基层,具备一手数据采集的条件。通过对资料加以汇聚、整理、分析,可以得出比较准确的行业发展动向,提供给用户参考,适当做出合理的出入调整,以免陷入产能过剩危机。

三、构建全覆盖服务网络体系

按照天意大牧业圈战略规划,将在全国建立上千个区域服务中心,共同组成一个全覆盖服务网络体系,通过互联网进行充分的信息共享和信息互通,进行合理的资源调配。公司组织专业人员帮助强化区域服务中心的功能,共同组合成为创新服务+互联网+物联网的多功能服务平台,为用户提供精准、快速、高效、便捷、实惠的专业服务。该体系的建立,既解决了用户的全面需求,又助力联盟伙伴拓展服务,帮助大家共同稳步发展。

相比较于公司的百人百万上市联盟,战略联盟数量需求较大,首批授牌计划数量为200位,除了在股权政策方面有细节差别,未来在大牧业圈中的作用、优势、发展空间、公司支持力度和区域服务中心地位等方面是一样的。考虑到早加入早受惠的情况,各地的合作伙伴纷纷向公司提出申请加入战略联盟。

在经济高速发展的今天,市场上不缺乏资源和人才,抓住一个机会,给事业一个突破瓶颈的契机才最重要。天意大牧业圈的建立,将会带动整个行业的一次变革,而公司政策每一步的实施推进,都会给合作伙伴提供各种发展机遇,帮助客户实现获得良好收益。

未来,徐州天意药业将加大创新力度,以运作独立知名品牌为自己的发展目标,携手广大客户共同发展壮大。天意药业将与合作伙伴精诚合作,携手共进,抓住机遇、迎接挑战,共同开创 21 世纪中国畜牧事业的辉煌。

让绿色消费更为便捷

花卉产业是经济效益、社会效益和生态效益"三效合一",与劳动密集、资金密集和技术密集"三密合一"的绿色朝阳产业。在快速发展中,花卉经营企业数量众多,业务模式单一,同质化严重,市场竞争激烈,对企业提出严峻挑战。

郑州久美花卉销售有限公司位于郑州陈砦花卉市场,专业经营花卉批发销售、租赁、大型会场布置、园林养护、绿化工程、商务礼仪鲜花、插花配送等多项业务。从事花卉租赁多年,拥有多个花木培植基地,有丰富的经验和一批专业的技术、管理人员,可以满足各类客户打造绿色环境的要求。

公司秉承"时尚、绿色、健康"的企业宗旨,坚持以人为本,以信立业,客户至上的经营理念,以保障用户利益为基础,以高质量、低成本为竞争优势,不断创新业务方式,为客户提供优质价廉的服务。

经过多年的探索与创新,久美花卉形成了较为完善的业务模式。公司可以结合客户需求,提供长期的办公室绿化设计及养护租赁;开展短期绿色植物租赁及出租摆放业务,如签约、演唱、开幕式、首映式等大型活动,需要临时布置场地,摆放高档花木,衬托现场气氛,临时租摆期从 1 天到 2 周,提供从设计、选材、布置,到管理、撤回的全程服务;经营户外庭院花园绿化设计及施工养护,绿色植物与花卉销售,园林绿化景观设计及施工,绿化养护,鲜花服务等业务。

久美花卉遵循"专业方案定制,专心努力做事,用心为您服务"的服务宗旨,提供周到的系列花卉租摆服务,提供整体花卉布置、管理解决方案。免费上门设计摆置,负责花卉的挑选、运输,并摆放在指定地点。在租摆期间,派出专业护花人员每周上门 1~2 次对花卉进行管理,浇水、施肥、病虫害防治、修剪整形、清洁叶片等,用花单位不需要进行任何管理;租摆花卉的配套用品,如花盆、托盘、花架等,由护花人员负责清洁保养;租摆期间的花卉如因养护条件不当而造成花卉枯死或长势不好,由公司的专业护理人员及时更换,保证用花单位的观赏效果。如用花单位长期与公司合作,还将提供特殊优惠,每逢五一、十一、春节期间如需供应四季草花,免费送货到单位进行节日装饰,增添节日气氛。

久美花卉的愿景是,只要您把有关绿化的事宜交给我们,您要做的便只是享受!

给光以美

2000 年,国内照明市场刚刚兴起,一个偶然的机会,一个年轻人踏入了照明工程设计行业,开始了自己都没料到的人生。2002 年开始,全国各地越来越重视夜景照明,照明工程设计及施工行业的发展如火如荼,他又幸运地搭上了这趟快车,随后参与国内各类照明设计的项目逐渐增多,也让他逐渐累积了丰富照明设计及施工的经验,2010 年在北京短暂学习通过考试有幸成为国内第二批国家注册一级高级照明设计师。他就是郑州迪尔乐斯照明工程有限公司的领军人物冯健,除了主要负责公司的照明设计,同时也分别在上海、广州、长沙等地兼顾教学培训的工作,主要培训内容照明基础知识和德国 DIALux 照度计算软件。

郑州迪尔乐斯照明工程有限公司是专业从事照明设计的企业,一直致力于各类商业、艺术、大型公共空间的建筑、景观及室内的照明应用与研究,业务范围涵盖了城市照明规划、建筑外观照明设计、景观夜景设计、室内灯光设计、桥梁亮化设计、商业照明设计、体育场馆照明设计、展示展览灯光设计等多个领域。

在公司设计师的眼中,光是空间的灵魂,每个空间都有其独特的光属性。照明设计就是用源源不断的创意火花,激荡空间的脉搏,从而将视觉美学与照明科技相结合,给光以美的享受,给空间插上翅膀,让光的梦想飞翔。杰出的设计,带来了一系列的荣誉。2009 年时,当时在郑州的知名照明工程公司的设计部负责人冯健带设计团队历尽千辛万苦设计的炎黄二帝大型景观雕塑照明获得全国"中照奖"二等奖;2012 年,荣获全国"金手指"优秀照明设计师奖;2014 年,荣获阿拉丁神灯优秀人物入围奖。

迪尔乐斯注重设计团队建设,使之成为公司的核心力量。设计团队经验丰富,专业技术过硬,通过他们的不懈努力,精心完成了一个个优秀的成功案例,并获得客户的一致好评。团队成员术业有专攻,从创意到设计,从绘制图纸到现场实施,从艺术层面到技术层面,均具有各自的侧重和专长,在团队中发挥着不可或缺的作用;他们勇于接受无限创意的实现挑战,努力为空间带来令人惊叹的视觉体验。

迪尔乐斯在设计中特别注重环保概念。在与世界众多建筑及室内设计精英团队的密切合作中,坚持以绿色、创新、人性化为设计理念,重视环保,结合独特的艺术创意、视觉感受提出整体解决方案,不断为客户提供独一无二的照明解决方案,促进人、建筑与光环境的和谐共生,和睦共融的设计理念。

引领摄影行业进入 3D 立体时代

传统影楼、照相馆烦琐的拍摄流程(化妆、着装、道具……)、一成不变的拍摄风格(摄影师牵着顾客鼻子走)、高昂的收费(众所周知,成本不到 200 元的影集,卖 4 000 元)已经不能有效满足人们的摄影需求,很难跟上数码影像业的发展趋势,经营风险加大。大头贴虽然价格实惠,拍摄便利快捷又具有个性,但它功能单一,上不了档次,消费者单一,市场有局限,终究会被淘汰。

郑州鹏之轩电子科技有限公司投入巨资研发的以摄影为主题的生活娱乐项目—全球拍-鹏轩 3D 拍,集婚纱摄影、艺术写真、儿童摄影、大头贴等多功能于一身,专业摄影,价格便宜,操作便捷,顺应数码影像发展趋势,更好地满足消费者的需求。鹏之轩成立于

2008 年,专业致力于数码相机、数码影像领域的新技术开发及推广事业,拥有自主知识产权,受到河南省政府重点扶持。

鹏之轩深知,经营者中有不少人是小本创业,没有太多的经验和资金,用于创业的每一分钱都来之不易。所以,只有急合作伙伴所急,想合作伙伴所想,才能"众人拾柴火焰高",共同做大市场。鹏之轩为经营者定期免费补充新图片,以便吸引更多消费的眼球;终身免费提供技术升级,新功能、新技术随时呈现;逐步拓展合作伙伴的经营业务;提供品牌支持与形象支持;提供合理化的建议及详细的开店启动方案、装修方案、开店经营用品和宣传品、经营证件、培训课程、经营指导等,整店输出,复制成功;进行市场调研、评估,以确定店面选址;选派专业人士下店,进行营销技术培训、管理培训、销售能力提升培训等,大区经理不定期上门指导、全程督导,并根据市场特点的变化,第一时间内制订出新的促销方案;对合作商实行严格的区域保护政策等等。同时,鹏之轩每年投入巨额广告预算,广告覆盖央视、各大卫视、门户网站、平面杂志等,促销广告深入各地报纸、电视台等,贴近消费者,从而节约合作商的宣传费用。

郑州鹏之轩凭借突破传统的影像技术、独具特色的经营理念以及良好的营销模式,在激烈的市场竞争中拼出了一片属于自己的天地,受到了合作伙伴的赞誉。

奇之友医疗:美容及保健设备行业的创业者

奇之友医疗是一家于 2015 年新成立的创业公司,主要从事美容保健设备的研发、生产和销售。公司主要生产系列的减肥、导入、丰胸、嫩肤祛斑、养生等仪器。

美容保健是中国未来的一个大产业。爱美之心人皆有之。生活水平的提高,直接提升了消费者的审美需求。韩国美容业发达,作为女士,几乎人人美容甚至整容,韩国影视剧中的众多帅哥靓妹吸引了大批中国粉丝,吸引不少中国爱美人士,不惜远赴韩国就为专门挨上几刀,以解心中爱美之痒。

在郑州大街小巷做广告最多的恐怕就是美容广告了,郑州美容医疗服务机构众多,大部分私营医疗机构都跟美容有关,公立医院也都专门成立美容科室,用信誉吸引爱美的消费者。时下,美容保健已经渗透到地市、县城,甚至最后一级村镇了,庞大的市场对美容保健设备需求非常大,并且高中低档次的设备都有相应的使用场所和消费人群。

奇之友医疗就在这种环境下成立了,专门为爱美人士或美容保健理疗服务机构研发、生产仪器或专门设备,获得较好的销路效果。

奇之友坚持诚信的原则,以互惠共赢、合作发展为经营宗旨,为广大客户提供优质产品和服务。公司的产品在行业细分上关注中端客户的消费需求,并通过网络进行销售传播,部分仪器已经远销新加坡、马来西亚、越南、韩国、澳大利亚以及非洲一些国家。

基于美丽事业良好的发展前景,奇之友,在摸索中探求美容及保健设备的未来。

对经销商的支持力度决定了经销体系的成败

经济不景气诱使诸多产品制造商有强烈意愿把产品销售的部分风险转嫁给经销商，制造商把销售的产品款项收回后，让经销商依靠自己的能力运作，很少对经销商进行后续支持，导致经销商因经验不足而略显迷茫或销售动力下降，结果是制造商销售额的逐渐下降。优秀的企业会对经销商进行全面的营销支持，让经销商得到实惠，从而成为公司忠诚的销售伙伴。康拓陶瓷郑州分公司就是这样做的，而且效果良好。

康拓是一家创办于 2006 年的佛山陶瓷企业，主营瓷木地板。所谓瓷木，又称木地板瓷砖，即木纹瓷砖。瓷木既像木地板那样温馨，又像普通瓷砖那样容易打理，而且对于安装地暖的客户来说效果更佳，因为导热性能好。2010 年以后，"瓷木"的概念逐渐被消费者认可，"为地球保存更多一点森林资源"的经营理念让康拓成为消费者购买瓷木地板的首选品牌之一。

康拓郑州分公司成立于 2013 年，在这个时点，好多建材产品已经开始走下坡路了。康拓在郑州运作的 3 年内，销量上升很快，2014 年销售 600 万，2015 年达到 800 万元。这样的成绩归功于两点，一是瓷木被大众认可后的销量自然上升，二是郑州分公司对经销商的大力扶植。

康拓郑州分公司的经销商已达到 28 个，其中的大部分都是从夫妻店经销商发展起来的。过去这些夫妻店经销商小富即安，没有更远大目标、眼光与市场拓展能力。康拓郑州分公司通过辅导、支持、培育，甚至额外的看得见的物质激励等方式，提高经销商的销售能力，激励经销商高效运作，完成他们平时想都不敢想的销售额度，取得了显著的效果。

郑州分公司支持经销商的运作模式成功以后，他们也希望在总公司层面推广，进行制度安排。

诚信为本，通达天下

河南诚通物流服务有限公司成立于 2014 年，是集运输、仓储、物流配送、国际货代为一体的大型物流企业。2015 年，公司再次注资 3 000 万元，启动河南全境物流及全国枢纽城市群配送服务。诚通物流秉承"诚信为本，通达天下"的经营理念，致力于现代物流业的标准化建设，努力营造健康、稳健的物流发展新模式。

为了更好地满足客户的需求和拓展市场，诚通物流在郑州市内和河南省各市县设立了 200 多个分支机构；公司拥有 300 余辆各种类型运输车辆，拥有稳定的会员客户；资金流服务（代收货款）和银行合作，通过银企联名卡为客户提供安全高效的货款打卡和 POS

机刷卡服务;诚通物流重金投资开发了最新的物流软件,为客户提供更加高效安全的信息流服务,为客户的资金流和货物流又拴上一道安全绳,提供标准的一体化增值服务。

诚通物流成立之初就非常注重企业形象的塑造,全面导入了企业 CI 系统,进行了理念、视觉、行为系统规划。通过了"诚通"系列品牌注册,完成了"诚通"统一 CI 手册、服务规范手册、产品规范手册、技术操作规范手册、消防安全生产管理手册和管理规范手册。公司引进了一套完整的管理和销售推广模式。诚通物流凭借超前的发展理念,在自身稳步发展壮大的同时,也努力促进河南物流业的发展。

经过一年的快速发展,原有的企业规模已远远无法满足诚通的现代化发展需求。于是,诚通物流华南城配送中心于 2015 年 8 月顺势成立,进驻据守郑州南大门的华南城·乾龙物流园。该物流园四邻环绕均为繁华商业市场,华南城、华商汇、百荣商贸城、郑州汽贸园、圃田陶瓷城等超大体量商业体环绕四周。占据了天时地利的诚通物流在郑州市内各大市场网点已经建立、建成 50 多个配送网点,涉及建材、服装、食品、汽车配件等多个集中性强的热门行业领域。

高点定位、高标要求、高效推进的诚通物流,在信息化建设、科学管理、优质服务等方面积极开拓创新,勇争一流,立足郑州,深耕河南,布局全国,争取早日建成全国知名的物流品牌企业。

主动转型,迎接物流行业的巨大变革

河南巨洋方圆物流有限公司创建于 2004 年 7 月,是专业从事货物运输、仓储、配送(中转)和信息技术服务的综合型物流企业。公司始终坚持"诚信、快捷、安全、方便"的经营理念,竭诚为广大客户提供一流的服务。公司坚持"视诚信为生命、以服务求发展"的发展观,不断提高服务水平,开展多种多样的文明服务和安全服务活动,也因此使"发货取款选方圆、方便快捷又安全"的口号响遍四面八方,在广大客户中赢得了口碑。

方圆物流从成立之初只是一个拥有 4 个分部、9 条运营线路、9 辆挂靠车辆、总部不到 40 人的小货运公司,发展到现在拥有 100 多个收货分部、200 多家市县分公司、500 多辆长短途运输车以及 1 800 多名员工和一个占地 73 000 多平方米的省内省际配送园区,可同时容纳 140 条省内线路和 30 条省际线路合并作业,日吞吐货量可达 4 000 多吨。超常规快速发展的方圆物流,被称为河南物流界的奇葩。但是,随着互联网的迅速发展,方圆物流认识到物流行业在迎接崭新机遇的同时,也将面临新一轮的洗牌和挑战。在这轮洗牌中,墨守成规、被动发展的传统物流企业将被淘汰,而那些重新定位、自我变革、具备互联网思维的新型物流企业,将迎来春天。

一、居安思危,未雨绸缪

过路费、油费、人力成本的提高等种种原因制约着物流行业的发展,近些年来,互联网的飞速发展,也不断冲击着物流业,物流市场大洗牌时刻即将到来,物流企业不可避免地面临着机遇和挑战。

2014年,公司生产经营总值为1.6亿元。方圆物流的发展虽然取得了骄人的成绩,但是他们不满足已经取得的成绩,在机遇和挑战面前,方圆物流居安思危,未雨绸缪,思考如何把握机遇,使公司的发展再上一个新台阶。

方圆物流一直在寻找机会转型升级。京东、阿里巴巴落户郑州,让方圆物流看到了曙光,李克强总理提出的"互联网+"让方圆物流更加明确了发展的方向。方圆物流认真向京东物流学习先进的管理经验和经营理念,把他们运用到公司的发展实践中去。

通过对京东的学习,方圆物流决定借助京东发展自己,转变现有的落后的业态,对业务和业态做一系列的创新及调整。业务创新方面从提高信息化运用程度着手,优化业务运作方案,重造业务操作流程,提高公司运行效率;业态调整方面,由单纯的零担专线运输、仓储服务向电商物流、保税物流、快运物流转型,由低附加值、低运率向高附加值、高运率、高服务转变,由传统物流向现代物流转变,由数量规模向质量效能转变。

目前公司业务创新已达到中高端水平,电商等高端客户运费价值占公司总运费价值的1/3左右。

二、花开满树,清风自来

2014年3月21日,方圆物流与京东签订了长期合作合同,京东物流的大家电、小家电全部由方圆物流来承运,成为京东在河南省签约的为数不多的物流企业之一。方圆物流之所以能够得到京东的青睐,是因为方圆物流把自己打造成了品牌。方圆物流是国家4A级物流企业,是省内物流业唯一一家省级技术中心,2011年通过了ISO9001：2008质量管理体系认证,连续5年被评为"河南省诚信物流企业"。方圆物流在省内有200余家分公司,在郑州市区有100多个收货网点;运营车辆531台,均安装GPS卫星定位系统。网络体系无死角,也是吸引京东的原因之一。

方圆物流除了硬件实力之外,服务也是令京东特别满意的地方。方圆物流成立11年来,始终坚持"走正道、务正业、守信用、负责任""诚信、快捷、安全、方便"的经营理念,十年如一日地坚持"货物夕发朝至、货款三天发放、货丢全额赔付"的服务宗旨,视诚信为企业的生命线,在广大客户中树立了良好的信誉,打造了方圆品牌。为了更好地和互联网接轨,方圆物流还组建了专业的团队来运作京东项目。

除此之外,方圆物流真正做到了"最后一公里"。由于承运的是京东的大家电、小家电,特别是大家电,有时候需要送到客户家中,这需要背着,甚至两三个人抬着,碰上有电梯的还好说,没有电梯的,方圆物流的工作人员会小心翼翼地爬楼梯送上去。方圆物流的服务为京东赢得了更多客户。方圆物流花开满枝头,才招来了京东这清风环绕。

三、运筹帷幄,决胜千里

方圆物流是国家4A级物流企业、中国物流与采购联合会常务理事单位、河南省交通物流协会和河南省物流协会副会长单位、郑州市交通物流协会会长单位,连续5年被评为"河南省诚信物流企业"。

方圆物流的实力吸引了众多客户和供应商。大客户和供应商主要有:京东电商大家电物流,主要是物流B2C业务;京东电商小家电物流,主要是物流B2B业务;美的电商物流,主要是物流B2B业务;中集物流业务,主要是物流B2B业务;嘉里大通物流业务,主要是物流 B2B 业务。

方圆物流为长远发展做了短期计划和长期规划。方圆物流总经理田广建介绍,第一个三年发展计划是,2014 年,公司生产经营总值达到 1.5 亿元,这个目标已经实现,2014 年公司的生产经营总值为 1.6 亿元,2015 年公司的生产经营总值达到 2 亿元,2016 年公司的生产经营总值达到 2.5 亿元。方圆物流还计划在 2016 年买 300 亩地,用来建一个综合性的物流园区,同时要建立自己的电子商务平台。

方圆物流的长远规划是,向一体化多功能综合性物流、高端现代物流发展,同时发展保税物流,打造一支廉洁、高效的团队,为成为高端现代的物流企业提供强有力的组织保障。

方圆物流"互联网+物流"的发展模式,值得大家关注,方圆物流的未来,更值得大家关注。

诚信创建品牌,服务决定未来

在河南众多的物流企业中,有一家企业从一个少人知晓的信息部,迅速成长为河南物流界的一颗新星,其发展模式和成长轨迹,成为很多物流企业仿效的对象,它就是鸿泰物流有限公司。鸿泰物流的快速发展,离不开以董事长尚宏强为代表的精英团队在背后的运筹帷幄和不懈拼搏。

一、迎难而上,坚韧不拔,推动企业发展壮大

大学毕业后,尚宏强毅然决定自己创业。1998 年,在事业上几经周折的他最终找准方向,在郑州市区成立货运部,正式踏入了物流行业。面对重重困难,他迎难而上,一步步克服资金少、缺技术、客户难找等难题。通过几年的打拼,他的客户不断增加,并积累了一定的资金和经验。海阔凭鱼跃,天高任鸟飞。随着物流市场的日益成熟,物流市场正规化进程的快速推进,成立更加规范化、标准化、信息化的物流公司已迫在眉睫。为了寻求更大发展,2005 年,尚宏强经过多方考察,联合其他两名股东共同投资创办公司。自此,河南省鸿泰物流有限公司正式注册成立。

为了规范企业发展,使企业步入良性循环的轨道,他带着公司的业务骨干跑市场、谈客户,凭着敢闯敢干的闯劲和吃大苦、流大汗的干劲,尚宏强硬是闯出一条大路,鸿泰物流从当时的 3 条省外线路,发展到目前的 20 余条。2012 年 6 月,鸿泰物流省内园区正式挂牌营业。目前,鸿泰物流已在全国 30 个省、自治区、直辖市,开设公司直属网点 400 余家,形成以郑州为枢纽,以河南省为重点,以全国为覆盖面的综合型物流配送网络,成为河南省本土一级物流企业,为客户提供全方位、一体化综合物流服务。

二、真情付出,服务至上,全心全意为了客户的利益

在 2005 年鸿泰物流成立后,尚宏强就准备甩开膀子大干一场了,可没想到,公司刚起步没多久就出了件大事,运送的货物"全军覆没"。那年他们往广西送货,车到湖南的

时候,不知什么原因,车辆自燃了,50多万元的货物烧了个精光,也"烧"得尚宏强焦头烂额,一筹莫展。按照当时的赔偿条款,物流公司损坏或丢失货物,只需要赔付运费的3~5倍即可。比如价值10万元的货物,运费100元,如果全部丢失,最多也就赔偿500元。

但在出事的第二天,尚宏强做了一个出人意料的决定,烧光的货物,全额赔偿。这个决定对于一个刚起步的物流公司来说,无异于当头一棒,当时的鸿泰还付不出那么多钱,尚宏强就四处借钱,登门给每位客户道歉。一些老客户被他的真诚打动了,主动要求不要现金赔偿,以后从运费里慢慢抵扣。

当问他为什么要这么做时,他说:"是咱们把客户的货弄坏了,是咱的责任,就要赔人家。"祸兮福之所倚,尚宏强的这次危机处理,在客户之间传开了,鸿泰的真诚、守信也一传十,十传百,很多客户慕名到鸿泰发货。

经过那次火灾之后,尚宏强吸取教训,给每件货物都买了保险。一切从客户需求出发,鸿泰物流的发展也逐渐走上了正轨。

三、诚实经营,注重信誉,赢取客户信任

"鸿泰物流在发展中在哪儿沾了光呢?其实就是物流行业比较混乱。"尚宏强这样解释鸿泰物流发展如此迅速的原因。难道真的是浑水好摸鱼?

鸿泰物流刚刚起步之时,物流行业呈现"小、散、乱"的局面,很多方面都不规范,丢货、偷货、卷走货款的事情屡见不鲜。在大多数物流企业管理、服务很混乱的情形下,只要做到管理规范,诚信经营,保证服务质量,就能得到客户的信任。而客户的信任是物流企业发展的根基,其重要意义不言而喻。

对于客户的信任,尚宏强憨憨地说:"俺家就是尚庄的,有家有院,跑不了,所以客户比较信任我吧。"一开始,客户或许会因为这个因素选择鸿泰,但信任来源于长期合作过程中的积累。尚宏强自己总结了最重要的两点,一是服务好,二是回款及时。"有时候看到那些比自己硬件好,比自己大的公司,心里也很有压力。但也没想要超越谁,就按部就班地慢慢做吧,物流行业价格非常透明,我们就只跟别人拼效率,比回款速度、查货速度、送货速度,只要每一项都做好了,让每一位来鸿泰的客户满意就行了。"

针对很多物流企业代收货款回款不及时的情况,为了及时把货款支付给客户,鸿泰与建设银行合作开发了软件系统,经由这个信息平台,鸿泰把每天收回来的货款,当天直接从网上转给货主,非常便捷。在其他公司回款至少需要十几天,而在鸿泰,客户5天左右就可以拿到货款,节省了一半的时间,受到了很多客户的认可。

鸿泰物流就在"乱世"中凭着诚信服务、一切从客户需求出发的经营理念,在物流行业闯出一方天地。

四、超前思维,锐意进取,拥抱互联网谋发展

由于缺乏良好的管理能力和技术,传统物流行业存在很多问题,造成了资源的严重浪费。伴随着移动互联网时代的到来,各行各业都在积极响应"互联网+"的发展趋势,尚宏强自然也不甘人后。在尚宏强看来,"互联网+"代表着一种新的经济形态,现代物流更是新的发展趋势,随着互联网大数据时代的到来,新的市场形势倒逼着物流企业不断优化升级,寻找新的发展模式和利润增长点。鸿泰这几年一直在做一件事情,就是通过资

源整合,创新经营模式。对于未来的发展,鸿泰物流将以物流为基础,以互联网为平台,充分将互联网与物流相结合,实现与客户之间的移动互联,致力于打造一个信息化、智能化的发展网络,最大限度地降低成本,提高资源利用率。同时深入了解客户需求,不断寻找新的利润增长点,为客户提供全方位一体化的优质服务。

物畅其流,通达九州

河南腾达物流有限公司是一家集物流配送、汽车运输、铁路运输、仓储、城际配送于一体的跨区域、网络化、信息化、智能化、具有供应链管理能力的综合性物流公司。作为国家 AAAA 级物流企业,腾达物流自 2004 年成立以来,历经十多年的发展,已成为国内物流行业的佼佼者。

人无信不立,业无信不兴。对于物流企业来说,诚信就是生命,它既是物流企业的无形资产,也是企业品牌及可持续发展的基础。腾达物流一直致力于成为中国最值得信赖和尊敬的民族物流企业,为客户提供最优质的服务。在公司十多年发展过程中,正是得益于不断完善其配送服务网络,坚持自己的直营运输网络来控制配送的服务流程,完善标准化服务;促使公司的业务体系逐渐完善,从而在激烈的市场竞争中稳步成长。依靠科学的规律,腾达的货物损坏率控制在十万分之一,这在同行业是最低的。

腾达物流本着"成就客户,推动经济,发展民族物流业"的经营理念,积极探索客户需求,不断推出新的服务项目,为客户提供快速、安全的物流服务。针对不同客户的需求,腾达物流开设了定日速运、全日汽运、整车运输等业务。"定日速运"是腾达物流向客户提供的高端公路快运服务,具有高度的时效性和安全性,让客户以汽运价格,享受堪比航空货运的高性价比服务,通过 GPS 全球定位系统,实现车辆在运输过程中的全程追踪,实时监控,并通过严格控制发车时间、车辆在途时间及装卸、配送时间,确保客户货物准点到达。"全日汽运"作为腾达物流的主营产品,旨在为客户提供无处不达、经济实惠的物流服务,目前腾达物流省内无盲区,省外十七条线路保证客户的货物安全快速到达。"整车运输"是针对有整车运输需求的客户,安排专人对整车货物全程跟踪、全方位服务,保证客户的货物安全到达,并提供保价运输服务,免除客户的后顾之忧。

腾达物流也与时俱进,顺应网络经济的发展趋势,通过完善公司网站和微信服务等项目,让客户通过网站或微信享受到足不出户、服务到家的便捷服务,为客户带来更好的服务体验。

为草根创业者打造创业服务平台

在国家倡导大众创业、万众创新的大形势下,全社会兴起了创新创业的浪潮,创新创业已经成为社会的主旋律,草根创业迎来了时代机遇。但是,由于知识、能力、资源等方面的不足,草根创业想取得成功并不是一件容易的事情,挫折和失败再正常不过。草根创业的成功不仅取决于个人因素和国家政策因素,民间发展起来的创业服务企业也是草根创业道路上不可或缺的一环。

在河南,就有一家有着较高知名度和影响力的创业服务企业——河南微企商务咨询有限公司,公司旗下运营的品牌"创富工厂",专注于早期创业投资,用全方位的创业服务,帮助创业者打造规范企业,实现创业梦想。创富工厂的创始人纪宇于2013年在一片质疑声中办理了辞职手续,为自己10年的记者生涯画上了句号,加入创业大军中。如今,纪宇一手打造的创富工厂已在河南小有名气。纪宇大学毕业后进入传媒领域,先后在两家媒体做创富栏目的记者,在工作中她萌生了为创业者搭建桥梁的想法。辞职后,纪宇注册成立了一站式创新创业服务机构——创富工厂。起初,公司只有她和一名合伙人,起早贪黑开发各种平台进行创业项目的对接。经过一段时间的坚持,纪宇的创富工厂业务不断拓展。从初期的创业者线上交流对接延伸到线下,服务内容也涵盖创业资金的对接、创业项目帮办、导师授课指导等方面,服务对象达300多家小微企业,拥有6万余名创业者粉丝。

一、定位与目标

创富工厂专注于早期创业投资,帮助解决创业所需的各类资金,同时针对早期创业所需要的商业、技术、产品、市场、人力、法务、财务等提供流水线式创业服务,帮助早期阶段的创业公司顺利启动和快速成长;全力为创业者提供全方位的创业服务、创业一站式解决方案,用全面的创业服务,帮助省内创业者打造规范企业,实现创业梦想。

二、角色与使命

创富工厂通过专业培育、资金支持、对接服务、资源整合等方式,协助创业者最大化实践创业,旨在通过全方位的支持、为创业者提供更大视野和更多资源,协助创业者最大化的实现创业梦想;同时为国内外的投资者、创业者和政府机构、公益创业机构提供本地项目源和交流机会,共同打造健康、良性的创业生态。创富工厂为创业者对接的资金和服务来自政府、银行、专业投资机构和战略性投资者。

三、品牌活动

2014年,创富工厂与河南电视台合作,一同打造的一档河南本土大型创业真人秀电视栏目《创业星工厂》登陆河南电视台民生频道。节目旨在"寻找创业好项目,助力自我真英雄"。"过关斩将"的获胜创始人将拿到总规模上亿的创业投资,助力企业插上资本的翅膀。为了能让项目持有人完成自己的创业梦想,大赛组委会特别安排资深创业导师对参加海选的项目进行一对一辅导,从团队、技术、市场、财务、融资方案和风险控制等角度为参赛选手进行指导。与电视台的合作,既能切实的帮助到创业者,同时也有助于创富工厂品牌的传播。

创富工厂还不定期举办项目对接会。为了能给创业者提供找寻好项目的机会,创富工厂采取创业项目展示推介的方式来引导、鼓励、支持创业人员自谋职业,自主创业。

另外,创富工厂还有"天使会客厅""创富学院"等品牌活动。通过长期连续的固定线下创业主题活动,让投资机构和创业者面对面,为创业者提供政策信息宣讲对接,建立与创业者的深度合作,增大黏性,建设投资发展的健康循环良性模式,共生共赢。

四、未来展望

创富工厂希望为创业者提供从创意到创业的现实路径,发掘培养优秀创业家,与创业者、投资者、政府、企业携手,发掘潜力项目,整合创业项目资源。2015 年 12 月,创富工厂(河南微企商务咨询有限公司)与郑州市高新技术创业中心签订国家级孵化器推广运营合作协议,双方本着精诚合作、互利共赢的原则,共同搭建创业平台,服务国家级孵化器的入驻企业。双方牢牢把握创新创造财富新趋势,共同探索"优质项目+优秀团队+专业孵化+创业投资"的创业服务平台建设,致力于促进郑州市高新技术创业中心创业服务品牌提升、吸纳大量优秀科技创业企业入驻,孵化上市企业,形成良好的社会效应。

甘为他人做嫁衣裳

2015 年的冬季,不管是传统制造业还是新兴的"互联网+",都受到了经济寒流的影响。而郑州的会展业却别有洞天,上海合作组织成员国总理第十四次会议于 2015 年 12 月在郑州市成功举行,掀起了会展经济的高潮。而就在上合会议的一个月前,河南省"互联网+"开放合作大会在郑州召开,吸引了包括中国互联网三大巨头 BAT 在内的国内众多知名互联网企业与会。相关企业更是豪掷 430 余个项目大单,总投资达到了 850 亿元人民币。如此高级别展会,在郑州似乎已经成了常态,平均两天就会举办一场。2014 年,郑州市共举办各类展会 233 个,带动"吃住游"挣了 190 亿元,而 2015 年举办的展会数量已轻松突破 250 个,居于全国前列。

郑州恒达会展服务有限公司是郑州会展市场上名列前茅的会展公司,致力于为政府机构、行业协会、大中型企业提供专业化的会议组织、产品展览、策划服务,集特装设计、展台搭建、接待、咨询、销售为一体,组织实施以及相关服务综合性的会展服务业务,十几年间相继在郑州、天津、合肥、山西等地举办多届展会,涉及广告、数码影像、美容化妆品、摄影、LED 霓虹灯及城市照明、办公设备、印刷包装、连锁经营、医疗器械、食品机械等领域,为众多行业、企业的发展做出了贡献。

一、以高素质的专业团队构建竞争优势

恒达会展以策划、组织展览为服务主体,创建了一支有业界各路精英组成的活力四射、敢于创新的高素质专业精英队伍,他们具有全新、全面的操作经验,高水准、高效率的运营能力,富有创新意识和团队合作精神,全力满足所服务企业的需求,进而提高企业竞争能力,凸显企业竞争优势。

公司建立了一支管理高效的展览、策划、设计、施工专业团队,负责特装展台、展厅设计及搭建、施工,曾多次受到河南省政府部门的委托承办大型展会的特装设计、搭建工作,如:郑州全国商品交易会、郑州房地产博览会、全国药交会、中部博览会、全国劳务品

牌展、河南印博会、全国汽车用品展、中国科协年会等大型展会活动主场的展台设计、搭建及会场服务工作。施工、服务人员的高素质,也使得恒达会展在业界及客户中获得了极多的赞誉。

二、不断创新会展服务模式

展会经济一直被认为是"一业兴、百业旺"的带动型产业,尤其对于在转型中积极摸索的传统行业。恒达会展在十几年的发展中,也一直在摸索展会的"反哺"价值,探索在经济下行压力比较大的环境下,通过会展带动传统行业的发展之路。

恒达会展已成功承办了迄今共12届的中原肥料双交会(2004—2015),而且一届比一届规模大,2015年4月的双交会总展览面积约2万平方米,参会人数达2万人以上。双交会是经河南省农业厅批准,河南省土壤肥料站、河南省肥料协会、郑州恒达会展服务有限公司联合承办,这一届双交会档次高,效益好,使得中原肥料双交会成为中国肥业界影响力的盛会,也成为国内区域性展会中最负盛名的展会。

众所周知,河南是全国重要的农业大省、粮食生产大省,而农业丰产,肥料支撑是关键。河南是一个肥料消费大省,年肥料用量达1 600万吨。同时河南地处中原,交通便利,是全国重要的物流中转枢纽和集散地。所以,恒达会展办肥料业界会展,立足了中原,服务了农业,也顺应了行业的需求。恒达会展一直坚持按会展发展的规律组织展会,按照肥料企业的需要,去组织每年展会的各项活动,逐渐得到了肥料企业的广泛认可,参展企业数量逐年增加,2015年在参展肥料品种上比往届更多、更丰富,尤其是新型肥料参展意向高,共有1 000多家合作社、3 000多家农资经销商、2 000多名种植大户和家庭农场主参会观摩,在参会人群结构与规模上比往届实现新的突破。

对于中原肥料双交会,根据国家政策和行业发展需要,恒达会展为每届展会都设定了不同的主题,使展会很好地配合了粮产行业的持续发展。

恒达会展立足长远,认准了方向,就不计较短期的得失,以培养中原肥料双交会项目的心态去开展工作。会展服务中,很多投入并不是短期能够见到效果的,例如对经销商的登记邀请、对展会的外部形象广告投放等,恒达会展都坚决投入,积极提供服务。

恒达会展坚持与时俱进、不断创新。对中原肥料双交会,根据每年行业形势的不同状况,不断地创新服务和宣传方式,跟上了时代潮流,使双交焕发了新的生机和活力。2015年的双交会,恒达会展的组织工作的定位突出了两个字——升级。为了让双交会办出特色、办出水平,更加有影响力,无论是从招商到布展,还是从展示到互动,都按照"升级"的要求开展各项工作。这次双交会,成功举办了"2015中原肥业高层论坛——新常态下的肥业振兴之路",力邀全国行业知名专家莅会指导,取得了良好的效果。

恒达会展还成功承办了五届全国肥料信息交流会暨产品交易会(2011—2015),3届中原国际工业博览会(2005—2007);成功地在平顶山、濮阳、新乡等地市级别城市的举办房展会。公司注重品牌展会的培养和发展,如"中原广告展",通过10多年的精心策划、运作,从首届几十个展位发展到今天的1 000多个展位,在全国广告行业展会中仅次于上海、广州,排名第三,受到业界人士的广泛关注。"中原广告展"还在2011、2013年被郑州会展办评为"郑州市重点支持展会"。经过十几年的发展,恒达会展已经形成了较为成熟的行业会展模式,得到了行业内部的广泛认可。

三、拥有强大的媒体支持

恒达会展获得了如《中华合作时报/农资专刊》《河南科技报》等报刊及河南农村广播、河南电视台等媒体的有力支持,成为这些媒体在会展方面的唯一战略合作伙伴。2015年双交会,与战略合作媒体《中国农资》再次合作,出版了《2015第十二届中原肥料双交会特刊》。同时,还利用新媒体展开了全方位、多角度的宣传。

恒达会展还创办了一个全国性的化肥信息网站——中国化肥市场网,为广大客户提供全方位的专业服务,为客户搭建极具价值的商务沟通平台。

创新服务,让运维更加简单

河南金明源信息技术有限公司是一家高速成长的信息科技集团企业,是国内首家基于微生态信息产业链的IT综合服务提供商,国内首家将IT服务线上支撑平台和IT服务线下体验完善融合的OTO综合服务提供商,怀揣用"服务连接世界"的梦想,致力于云时代高端IT服务资源的高效交付和系统整合。公司成立于2006年,坚持以创新推动企业发展,获得软件著作权30余项。标准化的备品备件中心、30座席专业呼叫中心、云计算试验室等配套设施已投入使用,二期将陆续建设中部最大的品牌备品备件生产检测基地和运维云服务中心。经过近10年的努力,金明源在高性能计算、移动互联网、私有云部署、智慧运维等技术领域形成了独具特色的业务格局,从信息规划、应用设计、研发交付、集成服务、跟踪监督五个方面形成了独具特色的生态服务体系。

金明源以"陪伴式"的服务形式,以"IT服务创造价值"的思维模式,通过机制创新、管理创新、制度创新等手段,积极推进企业的变革与转型升级,大力推进"管理筑基,文化铸魂,营销筑阵,品牌塑根"的战略构想,全力打造传承百年的"金明源"品牌。通过业务模式创新和平台产品应用为中国"IT服务"注入强劲动力,以服务产品化、解决方案、产品研发交付以及资源整合为依托,搭建完善的整合IT服务体系。

国内首家提出"微生态"运维服务,确保运维服务的周期性和预见性,通过系统建立模型分析制定最理想的预维护体系。将线上工具和线下服务结合,整合专家和设备厂家资源,创建专家库、企业库、产品库、工程师库,通过平台实现全自动、智能化的运维服务。将IT基础架构建设转向IT服务管理,专业人才的培养机制以及国内顶级专家为团队力量,以专业化运维平台为支撑,提供全方位运维服务。

开启运维服务新模式。通过整合传统互联网、移动互联网、物联网等技术,构建大数据时代运维云支撑平台,形成平台支撑。为客户提供包括信息化前沿研究与战略规划、IT技术实施规划、IT管理与服务规划等在内的三个层次的咨询规划服务。提供远程技术支持,通过电话、Email、QQ、远程登录等方式,在客户配合下进行服务请求的处理和系统故障的排除。客户可以根据实际业务需求定制不同响应级别和维护周期的原厂商延保或第三方延保服务。整合国内、国际运维各专业领域专家,为客户提供高效、高品质的专家服务,力求在故障出现的第一时间内能有对口专家到场,及时解决故障恢复正常运行。

形成完善智能预警系统,通过机房监控、应用监控、主机监控、网络监控等核心设备、应用实时监控;故障信息通过 EMAIL、手机 APP、短信通知;问题工单自动提交,服务台主动响应。

走进全占,走向全球

近年来,伴随着中国经济的迅速崛起,中国高净值人群正在飞速递增,移民到海外的华人也越来越多。中国人对外移民的需求正日益提高,催生了越来越多的企业加入移民服务这一行业。

河南全占因私出入境服务有限公司成立于 2008 年,于 2015 年 5 月 5 日在上海股交所成功挂牌上市。作为一家专业为中国公民提供出国定居服务的中介机构,全占具有中国公安部正式颁发的出入境中介机构认证资质,主要为中国公民赴塞浦路斯、加拿大、美国、澳大利亚、葡萄牙、西班牙、匈牙利、香港等 13 个国家和地区定居提供服务。

移民行业向来不算平静,移民中介机构良莠不齐,不正规的黑中介往往利用市场信息的不对称和低价策略误导消费者,在交易之后对消费者的后续需求则甩手不管,最后给消费者造成不可挽回的损失和诸多困扰。河南全占拥有专业的团队,其中包括外籍移民律师、咨询顾问、文案团队和客服团队。为了帮助更多有移民意愿的客户成功地进入国际社会,寻求新的发展空间,作为有强大实力的专业移民机构,河南全占真诚面对顾客,摆正“上帝”的位置,注重信誉,以“诚信、保密、专业、快速”的经营理念,全心全意为客户提供全程服务。

随着移民相关政策的不断完善和行业竞争的加剧,移民服务行业也从先前粗放的服务模式发展到现在进入比拼专业、比拼服务的新时期。河南全占善用现实社会的网络效应与传播效应,通过主办高峰论坛、移民说明会等方式,吸引优质客户,设立一对一专业服务,结合客户的需求,为每个客户量身定制适合他们的海外移民方案。近期,为全面升级海外移民服务,从全心全意为客户服务的角度出发,全占公司积极在海外设置办事处,解决移民老客户的后顾之忧。

工程担保服务的创新者

河南诚建工程投资担保有限责任公司成立于 2006 年,是省内成立的首家专业工程担保公司,也是通过省住建厅备案的首家工程担保公司。成立以来,公司已累计为上千个建设工程项目提供工程担保服务。2009 年及 2010 年被评为“河南省工程担保示范单位”,2010 年被评为“河南省十大诚信企业”,2011 年被评为“河南省工程担保先进单位”。公司是河南省建设工程招标投标协会工程担保委员会会员单位,在河南工程担保市场占有上保持主导地位。

公司注重提升服务质量,以"诚实守信、服务建设"为宗旨,汇集工程、财务、法律等方面的专业人才,以经营的专业化和人才的专业化为基础,形成了专业化的服务优势。在运营中,由于服务的企业及项目的不同,在担保需求上存在显著的差异性,河南诚建通过较强的工程担保项目操作控制能力,根据企业及项目的不同情况,积极探索与设计出符合企业需要的担保合作模式。通过经营模式和业务手段的不断创新,很好地满足了施工企业与房地产开发企业的专业担保需求。

为了给工程项目保驾护航,河南诚建用创新思维,不断开发担保服务产品。公司积极配合河南经济发展的政策要求,围绕项目建设过程提供全方位的担保服务,设计和开展了包括投标担保、履约担保、业主支付担保、预付款担保、农民工工资支付担保、项目经理责任担保、质量保修金担保、分包及材料商履约担保等担保品种,并根据客户需求对大型工程项目提供银行保函服务。公司在经营中凭借专业性和优质服务受到了客户的广泛好评,在业内享有较高的知名度和社会美誉度。

用心对待客户,提升服务价值

河南佳灵实业发展有限公司于 2001 年成立,具有河南省建设厅核准的建筑装修装饰工程专业承包一级资质、建筑装饰专项工程设计甲级资质,是河南省绿色环保装饰企业。公司凭借雄厚的技术力量和高素质的专业团队,在省内外享有良好的商业信誉。公司成立至今,完成百余项高端设计装饰工程,其中包括星级酒店(珏山风景区五星级度假宾馆等)、高档会所(小浪底职工活动中心和谐天下私人会所等)、5A 写字楼(联盟国际商务大厦等)、金融系统(建行、广发行等)、德国宝马在华 4S 店及 5S 店等。

对于许多业主来说,装饰装修是一件浩大而琐碎的工程,而装饰市场鱼龙混杂,从装饰公司的良莠不齐,到装饰团队的大小不一,从装饰材料的门类繁多,到装饰回扣的"灰色收入",甚至质保的投诉无门,使得业主的权益得不到保证,很多时候只能吃"哑巴亏"。针对这些问题,佳灵实业不断改进服务方式,加强质量管理,努力提高客户的满意度。在"诚实""守信""重义"的指导思想下,始终贯彻"四个第一",即客户需求第一、综合质量第一、工期保证第一、公司信誉第一;坚持"四个确保",即确保工程质量、确保施工工期、确保作业安全、确保客户满意。在十几年的发展中,佳灵实业坚持积淀自己的企业文化,发扬企业精神,将消费者的需要和利益放在首位,整合资源,发挥专长和优势,做专做精,最终在市场竞争中取得了令人瞩目的业绩。

随着家装市场的不断发展以及客户需求向个性化、多元化转变,佳灵实业于 2013 年成立家装事业部——河南佳灵装饰工程有限公司,接轨欧洲 3I 家装服务,全面实施"全球咨询、全球研发、全球采购",以高品牌定位,与装饰材料品牌企业联盟,并配备国际同步的 3I 设计研究中心、3I 质量监察中心、3I 物流配送中心和 3I 整体家居工厂以及正筹备建设的 3I 家居生活馆,不断提升公司服务的含金量。在设计上科学处理人与环境的关系,达到家和人的个性协调统一。在材料上通过整合资源,扩大产业链,使材料直接从厂家到消费者的家,缩短了中间环节,减少了中间商、代理商的层层代理和层层加价,降低了材料成本,把省下的钱还给消费者,提升了客户的满意度。

精诚服务,做最受客户信赖的物业管理企业

河南索克物业发展股份有限公司创立于 2002 年,是专业的物业管理服务机构,专业从事商业楼宇的物业运营和管理,2009 年成功获得国家物业管理一级资质,2015 年荣获"物业管理优秀诚信企业"称号。2015 年 7 月索克物业在新三板成功挂牌,是河南省内第一家在新三板挂牌的物业企业。

一、做事脚踏实地,争做行业老大

做大与做强是相辅相成的,在索克物业的发展过程中,一直"小步慢跑",但绝不放过任何一个发展的机会。

公司成立初期,索克物业根据不同的物业环境、依据行业发展的特点,结合国家颁布的《物业管理条例》中鼓励物业管理企业向社会化、专业化、市场化方向发展的精神,率先在河南物业管理行业内提出并形成了富有品牌特色的"经营型物业管理模式",将单一的物业管理发展为多元化的楼盘前期项目策划、市场调查、营销推广、代理销售、顾问咨询、全程管理等全方位的物业管理服务。短短几年,索克成功接管了在郑州市极具影响力的金成商务、福华中心、信息大厦、科技时代广场、国龙大厦等商务、住宅楼宇的物业管理和索克大厦、索克商务大厦、索克世纪大厦、索克东方大厦、索克发展大厦等专业写字楼和华天酒店、索克酒店、中州酒店、格林豪泰等酒店的投资经营和管理。

一直以来,索克物业将自己定位于商业地产运营专家,致力于成为中国商业地产界最有价值的运营商和服务品牌之一。每个行业从来不缺实干,只缺乏真正的思考。索克物业就是在自己的物业管理服务过程中,发现客户的潜在需求,从而提供更多的延伸服务。

索克物业董事长姜芳女士认为,商业地产运营,硬件上的区别不是很大,关键是运营模式以及专业化的服务。为了更好地适应公司发展的需要,形成完整的产业链,索克已经顺利跨过了两道坎:从商用物业资产经营到物业服务重点的转移,企业目标从"做大"到"做强"的转变。

二、服务细致入微,赢得多方认可

越知名的物业公司管理自己的品牌、越人性化的物业公司管理服务,越注重细节。"从今天起,要对离我 3 米远的人微笑致意……",这是索克物业对员工的基本要求,也是公司董事长姜芳女士对每一位新进员工的致辞。在索克,每一个员工都在为给广大业主提供最优质的服务而默默努力着。为了方便业主出行,特别配备了数十把雨伞以供不时之需;为了给业主营造舒适、安全的工作生活环境,提供全天候保洁和 24 小时秩管服务;

为使客户能在经营管理的道路上走得一帆风顺,索克还有专业人员为其出谋划策……

历经十余年的探索与发展,凭着"标准化、规范化、专业化、人性化"的管理服务特色,在行业内树立了"索克物业"品牌。在物业服务这个领域,能否感受到客户所需,并制定出贴心周到的服务项目,才是在竞争中制胜的关键。正因为如此,索克物业的服务渗透到了各个方面,小到订报纸、送车票、免费车胎充气、代理审车,大到代客户组织旅游、培训、比赛等大型团体活动。

"除了企业自身的业务外,客户的现实需求与潜在需求我们都要尽可能满足。只要他们提出了,我们就会快速做出反应,即便超出了我们的服务范围,我们也会尽可能地予以解决和帮助。"这句话,是姜芳对全体索克员工的要求,也淋漓尽致地体现了索克物业"服务无止境"的理念。在细节处体现良苦用心,正是索克让客户获得满意的法宝。正是这种服务理念,将客户意识贯穿作业全过程,使客户满意度成为企业的内在牵引和外部约束,任何时间都要感激业主提出的意见建议,尽可能地满足业主的需求,让索克走近完美。

为了更好地为业主服务,还成立了索克VIP俱乐部。俱乐部以"分享快乐,倡导高尚生活"为宗旨,为客户及业主提供全方位的贴心服务。俱乐部整合客户资源,为客户提供文化、旅游、健康、娱乐等各项增值服务,为客户发展提供了一个良好的社交平台。通过举办丰富多彩的活动,服务于索克的业主及会员,加强了索克与业主的沟通联系,使客户、业主在繁忙的工作之余舒缓压力。索克还成立了文化传媒有限公司,运作索克中州奥斯卡电影院,为业主们提供各种观影活动,一方面延续了物业管理服务的多样性,另一方面也实现了经营式物业管理的多种经营模式。

三、品牌用心塑造,提升服务价值

姜芳董事长以其卓越的远见,在创业初期就提出了物业界的"企业诚信建设"理念,不断提升服务质量及诚信水平,实施品牌战略,建立健全质量诚信培训和奖励制度、品质月检制度、品质督导评价制度。索克物业用高品质的服务实现对广大业主、开发商、社会的承诺,得到业主、开发商、业内人士、社会的高度赞誉,使得索克品牌的知名度与美誉度不断提高。

"虽然在发展前期,我们为了生存也不得已接过一些品质相对较低的项目,但后来我们在寻找自己定位的过程中,就慢慢将其转交出去了。"现在,定位于高端写字楼的索克物业正在自己的精品之路上一步一个脚印踏实前行。

除物业管理外,索克还一直在做物业资产的收购、投资和运营。经他们运营的楼宇,总是比周边的楼宇租金或售价高出40%,而这个差价就是索克品牌的价值。城中村改造大潮中,集体房屋不愿出售而委托给索克;政府或个人闲置楼宇、社会烂尾楼宇都慕名来求合作——帮助业主打理资产的专业出租运营团队,提升资产经营价值的专业物业管理,对服务的认知高度,一步步帮助索克拉开了与其他物业公司的距离。姜芳认为,企业的价值,等于带给客户的价值乘以服务客户的数量,并提出了"商业地产+索克的经营管理=升值的商业地产"的索克运营公式。

让工业设计成为客户的"大脑"

成立于 2002 年的飞鱼设计公司,是一家集设计研究、产品设计、品牌策略和后端产业化于一体的设计企业,业务涉及 IT、设备、家电、家居、医疗等领域。2013 年 9 月,飞鱼设计(郑州)有限公司成立,结合河南本地行业特点,加入文化、新媒体、传播等一系列包含策略创新服务的内容,提供从创新到执行的一站式服务,从根本上实现立体式的策略创新模式,在工业设计市场上有着极高的知名度和客户口碑,曾经服务于世博会、英特尔、西门子、博世、美的、GE、HP、海尔、松下电器、联想、苏宁电器等多家企业。

一、全面介入,不只设计

1996 年,公司创始人余飚从无锡轻工学院工业设计专业毕业时,工业设计还乏人问津,班上大部分同学的出路是去了学校当老师,只有余飚一个人坚守工业设计的道路。近 20 年的坚守,让飞鱼设计对设计理念有着更加深刻的认识。

2010 年左右,飞鱼设计服务的客户中,中小企业的比例一度下降到不足 20%。很多客户企业以外贸为主,只需要单品的设计就可以回利,缺乏长远的规划。但从 2011 年起,中小企业客户又回升到 30%,开始看重更多的产品设计了。

永康的一家企业带着"新型鞋套机"的点子找到飞鱼,"把脚伸进一个机器里踩一下,就会自动在鞋底下贴上一层薄膜,比起传统的鞋套又快又省事"。点子不错,但当时客户手头只有一个简陋的产品雏形。飞鱼接手后,为这个产品进行了体系化构建,家里、医院、办公室各是什么样子,都进行分类的产品策略设计。原来只有一个卖 100 多元的产品,现在从 200 元到 800 元的产品都有。这样的合作为飞鱼带来了不错的回报。

2013 年底,飞鱼设计为某大品牌开发设计胃镜设备。这一次,飞鱼设计结合病患的体验,把零散的功能化产品整合设计成一个系统产品,看病效率提高了 35%,患者痛苦指数减轻了 40% 以上。

飞鱼目前正在帮宁波一家小家电企业做工业设计项目。小家电行业竞争异常激烈,这家企业在行业中位列前茅,而如何保持这一领先地位并取得进一步发展是企业管理者一直思虑的。飞鱼介入后,首先帮企业做定位分析,提出在现有市场上,龙头企业美的定位高性价比产品,艾美特定位专业性,属于本企业的独特生存空间在哪?最后选择将企业定位于"最理解用户的企业""最知道用户使用习惯的企业",从而围绕该定位进行一系列的产品设计。

通过帮助客户挖掘独特性来明确工业设计的方向,再用工业设计实现企业发展策略,这样的飞鱼设计不再是实践客户想法的"手",而成为客户的"大脑"。现在已有越来越多的民营企业愿意接受这样的全套服务,让设计团队深入企业核心策略层,并且企业的创新能力也在不断提高。

作为专业的工业设计公司,飞鱼设计做过很多产业,知道别的产业在做什么,可以从源头寻去找设计灵感,而不是只看到竞争对手,同时跨越竞争对手看行业的趋势。这样的设计就有前瞻性。

二、围绕设计，延伸业务

除了设计服务，飞鱼还做设计投资，对那些支付能力不强，但发展前景非常好的企业，就用设计去占一部分股份，期望在未来获利。

西湖国宾馆的新客房，墙壁上有一块集成了智能灯光、音视频等控制系统在内的面板，设计做工精良。或者你更远去到巴西，可以看到圣保罗机场到奥林匹克运动场的公路两边的 LED 路灯熠熠生辉。这些名为"菲驰"的高端定制电器品牌的投资方之一正是飞鱼。

中国不缺资金，也不缺工厂，缺的是如何从用户体验出发，整合技术与市场的产品创新能力，而这块恰恰是飞鱼设计的优势。现在的市场机会很多，飞鱼设计投资了一些优秀行业的产品创新，可以更好地分享它的市场价值。

此外，飞鱼设计还在筹划成立两个新的公司，一个为全国顶尖公司做产品开发的，另一个将和日本公司合作专做用户研究，做竞争对手、竞争产品的调查研究，以找到差异化的竞争策略和定位。

飞鱼还希望能够做出自己的特有产品，做自己感兴趣的事情，把文化、科技的东西融入进去，这在公司的战略规划上是未来 5～10 年去做的事情。

当然，无论怎么发展，飞鱼设计始终都是以设计为核心竞争力的公司，其他产业做得再大，只是设计的延展而已。

小莱坞：致力于打造中国亲子娱乐文化教育第一品牌

郑州小莱坞宝贝文化传媒发展有限公司始建于 2011 年，是集影视制作、童星包装、文化活动、公益组织于一体的创新型亲子文化品牌，致力于打造中国亲子娱乐文化教育第一品牌。

当开始构思这个品牌的时候，小莱坞团队最初的冲动是对孩子的喜欢，他们最大的动力是天下千万父母对孩子无尽的爱。然而，这些感动的瞬间在过去的那么多年都似乎只用一种方式所记录着，那就是照片。小莱坞团队在思考是否可以用另外一种方式，来生动地记录每个家庭的快乐和感动。他们期待用声、光、电相互融合的方式来全新阐释一种永恒的爱。基于这一理念，小莱坞宝贝文化传媒通过深入的市场分析，开发出一系列深受家长和孩子欢迎的业务模式。

小莱坞文化传媒创建的"小莱坞宝贝电影馆"，是独立的专业从事亲子成长记录的影视文化品牌，它融合了中西方亲子教育理念，关注中国 3 亿家庭的亲子成长，以影视为载体，传播"爱、陪伴、参与感"的亲子教育理念，全方位记录不同家庭的成长脚步和美好的童年回忆。2014 年，小莱坞宝贝电影馆被评为"郑州市市级重点文化产业项目"。

"小莱坞童星学院"是小莱坞宝贝文化传媒独立运营的第二个星级项目,它集合中韩娱乐媒体资源,牵手国内一线媒体力量如光线、湖南卫视、深圳卫视、湖北卫视等,打造"健康、多元、感恩、影响力"的榜样少年,为更多中原童星提供专业的包装经纪(歌友会、广告代言、电影首映礼)等服务。2013 年,小莱坞童星学院被"联合国文化艺术联合会"授予"亚太地区中原童星输送基地",成为中原最具权威的童星孕育摇篮。

"小莱坞爱心儿童团"是小莱坞文化传媒自发组织的河南省第一支以 3～12 岁儿童为核心力量的公益自组织。2012 年 12 月组建至今,秉承"责任、分享、快乐、成长"为教育传播理念,共计发起参与公益活动近百场,帮助特殊群体近千人,通过公益传播培养下一代公民的社会责任感。

卓跃儿童运动馆:伴随儿童卓越成长

贝体文化传播有限公司创立于 2014 年,"卓跃儿童"是其旗下的儿童体能教育品牌。公司运营的"卓跃儿童运动馆",是首家提出并践行儿童体能训练概念的教育机构,其前身为北京体育大学科研项目,在 5 年的调研和实践基础上走向市场,有自己独特的、真正适合中国儿童身体素质发展的课程体系,开展了卓跃儿童运动项目。

卓越儿童运动馆针对不同年龄阶段的儿童设置不同级别的训练项目,Level 1 主要针对 3～4 岁儿童;level 2 主要针对 4～5 岁儿童;Level 3 主要针对 5～6 岁儿童;Level 4 主要针对 6 岁半以上儿童。

卓跃儿童运动项目具有无可比拟的权威性和实用性。在体能训练的基础上,开设了少儿篮球、排球、足球、羽毛球等项目,还可以进行少儿高尔夫、游泳、滑雪、跆拳道等专业运动技能的学习,同时开展卓跃儿童跑等专业儿童赛事、幼儿测评、夏令营、亲子运动趴、嘉年华等亲子活动,注重儿童运动兴趣养成和良好性格培养及家庭成员对孩子教育的参与。

公司创办以来,已经开设了 8 家直营馆和一个研发中心,年营业额达到近 1 000 多万元,由最初的 3 人团队发展成上百人的专业团队。幼儿园体能课程研发和推广获得初步的成功,已经探索出来可行性强的商业模式。卓越儿童运动馆首家获得了人力资源部和中国职协关于儿童体能指导师培训和认证的资质。公司的 APP 的初步研发完成,预计2016 年 9 月上线。

卓跃儿童运动馆的目标就是让更多的体育人发挥他们的作用,让更多的孩子获得运动指导。卓越儿童运动馆曾策划和执行儿童赛事 10 余场次,并成功举办了卓跃儿童成长夏令营。卓跃儿童运动项目弥补了幼儿体育教育领域的空白,能让孩子从小热爱运动,养成良好运动习惯,打下一生健康的基础。

郑东新区最具人文情怀的茶楼

领秀茗品是精品茶艺会所,也是中华老字号"徽六"商标持有者安徽省六安瓜片茶叶股份有限公司的河南运营中心,被称为郑东新区最具人文情怀的茶楼,坐落在郑东新区如意湖畔,内部装修古色声香,舒心别致,曲径通幽,极具中国文人眼中高山流水的清雅格调,是一间脱俗的以茗茶、会友、艺术品鉴为主的品茗类主题茶艺会所。

"不仅仅是喝茶,入则宁静,出则繁华"是领秀茗品的经营理念,极具人文情怀。每一位品茶者大概都是在人生的江湖上经历过风浪,欲寻得一片宁静的一类人,这类人经历过坎坷、体验过繁华,对事对物别有一番领悟,希望在宁静中看见最真的自己,叩问自心、感悟人生。入得领秀茗品,在环境氛围下,成为宁静之中的沉淀者,充电升华。走出领秀茗品,就是脚下郑州最具商业价值的郑东 CBD 商圈的弄潮儿,舍我其谁!

文化决定了领秀茗品的典雅气质,犹如儒雅博学之士,令人神往。领秀茗品经常举办各种沙龙书会,品茶会友,或激昂或静听。行业领秀、商界名流,抑或士伶琴道高手,各得其所、满载而归。领秀茗品俨然是个分享与价值体验的平台,吸引众卿鱼贯而入、坐而论道。

领秀茗品有一个年轻而充满活力的运作团队,用自己的勤奋、快乐、敬业和热情,服务着各方宾朋,实践着郑东新区最具人文情怀茶楼的商业与人文梦想。

若干年后,愿领秀茗品成为郑东新区的一个文化符号。

创新金融服务,助力中原经济发展

平安银行是一家总部设在深圳的全国性股份制商业银行,控股股东是平安保险公司。平安银行在全国有 45 家分行、800 多个网点,为客户提供多种金融服务。平安银行秉承"对外以客户为中心,对内以人为本"的宗旨,坚持创新与发展理念,创造了专业化、集约化、综合金融和互联网金融等业务特色,形成地产、能源、交通、物流、健康、文化旅游等行业产业链全覆盖的业务模式,塑造了"平安银行,真的不一样"的品牌形象。

平安银行郑州分行成立于 2012 年,依托于平安集团的综合金融优势,为河南各类客户提供各式金融服务,得到了客户的好评。比如针对小微企业缺乏有效抵押物和担保,融资难、融资成本高、融资慢等难题,平安银行推出了"贷贷平安"的创新业务,只要是郑州市批发市场、购物中心、商业街区、核心企业上下游的客户,仅凭个人信用和经营证明材料,无须担保即可申请贷款,只要资料齐全,最快一天实现放款。这种创新,扎根郑州,有力地推动了本地经济的发展。

依靠优质服务和业务创新,平安银行郑州分行的业务发展势头迅猛。截至 2015 年 9

月底,分行拥有 6 个营业网点,9 家社区支行网点,员工 400 余人;各项存款余额达 351 亿元,各项贷款余额 187 亿元,按照平衡积分卡考核方法,在平安银行所有分行中排名第二位。

在刚过去的 2015 年里,平安银行郑州分行被评为"2015 最具互联网影响力银行品牌""2015 年度跨境电商最佳金融服务银行""2015 中原最具社会责任银行"等称号。平安银行将在此基础之上,加强服务和业务创新,尽力提供为客户"不一样"的金融服务,造福于本地百姓,服务于地方经济建设。

服务"一路一带",助力经济发展

郑州国际陆港开发建设公司是国家郑州经济开发区管委会和河南物资集团共同投资组建的合资公司,是资源互补、高端物流领域合作的典范。国际陆港开发建设公司的成立,是在 2013 年国务院批复了《中原经济区规划》和《郑州航空港经济综合试验区规划》后,河南省委省政府基于国际化视野的战略决策。郑州国际陆港开发建设公司紧紧把握历史机遇,积极参与郑州陆港的规划和建设,并率先承运了郑欧国际铁路货运班列,成为其建设和运营的主体。

以郑州在全国物流行业的区位优势,以及河南在国家"一路一带"战略中的突出地位,2014 年 5 月,习近平总书记视察了郑州国际陆港项目建设,表达对国际陆港项目的重视。铁路连接和电子商务使郑州成为中国和欧洲之间跨境贸易的中心。按照规划,在郑州与欧洲之间的货运班列数量到 2017 年要比目前增加一倍,郑州国际陆港公司面临着巨大的市场机遇。

目前,郑州国际陆港公司的业务不仅有国际联运班列,还有跨境电子商务、报关报检、仓储展示、城市配送等,并且还在逐步扩展并深化着相关业务。

展望未来,郑州国际陆港公司将更加积极地投身于中原经济区、郑州航空港经济综合试验区和郑州国际陆港物流中心的建设当中,凭借得天独厚的人才、流通网络、业务技术及硬件优势,助推中部经济腾飞。

新百福物流,通达全球

物流成本在传统企业经营过程中占比较高,当扩大销售、提高劳动生产率变得艰难之时,如何降低物流成本就成了企业经营的重中之重。物流是个既传统又新兴的行业,谓其传统是因这个行业古已有之,各行各业都离不开;谓其新兴,大概因为传统的物流已不适应网络时代的需要,急需革新换代。2009 年,国家发改委发布了物流行业调整和振兴规划,郑州被划为中部物流区,成为全国七大物流区之一,给河南物流行业的发展注入了新的活力。

河南新百福国际物流有限公司成立于 2000 年,是经国家商务部、河南省工商行政管理局、郑州海关审批注册的一级国际货运代理企业。占尽物流振兴之便利,为客户提供出口空运、海运、铁路、公路、仓储、报关及相关资讯等国际物流综合服务。与其母公司的速递、跨境供应链管理等其他业务相辅相成,共同提供客户端到端完整物流服务。

基于物流振兴的时代机遇,新百福国际物流凭借 15 年的市场运作经验,建立了健全的国际代理服务网络,业务可达全球 200 多个国家和地区的 2000 多个城市。并先后和俄罗斯航空、香港国泰航空、中国南方航空、香港国泰航空、UPS、FEDEX、CSCL、CSAV、MSK、MSC 等全球性的航空公司、船公司和货代公司建立了合作或代理关系,满足不同客户的物流需求。

公司大力发展电子商务,利用河南保税物流中心的进口保税、入区退税、国际分拨等功能,对跨境电子商务产品采取"出口产品入区退税、进口产品出区征税"的管理办法,同时利用经营团队的海外国际物流分拨配送系统,建立以郑州为核心的电子商务全球物流供应链服务体系。

新百福国际物流是世界货运联盟和中国航空运输协会的成员企业、河南省货代协会理事单位。新百福作为一家有理想、有抱负的民营物流企业,快速应对市场变化的需求,不断提高服务能力,致力于发展成为全面的、综合性国际物流企业。

河南物流行业的后起之秀

河南地处中原,为历代兵家必争之地。随着全国公路、铁路、航空等交通网络的完善,河南省会郑州作为全国乃至欧亚大陆的交通运输枢纽的地位日益突出。在 2009 年国家物流的调整与振兴规划中,郑州成为全国七个中心物流中心之一。优越的地理位置与政策支持,催生了河南润之新物流园的诞生。润之新物流园的建设及运营单位是河南润之新物流有限公司。

河南润之新物流园是 2014 年河南省重点物流建设项目,是经政府批准、规划而设立的现代物流园。园区距郑州经济技术开发区四港联动大道与郑民高速交汇处 1 公里,交通便利,位置得天独厚。润之新物流园利用创办者在原有物流、房地产、基建、金融及高新技术等方面的资源积累进行现代化物流公司建设,其设施、功能等可以满足未来物流发展的需要。

润之新物流园规划占地面积为 460 亩。其中,一期工程占地 300 亩,建筑面积 12 万平方米;二期占地 160 亩,建筑面积 30 000 平方米。园内拥有能停靠 600 余辆大型车辆的场地,并有酒店及会议厅,能同时接待 1 000 余人。园区不仅接纳淘宝、天猫、京东等企业入驻,开展 E 贸易,还有国际货运代理及国内省内物流的分拨,能够提供一整套的供应链金融服务、一卡通园区结算等,入住企业及客户不仅体验便捷,而且服务价格优惠,安全放心。

河南润之新物流园虽然是新成立的物流园,但一期项目已经建成并投入使用,已经吸引了几十家物流公司入驻。依托润之新物流园的高起点与高度的物流信息化管理,相信未来会有越来越多的物流公司与之合作。润之新会与众多物流公司携手,共同创造物流业的灿烂明天。

人力资源和社会保障服务专家

河南正源咨询代理服务有限公司成立于 1999 年,是河南省内劳务派遣、人力资源服务的开拓者、创造者之一,也是行业标准制定的主要参与者。凭借先进的技术、专业的团队、精准的定位、高效的服务,正源为企业和各类人才提供全面的人力资源服务,提供专业化、个性化、合法化、规范化的人力资源综合解决方案。公司已建成覆盖全省 18 个地市的、以分公司为主体的服务网络,服务范围扩展到全国多个省市区,业务内容涉及劳务派遣、人力资源外包、职业介绍、就业培训等人力资源和社会保障的各个领域,真正成为推动客户快速发展的战略合作伙伴。

公司建立了专业的、高水平的专家顾问团队。专家顾问团队由资深的劳动政策专家和具有丰富劳动关系管理经验的企业管理者组成,每一位专家在相关领域都凝聚了长期、广泛而深入的各种资源,对国内劳动政策长期追踪研究,对企业高效的劳动关系管理实践、未来的政策走向和管理趋势,都有着独到、精准和有效的分析与应用。

提供量身定制的专业服务。为企业提供包括劳务派遣计划方案的咨询与设计、计划的启动、日常运营、后期服务等全程"管家式"服务,根据客户的具体需求制定"量体裁衣"式的服务方案,保证企业劳务派遣计划的迅速建立并始终保持实施过程中的高效率。

追求卓越的专注精神。正源一直专注于人力资源和社会保障服务,在这项工作中不断融入最新的管理和服务理念,不仅可以满足客户的基本需求,还能为客户研发新的、更有效的、更合适的解决方案。

客户至上的专心态度。秉承"提供优质的人力资源外包服务"的企业使命,正源坚持以客户为核心,所有工作流程都是为了更方便、快捷地满足客户的需求,关心客户需求的每一个细节,注重客户对服务的每一次体验,力求成为客户劳务派遣工作的好管家,让企业省心,让员工放心。

基于专业、专注、专心的核心竞争力,正源历年来在业内保持着零投诉、零上访、零恶性事件、劳动纠纷零败诉的突出业绩,是河南省唯一一家自 2007 年至今连续专业年审合格的单位。2012 年,正源成为河南省劳动保障监察协会常务理事单位,董事长马国英当选协会常务理事,也是河南省劳动保障监察协会常务理事单位和理事单位中唯一一家从事劳务派遣人力资源服务的公司。2013 年,马国英当选新成立的河南省就业促进会劳务派遣专业委员会副主任、常务理事,河南正源为常务理事单位。2014 年,公司被省人力资源和社会保障厅评选为"2012—2013 年度河南省人力资源诚信服务示范机构"。

经过多年的潜心服务和市场培育,河南正源的客户已涉及通信、金融保险、铁路、电力、加工制造、物流、酒店服务、物业管理、网络、零售、装饰、航空、石油、燃气等十几个行业,累计为客户派遣、介绍了近30万人次的优秀员工,为省内各大企事业单位提供了安全、合规、高效、专业的劳务派遣服务,得到了广大客户的高度认可和信任。

共享、趣味、大自然,让企业培训更加高效

员工的协作精神和凝聚力是企业发展壮大的重要支撑,每一家企业在成长过程中都会面临如何管理员工、如何提升员工士气、如何激活员工潜力等问题,这就需要培训。但培训既是科学,也是艺术。如何培训、用何种方式培训、如何让培训不同于流于形式的课堂,真正达到预期效果,还需要动一番脑筋。

郑州凌之风企业管理咨询有限公司是一家培训形式灵活、更加有趣和高效的专业培训服务机构,从事企业内训、拓展训练、极限运动等企业管理咨询与培训业务。为了让培训更加有效,凌之风融入了西方先进的企业管理理念、教练技术和咨询式培训等内容形式,并加入了包括有国家级登山协会会员资质的各类拓展培训教练,开展内容丰富、形式多样的培训业务。

凌之风的培训项目包括模拟内训和拓展训练,比较有特色的项目有定向越野、户外探险、徒步溯溪、原始穿越和野外生存等,深受广大客户的喜爱。这些培训项目让学员深入接触大自然,通过在旅游中学习培训、广泛深入地交流互动、在培训中感受大自然的魔力,在有趣的互动和户外挑战中进行身心体验,通过深入的分享讨论,把枯燥的团队管理理论融于其中,令每一位参与者感同身受,取得了传统培训不能达到的良好效果。

凌之风至今已经和不少大企业,如宇通客车、中建七局、尉氏银行、喜临门、新视线装饰等企业建立了持续的员工培训交流业务关系,并在业内建立了口碑。随着企业咨询培训要求的不断变化,基于游戏、有趣、体验、感悟、共享及大自然、野外的成人培训理念,凌之风加强培训模式的开发,不断拓展新市场,成为河南企业培训市场的一匹黑马。

文武双修,传播与弘扬国学文化

国学是相对于西学而言的。改革开放三十多年来,我国快速地融入世界大家庭,外来的理论、思想观念、价值观、生活方式、影视文化等影响整个国家的人文信仰。另一方面,我国综合实力的增强也极大提升了国民的自信,有关弘扬国学文化传统的潮流也随之而来。国学是中国人文化的根基,它根深叶茂,走到哪里都会令国人充满自豪感,特别是对大量走出国门的年轻人来说,更是这样。

河南首道文化传播有限公司就是在这样的背景下成立的。首道文化依托于中国战略战术文化集团,由南开大学、清华大学校友会及北师大的国学专业爱好者于2014年发

起成立,其目的是通过教学体验,致力于国学国术传统文化的传播和推广,以自己独特的方式传达中华文明四时轮转的自然观和天人合一的生活观,让国学走入寻常百姓生活。

经过不断发展和业务模式的探索,首道文化不仅汇聚了国内诸多高校的国学及相关专业的一批精英,也聚集了一流国术修行的专家资源,如戴氏心意、河南心意、武当两仪风雷、宫廷八卦、少林传统功夫、河南太极拳等十多个嫡传门派,打造出首道文化的特色——文武双修,驰武张文。

为了更好地促进国学的传播,首道在教学上采用最具民族特色的私塾化、探讨式教育模式,在读诗学礼中传道授业。课程还定期安排穿越式活动,体验各朝代的"中华文明寻根之旅",以达到对传统文化的探索式游学。

首道文化经过近两年的发展已经初具规模,逐渐体现出了专家团队的影响力,传播效果良好。另外,首道还与多家知名企业单位、商会机构、校友会等进行合作,涉及培训游学、地域民俗、休闲养生等领域,逐步打造融合周易武术、丹道养生、特色游学为一体的"国学之家"。

做最受欢迎的物流公司,我们一直在努力

国内物流市场的企业众多,不同的物流公司业务范围不一样,合作的商家也不相同,在客户中的口碑更是不一样。近年来,物流行业发展非常迅速,但是行业本身的发展和市场的发展似乎不在同一个节拍上。有的物流公司的服务不能跟上市场的步伐,在经营中暴露出很多弊端,给物流行业的可持续发展带来了很大的阻力。

广通集团于2013年5月获得国家邮政局颁发的"全国快递业务经营许可证",专注于打造物流战略发展平台,定位于电子商务、电视购物及金融、广告、贸易等高端市场的专营快递服务提供商。广通河南分公司是2014年4月成立的集团分支机构,是集团物流战略发展平台的重要一环。这家物流公司资历虽浅,但却深知物流行业存在的问题,在成立之初就决心要打造最受市场欢迎的物流品牌。

为了做到这一点,河南分公司在总公司的经营框架内,从内到外对自己的具体业务进行了调整。在内部,无论是新员工还是老员工,都要经过专业培训才能上岗,无论是接待服务的礼貌用语,还是包装货物的专业性,在培训后都要达到专业水平。同时,河南分公司尽最大可能进行人性化管理,坚持以人为本的宗旨,处处为员工着想,关心员工的利益和要求,充分调动了员工的积极性。

从外部来说,河南分公司对于每一位顾客都是一视同仁的,无论是业务量大的顾客,还是业务量小的顾客,都热情服务,使得顾客非常满意;无论是投诉问题的处理,还是公司内部自身发现问题的反馈,各营业网点都设置有投诉窗口,并有专人负责处理,所有的问题都可以在3个工作日内得到及时的处理;网上在线客服24个小时全天候服务,这样的客服方式可以让消费者更快捷的得到自己想要解决问题的答案。

公司还在快递服务环节进行了优化,做到了及时、周到。公司希望绝对不多占用顾

客的一分钟时间,只要邮件到达公司,就立即派件,而在派件的同时,又能及时跟顾客沟通时间等问题,及时把货物交给顾客。通过细致周到的服务,使越来越多的客户对公司的业务充满信任,使公司在省内快递行业中积累了大量的人气。

广通河南分公司始终在努力,认真打造自己的物流品牌。公司认识到,只有把优秀的品牌当成前提,才有长远发展可言。公司的努力已经获得了不小的成效,很多物流公司,甚至知名的大型物流企业,在看到广通河南分公司的发展趋势后,都纷纷来公司取经。这对河南分公司是一种督促,督促公司不断努力,让"最受欢迎"留在企业,成为永恒。

用智慧搭台,用心做服务

参加展览会最受商家以及展览公司重视的就是展台设计。毋庸置疑,商家对设计的美感特别注重,希望借此在展会中崭露头角,赢得满堂彩,使来往匆匆的参展者成为自己展品的重要客户,完爆周围的商家。

河南弘博形象策划有限公司是一家集会展设计与展台搭建、活动策划、展厅设计施工等于一体的大型综合性公司,专业承接各类展览展示工程设计施工、展会特装展位设计施工、会议背景舞台搭建、展厅布置、标准展位展板租赁、便携展具器材租售等业务。自2009年建立以来,弘博始终遵循"以客户为本"的经营原则,用智慧做好展会设计,用成熟的设计理念,丰富的搭建经验,真正实现了为客户提供一站式展台设计与搭建服务。

公司强调以人为本,注重员工队伍建设,汇聚了省内优秀的设计师、资深技术人员,形成了以展览展示设计师、三维动画设计师、工艺美术师为骨干的技术团队。在经营中坚持客户导向,将视觉艺术、数字体验、主题创意、空间设计、技术创新等进行多维跨界整合,利用现代会展理念、模式和技术,集成服务和应用平台系统,以严格的国际化管理操作模式,确保公司所提供的方案是完全切合客户需要的。

为了保证工程质量,公司建立一支实力雄厚的、独立、完善的施工队伍,能够高标准完成客户的展览、展示的装修、布置、施工等业务。公司在2012年通过了"ISO9001:2008质量管理体系认证",使管理水平进一步提升。

弘博始终把客户利益摆在首位,为客户提供高效、多元的服务。公司以诚信的态度,精益求精的敬业精神,用心投入,在每个服务细节上都不断地孜孜以求,努力超越,以真诚的姿态与客户建立良好的关系,全力实现客户的期望。如对项目的实施,都会安排从业三年以上的项目经理进行全程监督,保证每一个细节的真正落实;布展施工期间,按照客户确认的图纸严格制作、搭建展位,严格施工流程管理,确保工程质量等。

近年来,弘博不断拓展全国市场,先后承接了郑州商品展、科技展、成果展,以及房地产、家具、汽车、电子、金融、建材、医药、服装、灯光音响等行业的各种大型展示活动,为客户缔造了无数的经典传奇,并荣获了多项殊荣,技术和实力都得到了业界与客户的高度肯定。

坚持创新，做培训行业的领先者

　　郑州泰乐企业管理咨询有限公司成立于2008年，是一家综合性培训机构，主要提供体验式户外拓展训练、教练技术、魔鬼训练、企业内训、营销策划、企业诊断与咨询等服务。同时，结合自身优势开设了大学生素质教育和青少年成长等课程。经过在培训市场的辛勤耕耘，现已成为中原地区最知名、最专业的培训教育机构之一。

　　专业的培训教育精英团队是泰乐发展的坚实基础。泰乐秉承"人才是发展的第一要素"的理念，广招高素质的培训人才。本着宁缺毋滥的原则，从招聘环节就严格把关，坚决只招收高素质的人员。经过八年的努力，泰乐建立了一支专业的培训教育精英团队，分别是内训专家团队，包括人力资源管理专家、零缺陷专家、高端时尚礼仪专家、营销战略管理专家、企业管理实战专家、绩效提升专家等，以及拓展培训高级专家团队等。这些专家都能以认真严谨的态度，设计科学的课程方案，提供持续完善的服务。在此基础上，造就了公司优秀的培训品质，同时也得到了客户的高度认可和广泛好评。

　　公司的培训团队在协助客户提升、成长的过程中，也在高标准地要求自己，通过与同行不断交流、与客户充分沟通，以及持续的学习，较好地把握了培训行业的发展趋势。为了为满足客户的各种层次需求，公司针对客户管理中出现的各类问题，加大了课程项目的完善和创新研发力度。

　　结合省内外企事业单位特有的培训需求，公司研发了一套完善的、高质量体验式培训课程——泰乐团队课程，这在全省是一套创新性的课程。这套课程是在仔细研究了客户的需求之后，对行业和参训学员职业特征进行了细分，针对每一家客户的差异研发的大型情景体验式特色培训课程，利用独特的训练方式开展培训。如针对新员工的体验式培训、针对企业团队深层次问题的"士兵突击—销售团队巅峰训练""三国风云——综合管理"等落地式企业内训。针对青少年的素质问题，开发了世纪长征—红色教育"奔跑吧少年"夏令营等学生管理服务系列课程。

　　泰乐通过专业的师资团队，以及创新的培训课程体系，为来自全省的企业、国家机关、科研院所、高等学府、社团组织等各类机构提供了数万人次的培训服务，培训效果得到受训单位的好评，并建立了长期的合作关系。泰乐先后服务的客户包括中国人寿、工商银行、建设银行、华电集团、郑州大学、中石化、郑州日产、宇通客车等。

秦淮情怀的完美演绎

　　"十里秦淮千年流淌，情怀演绎今更辉煌。"我国素有将诗情画意与饮食文化相结合的传统，淮扬菜则是自成一派，最为讲究食中文化的意味。而驻马店市开发区秦淮人家餐饮有限公司则汇聚了秦淮文化的精髓以及淮扬菜的优异特色,让客户的十里情怀得以完美的释放。

驻马店市开发区秦淮人家餐饮有限公司成立于2010年11月,由驻马店市十佳"青年创业奖"获得者徐伟出资兴建。徐伟的内心深处就有秦淮情怀。1991年,年仅17岁的徐伟怀揣10元钱远走他乡,开始艰苦创业的历程。1998年,他在广州注册了一家饭店,并在餐饮行业挖到了第一桶金。2001年,他远赴新西兰开始了第二次创业之路,从一个打工仔发展到一个拥有资金1 500多万的企业家。

2005年,基于对秦淮文化的深深情怀,他回到祖国,先后在平顶山、驻马店市创建了"秦淮人家大酒店",并首家推出秦淮文化河豚宴,很快在驻马店市餐饮界声名鹊起。经过多年的沉淀,秦淮人家逐步在秦淮文化与餐饮行业的结合上形成了自己的诠释与思考,在用餐环境、产品创新、器皿设计、服务质量等方面,均带给人们情怀的依恋。

秦淮人家大酒店外部装修优雅,内部装潢延续了十里秦淮的风韵,步入其中,就犹如融入江南水乡,高贵典雅又不失清新脱俗,酒店特色淮扬菜更是一绝。

针对秦淮特色菜品,公司专门制订了一套严格的菜品制作标准,详细规定了每一道菜品的配方比例、制作流程等。再加上对原材料的严格监控,保证了特色的始终如一。而为了迎合现代消费者的口味需求,公司还专门成立了产品研发小组,努力确保秦淮特色与现代口味的协调。

在客人用餐时,一套套餐具令人眼前一亮。高档骨瓷餐具,白底搭配上碧绿的春色,格外清新宜人。如今,秦淮人家的包间里,全部用上了此类淡雅的春色主题餐具,为专门定制,极具秦淮文化特色。器皿的更换,文化意味的体现,赢得了食客们的一致好评。

秦淮人家还专门推出了颇有秦淮风韵的席间表演,包括笛子演奏、皮影戏演出、戏曲演唱、二胡表演等,为筵席增色不少。针对散客,秦淮人家会在餐垫下专门设置特殊的标识,通过这种形式来寻找幸运嘉宾。而针对整批客人,会考虑在秦淮特色八绝小吃里巧妙设置信物,以此来确认幸运嘉宾的归属。比如,在烧卖里放一颗红枣,吃到这颗红枣的人,就是那一桌的幸运嘉宾。每位幸运嘉宾,都将获得秦淮人家精心设计的特色纪念品。

"专"的集合,只为呈现客户的"美"

从我国经济发展现状看,文化传媒行业还处于需求爆发的初期,未来整个产业有望迎来全面的繁荣期。从业绩角度看,文化传媒行业在2015年的业绩增长可圈可点,增长最快的子行业依次是电影、游戏、视频、广告、互联网电视、出版、电子商务等。河南美动文化传媒有限公司是一家专注于企业影视制作和企业文化展厅设计制作的文化传媒公司,坚持"业务产品专业化"的运营思路,以专注、专业、专制的发展理念,以专业角度的创意和创新为公司发展的灵魂,服务于广大客户。

美动传媒是由从事文化传媒行业多年,深谙中原本土文化的优秀业内人士组建而成的。公司发展至今,通过资源纽带关系整合,将业内各种传播专家聚于麾下,并通过长期的团队建设,对文案支持、设计、制作、施工人员的专业培训,形成了业内优秀的策划专家、一线导演阵容和一支视角独特、技术精湛、思路开阔、反应迅速并充满创意、激情的后期制作精英团队,保证了业务产品以专业化的创意和卓越品质展现在客户面前。

美动传媒在专业精英人才的基础上,针对客户的不同要求,构建了专业的业务体系。公司成立了四大运营中心,即影视制作中心、文化展厅制作中心、活动策划中心、媒体中心,从业务流程专业化的角度,站在了较高的起点上。四大运营中心之间相互协同合作,共同打造优质、高效的专业服务体系。影视制作中心是美动传媒的起家业务,把企业宣传片、专题片、MV、广告片、微电影制作业务不断精细化;文化展厅制作中心主要负责企业文化展厅、院史馆、文化长廊的策划、设计与制作,经过不断创新,一系列企业单位在美动传媒的努力下发生了翻天覆地的变化;活动策划中心用自己创新的整合营销模式完美达成客户的活动目标;媒体中联合省内诸多媒体,协同户外 LED、户外报刊、广播媒体、公交广告等媒体资源,服务于广大客户。

正因为美动传媒拥有了更专注的人才、更专业的思路与创新角度,越来越多的客户选择了与公司进行长期的合作。截至目前,合作客户已有 300 余家,包括中国石化河南有限公司、中国南车、LG 电子(中国)有限公司、郑州市第一人民医院、郑州报业集团、河南卫视等单位。

7

网 络 经 济 创 新

以互联网为代表的信息技术革命,不仅促进了传统产业的转型升级,而且渗透到各行各业和社会生活的各个角落,改变了信息的传输、交换、储存方式,改变了人们沟通、信息获取和利用的方式,以及社会资源配置的方式。网络经济就是在信息技术革命的背景下产生的一种新的经济形态。它以互联、协作为基础,主张开放、共享、平等、互利、协作,改变了工业经济时代的资源配置方式、生产组织方式和价值创造方式。

网络经济是指由于互联网络在经济领域中的普遍应用,使信息搜寻、沟通、协商谈判、支付等交易环节变得更加容易,显著降低了各种交易成本,从而导致信息替代资本在经济中的主导地位,并最终成为核心经济资源的全球化经济形态。它以信息为基础,以智能设备和信息网络为依托,以生产、分配、交换和消费网络产品为主要内容,以高科技为支持,以知识和技术创新为灵魂,在利益相关者之间构建了一种价值网络。

网络经济是信息经济或知识经济的主要形式,是一种虚拟的经济形态。它在时间上是虚拟的,是全天候运行的,很少受时间因素的制约;在空间上是虚拟的,是全球化的经济,建立在全球信息网络的基础之上,突破了空间以及国界的限制,使经济活动成为全球化活动;在物质上是虚拟的,即在互联网上的经济活动实际上只是一套符号体系,它是实物经济在互联网上的再现。同时,网络经济是一种高度信用化的经济形态,参与交易的各方互不见面,交易的商品和服务最多也只是以"图像"的形式虚拟存在,所以网络经济对信用度的要求很高,网络经济的实质就是强化的信用经济。网络经济又是一种高度个性化的经济形态,在网络经济中,个人化代替了效率,个体化代替了大规模生产,客户化代替了客户支持,特定化代替了大规模销售。

网络经济作为一种新兴的、以互联网为基础的新经济形式,在给企业带来更多的发展机遇的同时,也使企业面临更加激烈的竞争。网络经济的发展使得客户和企业实现了双向沟通,促进了客户价值的增值和企业价值的创新;网络经济带来的信息共享与交流促使客户与企业的关系和地位发生了改变,形成了以客户为主导的企业运营模式。网络经济同时也催生了企业间的更加激烈的竞争与合作,意味着企业需要重新定位和建立新型的发展模式,实现企业功能与网络经济的有机整合,创造新的网络价值,从企业发展战略、管理理念、运行方式、组织结构等各个方面加快变革,实施网络化经营策略,提升企业的价值。

打酒网的五网合一系统

打酒网继承和发扬中国传统制酒工艺,销售古法酿造的原浆酒,让更多消费者喝到放心的原浆酒,回归白酒在古代养生、保健的功能。打酒网连接酒厂和消费者,把符合古法酿制、生产原浆酒的酒厂引到平台上,缩短产销渠道。通过厂家代工,生产中华酒窖的原浆酒进行销售。

整体运营上,以打酒网为平台,五网合一(PC 端、移动客户端、APP、微信公众号、云平台),通过中华酒窖、酒友基金会、中华酒窖收藏网进行运营。中华酒窖则通过小酒馆、酒窖式会所、酒友系统进行运作。

小酒馆是一种大众消费模式,定位为华人交流平台,也是信息汇集的平台。酒馆推广原浆酒,可以按顾客人数配制食品,给大家提供一个舒适的交流环境,具备咖啡馆的一些功能。在里面植入中华酒窖的元素,发展会员。

酒窖式会所采用会员制,可以品尝原浆酒,也可以体验。酒是载体,是吸引会员,教育市场喝原浆酒的重要方式。

酒友系统主要通过朋友圈传播信息,加强宣传,吸引人流,销售产品。现实社会中有很多朋友圈,每个朋友圈具有不同的特点和要求,可以为各种圈子定制产品。对朋友圈实行利益共享,推荐朋友圈的朋友消费有返利,朋友消费有积分。

酒友基金会:有的酒友喝劣质酒伤害了身体,打酒网会为他们提供必要的帮助,以此作为提升企业品牌形象的重要一环。

中华酒窖收藏网:原浆酒有很高的储藏价值,收藏网为藏友提供交流、流通的平台。

为了严格保障产品质量,确认原浆酒,打酒网与高校合作,建立了原浆酒检测中心,按原浆酒的标准进行严格的检测,符合要求的才能进入中华酒窖的采购体系,并通过渠道销售。打酒网帮助酒厂销售,每年给酒厂一部分返利。与保险公司合作,对消费中华酒窖产品的顾客投保。

盘古袜单品闯电商

上海爱楠仕电子商务有限公司创始人何治俊今年 41 岁,16 岁开始在银基做裤子批发时候,就开创了一个先河,当其他人都在努力往墙上陈列货物的时候,他把门面房里最好的位置清空货物,放上大型品牌 LOGO,成为河南第一个把品牌名字挂到墙上的。

由于批发业务做得好,他就被黑贝女裤请去做了 3 年营销总监。怀揣梦想的他又开始自己做某品牌的河南总代理,连续五年取得全国销量第一的好成绩。

想做事情的人总在寻找着各种机会,何治俊 2012 年一次不经意的出差,跟同行聊到了关于袜子的问题,发现消费者对袜子有各种各样的需求,但却没有人来研究。于是何治俊花了一年的时间整理了国内知名厂家的袜子样品,当年就注册了"盘古袜"商标。

2013年开始陆续推出了自有品牌盘古袜系列产品,尽管他从国内外考察后想做的产品很好,但由于上游的技术环节和生产无法同步整合,却没有得到市场和消费者的认可。

2014年他开始转变思路,在互联网领域专业合伙人的加盟后,连接互联网,通过淘宝、微博、微信等互联网营销,微信公众平台人数迅速在全国做到10万人,建立了微信的袜子社群,启动了微信商城,还积极参与各种圈层活动,这些布局和举措取得了一定的成效。

但一年下来,团队做得很累,他感觉离预期目标还有距离,研发问题解决不了,生产工艺解决不了,销售方面尝试了很多新的做法,依然无法出现互联网上的爆发形态。

2015年底,团队开始集中开会,反思问题出在哪里?接下来怎么走?

创业初心的时候,只是想做个好产品,也努力找了很多国外的样品,但国内的工艺做不出来。好的产品但是没有好的上游体系来支撑,工艺、生产、技术、研发都跟不上。

微信公众平台聚集了10万粉丝,但是购买转化率比较低,由于生产成本太高,价格降不下来,销售一直没找到很好的销售渠道体系,

线下没找到很好的渠道。

分析后他们认为,袜子这样的单品并不适合只走专门的电商渠道,相对来讲,吃喝等高频次消费的家庭食品、与女人相关的产品,这些毛利在百分之百以上的产品可能更适合走电商。

接下来,何治俊准备带领团队打通供应链,通过改制,用股权换来研发和生产,帮厂家把厂家的品牌做出去,实现链条供应。

同时放弃掉袜子的功能宣传,在新媒体传播方面,将会延续引爆点,进行二次挖掘,建立社群,维护客户黏性。

何治俊的盘古袜,新的思路,新的运营,能给他带来新的发展吗?

山药哥的互联网之梦

赵作霖,中国怀山药第一互联网品牌创始人,被大家亲切地称为"山药哥"。2012年初,他毅然放弃大城市的优厚待遇,立志扎根农村,返乡创业,回到农村种植山药。在经历了最初的家人反对、乡邻质疑后,赵作霖矢志不渝,坚信农民也会有体面的事业和生活,经过不断的探索和实践,终于走出了一条特色农业借助互联网发展的新路子。

经过3年多的不懈努力,"山药哥"团队的山药做得风生水起,赵作霖的"山药梦"圆得有声有色。更重要的是,通过互联网的放大效应,带动了更多的乡亲通过种植山药走上致富的道路,怀山药种植与加工产业得到了长足发展,怀山药也得到了更广泛的传播。

一、一战成名

赵作霖利用扎实的管理和市场营销等知识,对怀山药的种植、加工、宣传、营销等进

行了系统的规划,发展的脉络逐步清晰,管理逐渐规范,发起成立了武陟县七倍怀药种植专业合作社,注册了"山药哥"商标。在生产种植中,坚持"不掺假,不作假"的价值观,坚持"产品要地道,价格要公道,服务要周到,促销要厚道"的"四道"经营原则,坚持"健康大众,致富药农"的经营宗旨。在市场营销方面,借助于互联网快速发展的势头,把互联网作为营销的重要媒介和桥梁,探索互联网与特色农业结合的有效途径。

经过精心准备,2013年10月,通过互联网成功发起第一届"网络山药文化节",传播量达到百万人次。活动结束后,全国13家媒体先后采访报道了"山药哥"的创业事迹,"山药哥"这个名字在互联网一战成名。同时,"网络山药文化节"也开创了一种土特产网络营销的传播新模式,被全国各地知名特产争先效仿和学习。网络山药节这种网络营销和传播模式也成为清华大学、中山大学、武汉大学等总裁班的营销案例和众多营销专家研究的案例。

通过系列网络营销活动的开展及影响的不断扩散,逐步在移动互联网领域建立了怀山药第一知名品牌。

二、事件营销

2014年4月,他组织发起了"网络山药种植节暨优质土特产网络营销研讨会",企业争相赞助、冠名,全国各地200多名网络好友和营销、电商人士参加,省市各级媒体全程跟进报道,又一次在网络和社会上引起巨大的影响和传播。营销专家对此进行了高度评价:一场估值100万的营销事件,经赵作霖整合线上线下资源作为传播途径,一分钱都没有花就做到了。

2014年11月1日,"山药哥"团队策划并组织第二届网络山药节,全国各地网友通过网络争抢报名。与会人员通过看山药、挖山药、品山药等活动,体验到了怀山药悠久的种植历史和药食同源的饮食文化。十多家省市媒体对这次活动进行了跟踪采访,《河南日报》在头版头条予以报道。在网络山药节的影响下,"山药哥"当月营业额达到50多万。

2015年10月31日,武陟县人民政府联合山药哥举办2015年武陟县"互联网+县域电商"新媒体论坛暨山药哥第三届网络山药节,全国各地超过150余名电商人士参加,其中包含网络营销专家、电商专家、电商从业者、微电商达人、自媒体人士等。多家省市级媒体跟踪报道,在互联网上广泛传播,活动阅读量突破600万,上万人主动参与,直接传播人次不低于百万人,为武陟县的区域特产和县域电商做了很好的宣传和推广。

网络山药文化节目前已经成功举办了三次,"山药哥"品牌获得了巨大的传播效应与社会关注度,当仁不让地成为推广焦作特色农业与农产品——怀山药的排头兵。

2015年10月,赵作霖和他的山药被大型中医药纪录片《本草中国》采访收录,此片由国家卫计委和国家中医药管理局支持,上海电视台制作,2016年5月将在东方卫视和各大视频网站发布,并在中央台播出,这是目前为止是国内关于中药材最高规格的纪录片,全国只收录了50多种中药材。

三、互联网+山药+众筹＝山药村

2015年6月,在"互联网+"与网络众筹的启发下,提出"互联网+山药+众筹＝山药村"新的特色农业经营模式。两个多月的时间,通过互联网,实现产品众筹面积30余亩,众筹资金 60 多万元,成功探索出一条"互联网+特色农业"的创业新模式,拓展了山药种植和经营方式,资金、土地、工作人员都有了良好的来源与保障。赵作霖也从传统的实体种植经营角色,成功转变为网络种植、经营与管理者的角色,事业发展也有了质的飞跃。

"农业众筹,众筹的不仅仅是资金,更是团队,是信任,是渠道,是传播,是我们下步发展环节中不可或缺的一环。未来,我们团队将把武陟县张武村打造成一个实实在在的'山药村',通过互联网和农业众筹的模式,科学进行土地流转整合,进一步稳定和扩大山药种植面积,一起为网友和我们的客户种出好山药,颠覆传统的山药种植经营模式,让客户直接参与到农产品生产的上游,不需要再去考虑后期销售等问题,实现种植即销售的目标。"赵作霖如是说。

赵作霖回乡创业,带领乡亲们共同致富,也得到各级政府的有力支持。2014 年 10 月,武陟县人社局为其提供 34 万元的创业无息贷款,帮助其扩大土地流转面积和建立上游山药种植基地。农业部门及时为其提供种植技术支持与指导。从村民手中流转整合土地 100 余亩,种植规模有效扩大,综合效益明显提升,带动就业近百人。

2014 年 5 月,赵作霖被人民日报、央视财经、创业家等官方微博推荐为"80 后"十大大学生创业榜样,并被河南省教育厅提名为大学生创业榜样,成为河南工程学院最年轻的优秀校友和返乡大学生创业的榜样。河南卫视、河南新农村频道、都市频道等媒体对赵作霖返乡创业的先进事迹和互联网电商的成功营销模式进行了详细报道。2014 年 10 月,赵作霖代表武陟县参加河南省第二届创业大赛并获得优秀奖。

1919 酒类直供用组织变革打造核心竞争能力

随着"互联网+"的深入,酒类行业特别是酒类流通渠道类 O2O 企业进入快速成长期,企业数量和店面数量都快速扩张。2015 年下半年经济寒冬临近,资本市场对互联网创业项目变得日益谨慎,大量不同行业的 O2O 项目日子变得艰难,有些虽已融资但最后还是不得不关门歇业。

国内现有的酒类 O2O 项目公司大体可分为两类:一是酒类生产企业的 O2O 平台,或者自建如洋河股份,或者是企业自营电商与经销商专卖店结盟而成的 O2O 平台,如茅台、五粮液等;另一类是如 1919 酒类直供、酒仙网、酒快到、酒便利等独立第三方平台。第一类盈利能力强,但产品受限扩张不易,小而美或成为其首选目标;第二类脱胎于互联网思维,不是酒品生产商,追求产品大而全,梦想是有朝一日一统天下,规模扩张成为必然。问题是:通过烧钱带来的扩张,如果长时间看不到盈利希望,体态又变得臃肿,企业该当如何? 况且这时能不能获得资本市场的支持还有待商榷。

酒类 O2O 平台的商业模式有待清晰,而 1919 酒类直供隐约给我们指明了方向。

1919 酒类直供 2014 年年报给出了靓丽的数据。43 家老店销售收入 5.43 亿,平均单店销售约 1 500 万,年最高回报率 213.4%。2015 年中报,公司营收 4.32 亿,净利润435.33 万,新开门店近 200 家,总体实现了盈利。1919 靠挖掘大数据、供应链服务以及平台的协同产生价值盈利,把线上订单全部分配给门店,把流通环节的利润都还给门店。因此,门店只承担房租和税金,而人力和宣传等成本由 1919 承担,门店盈利能力增强,部分门店开业初期毛利率可达 16% 以上。

1919 创始人杨先生积累了 17 年的卖酒经验,经营 1919 也已 9 个年头。源于对酒行业的深度理解,杨先生非常推崇市场化,希望把公司的各个部门和区域子公司都变成可以独立思考、为自己负责、独立运营的实体,比如变成股东等充分调动各单元的积极性。近期最明显的例证是:2015 年 10 月底,好想你股份公司原总经理苗国军投资 1919,同时出任 1919 首席品牌官及河南 1919 董事长。对苗国军来说,河南 1919 已经不仅仅是一份工作,也是创业,因为他持有河南公司 30% 的股份。

杨先生这样描绘 1919 的蓝图:2015 年营收达到 20 亿元、2016 达到 100 亿,2019 年要做到 1 000 亿的目标。宏伟的目标必然伴随着市场的高速扩张和适应高速发展带来的组织变革,不过这个组织变革不会自然而然地实现,而是需要高瞻远瞩,快人一步进行主动变革去适应即将到来的行业格局。

1919 酒类直供定位于大平台,成为资源的整合者、平台服务者和资源输出者,通过控制支持系统、业务系统、供应链系统,构建一套管控机制,打造一个高效创新的无边界组织生态,这将成为 1919 持续发展的核心竞争能力。

互联网时代要求企业缩短管理链条,除去信息孤岛,相互协作,打造企业利益共同体。1919 酒类直供的战略方向是无边界组织+阿米巴管理模式。首先要实现职能部门公司化、市场化,改变总部与区域公司原有垂直控制成为通过股权关系建立的大小股东关系;其次,专注平台,整合资源,输出资源和服务;再者,不管是职能部门还是区域公司,实行阿米巴式管理,建立自身生态演化机制,靠机制高效运作。

在具体战略实施上,1919 的业务系统和供应链系统将采取社会化方式进行整合和管理,扩大企业组织边界,迅速扩大公司版图。如 2015 年,业务上战略合并了购酒网,供应链上控股了上海酒酷葡萄酒供应链管理有限公司和四川兴玖盛品牌管理有限公司等。1919 的控制支持系统和平台系统采取阿米巴模式进行管理,并对业务系统和供应链系统进行服务和管控,开展品牌、资源等输出,支持各业务公司快速发展。

(1)控制支持系统归属 1919 上市公司,主要职责是服务和管控。如财务中心对公司整体及子公司进行阿米巴式管理,向相关主体收取管理费,并进行财务监控,防范风险,确保子公司与公司总部保持一致。

(2)业务系统采取社会化方式进行整合和管理。线上可以与第三方平台、酒品制造商等合作;线下截至 2015 年 11 月已经在近 200 多个城市拥有 400 多家直营线下体验店。1919 还充分采用股权合作、授权和市场化方式对供应链条进行管理,增加灵活性和适应性,让管理关系变成股东关系、甲方乙方关系,自己当家做主,使总部与业务单元利益趋于一致。

(3)供应链系统实现社会化变革,增强供应端掌控能力,确保效率。将自营的采购部门公司化,和另外遴选的供应链服务公司一起,形成直营供应商体系。1919 近期已经收购了近 20 家供应链服务商形成供应商体系。这个供应商体系各自根据 1919 在系统上公每日公开的订单,按照要求根据自己的资源优势进行采购,1919 选择最优的那家作为这一单的供货商。供应链公司只做通道,不加价。

(4)平台系统制定规则,输出资源。1919 将平台聚合成酒行业的"天猫",现在已有700 多个品牌进驻,是仅次于天猫、京东后的第 3 大酒类开放平台,只不过 1919 的打造方式不同。1919 利用其初步形成的平台和规模效应,将各个环节专业化、公司化、社会化,把各环节拆成一些小的自主经营体,并最终形成无边界的 1919 组织生态系统。

按照构想,未来 1919 将会经历 4 个阶段:内部职能部门阿米巴化、甲方乙方化、内部市场化、彻底市场化。1919 酒类直供这种组织变革,一旦建立起较为成熟的运作机制,将会成为其不可复制的核心竞争能力。

迪士尼酷漫居:玩转 O2O

儿童家居市场以传统店铺为主,同质化严重,再加上店铺租金、零售商业费用居高不下,传统店铺的生意越来越难做,大家都想转型做 O2O。但 O2O 应该怎么做,很多经营者没有找到有效的途径。酷漫居进行了有益的探索。郑州酷漫居商贸有限公司是广州酷漫居的加盟商,借助于酷漫居的平台和品牌优势,在当前的经济寒冬里获得稳步增长。

广州酷漫居以前生产经营办公家具,从 2008 年转向儿童家居用品,采用授权加自有品牌的经营模式,目前已获得迪士尼、哈利波特、小熊维尼、哈罗卡提等 9 个国外品牌的授权,并注册了酷漫居品牌。经营品种涉及儿童桌椅、床、床上用品、地毯、挂画、钟表、灯具、书包、文具等,致力于为孩子营造健康快乐的居室环境。2010 年开始做 O2O,通过天猫、唯品会、京东、苏宁易购等平台进行线上经营。运营模式是消费者线上了解产品信息,到体验店现场体验、下单,厂家发货。总部统一市场监管,统一定价,统一进行促销活动。经过 5 年的探索和实践,酷漫居在全国的地位已经凸显,连续五年在天猫销量第一,今年"双十一"当天销售 3 700 万元。

酷漫居具有明显的品牌优势。授权的品牌迪士尼等均为知名品牌,为少年儿童耳熟能详,吸引力强。企业把故事融入产品中,通过家居搬到孩子的居室内,带给孩子健康和快乐。

贯通线上线下,提供线上线下服务,将 O2O 模式植入每一个门店。消费者可以在线上了解产品情况和促销信息,线下到体验店现场比较,进行体验、下单。在体验店,服务人员要进行详细的介绍,引导家长注意儿童心理,科学选择儿童家居产品,增强了顾客对产品深入了解和直观感受。

系统进行市场拓展。在市场推广方面,与幼儿园、早教机构等合作,开展公益讲座,与家长探讨孩子教育问题、入健康教育、成长知识、儿童心理、如何分房等,以如何分房为突破口开展了一系列活动。利用微信等方式,传递儿童教育等信息,加强与消费者的沟通和联系,增强消费者的黏性。

在经营实践中,郑州酷漫居深刻认识到,在网络经济面前,传统店铺的生存越来越困难。传统店铺要进行转型,需要要有平台,有强力的后盾,大家资源共享,发挥规模优势,抱团取暖。同时,大品牌、高品质、低价格、优质服务是O2O获得成功的重要因素。

爱奇葩:数码印花领域里的创新者

爱奇葩,其内涵和名字一样,很符合"90后"年轻人的口味,是一家创立于2013年底的新公司,致力于打造集自主创意、自主设计、自主研发于一体的个性定制自主品牌。其员工都是刚大学毕业的年轻员工,思维活跃,创意十足,朝气蓬勃。

爱奇葩的核心技术是数码印花,可以批量化生产数码印花,为服装、家纺、酒店用品、个性礼品定制等提供全方位的优质服务。爱奇葩是新三板上市企业郑州鸿盛数码科技股份有限公司的全资子公司,技术上得到总公司的鼎力支持。鸿盛数码是上游生产喷墨墨水的创新性公司,其创新产品打破外国垄断,让印花品质完美呈现。

爱奇葩的数码印花有较强的技术性,让设备和墨水深度协调,根据客户的不同要求,使用不同的墨水,用不同的印刷设备、不同的软件、调节不同的参数,给客户提供不同的解决方案,用一流产品实现一流的印花品质,达到逼真的视觉效果,满足客户优秀而稳定的产品品质需求。

爱奇葩的数码印花属于新兴技术,可以多品种、多面料及多花型数码化印制,效率高、无污染,在个性化时代有极其广泛的应用。公司在研发和实验培训方面还与郑州大学、中原工学院、河南工程学院建立了紧密的合作关系,共同研发,实现共赢。由于出色的表现,爱奇葩的个性定制家纺家居产品获得2015年度河南家纺行业创新奖。

经过两年多的发展,爱奇葩的产品通过京东等线上平台已经进入寻常百姓家,并和郑州的服装类知名企业如逸阳、快乐屋、娅丽达、君有、丛剑服饰等建立了紧密的合作关系。

爱奇葩以其开拓性和创新性为河南印染行业注入活力,有力地推进了河南数码印花、个性化产品定制等行业的发展。

小巧而精致也是企业的一种追求

经常读到日本有大量的小巧而精致的私营企业,产品精雕细琢且有文化传承,延续数代甚至达百年以上,成为众多小微企业的楷模。心理学比较小众,从这个意义上说,郑州华夏心理咨询职业培训学校就可能成为这类企业,愉悦而优雅地度过一个又一个春秋。

华夏心理咨询学校成立迄今已有10个年头,从心理咨询师专项培训做起,到现在依然是专注于心理学服务的培训咨询机构,主营心理认证师培训及心理学应用咨询。到目前为止已经培训超过10万人次,顾客几乎有一半来自老客户或其介绍,每年的销售收入也稳定在 30~50 万元之间,扩张并不必然成为企业的首选。

华夏心理咨询的优势一方面是介入行业早,已经培养出一大批有经验的心理咨询师或培训师,并保持良好的业务联络,随时为公司所用;另一方面是公司的快乐、有凝聚力的高效团队。

公司合伙人彭女士一直以来把自己对心理学的理解应用到公司的团队管理和客户沟通之中,传递正能量的生活,让员工及学员收获快乐。彭女士的一个理念是带着团队及学员一起玩,在趣味中感受所有成员的温暖。如每周例会的第一项内容就是"这周感觉最好的事是什么?"让大家活在心理学里,由兴奋而脑洞大开,相互影响,让每个人都感受到自己的价值,进而进行自我管理,能动地、创造性地完成工作。

当然,在移动互联日盛的今天,华夏心理咨询也应用了网络传播工具如微信、微博等,通过互动来充分挖掘新老客户的未来价值。在新增客户的来源上也加强了和第三方的联盟,如与郑州购书中心合作举办心理学读书会,从而筛选出公司的潜在消费客户。

郑州市场从事心理咨询业务的公司达 30~40 家。在小众市场环境下,华夏心理咨询能稳扎稳打,精于产品及团队的打造,深耕固有市场,有稳定的利润来源,时间越久,越会成为小巧而精致的私营企业。

微壹点电商的第一桶金

微壹点电子商务公司是一家小公司,主要经营 APP 软件定制开发、微信公众号软件定制开发等,业务相当简单清晰。但公司从成立至今不到一年的时间里,实现了从资金 2 万元到利润 100 万元的飞跃,淘得走向市场的第一桶金。

微壹点的创建人娄先生在此之前已经在电商领域里摔打近 6 年。以前,主要通过淘宝天猫销售服装产品,终因竞争激烈、销售成本高、货物积压严重而经营困难,最终忍痛转让了天猫店铺。不过庆幸的是,娄先生在和电商打交道及网络销售的过程中发现了另一片天空。

在 APP 软件定制和微信二次开发领域里公司众多,没有形成垄断地位的企业。而市场需求量很大,几乎每一个中小公司都需要开发微信公众号甚至 APP,而且庞大的个体消费者群体也有自己手机内 APP 应用美化甚至个性化的需求。这些软件或应用的开发很多都是基于开源软件,而且很多同行的开发代码可以共享,开发起来没有大的难度,微壹点进入这一领域的门槛不高。

微壹点的经营思路是以淘宝为主,以微信为辅,尽量扩大市场覆盖范围,更精准地找到自己的客户。经营策略是通过淘宝关键词排名提升点击率,通过店面优化和话术优化提升点击后的订单转化率,收入再投入关键词排名。如此运作,公司投入的排名费用累计达 40 万左右,最后的成果是销量大增,自然搜索排名进入页面前十名。以后的运作就相对简单了,通过优化尽量抓住来访的客户,实现了利润的猛增。

仅有 26 人的微壹点团队,其优势在于市场推广。而他们从事的这个行业年年更新,有点"高危行业"的意味。所以,娄先生准备在 2016 年拓展另一个领域,即利用网络销售保健产品。在人人关注健康的今天,相信拥有网络推广力量的微壹点团队会创造一个更加灿烂的未来。

么么亲子网:致力打造中国最受关注的育儿网站

郑州么么互联科技有限公司成立于 2010 年,主要经营亲子门户网站,致力于建设亲子、育儿资讯、购物电子商务、社区、交流等多元化网络,把网站建成中国最受关注的育儿网站。通过为父母提供高端的线上和线下服务,搭建独一无二的全方位平台,让父母们在这里进行有价值的经验分享,得到有意义的育儿和成长经验,通过各方面高端的专业指导学习育儿经验。

么么亲子网于 2011 年 12 月上线,在短短一年多的时间便发展至百人的团队。公司以宽阔的视野,敏锐的洞察力,迅捷的市场反应力,优秀的工作能力和高效的工作效率挺进互联网市场,为准备怀孕、孕期的准爸妈以及 0~6 岁各阶段宝宝爸妈提供怀孕、分娩、胎教、育儿知识手册、婴幼儿保健等专业育儿知识。么么亲子网以母婴、亲子、育儿为核心,致力于打造综合、实用的育儿网站。

么么亲子网设置了内容区、社区以及育儿实用工具集等模块。内容区按照时间轴和议题轴两个方向同时展开,时间轴是按照时间顺序,将网站的内容分为八个阶段:准备怀孕、魅力孕期、分娩、坐月子、新生儿出生、婴儿期、到幼儿期、学龄前。对备孕、孕早、中、晚期,分娩、月子、新生儿、婴儿期、幼儿期、学龄前各个阶段按照时间逻辑,进一步规划细分,打造了一系列完全按照时间顺序展开的育儿专题页面。议题轴则是按照主题将网站内容分为 8 个频道。从孕前备孕、营养保健、胎教,新生儿智力开发到情感培养等多方面,为年轻的父母和准爸妈提供从备孕到孩子成长至 6 岁之间的各方面的知识、服务和产品信息。社区包含四大产品线:日志,相册,动态和视频。

么么亲子网目前主要针对亲子、母婴市场,以 0~6 岁的幼儿及其家庭为服务对象,通过提供相关资讯内容服务、在线互动交流平台服务、电子商城服务,将"一站式在线生活服务"作为目标,搭建起母婴亲子产业链和用户之间的最直接桥梁。对母婴产业在互联网方面的巨大市场空白进行填补和深度挖掘。

么么亲子网拥有一支年轻、充满朝气和工作激情的团队,他们时刻关注母婴亲子行业的变化趋势。未来他们一定会开发出更多适合广大用户的最新、实用的服务。

正弘玩具品牌成长记

走进正弘玩具公司在电商园内的办公室,扑面而来的是温馨舒适的活跃空气:办公桌上摆放着各式新颖的毛绒玩具,背靠背的过道上摆满了碧绿伸展的一米多高的花卉盆栽,紧凑的四周墙壁上贴满了爱心与温暖,有员工入职时的手印,有员工丰富多彩的生活照,有公司与合作企业的记忆,更贴心的是门口右边的短墙上爬满了员工的寄语:或生日,或结婚纪念,或某个庆祝。不算宽敞的办公室里有一架可供员工自助借阅的书,还有可供员工舒展活动的一片自由空间。

郑州地处中原腹地,自打开国门以来,西风东渐、后知后觉,鲜有中小企业能够打造自己的品牌形象,而正弘玩具却是其中难得的一个。按照市场营销理论,毛绒玩具是个低附加值的行业,建立品牌形象非常不容易,就像小商品城里的数万种小商品一样,大都没有能力建立自有品牌形象,最终沦为末端靠体力才能勉强维持的代工者。2003 年,正弘玩具下决心扛起民族品牌的大旗。正弘玩具在中国毛绒玩具类企业中形象突出,成为可以参考的样本。

郑州正弘玩具公司的前身,是成立于 1991 年以生产加工为主的豫发玩具厂,2008 年西方发生金融危机,国内的低附加值加工产品受到冲击,也是在这个时候国家提出新经济的转型战略,正弘玩具公司应运而生,由单纯生产转向创新领域:故事创作、形象设计、产品研发、拓展市场销售渠道等。公司定位于中高端客户,专业研发毛绒玩具公仔、定制企业吉祥物、家居功能性毛绒产品等,与公司合作过的不乏大企业身影:如中国平安、中国移动、中国银行、2010 世博会、德克士等,2014 年公司有员工 50 人,销售收入达到 2 500 万元左右,并成功在上股交 Q 板挂牌上市。

作为树立民族品牌的玩具企业,正弘以"打造中国人自己的毛绒玩具品牌"为己任,注重研发、渠道及品牌建设,着力提升旗下自有品牌"红泡泡绿果果"及"绒言绒语"等品牌形象,从创意到销售的各个环节,处处流露着优秀企业所特有的执着追求。研发团队现由 8 人组成,每个月都会开发出来几十个产品,定制产品都由开发人员和定制单位联合创意。创意研发的办公环境就充满想象力,团队每个人员都有充分施展才能的空间。公司充分整合供应链资源,把生产环节外包给了两个长期联盟单位。生产的布料都是高克重面料,填充的 PP 棉一直坚持用原生料,产品出厂前都有严格的质量测试,确保安全,品质保证。

销售网络是玩具公司最难做的部分。传统的玩具销售都是通过线下进行批发和零售,其弊端是市场销售范围受限,对消费者反馈信息反应迟钝。正弘销售网络的基础是线下销售,在郑州万博商城有实体直销店,在全国还有 20 多家加盟店。为了保障单店利润,突破单店生命力偏弱的情况,和 HWD 及蓝白玩偶等品牌进行联合营销,给店面创造了较大的市场和利润空间。

网络时代给公司提供了新的销售思路,正弘玩具公司先后在天猫、阿里巴巴、美丽说、京东等建立销售店铺,阿里巴巴做批发,天猫等主要面向普通消费者。自 2011 年后,销售主体慢慢向线上转移。如今正弘在天猫布娃娃类品牌排名一般在前五名,类目排名一般在前十名左右,网上销售额占总销售额的 70%,转型较为成功。

品牌是企业的灵魂。正弘公司的所有行为都以满足消费需求,提升品牌形象为中心。正弘分别在 2008 年、2011 年推出红泡泡绿果果、绒言绒语等品牌,把毛绒玩具的消费人群从儿童延伸到成年人,从公仔类产品延伸到家居功能性产品,扩大了品牌的受众群体和应用空间。网络时代品牌的核心是产品和传播，正弘玩具在产品上推陈出新，精益求精，在传播上利用便捷、成本低廉的网络工具如微博、微信等进行传播，也会和大牌传播及制作机构合作，也吸引了很大知名剧组合作，如《虎妈猫爸》《离婚律师》《林师傅在首尔》《辣妈正传》这些电视剧都运用了正弘玩具的形象。正弘玩具的品牌追求，也吸引了不少媒体的关注，甚至吸引了韩国考察团到公司学习电子商务的成功经验。正弘玩具正在成为国内毛绒玩具类知名品牌。正弘玩具立足国内，放眼世界玩具市场，梦想给小小的毛绒玩具注入血液，承载文化，传播爱与梦想，衍生毛绒玩具新市场，缔造商业新传奇。公司利用联盟、授权、研发等方式扩展领域市场，现在就已经获得了《长江七号》的正版授权。正弘玩具在不远的将来会利用其品牌效应，进入动漫等延伸产业，利用自主原创形象进入多彩的动漫世界。

正弘玩具的员工手册上写着一句话："一个人要活着必须要吃饭，但人活着的意义并不是吃饭；一个企业要生存必须要盈利，但一个企业存在的价值绝不是盈利！"还用一页的篇幅来阐述大树理论，"树苗长为一棵大树，需要时间、不动、根基、阳光和向上"，这彰显了正弘玩具的远大抱负和坚韧毅力。

新格电子商务品牌分销及其延伸之路

新格电子商务有限公司成立于 2013 年，是郑州首批获得电子商务认证的企业。公司是马克华菲服装品牌线上十个分销商之一，主要是通过天猫的专卖店进行销售。

新格公司作为马克华菲的网上分销商，独立运营，经营模式和线下专卖店基本雷同，只不过是手段不同，把店放到网上而已。因为受生产方面的制约，新格要在新年伊始预订全年四季的服装款式及型号，分批进货，包量销售。包销要求分销商要有良好的预测能力，包括未来一年流行的款式及型号等，这无形中增大了分销商的压力。新格凭借马克华菲电商团队出色的运营能力，一个专卖店一年做到了 2 200 万的销售额。

基于电子商务的突出能力，新格还经营其他相关的电商业务。一是品牌代运营，帮助那些已经把业务转到线上，但线上经验不足的企业提升业绩。二是承接客服外包业务，如新格承接了七匹狼、哥伦比亚户外运动、米高轮滑、奥佳华按摩椅等品牌各一个网上专卖店的客服业务。主要作用是帮助客户抓住来到店里的消费者，提高成交转化率，并接受消费者的后续咨询服务等，进行客户维护，促成客户对品牌的黏性，进而产生多次消费、关联消费等。新格包揽了客服外包企业的专卖店与消费者打交道的整个过程。

关于公司业务未来的扩张，由于受制于天猫开店限制及电商人才的稀缺，可能会受到影响。天猫基本上不再接受新开店申请，但若企业品牌影响力较大可以受邀开店。关于电商人才的稀缺，新格公司的解决思路是进行校企合作。2015 年"双十一"期间就是和学校合作，利用学校的场地、机房、学生等顺利地解决了峰值难题。新格公司未来有可能把承接的外包服务业务直接放到能够合作的校园内，实现多方合作，互利共赢，共图发展。

电商创业者的品牌转换之路

每一个从电商起家的创业者,都希望通过化腐朽为神奇的网络创造神奇的爆炸性业绩,甚至奠定自有品牌的江湖地位。基于白手起家的创业者,有几个能有这样以少胜多、创造行业历史的奇思妙想?网络上是赢家通吃,特别是天猫、京东平台上的电商创业者,大部分都是在艰难的摸索中前行,寻找自己的生存发展之路。

郑州然涵商贸的李总,是一位大学还没毕业就开始创业的年轻人,在淘宝、天猫上闯荡至今已有四个年头。李总最初对马云有强烈的敬仰之情,创建了自己的品牌"俏小鸭",在天猫等平台上开始经营。最初经营状况还不错,但后来境况艰难,最主要的原因是网络上的自主品牌在线下没人知晓,需要进行网络推广,而网络推广费用在逐年提高,甚至有超越自己盈利能力势头,经营者甚至无力招架,和最先进入电商平台的经营者的销售境况不可同日而语。

难道不能通过产品创新创造独特性吗?在网络上销售的传统产品,要进行创新极其困难,除了品牌,任何一个创新包括设计等,仿制速度很快,因此,中小业者创新动力不足。为了销量,大多从价格上做文章,甚至为了节约成本,牺牲质量或者干脆山寨。

线下口碑良好的品牌在线上往往也能产生良好的销售业绩,这些品牌的大众影响力已经形成,在电商平台上不用做太多推广就可以获得销量。然涵商贸在自有品牌经营两年后被迫放弃,转而做了著名线下童装品牌巴布豆的线上代理经销商,凭借优异的网络运作能力,年销售额达到了 1 500 万元。

然涵商贸的生存问题基本解决,未来呢?李总已经有了基本成型的思路:经营巴布豆童装,已经积累了上万的年轻妈妈消费者粉丝,年轻妈妈空闲时间较多,也许是下一个待开采的金矿。

昊吉商贸——中老年服装市场的开拓者

郑州昊吉商贸公司从 2006 年就开始做服装生意,主要产品是中老年服装。2010 年赶上网络大潮,开始涉足网上销售,先后在阿里巴巴和天猫开店,兼做批发和零售生意,年销售额达 600 多万元。

随着我国社会的变迁,人口老龄化趋势日渐明显,从 2005 年开始,就有专家指出老龄人口产品市场潜力无限,但当时很少有企业涉足,因为,那时的青少年市场更有潜力。昊吉商贸的老板田先生敢于涉足老年服装市场,现在看来是眼光独到。目前,随着老年人数量的迅速增长,老年人渐成为消费的主力人群之一,老年人市场的潜力逐渐成为现实消费。通过对老年市场需求的深入分析和研究,公司结合老年人的消费特点,自主设计、开发老年服装产品,来满足老年市场的需求。生产管理方面,面料辅料统一采购,生产环节外包给了常熟和郑州的两个生产工厂,并建立了严格的质量管理体系。

昊吉公司的产品销售基本上通过网络进行。从2011年到现在,虽然网络上销售成本日渐提高,销售毛利润率从30%降到了10%左右,但昊吉公司已取得先入优势,积累了大量的客户资源及批发商户,即使新客户增加缓慢,凭借老客户亦可取得不错的销售业绩。在实际运营中,获得新客户的成本已经提高了近十倍,公司更多的关注点还是在老客户身上。

昊吉公司正在思考这样的问题,从2014年至今,销售额增长放缓明显。一个原因是公司的产品大都是大众款,容易出现同质化,虽然公司产品质量有保证,但价格也会高出10%到15%。同时,网上消费者越来越挑剔,退换货成本增加不少。另一个原因是网络推广费用高昂,推广是否经济成为一个问题,使新客户开发陷入两难境地。

东晖服饰线上线下营销经验分享

郑州东晖服饰是一家定位于40~60岁年龄段的专业毛呢面料服装生产企业,公司集设计、研发、生产、销售为一体,从2011年开始在淘宝开店,2013年开设天猫店。公司同时进行网络供货,致力于服务商户,扶持中小网店卖家,2014年开设阿里巴巴B2B店铺。公司线上线下同时经营,2014年线上销售额3 000万,线下销售额1亿多元。但是自2014年开始,电商就遇到了瓶颈,特别是线上营销资金和人力投入越来越大,投入产出比越来越低。为了探寻河南网商的运营状况,与东晖服饰王总进行了交谈。

问:王总能介绍一下公司网上网下的经营状况吗?

王:东晖服饰线下总的批发门店在郑州市商贸城,经营人员5~8人,年运营成本在100万左右,销售方式主要是靠各省级代理批发。线上有个10多人的运营团队,虽然销售额比线下低,但是零售的利润率却要比线下高,但这个状况在慢慢改变。经济下行情况下,随着淘宝、天猫等电商平台的成熟,线上推广费用越来越高,虽然业绩每年都在上升,但是,与日俱增的运营成本以及库存压力使纯利润越来越低,现在一年的推广费在50万~60万之间,线上销售年成本也增长为120万。

问:请您介绍一下公司网上和网下销售的不同特点。

王:郑州市和我们公司差不多规模的竞争者有6~7家,我们公司管理到位,做工较细。另外,我们不怕困难,有的网店比较小,一天卖了一两件,如果没货,我们就让工人一件一件地零做,宁可不计成本,也要保证货源畅通,目的就是扶持比较小的网店卖家。线上和线下产品卖法是不一样的,线下产品更新速度更快,因为线下基本都是批发,由于款式多生产麻烦,一批卖完可能就上新产品了,最快10天左右就要下架;线上因为需要拍照、装修、优化等环节,往往发布比较慢,而且一般一个款一卖就是一个季节,因为只要有人看到订购,就必须有货出售,所以更新较慢。由于款式多,线上库存积压也非常大,生产调整也很不易,必须保有足够的存货。也有不少电商看似挣了不少钱,营业额很高,但手里没钱,都压在存货上了。

问:线上线下销售两条路有影响吗?

王:郑州有很多服装企业,线上线下同一品牌。大的品牌一般会导致线上增长,但线下增长乏力。中小品牌一般会导致线下客户的不满,对公司的发展并没有太好的影响。另外,若线上销售出现问题,可能导致公司整个营销渠道的不畅通,所以为保险起见,东晖服饰采取两条腿走路,线上线下同时运营。线下品牌叫"郑东晖",线上品牌叫"舒美仟娇",两个品牌各走各路,虽然发展慢一点,但是,相对都比较健康稳定。

问:线上销售能取代线下销售,把租房的成本节约掉吗?

王:恐怕不能。线上线下各有各的特点,各有各的优势。我认为未来线上销售和线下销售可能会越来越相似,但是不会互相替代。随着社会消费主力的变化以及电商平台和物流业的发展,线上市场将越来越大,对线下的影响也越来越大,但是,当发展到一定程度的时候,线上线下均会保持相对稳定。

一个网商的诚信经营之道

河南大诚电子商务公司是 2014 年刚注册成立的一家电商企业,开设网上海外产品专营店,主营英国品牌奶粉,现有 20 人的运营团队,年销售额达 800 万元。

大诚的创始人宋先生原先是做实体店的产品销售,近几年受到网络冲击较大,去年转型做网络销售,经营的产品也受到了海淘和河南保税区的影响。海外高质量的产品进入国内,是这几年中国经济的一个热门话题,宋先生精挑细选了英国的几个奶粉及保健品牌作为切入点:Cow&gate 和 Aptamil 品牌奶粉及 Osteocare 牌钙液,英国远离大陆的纯净环境和海洋性气候成就了高品质的食品,在中国人心目中有较高的影响力。从产品上说,货源直接来自河南保税区,保证进货渠道与品质。经营的产品只有 3 个品牌约十几个品种,在网上专营店可以集中位置进行展示。

大诚公司在网络上的经营思路是基本不做付费的网络推广,而是通过微信和微博进行传播和交流,吸引年轻妈妈们的注意力,并用产品品牌的影响力及自己店面的装修设计吸引消费者到店里来。公司专业的沟通交流服务人员通过话术,拉近彼此之间的距离,通过优质服务促进产品销售。服务的专业化形成口碑,促使消费者再次购买店铺产品,成为公司的长期客户。

产品品质的保证,让大诚从源头到售后服务都有了诚信经营的资本。店面简洁优雅的设计和不断优化,提升了店铺的高端形象,让消费者产生信任感。客服的人性化沟通,让消费者扔掉最后的担心,成为大诚的忠实客户。

房二哥：年轻人租房市场的拓疆者

房屋租赁是个老行当，虽然现在技术进步了，但迄今为止，郑州市的房东要想把房租给合适的人，租客要想找到合适的房源也不是一件容易的事。房东和租客可以和中介建立联系形成租赁关系，但现在的中介一般只提供房源，或者对房屋进行简单装修，使用的家居很多是从二手市场淘来的旧家具，影响舒适性；若房东和租客直接从58同城或者搜房网等发布信息并接洽，一方面发帖很容易马上被覆盖，另一方面，成交后容易出现缓交房租、甚至欠费后直接跑路的情况。

房二哥就是针对这些问题而生的。房二哥的运营主体河南鼎鑫房地产营销策划公司有三年以上的房屋租赁经验，有大量的房源及客户信息。以前是做房地产中介，但在中介之间竞争越来越激烈的情况下，开始转向精准的客户服务。

房二哥是一款租房微信公号，定位为年轻人的租房专家，特别是针对刚性的住房需求。既然是刚性需求，大部分指的是刚毕业、刚结婚前的年轻人，对住房要求舒适但面积不需要太大，在住房蜗居时代，客厅可有可无。基于此，房二哥通过专业的装修公司，对待租的优质房源进行精装修，把某些大的房间分成两间或客厅改造成房间，甚至给有需要的租客提供创客空间、运动时尚等增值服务。在房二哥平台上，房东不用担心房客欠费，租客也能方便地找到符合自己要求的漂亮的房间。

房二哥的未来并非都是鲜花，外部的竞争者体格庞大且耕耘程度更深。在房屋租赁领域就有面对不同需求群体的几款精准服务产品，自如友家、自如寓、丁丁租房及丽兹行，他们的扩张速度会对房二哥形成重大影响。如何应对激烈的竞争，对房二哥的发展是巨大的考验。

企业的进化：由卖产品转向卖服务

河南搭把手汽车服务公司是2015年初成立的中原首家"上门养车"的新型互联网公司，客户可通过电脑网络、手机微信或400电话进行预约，公司派专业养护员上门进行保养服务。客户可以预约保养时间及地点，可以指定配件品牌甚至自备，公司只用协议正牌厂商供应的配件，可对包括奥迪、宝马、奔驰、丰田等9种品牌车辆进行养护，为车主提供省时、省心、省钱的上门养车服务。

搭把手创始人雷先生在此之前已经做了10年的汽车配件销售生意。汽车配件市场价格越来越透明，竞争越来越激烈，利润越来越薄，甚至现在要花比前几年多的精力还不一定能够保持原有的利润水平。因此，开始了从传统销售向服务的转型。从国外汽车市场的经验来看，服务能够长期黏住客户，利润比价格透明的配件高，而且雷先生提供的服务价格比4S店一般还要便宜30%左右,这就成了雷先生从配件销售转向汽车服务的原始动力。

实际上,风投也看到了这个庞大的待开发市场,在搭把手创立之后的几个月里就吸引了200万澳元的海外投资。

资本与项目的结合助推搭把手业务走上新台阶。搭把手现有10台服务车,在未来的5个月里服务车数量要达到100台,快速覆盖郑州市场。

搭把手在传统推广策略上与交通及音乐电台合作,在有车族及时尚群体中树立品牌形象;新型推广策略以微信为主,通过服务口碑扩展粉丝及客户数量,最终建成以微信为主要入口的客户服务、体验及分享的稳定客户群体。

上门养车这种服务模式正在走进有车一族的生活。也许若干年后,搭把手这种上门养车的服务形式会成为中原大地上车辆保养的首要选项。

着急送盈利模式探索

河南着急送商业股份有限公司是成立刚满一年的跨界网络公司,致力于供应链管理、商品整合销售,希望能成为区域甚至全国信息流聚合、物换、金融、物流、的平台。着急送商业的主要运作平台是移动公众平台,其最大亮点是物换。

我国现阶段经济的最大特点是产能过剩,而消费能力不足,企业可能有货物而无法变现,导致可能产生坏账、欠款大量存在。着急送希望通过平台把有购买需求而无购买能力却有产品在手的企业,找到不用现金就可以得到所需商品的交换方式,如果能合理地对交换商品进行分割,最终在流转中各得其所,应该是不错的运营思路。

着急送移动平台实际上是个"微商城+微分销"的一体化成交平台,通过购置商品附送等值消费券来吸引客户,通过个层次的分销体系吸引商家进驻,希望每一个来平台购物的客户都成为平台商品的分销商。将微商城在微信朋友圈等社交圈进行便捷分享,以独特的佣金制吸引员工、顾客、朋友、创业者等申请分销,聚合社交媒体的巨大流量做商品销售与分销,让每一位参与分销的节点都能分享利润,快速在微信朋友圈等社交网络建立广泛的微分销网络,让口碑和曝光率成为市场传播的利器,迅速扩大成交规模。

"购置商品附送等值消费券",着急送平台的起步需要大量的资金投入。平台需要大规模的补贴,吸引消费者成为平台产品的实际购买客户,需要资金投入吸引商品商家或厂家进驻平台。只有平台商品丰富到一定程度,消费者口碑传播到一定程度之后才可能形成良性循环。但这种结果需要多少资金、多长时间、多少精力才能达到,存在很大的不确定性。

悦每刻：关注顾客感受

蛋糕类食物是现代人们的最爱，已经成为一种时尚生活趋势。开家蛋糕店，投资额不高，操作简单，占地面积小，非常适合小本经营者。只要蛋糕和甜点口味新鲜独特，价格合理，能获得众人信赖的口碑，就很容易吸引各个阶层的消费者，可是要把蛋糕生意做起来经营得好，不是一件轻松的事。

位于郑州宝龙城市广场的悦每刻蛋糕店占据很好的地理位置。宝龙城市广场位于郑州市郑东新区中心，介于CBD中央商务区与龙湖商住区之间，为郑东新区起步区33平方千米范围内唯一的大型商业综合体，集购物、旅游、休闲、游乐、娱乐、商务、文化、运动于一体，这就确保了悦每刻蛋糕店能够覆盖很大的市场区域，保证店面的客流量，加之店面位于广场大楼1楼大门东侧，较大的店面也很醒目，非常容易引起来往人们的注意。

顾客进入店里，有服务人员贴心指导选择蛋糕，可以先品尝后购买。干净卫生的环境，具有特色的装修风格，诚恳热心的服务，赢得了顾客的好感和满意。悦每刻对蛋糕原料的选择和搭配以及制作的火候都有严格的要求，以保证蛋糕的良好口感和营养。同时，悦每刻不仅注重蛋糕本身的特色，也关注蛋糕包装、配件等带给顾客的感受。漂亮精致的包装盒以及高质量的蜡烛、刀叉等，无形中也增加了顾客对蛋糕本身的喜爱和信任。

悦每刻蛋糕店注重线上线下的结合，积极在美团、百度糯米等O2O平台发布团购信息，在更大范围吸引顾客到店体验和消费，同时也借助这些平台的顾客点评更好地发挥蛋糕店的口碑效应。如今，悦每刻在郑东新区已经成为知名度较高、颇具口碑的蛋糕店。

生鲜电商如何玩出精彩

刘平，原逸阳女裤电商运营总监，曾经的艺术狂热爱好者，现在是郑州一名最潮的水果微商。自称刘大掌柜的他，在2014年4月，通过"买果果de大掌柜"个人微信号发布包月模式订购水果。刘平与同是生鲜行业门外汉的团队，在短短的半年时间内便做到在郑州小有影响力，拥有上千的忠实用户。目前，买果果作为国内首家主打包月预售的生鲜水果电商品牌，被估值近千万。

一、准定位，重需求

面对淘宝、京东、当当模式的泛滥，刘平想脱离这些平台，玩出不一样的东西，就把微信作为创业的平台。经过市场调查，加上感性判断，刘平感觉生鲜市场有着比较大的发展前景，并且水果相对比较容易切入，于是就选择进口水果作为自己的创业方向。水果电商在国内有不少商家，竞争非常激烈，应该怎么玩出特色？刘平受茶人王心采用预售方式卖茶叶的启发，决定采用包月订购搭配套餐卖水果的模式。

在如今快节奏的生活中，虽然大家的收入提高了，经济条件好了，但是，应酬和工作的增多，让大家没有太多的时间注重自己的健康，亚健康和不健康的人群越来越多。水果的养生，可以说是大家能想到的首选方式之一。买果果根据用户的体质、口味和喜好，进行用户以月度为周期的套餐搭配和推荐自选，然后，分批次用顺丰快递将鲜美的水果送达到客户的手中。包月的个人、家庭和企业水果套餐，无疑是现代生活背景下大家省心省事的、贴心水果养生健康解决方案。这些客户对具体产品不是特别在意，对水果的价格也不是很在意，而是想吃有品质的、甚至是市场上买不到的好水果，这才是他们的诉求，所以，刘平就把品牌的客户最初定位于中高端的群体。中高端用户，是一个喜欢新媒体、有意尝试趣味、追求生活新意和品质的族群。他们认可品牌，具有情怀并愿意为情怀付出。这可以让买果果品牌在未来做更多具有附加值的好玩儿的事情，形成自己真正的粉丝部落。

除了包月套餐，买果果偶尔也会运营一些单品。这些单品均为独特的进口水果或国内原产地的优质水果，具有鲜明的季节性或者区域指向性，从而满足众多客户的特殊需求。未来存在于现在，只是不均匀分布而已。买果果正在代表和诠释着一种未来。

二、抓产品，归本位

产品的良好品质是让客户建立信任感的前提，如果产品不好，不管销售模式和客户体验再好，客户拿到产品之后，期望值都会低很多，客户的口碑和后期的黏性也会非常低。水果属于生鲜产品，中高端群体对水果卫生和健康要求很高。水果又不同于家电等标品，有统一的国家衡量标准。面对非标品、损耗大和卫生与安全性的问题，如何解决客户的信任问题？买果果选择了最原始最笨的方法。刘平率其团队开车或乘火车、汽车、飞机，两三个月的时间游遍了大江南北，一个一个地亲自考察水果源产地。按照自己的需求，与供应商签订相当苛刻的供货合同。每批货到后，又要经历三四次分拣和挑选，才会被精细地打包到各个快递箱中。刘平认为，对于生鲜水果，唯有抓好产品的本身质量，才有后面一切的谈资的可能。

三、好服务，佳体验

如果说产品为本，那么服务和体验应该是尾随其后被用户所注重的两兄弟。

就拿买果果的包装盒来说，为了追求每个细节，给用户带来良好的服务和体验，半年时间，买果果的包装盒已经从第一代更新到现在使用的第五代了。目前买果果包装盒选用经典耐用的牛皮纸材质，上面只印刷了买果果的 LOGO 和二维码，其他全部留白，给用户以经典大方的国际化视觉效果。在第六代包装盒的开口设计上，买果果没有选择传统的封箱胶，而是做了新的设计。一方面，为了便于用户打开，不用再在开箱时为了划开胶带寻找辅助的开箱工具。另一方面，经典耐用的牛皮纸包装盒还可以循环再利用，用于存储其他的物件。甚至，以后的包装盒还可以被买果果回收，引导用户一并加入节能环保的大军。

四、趣互动，心营销

微信原创品牌，一定要有着微信和移动互联网的基因才算是真正的微品牌。趣味的互动和用心的新营销，是买果果与用户接触的又一大亮点。异业联盟、粉丝互动、情怀传递等早已被买果果演绎得炉火纯青。如经典的豪车配送:2014年7月10日,买果果与宾利郑州、魔袋一起做联合营销活动,由买果果CEO亲自驾乘宾利汽车去为抽选出来的10名客户送产品上门,得到了客户很高的参与度!此外,还有七夕礼盒私人定制(礼盒中还加入了红酒和巧克力)及中秋节个人和集团定制礼盒等活动。

纵观买果果的微信营销策略,不难发现以下几点精彩之处。

1. 不做营销,做影响

买果果没有通过朋友圈发布令人反感的产品信息,而是通过日常的生活和工作,以及其创业过程的展示,让客户可以更加全面地了解买果果品牌,从而主动关注买果果及其产品与服务,提升客户的忠诚度与黏性,避免使客户产生对微信中过度营销的反感与排斥。买果果通过微信公众号实现传递信息和店铺入口的作用,同时结合个人微信号和客户互动交流的模式,把所有客户当作朋友,用微信将品牌与客户联系起来。买果果注重的是销售口碑,与用户交朋友。买果果正在酝酿推出一个"先吃后付"的服务,就是大家可以先享受水果套餐,然后参考自己的感受与标准价去自己评定价值进行付费。这无疑是一种大胆的尝试,是基于对自身产品的绝对信任。

2. 异业联盟,相互推广

由于买果果的市场定位是偏中高端的消费者,所以目前也在尝试跟汽车销售商、房地产商等进行合作,将买果果的产品作为客户关怀的一种方式。其与宾利和魔袋的联盟推广,三方优势资源互补高效整合,效果显著。

五、玩创新,售情怀

买果果不仅销售水果,也有私人定制的体恤,还有鼠标垫等以水果为核心元素的周边产品。买果果的果果潮T,纯棉面料,精细的工艺,没有刻意印制买果果的LOGO。整体造型简单大方,以水果元素为主题,让用户拿得出手,穿得出门。现在是赠送给一部分VIP客户和忠实的果果粉。以后,这些产品是要标价销售的。创新背后,买果果卖产品是表象,售情怀才是其真谛。

让"黑糖"成为6亿中国女性的日常用品

河南卓然优品食品有限责任公司成立于2015年,位于太极故里河南省温县西保封工业区,是一家以生产、加工、销售为一体的食品专业企业,主要从事糖果制品、坚果炒货及蔬菜干制品类产品的生产和销售,公司的销售网络涵盖国内大部分区域。

卓然优品主打产品是具有"东方巧克力"之称的"黑糖"。"黑糖"之名起源于日本,在台湾盛行,和红糖的区别主要在于生产工艺及原料选材的不同。"黑糖"内含多种营养物质,对女性尤为有益,被称作东方的巧克力。目前国内销售的"黑糖"主要以日本等地进口为主,国内除盼盼、金冠的单品黑糖话梅外,并无他家专注此区域,在未来三年时间此区域尚属空白。卓然优品正是看到了"黑糖"具有多种搭配的风格,单品成样的形态,拥有广阔的市场前景,于2014年6月与台湾最大的"黑糖"原料生产基地签订了长期稳定的供货协议,直接从台湾通过正规海关进关到国内,并于 2015 年 3 月建设完成拥有日再生产一吨黑糖成品的生产车间、生产力和生产资质。

自成立以来,卓然优品始终坚持"时刻保证新鲜货源,增强一流服务意识,打造良好企业信誉,不懈追求顾客满意"的理念,秉承"以质量求生存,靠诚信求发展"的宗旨,本着从严要求,精益求精的工作态度,以独特的生产工艺流程,力求为客户提供优质的产品和服务。为了强化产品的价格优势和品质优势,卓然优品不断优化国内外采购渠道,确保价格低、质量好的原料稳定供应,并引进台湾先进的生产工艺和流程,高薪聘请台湾具有丰富"黑糖"产品研发和生产经验的技术人员,尤其是不断完善产品后期的再加工工艺系统,力求给消费者提供质量和口感最正宗的黑糖产品。

目前,卓然优品生产的"黑糖"以代工及自我品牌形式生产打样数万罐,在线上线下进行市场测试。线上通过京东商城、天猫网、淘宝网等网络平台,线下在北京、青岛、上海、深圳等地的商超平台进行小范围试用及推广。预计在 2016 年 4 月底,在获得市场全面反馈信息后,进行大范围推广。凭借鲜明的产品特色、良好的营销理念以及有效的营销手段,相信卓然优品在不远的未来定能实现自己的梦想。

互联网思维 跨界整合媒体资源

随着互联网的日益发展,很多中国企业基本上已经跨越了山寨国外"产品"的阶段。如今,我们对互联网的感触更多的是"想不到……",越来越多的企业或个人用互联网思维开创了属于自己的未来,做着前人没有做过、后人无法复制的事情。

河南乐看文化传播有限公司是河南本土第一家专业整合跨院线影院资源,提供定制通票观影服务的企业。乐看致力于为集团、单位提供影票定制,辅助客户进行企业文化搭建与品牌传播。此外,乐看还整合影片综合资讯、影院广告平台及周边营销活动,基于院线资源优势,为集团客户提供全方位品牌推广服务。

对于很多电影消费者而言,既有对优质服务的需求,也有对价格相对低廉的要求,在传统情境下两者很难兼顾。乐看运用互联网思维,通过整合河南省本土优质院线资源、与多家名企合作,为广大的电影消费者提供了一款兼顾实用和便捷特性的电影通卡,很好地解决了消费者"鱼和熊掌不可兼得"的难题。拥有院线一卡通的电影消费者的待遇等同于影院的会员,享受与其同等的待遇与优惠。而且,相对于动辄数百元的会员卡起充门槛,院线一卡通百元门槛起充,增加了观影消费的灵活性。

公司通过院线一卡通、微博、微信等聚集了大量的消费者和粉丝群体,这些群体成为公司独特的资源。依托这一资源及自身优势,乐看为企业提供影院周边的营销活动服务,例如为企业定制专属卡面,凸显企业形象;满足企业客户公关的需求;为企业定制在影院的售票区、通道内的各式灯箱广告,观影册平面广告,等等。此外,乐看还凭借电影建立起的渠道,与多家优秀餐饮企业建立合作,为企业定制酒店桌面台卡,进一步提升企业认知度。通过一系列资源的整合和策略运用,乐看为企业与消费者构建了一条优质而稳固的直达通道,这也成为乐看主要的盈利模式。

打造异业联盟界的阿里巴巴

如今,中国各行业的市场竞争压力越来越大,商家对消费者的吸引力已越来越低下,以打折、让利、送礼品为主的促销方式又回到了最初的被动地位。各商家似乎只能等待消费者的随机选择,才能和消费者之间建立供销关系。现代管理学之父彼得·德鲁克指出:当今企业间的竞争不是产品间的竞争,而是商业模式之间的竞争。在同质化竞争越愈演愈烈的今天,尤其是大量的小商家、小企业、小品牌的生存受到巨大威胁,急需一种全新销售模式来突破传统市场的限制。由此,异业联盟应运而生。

成立于 2015 年 5 月的河南打折多电子科技有限公司,是中博医健(北京)科技有限公司的全资子公司,是一家发展现代化的电子科技,针对企业异业联盟的现实需求,依托电子商务模式,为各行业提供异业联盟合作的机会,同时也为广大消费者提供更多质优价廉产品的平台。河南打折多电子科技有限公司作为全国首家实现“异业联盟”的线上线下双向互动的高新技术企业,致力于打造异业联盟界的阿里巴巴,衔接消费者和消费服务者,实现未来个性化的购物平台。目前,打折多已经获得数千万的天使投资,设立河南总部,将逐渐形成覆盖全国的异业联盟分销网络。

作为打折多电子科技有限公司的母公司,中博医健(北京)科技有限公司拥有十多年的互联网和管理经验,为打折多全力打造中国最具影响力的异业联盟信息平台提供了良好的智力支持。打折多自身也拥有专业的科技研发团队和比较完善的运营模式,这也使其能够为众多企业提供线上线下互动的实施方案和全方位电子商务服务提供保障。打折多坚持区域选点,以点带面的发展战略方针,以高新技术为载体,以竭诚服务为理念,希望以星火燎原之志创造新的互联网神话。

传统混凝土搅拌设备制造企业借势腾飞

作为国民经济支柱产业的机械制造业已发生了巨大的变化,并且日益成为全世界机械制造业的中心。在 20 世纪 80 年代,国内建筑机械的生产和销售市场几乎被国有大型企业和国外名牌企业的产品占领。当时,荥阳的建筑机械行业还处于起步阶段,郑州昌利机械看准了社会发展、市场需求的巨大契机,义无反顾地选择了建筑机械行业,主攻混凝土搅拌设备的生产与销售。

经过 30 多年的艰苦创业,郑州昌利机械已发展成为荥阳市生产建筑机械的大型骨干企业,凭借着“以技术求生存,以服务求发展”的良性竞争模式,在同行业中脱颖而出,生产的砼搅拌机系列、混凝土搅拌机系列、稳定土拌和站系列、全自动液压免烧砖机系列、装载机系列、叉车系列等设备远销国内外,以其独特的魅力赢得了社会各界的好评,也被国家评为建筑机械产品重点企业之一。

郑州昌利机械十分重视产品研发及技术水平的提升与创新。公司拥有员工 900 余人,其中工程师就有 16 人,专业技术人员 90 余人,技工 300 余人,形成了科技研发、技术支持的阶梯形技术人员队伍。昌利机械还积极与同行、国外知名厂商进行技术交流,科技考察,借鉴国内外同类企业的先进经验,改进自身技术与产品。

多年来,公司兼容并蓄,经过不断发展和完善,技术力量雄厚,生产设备先进,检测手段完善,产品在同行业中处于领先地位,是河南省率先获得"制造计量器具许可证"的单位之一,成为中国建筑机械协会定点生产厂家,是河南省生产砼搅拌站的重点企业。2001 年,郑州昌利机械亦通过了 ISO9001 国际质量体系认证,2007 年公司产品荣获"河南省名牌产品"荣誉称号。

近年来,作为我国经济增长的主导力量及经济转型基础的制造业,纷纷搭乘了电子商务这辆风驰快车。我省不少制造类企业在电商的助力下销售额节节攀升,郑州昌利机械有限公司也借此东风,抓住网络大发展的机遇,借助电商平台,突破地域和国籍的壁垒发展业务。昌利机械没有像有的企业那样自建电商平台,而是选择了借助第三方服务平台。2012 年,昌利机械与中国制造交易网进行了战略合作,借助中交网的高流量、高人气来对产品进行推广和销售。

昌利机械的选择获得了丰厚的回报。借助中交网国际化的交易平台,其产品设备被国外很多业务客户看中,远销美国、俄罗斯、巴布亚新几内亚、埃塞俄比亚、突尼斯、可萨尔等国家市场,销售网点和售后网点 200 多个,遍及全国各地,获得了极高的声誉。

小黄帽路队制的资源整合

小黄帽路队制作微信公众号是为了配合河南中小学交通安全教育而推出的一款手机应用,实施主体是河南省天一学安网络公司,主要是为是 7～18 岁的在校学生家长(或监护人)提供学生全方位的过程、全方位的家庭教育信息服务。小黄帽 APP 搭建了一个家长和老师沟通的桥梁,为学生的安全、学习提供保障。

小黄帽路队制的实施不仅需要软件,更需要配套企业的配合,主要有通信运营商、手机生产商、手机定位提供商、小黄帽生产商等。小黄帽要想顺利推进这项计划,必须要整合资源,找到各方的利益关注点,努力做到相应配套供应商免费提供相应产品,各自得到自己想得到的利益,这样的话,小黄帽就可以做到少投入甚至不投入就能完成其实施工作。

首先,小黄帽的生产商不愿意白送,那就找到急需做学校推广的学科网打上其标识就搞定了;其次,学生端佩带的无屏幕功能简单的手机,乐语通讯愿意赠送,因为乐语本身是运营商的供货伙伴,也愿意通过这个活动推广品牌形象,而且成本低,因丢失再次购买的学生是需要付费的;再者,提供定位产品的华为、中兴等企业本身就是通信运营商的合作伙伴;最后,是通信运营商,因通信企业这几年来新用户增长乏力,要求增长的压力让各分公司难以招架,小黄帽的活动刚好可以帮运营商完成新用户增长的目标。因此,小黄帽可以很顺利地利用手中的客户资源拿到通信费用的分成,结果是各得其所,皆大欢喜。

小黄帽路队制的推广进展极为迅速,一方面是政府主导的工程,学校方面非常配合,免费给每个学生发放小黄帽;另一方面,家长出于安全及沟通便利的考虑,也比较容易接受每月基本消费 16 元的免费手机。在小黄帽路队制推广不到一年的时间里,共送出免费小黄帽 240 万个,收获 APP 用户 86 万人。

小黄帽路队制的路刚起程,未来还可以扩展到保险、医院等组织机构,前途无量。当然,前进路上还有强大的竞争对手如小天才、阿巴町等一路伴行。

白送网:以白送为旗帜的商城平台

白送网是 2015 年刚刚诞生的一个商城平台,现在正处于招商初期,希望用互联网新思维黏住客户,取得关注度及业务量的大幅增长。白送网目前的手机 APP 用户数在 30 万左右,预计在未来的一年里能达到 1 000 万的规模。

白送网的运作模式是,首先,消费者如果在网上看到了自己中意的免费产品,白送网会引导消费者成为关注粉丝,通过审核后消费者即可获得免费产品的机会,但要拿到产品,消费者还要到相应的商家门店领取。若该消费者想再次获得免费机会,必须消费一定金额后才有资格。其次,客户在商家消费后可以获得等值的券币,用以换取可以免费领取的等值产品。最后是商城,商品种类繁多,是和京东等类似的购物平台。

白送网在营销策略上主打“免费”口碑,形成品牌效应。任何人首次下载、登录、注册、发朋友圈,都可以得到看中的免费品,这个诱惑对消费者来说比较强大。

同时,白送网为丰富平台上的商品,启动大规模产品招商工作,吸引各类产品生产商进驻。另外启动代理商招商,用以征召餐饮、娱乐、美容保健等企业门店入驻,类似美团O2O业务。

白送网为了打开市场,短短一年就已投入了近 3 000 万资金。基于其远大的抱负,未来会面临诸多问题,如消费者在初次免费领取产品后会形成对平台的信任吗? 如何在与京东、美团等竞争中获得市场份额? 白送网有必需的资金投入吗? 毕竟京东、美团等都是靠巨大投入才获得相应的市场地位的,况且还有先入为主的优势。大生活消费类平台的未来实在不容易把控。

白送网任重而道远。

毓珍园——野生珍禽的多彩家园

郑州毓珍园生物科技有限公司是经河南省林业厅和工商部门审核批准,河南省首家国家二级珍禽繁育基地和野生珍禽养殖、孵化、育苗、饲料、标本制作一体化的企业。公司以繁殖驯养白鹇、白冠长尾雉、红腹锦鸡、白腹锦鸡、孔雀、黑天鹅等野生动物为主,兼营特禽饲料与动物标本制作,为动物园、景区等提供观赏珍禽。

2011年,公司创办人刘实现在考察市场时萌发了创办一家养殖企业的想法。他经过反复比对,发现野生珍禽生存困难,大量灭绝,数量越来越少,白鹇等鸟类处于濒危状态。进行珍禽养殖繁育,不但可以保护野生鸟类,而且也会有不错的市场价值。刘实现从中也看到机会,希望探索一条野生珍禽的人工养殖之路。

由于缺乏养殖技术,刘实现就在网上搜索养殖和防疫技术,购买相关书籍进行研究,并到省内外多家大型养殖企业拜师学习。经过虚心求教,坚持学习,他的诚心打动了专家、学者,硬是把珍禽养殖和防疫技术学到了手,并在家乡新密市曲梁镇草岗村创办企业。

野生珍禽人工繁育难度很大,鸟蛋出苗率低,成活率低,传统的野生珍禽自孵率只有15%左右。通过大量的学习,长期观察、分析珍禽的生活习性,并与科研院所合作研究,经反复试验,终于摸索出一条野生珍禽孵化、育苗、养殖的科学方法,提高了出苗率和育活率,使得出苗率达到98%,育活率达到85%以上。目前,公司已经形成了一整套珍禽养殖、繁、防疫技术和规范管理制度,培养了一批有丰富经验的专业人才。

如今的郑州毓珍园生物科技有限公司占地面积20亩,总投资500多万元,现有员工32人。公司以繁殖驯养孔雀、白冠长尾雉、红腹锦鸡、白腹锦鸡、白鹇鸟、黑天鹅、鸳鸯等野生动物为主,目前存栏育成鸟2 000只,纯种种鸟1 000只。其中白冠长尾雉、红腹锦鸡、白腹锦鸡、白鹇鸟是国家二级保护动物,孔雀等都是优质观赏动物。

为保证企业可持续性发展,公司与河南省牧业经济学院等专业院校建立合作关系,聘请省内外多位农科高校教授作为技术顾问。公司同时被河南省牧业经济学院确定为珍禽科研基地,确保了繁殖驯养的技术力量。下一步,公司将发挥技术优势,扩大养殖规模,进行规模化经营,不断拓展产业链,进行产品的深加工,发展观光农业,带动当地野生养殖业的发展。

让创业梦想不再落空

近年来,随着电子商务B2B、C2C等模式的迅猛发展,网上开店这个新兴行业也越来越多地受到人们的追捧和喜爱。网购已经成为一种时尚潮流,所以,网上开店,走在时尚潮流前线,让中小企业快速成长,让个人实现"老板"梦,是一种选择,也是一种趋势。但是,网上开店也不是想象的那么简单,不要简单地认为只要一个人一台电脑就行了。所以,有很多中小企业以及个人创业者感到彷徨和茫然,不知道该何去何从。

郑州微之淘电子商务有限公司就是在网上创业如火如荼的大环境下成立的,公司自2003年淘宝开始运营到2015年的"互联网+"时代的大环境背景下应运而生,致力于打造一个个人与商家能够互相融会贯通的平台,专注于为中小企业及个人网商提供电子商务系统平台软件的研发及相关网店增值服务产品的提供。公司目前在淘宝、天猫、京东、一号店等已开通相关业务,涉及房地产楼盘、农村电商、农产品研发、电子商务产业园区、手机APP等项目的综合互联网业务。

微之淘通过大量的市场调查与分析,正确估计了互联网和电子商务发展的形势和趋势,特别对网上开店进行了详细的研究,总结出了一套行之有效的网上开店与经营的方法,使个人网商创业变得更容易,使企业网上商品展示销售变得更可靠。公司短时间内的运行,得到了众多网上创业朋友的支持和认同,同时也得到了商家的充分肯定。目前,进入系统合作的店铺已达到几百家,商家也达几十家,商品2 000余种。

对电商服务行业的长期专注及贴近用户需求的服务理念,让微之淘对电子商务行业有了深刻理解的同时,也打造了一支具备丰富电商服务经验的优秀团队。现在团队有技术指导人员10名,网络推广人员20名,另外还不定期聘请淘宝商城资深运营师和皇冠卖家老板传授开店心得,和淘宝大学老师零距离接触,让广大学员在实践中真正掌握网上开店的技巧和方法。与其他市面上电子商务培训机构动辄几千元的昂贵培训费不同,微之淘不仅价格低廉(主要考虑到降低学员初期投资风险),而且更注重网店的实际操作,从开店认证到后期的装修推广的每个环节都让学员身临其境,真正掌握淘宝等电子商务的运作流程,在较短的时间内使学员成为一名合格的电子商务人才。

用心服务,创新未来

互联网的快速发展,促使许多企业纷纷探索向互联网转型之道,同时,也给许许多多的创业者提供了发展的平台。然而,不管是传统企业向互联网转型升级,还是创业者借助互联网进行创业,对他们而言,互联网都是一个全新的领域,缺乏足够的实践经验和实战技能。郑州淘跃科技有限公司的前身一直在做淘宝、天猫、商城、微商城、微信等的运营,有着丰富的互联网领域的实战经验。2012年至今,团队不断发展壮大。为了满足企业转型升级和创业者的需求,公司于2015年正式成立,致力于建设一个专业的电子商务服务企业,打造电子商务B2B、B2C、C2C平台。

针对企业和个人创业者的需求,郑州淘跃为客户提供具有特色的全程全网电子商务服务外包业务,提供品牌策划、店铺诊断、运营指导、定制培训等服务,并采取一对一顾问式服务,随时了解客户在不同发展阶段的个性化需求,最大化地提升客户价值。郑州淘跃在网上支持网店的技术培训(注册、认证、装修、推广、交易等),提供货源(产品图片、产品详情等)、发货以及售后的服务全程指导;同时给个人提供网上创业的平台。并且,郑州淘跃还把企业与个人创业者有效地整合在一起。一方面,通过与企业合作经营的模式,帮助企业从传统渠道走向网络渠道,建立企业的网络品牌和网络渠道体系。另一方面,个人创业者在网上创业需要良好的货源,这就给企业提供一个新的销售渠道。

郑州淘跃重视服务质量,坚持以客户的满意为宗旨。在维护客户方面,同行的其他电子商务服务企业多采用的是加盟之后对客户爱答不理的方式,客户加盟之后让客户自己开店经营网店即可。而郑州淘跃凭借专业的培训模式、网络语音培训教室以及负责的客服服务团队,把客户利益放在首要地位,把握细节提质量,精益求精,力求为客户提供最满意的服务。这也是郑州淘跃能够在较短的时间内赢得客户认可与口碑的重要原因。

三种三楂,品味人生

中岳嵩山,果酒之源;天地之中,轩辕相传。嵩山,历史悠久,文化灿烂,万山之祖,五岳之宗,中华民族的文化圣山,中华文明的发源地。自古以来,嵩山一带的野生山楂就非常丰富,1985 年,登封市建立"少林中国山楂之窗",把全国优良品种引入登封,共种植 7万余亩。嵩山山楂全部生长在林区,无施肥、无农药,是真正回归自然的、绿色的、有机的健康食品。山楂酒有改善睡眠、健胃消食、降血脂、防衰老等 18 大养生食疗功效,被称为第一健康果酒、第一美容酒。

在资源日益枯竭的今天,作为资源县市,登封转型跨越多举并进。登封三楂红酒业有限公司抓住机遇,选择在无工业污染、环境优良、气候土壤优质的嵩山研制,在全国率先开发山楂酒,目前已获 17 项专利。三楂红酒业研发的山楂发酵酒生产技术达到国内领先水平,山楂蒸馏酒生产技术属国内外首创,为中国,也为世界开创了一个新酒种,填补了市场的空白。同时,也体现出了浓厚的地域文化特色。

山楂作为核果类水果,具有养颜瘦身、助消化、养肝去脂、降低血清胆固醇及甘油三酯、活血化瘀等诸多功效,深受人们尤其是爱美女性的喜爱。三楂红酒业善于发掘植物特有的浓郁果香,将三种优质山楂融合到一起,推出具有"健胃消食降三高,美容减肥防衰老"功能的山楂酒,有力地促进了我国新型酒业的发展。三楂红酒业研发出的新品种"2697"山楂酒,富含黄酮,在道教圣地无极老母洞洞藏 5 年,风味独特,独树一帜。目前,"2697"山楂酒已受到来自全国各地经销商的追捧。

为了进一步开拓山楂酒的市场,目前,三楂红酒业已启动三楂红电子商务经营模式,并开发了淘宝销售平台和微商销售平台与公司自主的销售平台,大力发展县市级代理,构建销售网络体系。2015 年 12 月 25 日,是公司成立十年庆典之日。在这喜庆的日子里,公司董事长李双银表示,公司计划于 2017 年在新三板上市,为登封经济发展贡献微薄之力。

产品好才是真的好

郑州宜家安好是成立于2014年12月的互联网软件公司,主要产品是创新性地打通了移动互联网、物联网及云服务的技术,即具有自主知识产权和核心技术专利的"云可视对讲单元门控系统",为高档住宅小区提供智能单元门控系统、智慧物业管理系统、智慧社区O2O2F等一揽子综合解决方案。简单地说,就是"智慧软件+智能硬件+智慧云平台"。

宜家安好成立时间短,初期投资低,团队人数也不多,市场营销处于试推广阶段,但是,短短3个月已经和30多家地产集团客户达成合作意向。2015年12月,公司成立一周年之际,又获得了中原证券科创风投数百万的风险投资。按业内投资人士分析,宜家安好未来3年公司估值将突破数十亿元,这多少有些令人吃惊!仔细了解公司产品以后,"好产品"一词有了更加清晰含义:互联网时代好产品几乎意味着一切,产品好才是真的好!

"不是一家人,不进一家门。"宜家安好联合创始人王先生做这个产品的最初创意,来源于一个做地产多年的发小姚总的现实需求,他想用移动互联网解决住宅小区的管理问题,首先想到的就是单元门禁。门禁是进入大楼的第一关,每位业主或租户都绕不开,能不能通过这个入口解决物业的诸多问题,把大家居住的即使门对门也是陌生人的社区,变成可以相互交流沟通的智慧社区?

传统的门禁系统和智慧沾不上边,并有诸多弊端或不便之处,有一系列问题需要解决。比如:成本高、布线复杂、施工维护麻烦,同时还需要住户端产品(室内可视对讲分机),等等。没有网络功能没办法及时把信息传递给住户,需要张贴布告,等住户上门缴费,物业的维修建议等信息传递不畅,造成物业服务效率低下,业主老死不相往来,等等。

宜家安好的联合创业人分别来自全球顶尖互联网公司、IT科技公司和优秀的房地产公司,对技术和用户需求有深刻的理解和感受。宜家安好云可视对讲单元门控系统,集软硬件于一体,通过云服务平台和移动互联网互联互通。用户利用手机免费下载安装"宜家安好"APP,就可以通过云服务实现单元门控的远程实时可视、对讲、开门等一系列功能,"免施工、免布线、免室内可视对讲分机等",可以节省传统可视对讲门控系统50%以上的成本,而且终生免维护,将来通过云服务软件自动升级。小区里几乎所有人都可以通过手机APP实现信息沟通,不同类别的人员打开的APP界面也不一样,各类人在一个平台上快速交换信息,为智慧物业服务扫清障碍。比如:业主可以没有空间限制,随时随地通过手机进行远程实时视频对讲、开门等,可以对物业进行报修、实时交流;物业维修人员可通过APP快速响应并处理维修工单;保安人员可以快速处理未关闭门禁;物业收费人员甚至可以通过APP发布缴费信息、线上缴费、预约上门缴费等。这也意味着,宜家安好就是智慧物业公司的信息处理系统,帮助物业解决了几乎所有原先棘手、吃力不讨好的管理业务。

　　宜家安好深入社区后,客户对 APP 的黏性非常高,几乎每天都要用到,所以就有了打造 O2O2F 社区服务平台的基础。以当地物业为中心,与各大生活服务商合作,可以为业主提供便利的线上线下服务,回归"远亲不如近邻"的智慧生活。

　　有人会提出疑问,这不就是社区 O2O 嘛,国内做这个的很多公司都烧了不少钱还半死不活,宜家安好能比他们还高明?

　　的确,国内 O2O 市场上近几年出现了不少类似公司,前期通过巨资"跑马圈地",全国范围内四处收购物业公司,疯狂砸钱做广告,如社区 001 和叮咚小区甚至都已经融资上亿,最后都暴出众多负面新闻或者黯然退出市场。就连 2014 率先在港上市的 O2O 企业彩生活股价也在起伏跌宕,靠"烧钱"获得用户的模式到底能不能走下去还是个未知数。

　　实际上,宜家安好不是依靠"烧钱"来扩展市场的。宜家安好不同于其他 O2O 创业者的最重要一点是有专利!2015 年 8 月,公司获得了国家知识产权局颁发的利用移动互联技术、物联网和云服务技术设计的门禁系统的技术专利、门禁系统的软硬件技术方法专利及实用新型专利,况且公司的门禁系统硬件比传统产品还要节约一半以上的成本,房地产开发商和物业公司没有理由拒绝这样的产品。宜家安好只要把门禁系统本身作为硬件销售就可以维持公司正常运转。硬件产品的核心部分由宜家安好自主研发设计完成,把非核心生产环节外包给了业内顶尖的生产制造伙伴,质量完全能够保证。

　　好的产品和思路使产品推广起来如顺水行舟。宜家安好对门禁系统产品的一个理念是"远亲不如近邻""不是一家人不进一家门"。单元内用户或者小区内用户可以建群,相互帮助、共享、交流等,成员间的联络交流变得异常便捷,有效解决了"老死不相往来"的社区痛点。大量高黏性的客户群后面是高质量的用户数据,运用这些数据可以开拓面向未来的业务。如:物业可以对原有的业务进行优化,比如保洁、家政和维修;也可以经营由于市场变革带来的新业务,如生鲜、快递和外卖;也可以深挖传统业务,如二手房的租赁、销售、家装等;也可以拓展延伸社区市场,如金融、养老和医疗等。宜家安好通过和物业公司合作分成,可以快速拓展市场。物业公司不但借此对原有运作模式进行了彻底的改造,而且获得了新的利润来源。

　　宜家安好这种模式在国内属于首创,再加上产品的独创性和适应性,未来市场空间无限。即使放眼全世界,也只看到美国的 Nextdoor 估值 11 亿美金的邻里社交 APP,但 Nextdoor 也只是一款仅有线上服务的软件,而宜家安好不仅有软件、APP,还有硬件。未来 3~5 年,宜家安好将凭借"智能硬件+智慧软件+智慧云平台",打造全国智慧社区服务运营领军企业!

博恩赛进出口贸易公司的理想与现实

　　博恩赛进出口贸易公司是 2015 年 6 月成立的以"推动河南产品全球化"为己任的跨境 B2B 贸易公司。博恩赛积极整合进出口行业上下游资源,帮助上游企业贯通面向全球买家的强大国际市场。公司运营半年以来,已经有了十几个国际客户,分布于美国、德国、卡塔尔、泰国、菲律宾及俄罗斯等国,销售额达到 18 万美元。

博恩赛的创始人赵总,创业之前在宁波的一家进出口贸易公司工作,主要负责公司的阿里巴巴店铺的国际销售,2014 年个人的出口贸易额达到 630 万美元,还被阿里巴巴特邀授课,给商户传授经验。

近两年,河南传统制造业的生意难做,订单量下降,生存面临危机。作为河南人,赵总只身回到郑州创业,帮河南传统制造业寻找海外客户。

博恩赛的主要销售平台是阿里巴巴,最初所选的产品是一种是附加值不高的车上脚垫、坐垫,另一个是儿童娱乐设备。这类产品的特点是体积较大,适合批发。另外,国内类似产品生产厂家众多,品质良莠不齐,销售往往以价格险胜,生存空间受到威胁。

博恩赛的优势在于沟通能力强,能让客户接受有品质保障的较高价格产品。一方面,让来店铺的客商尽可能地转化为订单,另一方面,通过网站及国外常用的脸书、推特等社交工具获得海外客户,投入少效率高。公司还准备参加 2016 年 3 月份的法兰克福国际展,展示公司形象,通过不同渠道寻找客户。

博恩赛未来会继续寻找河南本土产品,增加销售产品种类,扩大公司规模。也许在不远的将来会实现"打造成为网络遍布、专业、品牌影响度较强的外贸服务型机构"的目标。

慧学酷玩:在酷玩中培养学生科技创新能力

"可以自己拼装机器人!""机器人还会踢球!""机器人还会拔河哩!"伴随着一连串的哇哦之声,小朋友们兴趣进入高潮……这是慧学酷玩科技教育机构给小学员们创造的培养学生科技创新能力的一个场景,学员们在恋恋不舍地回味中体会到了科技的魅力。

河南慧学酷玩教育机构成立于 2014 年,不过其前身早在 2007 年就已经涉足机器人等科技教育领域,与幼儿园、中小学校等合作,开设机器人制作、航模制作等科学探索课程。通过具体而生动的实践活动,培养学生的动手能力和创新思维,从而提高学生空间想象与思维能力。另外,通过团队协同等还能培养学生合作、抗挫折及坚韧不拔的意志与永不言弃的品质。

慧学酷玩还通过机器人、航模制作等科学探索课程延伸出来"青少年创客空间",制定了一套适合少年儿童创新素质的课程和产品体系,将创客元素融入教育之中,用以提升学员的创客素质,最终形成了一个有课程、有产品、有教学方案的青少年科技创客空间,并为中小学等教育活动机构提供创客培养方案和活动场所。

慧学酷玩教育机构针对 3~18 岁少年儿童开展科学素养开发,是中国机器人教育联盟副主席、秘书长单位,其课程和产品在市场运作 1 年后,得到了学生的喜爱和家长的认可。在过去的 8 年里,慧学酷玩先后培养了学员近 2 万名,其中有近 4 000 名学员参加过各类机器人赛事,单单获得国家级一等奖的学员就有近 100 人,成绩卓著。

慧学酷玩,在酷玩中培养学生科技创新能力。

河南印吧:印刷小门店背后的大生意

印刷厂怎么以更低成本、更方便的方式给自己找生意?小打印店如何更高效地整合利用上游印刷厂资源?普通消费者如何获得方便快捷、质优价低的印刷服务和设计服务?河南印吧电子商务有限公司给出了自己的解决方案:B2B2C。第一个 B 指的是上游提供生产的印刷厂,中间的 B 则代表着承接印数业务的打印店和设计师,C 则是指拥有打印、设计需求的普通需求方,通过深度垂直的印吧电商平台将三者串联起来。目前,印吧的主要合作对象是街边的小打印店,打印店在收到客户的打印需求后,登录印吧电商平台,印吧电商平台上并不呈现提供印刷产品的印刷厂、设计师、打印店等信息,仅仅呈现各种服务需求,通过线上下单的方式,平台会将这些需求分配给上游印刷厂,上游印刷厂印刷后由平台物流发送到打印店,消费者取单。

平台的关键在于通过技术和模式的创新,打破了印刷行业的信息不对称,提升印刷行业的整体效率。例如,一个普通的消费者如果想印制一份名片,可以通过印吧找到设计师进行设计,拿到设计版图后在线下单(考虑到目前用户习惯,更多的人到打印店打印,目前印吧更多的是跟打印店合作,打印店完成下单),以往的过程中,当客户对于打印需求有比较特殊的要求时,比如说规格和颜色等,这样一家小小打印店所掌握到的印刷厂资源相当有限,很有可能完不成这单业务。印吧因为掌握了上游印刷厂信息,所以能够快速对接到合适的印刷厂,为打印店提供了便利,打印店仅仅是上传了需求,接下来的事情就交给平台工作人员来对接印刷厂完成业务。需要特别注明的是,印刷行业是一个信息相当不透明的行业,尤其是涉及印刷品的报价问题,不同的规格、颜色、材料、数量、周期等多维因素在影响着最终的产品报价,印刷厂往往需要多位专业报价人员花费较长时间完成,小打印店由于对于生产环节(尤其是报价环节)并不了解,同时体量较小等因素,决定着他们很难获得议价权。印吧掌握了报价技术以后,能够即时完成单笔报价,能够大幅降低打印店和印刷厂报价难度和报价成本,同时,印吧由于能够汇集广泛的订单信息,所以与印刷厂的议价能力更强,可以帮助印刷店和消费者省钱,而印刷厂由于可以减少报价人员和营销、接单人员的投入,所以也能大幅降低自己的运营成本,平台因为在帮打印店和印刷厂省钱的同时还能为顾客省钱。

就长远发展来看,众多小打印店这一环的"B"将会逐步消失。虽然目前印吧主要跟打印店合作,更多是基于打印店拥有成熟稳定的客源,打印店将这些成熟稳定的客源需求,通过登陆印吧平台把这些需求交给平台,平台因为有了这些需求,所以拥有了能够跟上游印刷厂谈判的资本,为自己争取到盈利空间。同时,平台自己的物流系统能够有效保证印刷品及时到达客户手中。目前,主推跟打印店合作的打印店充值业务,打印店自己充值,通过客户需求以自己下单的形式把需求递给平台,这些业务带来了稳定的现金流,而这些稳定而且充沛的现金流也为企业的发展提供了充分的想象空间。但是,随着印吧的逐步普及,会有越来越多的人自己在网上下单,而非通过这些印吧合作的打印店,或许说在未来一个地区仅仅会有一家或者少数几家印吧合作的打印店,他们作为印刷产品的集散点。目前是通过在当地设置区域运营中心来整合当地资源,推进本地业务,这样有利于充分发挥地缘优势。打字店、区域运营中心、母公司、印刷厂一起分享产业链利润,母公司的主要任务在于技术的开发、流程梳理和监督。

印吧的商业模式能不能真正落地,还要看打印店(主要客户)能不能真正接受这样的服务,印吧不仅仅需要帮助打印店节约成本,提高效率,更要真正地帮打印店的客户解决问题。解决客户需求要做到及时保证、数量保证、质量保证,需要帮助万千打印店完善自己的服务,而这些是直接影响客户体验的关键要素,能不能真正解决这些问题也就成了印吧所面临的最大难题,这就需要印吧母公司和区域运营中心真正做到对流程的优化、对加盟商的培训和客户体验感的极致追求。

龙格——中国高端幼儿亲子游泳课程的引入者

龙格是国内领先的亲子游泳俱乐部,是国内最早开展亲子游泳运动的领跑者。俱乐部已经通过了德国联邦水上教育协会的全套培训认证,成为该协会中国唯一授权机构。龙格的服务对象是 0~6 岁的儿童,目的是培养宝宝水上自救、潜水及游泳等诸多能力,现在全国各地有分支机构 20 家,龙格亲子游泳郑州俱乐部也在 2014 年 5 月成立。

亲子游泳在西方始于 1960 年,由于游泳对婴幼儿成长发育、提高儿童的智力和体能等有诸多好处,亲子游泳后来就受到家长推崇,成为婴幼儿最好的一种运动。

龙格亲子游泳俱乐部优势明显。首先,引入了德国完整的课程和教材、完整的婴幼儿游泳教育体系;其次,引入全套硬件设备,采用目前最先进的非化学净化池水技术,净化后的水质甚至可以达到饮用水标准。再者,龙格的游泳指导教练全部经过德国机构专业培训并获得认证,课程品质有很好的保证。

龙格亲子游泳郑州俱乐部自开业至今,严格按照相关标准实施,一丝不苟,得到了众多孩子家长的好评。龙格郑州俱乐部提供了一个标准化的好的产品,而且在郑州属首次引入此类高端产品,切合了高端消费群体的育儿需求,市场拓展比较顺利,现在已有近500 个会员。

龙格郑州俱乐部为了提高客户黏性,利用微博、微信平台吸引粉丝,再吸引其需求者进入微信圈形成互动,提高会员消费的满意度,提高圈子互动活跃程度。另外,俱乐部还通过联盟商家如早教机构、月子会所等提高俱乐部的粉丝关注量。

为了树立品牌形象,龙格郑州俱乐部还向郑州儿童福利院捐赠了价值 12 万元,用来帮助 10 名自闭儿童实施全年康复计划,用亲子游泳的方式帮助孩子健康成长。

引入新的产品形式或运作模式就是创新,期望龙格郑州俱乐部能茁壮成长。

产品基础材料技术领先，引领大众创业发展

郑州卓越立体科技有限公司拥有专业的生产和技术团队，是由中国3D板材光栅开发第一人，中国立体影像专家组成员、国内板材光栅资深制造者王文政先生牵头组建。

2000年以前，生产此类产品的企业少之又少，小之又小，且国内能够生产的所谓"3D"画，是画幅极小、画面稍有层次的似是而非的东西，也仅能用于小型儿童玩具类的镶嵌和装饰，市场面使用十分受限和狭小。王文政对3D立体画情有独钟，认为立体画的市场前景是巨大的，它也必将成为一个新兴的朝阳产业。于是，他筹措资金、探讨技术，先后成立了两三个专业的3D技术公司。

自埋身立体行业以来，王文政深知立体画的基础材料——"3D光栅"的开发与丰富对这个行业起着太重要的推进作用，所以，他的公司始终把加强光栅材料的研发作为自身的行业使命，并陆续推出了国内第一张大型3D膜材光栅，和具有独立知识产权的第一张大型板材光栅，成为中国大型3D光栅开发的第一人，为世界及中国的3D光栅应用和丰富奠定了基础并打开了通道。

自早期行业的艰难困顿、举步蹒跚，到今天市场的朝气勃发、蓬勃向上，卓越立体技术人经历着行业的发展历程，从2001年32线宽幅膜材光栅的推出，到2006年6月份18线、25线、32线、42线板材的成功上市，再至2012年7月份15线、18线、20线、25线、32线、50线等光栅板数据的调整及生产工艺的全新改进，卓越公司始终走在光栅材料开发与生产的最前沿。卓越公司目前提供的板材光栅品种已基本覆盖市场所需，被海内外客户直接或间接地广泛采用。

随着市场的发展和消费者的需求，公司目前正在着力调整产品材质和种类，以期谋取更广的市场需求和提供更全面的供应。2015年末，我们欣喜地看到开发"高透全介质玻璃光栅"已提到卓越公司的紧急规划中。家具、家装、3D橱窗、全玻3D幕墙等的应用也指日可待。

由于立体画如真如幻的空间感，使得世人多有青睐和追崇，相应的学习者、培训者也雨后春笋般地应运而生，这对立体行业的发展起到了推波助澜的作用。但培训者良莠不齐、鱼龙混杂，让欲学习和刚入行者很难分辨，很多人只为赚取培训费，却不顾学员能否学到东西，也不管学员准备创业的资金多么金贵和来之不易，忽悠到钱为止，教者糊糊弄弄教不出实在东西，学者懵懵懂懂学不到真技术。

基于此，公司在自己成长和壮大的同时，并没有以老大自居，隔绝与初入企业和初学者个人的联系，反而公司依托自身强大的技术优势，以材料商的无私与真诚，开展真实、全面的立体画制作技术培训，为每一个步入立体画行业的创业者构架通达桥梁。为此，公司多次举办技术培训班，专人指导初学创业者进行学习、培训，让更多的企业和年轻人初学有成不走弯路，以期促进整个3D行业健康、迅速发展。

互联网+社保 就是社保通

由于我国流动性工作的人口体量巨大,不论是对于发展到一定规模的企业,还是独自打拼的自由工作者,为了能在日常医疗及日后养老等环节有所保障,缴纳社保都是一件至关重要的事情。因为社保的内容、品类繁多,缴纳手续也较为复杂,不少公司都会将该业务外包给传统的人事社保机构,而个人从业者往往会因为社保流程复杂,在缴纳和理赔的环节中遭受损失。

作为优秀的人力资源服务企业,2014年8月正式成立的社宝信息科技(上海)有限公司拥有丰富的人力资源行业服务经验,深知社保政策的复杂性,运营互联网思维,以"让社会更高效"为理念,提出用"互联网+社保"的方式解决用户缴纳社保过程中的问题,为企业和个人提供更便捷的社保服务,服务网点已遍及全国400多个城市。

一、互联网+,社保更高效

在公司成立之初,当时的主要业务是为不同规模的企业和事业单位及其在全国各地分支机构的职员,缴纳当地的社会保险与公积金,处理相关报销及理赔事宜,提供各地社保及劳动政策咨询。经过不断探索,公司积累了大量的社保服务经验,同时也开始尝试把小部分业务放在互联网上开展。

2015年,适逢李克强总理在政府工作报告中提出了"互联网+"的概念,国务院印发的《指导意见》更是国家层面推进和落实该计划的综合性行动蓝本,其中提出的包括"互联网+"创业创新、"互联网+"协同制造、"互联网+"现代农业等11项重点行动,涵盖公共服务、制造业、农业等方方面面,当然也包括了社保这一块内容。中国应缴纳社保人群中约6 000万人因各种原因未能正常缴纳社保,这些人主要包括个体工商户、自由职业者、海外留学及就业人士、离职续保群体、待岗人员等,他们是"互联网+社保"的主要用户群体,以目前的服务费水平估算,年市场规模将超百亿元。

社宝信息科技(上海)有限公司顺势而为,深信未来是一个全连接的世界,同时加大了创新的力度,充分利用先进的互联网技术推动社会资源共享,在云端构建了以人力资源、金融、信息与人为核心的系统平台:社保通。"社保通"是一个集社保、公积金、商业保险及理赔服务作为入口的线上社保服务平台,为自由职业者或者企业提供线上的社保、公积金缴交、理赔、转移、账单、咨询、API接口等服务。

2015年6月"社保通"上线以来,已经为180多家企业提供服务或者为其他saas平台提供API接口。社保通也是国内目前交付能力最强和网点最广的线上社保服务平台,人均服务效能是同类似平台的8倍。

同时,随着智能手机的普及,人们对互联网应用的使用正在不断从PC端向手机端转移。移动终端已经成为人们生活中的重要组成部分。2015年7月,"社保通1.0"APP正式上线各大手机应用市场,通过多样、便捷的服务项目和强大的服务团队与实力背景,"社保通"APP已逐渐成为社保市场的主流移动应用。2015年10月社保通的微信端正式上线,面向更多的小企业用户以及个人提供费用缴交、查询、咨询服务等。

发展至今,社保通已经成为各地智慧城市中的重要组成部分,通过先进的系统为企业和个人用户实现通缴全国、立刻理赔,打造无与伦比的用户体验。

二、优势突出,市场站得稳

前两年,互联网上也出现了类似的服务机构,如提供员工招聘、社保、福利、薪酬、员工关系等人力资源服务的"金柚网",专注打造"互联网+"的人力资源服务平台的"51社保"等,社保通跟他们不同,优势较为突出。

注重交付质量和速度,社保账单的交付能力就是公司的优势之一。比起其他人力资源服务平台利用人工客服平台点对点办理社保,社保通在缴纳社保流程上更为快速准确,通过与支付宝、招商银行等机构进行合作,社保通在后台构建了一套强大的数据处理系统,能够对公司与个人提交的信息流与资金流进行快速审批。社保通在线下的服务网点铺设较为全面,实现了全国400个城市的交付能力,目前月流水已达千万。

2015年11月,社保通获得了真格基金千万级的天使轮融资。公司确认,拿到融资后,会继续把业务重心放在社保公积金交付质量和速度上面,继续扩大交付能力的优势。

针对不同企业的需求,提供差异化服务是社保通得的优势之二。社保通较大的业务在于大中型企业及人员的社保、公积金缴交、理赔、咨询、账单、转移等服务上,这方面企业专门设立一对一客服,提供优质服务。

对于零散的小型企业以及创业团队,社保通则通过开放API接口与优客工厂、绿狗等机构合作,为这些三方机构合作的小型公司提供标准化的社保服务。自今年6月上线以来,已经为超过100家企业提供服务,并为saas平台提供API接口服务。

针对大企业、小公司、个人用户的差异化属性,社保通在业务层面上推出Web端、移动端、微信端。网页端可以为企业用户实现规模化的社保缴纳服务,同时可以根据企业现有的人员架构预测来年的社保缴纳总费用;APP与微信则适用于创业公司与个人的社保缴纳服务。因此,社保通当前合作的企业也迅速增加,包括了一号货车、我厨、屋牛、图讯科技、大都会人寿、招商银行等大企业客户。

优势之三,整合多边业务,服务网络覆盖面广。目前,市场上提供"互联网+社保"服务的平台公司不到十家,这些公司大部分都以某个一线城市为据点,市场开发和拓展速度受限于服务范围。中国幅员辽阔,基本每个城市的社保政策都不一样,要将每个城市的社保政策和缴费比例都清晰地呈现给用户,同时能够满足各地用户的缴纳需求,不是一件容易的事。能够覆盖更广阔的城市和地区,成为平台快速占领市场的关键。社保通整合线上、线下的多边业务优势,使得服务网络遍布中国主要省会城市以及大多数经济发达城市,服务网点覆盖全国400多个城市。

2016年,公司除了引进更多人才成立营销部门以外,还会进一步扩大线下服务网点的范围,实现通缴全国社保。

用互联网改变就业方式

"鹿"通"路"。古时鹿成群结队,地面上的路就是鹿踩出来的,所以"探鹿"寓意为"探寻自己的路"。此外,探鹿的吉祥物是长颈鹿,长颈鹿是世界上最高的动物,在动物界有"瞭望哨"的别称,代表着"远见"。

探鹿隶属于北京蓝众时代网络科技有限公司,坚持"用互联网改变就业方式"的企业愿景、"让兼职更简单"的企业使命,专注于"互联网+人力资源行业",致力于通过互联网为企业和求职者提供最靠谱的兼职人力资源服务。公司成立于2014年10月,已获蓝驰创投1000万人民币天使投资,以及华创资本领投、蓝驰跟投的1000万美金A轮投资。目前,探鹿从大学生兼职市场开始起步,平台的APP已经覆盖西安、郑州、青岛、天津、南京、济南、合肥、武汉、石家庄、成都等全国主要城市。

一、细分市场,找准定位

大学生兼职是一直存在的需求,探鹿创始人、CEO周文华瞄准了这个市场,做起了大学生兼职平台。关于大学生兼职领域,周文化认为,传统的兼职市场存在信息不对称、兼职双方没有任何保障、黑中介只拿钱不提供实际服务等问题。而58同城、赶集网,以及国内的很多兼职类App,只是作为信息发布平台,没有诚信保障机制,导致虚假信息泛滥,用户体验非常差。这造成了两难局面:企业成本高,流程繁,还有可能被放鸽子;学生找工难,工资低,甚至要先付中介费。对此,探鹿将信息发布、签约、支付以及最后的互评各个环节都整合在探鹿交易平台上,"使得整个兼职过程像网上购物、叫外卖一样简单"。

周文华这样解释探鹿选择从大学生兼职市场切入的原因:大学生兼职是蓝领招聘中频率最高的一类,未来可以借助兼职过程中积累的资源和优势,渗透到以"80后"、"90后"为主的2亿新蓝领就业服务市场,而那将会是一个极具想象力的大舞台。蓝驰投资总监曹巍认为,大学生兼职市场少说也有几百亿的规模,并且还具有频率高、客单价高、利益链条清晰的独特优势,从这个高频点切入,纵向可以渗透到千亿级的社会兼职市场,乃至更大的蓝领招聘市场,横向则可以拓展到整个大学生市场,是为数不多的大风口。

在蓝领招聘领域,已经有不少探路者。今年1月,广州一家为农民工提供招聘服务的创业公司闪聘因为获李克强总理考察而声名大噪,蓝领招聘市场也引发了业界关注。此外这一领域内还有蓝领之家、大谷等多家公司。

二、独创交易平台模式

探鹿团队在人力资源行业、电商从业多年,对这个行业的理解深入、整体实力比较强。周文华是一位连续创业的互联网老兵,2004年开始创业,2006年创办中劳网,这是一家专注蓝领招聘的网站。8年多的互联网招聘创业经验,使他对人力资源有着非常深刻的理解;联合创始人郭旭伟曾在智联招聘、千品网负责商务运营工作;孟广曾任智联校园事业部经理,是国内校园招聘的资深专家。其他核心成员主要来自阿里巴巴、美团、百度糯米等公司。

大学生兼职的本质应该是"交易",是"企业出钱购买学生的空余时间"。因此,探鹿采用了交易平台模式,首先保证信息的真实可靠;其次提供手机签约服务,让双方直接对接;再者提供支付服务,形成交易闭环;最后双方互评,构建诚信体系。

探鹿与业内其他产品不同,首先,探鹿是市面上第一个构建了交易闭环的平台,要对商家进行考察和资质认证,除了保障供需双方信息的真实以外,还提供便捷的支付工具,让商家和用户直接通过手机就可以完成工资的收发。

对于用户来说,可以通过探鹿找兼职、报名签约、领取工资、点评商家;对于商家来说,探鹿就像是一个高效的招聘与管理工具,不仅可以发布职位,还可以进行人员管理、工资支付等。探鹿上的商家都拥有自己的店铺,从而形成雇主品牌和自己的人才库,为商家高效的管理人才、提升知名度提供便利。

与市面上很多竞品不同,探鹿 APP 不进行数据抓取,也不提供过重的线下服务。"掌握好轻重程度,是提升发展速度、保证发展质量的关键",周文华介绍说,"太轻,提供不了靠谱的信息,体验上不去;太重,就等于是一个传统人力外包公司,无法规模化,不是互联网的发展方式。"理解了兼职的本质,拿捏好轻重程度后,探鹿独创了交易平台模式:认证商家发布职位,保证信息的真实;平台提供一定程度的服务,使过程更流畅;工作结束后,兼职双方可以通过探鹿方便的支付和领取工资;最后则双方进行评价,形成个人和商家的品牌体系。这四个环节让用人方和劳动者形成自循环,整个过程像网购、外卖一样流畅起来,所以探鹿更像是兼职领域的"淘宝",搭建的是一个自主交易平台。

除了采用前所未有的交易平台模式,探鹿提出"先行赔付",确保用户"零风险兼职"。也正因为探鹿对用户体验的极致追求和互联网颠覆式的打法,上线短短几个月时间就取得了较好成绩。在试点城市郑州,每天可服务 500 人次左右,高峰期可达 1 000 人次以上,累计服务万余名学生。模式得到了验证,探鹿下一步计划向其他城市进行推广。

探鹿如何实现盈利呢?周文华说,由最初的微信公众号,到新上线 B 端(企业端)和 C 端(个人端)APP,让供求双方免费使用。同时,前期沉淀的用户数据可以帮助探鹿做实习和校招。从兼职这个高频点切入做新蓝领招聘,特色在于其闭环交易模式,这也是探鹿的独特性所在。今后,围绕双方的需求,由兼职服务再延伸到实习见习、全职招聘、技能培训等产业链,这样就不愁盈利。

通过不断运行和完善,探鹿日渐成为用户信赖的兼职平台,未来要扩展到整个就业市场。为了满足业务快速扩张的需要,探鹿将总部由郑州搬到北京,在北京海淀区安了"家"。

对于未来的发展,周文华认为,创业首先要有靠谱的团队,他的团队成员多来自电商、O2O、人力资源等行业。最关键是整个团队价值观必须一致。其次,创业一定要认清自己的基因,不贪大求全,要细分领域,找到用户的痛点,做到极致。

探鹿计划进军全国更多的城市,继续领军兼职行业的发展。探鹿从兼职切入,从满足商家的弹性用工开始,未来顺延到整个蓝领就业服务市场,最终通过移动互联网改变人们的就业方式。

传统印刷企业的互联网+

郑州品翼文化传播有限公司是一家专注于企业营销型画册、手提袋设计和印刷的广告企业,累积经验十多年,为企业提供集设计、制作、输出、印刷、后加工为一体的一站式全方位服务。面对不利的经营环境,品翼调整经营思路,确立互联网思维,用独特的设计、卓越的品质、服务的周到、实惠的价格、快捷的客户响应,建立了良好的品牌形象。

品翼拥有专业的设计师队伍及精良的海德堡印刷设备、后工设备,全新德国海德堡2000CD-4 四色印刷机、海德堡 CD102-6 六色对开印刷机、海德堡印霸 72 四色对开印刷机等机器设备,生产技术先进,后加工烫金、烫银、击凸、丝印、UV、磨砂、模切等制作工艺在同行中领先。公司在河南地区享有较高的知名度,为中国石化、郑纺机、郑煤机、中孚铝业、亨通物资等企业提供了一站式的印刷用品服务。

近年来,随着经济环境的变化,企业经营上遇到了一系列问题。公司的业务拓展渠道及方式单一,一般采用业务员上门拜访陌生客户的方式开展业务,成交率非常低;政府采购费用降低,以前合作的政府部门的业务急剧减少;部分合作企业资金状况出现问题,长期欠账情况也很多;经营的业务品种繁多,从画册、手提袋、包装盒,到纸杯、广告制作等什么都做,战线太长,精力分散。公司虽然有两个网站,但也只是作为展示,宣传效果不明显,网络上接不到订单。

网络技术的飞速发展,为企业提供了新的契机。企业希望通过转变思维,运用网络营销解决困惑自身经营的一些问题。品翼及时调整经营思路,对公司的网站进行了全面更新,改变网站的运营模式,重新明确网销部的岗位职责。每天把原创软文发布在多个相关平台,使企业的信息得到快速、全面的传播。随着影响的不断扩大,公司每天都有新的订单,业务量迅速增加。网上发展的画册客户相继又有新的业务产生,把公司的广告等业务也带动起来。公司通过免费推广、在阿里巴巴的运作等,已经把客户发展到全国各地,公司的业务额每月都在以 100% 的速度递增!

街坊农业:点燃生命之火

硒是人体中必需的 14 种微量元素之一,中国营养学会已将硒列为 15 种每日膳食营养元素之一。国内外大量临床实验证明,人类的肿瘤、癌症、高血压、心脑血管疾病、儿童智力低下、糖尿病、老年痴呆等 42 种疾病与缺硒有关。因此,硒被国内外医药界和营养学界尊称为"生命的火种",享有"长寿元素、抗癌之王、保胃战士、明亮使者、乙肝天敌、心脏守护神、天然解毒剂、第 21 种氨基酸"等美誉。

河南街坊农业科技有限公司成立于 2014 年 5 月,是一家专业研发、种植、加工、销售有机富硒农产品的现代化农业公司。公司秉承有机富硒农产品种植理念,严格按照有机富硒标准种植,真正实现农产品曾经的味道。公司采用现代化企业运作模式,在河南采用了"合作社规模,公司化运作"的生产合作模式,对基地、加工厂和销售环节加强管控,从源头上保证了产品质量的可靠性和可追溯性,真正意义上实现产供销各个环节的完全把控,为广大消费者提供餐桌上安全放心有机富硒农产品奠定坚实基础。

一、加强生产基地建设和管理

街坊农业秉承让消费者吃上安全、放心和营养的有机富硒产品的理念,着力打造中国一流有机富硒产业。公司的产品定位于高端有机富硒农产品。为了保证产品品质,切实维护消费者的利益,让消费者吃到安全、可靠的富硒农产品,街坊农业首先在生产基地建设上下足功夫从源头上提供有力的保证。公司先后建设了有机富硒水稻种植基地——新乡市平原新区和新乡市原阳县;有机富硒晚秋黄梨种植基地——新乡市平原新区;有机富硒草莓、蔬菜种植基地——郑州市中牟县;有机富硒花生种植基地——郑州市中牟县和开封市兰考县;富硒原浆酒生产基地——湖北省襄阳市,由湖北兆富农业发展有限公司生产富硒大米酿造。按照富硒产品生产的要求,对生产基地进行科学规划与管理,建立了严格的产品质量保证体系,实现了产品的可追溯。

"街坊农业"的有机富硒大米,产自具有优良生态环境,素有"天下第一米"之称的新乡市原阳县,无公害、无污染、原生态、纯绿色。产品选用河南省农科院优质水稻品种,施用中国绿色食品发展中心指定的绿色食品专用有机生物菌肥,农家肥。米粒洁白细长,具有口感清香、营养丰富、免淘洗等特点。

原阳县地处黄河中下游冲积平原,属暖温带季风型大陆性气候,日照充足,四季分明。加之用富含有机化合物和微量元素的黄河水浇灌,水稻生长期内昼夜温差较大,大米蛋白质含量高、营养成分丰富。尤其是昔日的盐碱地还赋予了原阳大米天然的独有碱性,使原阳大米煮饭时不需加碱就香味十足。多种因素的耦合成就了"中国第一米"的品质。原阳大米已先后获得"七·五星火计划博览会金奖""1995 中国科技精品博览会金奖""中国绿色食品展销会金奖""河南名牌农产品""河南省十大最具影响力地理标志产品""河南省著名商标"等称号。

在有机富硒系列产品的生产过程中,企业要根据有机农业种植的要求,对现有土壤进行修复和有机转换,前三年根据农产品种植环境,采用 ER-CN 修复技术对土壤进行修复,降解土壤中残留的重金属和农药,使得土壤恢复原来的生机和活力。公司为治理污染农田,专门引进现代有机农业转换的 ER-CN(Ecological Restoration)生态修复技术(系微生态学理论指导下微生态工程的实际应用)。该技术为人类和不同动植物的特定生态环境而设计,主要用以调整、改善、修复保护微生态平衡,使正常微生物菌群与宿主之间在不同发育阶段实现动态的生理性最佳组合,以此达到抗病促生长、降解农残、改善品质、提高产量、增进人类健康和促进生态修复的效果。

二、打造线上线下相结合的营销模式

河南街坊农业科技有限公司针对现在富硒产品存在市场认知度不高等问题,创立了以"街坊农业"为核心品牌的立体化营销模式,该营销模式将教育传播、电子商务、传统代理融为一体,以面向全国市场的"街坊农业"富硒产品官网订购和"街坊农业"富硒产品直营店为销售终端,汇集生产商、供应商、电商、分销商、代理商、零售商、物流商等多种渠道,建设以"街坊农业"为核心一体化品牌的中国富硒产品销售平台,让消费者方便快捷地购买价优物美的有机富硒产品,科学补硒,康体延寿。

"街坊农业"电子商城主营有机富硒、原生态零污染的绿色有机食品,定位为中国有机富硒产品电子商务第一品牌,致力于成为中国互联网第一健康食品品牌。街坊农业所售的有机富硒大米、有机富硒花生油、有机富硒菜籽油、富硒原浆酒、富硒杂粮、富硒山珍、野生干货、富硒特产(凤头姜、利川莼菜、柏杨豆干)、富硒健康礼盒等产品,均产自无污染的公司的生产基地,并且经零添加的加工包装,是真正的纯天然绿色产品。

街坊农业立足中原,以河南为核心,建设面向全国市场的有机富硒产品销售平台。通过不断的改进,公司所有产品均通过国家质检总局"国家富硒产品质量监督检验中心"的检测,符合卫生部《预包装食品营养标签通则》中硒元素营养成分的要求,为消费者提供了口味纯正、绿色天然、安全合格的富硒有机食品、原生态食品和健康功能食品,满足了消费者健康、营养的饮食要求。

企动九州,携兴天下

北京企携网络科技有限公司是一家专业的企业+互联网整体方案提供商,是国内知名的互联网应用技术服务品牌。公司专业为传统企业转型移动互联网提供 APP 定制开发、商业模式调研咨询、用户体验设计和运营推广服务,为传统制造企业向"智造"转型提供技术支持。公司在天津、广州、郑州建立了分公司,在重庆、上海、西安等地的分公司已在筹备中。公司在石家庄建立了移动互联网应用技术研发中心和互联网+软件开发实训基地。

企携科技有着强大的技术开发能力。公司由来自我国载人航天和经过华为、腾讯、IBM 等知名机构及企业历练的高端技术精英共同创立,致力于提供企业级电子商务解决方案、产品研发、项目实施、手机客户端、技术支持及咨询服务,以及相关的网络技术和企业系统集成服务。可以根据客户需求量身定制、个性设计打造企业宣传展示网站的一站式解决方案。公司现有员工100多人,其中硕士以上学历30多人,博士4人,具有软件开发高级工程师资格的15人。在软件产品研发、专业的技术咨询、项目管理、APP 定制开发方面积累了丰富的经验,拥有一流的移动技术研发能力。

企携科技秉承"客户第一,服务至上"的市场观念,通过科学严谨的实施方案,完善的项目流程管理,优秀的技术成果获得了客户极高的评价。自2013年成立以来,已助力上百家传统商业企业、事业单位、国家机关成功转型移动互联网,为上百家制造企业向"智造"业转型提供了技术支持。公司服务的客户包括公安部第一研究所、国家电网、中国电力科学研究研究、最高人民检察院、中国水利水电科学研究院、北京龙文环球教育有限公司、交通运输部科学研究院等企事业单位。

公司奉行"企动九州，携兴天下"的经营理念，致力于移动应用定制开发的技术创新与社会服务，与中国千万传统企业同呼吸，共命运，全心全意服务传统企业转型互联网，助推中国经济的飞速发展。

开启开挂人生

由中国音数协游戏工委、伽马数据（CNG中新游戏研究）、国际数据公司（IDC）发布的《2015年中国游戏产业报告》显示，2015年，中国游戏用户达到5.34亿人，同比增长3.3%。网络游戏市场的高速发展，也带动了处于游戏后市场的游戏虚拟交易的发展，其市场份额在2015年达到470亿元人民币左右。游戏虚拟交易经过10多年发展，已经拥有了比较成熟的产业链，涉及上游几千家游戏工作室，以及包括游戏装备、道具、金币、账号买卖的网络游戏交易平台。

新乡嘟嘟网络游戏服务网由新乡市嘟嘟网络技术有限公司于2010年组建，是一家提供网络游戏交易及数字产品交易的电子商务网站，主要提供网游道具、网游账号、数字点卡及其他交易服务。网站已注册用户百万余人，每天新增千余用户，交易量已经在网游交易行业中遥遥领先。

采用先进技术，多重措施保证交易安全。网络游戏作为青少年热爱的一种娱乐方式，在现代生活中已经越来越普遍。但另一方面，网络游戏中的账号、装备交易行为因为其虚拟性，到目前为止，有关部门还没有做出有关的法律规定。网游交易乱象重重，存在交易平台貌似正规，买卖都可能存诈的现象。因此，嘟嘟网络就从网民最关心的交易安全着手，在建站时就充分考虑到了这一问题，与巨人网络、腾讯游戏、完美游戏、金山游戏、游艺春秋等众多网游公司达成战略合作，成为官方认可的第三方交易平台。同时，利用高端网络技术驱动安全保障，持续优化交易安全机制，切实保障交易的安全性。2014年被河南省发展和改革委员会、河南省科学技术厅、河南省工业和信息化厅、河南省技术质量监督局等联合评审为河南省质量兴企科技创新领军企业。

完善服务模式，提升服务质量。服务是嘟嘟网络的核心价值，公司在"用户至上"思想的指导下，在"追求卓越，超越自我"的精神激励下，凭借严谨的管理，以快捷的交易速度、便利的交易流程，人性化的交易服务和不断优化的交易安全机制，为用户提供每周7天每天24小时不间断的网游道具、账号、点卡、代练交易服务。秉持"以用户为中心"的人本经营理念，从每一个细节入手，不断丰富和完善用户体验，通过精确管理、个性化服务和持续变革，不断为用户创造新的价值。

嘟嘟网络是一家年轻的网络游戏交易平台，成立以来历经市场的多次洗牌，最终在激烈的竞争中脱颖而出。在多变的网络时代，它从来不想在哪里终结，却只知道咬牙去坚持。嘟嘟网络在稳固发展国内市场的同时，将未来的发展目标定位在全球，不断完善用户体验，努力提升服务质量，力争成为全球网游及数字产品电子商务网站的佼佼者。

有事你动嘴,办事我跑腿

现代生活节奏的加快以及O2O电子商务模式的不断深入,催生了一大批"忙人"与"懒人",他们无暇顾及一些日常生活琐事,更愿意花点小钱找人"跑腿"。有买就有卖,跑腿公司应运而生,"UU跑腿"就是其中之一。

"UU跑腿"是由郑州时空隧道信息技术有限公司开发的APP,主要提供同城送件服务,支持微信下单,提供3千米20分钟、同城1小时送达业务。"UU跑腿"虽然没有聘用专业的快递服务员,但是每一位跑腿超人都以快捷的速度和真诚的服务得到了广大郑州用户的嘉许,同时也受到了微信用户的极力推荐,一时间,"UU跑腿"的微信公众号粉丝也在急速上升。那么,"UU跑腿"究竟有什么过人之处,使得它短时间内成为郑州人的"新宠"呢?

"UU跑腿"在定位上十分明确,找准了现代人的"忙"和"懒"的痛点。想必很多在一线城市生活过的人都有这样的遭遇:要寄送一个急件,却离不开繁忙的工作;很多时候,好不容易等到一天假期,却要因为肚子饿等诸多问题而出门。对于满足现代人的这两点需求,"UU跑腿"APP具有先天优势,它在技术上实现了智能化、便捷化、人性化、安全化和实时化。无论是安卓用户还是苹果用户,都可以通过APP或微信移动端随时随地下单,还可以实时跟踪快件位置。

有业内专家深度解析,作为与用户生活紧密相关的服务型移动端软件,"UU跑腿"基于GPS和地图服务技术,以用户的需求为出发点,在一定程度上颠覆了传统物流行业,而且,跑腿超人承诺在60分钟内同城送达下单者所要的产品,无疑抓住了用户的胃口,因此,"UU跑腿"将现代人面对的多个难题做出了圆满解决。此外,"UU跑腿"为其所在的城市居民提供了一个"赚外快"的机会。角色随意换,只要有空闲便可转身变为"跑腿超人",沟通——抢单——送达——实时提现,24小时便可获取"跑腿费"。其针对的用户面十分宽泛,可见"UU跑腿"的前景广阔!

在郑州这座城市中,每一秒钟就有数百名"懒人"呼叫跑腿超人,"UU跑腿"在一定意义上推动了城市的经济发展。相信不久以后,"UU跑腿"将会辐射全国,开通多条"懒人"专属渠道,让"UU跑腿"更好地服务于经济发展!

突破创新,与用户一起创造移动互联网O2O奇迹

进入21世纪之后电子商务发展越来越快,参加网购的人数越来越多,电子商务涉足的行业越来越广泛,为人们开启了一个全新的时代。随着互联网的发展,电子商务模式不断创新,运作管理方式日益成熟,在这样的条件下新的商务模式O2O应运而生。而近

两年移动互联网取得巨大发展,O2O更是蓬勃兴起并逐渐成形,融资接连不断,新创企业纷纷登场。站在风口上,一批批O2O实践者登上了属于他们的历史舞台,这其中就有河南载道信息技术有限公司的身影。

河南载道信息技术有限公司是一家年轻并快速成长发展、专注于移动互联网O2O领域平台建设与销售的创新型科技公司。公司致力于微信加粉软件、微网站、微信分销系统、微信企业号、三合一(PC端、移动端和微信端)智能建站系统等方面的开发、建设与销售。

作为支付宝移动支付和微信支付的合作伙伴,载道科技的产品服务主要包括线下移动支付及服务窗和微信营销平台搭建,帮助商家通过支付宝、微信构建商业O2O闭环。伴随着微信的火热兴起,海量微信用户的背后是巨大的营销市场,微信也成为众多商家和企业潜在客户的聚集地。针对市场的需求,载道科技为用户提供微信开发相关产品与服务,包括道友微站、道友分销、微信办公、产品更新等,帮助用户直击6亿微信用户消费群体,打通O2O,创造口碑,传播吸引会员扩散品牌,以及线上线下互动提高消费体验。此外,载道科技还为用户提供营销软件、智能建站、互动营销、400电话等产品与服务,全面满足用户的需求。

载道科技主要采用渠道加盟的方式进行市场推广,并提供管家式渠道支持政策、极具诱惑力的渠道方案,帮助渠道商开拓互联网市场,帮助商户解决本地O2O的应用场景,这极大地激发了渠道商的加盟愿望。

移动互联时代传统企业转型的服务专家

移动互联时代的到来,使传统企业的发展面临严峻的挑战。河南泛泰软件科技有限公司是一家深耕移动互联领域的创新型服务公司,作为一家移动互联整合营销方案运营商,致力于为传统行业的客户打造基于移动互联网的全流程、一体化整合营销解决方案。公司以移动营销平台的搭建为基础,从微营销入门、活动策划与执行、整合宣传推广等方面,为客户提供全方位的方案策划及运营推广服务,助推传统企业转型升级。

泛泰科技主营业务分为三大板块:软件开发及配套硬件、运营维护及活动策划、资源平台共享及整合。在软件开发及配套硬件方面,以微信公众平台为基础,为多个传统行业的微信公众号开发满足移动互联时代客户需求的微信功能。同时,在结合配套硬件后,可以达到增强企业竞争力,提升客户体验和黏性,提高企业业绩的目标。在运营维护及活动策划方面,打造专业移动社交及电商运营团队,可以让企业更快接触移动互联,享受移动互联时代带来的红利。在资源平台共享及整合方面,秉承互融互通,合作共赢的互联网精神,为合作伙伴及企业客户提供资源共享及整合平台,帮助企业跨界联合,资源互补。

泛泰科技围绕"做国内移动社交整合营销领域的标杆"的公司目标,一直专注于移动社交营销领域的技术研究,拥有较强的自主研发实力,是业内唯一一家能够提供全方位、一体式整合营销解决方案的移动互联网咨询服务公司。公司的核心团队成员都有多年大型项目策划、筹备和研发经验,已经为不同行业客户量身定制了符合企业自身基因和市场需求的技术产品和整合方案。

坚守"帮助传统行业从传统营销向移动互联网时代的 O2O 整合营销转变,寻找新的利润增长点"的公司使命,紧紧围绕客户需求的发展,不断拓展业务领域。泛泰软件科技与各领域内的具有较强技术实力的上市公司达成长期战略合作,其中上海点客(新三板上市公司)作为公司的技术研发专家顾问团,广东省广告股份有限公司(深交主板上市)作为策划推广专家顾问团,为公司提供相应的技术支持,成为公司业务发展的强力后盾。紧跟一线城市潮流动态和市场变化,将最先进、最前沿的技术产品、最成熟落地的策划以最快的速度与本地结合,更好地为客户服务。

探索互联网时代的人类健康需求

河南大咖云商网络科技有限公司,是中国领先的互联网+转型解决方案和技术专家。公司以先进的物联网、云计算、计算机网络和移动互联网技术应用、全球首创原生态仿生冷萃专利为基础,以"养生 4.0"健康养生理论系统为指导,借鉴成熟的电商运营模式,联合中国中医药学会、中国营养协会、中国心理咨询师协会等机构,整合中医专家、营养师等专业人士,以及养生产品、健身服务等资源,将互联网与大健康进行融合,形成了一套完善的"互联网+大健康"的运营体系,总结出智慧健康解决方案。

公司拥有一支由中科院博士等资深计算机网络专家和高层次人才组成的核心 IT 技术团队,在电子商务、互联网金融、在线旅游等多个领域拥有成熟产品和成功经验。在电商运营方面,探索出了互联网+和移动电商平台与线下门店相结合、B2C 与 C2B 双模式并行的运营模式。

大咖云商致力于高端健康养生产品的研发、生产和经营,拥有一品大咖速溶玛咖、5X极草、茸么么松茸、白云山灵芝孢子油等高品质养生品,通过直营品牌门店方法进行销售。公司拥有获得国家专利的技术手段和一批全冷链自然仿生工艺专利设备,充分保证产品质量。在销售渠道上,大咖云商创新商业模式,实行"线下+线上"的 O2O 运作思路,在全国各大城市设品牌体验店与店铺专柜,并建立"i 大咖"微信商城实现互联网与体验店的互联。与此同时,大咖云商与多个行业数千家商户实行异业联盟的合作模式,全面拓宽销售渠道。

一品大咖实行 B2C 电商模式,并慢慢向 C2B 方向过渡,实现双模式并行。一方面,在用户需求完全表达的理想情况下,一品大咖产品供给与用户的需求匹配;另一方面,用户可提出个性化需求,一品大咖根据需求生产个性化产品,用户为此付出一定的溢价,实现供求双方的需求共赢。

目前,公司正在以郑州为试点,联合河南报业集团、郑州营养协会,推行智慧健康服务。在大河报开辟健康养生版块,传播 4.0 养生理念,由郑州市营养协会 300 名营养师作为营养顾问,以"营养餐"为切入点,为郑州市民提供健康饮食养生服务,并逐渐围绕衣食住行等推行智慧健康生活方式。

大咖云商网络科技多次举办"健康社区行之松茸品鉴会"等活动,为业主传达科学的养生理念,倡导健康的生活方式,丰富社区居民的精神文化生活,培育健康向上的生活方式。同时,大咖云商还依托先进的物联网、云计算、大数据、计算机网络和移动互联网技术,结合郑州市营养协会的营养师、中医资源等,为业主打造智慧健康平台。

偶们亲子俱乐部:快速驶入利润蓝海

翼贝是偶们亲子俱乐部在河南的唯一合作商。偶们亲子俱乐部是创建于 2013 年的移动互联网平台,专注于解决 0 ~ 12 岁孩子的父母去哪儿玩的问题。偶们平台聚合了游学、冬令营、国内外亲子游、周边亲子游、精品亲子游、亲子场所、演出展览等有关亲子出行的内容。根据不同的需求划分客户群体,有针对性地推荐出行线路,其精品亲子游覆盖境外 10 个国家和国内 10 个最佳亲子旅游目的地。在亲子旅游过程中体验亲子快乐,寓教于乐。

偶们亲子俱乐部是开发中国亲子市场的第一批拓荒者,自成立伊始,便因高规格的运作思路与创意获得众多城市的加盟商的青睐,之后一路披荆斩棘,开发了若干个有影响力的品牌活动,如《爸爸在这儿》,通过中外父子(女)亲子真人秀展现中外教育的不同与优缺点;《女神归来》让年轻妈妈们重拾美丽,找回青春;《两天一夜》让爸爸妈妈都在这儿,在露营中感受孩子慢慢成长的历程。

偶们以优质的客户体验和高满意度获得了市场的认可,2015 年底,俱乐部的 APP 用户数突破 1 000 万,并于当年获得了 5 000 万的风险投资。

翼贝偶们亲子俱乐部是刚刚获得授权的偶们在河南的唯一合作商,利用偶们遍及海内外的旅游及亲子场所资源,开发河南亲子市场,可谓大势初现,只待落子。翼贝偶们现在的思路是,更加深入地了解河南市场,一边培养自己的运作团队,一边培育市场,逐步拓展品牌知名度。翼贝现在已与多家俱乐部合作,开发亲子场所;和多所小学和幼儿园合作,免费给学生提供动手的社会实践活动,提升市场形象。翼贝现在处于市场开拓的初期,若运作思路得当的话,市场会很快铺开。

战友之家:退伍军人服务专家

我国退伍军人群体数量庞大,每年退伍 20 ~ 30 万人,目前累计约 6 000 万人。特别是近几年我国军队体制改革,强化高技术作战兵种,逐步淘汰掉部分非战斗兵种,每年退伍军人就更多。退伍军人的增加给国家就业安置带来压力,退伍军人的未来出路与心理健康也成了现实社会问题。

退伍军人是个特殊群体,他们的群体意识强,诚信踏实,拥有血汗铸成的友谊。在此背景下,河南友之家网络公司应运而生,作为创业公司,其主打产品是战友之家 APP 手机应用。友之家技术开发团队有 8 人,分别来自北上广等地的知名网络技术企业,在不到一年的时间里,就对战友之家 APP 进行了 8 次技术升级。在没有做技术推广的情况下,仅凭发到微信战友群里让战友做软件内测,两个多月的时间里就发展到 10 万粉丝的规模。

战友之家 APP 软件以垂直模式为基础,简化部分微信功能,让退伍军人可以方便地找到自己的战友,并建成交流沟通的群落。退伍军人之间的感情融化在血液里,他们可能并不喜欢像现在的年轻人一样在社交网络上聊天,退伍军人的感情在于相互之间的倾囊相助。所以,战友之家 APP 的一个重要功能就是建立一个商业信息共享平台,让需要帮助的人能方便地找到就业、创业的信息,也便于已经取得商业成功的退伍军人发布信息,共享成功经验等。战友之家还会在各地成立战友之家商会组织,为企业线下沟通,也为政府减压。

战友之家已经提出了商标、技术专利等申请,专利下达之日也就是公司开疆扩土之日。战友之家 APP 2016 年 1 月下旬能够上线,公司预计 2 个月之后可以达到 30 万粉丝,千万级别的粉丝群可能 1 年之内就能达到,因为退伍后很多战友目标不明确,战友之家可以帮助他们成就自己,并得到情感的慰藉。

战友之家未来的盈利点很多。可以给战友企业做推广,顺带可以给战友粉丝送福利;也可以引入第三方,对大数据进行挖掘,其发展前景广阔。

新乡人才网:本土招聘第一选择

新乡市拥有高校 11 所,中职院校 65 所,是河南省除郑州市以外拥有高校最多的城市;拥有各级科研机构 185 个,其中省级以上 120 家,占全省十分之一;拥有企业博士后科研工作站 18 个;拥有多家科研机构如中国农田灌溉研究所、中国点播传播研究所等;拥有重要企业如新飞集团、华兰生物、金龙钢管等。新乡有着深厚的人力资源积淀。

新乡是河南的经济文化中心之一,但经济总量在省内排名第六位,人才是重要的制约因素之一。据统计,新乡每年大中专毕业生 10～12 万人,但选择留在新乡的只有 2 万人。如何留住人才,给人才提供方便快捷的用人单位对接通道,是新乡政府面临的一个战略性问题。

新乡人才网(www.xxjob.cn)成立于 2004 年,运作者是新乡市青峰人才信息服务有限公司,现有在职员工 55 名员工,这是一家完全独立运作、自负盈亏的优质中小企业。公司是专业的人力资源服务提供商,为企业、求职者提供网络招聘、中高级人才推荐、政府现场大型招聘会、校园招聘会、微营销等一站式服务,建立了完善的人力资源招聘服务体系。

新乡人才网自成立之初就准确定位,真诚对待客户,在服务过程中不断积累经验,提高服务质量,保证发布的信息的及时性、真实性、准确性。

新乡人才网在创立次年就成为新乡市十局委联合举行的大型招聘会的唯一官方合作网站。此后,公司凭借优质的服务赢得市场和政府的信任,招聘规模和业绩连续高速增长,至今已有 7 家分公司,覆盖商丘、焦作、平顶山、南阳、安阳、漯河,成为新乡市人力资源行业的领头人,市场份额高达 95%。

新乡人才网为民服务,已成为新乡市人才招聘活动的主渠道,并利用自身的金牌效应向周边辐射,甚至吸引北京、上海、深圳、浙江企业的加盟,社会价值突出。据不完全统计,10 年来,参与招聘的单位和企业共提供就业岗位 58 万个,参会应聘人员达 50 万人次,政策咨询 8.9 万人,印发宣传资料 35 万份;每日的浏览量达 30 万次,累计服务的企业用户数达到 8 万家,为新乡的经济腾飞插上了有力的翅膀。基于其卓越的贡献,新乡人才网的领导人还获得过"五一劳动奖章""十佳创业之星""新长征突击手"等荣誉。

新乡人才网传统的运作模式是线上网络招聘和线下现场招聘会。随着移动互联的兴起,招聘参与各方越来越追求服务的便利性与精准性,强调优质体验,这也给人力资源服务提供商指明了未来的变革方向。

针对人力资源市场出现的新变化,新乡人才网对传统的运作模式进行了变革。首先,强调优化用户体验,增加用户的使用舒适度,比如提高用户搜索、点击反应速度等。其次,是开展与更多企业间的横向合作,提高整个产业链企业的融合程度,比如进驻新乡市电商产业园,从源头上为企业提供一条龙人力资源配套服务;嵌入服务单位和企业网站,联合举办各类人力资源活动等。再者,是对用户数据进行深度挖掘,即从 IT 服务转向数据挖掘,公司拥有近 30 万的人才库数据,能否为库中人员提供招聘后的一系列服务?比如整个职业生涯的人力资源服务、需求培训、咨询等,具有重要的开发利用价值。

产品创新与服务模式创新是提高服务体验的重要内容。新乡人才网现在推出了一个智能招聘会的创新产品,契合移动互联实现招聘会的精准、快速服务。传统的现场招聘会多是人山人海,手拿一沓简历,历尽千辛万苦,望眼欲穿地奔走于各个展位之间,期望自己心仪的企业快快映入眼帘。移动互联改变了这种场景,用数字化技术让用工需求单位通过审核纳入新乡人才网微信平台,应聘者通过扫描二维码可快速进入人才服务平台,和用工企业可以快速传送用工及简历信息。应聘者不但可以在手机上填写和发送求职信,而且,可快速获得平台推送的更为精准的匹配岗位及相应企业的展台位置,直接而且有针对性,节约资源,减少苦寻之劳,避免盲目应聘。基于位置服务,手机 APP 可以让求职者走到任何地方都能搜索到 200 米以内的招聘企业信息,让求职变得像年轻人社交般容易。

成功来源于创新和强烈的客户意识。新乡人才网用自身实力占据有力的市场竞争地位,资本实力强大的其他竞争者到此也与其合作。新乡人才网不断创新产品、提供用户体验,成为企事业单位最可信赖的合作伙伴、求职者的职业伴侣。

新乡人才网,开放进取,一路向前。

手机维修 O2O 的新标杆

　　"换个屏"隶属于河南美修科技有限公司,始创于 2015 年,致力于智能移动设备的维修、回收及置换、"碎屏险"等业务。公司业务面向全国,用户可通过官网及手机官网、APP、QQ、微信、微博公众号、淘宝店铺及 400 电话等方式进行下单预约服务。

　　"换个屏"在郑州、西安、武汉、成都、杭州五个城市设有店面网点。网点城市的用户可享受免费极速上门、20 分钟无忧快修的服务,非网点城市的用户可根据客服提供的材料选择寄修,"换个屏"维修工程师会严格按照程序全程摄像维修,并在维修完成后第一时间将手机寄回客户手中。对所有承修设备进行维修时,"换个屏"采用全程摄像存档的方式,方便用户调取查看。维修完成后,客服会对用户进行电话回访,用户可对服务维修师进行评价。为用户提供一系列的免费服务,如免费手机故障检测、免费贴膜、免费清洁等。

　　为保证维修质量,换个屏的维修工程师均采用资深技术人员,以多年的国际品牌手机官方售后经验力求使用户的诉求得到最大化满足;技术人员具备良好的职业素养和服务意识,能快速有效地完成苹果、三星和小米等品牌手机的故障排查和换屏维修;每一个维修工程师都经过系统严格的培训,确保服务的标准化、精细化和规范化。用料上,"换个屏"坚持采用原装品质零部件,并承诺非人为因素终生质保,而且用户每次享受过服务后都可领取代金券。在旧机回收方面,"换个屏"坚持将用户利益最大化,不搞噱头,不耍花招,支持同行业比价。关于福利,"换个屏"除了定期的网点城市活动外,还会有很多线上线下互动的活动,用户只要及时关注"换个屏服务号"的动态,就能第一时间掌握"换个屏"更多的优惠及福利信息。

　　"换个屏"与平安保险公司联合推出的"碎屏险"业务,"换个屏"作为平安保险的特约指定维修商,以期令更多的用户及潜在用户都能尽早规避风险。急用户之所急,想用户之所想正是"换个屏"秉承的服务理念与态度。

"互联网+"启航电力能耗实时监控系统

　　在万众创业的背景下,大学生以丰富的创造力和饱满的创业热情,成为创业有生力量。"互联网+启航电力能耗实时监控系统"是由信阳师范学院物理电子工程学院 2013 届本科毕业生朱志恒,带动其他毕业生、吸纳在校生作为项目成员运营的创业项目,该项目已在信阳师范学院大学生创业孵化园孵化正式运营。2015 年 10 月,参加了由教育部、人社部、共青团中央等部门举报的首届中国"互联网+"大学生创新创业大赛全国总决赛,获得银奖。比赛期间,在合作人面谈环节,该团队已与几家创业风投公司初步达成投融资合作协议,计划一期融资 200 万,用于产品研发、生产和公司运营、运作。在 2015 年 11 月举行的信阳市创新创业工作座谈会暨颁奖仪式上,启航"互联网+"电力能耗实时监控系统项目,又获得 10 万元创业奖励。

项目由业务层的电力能耗监控私有云和数据共享层的公有云构成,电力能耗监控私有云省去了现有能耗平台需要设置专用机房和专业维护人员的开支。项目有三大功能:一是将能耗监测与环境温湿度监测系统有机融合为一体,二是业务层用于企业、机关事业单位的配电、用电的实时性、安全性、可靠性监控,三是实现能耗数据"互联网+"跨平台共享(目前已实现和中移动物联网 OneNET 平台的数据共享),解决在大数据背景下数据的获取、管理和分析的需要,为国家和行业制定能源政策提供参考,为公众提供"互联网+"下的能源使用状况的实时监测,从改变人们的用电行为,到最终养成节能的习惯。

"互联网+启航电力能耗实时监控系统"由私有云+公有云的混合云架构组成,现场设备层实现能耗数据、电参数以及温湿度等变量进行采集、上传。私有云实现对电力参数实时监测、预警,确保用电安全,预防火灾事故发生;同时私有云将能耗数据定向传输到第三方公有云平台(如中国移动的 OneNet 平台),实现能耗数据低成本的 Web 实时监测,可视化展示。

MINIMALL 高校生活圈

河南微积分商贸有限公司是一家基于高密度人群、精致化服务、时尚化理念、便捷化需求、全面化模式,基于发展做好线下实体拓展,构建线上互动渠道的新型 O2O 发展模式 O2M(Online/Offline to Mobile),采用线下实体店+线上电商+移动终端的模式打造高校生活圈 MINISHOPPING MALL,顺应全民电商趋势,为消费者打造极致消费体验的商贸公司。

MINIMALL 高校生活圈的商业模式是搭建"实体+网上商城"的双渠道平台。微积分商贸的商城平台主要采取"自营+周边商户入驻"的模式,并且实现线上资源和线下资源的有效对接,即在移动端和 PC 端所能享受到的服务,在线下可以获取同样的服务,包括商品销售、快递服务等。微积分商贸的会员在其他加盟入驻的商户进行消费服务时,只要通过官方网站和移动 APP 进行消费支付,便可视为商户会员,即可享受会员待遇。

针对消费者便捷化、时尚化的生活需求,致力于打造一站式消费服务模式。河南微积分商贸有限公司致力于为消费者提供衣食住行、方案策划以及技能培训等一站式消费服务。基于发展做好线下实体拓展,构建线上互动渠道的新型社区 O2O 发展模式,为消费者提供更多的便利,打造极致消费体验。

贴近顾客生活,构建全方位的生活服务网络平台,满足人们多方面的生活需求。微积分商贸所要打造的是一个强大的生活服务平台,内容覆盖广泛,客户可以通过企业的官方网站和微信商城享,享受各项尊贵服务,比如网上商城购物、物流信息查询、话费充值、车票抢购、天气预报和校园新闻等,服务内容深入客户生活的方方面面。

互联网+影视的创客服务综合网站

"创客电影网"是河南寻美视觉文化传播有限公司开发的创客服务综合网站。寻美视觉文化传播有限公司以影视创意、策划、制作以及影视技术研发为发展方向,在宣传片、微电影、电视栏目等业务领域得到快速发展。公司与多家大中型国有企业合作,多部微电影作品在全国获奖。

公司创业团队在 2012 年就开通了淘宝店铺,进行线上业务的尝试和探索,但线上年营业额未突破 10 万元。但这并不代表互联网线上业务无法超越线下业务,团队成员都看到了优酷土豆、乐视网、爱奇艺等互联网媒体企业都取得了成功。大家认识到,公司的传统业务能否在互联网平台上取得优秀业绩,关键在于公司能否建立起互联网运营模式和一个有着互联网思维的团队。负责人周光普在 2015 年 3 月想到了"电影合伙人网"的创意以及对应的运作模式,经过精心筹划后,开始项目了建设。"创客电影网"是在原有的"电影合伙人网"的基础上,增加了创客微电影、校园创客计划等板块,成为一个新的创客服务综合网站。

在网站的设计中,运营互联网思维,将原有业务与新增业务与互联网进行充分融合。原有业务新增了创客电影网、手机 APP 等方式进行线上交易渠道,从线上交易仅有淘宝网店(maker. taobao. com)这一种渠道扩展至多种渠道。增设创客论坛,创业者可以就创业项目、创业的感受、经验教训等进行交流,为创业者构建了一个方便的沟通平台。通过创客微电影,充分展现创业者的风采。

随着市场的拓展,业务也在不断增加。公司先后为中建嘉和地产有限公司拍摄反腐倡廉微电影《工作》(获中建总公司三等奖、全国反腐倡廉微电影大赛 30 强)、中建七局总承包公司反腐倡廉微电影《水稳·心稳》(获中建七局二等奖)、兰州东部科技新城宣传片《怒放新城》、奋斗的青春最美丽微电影《绽放青春》(获中建总公司三等奖)、河南中建地产有限公司五四青年奖章申报影片、中建七局新郑新区第二社区宣传片、中建七局总承包公司全国五一劳动奖章申报影片、中国综合搏击联盟赛宣传片等。

在创客电影网的运营过程中,随着公司对网站推广的深入,人气和点击量会不断增加。网站的访客者多是创业者,由于内容针对性强,具有一定吸引力,客户对于创客电影网关注度、信任度会大大提高。

互联网+摄影商业生态圈

随着社会经济的发展和生活水平的提高,人们对生活质量的要求也越来越高。摄影行业以经济为基础,也得以迅速发展,已经形成可观的市场规模。但由于行业的竞争日益激烈,新技术不断出现,利润率不断降低,企业的生存环境恶化。要增强企业的生存能力,提高效益,抵御市场风险,就必须有效地转变经营方式,实现转型升级。

河南大微摄文化传播有限公司成立于 2015 年 6 月,是全国摄影行业中 O2O 模式落地运营的专业公司,旨在为全国摄影行业搭建线上线下资源聚合的平台。适应摄影行业转变经营方式的趋势和要求,公司把互联网与摄影技术进行完美结合,形成独具特色的互联网+摄影商业生态圈的经营模式,把技术、营销、商业模式、资源整合、金融资本深度对接,充分挖掘摄影市场的发展潜力,增强企业的市场竞争能力。

公司拥有专业技术、运营及服务团队,建立了独特的、行业领先商业模式,用互联网思维重新审视摄影行业,创造性地推出"随 e 拍"网络摄影旗舰品牌,让消费者可以选择满意的摄影师为自己拍照,同时使摄影消费最大限度透明化、规范化、标准化,让消费者以超高性价比享受高品质摄影服务。

大微摄立足行业制高点,充分洞察摄影行业需求点和痛点,整合摄影行业上中下游产业链,深度配置行业资源,建设线上线下资源聚合的平台,努力促进摄影行业健康发展。公司秉承"创造爱、传递爱、一切为了爱"的核心企业理念,弘扬大爱文化,以"强力打造中国摄影生态系统"为企业核心使命,与外各界朋友携手共进,共同探索摄影行业的未来发展之路。

公司积极借助互联网的优势,对传统的经营模式进行改造,创新客户服务方式。对于终端客户群,推出了随 e 拍 APP 客户端。客户随心所欲,想拍就拍,想让谁拍让谁拍,想在哪拍在哪拍;自由选择,透明消费;超高性价比,享受高品质摄影服务,消费者只需传统影楼 50% 的费用。对行业用户群,采取传统影楼、工作室、五网合一网络技术平台的综合模式,有效整合微信端、手机端、触屏端、PC 端、APP 等网络资源,提供高效、便捷的服务。

创业,从学生团购市场起步

大学生是一个巨大的、有着独特特点的消费市场。"大学生 S 团"取义 student、school 团,致力于引导大学生形成经常性校内团购的生活方式,每件产品至少节省一块钱,为其提供方便、实惠的高性价比产品和服务。

大学生 S 团(www. stuanbuy. com),由河南财经政法大学 2009 级学生在校期间创办,于 2011 年上线,隶属郑州盛团商贸有限公司。公司主营网络购物和线下实体店连锁,产品涉及电子、文体、化妆品、日用百货及本土旅游、电影、SPA 等服务性产品。公司坚持以网带店、以店辅网、店网同步的发展思路,走线上线下相结合的区域电商之路。项目运营以来,网站运营基本覆盖河南高校市场,线下实体店三家,年销售额突破 260 万。

以校园大学生为主要服务对象,专注于大学生购物,为其提供方便的校内新型购物方式。自成立以来,一直致力于为大学生提供最方便、最贴近自身需求的校园购物。大学生 S 团前期主要服务于大学生市场,在大电商市场一片红海的激烈竞争下,大学生 S

团坚持走区域电商中大学生网购的细分市场,坚持"一城一店"即一个大学城一个线下实体店的发展思路,实现线上线下相结合,因其在售前体验、售后服务、快递、仓储等方面的优势,使得 S 团在新电商市场中独树一帜,发展迅速。大学生 S 团后期发展将围绕社区居民,开展针对社区居民的区域电商,致力于搭建智能小区。公司营销采用焦点营销、口碑营销、微营销等多种网络营销方式和线下宣传策略,不断扩大自身的影响。

在艰难的创业阶段,公司入驻了河南财经政法大学里的创业孵化园。孵化园规定,学生毕业两年后就要把项目迁出。S 团的主要业务是在郑州东大学城展开,团队的目标是争取在迁出孵化园之前创办实体 2 号店,网站业务能够覆盖郑州市东西两个大学城。最终目标是通过技术、网站、市场的不断升级,扩大业务领域,成为一个大规模的电子商务企业。

互联网+农场,引领绿色农产品消费

发么网取名英文 farm 的谐音,是河南首家"互联网+农场"模式的绿色农产品购物平台。发么网是由郑州子都网络科技有限公司投资建设的国内领先的绿色农产品网络购物 B2C 商城,是国内第一个把农场体验游、趣味认养、生鲜购物等功能相融合的电商平台。发么网的产品涵盖了 11 个大类,包括新鲜水果、安心蔬菜、肉禽蛋品、水产海鲜、奶制品、母婴童用品、粮油副食、休闲食品、酒水茶饮、健康礼包、土地认领等,共涉及 70 多个各地一线品牌,300 多个品种,可以满足用户的多层次需求。

发么网拥有国内一流的农产品专家团队,深入全国产地,严格把关,挑选优质绿色产品,为广大消费者提供质量可靠、价格实惠、产品丰富、购买便捷、服务专业的贴心购物服务。所有产地及产品都是精挑细选,全部是来自各大庄园的绿色安全无公害及生态产品;建立了可追溯系统,可以让消费者了解产品的成长动态,通过扫描二维码,就可以看到产品的产地及成长过程。在运营方式上,构建了现实版的开心农场,消费者自己做地主,实现梦想中的那一亩田;认养一棵果树、一只土鸡、一头猪仔等等,私人定制定量,亲眼见证它的成长,提高信任感;一周一次的农场免费体验游,可以带着家人、孩子来农场体验,同时实地了解产品的生长情况。

发么网盈利模式是,通过认养的方式吸引流量,增加黏性;引导消费者到农场旅游,增加农场的旅游收入;平台上产品销售产生的利润;对土地、果树的人工打理、可视化服务。经过一段时间的运行,发么网现拥有会员数 5 万人,并且正在建立线下实体产品体验店,形成线上线下有效互动的销售网络,已逐步成为国内产品最为丰富、服务最为专业的绿色农产品网络购物商城。

发么网拥有国内最为专业的运营体系,它以专业的呼叫中心支撑语音销售服务;以完善的支付体系保障消费安全性,为客户创造放心的购物环境;以一流的仓储设施和管理方式,确保货物的质量和供应,并根据客户购物需求随时调度商品,保障发货及时性;以高效的物流配送服务保障货物的快速到达;以完善的订单管理系统对运营体系中的每个环节进行有效管理,保障交易过程的有序高效进行;以严格的质量监管确保商品质量,保障消费者权益,树立品牌形象。

高端访谈服务的全媒体网站

"红香阁"是由安阳红香阁文化传播有限公司投资建设的一家专注于互联网精英价值报道的网站平台。"红香阁"致力于商业高端人士的服务需求,确立了"汇聚名人、专访精英的资讯网站"的网站定位,以汇聚名人、专访精英、发现有价值的创业公司为发展宗旨,努力打造成一家提供高端访谈服务的全媒体商业网站。

红香阁文化传播有限公司的身是"红香阁文学社"。文学社成立于 2012 年,依靠互联网逐步发展壮大,2014 年荣获全国"百强文学社团体奖"和全国"优秀文学社"称号。合作单位包括《意林》杂志、17K 小说网、中华网、中国青年网、腾讯文化、新浪文化、网络文学大学(诺贝尔文学奖获得者莫言担任名誉校长)等。2015 年 5 月,红香阁文学社正式注册为安阳红香阁文化传播有限公司,开始公司化运营。

在红香阁运营中将创新、创意融为一体,每天都推出优质的独家原创稿件资源,以完善的网站优化技术加之优质的独家原创资源,力图将红香阁发展为高权重、高 IP、高流量的百度新闻源网点。网站不但会深入市场,发掘有价值的创业公司,助其发展,而且会很优雅地推出优质的、有价值的个人以及企业品牌形象。

竞争越来越激烈的互联网创业公司,在信息技术迅速发展的促进下也在发生着巨大的变化。当传统行业越来越多地加入互联网+的时候,互联网的未来具有巨大的发展空间。一个网站要生存下去,必须找到独特的市场空间,形成清晰的、差异化的市场定位,有效整合资源,形成自己的核心竞争力。红香阁已经与国家级媒体达成战略合作,可以将同步将稿件转载到各大媒体及门户网站,达到"热点"式推广。红香阁还将着重联手腾讯网,利用腾讯的网络资源优势,做中国互联网最有价值报道的平台网站。

连接用户和律师两端的私人法律管家

律宝 APP 是由河南律友科技有限公司研发的,为有法律需求的用户提供与优质律师对接服务的法律领域的 O2O 平台。律宝 APP 定位为私人法律管家,线上+线下结合为用户提供及时、专业的法律服务。律宝以会员制服务为主,一头连接个人和企业,一头连接中国 27 万注册律师。

律宝 APP 有效连接了用户和律师两端。在用户端,当事人可根据地区和案件类型查找专业律师,进行在线咨询,电话问答等;可以查找离你最近的专业律师,让你享受律师同城服务;用户可以了解律师的相关信息,如服务星级、与用户的距离、执业时间、执业领域代理案件等。在律师端,律师可以上传、编辑自己的执业时间、执业领域、代理案件等信息;可以更新自己的地理位置信息,让离你最近的用户发现你,为你提供潜在案源;通过手机 APP 能收到信法网提供的各种信息;通过手机 APP 能查看信法网分配的文书或咨询订单信息,并可以进行接收,或拒绝订单的操作。

律宝初步构建了会员费+基础法律服务费+第三方平台服务费+悬赏服务中介费的盈利模式。律宝可以为用户提供多层次的法律服务。法律会员卡可以满足个人除诉讼代理外的绝大部分法律需求,开创法律保险时代;提供法律咨询、合同审查、律师调查等基础法律服务;可以为个人遇到的如交通事故、辞职等具体场景提供专业服务;提供诉讼仲裁、刑事辩护等委托律师代理服务。

在服务方式上,线上+线下相结合,保障了服务的及时高效。律宝 APP 以在线服务为主,线下服务为辅。目前,已与全国 300 多大中城市的 5 000 余位律师建立了合作关系,并且将在省会城市和其他较大的市设立线下的分支机构,提供线上线下相结合的广区域的法律服务。为了保证服务的专业性,在 50 余个法律专业领域,每个领域配备 3 名以上专业律师及律师助理,将为客户提供专业及时的法律服务。为了保证服务质量,建立了严格的内部法律服务质量控制流程。

采用律师竞标模式保证用户的服务价值。运用客户定价、律师竞标、资金托管的委托模式,解决了传统服务中委托律师诉讼代理的客户没有太多选择权的问题。并且性价比高,律宝法律会员卡价格是目前律师事务所收费的1/10 左右。

线上线下互动交友新模式

迈可提饮吧是一家线下实体咖啡店,把线上 APP 与 O2O 模式结合,将线上社交平台发展到线下的模式,让人们把网络交友现实化,把网络虚拟世界现实化。迈可提饮吧不仅是社交平台的线下化,而且,也将线下交友互动模式网络化。为此,迈可提饮吧建立了线上线下互动的几种模式:简单交友模式、制动交友模式、配对交友模式、商业交友模式。每个到迈可提饮吧消费休憩的客户都可以在饮吧 APP 上注册个人信息(姓名等资料真实有效),完善个人资料(例如兴趣、爱好、工作等)。

某男士 A 和男士 B 分别进行了注册,而在迈可提饮吧的动态资料里双方均爱好篮球,两人就可以在 APP 上进行互动交友,留下联系方式约次斗牛(篮球中的一个单对单项目),即简单交友模式。此模式目前提出的兴趣爱好群有体育项目、金融项目、娱乐项目、文艺项目、学习项目等。若两人共同爱好为创业、旅游,迈可提饮吧的户外项目将提供最划算的团购、最适合的创业项目,甚至提供创业初期的项目资金。

报销旅游门票、车票等,即制动交友模式,此模式目前拥有的扶持平台有创业平台、旅游平台、证书平台等。

若两人没有共同兴趣爱好,而是拥有共同的或互补的目的,例如某男士 C 有房屋出租,而某男士 D 恰好求房源,那么在迈可提饮吧 APP 上结交的两人便可同时达成自己的愿望,两人在共同目的上达成互补关系,即配对交友,此模式目前提出的有租赁模块。

而最后一种模式,则是相对于商业人士而言,例如企业 A 的采购人员和企业 B 的销售人员在 APP 上交友成功,而 B 企业所销售的原料恰是 A 企业所需要的,双方协商成功成为生意伙伴。

为了更好地达成这些目标,迈可提饮吧在线上 APP 推出的同时,小范围内开设分店,即利用线下分店的开设,扩大线上平台的注册量和人流量,再利用网络的传播速度,将线上 APP 快速推广。与此同时,以将"迈可提"饮吧变成一种大众消费模式为目的快速开设分店(即迈可提饮吧将会成为一种新的文化模式,每个城市有自己的"迈可提"),达成线上线下互相促进发展的目的。APP 上的商业注册项目、广告费用、旅行资讯都将成为除分店正常营业外的盈利点。

互联网＋体验式绿色生态农业

"新农人"是隶属于安阳锦熙农业技术咨询有限公司的一个致力于发展城市健康绿色生态事业的农业电商项目,通过集种、产、销、体验于一体的第一产业与第三产业相结合的发展模式,为每一个消费者、每一个家庭提供一种绿色健康的生活方式。

从发展几千年的传统农业向现代农业、电商农业、品牌型农业转型,存在着诸多困难,需要经过长期的探索和创新。同时,要把现代农业与电子商务结合起来,还没有成熟的发展模式和经验,所以具有一定的风险。但正是这种新兴行业,在面对风险的同时,也具有广阔的市场前景和发展前途。基于此,"新农人"项目团队对生态农业的资源进行了系统的分析和整合,开发出独特的业务模式。

新农人电商项目主要包括三大板块,即健康私人订制中心、乐耕农场、生态观光农业。新农人健康私人定制中心是通过移动 O2O+C2B 的私人定制模式把传统农业与电子商务结合起来形成产、供、销、体验于一体,以"实现把绿色农产品从农场直接到厨房"的理念。新农人乐耕农场以推广农耕文化、体验田园生活为核心,打造全程开放、透明的全景互动农场,为广大市民提供一个认知自然,体验淳朴的田园生活,追寻儿时记忆。新农人生态观光农业,计划举办千亩油菜花节、千亩核桃采摘节、各种水果采摘节、农业观光游览、农俗体验等活动与服务。

随着现代人对绿色健康生活方式要求的不断提高,"新农人"项目的产品对来自城市的消费者来说具有很强的吸引力,消费者对绿色健康食品的认可度较高,这些都是发展生态绿色农业的优势。合理发挥这些优势,将会对"新农人"项目的业务推广、发展起到重要的促进作用。

颠覆，颠覆，还是颠覆

酒仙网作为全国最大的酒类电子商务综合服务平台，花费6年时间完善了酒类商品的线上零售B2C(酒仙网)、线上特卖B2B(中酿酒团购)、即时服务O2O(酒快到)以及品牌运营综合服务四大业务板块，在供应链、物流、仓储等方面形成了自己一套规范的专业化流程体系。6年的发展过程，也是酒仙网实现从传统模式到互联网模式的转型与产品升级的颠覆过程。

一、第一次，颠覆业态

酒仙网董事长郝鸿峰在创办酒仙网之前，在山西百世集团从事酒类销售工作，那时候用传统的销售方法也使业绩达到了1 000万。但他并没有满足，经常与他的同伴讨论如何能够更快地实现销售额的倍增。郝鸿峰尝试过电话、短信营销，吸引了不少顾客，但依旧不会带来一个井喷的增长数据。

2009年，在清华大学上EMBA最后一课时，老师讲解的电子商务打开他的视野。2009年8月，酒仙网在太原注册成立，开始在网络上销售白酒。依靠郝鸿峰多年卖酒的渠道、厂商资源，酒仙网一出手，就把"货真价廉"当武器，像京东等B2C电商崛起一样，凭借的都是货真、低价两大武器，这是中国第一批电商崛起的招式。不扩充品类、坚持做垂直电商的酒仙网，凭这两大武器快速崛起，销售额每年以3～5倍速度增长，仅2010年1年就达到了1亿元，远远超过当地传统经销商的总和，实现了跨越式的增长，这在以前是不敢想象的。

而当时，迅猛发展的酒仙网引起了传统酒厂的担心，担心的是这种电子商务渠道会不会打垮其传统的渠道。诸多经销商联名上书酒厂，希望封杀酒仙网。市场位势一定程度上是靠规模决定的，那时酒类电商占据酒类销售总额的比重微不足道，自然没什么话语权。酒厂首先要维护传统渠道的地位，但也不希望两个渠道打架搞乱市场销售体系。在这种情况下，又加上太原并不是电商成长的沃土，2010年酒仙网移师北京。

二、第二次，颠覆模式

公司创办6个月后从太原搬到了北京。为什么搬到北京来？如果公司还在太原，酒仙网已经死了100次了，因为在太原根本没有办法招来合适的人，在太原没有办法做，全国都没有仓库，所以搬到了北京。

2010年9月及2011年初，酒仙网接连两次改版，标志着酒仙网由传统企业转型为互联网企业，酒仙网技术开发与网站建设方面的进程全面提速。通过两年的摸索，酒仙网的电商功能逐渐完备，规模优势也逐渐增强，资本开始重新审视酒仙网。线下的优势以及对其模式和团队的信心，酒仙网终于在电商大战中接连获得了资本的支持，其中包括红杉资本、东方富海资本、沃衍资本等的数亿元投资。

2012年，基于目前酒业的低迷状态以及定价策略，酒仙网与茅台、五粮液等国内外

500 多家酒企建立了合作伙伴关系;同时,与淘宝商城合作举办了"双 11"活动,日销售额突破千万级大关。2012 年 4 月,酒仙网与当当网实现深度合作,当当网酒类频道由酒仙网负责运营,打破了垂直电商与综合电商老死不相往来的现象,开创了垂直电商与综合电商合作的新模式,呈现出破冰的势头;随后,又与 1 号店、苏宁易购实现了深度合作。

三、第三次,颠覆自己

2012 年 8 月,酒仙网由于其成熟、出色的经营理念,得到了 C 轮融资,由北京沃衍资本管理中心、华兴资本等多家基金联合投资 1.1 亿元。基于良好的发展势头,郝鸿峰没有了其他顾虑,开始思考酒生意的本质。2012 年 11 月,酒仙网与保险公司合作推出了真酒险,与保险公司共筑双重信誉险,回归消费者买酒的本质。

2013 年 4 月,酒仙网葡萄酒分站上线,同时启动"万名家庭品酒师成长计划";5 月,酒仙网启动啤酒板块,上线多款国内外知名啤酒品牌,代表公司终于跨入消费民众化的啤酒领域。自此,酒仙网成为覆盖全品类酒水的酒类电子商务综合服务企业。

2014 年 3 月,完成 E 轮 2.6 亿融资后,酒仙网筹谋上市,并一改此前宣布坚决不走"O2O"的口径,用 D 轮、E 轮总计 4.25 亿的资金,加速建设覆盖全国的仓储中心,联盟多个城市的线下专卖店,成立酒快到子公司,同时推出移动 APP"酒快到"平台,整合全国近 100 万家线下名酒旗舰店、专卖店连锁酒行等优质资源,开启了 O2O 战略,布局线下零售渠道的资源整合。酒快到的最终目标是覆盖所有用户,解决传统电商最后 1 千米的堡垒。而郝鸿峰为此还背上了"食言"的包袱。因为当 2013 年 O2O 成潮流时,郝鸿峰并不看好电商重归线下、投资开线下店的做法,甚至信誓旦旦,宣布酒仙网不做 O2O。这次,他算是颠覆了自己。

而且不是不做,一做就做大的。2014 年 8 月,酒仙网完成了第六轮融资,获得国开金融及其他联合投资人 3 亿元股权投资,还获得招商银行、民生银行、浦发银行、锦州银行等多家银行 7 亿元综合授信贷款。获得的 10 亿元资金全部要用于酒快到的布局。

随着酒快到业务的迅速拓展,国内一系列的酒类品牌纷纷找到酒快到,要求合作,共同赢得 O2O 的红利。2015 年 5 月 18 日,酒快到运营数据显示,北京当日的订单量已突破 1 万,单个城市定点破万是酒快到运营以来最高的日峰值。这是酒行业 O2O 发展中具有代表性意义的事件,这也说明酒快到的转型是成功的。

四、第四次颠覆,会在哪里?

酒仙网一路走来,从最初经营的重重困难,到互联网下的飞速发展,到今天逐渐赢得资本方的肯定、合作方的认可、消费者的口碑,基于此,郝鸿峰表示,酒仙网未来 20 年、30 年甚至是一辈子的时间,都会一如既往地专注于酒类零售,一群人一辈子只做一件事。

2016 年 1 月 29 日,历经一年的周密筹备,拥有业内最多连锁加盟店的名品世家(北京)酒业连锁股份有限公司在新三板上市,正式成为酒类行业的公众公司。这不禁让我们想到,2015 年 12 月 16 日,酒仙网旗下 O2O 项目酒快到与名品世家(北京)酒业连锁有限公司达成战略合作,酒仙网投资 1 008 万元入股名品世家。

名品世家在新三板上市,那么投资入股名品世家的酒仙网的目的就让人不由地浮想联翩,郝鸿峰又意欲何为呢?酒仙网的第四次颠覆会出现么?

企业转型的有力助手

随着电子商务的快速发展,当不少人还在嫌超市付款找零麻烦的时候,当不少企业还在为可怜的营业额感叹、为传统行业如何转型发愁的时候,当商家还在为客户锁定困难、业务发展缓慢担忧时,移动互联网展示出了他的强大功能。

于2015年1月成立的河南云楷网络科技有限公司就是一家顺势而生,专注于移动互联网业务的高科技公司。公司由来自阿里巴巴、支付宝、淘宝、微信等从事互联网多年的精英团队组成,移动互联的实践经验丰富。

公司在创立之初,就凭借敏锐的眼光,雄厚的技术实力以及卓越的产品力成为全国首批支付宝认证"授权渠道商"。之所以选择支付宝平台,是因为创造了移动互联网交易平台神话的就是支付宝平台,目前已吸引了8亿互联网金融用户,2015年的交易笔数达到56.6亿,交易额高达9000亿元。云楷网络期望借助支付宝平台打造自己的互联网事业。

云楷网络科技作为支付宝河南授权渠道商,要做的就是帮助河南的企业和商家抓住互联网+的大趋势,促成企业由线下到线上的转型,完成线上、线下的通连,依托支付宝的平台,完善线上、线下支付渠道,最大限度地为企业和用户的交易行为提供便利。

经过一段时间的运营,通过跟支付宝、合作商家的磨合与沟通,云楷科技推出了"支付宝服务窗"工具,这是一个集合了引流、平台、会员管理、大数据分析、支付和核销等六大营销工具的组合,使合作企业能够迅速将业务转到线上。推出六大营销工具组合之后,合作的企业越来越多,也越发显示了其强大的功能,如对于有1000多家门店的良品铺子,不仅通过服务窗带来店内的人气,而且还为线上淘宝销售做了强有力的引流,成为真正的社区化电商。通过线上互动活动,让用户对铺子的品牌认知度进一步加深。

同时,为了更快速帮助企业完成转型,云楷设立了自己的商学院——云楷商学院。云楷商学院采用校企合作模式,与河南省内各大高校达成人才培养共识,聘请在阿里巴巴、腾讯等工作多年的专家及讲师,针对市场需求、行业现状设立培训课程,有目的地对学员进行电子商务、网络营销、网络金融、现代物流、网络信用、商务智能与数据挖掘、网商学、网络创业等与互联网相关的优势学科和专业的培训,使企业更快速接受互联网及电子商务知识,为企业和社会输送高端电子商务人才,加速企业由线下到线上的转型。

微信营销,零距离最懂你

郑州零距离企业管理咨询有限公司是一家专业开发建设企业网站、智能系统、微信网站、APP订制、微信商城设计的计算机软件开发公司。自公司建立之时,就从最基础的网站建设业务如网页设计、网站制作、网站改版、网站维护等做起,深钻建站技术,实现了后台技术、网站运营稳定,获得很多企业的青睐,纷纷把网站制作任务交给他们,零距离由此积累了大量的网站建设经验。在移动互联网不断发展的今天,零距离坚持"自我完善,行业领先"的创业精神,不断进行技术和业务扩展,适时转变发展方向,进行了微信产品的研发,为企业提供移动互联网营销解决方案。

为了更好地配合企业达成移动互联网营销的目的,零距离始终把与客户的距离真正做到"0"。在客户项目进行之前,让客户先了解零距离的公司情况,了解公司建站、微信营销的经验与电子商务运营思想,依托企业强大的技术力量,深入浅出地与客户进行沟通,达成共识,这也有助于后期合作更加顺畅。针对不同的客户,公司会深入了解客户的不同需求,根据客户的行业特点、企业背景及个性需求,提供有针对性的、个性化的企业网站建设方案、微信营销具体方案。

努力实现建站、APP 开发、营销方案成本零距离。公司把客户看作企业的一个部门,用内部成本控制的方法,做出最低成本、高质量的产品,始终以最高性价比立足于行业。合理的价格保证让客户的每一分钱投入都用到实处,从而更好地服务于最终营销效果。

公司拥有完善的服务体系。由业务部、设计部、技术部、客服部等组成的过硬的技术团队,完善的制作流程,强大的技术支持,都得到了客户的认可;为客户提供网络推广、网络营销于一体的专业服务,主动为客户拓展最新、最适合的营销渠道,用实际数据说话,用效果说话。

郑州零距离企业管理咨询有限公司作为网站建设、微信营销的专家,用领先的技术及整体解决方案经验,零距离助力中小型企业在线运营,为企业发展插上腾飞的翅膀。

适时转型,成就发展

河南御付通电子科技有限公司的前身是郑州汇邦科技,主要业务是手机零配件批发零售。随着手机技术突飞猛进的发展,手机厂商自身售后服务的加强,通信市场上竞争愈发激烈,而利润越发稀薄,郑州汇邦也开始思考如何转型的问题。

这时候,互联网络的持续发展,移动互联网经济的繁荣,催生出新领域的创业者,也促成了众多新经济模式的诞生,如 P2P、第三方支付等,企业线上线下如何链接也成为从业者谈论的话题,互联网金融方兴未艾,发展空间巨大。

郑州汇邦科技正是看到互联网金融未来的发展趋势,决定丢掉现有利润稀薄的业务,转型拥抱互联网,投身于互联网金融。2014 年 6 月,河南御付通电子科技有限公司成立。经过多方考察,凭借着不错的人脉关系,以及还算强大的经济实力,当月,公司就与由中国人民银行批准成立的杭州国付通信息科技有限公司进行了合作,成为其金融产品手机智能 POS 机的省级代理商。杭州国付通信息科技有限公司拥有第三方支付牌照,有较为雄厚的金融实力,可以通过移动 POS 机进行在线支付,支持消费者网上、网下支付(如微信支付、支付宝支付)等,顺应了消费需求的发展趋势。

当时,全国有第三方支付牌照的公司200多家,进入河南市场、郑州市场的也有30几家,竞争非常激烈。在与各大企业的谈判过程中,往往会遇到同行的干扰,竞争者众多。经过充分的市场调研,御付通认为,移动支付市场巨大,但拥有第三方支付牌照的公司都想在这上面把别人挤下去。那么御付通能不能拿下这些大的牌照商,由御付通在河南省内自己来做分蛋糕的人呢?

于是,御付通就四处协商,先后与北京钱袋宝、天津中汇电子、上海广付宝、四川现代金控、腾讯的乐刷等公司达成合作关系,并成为这些公司的省级代理商,从事银行金融产品的推广业务,为企业的长期发展提专业的金融服务。

这样,较大的竞争者在御付通这里成了一家人,分享着一个锅里的饭,由御付通掌勺。御付通有了议价的主动权。

拥抱互联网 迎发展曙光

河南东方美珠宝有限公司主要经营天然绿松石饰品、珍珠饰品、珊瑚饰品、水晶饰品发、玛瑙饰品、琉璃饰品、贝壳饰品、925银饰等产品。东方美珠宝有限公司凭借良好的信誉,与多家上游企业建立了长期的合作关系,凭借着真材实料的珠宝产品、优良的服务,赢得了消费者的青睐。

获得这样不错的发展,在以前是不可想象的。早期,东方美珠宝作为小型的珠宝首饰商,产品单一,没有更多的资金得到好的珠宝产品,只能在偏僻的商店里,找到自己的位置,辛辛苦苦经营下来,除了累就没有什么了。

2011年12月,在郑州,建筑面积12 000平方米,拥有三个楼层的河南第一个专业的黄金珠宝批发市场——中原珠宝城正式开业运营。凭借着敏锐的目光,东方美珠宝看到了发展的契机,于是筹措资金,把店搬到了中原珠宝城的3层。随着大量珠宝商的进驻,中原珠宝城行业聚集的效力发挥出来,东方美珠宝的生意也渐渐有了起色。

2013年,互联网的发展势头日益强劲,也成为众多企业主热烈讨论的话题。就在这一年,珠宝街作为中国最大的珠宝线上综合服务平台正式启动,引起了很多人的关注。在周围一些朋友的建议下,东方美珠宝开始尝试在平台上建立自己的商铺,走进网上渠道进行销售。令人没有想到的是,一经尝试,就取得良好的销售效果。短短几天时间,一款珠宝舒俱来手串就卖出了100多件,成绩斐然。于是,公司继续加大网上销售的力度,网络销售逐渐占了公司总销售的较大份额。

现在,东方美珠宝正在考虑借助于移动互联网的力量,推出自己双微平台,去开拓更加广阔的发展空间。

以技术推动应用，为客户创造价值

郑州云飞扬信息技术股份有限公司是一家专业从事石油零售信息化产品研发和销售的高新技术企业。公司成立于2006年初，经过不断的发展，已成为国内外石油行业高端客户信任的软件公司，先后赢得了蒙古Petrovis公司、华强石油、山东高速、山东京博石化、河南亚立石化等高端客户。然而，云飞扬并没有停止技术研发的脚步，继续不断推出了新品。为准备"新三板"上市，2010年8月，云飞扬进行了股份制改造。此后，云飞扬在国内市场又先后开展了中化工、福建军区、宏诚石油等高端客户合作项目。在国际市场，云飞扬先后与蒙古NIC公司、苏丹BARSHAER公司达成合作。至此，云飞扬品牌已在国内外高端客户市场开拓出一片广阔天地。

目前，国内更多的油库在信息化建设上有所滞后，有些已经实现油库发油自动化，但未实施进销存业务管理系统；有些是实施了进销存业务管理系统，但管理系统无法自动、及时、准确、可靠地采集基础计量数据；还有的是数据采集、传输不能实现自动化、网络化，不同系统之间数据相互独立，导致各业务部门不能及时、有效地共享和有效利用数据，远远不能适应瞬息万变的市场竞争的需要。

针对国内成品油批发、仓储管理现状和管理需求，结合自身行业实施经验和技术研发优势，云飞扬公司开发了一套完整的油库信息化系统解决方案，也是国内唯一库站一体化解决方案，是包含成品油批发、仓储、配送、零售的整体信息化解决方案。系统模块涵盖了油库的所有作业部门，并且研制了具有自主知识产权的集散式定量装车仪（发油台）、磁致伸缩液位仪，并集成多功能电液阀、静电溢油保护装置、高精度流量计等设备，在技术上已达到国际先进水平。

针对不同类型客户的不同管理需求，云飞扬公司开发了"助手""专家""金卡""慧眼"四大系列十余种型号的产品，功能涵盖了加油站业务管理、石油公司总部业务管理、客户联网加油管理等多个方面。同时，为满足国外市场的需要，云飞扬还开发了外文版产品。云飞扬把用户的利益视为自己的最高利益，不仅为用户提供高品质的产品，更为用户提供专业的业务指导和可靠的技术保障，使用户绝无后顾之忧。

移动APP开发应用的专业服务商

如何提升盈利模式、延伸产品线、拓展销售渠道，每个企业都在尽力寻找突破点。如果说2012是微博之年，那么2013就是微信之年并快步走进手机APP移动互联网3.0时代的春天，2014是迎接可穿戴计算年，2015则是各个行业APP遍地开花的年代。中国手机APP行业面临机遇与挑战，新营销渠道的作用被不断挖掘，抢占手机移动市场已经成为一种新的趋势和潮流。

郑州冠宇纵恒科技有限公司成立于2007年5月,是一家高度重视技术研发的高新企业。成立以来,公司先后为数万家企业开发企业网站、企业微站、OA办公系统、集成化软件等产品。随着APP市场的兴起,2011年至今,冠宇纵恒一直专注于手机APP客户端的研发及运营。冠宇纵恒手机APP致力于帮助用户建立属于自己的独立品牌。APP是智能手机的第一入口,冠宇纵恒针对商贸业、餐饮、房产、美容、娱乐、健身、教育、医疗、汽车4S等行业开发的产品,可以为所有用户生成APP客户端。

冠宇纵恒高度重视知识产权的申请与保护,到目前为止,公司已拥有的软件产品著作权包括智云-掌上幼儿园、智云-挂机短信、智云应用平台、大算客户端、冠宇纵恒APP运营平台等。冠宇纵恒坚信,只有不断的技术创新才是让产品立于不败之地的不二法门。通过多年的沉淀,公司拥有50多人的研发团队,提供了强大的技术研发实力,为助推中国中小企业发展提供了强大的核心技术保障。

作为APP定制开发制作商,冠宇纵恒始终秉持着客户至上,技术为先的原则,帮助企业轻松开展手机、PC客户端的营销与电子商务。公司通过产品的持续研发及系统升级,以开放应用平台、智能终端为依托,形成了一套完善的移动互联网开放应用。冠宇纵恒手机APP经用户定制开发后,可以帮助用户自己的客户随时随地地了解用户的生意动向,克服了时间约束和空间限制信息交换的缺点,也使得交易脱离了时空限制,有利企业轻松开展互联网电子商务,从而获得更大经营效益。同时,冠宇纵恒有全国首款四网合一APP模板,四网统一后台,管理便捷,运营方便,更可直接实现全网营销,大大降低宣传推广费用。

移动互联网将颠覆下一个十年,冠宇纵恒科技,全网营销模式缔造者,倾力打造专属用户的全网营销平台。

与网上创业者同行

网上创业,是很多人心目中改变人生的一个有效途径。网上创业让许多人成了百万富翁,让消费者购物更便捷,物流业发展更迅猛,改变了人们生活方式的同时,也改写了许多人的命运。现代人工作压力大,事业不顺心,本着能够"自己当家做主人"的情怀,自己给自己打工。做网上创业的人最初可能觉得开网店简单,门槛低,而实际上网上创业要比想象的难得多,难的不只是投入多少资金,更多的是技能要求复杂以及资源方面的欠缺。

为了满足网上创业者的现实需求,帮助他们少走弯路,郑州寒冰电子科技有限公司依托发达的互联网和网上的电子商务平台,全面整合网上分散的销售资源和商家商品资源,打造了一个既能满足个人网上创业,又能让商家网上展示、销售产品的电子商务系统。这个系统让个人网上创业变得更容易、可靠,也让商家得到一个真正属于自己的商品展示、销售和企业宣传的网上通道和平台。

针对网上创业者经验与能力不足的问题,寒冰电子科技凭借拥有多年电商实战经验的专家团队,为网上创业者提供网上开店的全程保姆式服务,贴心的客户服务专员,随时解决他们创业路上的所遇到的问题。针对网上创业者苦于找不到合适货源的问题,寒冰电子科技整合了数百家优质货源厂家,为广大网上创业者提供数万种稳定、物美价廉的货源,解决网上创业者的后顾之忧,让他们开网店更简单。公司提供的货源丰富,网上创业者只需要把这些产品数据包从公司网站上下载下来,在客服专员指导下上传到网店,如果有人购买的话,由寒冰电子科技代网上创业者发货。同时,寒冰电子科技还建立了全方位的培训体系,资深的电商专家为网上创业者提供线上、线下全方位的培训服务,从而实现从新手到职业卖家的蜕变。

凭借敏锐的市场洞察力以及真诚、用心的服务,寒冰电子科技获得了众多网上创业者的认可,在激烈的市场竞争中闯出了一片天地。

淘宝网站管理专家

郑州熙虎科技有限公司成立于 2011 年 3 月,是一个为中小微企业提供全方位服务的联盟平台,主要服务有网店建设、网店托管、营销培训、广告代理、货源提供、代购代销等。公司的员工共 20 余人,全部都是 80 后、90 后的年轻人,充满了朝气和活力,带来的是互联网的新鲜思维。

熙虎科技依托互联网和电子商务平台,全面整合分散的销售资源和商家商品资源,打造一个既能满足个人网上创业,又能让商家网上展示、销售产品的电子商务系统。这个系统让个人网上创业变得更容易、可靠,也让商家真正得到一个属于自己的商品展示、销售和企业宣传的网上通道和平台。

公司董事长在淘宝公司工作多年,拥有丰富的行业经验。公司目前自己经营的网店有 4 个,涉及行业有女包、家居服、整体橱柜等。其中一个网店在短短一个不到半个月的时间里,经过公司运营的精心策划,举办了一个淘宝促销的活动,从 3 星的信誉迅速提升到 3 钻的信誉。

正是基于丰富的行业经验,及亲身经历的过程,公司为小微企业提供全面的建站指导及开店服务更加顺手,无论是在网上注册店铺,还是认证、上货、发货、交易结算、网店推广、装修及信誉评级经验技巧交流等一系列业务,均能从专业角度进行全程指导,理论加实际操作、一对一、面对面服务,并能提供众多货源,代理发货,解决创业者网上开店创业的一切后顾之忧。

熙虎科技同时也是一家专业网店培训机构,服务于网上零售业的企业及个体,帮助广大学员获取全面的网上创业知识、经验、技巧,协助广大学员在网上创业、就业!

公司已经成功帮助网民开店 5 000 多家,85% 以上的店主经过公司的跟踪培训和指导,都已经至少稳定在每月 1 000 ~ 2 000 元的纯利润,甚至一些用心的专业做淘宝的网民每月已经达到 5 000 元的纯利润。

对于未来的发展，熙虎科技力争在 2 到 3 年的时间里钻研一套成熟的淘宝集市、商城经营方略，成为在行业里首屈一指的专职淘宝托管公司。

创新模式，迎天使

河南情同一家电子商务有限公司注册于国家高新技术产业基地创业中心，主要从事电子商务、计算机技术、环保材料的研发及销售。目前主要是以强大的互联网平台网站对接房屋装修，完全以免费的形式服务于全国需要装修房子的业主和需要购买家具等生活用品的客户。公司于 2015 年 10 月刚刚获得 500 万元天使轮投资，由世界著名的投资集团领投。投资集团副总裁杨总非常看好公司前景，提出希望，争取 2016 年 3 月能够进入全国范围的市场，公司进入快速发展阶段可再次领投 2 亿元。

一、找对行业痛点，建立装修平台

那么，情同一家到底做了什么，能让风投如此看好呢？

在现阶段，河南情同一家电子商务有限公司主要是以旗下"别骗我装修网"强大的互联网平台对接家装需求，以免费的形式服务于全国有装修需求的业主及需要购买家具、家电等生活用品的客户，以网络平台大数据为中心，以研发环保建材、绿色生活用品和智能家具为基础，造就发展的神话。

"别骗我装修网"最初是由"90 后"CEO 张博文创建。他在自家装修时，由于是第一次装修自己的爱家，发现装修行业的规则混乱，无从着手，无从选择；装修工期太长，他也不可能整天盯在工地上，各种明里暗里的黑幕，让其苦不堪言。经历了这些，他在 2015 年大学毕业后，就痛定思痛，着手调查分析家装行业的规则，并在网上寻求合作伙伴进行创业。就这样，一群想要改变家装现状，重整装修行业规则的小伙伴们聚合到一起。

创业团队非常荣幸地邀请到具有 20 多年创业经验，前后成功创立 6 家企业，具有丰富商业实战经验及成功商业模式的"70 后"张红军作为企业顾问。同时，张红军也成了公司的第一位天使投资人，前期提供了 200 万的天使资金，成立了"河南情同一家电子商务有限公司"，将旗下装修平台命名为"别骗我装修网"，致力于解决广大业主装修顾虑，让装修不再是一件头疼的事情。

2015 年 3 月份，企业顾问张红军前往深圳考察时，在同一航班上遇到了做智能家电的杨总，两人无意间就聊了起来，从房屋装修谈到智能家具家电，从家装的种种问题和混乱的市场规则谈到装修行业的发展趋势。随后，二人又不约而同地参加了一个电商论坛。杨总对"别骗我装修网"平台项目解决的用户痛点非常认可，并决定做公司的天使轮投资人。

情同一家致力于家装第三方服务平台，通过线上线下的联通，为中小型装修公司、项目经理、装修师傅提供交易平台、办公场所、品牌宣传、信誉评估、支付担保、材料集采、业务培训和经验交流；为家装业主与装修工、队搭建一个沟通和信任的桥梁，提高装修效率和质量，降低交易成本和中间环节费用，让业主装修不再费心伤神。而且，公司承诺平台上不收取业主任何费用,也不抽取装修队、设计师任何分成。

二、创新模式,赢取供求双方

"别骗我装修网"实施的第一个阶段,就是互联网思维的体现,不收取商家的任何利润。此项模式又有不同,即商家需要缴纳保证金入驻平台。保证金的目的是为了预防,如果装修期间商家有违规或者后期有装修遗留问题没有解决,公司作为第三方经过判断,如确实是商家的责任,在和业主、商家协商后,公司会以商家的保证金先行赔付业主,这么做是为了让业主能够放心、信任,同时,业主也情愿把装修款项的全部或部分交给平台进行担保。

只有在业主确认工程无误,付款给商家后,公司才会直接付款给商家,既保证了商家的装修款,也保障了业主的资金安全,这样平台就产生资金流动。而这些资金都会放到"中国农业银行河南情同一家电子商务有限公司基本账户"里面,这个账户是受银行、税务、工商局严格监督的,公司前期的盈利就是这些保证金在银行里产生的利息。

平台的建立,还可以为供求双方带来如下的利益:利用在线设计,业主自己参与设计,专业设计师提出更合理的改进方案;手机和电脑都可以实时监控施工过程,让业主觉得像玩游戏一样;标准化施工流程解决无规律、无标准的施工和材料,力求装修可控;免费为工长或项目经理服务,解决接活难、被中间环节压榨的局面;每个城市结合 50~100 个工长或项目经理进行集中采购原材料,直接出厂价给工长,提高工长的竞争力;由家装行业资深专家教学和培训水电工和泥瓦工,培育出有学问的装修工人,解决工长或项目经理对高素质工人的需求问题。

公司在获得天使轮投资后,会投入资本,通过环保材料研发团队和智能家居的研发团队,进行"智能家居、智能电器"的研发和生产,以及其他跨行业的高科技产品研制。通过装修的免费服务为入口,让业主和工长感受公司诚信的服务体系,引导购买软装和智能家居,做大做强后庞大的销售量就会来到。

情同一家依托"中国建筑装饰协会"做全国最大的"家"商务平台,以房屋装修为切入口,以强大的网络技术为基础,进入智能家居、环保建材、环保电器、绿色食品等吃、住、行的全方位网络平台,跨行业整合中国家装市场,谋求更大发展。

适逢创业园,始建云平台

郑州雅晨生物科技有限公司是由海外留学归国的李海峰博士牵头创办的科技型企业,主要致力于医用电子产品领域,是一家集研发、生产、销售为一体的科技型公司,位于河南省国家级留学归国人员创业园区内。创始人李海峰 2009 年毕业于日本千叶大学医用电子专业,2013 年以"阻塞性睡眠呼吸暂停综合征治疗仪"为创业启动项目,该技术为公司团队自主研发技术,属国际首创,技术成熟,可以产业化。

一、初次创业,艰难退出

2004 年,河南大学医学院临床医学专业毕业的李海峰到日本深造。由于对物理和电子存在极大的兴趣爱好,他选择了跨专业攻读医用电子专业,研究方向是人的感觉反馈机制,以及神经肌肉的电刺激疗法。攻读硕士的过程中,李海峰逐步接触到了国内外先进的医疗器械,他在感慨日本医疗科技发达的同时,也意识到了国内在这些领域与国际的差距。

2010年10月,胸中那颗爱折腾的心在燃烧,已经开始博士课程的他毅然选择中途退学,回国从事医疗器械方面的创业,希望能利用自己的海外经历和关系,逐步将国外的一些先进的技术和产品导入国内。

回国初期,他与朋友一起开办了一家商贸公司,主要做医疗器械的销售工作,但是,一年后他选择了离开这家公司。李海峰说:"当时创业时考虑得比较简单,就是想把日本先进的东西引入到国内,其他的没想太多。没有公司管理、产品销售经验,凭着一股冲劲走上了创业的路。公司成立初期,没有市场代理权,客户资源又少。但是,销售比的就是市场和客户资源,像我这种刚回国的留学生一不懂销售,二没有公司管理经验,所以公司当时是入不敷出。"坚持了几个月后,李海峰和朋友在经营理念上又起了冲突。按照李海峰的想法,他要成立的是一家科技型企业,引进国外好的技术到中国,而不是做一个简单地卖医疗器械的公司。合伙人考虑的比较现实,他认为技术引进短期内无法为公司盈利,不如做产品代理见效快。2011年6月李海峰退出了公司。

二、二次创业,曙光初现

李海峰离开公司之后,开始了将技术产品化的道路。他首先想到的是与国内现有的医疗器械厂家合作,以技术入股的方式参与。几家公司都是在听完李海峰对技术的介绍后表示很有兴趣,但当谈到合作方式时,对方提出的苛刻条件令李海峰和他的团队无法认可,合作以失败告终。也正是从这件事情上,他意识到这种合作模式的弊端和风险。经过慎重考虑,团队决定寻找风险投资商。

既然决定自己做,首要的事情就是寻找对这个产品感兴趣的投资商。找投资商大概用了一年多的时间,这也是最困难的时期。因为没有成型的产品,鲜有人能够看重。有次为了能见上一个非常忙的投资商,李海峰甚至开着车在高速公路入口处堵他,为的就是能够向他介绍产品,希望能打动投资商。

最后,终于找到了投资,李海峰做好阻塞性睡眠呼吸暂停综合征治疗仪的样机,拿到江苏省人民医院和河南省人民医院进行了临床试用,得到了相关领域专家的称赞和患者的认可。凭借着专家的评价,李海峰也终于拿到了天使投资。

三、归国创业园里,公司起飞

2013年9月,郑州雅晨生物科技有限公司应运而生,公司历经坎坷终于成立了。随之而来的问题也多了起来。一个好的产品必须满足质量、服务和市场导向三个要求。好的技术未必能生产出好的产品;产品质量再好,如果定位不恰当,就吸引不了人;即便吸引人,市场营销做不好,同样卖不出去,三个条件缺一不可。经过临床试验,公司产品的质量没有问题,接下来就是定位和市场推广问题。

雅晨所在的地方发是中国河南留学人员创业园。创业园是中国留学人员创业园联盟的理事单位,是河南省唯一的国家级留学人员创业园,位于河南省郑州市经济技术开发区内。在雅晨创业的初期，留学生创业园对公司的帮助非常大，除了提供办公场地，最重要的是园区的创业导师提供的创业指导意见及与创业团队之间的交流，而且还有国家对留学生创业提供的一些资助等，为公司的发展提供了有力的支持。医疗器械行业相对来说运行周期较长，如果没有创业园对初创公司的指导与帮助，公司不会进展如此顺利。

四、创新不断，创业不止

在发展的道路上，雅晨坚持技术引领，不断促进技术创新。在阻塞性睡眠呼吸暂停综合征治疗仪成功之后，雅晨没有松懈，又加快研发进度，研制出雅晨鼽克中频治疗仪，迅速占领了市场。

随后，技术团队又把医疗与互联网结合在了一起，创新性提出了组建睡眠呼吸健康云服务平台。平台主要由智能硬件、云服务器、医生端 App、子女端 App 四部分组成，可实现对患者健康数据的电子化采集，实现睡眠生理参数实时监护及睡眠呼吸进行暂停智能诊疗，实现真正的"互联网+医疗"，满足不断增长的高级医疗需求。

2015 年 5 月，郑州首届国际创新创业大赛决赛在郑州市会展中心成功举行，公司凭借"睡眠呼吸健康云服务平台"从众多项目中脱颖而出，荣获第三名。

UFO，创业者的第一间办公室

UFO 是"Your first office"英文单词的缩写，意为"你的第一间办公室"，旨在帮助有创意的年轻人迈出创业的第一步。UFO 众创空间于 2014 年 9 月筹备，11 月启动，2015 年 5 月开放，是河南省首家众创空间。目前，UFO 创空间已入驻创业团队 80 多个、小微企业 47 家，成功孵化案例 6 项；聚集天使投资人和投资机构 3 家，可自主支配投资基金 5 000 万元，已为创投项目累计融资 800 万元，其中包括"嘟嘟科技"100 万元、"昂尼斯特"500 万元、"科梦多"200 万元。在"双创"时代背景下，UFO 大胆进行新型商业模式的探索，打造开放共享孵化平台，深层次、全维度为创业者服务。

一、具有全服务链条的综合创业服务平台

全链条创业服务是 UFO 众创空间最大特色之一，也是其核心竞争力所在。UFO 众创空间服务系统包含协作式创业空间、保姆式创业服务、产业链业务对接、天使种子投资注入、基金助推企业加速、产业资本培育发展等方面。具体包括多元办公空间、日常运营支持、全程创业辅导、关键合作对接、组合投资支持、可选增值服务等。

UFO 的物理空间的设计理念是轻松、温馨，2010 平方米的场地，在创新创业硬环境建设方面分割出了创新礼堂、路演大厅、创业会客厅、创业交易所、创服生态圈、创业咖啡、创业跑道、开放办公室、独立办公区、CEO 办公区、创业头脑风暴区等空间，可以为创业者提供综合性的服务。

二、全周期产业孵化平台

UFO 众创空间是河南省首批认定的省级众创空间，是郑州市人社局认定的新型创业

孵化平台,是郑州市青年创业就业基地。它以三级孵化服务为手段,以初创期、成长期和扩张期三个不同发展阶段的企业为孵化对象;以企业成长生命周期为标准,为企业分别提供基础层面、提高层面和发展层面服务,以达到"降低创业成本+提高创业成功率"目标,促进科技成果转化、培育高新技术企业和企业家的宗旨。同时,稳步推进"三级孵化服务体系"建设,搭建具备集约化、多元化、网络化和综合化的孵化器运营平台,成为河南省综合性科技企业孵化器。

与传统科技企业孵化器的区别在于,它不仅仅关注某一阶段的科技孵化项目,而是一个从项目创意到成立公司,再经初创期、成长期、成熟期、重组期等全周期产业孵化平台。通过 UFO 众创空间孵化培育,创业创新者完全可以从一个什么都不懂的人成为一个合格的企业家,成为一个科技成果拥有者,成为一个高新技术企业、上市公司的拥有者。

三、网格化的综合孵化平台

UFO 众创空间不仅仅是一个物理空间,还是创新与创业,线上与线下,投资与孵化相结合的网格化创新创业综合孵化平台,通过网格化联合创业咖啡、创业书店、高校,金融机构、创投机构、律师事务所、会计师事务所、产业园、网络平台形成"UFO 众创空间创新创业综合孵化平台"。UFO 众创空间的发展路径和价值取向,旨在整合创业者、投资者两项教育,通过平台孵化、产业支撑、资本助推三大手段,发展孵化器、联合基金、接力学院、网商虚拟产业园四大板块,实现创业促进、就业拉动和产业培育的三个价值。

UFO 联合基金集合多种资本渠道,是涵盖种子、天使、VC、PE 的全周期投融资平台。运用"中国动力嫁接全球资源"的模式,努力成为全球资源配置的专家,持续为社会发展创造价值。UFO 联合基金以产业投融资业务为支柱,以投融资相关增值服务为延伸,为创业者提供相关金融服务,助推中国区域产业发展。

UFO 接力学院集聚一批知名创业导师、企业家、投资人、专家学者,联合主管部门,通过分享、传承、教练、助跑,以及政策解读的接力方式,致力于创业、创新、企业家精神的传承,通过深度沙龙、私董会、企业教练等形式,促进创业者分享交流、碰撞激荡、协作互助,为创业者提供智力、经验的支持与传承。

网商虚拟产业园是依托于互联网的一个电子商务企业或个人的集群,以发展电子商务、促进虚拟经济、实现小微网商产业发展为宗旨的产业园,专注于第三方电子商务服务以及技术支持。

UFO 众创空间以自身特有的价值评判标准和业务渠道,向入孵企业等提供专业、专项的个性服务产品和贴身创业空间。

四、开放的、面向大众化的孵化载体

传统的科技企业将孵化项目分割在一个个封闭的房间里,同时科技工作者和科技项目入孵的门槛比较高,形成了一定的局限性。作为"大众创业,万众创新"在河南省的实践者和推动者,UFO 众创空间将为创业者提供了开放的办公区域,使得大家形成良好的创业思想碰撞,线上虚拟产业园和线下孵化场地面向所有的创新创业者开放。UFO 众创空间将在坚持科技成果转化平台、高新技术企业和企业家培育平台的定位基础上,努力实现开放和大众化,力争为创业者提供无中生有的机会,让创业者更有尊严,无限降低创

业的门槛,帮助创业者成功。

五、"互联网+"的新型科技企业孵化器

"互联网+"已经成为一个创新热词,众多的创新创业项目与互联网相关。互联网已经渗透到 UFO 众创空间方方面面,无论是 UFO 众创空间本身体系的建设,还是为在孵企业的服务提供上都闪现着互联网技术和应用的影子。UFO 众创空间采用互联网和物联网的相关技术,实体的在孵场地和虚拟的产业园相结合,打造一个线上和线下的新型科技企业孵化器,使得在孵企业无论在现实中还是在互联网中,还是在移动平台上,可以随时随地得到孵化服务。

我们只服务地方公众号

2015 年,地方微信公众平台获得快速增长,可谓是地方微信公众号发展的元年。随着公众号粉丝的快速增长,拥有海量粉丝的地方公众号也迅速发展起来。但目前也遇到了很多问题,比如粉丝增长减慢,盈利能力不足,团队运作裂缝等,况且,大多数地方公众号的盈利渠道来自广点通、活动广告和微商广告,收入不稳定。

随着经济寒冬到来,地方公众号运营者也面临寒冬的雨雪。2016 年将成为地方公众号发展的分水岭和洗牌阶段,一大批公众号将沦为广告发布机,并慢慢被市场淘汰。那么,地方公众号如何度过寒冬,并在寒冬中找到符合自己优势的发展方向呢?嘟嘟科技应时而起,和地方公众号运营的小伙伴们一起携手度过寒冬,找到适合地方公众号的生态发展方向。

河南嘟嘟计算机科技有限公司是国内领先的微信第三方开发服务商,专注于三四线城市公众号开发,基于地方公众号运营的产品功能、专业的服务体系、完善的落地培训,助力地方公众号生态发展。公司自主研发了嘟嘟微生活系统,将服务超过 1 500 个城市公众平台,50 万个商户,整合将近 1.5 亿的地方微信精准用户。在这样的生态系统中,企业就有了客户的资源,客户可以在这个系统里形成一条龙的消费链条。

嘟嘟微生活的主要功能必然以同城服务、好店商户入驻、大牌抢购、微信支付收银台等为主,协助地方公众号进行线下业务开拓和粉丝经济落地。也正因为嘟嘟微生活是对地方公众号的创新协作模式,2015 年 7 月,嘟嘟科技的微生活系统,即新媒体联盟平台获得河南省首笔众创空间天使投资 100 万元。

有了创新模式,更要有好的合作活动。2015 年 12 月,嘟嘟科技首届合作伙伴培训会议在郑州总部举行,来自全国各地 200 多名地方公众号创业者参加了会议。会议围绕地方公众号运营团队组建、盈利模式、微信支付闭环、粉丝经济、粉丝新增长渠道扩展、如何获得政府、银行、企业主的合作、地方公众号解决创业资金等方面展开培训与讨论。

嘟嘟科技旗下全资子公司河南嘟嘟到家科技有限公司(嘟嘟到家)和郑州嘟嘟优鲜电子商务有限公司(嘟嘟优鲜)筹备完毕,即将携手地方公众号落地同城 O2O 和电商+实体店项目,打造一个地方公众号自成闭环的发展生态圈。

仪器在线生态圈就在这里

新乡市昂尼斯特仪器设备有限公司于 2013 年成立，是一家高新技术与互联网运营相结合的新型互联网+仪器设备企业。

昂尼斯特的创始人是一位 80 后，河南科技学院的毕业生刘俊森。凭借"亲切、平等、自由、开放"的管理态度和科学规范的管理模式，公司凝聚了大量优秀人才，逐渐形成了网络运营部、海外仪器部、研发部、工程部、营销部等分工明确、高效运行的精锐团队，也使昂尼斯特拥有了优秀的人才原动力。

企业成立后，刘俊森以敏锐的眼光，看到了仪器设备企业在发展过程中也必然要跟网络化联系在一起，于是昂尼斯特一方面利用自身的高精技术核心优势，形成以智能产品研发、咨询规划服务，提供智能实验室、展厅、展馆应用解决方案相结合的技术与业务服务体系；同时，自主建成了大型仪器行业垂直门户网站——仪器在线，实现了仪器行业从生产、销售、培训、使用、维修、到耗材配件的一站式全程在线服务，打造了全新的仪器设备行业生态圈，真正做到了价格透明化、技术共享化、资源整合化，更好地服务广大用户，全面强化了门户网络平台在行业信息化应用中的地位。

具体来说，昂尼斯特凭借着强大的技术力量，在线下以研发高新科技类仪器设备为主，主要包括智能实验室、教室、博物馆、展馆的整体方案设计和工程施工；自动化温室、人工气候室的定制设计与建设；各种实验、教学、办公仪器设备的销售、定制、维修及改造；超大弧形幕、多投影融合、大型触摸屏、电子沙盘、虚拟解说、3D 全息成像、互动投影、互动橱窗、室内全彩 LED 屏、多点触摸、互动抢答、空中翻书、触碰点播等智能多媒体设备，以及智能家居产品的开发等。

而在线上，自主建设了大型仪器设备行业垂直门户——仪器在线。网站主要由七大版块组成——资讯版块、采购版块、售后版块、教程版块、帮助和服务中心版块、互动中心版块、会员中心版块。

这个平台聚集了国内最全最多的仪器设备厂家、经销商、采购商以及进口仪器厂家，并拥有全国最大的仪器设备综合售后服务平台和最专业的仪器设备专家库。

这样一来，高新技术与互联网运营相结合，线下仪器设备、产品与线上仪器行业门户网站相互配合，就呈现出智能仪器设备的新型商业运营模式，自身形成了生态闭环，而昂尼斯特的目标就是致力于在专业化层面为大众提供一个便捷有效的智能设备生态系统。

2015 年 7 月，昂尼斯特因倾力于智能仪器的开发及仪器在线平台的搭设，获得河南省首笔众创空间天使投资 500 万元。昂尼斯特近期整合了美国哥伦比亚大学的智能无人机创业项目，计划拟于 2017 年新三板上市。

让互联网为企业创造实际价值

郑州科梦多科技发展有限公司,成立于 2007 年,始终以"让互联网为企业创造实际价值"为使命,凭借雄厚的技术实力、专业的服务团队、强大的资源背景,为企业提供网络营销整体解决方案。

经过近 10 年的发展,从最早期的单一建站,到如今提供网络营销整体解决方案,公司积累了大量的互联网营销经验,也使科梦多与一般以代理网络产品和网站开发业务为主的网络公司区隔开来。公司更善于帮助中小企业精准地寻找客户,通过网络找到客户信任度提高的问题,解决客户把询盘行为转化为销量的问题。

公司强大的"善于"源于科梦多网络营销研究中心。中心是以提升企业网络营销应用效果为总目标,以研究不同行业网络营销整体实施方案、网络营销平台搭建与推广、网络营销效果评价与优化、企业网络营销人力资源外包培训为方向,集科研、开发、技术与人才培训服务于一体,致力于企业网络营销应用推广服务及网络营销高级管理人才培训的研发部门。中心汇集了省内 10 余名知名网络营销专家,其中具有博士学位的 6 人,硕士学位的 8 人,包括著名网络营销专家司林胜教授,都有丰富的网络营销推广和企业品牌建设的实施经验,网络营销方面的研究成果众多,在网络营销教育和培训领域享有盛誉。

中心拥有完备的多媒体培训场所与设施设备,已经累计培训企业网络营销人员2 000余名,高校电子商务专业学生近千名。

科梦多网络营销中心还与省内高校及相关部门保持了密切的合作联系,中心对网络营销的发展保持高度的关注,不断把科梦多服务企业的客户案例和遇到的难题进行分析、研究,创造性地提出新的网络营销方法及手段,帮助中小企业更好地利用互联网创造价值。

科梦多外包服务实行的是项目经理负责制,让最有经验的项目经理来带领整个项目,最大限度地优化配置各类资源,优质高效圆满完成营销任务。这是科梦多与其他网络公司又一个不同之处。

科梦多让客户看到了它营销的专业,网络运营的娴熟,从而带来了项目订单的纷至沓来。

空中的"互联网+"

河南沃达航空科技有限公司是一家以业界先进的多旋翼飞行器为主导,以互联网解决方案为中心,为各行业提供无人机应用服务的公司,主营虚拟城市、空中全景、人文景观、企业宣传、地产航拍、无人机植保等服务项目。公司的创始人杨帅方带领的团队在2015年4月获得了种子轮天使投资。

杨帅方，一个典型的90后，祖籍河南新密，商丘职业技术学院体育艺术系2014届音乐表演专业学生，在校期间曾担任体育艺术系学生会副书记和商丘联通校园经理。他最早于2005年初中期间开始接触互联网，历经多年摸索，积累了一定的互联网理论知识与实践经验。

2014年4月，还在进行毕业实习的杨帅方基于对网络的熟悉和热爱，与人合伙成立了郑州沃达网络有限公司，主要为企业提供互联网信息服务解决方案，以及从事企业信息平台建设及商业新媒体营销等一系列项目，这也为后来无人机与互联网的结合打下了良好的基础。经过一年坚持不懈的努力，成功为数十家公司建立了网络宣传平台，同时也得到了社会众多企业的认可。在这一过程中，也慢慢形成了自己对互联网的独特认识。

当他一手创办的网络公司业绩稳步增长，保持着良好发展态势的时候，他又动了别的心思。经过考察、学习，他准备向无人机领域进军。经过深入调研和分析，2015年4月，他成熟的理念获得"种子轮天使"投资，并借此成立了河南沃达航空科技有限公司，和原郑州沃达网络有限公司业务无缝整合，以互联网+的思维开始专注于无人机的行业应用及开发，成就了空中的互联网+。

这样一个创新的理念，经过孵化、投资，最终落了地。他创建的团队"云客航拍"，涉及领域包括空中与地面全景摄影、影视、人文景观、城市规划、地质测绘、森林防火、企业宣传、庆典广告、大型户外活动、厂区、楼盘等低空动态摄录。公司先后和多家企业建立了合作关系，并荣获《大河报》创客市集优秀项目奖，同时作为河南省国家大学科技园重点扶持企业，免费入驻大学科技园UFO众创空间，进行进一步的项目孵化。

互联网+，颠覆传统安防

康联安防科技股份有限公司创始于1991年，现为中国报警服务业联盟副理事长单位，是中国最早的安防企业之一。康联安防以为大众提供安全保障为起点，拥有互联网报警系统平台，融合互联网+大数据+云计算+物联网+O2O，致力于打造中国云视频互联网报警全新生态系统的高新技术企业。在新的经济形势下，康联安防把技术创新和服务创新作为努力的方向，培养和发展企业的竞争优势。

一、创新联网报警运营模式

康联25年来持续稳定发展，已经成为国内外享有较高美誉的云视频互联网报警领导企业之一，也是国内早期把特许经营连锁商业模式引入安防行业的企业。近年来，公司积极响应国家宏观经济政策，大力发展现代服务业。在"大众创业、万众创新"的经济引擎号召下和"互联网+"的趋势机遇引导下，康联审时度势，将工业产品和信息充分融合，拥抱互联网，在"用户体验和服务"为核心的互联网思维下，不断提高产品研发能力，开发了云视频互联网报警产品,以提升用户体验满意度为中心,把产品的品质和服务做到了极致。云视频互联网报警产品自上市以来,将"平台+数据+智能硬件+服务+保险+互联网金融"的全新互联网生态圈的新商业模式,在社会和行业内受到广泛的赞誉。

报警服务在经历了防盗报警向视频复核的方向发展后,视频服务已经成为报警服务系统的重要组成部分,由联网报警转型视频联网具备天然的优势。近年来,视频服务已经在联网报警服务系统的比重不断增加,有效提升了出险效率。在政府提出"互联网+"的概念后,报警服务作为最早的联网服务模式实践者,借助联网报警平台转向信息服务平台已经是发展的趋势。目前,已经有报警服务公司开始这方面的探索,是报警服务发展的新机遇。康联多年来一直提倡实现跨界资源融合,积极布局信息资源融合战略,所以开创了"平台+数据+智能硬件+服务+保险+互联网金融"的全新联网报警运营模式,在"互联网+"时代实现资源融合,以信息的"量积"带动经济效益的发展。

经过 20 多年的精心布局,康联经销商已经遍布全国各地。现在康联已经成为国内外享有较高美誉的云视频互联网报警领导企业之一,也是国内较早把特许经营连锁商业模式引入安防行业的企业,近年来,公司积极响应国家宏观经济政策,大力发展现代服务业。在"大众创业、万众创新"的经济引擎号召下和"互联网+"的趋势机遇引导下,康联审时度势,以工业产品和信息充分融合,拥抱互联网,在"用户体验和服务"为核心的互联网思维下,开发了云视频互联网报警产品,以提升用户体验满意度为中心,把产品的品质和服务做到了极致。云视频互联网报警产品自上市以来,以"平台+数据+智能硬件+服务+保险+互联网金融"的全新互联网生态圈的新商业模式展现给大家,在社会和行业内受到广泛的赞誉。

二、持续创新,拓展发展空间

但与此同时康联也清醒地认识到,相对国外成熟的安防企业,我们还有很大差距。康联希望通过与相关企业共同努力,尽快缩小与国外企业的差距,打造具备中国特色的报警服务业发展之路,也希望与更多的报警服务企业加强沟通,通过跨区域的合作与交流,形成深度合作平台,只有加强合作才能更快地实现中国报警服务业的快速发展。

随着"互联网+"的概念更加深入人心,以满足个性化需求为主的智能硬件将会成为今后制造业发展的主流,安防报警行业也不例外。特别是"智慧物联"的推进,个性化的智能报警设备将会成为市场追捧的热点,场景化应用将会是报警产业的热点和方向。公司也将加大开放式平台的建设,同时推出各种基于网络化传输和连接、具有基础智能化功能的、满足不同使用场景的智能报警设备。

围绕市场需求的发展变化,康联提出了要建设"311111"工程。3 年内在全国打造 1千家康联品牌形象店,支持 1 万个大学生创业,服务 100 万商家、100 万家庭、100 万辆汽车。康联为了消除人们生活环境中诸多不安,以安全事业为起点,在防盗、消防、保险、助老、位置信息服务等事业领域为社会提供着多种服务,使民众的生活质量和幸福指数得到进一步提高。公司内设的"康联商学院",更是为进一步提高服务水平,定期举办以互联网报警市场运营、互联网增值服务、销售管理等主题的交流培训会,旨在为国内安防及互联网行业的健康有序发展提供一个交流、提升的平台。

一路走来,康联安防凭借锐意进取的企业精神和优质的产品与服务,获得《保安服务

许可证》《安防施工一级资质证》、产品 3C 认证、ISO9001 质量管理体系认证;获得联网报
警系统发明专利、软件著作权专利证书等多项;先后获得"中国安防行业十大影响力品
牌""中国安防行业用户满意十佳品牌""公安部 3111 报警产品指定供应商""中国安防
十大民族品牌""中国报警服务业联盟副理事长单位""中国安防百强企业""中国安防诚
信供应商三十强""中国安防 10 大用户信赖品牌""中国最佳口碑区域联网报警中心管理
平台"等荣誉。康联的目标是做中国云视频互联网行业的领导者,为社会提供"一站式、
一体化、一生"的安防服务,继续秉承"创新、诚信、双赢、永远"的合作理念,与合作伙伴合
作共赢,共同成长。

借助金融平台再腾飞

随着"互联网+"概念的兴起,互联网金融话题越来越热,互联网金融已是中国新常态
下的新引擎,互联网金融产业契合了当下中国市场发展的需求。

河南国豫金融服务有限公司成立于 2014 年 3 月,是以互联网金融、财富管理和投资
管理为主要业务的创新型金融服务机构,通过国豫银盾金融平台提供小微借贷和线上普
惠理财服务,支持小微企业发展,并为个人投资者提供更多的投资渠道,使之得以分享中
国实体经济的繁荣与发展。

国豫银盾平台隶属于河南国豫金融服务有限公司,2014 年 5 月开始筹办,6 月召开
了地市合伙人招商会。通过对项目的深入了解,网上咨询、投标国豫银盾平台项目的客
户日益增多,尤其是河南本土的客户更是热情洋溢,对国豫银盾互联网金融平台情有独
钟。经过几个月的衔接、调试和逐步完善,成为一个全新的互联网金融服务平台。国豫
银盾以打造河南最大的金融理财借贷信息服务平台为己任,做好投资者的小管家,努力
成为投资者小资金最安全的保险柜,并让小资金通过更好的排列组合发挥更加强大的财
富效益。

国豫金融拥有强大的技术团队,团队成员都是国内从事互联网行业多年的高端人
才,有的还曾经参与过谷歌中国的技术开发,对于平台必然能够做到安全、稳定。国豫银
盾的金融支持团队由有着银行、信托、保险、担保等行业工作经验的人员组成,非常熟悉
金融行业的操作流程及规范,可以提供专业的进入服务。

由于金融属于高风险行业,专业的法律支持是必不可少的。国豫银盾的法律顾问来
自河南知名律师事务所,该律师事务所是河南第一批拥有经营证照的事务所,扎根河南
服务河南几十年。

随着国豫银盾的交易量日渐增长,用户数量不断增多,国豫银盾用户对移动客户端
的呼声也越来越高。2005 年 8 月,国豫银盾为了让投资者轻松玩转 P2P 理财,继平台系
统上线后又一款自主研发的新产品手机 APP 正式上线。这标志着国豫银盾将带领投资
者全面进入移动理财时代。

河南人 好出国

据不完全统计,2015 年,我国对外劳务合作派出各类劳务人员 47.6 万人,较 2014 年同期减少 2.2 万人,同比下降 4.4%。受整个经济发展速度放缓的影响,对外劳务合作市场也进入了寒冬季节。深港国际经济技术合作有限公司正处在这个较冷的市场里。

深港国际经济技术合作有限公司是经郑州市人力资源和劳动保障局批准的一家专业从事国内外劳务派遣、劳务输出、电子商务、商务服务的社会服务机构,是中国外派新加坡协调机构成员单位,河南省对外经贸先进企业,省级守合同重信用企业。

面对整个行业持续下滑的态势,深港怎么发展?往哪个方向发展?深港国合也在探索着发展的道路。

为了进一步深化对外开放,国家出台了"一带一路"的战略规划,河南省也正处在这个规划的节点之上,这为公司发展的创造了有利契机。深港国合利用这一机会,采取了有针对性的措施,拓展服务领域。

深港国合继续改进和完善服务模式。对现有的出国务工人员实施全方位的贴心指导,对每个环节做到专业、有效,从而打造本土最专业的人力资源外包服务供应商,成为市场化程度高、专业水平优、服务体系健全完善的专业 HR 外包服务企业,为加快建设"一带一路"线路上各个国家所需各类高技能、高素质人才提供优质服务。

与互联网结合,寻找公司发展的突破口。于是,一家互联网+对外劳务的行业探路者就诞生了。深港国合利用移动互联网的巨大优势,开通了"好出国"微信公众号,通过移动互联网服务于广大出国务工的劳动者。通过这个公众号,务工者可以了解到国家的有关政策信息,国外企业的人员需求信息;同样,通过公众号,可以办理出国务工的相关手续,方便而快捷。

进入 2016 年,深港国合又在努力建设"好出国"互联网平台,希望能够借助平台的力量,整合人员输出、派遣的各方资源,并通过互联网大数据,进行精准匹配,减少中间环节。借助互联网完成劳务 O2O 的闭环,深度满足出国劳务各方需求。

我们期待着深港国合有更加优异的表现。

复利理财金融平台

2007 年 8 月,中国首家 P2P 平台——拍拍贷在上海上线,同年 10 月,宜信网贷平台上线,中国互联网金融行业萌发出初生的新芽。截至 2015 年 6 月,中国已有互联网金融平台 2 723 家,已呈现百花齐放,百舸争流局面。2015 年 7 月,银监会、央行等 10 部委联名发布《关于促进互联网金融指导意见》的行业发展规划,2015 年 9 月,银监会透漏行业监管细则已进入深水区,即将发布,行业发展即将步入规范化。

国内的互联网金融发展多年,经历了 1.0、2.0,直至今天的 3.0 阶段。1.0、2.0 阶段,中国互联网金融由萌芽至成长阶段,不断前行,从业人员从互联网行业人员转变为银行、资产管理公司等不同行业的人员,由纯信用到个人征信结合实物抵押,从线上到线上,不同的管理思维引入了多种形式的管理模式,行业得到快速发展。

经过多年的行业洗礼,互联网金融已经进入一个全新的阶段,创新势在必行,为更多的投资人提供更好的投资选择,是未来 P2P 行业的发展生路。安全、透明、自由、可控等传统金融的生存理念同样适用于 P2P 行业,参与感、体验度是考核互联网行业发展的唯一标准,让更多的人喜欢你,是互联网公司生存下去的唯一选择,互联网与金融的结合,就是人与人之间信任与选择的过程。

河南麦金顿资产管理有限公司创办于 2014 年,主要经营民间金融业务,旨在聚合社会资本,服务广大小微企业或个人,解决中小投资者投资渠道匮乏及小微企业融资难的困境。公司拥有完整的产品研发、风控、财务、法律、客服等职能体系,是一家深得广大投融资客户信任的创新型金融公司。

财富 N 次方(www.ncfcf.com)是麦金顿基于 O2O 模式创办的线上服务平台,通过将线下业务与互联网结合,以债券转让形式,为广大中小投资者及小微企业提供更便捷的投融资服务,平台以安全、透明、诚信、高效为服务宗旨,在致力于区域经济发展的同时,让广大中小投资者实现轻松理财,实现财富 N 次方增长。

财富 N 次方平台通过一年多的学习、探索、归纳、总结、思考、创新未来完整路径,经过了漫长的迷惘和探索期,深挖互联网本质,探根究底,不忘金融初心,最终形成了平台与人共生,人与财富共荣的发展理念,并将其作为平台发展的宗旨。

在平台框架、结构方面,财富 N 次方从网页结构到色彩搭配,从优化路径到投资人体验都进行了不同程度的优化与调整,以现代互联网的发展思路来重构平台的基础结构,通过不同板块和内容的巧妙设计,丰富平台的可阅读性。

运营模式上,财富 N 次方平台通过平台开展各种活动,强化与线上各类投资人的互动,通过线上签到、活动,线下参观、投资沙龙等形式,与投资人之间建立互信,让投资人参与平台的管理、业务、风控、推广等全部流程。

财富 N 次方平台基于互联网金融模块,依靠数据和流量模型,提供投资人最想要的投资理财产品,通过加强互联网金融的互联网和金融上下游服务,构建以平台客户群体为主体的生态圈。

平台通过分析行业运营的特点及其他互联网行业发展共性,在实现按日积息之后,又引入了复利算法,让每位投资人的投资收益能够最大化。

同时,财富 N 次方基于互联网 3.0 模式,创新了现有的风险控制模式,在保有传统的抵押策略下,适时引入了风险数据流量分析模式,邀请更多的投资人参与平台的日常风险控制流程中,让投资人更加清晰、直观地感受到所投标的物的来源–审核–发标–资金监管–资本回笼–分账等业务交易过程,清清楚楚投资,明明白白算收益。

通过对风险的有效控制,越来越多的人在这里安家,把这里当成自己的一份小事业,实现财富、朋友圈、投资人、平台之间的一个封闭环,从这里不断获取收益,跟着平台一起获得成长。

互联网依然在不断改变着我们的生活,互联网金融作为互联网大浪潮下的一个新行业,也必然随着科技的发展不断地创新和改革。财富 N 次方平台也在伴随着行业政策的变化,不断完善自我,茁壮成长。

全国领先的同城快运叫车平台

前几年,买个大点的东西要往家里运,最简单的方式就是找在市场门口"趴活"的黑车司机,想要经济实惠就只能靠"撞大运"或者"攒人品"了。导致这一现象的原因,正是同城物流行业信息不透明、供需双方资源配置不合理的行业现状。看到了同城物流存在的种种问题,蓝犀牛等独具互联网嗅觉的新生代物流力量迅速崛起。

北京蓝犀牛信息技术有限公司是一家提供同城直送服务的互联网公司,成立于2013年,创始人王栗。公司以技术手段为客户提供便捷的运输体验,客户可以在线下单立即用车,城区 2 个小时内送达。蓝犀牛直接对接司机和用户两端,同时通过加盟的方式,整合社会上的车辆及司机资源来实现同城间的配送。这种众包的模式,与获得腾讯投资的人人快递十分类似,但与人人快递不同的是,蓝犀牛平台上提供的都是面包或金杯一类的客货车资源,旨在解决用户家具搬运、商家用户货物运载、交收派货时的用车需求。目前,蓝犀牛已经铺到了北京、上海、深圳、广州、南京、杭州、成都等 12 个城市。

用户在应用蓝犀牛 APP 时,键入起止地点、车型、人数及其他需求之后,平台会给出相应的价格,用户就可以"确认叫车"了。在后端,蓝犀牛会把需求推送到用户附近的司机,司机自行抢单。

在全行业"互联网+"的浪潮中,蓝犀牛凭借一流的物流能力,两年内发展为货运 O2O 行业的翘楚。在 2014 年 12 月,获得了联想旗下君联资本 600 万美元的 A 轮融资;2015 年 3 月获得了合创投的种子融资。

2015 年 10 月,蓝犀牛完成新一轮 2 500 万美元 B 轮融资,此轮融资由百度领投,富达及其 A 轮投资方君联资本再次追投。究其原因,同城快运蓝犀牛在市场份额规模不断上升的基础上,也开始对 O2O 商业模式进行布局。B 轮融资后,蓝犀牛一方面将进一步拓展城市发展布局,另一方面是提升服务品质,进而提高自身的行业核心竞争力。

在这次融资之后,蓝犀牛与百度的合作更加紧密。蓝犀牛借助百度"O2O+大数据"这把升级传统货运模式的利剑,尝到了订单倍增的甜头。蓝犀牛承诺货主 15 分钟到达发货地,2 小时之内把货物放到或者发到指定的收货地,货主几十秒内就可以完成一次货车召车。就是在这样一单一单完善、高效的物流配送下,蓝犀牛和货主之间建立了稳固的信任关系,同时也让蓝犀牛获得了更多的客户资源和口碑优势。

做同城货运,最终要的就是规划合理的路线,在承诺时间内完成运输服务,入驻到百度地图开放平台成为蓝犀牛战略布局的关键一步。百度地图拥有最全最广的 POI 信息,POI 整体准确率达 96.50%,保证无论在城市哪个角落,一旦货主发出订单,百度地图会相应规划出最佳路线,所用时间、最短距离、预计费用都将直观、透明地展示在平台上。同样,司机在城市的各个角落都可以接收到最优订单,随之而来的变化是订单量的提升和司机效率的提高。

蓝犀牛还可以通过百度鹰眼轨迹服务实时推送车辆运行轨迹,帮助货主实时掌握物流信息,公司、货主、司机三者间形成了闭环的信息接收路线,蓝犀牛能够为货主提供更完善的送货服务。

新兴崛起,情系中原

20 年前,新密人詹新庄靠 3000 元钱开了家货运部。今天,他踌躇满志,努力打造中原物流市场最具成长性和代表性的物流企业。

1996 年,是詹新庄生命中的重大转折。当时,他在温州做造纸厂的推销员。在推销业务时,发现大街小巷不知道什么时候增加了很多货运部,且家家门前排起长队,生意兴隆。詹新庄决定转行,他辞去工作,在宁波开了家物流部。他说:"当时只有 3 000 元本钱,租一间办公室,买一桌一椅,装上一部电话,货运部就开业了。"

当年下半年,詹新庄把货运部搬到郑州货站街。2001 年,他又将个体经营的货运部注册为"新兴物流有限公司"。从此,公司业务走上快速发展之路。如今,新兴物流有限公司已成长为集运输、仓储、中转、配送、信息交流、第三方物流于一体,具有雄厚经济实力和现代经营管理水平的物流企业。

在政策法规体系和行业诚信体系还不够健全的情况下,物流市场秩序比较混乱。如何取得客户的信任是每个物流企业不得不认真思考的问题。新兴物流认为,公司的诚信经营和强大的经济实力是赢得客户信任的前提。为此,新兴物流把公司总部设在管城区金岱工业园内,占地 140 余亩,形成了有公路专线快运特色的月台式库房 100 套、公路货运专线 100 条、仓储 10 000 平方米、综合服务楼和服务大厅三位一体的大型现代物流园区。新园区成为展示公司经济实力的最好舞台和平台,是通向全国各地物流市场的重要通道和桥梁,也为广大新老客户提供了一个名副其实的创富基地。

新兴物流以超前的经营思路,良好的品牌形象,立足郑州,辐射全国,面向世界。为了更好地服务于客户,新兴物流自主研发了 GPS 卫星导航跟踪系统、手机定位系统、管车宝等物流管理软件,全天候、全方位、全过程为客户提供快捷、高效的物流服务。同时,新兴物流能根据客户的具体需求和货物特点,量身定做更适合、更贴切的物流解决方案。大件运输和冷藏运输也是新兴物流的优势项目,与几十家大件运输公司和冷链运输公司建立了紧密的合作关系。

面向未来,新兴物流将以务实、协调、发展的理念,为更多客户在中国的业务拓展和海外扩张提供有力的物流支撑保障,不断回报客户和社会,为中国现代物流事业的发展贡献力量。

传统物流企业开启"互联网+"模式 升级谋发展

河南长通物流公司创办于1991年,至今已是一家"立身"25年的国家4A级大型民营物流企业,河南本土物流第一品牌。互联网的发展对传统物流企业提出了新的挑战,同时也带来了新的机遇,长通物流经慎重思考,于2015年7月确定了基于互联网+四大转型方向,本着立足中原、辐射全国的服务理念,积极主动融入互联网+,发挥企业战略优势、品牌优势和资源叠加优势,实现企业从物流配送服务商到基于互联网的物流平台服务商的战略转型。

一、互联网+物流:一键打通信息流、货物流、资金流

作为河南物流行业的领头羊,长通物流积极主动融入互联网,构筑互联网+物流新模式。今年以来,长通物流"要发货、享发货"的智慧物流体系初见成效。客户通过公司微信服务号、APP、网上订单,已经实现"五秒下单,订单到运单的一键转换"。

在传统的物流服务模式中,客户发货往往需要到物流网点提交收发货信息,由工作人员录入运单信息,完成发货流程。由于大部分客户发货时间往往集中在下午5~7点,客户体验差、揽收效率低,成为客户和物流公司的双痛点。

如今,长通物流创新智慧物流体系,客户通过线上提交订单,订单信息实时推送到揽货员的手机上,揽货员上门取货,核价后,订单一键转化为运单,真正实现足不出户完成收发货业务。

在长通物流的智慧物流体系中,客户还可实时了解货物运行情况、货款资金动态信息,真正实现了"信息流、货物流、资金流"全透明化的阳光配送。

这仅仅是长通物流"互联网+物流"的第一步,未来公司将建立基于供应链管理的物流服务体系,参与客户上下游的智慧收发货体系。客户上下游订单和运单会自动进入长通物流智慧物流体系,无须下单即可自动完成收发货流程。

依托清华紫荆感知物联网平台开发物流信息追溯系统,该系统集成了计算机、网络通信、信息编码及数码喷印印刷等高新技术,结合先进的物流信息追溯管理理念,通过为每件商品赋予(在产品或包装上使用标签或数码喷印)一个相当于该商品身份信息的随机码信息,借助通信网络,实现商品供应商、经销商、消费者之间的商品信息互联互动,对每个产品实现严格的信息化追溯管理。

二、互联网+金融:实现银行保付,实时到款

为了解决物流金融问题,长通物流曾经在十年前联合郑州银行发行了国内首张银企联名卡——商通卡。如今,借助全新互联网技术,长通物流再次联手银行首家推出升级产品"鼎安易",建立银行保付体系,实现了货款实时到账。目前,长通物流与银行系统建立了银企直连,为会员客户提供银行级的资金监管和担保服务。发货人发货时,保付指令从长通物流保付通账户锁定资金至发货人结算账户。收货人提货后,付款指令从长通物流保付通账户解锁资金至发货人结算账户。实现了货款透明化进出,真正从制度上杜绝了挪用货款的情形发生,实现专款专用。

长通物流的客户大多是中小微企业,融资难、融资成本高普遍存在。长通物流将携手金融机构为会员客户提供信用贷款,手续简单,线上申请,实时到账。长通物流为了向客户提供更贴心的金融服务,未来还将尝试联合金融机构,推出更多金融产品,以满足中小微企业的融资需要。

长通物流将为会员客户全网办卡,实现结算升级。升级后,会员客户省内异地全国转账汇款手续费全免、省内异地存取现手续费全免,行内对方汇款手续费全免,省外客户只需在当地再办一张银行卡,签约物流"金管家",资金归集省到家。

三、互联网+生意:资源整合,服务增值

长通物流经过多年发展,积累了数十万家会员客户。在新的发展时代,长通物流将打造平台型企业,向客户分享长通的品牌优势和资源叠加优势,实施"蜂巢计划"以搭建新的增富平台。

一方面,当前长通物流客户多是 B2B 企业,面向 B2C 的激烈冲击往往处于单打独斗局面。长通物流将联合企业抱团发展,整合资源以应对困境。对外,整合分散的客户资源和品牌优势,抱团谋求话语权。对内,长通会借助数十万会员优势,为优质客户的品牌和产品提供展示和撮合平台。最终,长通将形成覆盖行业产业链上下游各级企业的供应链整合平台,为会员客户提供专属线上服务—集广告宣传、信息发布、交易撮合、批发零售于一体的综合服务平台。

另一方面,长通物流未来的发展中,将输出自己的品牌优势、资源优势和战略优势,与客户建立"轻资产"联结模式。长通物流将通过合伙人方式与会员客户在河南省全境共同建设 2000 多个乡镇网点。

总之,长通物流未来将整合优势资源,构建以商流、货物流、资金流、信息流四流合一为载体,以生产型供应链服务、流通消费型供应链服务、采购中心及产品整合供应链服务、供应链金融服务为核心的整合型供应链服务平台。

四、互联网+生活:发力物流电商

长通物流的最大优势是拥有数十万的忠实会员客户。长通物流不仅要在业务发展和事业平台上为客户提供便利,还将推出"长通家"计划,搭建两大平台,力求为客户提供便捷、优质的未来生活服务。

(1)跨境电商和国际代购平台。长通物流已经成立了未来生活进出口公司,具备对接加拿大各种健康食品资源的优势。长通物流将通过物流电商模式,缩短供应链,直接为会员客户提供优质、高性价比的农产品和日用品。

(2)生活服务平台。长通物流将发挥资源优势,借助线上线下服务手段,为客户在购房、购车、旅游、留学等多方面提供多种生活服务。

跨境电商服务与指导专家

　　传统国际贸易活动向电子商务转化是现代经济发展的大方向、大趋势、大机遇。推动企业应用电子商务开展国际贸易对企业开拓国际市场、提高经营效率、降低交易成本具有重要作用。从国家层面来讲，国务院的政策就是要大力推动跨境贸易电子商务服务体系建设，而河南省委、省政府也对电子商务发展高度重视，将大力发展电子商务作为调结构、稳增长、惠民生的重要举措。在这样的电子商务发展大潮中，河南黎明工业集团旗下的郑州悉知信息科技股份有限公司成长为具有一定行业影响力的互联网企业。

　　成立于1987年河南黎明工业集团，旗下有多家公司，主要产品是矿山机械（破碎机械和磨粉机械），包括研发、制造和贸易。2013年集团销售额将近20亿元人民币，其中，70%以上是出口，产品出口至130多个国家。这样的业绩归功于集团拥有的较为强大的网络营销团队，它是中国装备制造业最早的电商团队，目前也是中国装备制造业最为专业的网络营销团队。郑州悉知信息科技股份有限公司成立于2012年5月，是黎明工业集团充分利用自身多年互联网营销经验，成立的第三方电子商务服务公司，运营"世界工厂网"，是致力于创新技术的研发以及打造电子商务领域的领先品牌，主要从事电子商务、外贸服务、信息整合和大数据挖掘，可以针对不同企业提供专业化的顾问式服务，实现现有业务与互联网的最佳结合，帮助企业以最小的成本扩展海外市场，铸就国际品牌。

　　悉知信息科技拥有着众多资深的技术研发工程师、互联网运营专家、营销服务人才、卓越的管理团队等，可以为客户提供全方位的外贸网络营销整体解决方案。团队成员均通过AdWords认证，并有7位账户优化师成为Google认证的GA工程师。

　　作为专业的技术人员，悉知技术服务团队中每个人都会定期参加google前沿产品的培训，了解google最新的产品动态，从而能够为客户提供最优质的服务，为企业Google广告的解决方案和账户优化提供专业保障。2016年1月，香港的两位Google老师为外贸电商事业部的团队成员们带来了YouTube&Mobile ads新数据的培训分享。

　　从2013年开始，悉知公司和美国谷歌公司就确定了战略合作关系，结合Google AdWords的优势和黎明工业集团海外营销经验，开发出了对传统企业行之有效的海外网络营销整体解决方案，可以帮助企业建设完整的海外网络营销体系，从而全面解决企业海外网络营销的诸多难题。

　　2014年5月，由河南省商务厅与谷歌公司共建的Google Adwords河南体验中心在悉知公司正式揭牌，这是谷歌公司在我国成立的首家Google Adwords体验中心，同时也是河南省商务厅与悉知公司联合打造的中国中部企业国际贸易电子商务服务基地。Google Adwords河南体验中心项目主要功能有6个方面：外贸电子商务发展前沿展示；针对企业决策层和执行层的外贸电商培训，外贸电子商务论坛和沙龙；外贸电子商务项目孵化；外贸电子商务和外贸实务咨询，外贸电子商务团队建设和解决方案咨询；组织企业与国内外优秀外贸电商服务企业、应用企业交流学习，比如到谷歌美国总部参观交流；其他相关外贸电商推广服务,等等。

2014 年,"Google AdWords 河南体验中心"在悉知公司的努力之下,有 7 名 GA 工程师为企业做专业服务,举办了多期培训。悉知已培训了 1 018 家企业学习和了解外贸电子商务,帮助 380 家企业启动了外贸电子商务应用。在服务的企业中,不乏风神轮胎、宇通重工等大集团公司,而其中的 122 家河南省内企业借此开辟了北美、中欧、北非、拉美等国际市场。据不完全统计,这些企业新增出口额约 1.3 亿元。悉知公司由此而成为 2014 年谷歌大中华区最快成长的核心合作伙伴。

2015 年 7 月,悉知公司又与 Yandex 建立合作关系,成为其授权代理商。Yandex 是俄罗斯重要网络服务门户之一,也是俄罗斯网络拥有用户最多的网站,它的俄罗斯本地搜索引擎的市场份额已远超俄罗斯 Google。悉知公司通过与 Yandex 建立合作,也为中国企业进入俄罗斯市场,实现业务与互联网的最佳结合,以最小的成本扩展海外市场提供了强有力的支撑。

与此同时,悉知公司自主研发了拥有创新模式的电子商务平台世界工厂网,为采购商提供优质、专业的采购服务,为供应商提供企业自助建站、信息发布推广、网络广告宣传、订单在线跟踪、交易信息管理等电子商务平台服务。

作为新一代 B2B 电子商务服务平台,悉知科技秉承"让采购经理直面工厂,享专业服务"的运营思想,独创了"行业工厂店"运营模式,在各行业细分领域签约最权威的"行业专家团队"担任行业运营商。行业运营商通过世界工厂网将自身专业优势无限放大,为采购经理推荐优质的工厂供应商,提供专业的采购咨询服务。

目前,世界工厂网已成功建立起繁荣的网上贸易市场,积累了 700 余万注册采购商及 350 余万注册供应商,并形成 2 600 万的企业数据库和 2.5 亿的产品数据库,进而通过交易在线、撮合服务、信息技术服务、软件服务和网盟推广服务等增值服务获得盈利。

2015 年底,郑州悉知信息科技股份有限公司刚刚完成了世界工厂网 V$_3$ 版本的迭代升级,凭借在技术、运营和服务方面的领先优势,世界工厂网已发展为全球领先的制造型企业电子商务服务平台。

借助于 Google Adwords 体验中心与世界工厂网的电商平台的迅猛发展,2015 年 12 月的最后一天,郑州悉知信息科技股份有限公司迈出了进入资本市场的第一步,也给予悉知公司更多的机会与更大的平台。悉知公司的未来,在创造巨大经济效益的同时,也会在全球电子商务领域形成重要的领导力和影响力。

创新体验改变冰激凌售卖方式

2015 年 5 月,河南零售业老大丹尼斯新店大卫城开业当天,一台亮相在电梯口的会做冰淇淋的机器人——优塔智能冰淇淋机器人,引爆了朋友圈。萌宠大白机器人,占地仅 4 平方米,连上电源,无人下单时唱歌跳舞,他那深邃的目光能随时感受到你的方位,跟随你的身子而移动,你可以在手触式电子菜单上选择你喜欢的冰淇淋,选择现金、支付

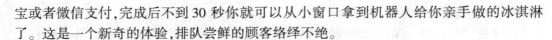

宝或者微信支付,完成后不到 30 秒你就可以从小窗口拿到机器人给你亲手做的冰淇淋了。这是一个新奇的体验,排队尝鲜的顾客络绎不绝。

一、这是哪个企业的产品

成立于 1998 年的河南天和食品连锁公司,原以烘焙原材料经销开拓市场,近 5000 家面包房、烘焙坊客户遍及全国,以烘焙技术研发为核心竞争力,为全国近 10 万创业者提供技术培训。基于对行业的了解,对原材料的专业把控,2011 年,董事长张志雷创立软质冰淇淋品牌"优塔",并推广加盟"优塔冰淇淋融合餐厅",2013 年已基本覆盖河南省重点城市核心商圈。

互联网时代的来临对传统行业带来一系列冲击,房租高、管理成本高、转让费高、人员成本高等,都对冰淇淋经营商家造成负面影响。高端品牌如哈根达斯和 DQ 售价不菲,小冰淇淋店家只能望洋兴叹。能不能另寻出路降低以上成本?街边的售卖机对机器人的研发提供了灵感来源,促成了优塔冰淇淋机器人的产生。实际上,这也是顺应时代潮流,响应李克强总理提出的"互联网+"的创业思维的结果。

天和食品连锁公司成立了项目研发团队,主攻机器人智能硬件的研发,用时 9 个月,申请了 11 项国家专利。至于产品的口味和质量,公司已经有 17 年的专业经验,驾轻就熟。公司已经和雀巢、卡夫、八喜等原材料配套企业建立了长期合作伙伴关系,从源头上保证了产品品质。

二、市场前景如何

中国的冰淇淋行业销售量在 2003 年为 25 亿升,到 2010 年就增加到了 80 亿升,2015 年底更是达到了 1 200 亿升!12 年增长了 48 倍!中国以庞大的人口基数、快速增长的经济潜力,迅速成为世界最大冰淇淋消费国,市场潜力巨大。

优塔智能冰淇淋项目是用互联网+人工智能发起的对冰饮行业的颠覆和创新。优塔着力提升消费体验,满足消费者好玩的追求,而且速度还块,适应城市的生活节奏,机器人的软件也会像手机里的 APP 一样经常更新,及时加入新奇元素来满足消费者。

优塔冰淇淋机器人是完全自助式设备,主要产品以圣代和甜筒为主,其市场优势在于砍掉了诸多成本,生意不好时还可以转移场地。在支付方面向年轻人看齐,可以和时下流行的所有互联网支付方式实现无缝对接。事实上,移动支付已经成为年轻人的主流支付方式。

在 2016 年初举行的 2015 河南省中小企业创新大赛上,河南天和的项目"优塔智能冰淇淋机器人"以"互联网+人工智能"的创新思维、广阔的市场潜力、专业的运营团队获得大赛亚军头衔。天和创始人张志雷更将公司定义为一个财富平台,一个让有梦想的人实现梦想的平台,把优塔定义为一家集原材料生产供应、软硬件自主研发、轻餐饮服务管理为一体的平台型餐饮企业。

三、未来如何布局

天和食品连锁的优塔智能机器人项目以清晰的市场定位获得市场认可。公司以 17 年的原材料专业精神精选食材,配置口味,以互联网+人工智能砍掉高昂的店面等成本,给消费者带来新的感官体验,有着较强的市场竞争力。该项目在 2015 年底获得了启斌资本 2 000 万元的 A 轮融资。

天和优塔冰淇淋机器人最初的投放点是丹尼斯大卫城和新建文奥斯卡影院,至今已经有近 20 家直营或加盟商投入运营。天和公司未来会在北上广等全国一线城市、重点商圈寻找合适的位置、合适的合作伙伴或者进行直营投放,如机场、高铁站、步行街、游乐园、商场等,计划未来两年将会投放 1 000 台以上的冰淇淋机器人。天和现在就已经在和万达总部沟通,希望能合作进入全国的上百家万达广场。

天和通过 GPS 管控系统对优塔冰淇淋机器人进行统一管理。通过新颖的感官体验聚集粉丝,用优质的产品和口味建立粉丝黏性,让粉丝在优塔平台上成为不离不弃的"忠粉",并在未来可以转化为公司的加盟商、合作伙伴、产品的免费宣传员。按照创始人张志雷的说法:"我们不改变消费者吃冰淇淋这个事实,我们希望提供给消费者更加丰富的消费体验。"

不久的将来,天和食品连锁的智能蛋糕机器人、智能蒸汽机器人自动化餐厅就会面世。在近期的机器人大会上,天和创始人张志雷表示,天和的目标就是运用互联网+与人工智能,对传统行业进行颠覆,这种颠覆,是从技术创新到产品创新,到模式创新,再到业态创新,最后到组织创新的颠覆。

用互联网思维帮客户打造全网营销解决方案

郑州布袋网络技术有限公司是一家专业的网络营销、微信营销、APP 开发、网站建设的技术公司,在企业电子商务、网络营销领域从业超过 10 年,了解大中小型企业的业务模式和营销需求,认为客户需要的是一种真正对自己有帮助的服务价值,倡导让客户感知产品的应用体验价值,而不仅是产品的功能。坚持服务要用客户的角度去思维,用互联网思维和方式为客户打造全网营销解决方案,真正地帮助客户解决实际问题。

在企业信息化建设过程中,很多客户并不清楚自己的需求是什么,也不知道究竟什么样的产品能更好地帮助自己。因此,往往是客户买了一堆的产品和软件,最后用得上的却很少,叫了几十年的企业信息化,但真正实现信息化的公司却寥寥无几。

针对这些问题,布袋网络坚持合作双赢,根据客户的需求,运用互联网思维设计、组合产品,提供真正符合客户营销需求的合理的解决方案。公司首先要根据客户的营销现状进行深入分析,协助客户整理网络营销相关的内容,进行公司价值、优势、实力的提炼,以及产品优势提炼,确定公司营销的定位;根据内容确定好全网营销平台(营销型网站+手机网站+微营销)的栏目规划,并搭建好对应的平台;进一步配合客户,建议客户对应的进行平台推广,帮助客户确立三分建站七分推广八分运营的理念,并提供必要的推广指导;对 VIP 客户,提供公司网络营销事业部的团队搭建,人力资源考核建议、团队管理建议,并提供有偿的顾问式培训和服务。

公司拥有行业一流的技术与运营团队,对营销、管理、信息技术等都有深入的了解和见解,而不仅仅是一家网络服务公司。在客户服务方面,公司建立了完善的售后流程,通过良好的售后服务解除客户的后顾之忧。布袋网络认为,产品只是服务的开始,产品后期的应用服务才是真正长期合作的基石。公司在产品交付后要进行 1–3 个月的效果跟踪,让客户真正了解、熟悉和有效使用购买来的产品。布袋网络已经建立了销售系统,服务的客户遍布河南、湖北、浙江、福建、广东等地。

O2O2O

2014 年的下半年是国内各大手机厂商新品集中上市的季节,三星、苹果、华为等厂商竞相发布新品,手机参数及性能依旧是竞争的焦点。三星、苹果、华为、HTC、索尼、魅族、vivo、OPPO、小米这些品牌占据了中国智能手机市场 95% 的用户关注度。随着智能手机市场日趋饱和,消费者对智能手机价格的敏感度持续增强,厂商面临的压力正越来越大,中国智能手机市场已然是一片红海。即便如此,依然有新的手机厂商秣马厉兵,准备冲入这片早已激烈厮杀的战场。小哇手机就是这样一支摩拳擦掌的新兴手机品牌。

河南橙石网络科技有限公司是小哇手机的生产者。橙石科技隶属于中晟集团,而中晟集团认为电子商务是集团发展的一个方向,电子商务的核心是 IT,而 IT 最好的切入点是手机,即便如今的手机市场已经是一片红海。

实际上,早在 2011 年,橙石科技就计划推出一款名叫“大成”的手机,只是当时苦于团队的打造以及核心资源缺失等原因,未正式推出。2014 年,橙石科技将目光聚焦到了众多的“80 后”和“90 后”们身上,期望小哇手机成为这些人的第一款手机。于是,橙石科技由这类用户的需求出发,从千元机的实际体验入手,打造出了小哇手机,并以打造“年轻人的第一款手机”作为小哇手机的使命,机器主色调为象征青春活力的橙色。2014 年 12 月,橙石科技在郑州正式发布小哇手机,同时橙石科技官网正式接受预订,2015 年 1 月 6 日陆续发货,并公布了惊人的售价 897 元。小哇手机一经发布,在市场上引起了不少年轻人的关注,有了一定的销售业绩。2016 年 1 月,橙石科技又发布了小哇手机的青春版 WA1L,再一次引发了年轻人心中的青春冲动。

如果就这样认为橙石科技是一个手机公司就错了。2014 年 12 月,在小哇手机发布的同时,橙石科技推出了研发的一款介于熟人和陌生人之间泛关系的社交软件“嗨聊”,嗨聊上架第一周便获得了 APP Store 新品推荐,注册用户迅速突破百万。嗨聊定位于陌生人交友,产品突出“千万人之中找到对的 TA”,PC 端以 IM 功能为主,移动端主打 LBS 交友,立足点为“发现附近的精彩”,与陌陌极其相似。经过一段时间发展,已经汇聚了近千万用户,在郑州的使用率应经超过了陌陌。

如果就这样认为橙石科技是一个软件公司,那就又错了。橙石科技的野心不仅如此。

橙石科技要做的,就是整合相关资源,打造独特的商业模式。这一商业模式就是橙石科技的核心竞争力,即“硬件+软件+O2O2O”。

硬件,就是小哇手机本身。未来的手机硬件市场将变得两极化,一极是往高端、品格、个性化方向发展;另一极是价格将逐渐降低,甚至逐渐归零。小哇手机走的路线是后者,注重的是购买和使用小哇手机的这一部分粉丝在以后的延展和合作,让手机用户成为软件社群关系的点。

软件,则是"嗨聊"。嗨聊的价值,一是聊天,二是赚钱。聊天的定位是在有聊天诉求的前提下,能随时找到想聊天的人。赚钱则体现在用户每使用嗨聊一天,可获得等同于人民币一元钱的虚拟币的奖励,用户可以用虚拟币抵用人民币到嗨聊的线上"嗨精品商城"里面购物。

O2O2O,是橙石科技打造的从线上推广,到线下体验,再到线上消费的垂直商城。目前橙石科技已经在 15 个城市成立了分公司。这些布局的点不仅仅是手机服务点,也是嗨聊的垂直商城。这个垂直商城,采用的是链状的模式,商户将商品放到线上的嗨精品商城时,也会放到线下的实体商城,商户只和商城有关系,商品的质量由商城来检验和认证。而顾客在购买了商品之后出现的一切问题,只需找商城解决,由商城承担所有责任,不用通过平台找商户,这样就提供了比常见的网店平台更可靠的服务和体验。

经过硬件、软件自然带来的消费者体量已达千万级,由嗨聊引发虚拟币消费造就了线上的实际消费。由此,这个垂直商城已经效益过亿,这才是橙石科技真正想要的。

好个芝麻部落

郑州世纪传诚企业管理咨询有限公司专注于互联网+河南农业的可持续发展,围绕河南农特产品的开发、销售和互联网+农业平台进行运营,同时,公司致力于河南新农网、臻营养平台的开发和运营,为客户提供优质绿色生态产品,构建农业生态新系统,为中原区域农业电商发展提供综合服务。公司拥有"薯念""一粒芝麻"等农特产品品牌。

世纪传诚的理念是:一粒芝麻,一个时代,想用芝麻改变人们的健康理念。目前,世纪传诚推出的"一粒芝麻"产品有两个系列,第一个是芝麻人生系列,以咸、甜、苦、辣四个口味来体现人生百味,通过漫画的形式讲述产品的故事;第二个产品是芝麻奇遇系列,芝麻分别与阿胶、红枣、柠檬和枸杞相遇,体现健康快乐的养生之道。

芝麻最好的产地在芝麻之乡驻马店,这里是世纪传诚产品的原产地。在黑芝麻产品市场,南方黑芝麻是最大的竞争者。南方黑芝麻在这个行业经营了将近 30 年时间,销售额将近 20 亿,但现在也遇到了品牌老化等问题,出现了发展瓶颈,最近以 6.6 亿元收购了李耳香油,在汤阴建厂,专门做黑芝麻糊的早餐产品,以此来开发新的市场机会。

相比较而言,世纪传诚实力较弱,属于新兴企业,在推广黑芝麻过程中就必须创新。首先是理念创新,把黑芝麻定位成零食,消费者可以随时随地享受,黑芝麻产品让零食从此健康。世纪传诚的产品另辟蹊径,不仅是设计时尚化、包装精美化、产品口感香、口味多样化,关键在于利用各种形式,打造出一种健康的零食文化。

在商业模式和销售渠道方面,世纪传诚进行了颠覆式创新,采用全渠道销售,线上与线下结合、跨界融合、体验消费、共创共享,而且形成了自己独有的部落文化,构建了芝麻部落,先有社交,建立圈子,再做生意。

现在,世纪传诚在十几个城市都建立了芝麻部落。芝麻部落包括城市生活圈、自媒体和商城三部分。芝麻部落城市生活圈包括两个内容,一个是城市核心合伙人,就是消费商;一个是城市合伙人,就是新消费者。新消费者和消费商自己有消费,也有推荐带来的利润分配,都能给世纪传诚带来销售利益。同时,因为有了合伙人的身份,部落成员就具有了共同的价值观,注重健康、养生,遵循爱己、爱人的生活态度。于是,世纪传诚的部落经济就从小众经济走向了大众经济,这是世纪传诚创新的商业模式。

迄今为止,芝麻部落线上销售有淘宝河南馆、淘在指尖等,自建的销售平台有臻营养商城、微店、有赞商城、有赞微小店、萌店、部落圈等;线下采用跨界合作,主要与茶社、高端会所、高端酒店、特色便利店等合作。经过几个月的初步运行,芝麻部落的销售额就近两百万元,取得了不错的业绩。

妈妈创业,成就"王后帮"

郑州王后帮文化传播有限公司 2014 年创立,以自有的中国亲子装第一品牌"卡拉贝贝",以及全国 20 万妈妈用户为基础,面向全国吸引广大的妈妈群体,构建了"王后帮"女性亲子社群,致力于成为百万妈妈的微信生活商业圈。

2004 年,王后帮文化传播有限公司创始人董艺在大女儿出生时,创立了卡拉贝贝亲子装和公主与王后母女装两个服装品牌,亲手为女儿设计亲子装,让孩子和妈妈一起,把幸福穿在身上。

两个服装品牌从 2006—2008 年的线下连锁加盟阶段,到 2009—2011 年的全国各大商场品牌专柜的快速发展,再到 2011—2013 年的天猫淘品牌迅速崛起,从传统服装行业的连锁加盟代理模式和商场专柜模式,转变到多品牌电子商务模式的运作,公司不断改变,不断进步。

2014 年 7 月,董艺的儿子出生。在与其他妈妈交流沟通时,董艺萌发了建立一个妈妈生活圈子的想法,希望可以建立一个妈妈的乐园,与妈妈们共同学习,让每一个妈妈都成为一个快乐的美丽王后。

2014 年 12 月,王后帮微社区正式上线,不到 30 天,就创下了腾讯微社区全国女性社区排名第一名,腾讯官方主动联系王后帮,并为其在手机 QQ 上推送 3 次活动。社区上线90 天累积浏览量达到 990 万次,单次活动最多参与人数 3 900 人,回复楼层 20 000 层。

王后帮微社区为妈妈们提供分享和交流的互动平台,通过移动互联网,为妈妈们提供育儿、情感、交友、购物的生活社区,让妈妈们的生活变得有滋有味,成为一个拥有千万妈妈用户的 APP 智能分享平台。通过社群,妈妈们可以找到各种感兴趣的话题,如美食,化妆、娱乐、旅行、摄影等,无论什么兴趣、想法,都找到可以分享想法、意见的伙伴。

透过多年专业电商的运作经验,以自身产品的资源优化和配置,王后帮迅速扩展了其中的巨大商机,通过王后帮微信社群,加快全国商业拓展的步伐,进而形成了奇妙而且极具商业价值的社群生命体。

一方面,自有服装品牌的盈利模式一直根据市场的变化和顾客需求不断调整和改变,2013 年的盈利模式是,万达商场品牌专柜+淘宝天猫电子商务平台销售(包括京东、拍拍)年销售额 2 000 余万元。2014 年,在原有的盈利模式基础之上,借助王后帮微信社群平台,把传统的电子商务模式,转为微信社群营销模式,全面深入地执行粉丝经济和社群经济,通过内建微商城,引导妈妈们对亲子服装的需求,从而达到进行网络推广的目的。

另一方面,当拥有了百万用户的时候,这个生活圈便可以演化成为一个闭合的生态圈,通过跨界营销创造平台的整体趣味和价值感,联合各类母婴亲子相关的商家进行联合营销和微信连接,在完成王后帮客户体验的过程中,也协助其他品牌完成了推广和植入。这种模式已经取得了非常良好的效果。

2015 年,王后帮联合坚果女王做了"育儿果"的坚果全国推广,活动主题是"谁是腰果的巧克力情人",用竞猜的方式吸引了大量的妈妈们参加了此次活动,取得了很好的体验以及推广效果。

在自有特色产品中国亲子第一品牌的基础上,针对共同顾客群体,开展大规模的跨界联合营销,形成牢固的客户关系,这也正是王后帮的最终盈利模式。

追根溯源保食品安全

河南卓奇计算机科技有限公司成立于 2011 年,是一家致力于食品安全方面建设的综合性网络公司,是网易企业邮箱河南运营中心、中国万网核心商业合作伙伴。

一、行业积累,为食品

2009—2011 年期间,卓奇科技的前身河南卓奇文化传媒有限公司一直从事着与食品企业相关的运作,进行营销策划、咨询活动,当时已经合作的营销咨询客户有郑州西萨蛋糕、科迪食品集团、米多奇食品、邦太食品、尚正坊牛肉、一番原味野山枣汁、谷膳好膳饼、河南鸿志农业等,积累了丰富的食品行业的服务经验。

2011 年 6 月,卓奇文化开始启动"食品遇上互联网"专题研究,准备将互联网与食品进行联姻;9 月,河南卓奇计算机科技有限公司成立,随后河南食品网正式上线,成为河南食品业的门户资讯网。通过河南食品网,河南大中小食品生产、经销企业与市场、消费者可以紧密联系,各种信息在网站得以公开、透明的展示,再一次推动了河南从食品工业大省向食品工业强省的转变。9 月底,"民以食为天"论坛上线,这也标志着卓奇科技开始了引领"互联网+食品安全"时代。随后的几个月,卓奇科技开始大量建设省级的食品网站,目前旗下有中国食品网、山东食品网、河南食品网、四川食品网、广东食品网、江苏食品网、辽宁食品网等 25 家食品行业门户网站。这些网站搭建了食品企业、食品消费者和政府食品管理相关单位之间的沟通桥梁,这也为后面的追溯平台提供了企业与信息来源。

二、搭建平台，为安全

食品安全问题已经上升到民生问题，如何保护消费者"舌尖上的安全"成了政府、企业急需关注并解决的问题，而我国缺乏统一的食品安全公共信息平台。各部门构建的可追溯系统的软硬件设施、关键技术等不尽相同，造成溯源信息内容不规范、信息流程不一致、系统软件不兼容等问题，导致目前的食品安全追溯系统只能在一定地域内发挥作用，难以建立完整的供应链数据库。

2012年1月，卓奇科技就开始将目光转向食品安全方面，第三方食品追溯平台项目启动调研；3月，卓奇科技的食品追溯平台项目进入程序开发阶段；到6月，食品追溯平台正式上线。

卓奇科技打造的第三方食品追溯平台可以打破各系统之间不兼容的尴尬局面，通过统一的平台将各地信息一"网"打尽，全国各地的企业、监管部门以及消费者都能在追溯平台上行使各自的义务和权利，真正实现信息的互联互通。食品追溯平台通过二维码的形式唯一定位到一个最小包装产品，做到件件有身份证，具有唯一性、完整性、方便性、准确性、可信度高、易操作六大特点；而消费者通过手机、PC、超市扫描设备等终端，可以随时随地对食品安全信息进行查询；通过对产品生产原材料、生产工序、仓储、物流、销售等环节的追根溯源，真正实现了从农田到餐桌的全过程无缝监管。

食品追溯平台汇集了各食品行业生产企业的食品溯源信息，包括生产原材料、生产工序、仓储、物流、销售等信息。监管部门可通过平台随机监管某个企业具体某个食品的溯源信息，也可对企业生产状况进行全面详细的了解和监督管理，形成了一个可供消费者、管理机构快速有效追溯的记录监控系统，对一处发现的问题全网联动，确保及时发现、及时追查、及时控制，从而在很大程度上减少产品质量问题，特别是减少食品安全问题的产生及危害。

平台可实现从农田到餐桌的全过程无缝监管，杜绝了假冒伪劣商品的生存空间，为食品企业节约大量打击假冒商品的资金，有效保护了优质企业的品牌，并引导全行业企业在发展中更加关注产品质量和品牌建设。即使已进入市场的产品出现了问题，食品企业也可通过食品溯源信息，快速找出原因，明确问题性质与种类，具有针对性地召回问题产品，避免相同问题的影响进一步扩大，从而降低企业运行成本，将可能的损失降到最低。

同时，基于近10年的网站建设经验，食品追溯平台遵循技术先进、标准开放、架构安全、运行可靠、规模适中的原则，采取统一设计、集中建设、集中存放、集中维护等模式，统一管理各服务器等系统软硬件资源；系统平台具有较高的运行效率和较强的可扩展性，拥有负载均衡能力，能够随着业务的变化迅速调整与适应，满足7×24小时无故障运行要求，持续、稳定地提供服务；具有统一的安全策略和完善的安全机制，实行分等级保护制度，确保其较高的安全性；具有必要的监控功能，能够实时检测平台的运行状态与相邻平台的互联状态及信息的流转情况。

食品追溯平台项目由于其技术地先进性，在国内获奖无数。平台运转至今，为大大小小的百万家食品企业提供了第三方的溯源服务，也为千万消费者提供了食品安全的查询通道，为保证国内食品安全做出了巨大贡献。

钢铁贸易领先的"互联网+"

近年来,钢铁行业深陷产能过剩、严重亏损的境地。经济下行,钢贸生意不好做,在这样的情况下,传统钢铁行业贸易商如何转型?如何把钢铁继续做下去?河南淘钢电子商务有限公司在这方面做了有意义的尝试。

河南淘钢电子商务有限公司是一家钢铁行业的电商企业,隶属于香港龙城集团,成立于2014年12月,主要经营型材、建材、管材、板材、卷材等钢铁材料。自公司建立以来,就借助互联网的发展,颠覆了这个时代的钢铁经营模式。

河南淘钢网是淘钢电子旗下的交易平台,主要服务于钢铁厂家和下游用钢终端单位,通过互联网平台,打破信息壁垒,提高信息交流的效率,降低综合成本,打造最先进的"互联网+钢铁"的电子商务平台,帮助消化我国剩余钢铁产能。淘钢网采用目前业内最先进的电商"ABC模式",形成了一条完整的闭环钢铁生态链,不管是现货交易、云端仓储、云端物流,还是期现互转、在线融资、在线投保、出口代办、海外仓储、银行第三方资金结算,都可以在这个平台上实现,再加上淘钢网提供的配套服务,真正做到了"钢铁产业闭环生态系统"。

对于传统钢铁贸易方式来讲,买卖双方的钢贸价格并不是透明的,大多数企业给工程供货的价格可能比正常价格要高出很多,而淘钢网这个平台可以提供一个很真实的价格、很真实的库存。淘钢网与国内多家钢厂建立了长期合作关系,客户只要登录网站就可以看到当天郑州、甚至当地钢铁的价格,淘钢网提供了一个阳光采购的交易平台,价格很透明。客户能从这个平台上看到行情,可以得到很低廉、合适的价格。很多工程项目需要不止一个品种的钢材,会有两种、三种甚至更多,采购起来比较麻烦。在淘钢网的平台上,这些产品的所有信息都会呈现除了,客户可以查看真实的价格等,并进行采购。

淘钢网整合线上、线下资源,优化钢厂订单排产,为钢材工厂降低了生产成本,降低了库存、吊装、运输等费用。降低了钢贸的采购成本,为钢贸企业争取了更大的利润空间,也为钢贸商提供了云仓储管理等服务。

淘钢网还有一项最终配送服务,就是负责给下采购订单的客户送货。客户采购完钢材后,就把这个事情交给淘钢网,网站会把后期所有事情打理完毕。如果中间出现问题,淘钢网先行赔付。所以,很多用钢企业和淘钢网合作以后,特别支持这种做法。

最后,作为先进的电商模式,淘钢网还采用了最先进的第三方支付结算方式,为买卖双方提供最安全的资金结算业务。2014年12月,淘钢网与中信银行签订了长期战略合作协议,以中信银行作为第三方资金池,买方在交易时把资金转入买家在中信银行的虚拟账户中,买家可在中信银行查看这笔资金的去向及明细。在通过第三方平台的交易中,买方选购商品后,使用第三方平台提供的账户进行货款支付,由对方通知卖家货款到达、进行发货。买方检验物品后,就可以通知付款给卖家。第三方支付平台的出现,从理论上讲,杜绝了电子交易中的欺诈行为。

通过近一年左右的运行,河南淘钢网在业界已经颇具口碑,并逐渐引起更多行业人士的高度关注,目前现货月交易量 8000 吨,成交额 2000 万元,且每月以 40% 的同比增幅增长。

快速发展的社区 O2O

社区是距消费者最近的一块阵地,也是消费潜力最大的一片蓝海。伴随着各种垂直生活服务 O2O 的实现,消费者对社区 O2O 的认可度也在不断地提升,社区的需求也不断地激活和释放。

河南大实惠电子商务有限公司成立于 2015 年 5 月,是由一群有追求、有精神、有色彩的新锐青年发起成立的突破型电商平台。大实惠认真研究了社区消费者的消费特点,认为快节奏的城市生活和"懒人文化"将社区生活服务的需求进一步扩大,而互联网的广泛覆盖为周边商家提供了多种类型的营销模式,社区生活服务将会重组和升级,社区 O2O 将被彻底引爆。因此,大实惠以社区 O2O 模式为切入点,为小区业主提供便捷、安全、舒适的生活服务体验。

大实惠整合了超一流 IT 技术团队,在国内率先开发出交互式社区服务云平台 APP,打碎了单纯信息展示的旧形式。通过大实惠 APP,大实惠业主能够与其他业主沟通和分享,发起二手交易、社区活动等。大实惠 APP 中,线下的商家可以免费入驻,开通微信服务号、微信支付,平台免费提供了 APP/微信/管理后台,管理高效便捷,同时还可以获得免费产品更新及技术配套服务;大实惠还提供三日闪电结算以及一对一专属管家服务,免费开放用户订单,先抢先得。社区居民可以从大实惠获得小区周边商圈信息,商家可以在这个平台进行展示、交易,形成了社区生活的封闭生态圈。

大实惠抛弃了"烧钱引流量""头重脚轻"的社区 O2O 的老思路,成功创造出线下社区便利店和线上微商城无缝连接、交相辉映的发展新模式,并顺利实现了快速盈利存活、持久稳定据点的双赢效果。大实惠的商业模式是通过线下便利店,把用户引到平台上。一般前期做社区电商烧钱比较厉害,但是大实惠不做广告,而是借助线下众多的社区便利店,通过高品质的服务、比较实惠的价格把客户引入平台,通过平台整合商品服务商和供应商。

大实惠为居民做社区服务,建立信任关系,以后任何服务都可以往下延伸。大实惠不但可以规模化、零利润销售商品,而且可以做到 20 分钟送货上门。大实惠在社区里面做了很多温情的服务,包括送货上门、对孤寡老人经常会做一些公益活动,给孤寡老人每个月会送一两百块钱的卡等。

目前,大实惠业务已覆盖郑州城区,成为超过 20 家优质物业和百万业主的共同选择,真正成为社区居民的生活服务管家。

机器人行业领先的"互联网+"

2013 年,德国首次提出工业 4.0,此概念一经提出立即得到广泛认可。2015 年 3 月,李克强总理再次提出中国制造 2025 规划战略目标,坚持创新驱动,智能转型,加快从制造大国转向制造强国,制造业数字化成为必然趋势,而智能软件、新材料、智能机器人等新制造方法将成为先进制造和新科技革命的引领力量,形成新的制造范式。

如何形成制造业数字化? 工业机器人行业如何快速发展? 郑州欧田机器人智能科技有限公司进行了有意义的尝试。

郑州欧田机器人智能科技有限公司是一家致力于智能工业机器人研发、销售的大型科技公司,主营自动化智能工业装备(机器人)进出口贸易,并与世界各大机器人企业签订了中国区域长期战略合作协议,为国内大型企业提供全自动的机器人生产、集成、应用等系统的解决方案。公司肩负重要使命,就是成为工业 4.0 一站式解决方案的龙头企业,同时,借助互联网的发展,迅速引领机器人行业的经营模式创新。

中国机器人在线是欧田机器人智能科技旗下的全球性的机器人电商平台。中国机器人在线主要定位于 B2B 电子商务集群和互联网+应用服务平台,为机器人行业的经销商、集成商、终端用户提供基于线上线下结合、PC 移动结合的商机、交易、营销、技术、招商引资一站式全方位解决方案。

郑州欧田机器人智能科技有限公司主要是做工业型机器人、服务型机器人及二手机器人业务,这三个方向是欧田的主营业务方向,也是机器人在线的主要业务方向。机器人在线也为行业内其他机器人厂家提供平台支持和相关技术转化与协同支持,包括引进国外的品牌。中国机器人在线也有行业内商业资讯,包括行业内各种信息、机器人研究成果和前沿趋势。提高行业资讯,可以丰富网站资源,为网站吸引流量,增加用户。

中国机器人在线最大的优势,在于它是全国首家机器人双语线上、线下交易的平台。在线上,机器人相关公司的资源非常多元化,像国际上比较知名的一些机器人品牌如 ABB、KUKA、安川这些大企业都已在电商商城进行了注册,开始发展中国区的业务,成为机器人在线中国区域的战略合作伙伴。同时,德国、日本等国家的企业,与中国机器人在线也建立了长期的合作关系,实现了资源共享、技术共享,从而使国内企业可以学习他们的先进技术。

发展工业 4.0,助力中国制造 2025,应用"互联网+",全面推动中国机器人在线的良性发展,是欧田机器人智能科技一直铭记的使命。

持续领跑量仪行业

三门峡中原量仪股份有限公司这家具有历史积淀的民营企业的前身成立于 1965 年,当时国家为了摆脱量仪行业对国外技术的依赖,从日本东京精密引进设备成立的国家唯一一个量仪行业的制造企业。1994 年企业开始改制,国有股占 80%,全体职工占 20%;2005 年,国有股逐渐稀出,成为由 1092 名职工代表组成的股份制企业;2010 年由三郎电器投资 1.2 亿,购买企业全部股权,成为一家民营企业。

一直以来,量仪行业是典型的"三高"行业,即技术密集度高、基础设施要求高、研发投入高。世界量仪 90% 的中高端市场被国外企业占领,主要由瑞典、美国、德国、韩国、日本这五个国家控制。在国内,计量行业的企业非常分散,企业发展良莠不齐,60% 的左右的只能生产低端的量仪产品,而中低端市场已进入饱和期,转型升级是大势所趋。

一、严格产品质量管理

作为国内量仪行业领军者的中原量仪,自建厂以来就秉承"质量就是企业的生命"的理念,在产品质量上大下功夫。2001 年底,中原量仪通过了 ISO9001:2000 国际质量体系认证。公司不仅严格按照 ISO9001 管理体系标准建立规范化、制度化、科学化和现代化的质量控制体系,从产品设计、制造工艺、生产加工、计量检测、营销服务等各个环节确保产品的完美,而且全面开展了管理信息化和产品标准化建设,"5S"和"5W"管理得到了切实的执行,实现了环境优美整洁、管理规范有序的经营目标。同时,还全面实施信息化系统工程管理,广泛应用 ERP 系统控制软件,实现了销售、设计、生产和管理的一体化协同运作,保障了公司各项资源得到最佳组合和充分运用,提高了管理的预见性和控制性。

二、建设高素质员工队伍,增强研发能力

中原量仪坚持以人为本,爱才,重才,惜才,为广大员工提供了展现自身价值和才华的空间,并营造一种竞争、团结、学习、开放的氛围和宽松、灵活、舒心的工作环境。中原量仪在岗员工 350 名,其中 130 人具有专业技术职称,75 人具有中、高级职称,还拥有享受政府特殊津贴的专家级人才 6 人,而从事产品制造的员工 100% 经过技校专业培训。2012 年,集团所辖的北京三郎测控技术有限责任公司又有 27 位量仪专业博士的重量加盟,也为中原量仪的技术发展提供了有力保障。

职工技术水平的整体提高,直接体现在产品的一次校检合格率上。目前,中原量仪粗加工和精加工一次校验合格率分别达到 99.6% 和 99.3%,这在国内同行业中处于领先水平,在国际上也属于前三名之列。这也是其作为量仪行业领跑者的过人之处,也让中原量仪的员工感到十分自豪。

中原量仪十分重视产品研发及技术水平的持续提升。多年来,公司兼容并蓄,建立了以集团科技部为核心,以流动院士工作站、河南省量仪与检测技术工程研发中心、中原量仪研究所、郑州中量测控公司、北京三郎测控中心、科研院所合作项目组为支撑的研发

创新团队,共同为中原量仪产品更新换代和技术服务支持保驾护航。

2015 年,中原量仪还和西安交大合作建立了一个研发中心,由西安交大卢秉恒院士和刘红忠教授合作研发、开发大量超高精度光栅传感器,这也是中原量仪招商引资的一个最大的项目,技术水平国内领先,国际先进,完全可以替代进口。目前正在三门峡陕州区进行小批量生产。

同时,中原量仪还积极与同行进行交流,经常与国外知名厂商如德国马尔、意大利马波斯、日本东京精密、东京测范等众多厂家进行技术交流与合作。

三、顺势而为,发展电子商务

近年来,电子商务的迅猛发展,已经成为 21 世纪最流行、最快捷的销售模式。中原量仪亦借此东风,抓住网络大发展的机遇,开展了自己电商之路。中原量仪在 2013 年投资设立了企业网络电商平台,成立了网络销售部,配置了专业网络销售人才、技术人员和售后服务人员,积极开拓网络市场。2014 年,电商平台销售成交额达到了 500 万元。2015 年初,公司加大了网络销售的投入,网络营销队伍就扩大到了 30 人。电商平台新增加投资 200 万元,添置了相关硬件设备来满足快速发展的电子商务需求。同时,网络销售也有了较大的增长,成交额已突破 3 000 万元。

经过 50 年的发展,中原量仪已经成为国内量仪行业的第一品牌,量仪行业的领军企业。中原量仪推出的产品主要是气动量仪和电动量仪等设备,在国内精密电动、气动仪器市场占有率全国第一。这些"中"字商标的产品不仅行销全国,而且远销日本、朝鲜、印度、东南亚、非洲、荷兰、美国、澳大利亚等几十个国家和地区,在为包括北京现代、上海通用、一汽、二汽、格力电器、美的空调等著名品牌在内的 4 000 多家国内用户服务的同时,还为包括美国通用、德国奔驰在内的众多国外著名企业服务。

中原量仪不仅生产用于商业行为的计量产品,也是河南省计量科学研究院唯一指定的国家最高端的计量单位,如果在民事或者刑事上出现计量误差纠纷,中原量仪的测量是最具权威性的。同时,中原量是行业标准制定者,有 10 多项标准被确定为国家标准,60 多项被确定为行业标准。

2015 年,国家"十二五"规划把装备制造业作为重点发展行业,而量具量仪行业又是装备制造业发展规划中的重点行业。2015 年 6 月,上市公司河南新大新材料股份有限公司原董事长宋贺臣先生在考察企业期间,看到企业的发展前途好,决定注资中原量仪。这些都为中原量仪公司提供了快速发展的机遇。

面对新的形势、新的机遇,作为领军者的中原量仪,其跨越式发展的时代已经到来。顺应经济发展的走势,中原量仪也将为中国制造 2025、工业 4.0 写上浓重的一笔。

博特利华:物流软件领域里的雏鹰

随着计算机和互联网技术的发展,各个行业都在加强信息化建设,在国家调整和振兴物流行业的规划出台之后,物流这个传统行业的信息化建设就变得非常迫切。在传统的认知中,物流就是运输及其货物搬运,而在信息化时代,物流企业和上下游企业之间结成了紧密的合作链条,物流的效率及信息的可查询性就成了更好地服务客户、增加客户忠诚度的关键一环。

河南博特利华科技有限公司就是在物流行业蓬勃发展的 2014 年底成立的,公司有较为雄厚的研发团队,主要进行专业的物流公共信息平台建设及其运营和开发服务,业务范围包括物流软件及其定制、支付平台建设、智能卡、配套计算机软硬件及其开发等。博特利华的前身是一家网站建设和微信客户端应用软件开发的技术公司,因在物流行业里业务较多,便整合物流行业经验,成立专门为物流行业服务的科技公司。

河南博特利华科技公司有着一支年轻的、二十多人的开发团队。公司从成立起就专注于物流行业,聚焦于物流行业客户的需求和压力痛点,精诚协作,为每一位客户提供有竞争力的物流解决方案和服务,精益求精,持续为客户创造价值,立志在物流行业里闯出一片新天地。

河南博特利华公司目前尚处于创业的初期,不但要寻找客户、找到客户的需求点,更需要提供适合客户的、更加完善的应对之策和相关产品。博特利华的路还很长,更加艰苦卓绝的日子还在后头,期待博特利华不断创新,创造企业发展美好的未来。

立足时代需求,开拓智能物流新领域

物流就是这个时代风口的那只会飞的猪。在国家物流振兴产业、"一路一带"蓬勃向外拓展的背景下,河南作为中部物流中心对我国经济发展乃至我国的企业走向海外有着至关重要的作用。

漯河东城智能物联港东城项目作为河南省重点物流建设项目,在 2015 年开工建设。该项目处于黄河路、松江路附近,紧邻宁洛高速,占地 1 200 亩,预计总投资近 80 亿元,计划分三期开发建设,总建设周期约 5 年。其中一期项目已经开工建设,建筑面积约 6 万平方米,主要提供保税仓储、跨境电商、快递物流电子商务服务等功能。二、三期项目也将于 2016 年开工,以国家应急物资储备、应急通用直升机场、干线分拨、城市配送、冷链作业、行政办公、配套生活服务等功能为主。

漯河智能物联港将体现智能特色,以全球视野,充分运用物联网、大数据、云计算、数字化管理等技术对物流进行智能化识别、定位、跟踪、监控和管理,整合供应链上下游产业资源,加快推进区域新兴产业快速发展。力争实现基础设施网络化、功能服务精细化、开发管理信息化和产业发展智能化,打造基础设施先进、功能应用高度集成、信息化应用水平、运营效率显著提高的示范性智慧园区,加快推动区域新兴产业向规模化、集聚化、高端化、融合化、国际化发展,迎接全球供应链智能物流时代的到来。该项目整体建成后,预计每年将实现公路货运周转量超过 4 500 万吨,产值约 800 亿元,年上缴税费 4.5 亿,带动就业岗位 5 万个,对当地经济将有 300 亿元的拉动效应。

河南升隆智能物联港管理有限公司是漯河智能物联港的运营方,以自身强大的实力和丰富的经营,为漯河智能物联港提供园区开发、基础设施建设,保税、仓储、加工、物流及电商等信息及服务支持。目前,在河南升隆智能物联港管理公司的全力推动下,漯河智能物联港项目正在处于有条不紊的建设当中,有部分项目已经投入运营,并产生了显著的社会效益。

开创在线旅游市场无限风光

互联网是一个强大的工具,正在逐步激活传统产业。旅游业作为首先被激活的传统产业之一,在中国经济转型的当口,表现出前所未有的生机与活力,成为最有前景的一个朝阳产业。

同程国际旅行社(同程旅游)是一家在国内领先的休闲旅游在线服务商,成立于2004年。经过不断创新与发展,"同程"荣获中国驰名商标,连续四年入选"中国旅游集团20强",并在2015年跻身中国在线旅游行业的三大企业集团行列。同程旅游的商业模式也赢得了业界的广泛认可,先后获得腾讯、万达等战略资本的80亿元投资,力促同程在线旅游的市场发展。

在未来新的十年里,同程旅游以"休闲旅游第一名"为战略目标,努力让更多人享受到旅游的乐趣。公司积极布局境外游、国内游、周边游等业务,预计2016年将服务3.5亿人次。

同程旅游自2011年开始以景区、酒店为切入点开拓河南市场。到2015年郑州分公司成立时,同程旅游已与河南300多家景区、700余家旅行社和1万余家酒店有深度合作,仅2015年景区单项销售额就达1亿元,发展极为迅速。

同程旅游加强产品创新,在河南市场先后推出周边自由行、国内游跟团游、国内自由行、出境游等一系列旅游产品。公司在2014年推出了"1元玩景点"等系列宣传推广活动。2015年,围绕"快乐旅游、休闲旅游",进一步丰富同程会员的体验。截至目前,已服务游客百余万人次,极大地丰富了河南游客的出游选择,同时也提升了河南游客网络预订旅游产品的意识。

同程旅游在服务好客户的同时,不忘回报社会。2014年至今已举办多次慈善公益活动,如向壹基金捐款50万元,向云南鲁甸地震灾区捐款20万,向雅安地震灾区捐款100万建设希望小学等,进一步提升了品牌知名度和品牌影响力。

同程正站在一个风光正艳的旅游在线市场上,前景无限。

新商业体系的构建商

随着我国互联网和移动通信的迅猛发展,包括手机在内的智能移动设备市场份额逐步提升,移动上网成为现代人们生活中一种重要的上网方式,人们正逐渐利用手机等移动智能终端设备进行网上支付、个人信息服务、网上银行业务、网络购物、手机订票、娱乐服务等,这种移动数据终端设备参与商业经营的移动电子商务正在迅速崛起,也给传统企业带来了发展的机遇与挑战。河南八分之一科技有限公司正是这种大趋势下的先行者及社会化电商的早期实践者。公司在创业初期,就开始专注移动电商领域,成为省内早期专业移动微电商运营商。

作为移动互联趋势下的新商业体系制造商,公司通过集结互联网运营的精英人才,通过技术驱动、营销策略、内容运营、创意视觉四大维度矩阵,结合企业品牌目标需求,积极引领传统企业向移动社交电商转型升级,帮助传统企业向移动电商转型,为企业提供一站式社交营销解决方案,满足企业的社交营销需求,产生超越客户期待的营销价值。

八分之一科技有限公司拥有移动电商运营实战特训营、电商运营人才孵化中心、网红IP孵化、自组织商学院孵化、移动电商托管运营等核心产品,并拥有北大互联网、八分之一秒电商学院、移动电商商家联盟、豫尚优品好货平台、河南电视台百姓村官农村电商等子品牌及战略合作机构作为后续服务的坚强后盾与支持,为众多传统转型企业所接受。

为了让传统产业与移动电商实践秒速接轨,公司举办“移动电商”等主题分享沙龙100多场,并多次举办移动电商运营实战案例分享,把超过200家覆盖食品、服装、农业、服务等多个行业的本地移动电商运营成功案例及全国近千家运营案例分享给客户,扩大了公司在河南的影响力,让更多垂直行业领域的企业看到了移动电商的巨大潜力。

2014年6月,公司又联合全国电商和互联网领域资深培训和实战专家,组成强大教育团队,打造了最具影响力和最落地的“八分之一秒电商学院”,超过百家大项目营销经验的专家进行一对一辅导服务,快速对接转型企业,直接解决转型问题。

2014年12月,公司基于八分之一秒电商学院成熟的教育培训体系,陆续推出了系列电商和互联网畅销书,提升了品牌知名度,打造八分之一秒的全国电商实战案例。和华章出版社合作已经出版《移动社交电商》《电商3.0》等书籍。

八分之一秒还联合阿里巴巴、腾讯、有赞、商派,融合北大互联网、河南电视台、吴晓波频道、逻辑思维、11Star网红孵化机构、餐饮老板内参等媒体、自媒体社群共同成为转型企业的另一大智库,成为移动社交电商运营实战的高端参谋。

八分之一秒在河南已经成功服务了众多知名品牌,为河南电视台、郑州联通、天地粤海酒店等众多项目提供移动互联网转型服务。公司服务的阳光菓子项目因O+O创新的运营模式一炮而红,如今已经是电商分销达到万家,快速升级成为无添加坚果行业一线品牌,完美实现项目落地。

郑州万堂:助力地方电商发展

郑州万堂书院,顾名思义,跟培训有关,它成立于2014年6月,是淘宝网搜索竞价产品——直通车的官方培训中心。万堂书院作为独立的运营机构,是河南省最早的电子商务综合服务商,为河南各地市提供电商相关配套服务,支持本地电商经济的发展。郑州万堂书院主要业务为以下三个方面:电商人才培养、电商企业孵化、电子商务公共服务平台建设。

在人才培养方面,郑州万堂书院由最初的和郑州市高等院校合作培养电商人才输送给本土电商企业的模式,发展为与阿里、各地政府三方合作的模式。其中,漯河市云客服项目已进入实施阶段,郑州万堂书院一年内为漯河市政府培养了 1 000 名云客服人员,并解决了就业问题。万堂书院的培训模式既解决了当地大学生和社会待业人员的就业问题,又对接了企业,帮企业解决了人力资源供应问题。目前,已经和多个地市达成合作意向。郑州万堂还定期组织公开的电商培训,为广大客户服务。

在企业孵化方面,郑州万堂为传统企业提供一站式电商成长和孵化解决方案,并针对电商企业发展过程遇到的问题提供答疑、内训、团队打造等相关服务。目前,郑州万堂已经孵化了多个优秀项目,如白象方便面网上超市、拼帛云太极服饰、生态床垫建业旗舰店、数码类产品倍乐仕旗舰店等。另外周家口牛肉、斯美特方便面等也在进一步洽谈中。

电商服务公共平台是帮助政府建立的全方位的公共支撑性服务平台,是为了落实产业政策,推动产业发展,完善区域电商发展生态圈,助力政府产业转型目标的实现。

郑州万堂书院在一年多的运作当中,积累了丰富的经营,获得了不菲的成绩,并有望成为河南市场电商综合服务行业的标杆性企业。

户外烧烤嫌麻烦? 找约串

你有没有遇到过到野外烧烤的难题?本来应该是很愉快的体验,在联络好若干朋友放下电话时,却发现还有很多麻烦事,比如各种食材的采购及穿串、烧烤用具准备等。河南约串餐饮管理有限公司就是解决此类问题的创业公司。

有闲阶层的壮大,家庭汽车的普及,延长了人们的生活半径,有闲一族已经不太满足于局促的都市生活环境,开始迈向野外,寻求清新自然的生活。由此,户外烧烤就成了一个潜力巨大的市场。据估计,全国市场容量超过 100 亿元。而在我国,户外烧烤的配送却还处于起步阶段,99% 的市场还没有打开。针对郑州而言,居住人口已接近 1 000 万,市场容量超过 1.5 亿元。

河南约串餐饮管理公司的主要业务是解决高质量的食材及半成品配送的难题。目前,在河南市场上尚没有出现有竞争力的类似企业,只有部分线下烧烤店附带的食材配送,但其专业性稍差;或者是烧烤者自己亲手购买食材及穿串,制作质量和口味都没法保证。

约串餐饮充分利用互联网带来的便利,以社群定位为基础,以线上预订与配送相结合,定位于互联网+餐饮消费模式。公司的羊肉选自锡林郭勒的羔羊,有小产地羊肉垄断优势。预计在 2016 年 9 月推出线下体验店,用以配合线上的市场推广。

约串餐饮的股东及核心管理人员都来自互联网及餐饮行业,对互联网的未来趋势及餐饮的管理有深入的了解。公司的远景是建成连锁加盟公司,成为烧烤配送领域的领导者。

营销是企业的命脉——河南益友十二年

机缘巧合,这篇稿件最终定稿的日子是 2016 年 4 月 12 日,这个日子同时也是河南益友软件有限公司 12 岁的生日。回首益友创业往事,历历在目,犹如发生在昨天。

历史翻转到 2004 年 4 月 12 日,当时,用友的销售体系是直营加分销的模式,也就是有的地方是直营分公司抑或参股的联营公司,有的地方是代理商模式。就在这一年用友集团收购了河南的联营公司,并在河南成立了用友集团的直营分公司。用友集团同时将 U8 产品进行了精简,成了一个新的简版产品:用友通,并成立了一个用友通事业部,开始建立渠道。

一、无奈之下创业的第一年,114 帮我渡过难关

一向在用友联营公司老老实实上班做技术支持的我(高付立,河南益友软件有限公司创始人、总经理),有一天突然发现联营公司没有了,老同事都走完了,剩下了我一个人,分公司连我的一个编制都没有。无奈之下,我辞职了。因为我只对用友软件了解的比较多,就成立了河南益友,尝试申请用友的代理商资格。分公司认为我是个技术人员,怕扰乱郑州市场,只批了一个巩义的代理商。

没有更好的办法,只好自己一个人背着背包,借了个笔记本电脑沿巩义的工业区,一个个拜访客户,一个个碰壁。回到郑州后,听说电话销售也许管用,就找了些潜在用户名单,一个个打电话,但成果不理想,拒绝率几乎 99% 以上,即使从电话营销书籍上寻找电话营销技巧,收效亦甚微。有一次,无意中听到一个客户说是打 114 找到用友的。我如获至宝,就设法在 114 注册。这个做法无意中扶了我一把,在最初的一年里,帮我渡过了难关。当时,从 114 转过来的信息一周至少十几条,到年底盘点营业额大概有 15 万元,除去给用友回款 5 万以后,结余也够公司运营的。因为公司也就只有三个人:我们夫妻俩和一个刚招的实习生。

二、一个公司的发展要不沿着技术发展,要不沿着营销发展

2005 年,为争取郑州代理权,于 6 月将办公场地由 32 平方米扩大到 80 平方米,并强化了市场服务质量,益友终于在 2016 年 6 月拿到郑州区域授权客服中心资质。

技术出身的我,只懂技术,老实巴交,对营销知之甚少。细想起来,公司的第一个销售订单是一个北京药厂的河南分公司,当时来了一个财务总监,慕用友大名而来。因为没有实施,产品没有用起来,我就接了下来,一点一点地测试,经常和客户加班到晚上 12 点,幸运的是系统终于上线,客户非常满意。

当时由于是小公司,还是技术起家,为了探索市场,往往是对客户有求必应,而且亲

自动手,并严格把关服务质量。比如成立热线岗,挂客户电话或投诉一次重罚 200 元,当时的工资每月只有 800 元左右,就这样,靠过硬的服务质量,公司于 2006 年底申请到了全国第一批用友通授权服务中心。

三、大型会议营销成了每年两次的惯例

用友集团在营销上很有一套,与财政部、中小企业司等关系紧密,每年会议都有政府领导参加。当时益友只知道跟着用友的步伐走,每年都参加一年一度的产品发布会或是会计文化节,公司每次都当成一场战役,成立会务组,电话邀约、扫楼等。用友的集团会议每次都在 200 人以上,会务安排得就像客户说的,每次就像一场演出,很紧凑。益友也是忙里忙外,每次支出近万元的费用,也签不了几单,迷茫之余也就慢慢松弛下来。

回想起来,每次的会议营销,把客户聚在一起,客户不一定来学习什么,也许只是想看看公司的发展、变化。会议无形中成了建立客户关系的一种便捷的方法。利用会议传输企业的信息与发展理念,得到客户认同,为以后的客户开发打下基础。

四、服务营销也在运用,只是处于无意识之中

营销是企业的命脉。在企业中,营销是一个部门,负责建立与客户之间的关系。2007 年,益友成立了服务经营部,主要职能是上门收取客户的服务费,对未到期的服务进行跟进,运营后每年服务费续费率及新签率还不错。这也导致了后来的错误,公司认为,服务经营部只会收取服务费,专业性不强,不能给客户提供有价值的技术服务,做销售也不专业,就把这个部门撤销了。现在回忆起来是不该撤的,因为这个部门和客户的关系很好,客户满意度也高,对营销起到良好的促进作用,每年的产单率很大。

五、百度市场推广

益友是行业中第一个应用百度推广的。营销上有句话,客户在哪儿我们就在哪儿。2004 年,互联网正处于普及阶段,由电话拨号到 ADSL 拨号,当时 4G 还只是一种概念。当时的 YAHOO、百度、GOOGLE 推广,益友都尝试过,都设立过账号,而只有百度是最佳的选择。当初一个关键词只有五六毛钱,最高要 8 元,客户点一下一碗烩面就没了,挺心疼的。随着市场竞争的加剧,每个关键词涨到十五六元。单独核算百度效益,最初还是产出大于投入,后来竞争环境恶化,导致营销的同质化,低价横行市场,产品折扣极低,有入不敷出之势。2016 年初,公司最终停了百度的推广。

六、未来企业的出路在哪里

客户的生活、消费习惯改变了,营销方式也要变。互联网时代来临了,淘宝变成了商业上的一个大杂货市场,传统渠道面临严峻的挑战。很多企业处于迷茫之中,满世界都在喊转型,于是乎微商、微信营销、社群经济等成了社会热点,成了培训公司的起爆点。

回到销售的原点,文明之初原始的半坡氏族就建立了基于信任的交易社区,互联网时代企业利用便捷的技术,成立自己产业链上的社区,是个新的发展模式,或许是最终的出路。

2016 年,河南益友处于营销转型期,并在社区商务的新营销方式下进行探索。公司在很短的时间内,已经出现了巨大的变化,打破了传统销售方式的困难局面。

做企业品牌网站建设的设计与技术结合的领跑者

郑州市龙拓科技有限公司创立于 2009 年,是一家专业的网站建设、网络整合营销、400 电话、可信网站验证、网站整合营销、网站托管、域名虚拟主机等一体化服务的网络公司。龙拓科技的产品及服务定位于大中小企业的信息化建设和应用,通过多年对企业信息化开发和应用服务的经验,龙拓科技已在互联网研究、设计、推广、市场营销、咨询服务等方面具有卓越能力。

龙拓科技的市场定位是做企业品牌网站建设的设计与技术结合的领跑者。为中小型企业、品牌网、个性展示网提供信息化网站设计服务与技术服务。公司在不断培育市场、传播信息化概念和知识的同时,从企业的实际需要出发,为企业推出信息化建设的系列产品和服务。

成立至今,郑州市龙拓科技有限公司与包括河南数百家国内外企事业单位建立了互联网应用服务合作关系,长期结合客户行业特点,为用户提供先进、实用、可靠的信息化技术服务。服务对象包括郑州康辉国旅、郑州市第六人民医院、河南南车装备有限公司、中团家具网、华豫网、财米电商、有间跨境、手云科技等企事业单位,并获得客户的一致好评。

多年的互联网行业经验,使龙拓科技具有强大的技术优势。中国互联网事业的发展日新月异,生机勃勃,为龙拓提供了良好的发展契机。龙拓科技将借助充满灵性的服务理念,优质的服务以及团队的智慧和热情,力争成为国内企业心目中值得信赖的互联网产品及服务提供商。

线上线下结合的休闲食品市场推广创新

"互联网+"的热潮,消费习惯的变化,对传统休闲食品行业产生了较大的冲击。对此,各厂商使出浑身解数,运用各种市场推广手段,力争从空中到地面进行立体拦截,吸引消费者眼球,以提升消费者的品牌忠诚度,拉动终端销售。这又进一步加剧了行业的竞争。

天津顶园食品有限公司郑州分公司(即康师傅糕饼)隶属于康师傅(控股)顶新国际集团,主营产品为妙芙蛋糕、3+2 夹心饼干、蛋酥卷等休闲食品,目前在糕饼行业为第二大品牌。近年来,受市场环境和竞争态势的影响,市场地位受到前所未有的威胁。作为市场的领导者,如何在传统的推广策略和方式上实现突破?郑州分公司市场部的营销人员进行了积极探索。

(1)注重各品牌主题诉求+通路的落地。传统的通路人力推广方式效果欠佳,因此,郑州分公司强调,产品及品牌的推广需要有吸引消费者的主题。以3+2夹心饼干高校开学季推广为例,推广目的是提升品牌知名度及喜好度,确定的推广主题为:"夹心时刻,来一块3+2""风和日丽,出去嗨还是宿舍宅?"在线上推出H5游戏,同时进行微信传播:用户将含3+2的出游的有趣照片,回传微信后台即有机会获美味大礼。线下20点校园超市落地推广:与顶津合作推出活力包(3+2饼干+冰红茶,内附活力卡告知活动),同时进行展架、讯息告知等。这样,通过线上品牌主题诉求,线下校园通路落地的方式,真正从推广主题、诉求和消费者接触方式等方面进行整合传播,达到了阶段性推广的目的。

(2)开展异业合作。传统通路在萎缩,而京东、淘宝等新电商通路的崛起为休闲食品带来新的增长点,异业合作的必要性凸显。康师傅糕饼在河南市场精准地找到了与自身产品及品牌相同的用户进行合作。如针对妙芙蛋糕的女性白领消费群,选择高档写字楼、婚纱摄影、高档花店等进行异业合作,同时,通过设计的一些环节与用户进行互动,现场进行品牌布建,收到了非同凡响的效果。

休闲食品行业的市场推广一直走在前沿,但近年来消费者接受新事物的意识不断增强,所以,适时改变和创新市场推广方式,有助于引导和培养消费者新的消费习惯,继而产生对自身的品牌的忠诚度。作为食品行业的领导者,康师傅糕饼的推广创新,值得行业内其他厂商借鉴和思考。

8

平 台 战 略

近年来,平台战略模式快速发展,正在影响甚至改变着企业的运营方式。在网络效应下,平台上往往呈现出规模收益递增现象,强者可以掌控全局,赢者通吃,而弱者只能瓜分残羹。

所谓平台,就是把多种业务价值链所共有的部分进行优化整合,从而成为这些业务必不可少或最佳选择的一部分,这种由价值链的部分环节构成的价值体系就成为一个平台。平台战略模式是指连接至少两个以上的特定群体,为他们提供互动机制,满足所有群体的需求,并有效地从中盈利,使消费者的价值得到更大程度的满足。一个成功的平台并非仅是提供渠道和中介服务,其精髓在于打造完善的、成长潜能强大的"生态圈",平台连接的任意一方的成长都会带动另一方的成长。平台要通过多方共同创造价值,使平台形成整体价值体系。每一方创造各自的价值,寻找各自的利益点,并且通过每一方价值的不断增加,使得平台的整体价值也不断增大,每一方所获得的利益也更多。如此,一个良性循环机制就建立起来,通过平台交流的各方也会促进对方无限增长。

平台实现盈利的前提是平台的生态圈要达到一定规模。平台的参与者越多,平台越具有价值。并且,随着客户数量的增长,它的边际成本越低,越扩张越省钱,使自己具有超级成本优势。

平台战略是一种新的思维方式,是商业模式的一种根本变革。实施平台战略应该是企业一种有意识的战略安排,要具有互联网精神和协同意识,形成共享、共赢的企业生态圈。所谓平台,是为别人搭建的,让别人来赚钱的,以此来增强平台的黏性。做平台的公司需要有赚小头儿的心态,目标应该是追求整个生态圈共赢。只有在平台上经营的合作伙伴良性成长,平台才能生存和壮大;只有让合作伙伴赚大头、自己赚小头,才能做成所有合作伙伴的平台。如果没有这个理念,便不可能做成平台。只有做到合作伙伴做不到的事,或者比合作伙伴自己做性价比更高的时候,才能成为平台,才能使平台逐步走向成功。

时时帮——未来家用电器维修行业的颠覆者

时时帮,通过微信建立起来的标准化家用电器维修平台。进入客户手机,用微信公众号展示企业产品信息,反馈客户意见及款项结算,用钉钉管理工具管理服务人员团队,时时帮打造了一个对客户、对维修服务人员、甚至对其他的家用电器维修公司都有很强吸引力的家庭服务网络,从"互联网+"的角度看,这可能意味着行业的重塑。

时时帮创建人郭先生1998年毕业后先服务于一家大型家用电器公司,4年后创建了自己的家用电器服务公司,主营保外家用电器的维修养护,持续经营10年以上,深入了解了这个行业。

他发现这个行业存在一些问题。首先,家电维修服务质量难以保证,拖延时间长,特别是节假日前高峰期不容易找到维修工人;其次,规模大一点的类似公司一次充值使用完毕后跑单严重,持续经营受到威胁,主要原因在于客户的收费金额和维修服务人员的单次服务收入差距较大,客户被服务人员撬走另起炉灶了;再者,家电维修行业起点低,小公司众多,满楼道都是本该取缔的小广告;另外,小公司还可能面临客户人身安全风险。

移动互联时代的到来,特别是微信推出支付工具后,思考了若干年的郭先生找到了解决行业问题的方法,2014年他注册了时时帮,2015年11推出了时时帮微信公众平台,开启了颇具开创性的行业征程。

一、服务质量的保证

服务质量是服务行业的第一个重要问题,要求维修师傅要有动力、有干劲,还要主动把服务做好。时时帮先从收入上下功夫,单次付给维修师傅的费用远比普通的维修公司高,维修服务师傅月薪高的可收入上万元。比如一次上门单服务费收取30元,一般公司只付给维修人员15～18元,时时帮却付27元,能极大地吸引兼职维修师傅加盟服务平台。

收入高了就能提高维修师傅的积极性。维修师傅在客户端可以定位,一旦有客户下单,系统马上会向最近的维修师傅推送服务信息,若5分钟内没有接单,就会向附近的维修人员进行推送,谁抢到谁服务,就像滴滴打车司机一样。

维修师傅可以通过客户端进行加盟。为保证质量,加盟有年龄、押金、工装等要求,统一配备常用工具及备件箱,不常用的材料可以通过就近的临时办事处领取。

标准件和材料都由公司统一采购,一般都是品质有保证的品牌产品。客户通过微信平台会有师傅验证等反馈机制,服务师傅若未按要求去做会有相应处罚,若服务质量出现问题,时时帮会承担相应的费用,能较好地保证客户的安全。

二、跑单问题的解决

首先,时时帮平台启动后能给师傅派的单子比自己单干的量还多;其次,维修师傅单个买材料的价格要远比平台大规模采购的价格高,这种省事省力仅用自己空闲时间、只要把自接的活干好的差事,还有哪种方式比这个更有吸引力呢?

三、公司小规模,大平台

时时帮平台启动后,对维修师傅吸引力强,会吸引大量个体或其他竞争公司的维修师傅兼职加盟。每个师傅每天的工作量是一定的,单次收入越高师傅的总收入就会越高,时时帮的吸引力也会越大。时时帮现有维修师傅一两百人,未来的 2 年计划在郑州找到 1 000 个标准兼职,离客户越来越近,服务效率也会越来越高。

客户方面,时时帮主打两个和客户交流沟通的渠道:400 免费电话和微信公众平台。现阶段微信已基本覆盖目标客户群体,不需要特别下载 APP,直接关注,有需求直接翻阅即可。另外,支付层面因时时帮的维修服务工作基本每笔都不会超过 5 000 元,直接用微信收款功能就可以了,遇到例外的也可以现金支付。客户通过微信端可以直接完成从查看价格、下单、客户确认到接受服务、付款、反馈等全过程,方便快捷。

推广方面,时时帮因切合了维修师傅、客户关注点,合作及推广变得简单易行。时时帮也接受家电维修公司的加盟,并且不收加盟费,免费使用公司微信平台(以后可按业务金额扣点),变加盟商用户的客户为自己的平台用户。

时时帮有个宏大的蓝图规划:郑州市三个月关注客户可以达到 10 万,半年内能达到 50 万;其他省份的加盟工作也已正在开展,如重庆、昆明等,计划 2 年内用户关注数可以达到 1 000 万户。用户基数变大以后,数据就会变成金矿,可以延伸做家庭设备维修服务的所有工作。这是一个庞大的市场,仅郑州市家庭所有维修保养市场份额的 10% 就是 6 000万元。

互联网的本质就是去中介化,家电维修行业企业若没有意识到这个问题,后果将是快速地被淘汰。时时帮借助移动互联网优势,若能快速进行扩张,恐怕真要颠覆这个行业了。

平顶山装备式绿色建筑产业园引领建筑新时代

美国著名经济学家、诺奖得主斯蒂格利茨曾经说过,21 世纪有两件事影响世界,一件是美国的高科技,一件是中国的城镇化。从新世纪开始,中国改善居住环境的城镇化进程隆隆向前推进,发展速度之快令世界惊叹。由于发展速度过快,本来应该采用工业化构件的做法却没有及时跟进,农民式手工盖楼的结果是产品质量难于控制,而且产生了60% 的 PM2.5 粉尘。经济环境的改变,让装备式建筑工业化在 2010 年后开始提上日程。

装备式绿色建筑不仅节约资源,而且保护环境。建筑垃圾将减少约 83%,材料损耗减少约 60%,可回收材料增加 60%,节约用水 60%;建筑节能达 70% 以上;节约人工30% ~50%,降低造价约 10% ~15%,缩短工期 30% ~50% 左右。装备式绿色建筑可以帮助传统资源型城市转型,走向新型工业化道路,实现可持续发展。

平顶山装备式绿色建筑产业园是平顶山宝德科技公司与宝钢合作,在 2015 年设立的公司,主要运营华中产业园区。平顶山是个资源型城市,经济转型压力要求其开拓新的产业经济。装备式绿色建筑产业园顺应经济发展趋势,而且得到国家层面的支持,由于工业基础好,物流交通便利,平顶山市政府就顺势引入了这个装备式绿色建筑产业园项目,以期带动经济的良性发展。

宝钢是中国装备式建筑产业化的核心力量。2010年,由宝钢牵头,成立了装备式钢结构民用建筑产业技术创新战略联盟,是钢结构领域唯一的国家级试点联盟,也是国内唯一针对装备式建筑的国家级试点联盟,联盟单位包含同济大学、天津大学、中国建筑、上海建筑设计公司、绿地集团、杭萧钢构等众多知名机构,涵盖从地产开发、建筑设计、建筑部品及相应设备供应商、高校及科研院所等全产业链环节。宝钢旗下宝钢建筑拥有建筑行业相关优势资源,集设计研发、项目管理、市场运营为一体,担当宝钢绿色产业链建设、践行环境经营战略。2014年建筑产业联盟把装备式建筑应用于中国南极考察站——泰山站,成为中国建筑高科技与环境保护的典范。

宝钢建筑近几年致力于践行环境经营战略、驱动绿色产业链建设的发展方向,其在装配式钢结构绿色建筑领域进入国际顶端品牌,领先于国内同行,并且拥有广泛的外部资源。宝钢建筑规划在全国建设六大重点区域市场,以 Baohouse 示范工程整合全产业资源,推动产业发展,建立产业生态圈,用以推广装备化绿色建筑,在中全国产业化中心江苏已经投资了2亿元建设华东产业园。平顶山装备式绿色建筑产业园,就是宝钢与平顶山宝德科技公司合作设立的公司运营的华中产业园区,由宝钢建筑提供技术及相关资源支持,宝德公司负责具体运营。

平顶山装备式绿色建筑产业园的设计,分为一个示范园区和一个生产制造园区。

示范园区用于样板展示和各方资源的对接,具有以下基本功能:

(1)推广体验。示范园区有各式产业链相关产品展厅、新能源技术和环保设备等绿色产业化相关产品展示、5S体验中心等,将定期举办产品交易会并进行产品推广。

(2)培训和交流。可以对装备式绿色建筑经理人和技术工人进行培训,可以和行业协会、战略联盟成员等交流,也可举行相关高峰会议等,并支持政府的对接。

(3)网络交易。线上线下结合,O2O线下营销,线上交易。通过展示产业化建筑整个行业链条产品,以完善的服务和不一样的高科技体验抓住客户,并通过网络支付达成交易。

(4)金融孵化和配套服务。建筑绿色装备化是面向未来的科技产品,有很多相关配套的技术及其产品需要在后期的运转过程中开发出来,配套服务可以很好地支持其发展,形成良性生态圈。

生产制造园区规划占地3 000亩,是以绿色建材、装备式部品部件、新能源、建筑节能为核心的全产业链生产制造聚集基地。

整个装备式绿色产业园区以宝钢为龙头,引入绿色建筑工业化核心建筑制造工艺和技术,聚集全产业链核心企业,用 Baohouse 技术体系使建筑产业焕然一新:设计标准化、施工装备化、制造工厂化、装备一体化、开发定制化,推动绿色低碳化、人文化、信息化行业进程。最终形成全国推广的样板示范区,开创中国城镇化发展的未来。

平顶山装备化绿色建筑产业园现在正在进行前期建设工作,各种配套将会陆续到位,宝德科技运用各种资源以达成愿景:政府给予支持的土地价格便宜,而且还有 6 年税收优惠;人才方面与平顶山城建学院校企合作,实验室共享;资金方面通过政府支持,实行联盟内互保;上下游企业可以把各自产品进行组合,利用高校实验室开发新产品;可以获得政府支持的公租房项目;利用联盟成员强大的设计能力,把联盟企业产品纳入体验建筑中,可以把联盟内成员产品集成在一个一体化体验馆内等直接带动企业产品销售。

建筑绿色装备化的时代刚刚开启,前景无限,国内地产大佬万科和金地都在尝试,另外,拥有强大资金实力的中民投也把资金投向了建筑产业化。宝德科技正用自己的实力和不懈的追求,一步步实践着中国建筑绿色装备化的梦想。

最专业的"企业信息化服务专家"
——河南富通供应链管理有限公司

河南富通供应链管理有限公司作为专业供应链服务商,坐落在全国"米"字形铁路、航空及公路枢纽郑州航空港经济综合实验区。公司以仓储分驳、计算机软件开发、电子产品、物流信息技术平台销售为主,将信息流、物流、商流、资金流融合到高效有序的供应链服务环节中,实现"四流合一"的创新运营。公司拥有一支专业的供应链服务精英团队,为客户提供物流服务、仓储管理、金融服务、信息管理、企业采购及异常处理等供应链解决方案,企业专注于核心业务,从而进一步提高自身的核心竞争力。

目前,我国经济发展进入新常态,无论生产企业还是服务性企业,面临的挑战前所未有,机遇也前所未有。作为专业供应链服务商,如何能在新常态下把握发展大势,如何主动适应新常态,如何响应国家"互联网+"的号召,促进企业平稳健康发展,李运帮先生作为公司总经理,对此进行了深度的思考,并进行了一系列专业化运作。

一、构建专业化平台,勇于创新,引领物流发展大势

在经过几个月对郑州、焦作、洛阳、南阳、三门峡、漯河、周口、安阳、鹤壁、新乡等多地进行调查、市场考察、行业交流之后,2015 年 9 月,河南富通供应链管理有限公司倾力打造的智能物流平台"华豫港通"正式开通运营。这个平台以信息技术为核心,充分利用互联网与移动技术,结合未来"互联网+物流"发展趋势,融合传媒、物流电商、信用体系、金融、智库、运力、商城及商学院,构建了一个全新的物流行业的大数据生态圈系统。这个平台不仅汇聚了海量货源车源信息、配送、专线、保险等物流要素和货源,同时强力打造物流诚信体系、金融体系和供应链体系,通过这种打破方式间、业务间和区域间的信息壁垒,实现符合现代信息技术条件下扁平式、协同式、智能化、网络化的交通运输服务新模式,从而有效整合货物需求与运力资源,建立一套完整健康的物流服务生态圈。

"华豫港通"智能物流平台自推广以来,不仅得到河南省供应链协会和河南省物流协会等单位的高度认可,更是得到生产性企业和物流企业的大力支持。一批批企业不断签订战略合作伙伴意向书,截至 2015 年 11 月,"华豫港通"已经与郑州、洛阳、焦作、南阳、三门峡等几十家物流公司成为合作伙伴,共同为构建物流新生态携手并进。

同时,在河南市场上,近90%的中小企业还处于纯手工出入单填写阶段。因此,为更好地帮助企业实现运营专业化、速度化,充分发挥这个平台更大的作用,公司与宝丽富互联网金融信息服务(上海)有限公司12月初正式签约,携手开拓河南物流产业链生态圈及金融服务,以帮助企业实现供应链管理中"三流一体化"为目标的双赢合作,有效降低中小企业的管理成本,这包括填写单据错误、单据遗失及人员成本,也可为华豫港通提供更多的货源,也可连接上海的物流公司,让物流网络辐射上海。

最近,富通又开始根据国家扶持农产品的政策,谋划把农业与"华豫港通"平台相融合,这将为"华豫港通"智能物流平台注入了一个新的思路,提供一个新的发展模式。

二、携手行业企业,谋求市场共赢、合作多赢的行业发展

行业的健康发展,需要业内企业携手合作,共创良好的经营环境。富通为此积极探索,进行了有益的尝试。2015年9月,富通正式成为河南省供应链管理协会副会长单位。为履行自己副会长单位的职责,也为了更好地联合行业内企业谋求合作发展,公司成功举办了首次物流行业沙龙活动,沙龙主要围绕以"互联网+物流"为主题展开的深度交流与探讨。嘉宾们不仅产生了强烈的共鸣,更产生了深深的危机感,大家认识到,如果再不创新,再不跟上时代发展的潮流,等待大家的最终是"淘汰"。经过反复的讨论和协商,大家达成共识,行业内企业一定要密切合作,建立统一战线,携手并进,共同谋求市场共赢、合作多赢的行业发展新的新局面。

随后的几个月,富通牵头在河南各地,如南阳、洛阳、开封、漯河等地,连续主办了多场行业沙龙,就物流行业的发展与同行共商大计,共同探讨构建物流行业新生态,最终推进河南物流走得更好,更远,更久。

满美网:一站式装修资源整合平台

上海美满网络科技有限公司成立于2015年3月,是一家整合设计、装修、建材、家居等资源的平台型互联网公司,为客户房屋装修保驾护航,旗下主打产品为美满网网页端和手机端产品。

满美网的出现跟装修行业现状有关,目的是帮助客户放心地解决装修问题。其实大家都知道业主要装修新房,大多六神无主:一是业主对装修不了解;二是即使花了时间,也不能了解装修行当的全貌,总是对品牌、材料、质量、价格等心存疑虑。满美网解决了业主的这些疑难问题,让装修变得阳光、透明、放心。

满美网把设计师、装修公司、装修工等都整合进平台,顾客只要有装修需求,平台就可以进行一步步的整合对接,帮助顾客完成装修工作。首先,待装修顾客进平台免费登记,装修公司免费上门测量、出设计方案、免费获得报价清单,甚至多家公司一同上门用设计的不同方案进行竞标;若顾客没有时间管理装修,平台还有免费第三方监理上门协调;平台对装修公司所用材料保证同品牌、同型号价格同城最低;最后,顾客对装修满意后方才付款。顾客还可以在平台直接联络自己中意的设计师或装修公司,直接进行装修谈判。

当满美网平台业务发展到一定规模时,就有了装修材料及家居的规模需求,平台的家居商城解决了这个问题。

满美网在做好平台基础的前提下,以加盟方式拓展其他城市市场。每个城市一个加盟商,只收加盟费,加盟商按照平台经营模式在当地整合资源自主经营。满美网目前在200个城市开通了分站,并建立了上海、南京、郑州、杭州等多个分公司,累计服务超过1 700万业主。

美满网正在快速成长为装修装饰行业领域里的领导者。

有种网:打造一站式农业电商服务平台

有种网是酒泉有种网交易中心有限公司于2015年建立的"互联网+农业"一站式农业综合服务平台,采用O2O模式,将线上交易与线下服务相结合,搭建一个集网上商城、农业供应链、智慧农业和金融服务为一体的全国范围全产业链、品种全覆盖的综合性一站式农业电商服务平台。有种网聚焦三农,面向整个农业全链条,以中国农业产业升级为己任,引领中国农业新革命,建设中国农业新型服务体系。

建设服务农业的网上商城。有种网开设了农资商城和农产品商城。农资商城为农资生产企业和经销企业提供网上销售工具,为种植大户、专业合作社、家庭农场购买种子、化肥、农药、农机等农资提供服务。农产品商城为种植大户、专业合作社、家庭农场销售农产品,提供网上开店服务。网上商城为农户生产销售提供农资进村和农产品进城,一进一出的一站式服务,解决农户买农资贵,卖农产品难的问题。网上商城交易品种包括:种子、肥料、农药、农机、农副产品,交易方式包括一口价、团购、精品特价(闪购)等。另外还提供种子大会和种子学院等功能。

搭建新型农业供应链。有种网将工业供应链管理思想与管理体系应用于农业领域,建设覆盖全产业链的新型农业供应链一体化管理体系,实现农业产业链商流、物流、资金流、信息流的四流合一,打造"互联网+农业"的农业电商新生态,创新营销模式,推动农业产业升级。农业供应链为种子、肥料、农药、农机等农资生产厂家和下游农业生产用户搭建商品供应体系和商品服务体系,提供网上直销、网上分销、网上竞买、网上招投标、金融服务、物流服务等服务,实现农业产业升级和农业供应链、产业链、价值链的融合发展,让农户买到便宜放心的农资。

助推智慧农业。有种网智慧农业将中国北斗卫星导航系统、大数据、物联网、云计算等新型技术进行集成,为广大农户提供智能化的农机服务、无人机植保服务等预约服务;为大田种植和温室种植提供智能种植管理,包括:远程监控、远程指导、远程下订单等功能;为城市居民提供从手机远程选择、远程下单购买、农户现场采摘、物流配送上门的、从田间地头到餐桌的一站式生态农业服务。基于交易订单和服务订单,提供北斗/GPS卫星定位服务,用于确定农机、农户、城市用户、移动设备所在的地理位置,以此为应用主线,提供与位置相关的各类增值服务。

金融服务。为了有效解决农业的融资难题,有种网还为农资厂家和农户提供配套金融服务,解决农户种地融资问题。

服务聚焦,让创业变得简单

河南佰汇帮企业管理咨询有限公司是河南领先的全方位创业服务供应商。公司紧紧围绕客户需求持续创新,与合作伙伴开放合作,在创业实训、沙盘模拟、创业社群搭建、创业服务客户端APP《我是创始人》应用软件开发和公益课堂等领域,构筑了端到端的解决方案优势。目前,佰汇帮的产品和解决方案已经应用于30多所省内高校,培训过1/3的省内高校生,服务于10万创业者。

佰汇帮的业务定位是给创业者提供全方位问题解决方案的服务商,致力于成为初创企业的最佳孵化合作伙伴。依托强大的研发和综合技术能力,在创业服务领域坚持"聚焦"和"实操性"战略,深入理解客户的需求,提供创业理论与实操演练等真实体验,开展包括GYB、SYB、IYB培训、创业实训,联合天使投资、公募基金、风险投资等为种子期项目、成长期项目提供资金支持,并为创业者提供办公场地,提供政策咨询、业务代理等服务,为政府、公共事业、创业企业提供了有竞争力的创业辅导解决方案和创业资金服务。

佰汇帮潜心打造独特的服务模式,坚持更快、更广、更好、领先的经营理念,致力于成为创业者最佳的合作伙伴。更快,坚持以客户为中心的服务理念,对创业者各个阶段需求反应快捷灵活;更广,公司的创业培训业务覆盖全省100个多个高校,重点聚焦于河南省会的34所高校,确保一方面能带动整体创业氛围,服务好优质青年创业者,另一方面也能在全省与伙伴合作,更快地发现优秀项目并及时提供创业咨询孵化服务;更好,坚持持续创新,把每年超过10%的销售收入投入产品研发,超过120名面向创业教育领域的创业导师、青年企业家、专职培训师持续辅导科学创业;领先,领先的产品和解决方案服务,得到全省数万高校准毕业生的认可,是创业培训领域可的最可靠合作伙伴。

经过多年的市场培育,佰汇帮已经积累了丰富的客户资源。对于未来,公司致力于成为潜在创业青年最佳创业合作伙伴,推动初创企业信息化进程,提升初创企业运作效率,希望能和企业客户、合作伙伴一起,迎接快速迭代化转型挑战,合力打造良性的创业生态链,推动创业服务产业健康发展,推动社会创业成功率提升,推动创业青年"零阻力"创业进程,让创业变得更加简单。

爱创业,爱咖啡

2015年4月12日,中原首家众创空间——爱创咖啡智能餐厅在郑东新区建业总部港隆重开业。这种新型的创业孵化模式引来众多创客和投资人的关注和兴趣,使河南在"互联网+"的道路上迈出了重要的一步。爱创咖啡的产生,符合时代"创业、创新"的主题,为创客们提供了一个集信息共享、培训辅导、科研创新、创业基金、品牌推广、人才培训、众筹融资、天使投资、法律服务、政策扶持等于一体的创业生态体系,在这里创客们可以得到全方位的创业服务。

一、众筹发起成立的创业服务平台

爱创咖啡是全国首家综合创业金融服务平台,通过线上的创易金融与线上线下O2O相结合的模式服务于创客。同时,创客们的热情、需求和快速成长,又激励爱创孵化器不断发展壮大。

爱创咖啡由省惠集团旗下创易金融平台牵头筹备,旨在为广大有梦想、有创意的青年创业者和天使投资人、VC和PE投资人搭建一个广阔的沟通交流平台。平台积极响应李克强总理"构建面向人人的'众创空间'"的号召,依托创易金融网站的线上孵化平台和爱创咖啡厅的线下孵化基地,专门成立了投资家俱乐部、创客俱乐部以及创业导师俱乐部等,为科技型小微企业成长和个人创业提供技术指导和资金支持,积极推动中原地区的大众创业、万众创新。咖啡厅各个包间分别以天使厅、创咖厅、创导厅、众筹厅等命名,营造了浓郁的创业氛围。

爱创咖啡是河南省第一家完全通过众筹发起成立的创业孵化器,也是创易金融众筹平台的首次成功尝试。从在创易金融平台发起到众筹成功,仅仅用了9天时间,首期共有66位来自不同行业的投资人,累计众筹金额突破300万元人民币。

二、为创客提供全方位的创业孵化服务

爱创(I Try I can)致力于打造大学生创业、社会初创企业人才、孵化、金融服务等一站式服务平台,响应"大众创业,万众创新"的口号,在爱创咖啡,组成创业导师及青年创客社交圈,帮助大学生创业,扶持社会初创企业,帮助创客实现创业梦想。

创客一词源于英文单词"Maker",是指出于兴趣与爱好,努力把各种创意转变为现实的人。爱创孵化器作为一个资源与服务平台,主要包括园区、设备等有利于企业成长的实物资源,工商注册协助、管理培训等"软服务"以及市场资源、技术资源、政府资源等,旨在为初创型小企业提供所需的基础设施和一系列支持性综合服务,使其成长为成熟企业。

爱创咖啡拥有800多平方米的西式咖啡办公场地,结合创业者的实际需要,打造成青年创客的圈子,为创业者提供梦想路演的平台;爱创书吧是创客心灵的汲养升华平台,爱创公寓为创客提供栖身之地,爱创工场提供了现代化的综合办公孵化平台,创新实验室让创意从技术变成产品,爱创商学院依托创客俱乐部为广大创业者提供一个交流平台,在这里创业者可以进行思想碰撞,扩大创业者视野;创客沙龙邀请创业者进行交流研讨,直面创业过程中遇到的问题,分享创业经验;创业导师俱乐部拥有高校资深理论专家和企业高管实战家组成,实力强大的创业导师团队为创客们提供强有力"一对一"或"多对一"的创业辅导;投资人俱乐部拥有一百多位天使投资人、风险投资人和专业投资机构组成,投资人俱乐部能够为创业项目提供充裕的资金支持;爱创书吧收藏大量的关于创

业、经济、金融、管理、计算机、互联网等各类杂志期刊,能够满足各类创业者对书籍的阅读需求。

爱创咖啡作为中部地区最大的创客俱乐部之一,拥有自己独特的专业导师团队和丰富的理论、实践经验,每周六下午开展"创客训练营"系列活动,为大学生创业和社会初创企业提供高效、透明、安全、信赖的服务支持。通过孵化器搭建的创新竞赛平台,为大学生创客搭建了一个展示自我的舞台。

爱创咖啡以协助企业成长,降低创业企业的风险和成本,创造出成功的企业,实现财务资助和独立经营为最主要目的,以促进成果转化、培养新型企业和创新创业人才、战略性新兴产业源头企业为宗旨,积极引导社会力量的参与,通过孵化器建设,为科技型中小企业和民营科技企业提供发展空间,营造良好的创新创业氛围。

三、中原首家智能化餐厅

在进行创业孵化的同时,爱创咖啡还是中原第一家智能化餐厅。该餐厅依托省惠集团旗下惠生活电子商务有限公司开发的"惠生活"电商,以移动智能预订为核心,紧紧围绕人的生活动线,提供美食、休闲、娱乐一站式自助查询、预定、消费、在线支付等服务;消费者可以通过手机 APP 进行包间、台位和菜品预定、Waiter 呼叫服务、在线手机支付等功能,大大节约了时间成本,使其在享受美食的同时也感受到贵宾式的优质服务,弥补了传统团购方式的弊端。同时实现了商家从获客、消费、财务管理、客户关系管理及回馈等功能的统一,有利于商家提高销售收入、节约用工成本、提高服务质量。

目前,以爱创咖啡为依托,焦作、周口等区域创业平台已进入运营期。爱创旗下的多家店正以欣欣向荣的姿态陆续在全国各地落地生根,逐步完成爱创+创业生态体系,以实际行动践行大众创业、万众创新。爱创咖啡还将在北京、上海、广州、深圳等地建立连锁门店,积极吸引省外资本扶持河南创客项目,推动河南天使投资的发展繁荣。

爱创咖啡众创空间的成功运营,填补了河南在众创空间建设和智能餐厅的空白,推动了智慧城市的发展,将在中原大地大众创业、万众创新的浪潮中推波助澜,发挥积极的作用。

做企业不忘企业,中国领先的一站式企业服务平台

北京金三科技股份有限公司成立于 2005 年,致力于服务企业成长的各个阶段,搭建中国领先的一站式企业多方位服务平台。公司总部位于北京,在上海、广州、深圳、成都、福建等地设有分支机构,拥有百余名专业咨询人员,业务网络覆盖全国 200 多个大中型城市。公司经过多年的发展,已与近万家企业保持长期合作关系,成为同行业中率先通过 ISO9001 质量管理体系认证的机构,并获得了国家高新技术企业认定。

十年间,金三科技的董事长及首席执行官彭飞率领整个团队,凭借专注和勤奋的态度,强大的技术实力,出色的政府沟通能力,以及对政策的深刻理解和丰富的客户服务经验,推动公司不断发展,屡创佳绩,快速成长为业界屈指可数的领先企业。

一、摸索转型,不断发展壮大

金三科技在创立之初,也经历过经营的艰苦卓绝,有过区区几十万年销售额,有过地下室的艰苦奋斗,有过公司只剩下几个人的冷清。

2005 年 8 月,互联网行业一片繁荣,北京金三科技发展有限公司正式成立,当时主要是从事 SP 短信、彩信、WAP 业务,算是小型的互联网企业。经营一段时间后,公司在与电信企业业务往来的过程中,逐渐积累了包括业务开展、企业管理等方面的经验,也逐渐熟悉了电信及网络方面专业的技术问题,但业务量一直没有上去。

2007 年初,中共中央政治局就世界网络技术发展和中国网络文化建设与管理问题出台了鼓励性意见;6 月,国家发展和改革委员会、国务院信息化工作办公室联合发布我国首部电子商务发展规划——《电子商务发展"十一五"规划》,首次在国家政策层面确立了发展电子商务的战略和任务。

创始人彭飞意识到这些政策可能给企业带来的机遇,决定进行转型。6 月末,公司开始转型做网站建设、软件外包等服务性业务,追随国家电子商务的政策指引。2008 年 11 月,又扩展了企业服务范围,由单纯的互联网行业进入会计服务行业。

经过一年左右的业务开展,2009 年,公司开始步入快速增长期。3 月,成立"金三咨询"事业部,确立开创增值电信业务经营许可证全套资质代理服务,成为国内最早的互联网行业政策研究机构;6 月,进军知识产权领域,增加知识产权服务业务范围,拓宽会计服务业务范围,进军工商注册领域,并在当年成为北京地区唯一集工商、会计、网站、软件为一体的服务机构;10 月,公司业务覆盖全国 31 个省,跨增值电信、网络文化、医疗卫生、人力资源、文化传媒等 30 多个咨询领域;2010 年 8 月,CRM 系统上线,通过完备的企业电子档案管理与自助服务模块,为每一个客户提供细致周到的服务;2011 年 4 月,荣获增值电信业务经营许可证因特网信息服务业务资质,成为北京地区最大规模的互联网咨询服务团队;2013 年 1 月,IDC/ISP 市场对外开放,成功为多家 IDC 企业提供技术支持与咨询服务。

2014 年 6 月,召开集团高层大会,明确了企业在新常态下如何发展的问题。经过多方会谈、沟通,最后确定了企业发展方向,从单纯的技术服务,导向大数据与大平台的双重建设上面,转型发展为搭建"中国领先的一站式企业服务平台",利用十年的行业积累为中国企业的发展提供一揽子解决方案。

为了顺应这一变化,金三科技毅然做出改变,在优化业务方向和提升内部管理等方面大做文章。公司在短短的几个月时间里,专门设立投资部门,吸引了具有工商管理硕士学位的优秀人才,控股投资了游戏平台,开拓服务换股、创业孵化等新的业务和投资方式,协助金三科技建立更多的新业务增长点。

2015 年 8 月,金三科技推出了一个重大的产品——"金三优服"。这是一个为企业提供一站式服务的平台,凡是和金三科技建立过联系的客户,只要加入这个平台,都可以获得在企业发展过程中所需要的各种资源支持。

2015 年 12 月,经中小企业股份转让系统审查批准,北京金三科技股份有限公司股票在新三板成功挂牌上市,公司又将面临新的机遇与挑战。公司创始人彭飞对此也明确表示,要坚持诚信经营,规范运营,金三科技作为互联网资质审批行业第一家新三板挂牌上市公司,将会迎接挑战,勇往直前。

二、做企业不忘其他企业,携手同行

2008 年,在公司创立之初,仅有的几个员工摸爬滚打,艰苦地做着电信方面的业务。经过几年的业务经营,金三科技创始人彭飞发现众多的中小企业一样如己,都是摸着石头过河,经营非常不容易。由己及彼,彭飞在做着自身业务的同时,开始与众多企业主交流,发现大家都有互相协作的念头,彭飞最后把这个念头落了地,转型做企业服务性业务,为自己,也为各家企业指路共赢。

2015 年,李克强总理提出的"互联网+"给国内企业的经济增长指明了新的方向,国内各企业不断探索、尝试李克强总理新思维带来的红利;同时,在大众创业,万众创新的背景下,创业者面临着企业初创阶段的很多问题,很多创业者关注的是他解决市场痛点的 idea,他的 app,他的客户引流,很少有人想到对于互联网,政府相关部门监管的问题,当创业者的 app 要上线,创业者的网站要推广,要收费时,通过旁人提醒,创业者才明白他必须取得政府相关部门的许可,才能收费,否则将面临客户和同行随时可能的举报或者投诉。

金三科技适时出现,10 年来,帮助上万家企业互联网合规,"有金三,很简单!"公司的业务范围已涉及企业投融资、并购转让、企业财务、法务咨询,企业管理咨询、企业资质许可咨询、企业培训、网络建设、软件开发等领域,通过一系列的服务,帮助客户一站式解决公司前期的架构以及后续可持续运营发展问题,企业也能够专心发挥所长占据高地而无后顾之忧。公司先后服务过优酷、百度、用友、赶集、五八、去哪儿、乐视、国美、苏宁等大型互联网公司,间接辅助政府主管部门,规范互联网行业的发展。

通过新三板挂牌,金三科技也将接受更为广泛、透明的社会监督与市场竞争机制,有助于众多企业享受到专业、高效的服务。

金三科技将利用自己的技术及市场优势,全力完成互联网企业与政府监管部门的交互对接;为企业理清国家相关政策下的各项资质要求并通过资质的申请办理,让企业规范经营,集中精力做自己最擅长的事。

云平台大数据　企业的好管家
——爱看信息科技(郑州)有限公司

移动互联网之所以可以称之为一个时代,并不是因为它创造了更多的信息,而是因为它改变了信息和人的二元关系,让人成为信息的一部分,改变了人类社会的各种关系和结构,也因此引起整个社会商业模式的变迁。在目前的混沌迷茫期,很多企业丧失了安全感,开始认识到互联网的重要性。而在之前的互联网时代,传统厂家其实是根本不注重互联网公司的。

一个企业想迅速成长,成为行业的领先者,单凭传统做法是远远不够的,还需要借助强大的互联网的支持,才能带来效益的快速增长。爱看信息科技(郑州)有限公司正是依托中国电信强大的云服务平台,在移动互联网时代掀起一轮创新风暴。

郑州爱看(icam)信息科技有限公司于 2013 年成立,是专业从事物联网传感层、软件应用分析及运营的创新型、高科技企业,公司整合了内容网、移动网、物联网,通过云后台为全球提供全方位的物联信息运营服务。

郑州爱看的服务之一"手机看店",就是与中国电信合作运营的一个远程视频服务平台。该平台意欲打造高端家庭和商铺、小型企业管理者喜欢用、容易用、用得起的远程监控产品,通过移动互联网络,在客户的手机上用专门 APP 即可为小商铺、连锁店、小型办公室等企业提供一个远程视频浏览、集中统一管理和远程监管的服务。此平台比起传统的有线监控系统平台,具有成本低、便捷迅速的特点,因此,一经推出,中小企业纷纷加入,会员迅猛增长,企业也收到了很好的效益。

另一方面,郑州爱看也一直致力于互联网大数据背后的统计分析业务,2014 年与上海杰轩电子有限公司开展合作,整合当今最新室内定位技术,结合微信平台,推出"智慧商场""智慧连锁"整体解决方案,实现商家与消费者的互动,在商家为消费者提供更佳便捷的购物休闲体验中,通过数据分析和挖掘,深入了解消费者的消费行为、消费习惯和消费能力,为商家的经营决策提供强有力、多维度的数据分析及技术保障。这套分析系统已在河南省大型超市、百货商场使用,客户超过 20 家,客流点位超过 500 个,已经成为被多数人认可的客流分析系统品牌。

互联网背景下,借助新技术、新思维,不断创新,才是郑州爱看腾飞的原因所在。

匠心独寻的全球购

中国加入世贸组织已经十多个年头,在经济与贸易等各个领域都变得更加自信和从容。随着网络经济的快速发展,跨境电商企业也如雨后春笋般冒出,每天都有新企业加入。第五大街就是一个新兴的跨境电商平台,在中原大地突放异彩,成为一颗广受各界期待的耀眼新星。第五大街跨境商城由河南第五大街电子商务有限公司管理运营,首阶段运营总投资 2 000 万美元,2015 年 7 月在河南省商务厅、工信厅等部门的支持下成立。

一、丰富经历,铺垫创业基础

第五大街的创始人、首席执行官韩煜,出生于 1988 年,是一个典型的 80 后,经历也颇为丰富,是个能折腾的人。韩煜 21 岁时,就职于世界五百强的企业,工作了 3 年,参与了惠普 2010 年中国市场规划,也感受到了大企业的规范管理和市场把握的水平。2010 年,他进入了国内知名的 B2C 商城,参与策划了网络超市全天 40 分钟送货到家同城项目,使普通超市与电子商务完美的结合,比沃尔玛送货到家政策早 5 天;通过平台资源整合,韩煜带领 6 人的团队服务国内 3 500 家超市,平均月营业额业绩 4 500 多万元;参与并策划了现阶段国内电商最为先进的网络营销模式(第五大街同样借鉴了这样的模式),凭借此项目,公司 1 年内在全国增加 615 家分公司,加盟商家 18 900 家。项目创造盈利 3.9 亿元,招商会最高成交 1 400 万。

2011 年 7 月,韩煜进入了由北京大学 12 位教授创办的创和公司做市场运营。8 月,为创和公司大客户康亦健集团做了实体与网络结合的市场方案,改善了康亦健全国 1 200 家体验店的经营状况。也是在那个时候,韩煜萌发了自己创业的念头。12 月,在参与由河南省商务厅组织的 2012 郑州年博会时,韩煜借机同商务厅进行了创业有关的交流。

2012 年 7 月,韩煜投资 600 万,组织策划了全国首届网络组团会,受到了国内 56 家知名门户网站与央视的关注,2 500 万民众成为网购的受益者。

随后,凭借电子商务的丰富经验,韩煜在郑州创立了河南幸运商城信息技术有限公司,正式推出"幸运商城",并担任首席执行官。幸运商城作为河南省最专业的 B2C 商城受到了河南省团委、省商务厅、河南小康发展中心的关注与扶持。

这些丰富的商业经历,成为韩煜创立河南第五大街电子商务有限公司的坚实基础与条件。

二、适逢良机,创业跨境电商

2012 年,中原经济区经国家批准成为中国首个内陆经济改革和对外开放经济区,建设规划将郑州定位为立足中原、服务全国、连通世界的国际化航空大都市;同期,郑州也成为国家跨境贸易电子商务服务试点,加之郑州是国家一带一路战略的节点,正在被打造成"总量规模全国前列、服务政策全国最优、产业链支撑全国最强"的跨境贸易电子商务发展高地,建设成为"一带一路"上重要的全球网购集散分拨中心。

韩煜看到了机遇,内心迸发出尝试跨境贸易的念头。2015 年伊始,借助政策的顺风车,他与一支平均年龄仅 23 岁的年轻团队开始创建河南第五大街电子商务有限公司,主要业务就是新一代跨境 B2C 平台贸易,为消费者提供优质、优价进口商品,主营美妆个护、食品保健、母婴用品等。

第五大街网上商城于 2015 年 12 月 25 日正式上线。上线半个月,会员人数就超过 10 000 人,交易额达到 106.9 万。第五大街已经在河南省内建立了 20 多家线下跨境体验店,并与多家连锁超市进行战略合作。

2016 年 1 月,郑州市获批设立跨境电子商务综合试验区。河南省也将在全省范围内分阶段渐次推开跨境电商综合试验区,最终实现多点布局、多模式发展,实现全省外贸发展"弯道超车"。第五大街将迎来新的机遇,在河南经济快道上的飞速发展指日可待。

三、平台构建,匠心独寻

跨境电商是未来经济全球化的发展趋势,在这种趋势之下,第五大街在群雄逐鹿的跨境电商行业中,如何分得属于自己的蛋糕呢?

第五大街构建了一个提供海外优质正品的自营式跨境购物平台,它不同于早期的互联网电商平台。最早成立的一批电商平台采用的是 C2C 模式,将跨境电商平台与海外代购买手联合,实现双赢,灵活的模式广受海淘用户的欢迎。但随着海淘市场规模的进一步扩大,买手信誉、水平良莠不齐,商品鱼龙混杂,加上平台难以干涉和监管,这种方式饱受诟病。随后,以聚美优品、京东全球购、天猫国际为首的 B2C 电商企业涌现出来,这些电商平台背后有雄厚的资本作为平台支持,一上线便势不可挡地抢占大片跨境电商市场。

作为一家新创立的跨境电商平台,第五大街相对成立较早、发展成熟的电商平台,能给消费者提供一种轻量级的优质服务,让消费者在购物过程中感到惬意,这种专注执于小而美的经营服务,是那些大型购物网站所不能提供的。

第五大街的团队用一颗颗工匠的心,精雕细琢,从选择更符合国人肤质、口味、生活习惯的产品,并进行试用,考察、评估全球的每一个供应商,以及最后的物流配送,每一个环节都要经过精心的考究。

历经努力,第五大街走遍全球,打通 16 个国家的通货渠道,为消费者寻找最优质的产品,将每一件商品都精心鉴定入库,在销售中保证 100% 正品。第五大街从不参与价格大战,他们崇尚的理念中,可以做不到业内最大,也可以做不到业内最便宜,但是一定要做到业内最纯正。

同时,第五大街始终把客户体验放在第一位,为此还建立了国内先进的数字化仓储、标准化物流、供应链生态体系,只为更快地将产品送到消费者手中。

第五大街还提供最优质的售后服务,7×12 小时关切守候,时刻为消费者答疑解问,用一种精雕细琢的工匠精神为消费者提供奢华服务,打造最值得信赖的跨境特卖体验。

正如创始人韩煜所说,第五大街不只是一家跨境购物商城,它更是一种生活态度,一个梦想,一个圈子。用最极致的客户体验,打造消费者的私人 5A 级顾问。

汇聚创业资源与力量

中国青年创业家发展联盟(国际)促进会(简称"青创汇"),是由国内外创投融界的杰出中青年精英、创业团队领袖、企业 CEO、互联网创客社区、高校创业社团、专家学者、中小企业协会(商会)、社会各行业优秀青年联合发起的青年创投融生态圈,亦即众筹服务共享平台。

一、创业不断,方得目标

清创汇的主要创始人、CEO 隆乾,1983 年 9 月,出生在湖南湘西地区一个偏远的贫穷山寨。也许是家庭原因,他从小就有一个新奇的大梦想,要拥有自己事业与公司,要做世界青年的楷模。

2002 年,上大二的他,毅然休学,离开了象牙塔,先后创建了 3 家培训公司,带领 800 多人的大学生创业团队,开始挣取第一桶金。2004 年,他独自一人南下深圳,在一家国际集团公司率先提出"站着办公"的理念,撤掉座椅,磨炼意志,并最终成为旗下 2000 多家分公司中的销售冠军和行业的翘楚。

2008 年 2 月,他把结婚写成了商业计划书,创造了"免费婚礼"传奇营销案例。6 月,在所有人一致反对下,他毅然"固执"地挨家挨户借钱,把"讨"得的 100 多万现金不假思索地投资在一个仅考察半天的陌生项目——影楼,效益不错。

2009 年 3 月,他的公司迅猛扩展到 3 家,项目涉及美容美发、数码影像输出等领域,不仅很快引领了当地品牌,他从此也对跨行业品牌运营产生了浓厚的兴趣。

2011 年底,他再度集资 2 000 多万,在湖南家乡投资锰矿,梦想快速打造财富帝国。但 2012 年,矿场政策性地被迫关停,所有投资被无形冻结。面对突发状况他再次做出决定,把正在营运的多家公司的 90% 股权割让出去,实施甩权突围战略,解了一时之困。

有成功,有失败,不断地创业经历,使隆乾积累了大量的实践经验,也使他对创业者产生了愈浓厚的情感。2013 年底,全国掀起了"大众创新、万众创业"的大潮,他怀着更大的民生情怀,作为原始创始人,会同高级速录师庞少鹏等 5 人发起成立中国青年创业发展联盟(国际)促进会。

2013 年 12 月,青创汇完成第一个商业模式测试计划,并于 12 底在大学路康桥华城国际中心 18 楼正式成立青创汇,开始为创业者提供全方位服务,不仅仅是空间、场所,更多的是抱团创业。

在"双创"时代潮流下的众多创业者,面临着初创阶段的很多问题,因此,青创汇一经成立,追随者众多。2014 年 4 月,从 6 个创始人的初创团队,发展到 90 余人的创业团队,并且,仅仅用了 160 天,打造了 1 000 余平方米的办公空间。7 月,团队人数扩充到 120 余人。

2015 年 2 月,青创汇搬到郑东新区绿地之窗 36 楼,公司团队有了 2 000 余平方米的新办公区域。

2015 年 10 月,作为国内首个最大的众筹云平台"青创汇"正式上线运行,按照网络 O2O 双向开放原则,推出"青创汇会员交流体验中心"和中原首款"创业 APP"两大创业服务平台,为创业者提供一站式创业解决方案,不管是缺人才还是资金,或者是需要项目推广以及专家指导,都能够在青创汇完成,而且完善的众筹模式也将使创业变得更加轻松。

二、线下体验中心,提供创业全部流程

线下会员交流体验中心主要是通过实体空间形态的人才厅、项目厅、资金室、沙龙厅、教练区、实战区、导师区、梦想厅、休闲区完成,全面整合人才、项目、资金、营养、教练、实战等创业资源,在体验中心完成企业初创的全套流程,形成创业的良性循环生态圈。

"梦想厅"可同时容纳 120 人,是目前国内"创客中心"中规格最高的线下空间。除硬件外,更重要的是软件。梦想厅涵盖人才路演、项目路演、在线教育、项目推广、新品发布及在线会议,主要针对创业者,在创业、学习、指导、推广等方面提供顶级的专业服务。创业者通过项目路演可以直接在现场获得专家及投资人点评考核,可在 APP 端线上同步展示,只需一次项目路演,让创业者轻松获取投资。梦想厅定期邀请行业专家及商业大鳄线下演讲,APP 端线上同步直播,会员随时随地免费听课,帮助创业者提高专业知识与素养,大数据广阔平台免费展示推广。

线下会员交流体验中心已经举办多场沙龙、讲座、路演等活动,如中原 8090 创客高峰论坛、微博营销专家授课、中原好项目一二期路演等,为创业者提供项目交流及商谈的机会;同时,也常常利用各种活动,如拓展、军训、培训等方式,将创业的会员们激情与斗志激发出来,真正为自己的事业去拼搏,去奋斗。

三、线上创业 APP,加速机会孵化

2015 年 9 月,青创汇创业众筹云平台(APP)郑州体验中心开业试运行,10 月正式运

行,与线下会员交流体验中心打通,为创业者打造轻松创业的移动平台,这也是全国首款创业 O2O 移动平台 APP。

青创汇 APP 拥有线上人才库,人才可以上传简历,在线上视频路演,被浏览一次即可获利。同时,创业者也能够轻松筛选合伙人,并在线交流,也可在线上预约,到青创汇线下会员中心人才厅深入面谈。

青创汇 APP 项目中心,汇聚众多项目路演视频,拥有独特的项目路演直播模式,在梦想演播厅路演的项目,可在线上 APP 同步直播,并有专家、导师现场点评,可以让投资者足不出户寻找到最感兴趣、最靠谱的项目。其中的众筹项目,更是能够让所有人轻松参与项目投资,成为创业者。

青创汇 APP 针对会员提供了定制教育服务,众多讲师联盟资源免费对会员开放,会员也可根据自身需要筛选导师进行学习。随时随地,让知识触手可及。

青创汇 APP 提供了基于地理位置的服务,可以在线上订制自己的工作生活,如秘书、导游、厨师等,线上预约,线下服务。

生鲜管道:C2B 预售+反向 O2O+自建物流

如果说在电商领域还有一片蓝海,那就非"生鲜市场"莫属。万亿规模的市场潜力和不到 1% 的电商渗透率,生鲜电商正站在"互联网+"的风口上。郑州市九合计算机科技有限公司旗下的河南本土生鲜电商平台"菜篮网",是国内第一个提出做"无邮费选项"的 O2O 电商平台,第一个提出无理由退换货的电商平台,第一个将"解决农产品滞销问题"作为行动目标的电商平台。

九合以民生最为关切、政府最为重视的"菜篮子工程"为突破口,依托"菜篮网"电商平台,筹建了 12 000 平方加工厂(含冷链仓库)及 50 多个社区配送服务站,将传统民生工程与"互联网+"、物流配送等要素有机结合,通过采用"1 元起配送到家"的服务举措,让市民足不出户即可享受"平价、优质、新鲜、安全"的生鲜商品。2014 年 5 月 22 日菜篮网立项,并于当月获得 550 万天使轮风险投资;2014 年 7 月 17 日菜篮网正式上线测试;2014 年 8 月 22 日,启动线下营销活动,日订单超 100 单;2015 年 7 月,注册用户数量超过 7 万,峰值订单超过 6 000 单。

一、菜篮网的运营模式

生鲜产品在流通环节产生的运输成本、损耗、多层中间商利润等因素叠加,使得普通农副产品从生产基地到消费者手中的售价普遍增加了 3 ~ 8 倍。随着郑州市经济社会持续快速增长,城中村改造速度加快,农贸市场大幅减少,市民买菜难、买菜贵的矛盾日益凸显。菜篮网通过与郑州周边、省内蔬菜主产区生产合作社对接,以标准化加工及包装,全程可追溯,真正实现"从田间到餐桌"的市场对接。

在业务发展模式上,公司搭建菜篮网、门店网及物流网三大中心,以菜篮网为平台入口,以 C2B 预售为基础,通过 PC 端及移动端下单,按需采购,保证零库存及产品生鲜,既降低仓储成本,又保证了食材的新鲜。通过反向 O2O 模式,以自有社区配送服务站为依托,通过构建全程冷链系统,实现最后一公里的快速配送及优质购物体验。

公司开发的具有自主知识产权的"在线利润分享系统",通过与社区商店、超市等店面合作,采用"店中店"的方式,快速搭建菜篮网"门店网",实现菜篮网市场覆盖与业务拓展的双目标,现已发展 150 余家合作便利店。随着规模的不断扩大,2016 年,预期拓展 2000 家合作便利店。

二、菜篮网的特点

(1)理念领先。菜篮网提出"定标准、积大德"的公司理念。"定标准"指定产品标准、价格标准、服务标准,通过梳理产品分级,让消费者明明白白消费,实现真正意义上的公平、诚信,杜绝行业欺诈及不正当竞争。"积大德"则是让老百姓劳有所得,让市民享受物美价廉、物超所值的购物体验。菜篮网姜总表示,通过线下铺货量的不断增加及日订单的不断攀升,各类农产品需求量不断扩大,协助政府解决好农产品滞销问题,是菜篮网义不容辞的责任。

2014 年末,焦作温县农户赵炳军求助河南新农村频道,希望能够为滞销的正宗铁棍山药找到销路;菜篮网应新农村频道邀请,到温县考察产品质量,本着"帮扶温县农民,实惠郑州市民"的目的,以农民兄弟给出每斤 6.5 元的底价,在不加价的基础上,向郑州市民提供 6 000 斤山药,市民反响强烈,销售异常火爆。2015 年 6 月,协助中牟县雁鸣湖镇朱固村村民王亮解决苹果及油桃丰收但滞销的问题,短短 3 天,卖出苹果 1.5 万斤,油桃 1.1 万斤。

买难卖难一直是生鲜市场的一个顽疾,菜篮网正在通过一次次的帮扶,在减轻农民损失的同时,不断总结经验,积累资源,将更多的农产品发展成为基地直供产品,以稳定的货源需求,稳定的收购价格,为农民稳定增收,为市民吃到放心、实惠的产品而不断努力。

(2)质优价廉。面对激烈的竞争,菜篮网采取品牌联盟手段,一方面与非标品的农业合作社合作进行原产地直采,确保产品的质量与价格优势;另一方面,对家庭日常消费的标准产品通过与厂家直接建立直采体系,减少批发环节,不仅提升平台价值,让利于消费者,更能快速树立平台信誉,以及有效保障产品质量。

(3)技术优势。菜篮网依托母公司九合科技的互联网科技实力,在核心系统打造、系统功能创新、自建在线支付系统、CRM 客户关系管理系统及合作伙伴利润分享系统等方面具有完全自主知识产权。菜篮网在国内第一个打造出 ERP 非标品转标品的在线系统,能够将水果、蔬菜等非标准产品的损耗率进行精确统计,精确到每公斤蔬菜剥离多少克泥土、多少克不符合标准的菜叶,对于精准控制非标品的损耗率提供了强大的技术支撑。

(4)自建物流。生鲜电商绕不过去的是仓储物流的痛点,菜篮网专注于解决好最后一千米的生鲜配送难题。菜篮网不但自建物流,而且自建全程冷链物流,通过设立中央低温保鲜及冻品仓库、购买冷链物流专车,并在国内生鲜市场最早采购具有冷链功能的电动三轮车,实现产品的全程冷链。菜篮网姜总认为:如果希望实现客户的高品质购物体验,必须自建物流配送体系,根据产品特性设计配送流程及配送工具,生鲜电商假手他人做配送,必然无法保证购物体验及产品的破损、挤压等情况。目前,菜篮网不但可以配送水果蔬菜、米面粮油、酒水饮料、保鲜冻品等传统产品,也可以配送鸡蛋、豆腐等极易损坏的特殊非标品。

(5)社会价值。"菜篮网"不但是商业模式的创新,随着项目不断推进,也将在更多方面、更广范围产生积极意义。

1)促进就业:"菜篮子"工程作为民生工程,因市场体量大、涉及人口多,未来在社区配送、仓库管理、配送服务站运营等方面,需要大量员工。同时,因仓库加工环节重复性劳动大、学历及技能要求低,可为部分残障人士提供适量就业岗位。

2)稳定菜价:随着菜篮网与周边蔬菜种植基地的合作加深,应季蔬菜的采购量将趋于稳定,对平抑市场价格、确保农民收入稳定、减少农产品滞销将起到积极作用。

3)质量可控:菜篮网作为生鲜产品的综合供需平台,产品销售种类多、覆盖品项全,政府职能部门能够联合"菜篮网"在源头上对生鲜食品及其他入口商品的品质进行严格抽检、把控,避免出现群体性食品安全问题,提高社会满意指数。

4)推进政府"一村一品"发展战略。通过采集销售大数据,在调整农村种植结构、发展周边特色农业方面,可对政府决策提供一定辅助支持。

郑州作为区域中心城市,在国家"一带一路"战略中扮演着重要角色,对发展"互联网+"有着得天独厚的条件。菜篮网作为经过市场验证,且具有巨大发展潜力的民生工程项目,与"大郑州"发展战略深度契合。在郑州这片创业的沃土上,菜篮网雄心勃勃。

2015年7月24日,菜篮网与财晟资本达成A轮融资协议。此次签约成功,标志着作为农业大省、物流大省的河南,在探索、发展"互联网+"战略上迈出了重要一步,为菜篮网实现立足省会郑州,未来辐射中部省份的发展战略插上了资本的翅膀;同时,也为资本市场了解河南"互联网+"企业发展现状,对本土企业的对外融资起到了积极的示范作用。

中小物流企业抱团发展　结盟前行

中小物流企业为物流行业的成长做出了努力,为合作企业的发展壮大做出了贡献,有的企业在局部地区成为物流专线的佼佼者。但面对严峻的经济形势,各个企业单打独斗已经没有生存下去的希望。物流行业在经历了经济寒冬后,企业普遍意识到抱团取暖,集约发展,做大平台,全方位服务客户已经成为大家的必经之路。

河南胜邦物流集团是由九家河南本土物流企业发起组建的专线物流联盟公司。胜邦物流集团顺应时代发展而成立,积极搭建综合性物流网络平台,有效解决了联盟物流公司面临的转型发展问题,力争打造成为中国一流零担物流服务商。

胜邦物流秉承"诚信为本,信誉第一"的经营理念,以"安全、快捷、准确、方便"为宗旨,以市场为导向,为客户提供优质满意的服务,努力打造物流行业一流品牌。胜邦物流坐落于郑州目前最大的综合性新物流园区,紧临航空港区四港联动大道,拥有5万平方米的仓储区,5万平方米省内外物流专线区,3万平方米的酒店和办公楼。主营郑州到上海、山东各地、沈阳、长春、哈尔滨、长沙、南昌、福州等线路。

货运专线联盟是以合作为基础的企业战略联盟,通过优势互补,资源共享,风险共担的模式进行网络化抱团取暖,合作发展。集团董事长孙浩楠表示,河南乃至全国物流行业已经发生了巨大变化,国内物流环境复杂,行业进一步发展面临重重阻碍。为此,胜邦物流集团以"胜势中原,物流兴邦"为使命,与其他物流企业一起,积极应对目前的局势,通过互相协作,为客户提供全方位的优质服务,获得共同发展。

在新的形势下,胜邦集团锐意进取,调整发展思路,积极布局物流网络平台。集团总裁杨小星表示,胜邦物流集团规划三年之内搭建以郑州为中心的全国性物流网络平台并成功运营;六年之内搭建分别以中部六省各省会、环渤海经济区、珠三角经济区、长三角经济区为中心的全国性物流网络平台;九年之内打通以各省会城市为辐射中心的全国物流网络平台。

与坚持梦想者同行,让创业者不再困难

嘿马汇,是一群形散而神聚的成功企业家的聚合,是由一群热衷于梦想、敢于挑战、乐于奉献、行事靠谱的 109 名在各自领域出类拔萃的合伙人汇集在一起,打造的河南最大的创业孵化平台,志在铸造一个可以为创业者服务的平台和创业者的心灵家园,通过项目选择、融资服务、创业帮扶、资源互换、智力支持等模式,实现合作共赢。

嘿马汇采用"众筹+合伙人+公司化运作"的模式,其背后是河南嘿马汇投资管理有限公司,是中原第一家上股交挂牌的创业孵化企业。公司的短期目标是把嘿马模式逐步推广到洛阳、开封、新乡、许昌、南阳等地级市,将以郑州为中心掀起中原的创业风潮,使嘿马汇成为中原创业孵化的领跑者和标杆。长远目标是影响 1 亿人创业,帮助 1 000 万创业者,扶持 10 万人创业成功。

坚持"实干成事,创业兴邦"的企业使命,嘿马汇开展了针对创业者、创业项目、中小企业的多种服务。对创业者提供无风险、无门槛的创业帮扶,进行创业指导和系统培训,提高创业者的创业技能和创业成功率。对创业项目进行全程支持,提供项目前期评估、策划、运营、包装、项目路演、种子资金进入、领投、众筹、天使轮投资、上市孵化等服务。帮助企业进行前端吸引粉丝,后端转化粉丝,建立企业的用户数据库,达成企业分组转化用户为客户的最终目的。并通过企业的诚信、真诚、价值、专业体现,达成粉丝、用户和客户的黏度和忠实度,真正实现企业的转型发展。

嘿马汇推行会员制,可以为会员提供多种支持和服务,全面提升会员的企业管理、资本运作、市场开拓等能力。嘿马汇的 109 名合伙人,在力所能及的范围内给予会员最大的支持和帮助,实现资源最大限度地对接;会员可以在嘿马汇公众平台优先展示项目,进行项目路演;可以经常参加各种论坛、沙龙、培训等活动;平台为会员组织众筹资金,对会员提供金融机构对接;创业导师给予战略、营销、私董会等服务。

联合办公让创业的门槛更低

联合办公是一种共享办公空间和资源的办公模式,来自不同公司的团队在联合办公空间中共同工作,在特别设计和安排的办公空间中共享办公环境,协作完成项目,还可以与其他团队分享信息、知识、技能、想法和拓宽社交圈子等。河南联合办公服务有限公司的众创空间,以资本为纽带,汇集优质创业项目,为创业团队提供融资等多种服务,利用商学院、企业家等资源,邀请创投专家、行业名师开展创业辅导,助力创业项目融资及运营发展。

河南联合办公服务有限公司致力于为创业团队提供全程商务服务,形成了以联合商务、联合资源、联合创投、联合基金等特色的众创空间基地。

联合商务。从无到有,从办公场地提供到企业包装上市,联合办公帮助创业团队走好发展历程中的每一步,为入驻团队提供全方位的服务,包括创业培训、工商注册、法律财务、商业模式构建、团队融合、投融资对接、政策申请、电子商务、征信、媒体资讯、招聘等全方位创业服务的生态体系。

联合资源。联合办公众创空间是一个以市场化机制、专业化服务和资本化途径构建的低成本、便利化、全要素、开放式的新型创业服务平台,聚集了各种资源。空间内有沙龙、创业时光咖啡、相关入住企业等资源,为创业者提供了有利的资源支持。

联合创投。联合办公以资本为纽带,汇集优质创业项目,为创业团队提供融资服务,解决融资需求,提供资金扶持,发起项目众筹,为创业团队提供强有力的资金支持。

河南联合办公的众创空间与企业孵化器的功能略有重叠,但比后者服务范围更广、门槛更低,可以方便地为草根创业者的成长提供多样化的服务。这里是创业者理想的工作空间、网络空间、社交空间和资源共享空间。

友联世界　意达全球

2009年,在金融业打拼多年的陈立杰、李之光,针对"跨国网络社交存在的全球性问题——语言障碍",基于对前沿行业的敏锐度和对理想的追求,经多方考察论证,毅然辞去金融高薪职位,开启了"全球无限沟通,打造上市企业"的梦想航程。

经过长期的准备,2010年11月,郑州中业科技有限公司成立。历经半年多的开发和精心打磨,中国首个国际多语言亲密交友网站——GaGaHi上线,网站支持6种语言浏览、互译。用户遍布全球100多个国家和地区,注册用户达500余万,逐步成为全球各地亲密交友人群首选网站。在竞争激烈的即时通讯和网络社交领域,GaGa凭着自己"跨语言、跨国社交"的特点独辟蹊径,突破了社交应用大多时候只限于单一语种的问题。

中业科技采用的是东方"华尔街+硅谷"的模式,较好地实现了金融与科技的融合。中业自创立之初,一直秉承"更好地服务全球用户"的经营理念,结合网民的沟通方式和社交习惯,基于用户体验,通过不断的产品开发、创新与优化,得以稳健快速的发展,并于2014年底成功完成了首轮融资。目前,公司已经发展成为中国最大的在线跨语言服务提供商。

中业的产品定位立足翻译和社交两个领域的捆绑螺旋发展,采用大数据匹配以及语言识别、比对技术对海外用户进行分类筛选,从中获取更多的用户行为走向,有针对性地进行推广。中业的主打产品 GaGa 是一款在国际上享有盛誉的跨语言社交应用平台,拥有超千万的全球用户,市场遍及 100 多个国家和地区;尖端产品随译(Anysay)是全球最好用的中英双语人工智能混合翻译 APP;拥有全球人工智能翻译领导者,中国最大的多语言创新智能翻译平台——Trycan 为主的互联网基础服务平台,多语言交互网站高客网(Gaook.com)等领先的网络平台。中业围绕"改善人类社交、沟通品质"核心理念,专注于国际多语言社交、自然语言智能核心产品的研发和运营,打造了中国最大的跨语言网络社区,满足跨国用户互联网的沟通、资讯、娱乐、电子商务等多方面的需求,通过互联网服务"让国际沟通无障碍",颠覆性地解决全球人类的沟通障碍。

经过多年的技术累积和人才培养,中业建立了一支拥有完善流程以及坚实基础的技术团队。公司拥有众多研发人员,并先后在海内外著名高校、企业中引进多位优秀的专家与管理人才,形成了集高端科技、中西文化、多方资源于一身的优秀团队。本着专业化发展的思想,技术团队岗位划分完善,分工明晰,拥有产品经理、视觉设计、前后端开发工程师、IOS 开发工程师、Android 开发工程师、测试工程师、数据库管理员、运维工程师等具体的岗位划分。目前,团队人员 100% 具有相关专业高等学历教育背景,主管及经理平均工作经验在 5 年以上,技术总监拥有 12 年的 IT 从业履历。凭借技术团队丰富的互联网开发和维护的经验,在社交网络、电子商务、MIS 系统、移动 APP 开发、IT 外包以及系统集成方面,建树颇丰,拥有多项软件著作权以及若干项 IT 相关发明专利。在项目开发中,技术团队遵从瀑布开发模型,拥抱敏捷。在团队内部管理中保持组织架构扁平化,注重团队人员的培养和技术的传承,尊重每位员工的意见,鼓励大家在开放、包容、自由的环境里工作和生活。

"友联世界,意达全球"是中业的品牌宗旨,中业的发展深刻地影响和改变了各国网民的沟通方式和社交习惯,并为中国互联网行业开创了更加广阔的应用前景。凭借领先的技术研发、创新能力,中业先后获得了国家双软企业、软件产品、互联网增值电信业务经营许可证等认证及资质,并取得相关技术领域的核心专利,拥有领先的科技研发实力。

中业把为用户提供"全球化互联网服务"作为战略目标,提供互联网的国际多语言社交服务、互联网跨语言翻译服务。面向世界,面向未来,坚持自主创新,树立民族品牌是中业公司的长远发展规划。中业将一如既往,把高品质的生活态度及对智能多语言翻译服务的创新概念融入产品,致力于解决用户语言、社交痛点,力求创造最独特的产品与服务,利用科技改变世界。承载着沟通世界的使命,于2015年11月在全国股转系统登录上市(股票代码 834134),成为国内首家登陆资本市场的社交网络,同时也是河南第一家上市的互联网公司,这预示着一个新时代的到来。

酒特卖：搭建互联网平台，给酒水行业找个+

新年钟声敲响，2016 年悄然而至。对于普通人来讲新的一年孕育了新的希望，但是，对于市场主要参与者的公司和企业来讲，新年的到来并没有让肩上的担子变得更轻，反而让他们觉得压力更大了。回顾过去的一年，不少传统企业和公司的日子并不好过，经济增速减缓，市场疲软，传统行业产能过剩，现金流紧张，企业资金严重短缺。但是，在这样的环境中，有一家企业看中机会，立足自身优势，选定轻资产模式，专注互联网营销，搭建互联网平台，给酒水行业找了个家，这个企业就是酒特卖。

"酒特卖"是河南厚朴电子商务有限公司注册申请的商标，酒特卖平台创始人是高尔博。创办于 2011 年的厚朴电子商务，至今走过 5 个年头，显然已经是电商行业的老兵了。公司成立初期，主要是为企业提供电子商务的服务，成为三全食品的网络渠道托管商，并在之后的三年时间内先后为福晶园、华美、思念、杜康、恒源祥、少林寺等企业运营电子商务，取得不俗的成绩，在电子商务行业内，引起广泛关注。也正是因为对企业电商服务方面的示范意义，2014 年 7 月，厚朴电子商务被河南省商务厅评选为"河南省电子商务示范企业"。

在为企业提供专业的电子商务和网络营销服务的过程中，他们发现了平台会员的重要性，建立了"酒特卖"平台。与同行业先行者"酒便利""1919"不同的是，酒特卖另辟蹊径，依托自身优势，采取自营微信公众平台的模式，通过各种方式吸引粉丝，瞄准粉丝的用酒需求，按照轻资产发展模式，在线下发展加盟商家，不干预商家进货渠道和经营，根据线上订单区域，科学分配订单到线下商店，由商家完成订单的确认和配送。此举，大大增加了烟酒店的营业额，也激活了大批社会化库存。据统计，酒特卖给加盟商带来的营业额增幅平均在 2～3 万，多则十几万，有的甚至占比过半。公司暂定的目标是，将郑州市的烟酒批发点全部吸纳，形成"统一联合体"，为加盟商家提供统一的互联网营销方案。新年伊始，公司朝着既定目标继续稳步推进，截至 2016 年初，公司已有线下加盟店 17 家，并且还有多家商家正在接洽加盟事宜。

究竟是什么让众多商家加盟酒特卖？又究竟是什么让加盟商家月营业额大步提升？结合自身平台的实际运营，酒特卖给出了这样的答案。

一、微信公众平台、微信小号黏合 20 多万粉丝，且粉丝数量在不断增加

在粉丝经济的当今社会，谁拥有的黏性粉丝越多谁就是赢家。酒特卖微信平台和微信小号黏合 20 多万粉丝，且平台每日推送信息，小号每日保持活跃，始终在粉丝眼中有存在感，让粉丝产生用酒需求时第一时间想到酒特卖。庞大的粉丝群有着巨大的需求，进一步保证了酒特卖的日常订单数量，也保证了线下加盟店的接单数量，进而提升加盟店的营业额。

二、专业推广助力平台知名度提升

创始人高尔博前身从事媒体行业，对广告投放有自己的一套方法和经验，对广告投放效果和投入性价比拿捏相当精准。公司宣传多管齐下,从传统的传单、电梯广告,到现代的微信后台广点通精准广告投放,多措施多手段确保了广告给公司带来的效益。尤其是微信广点通,公司利用它可选择区域人群进行广告投放,并能做到千人千面的效果。也是这一举措,让酒特卖微信公众平台粉丝累积到 8 万,为后续的粉丝市场开发奠定基础。

三、轻资产模式,让企业有更多资金和精力主抓互联网营销

联合线下加盟商而非自营的方法,企业有更多的资金和人力不被束缚,使之投入更多的精力在互联网营销和平台搭建上。同时,轻资产模式没有触动商家利益,反而可增加商家的利益,在这方面公司做到有理有利有节的境界。

四、产品保真,用户放心

酒特卖严把品质关,采取组合拳应对假货问题,对假货惩罚严苛。首先,向加盟商家协议收缴保证金 6 万元,用于假货罚没;其次,监控商家在正规渠道进货,从源头把关;第三,公司日常派单过程中业务人员监控,发现假货立刻向公司检举揭发。几个手段并施,确保了商品的品质,让消费者可以购买到放心酒水。

酒特卖的产生和迅速成长,是新时代下互联网+的一个典型的案例。其发展过程当中亮点颇多。总体来讲,酒特卖是以"移动微信客户端+呼叫中心+区域速配"为核心架构的 O2O 移动电商品台。依托这个平台,在市场疲软,经济不景气的市场寒冬的背景下,为那些在市场的风浪中摇摆不定甚至濒临沉没的酒水商家找到一个安全温馨的港湾。

新乡电商产业园:助力豫北电商更上一层楼

"大众创业,万众创新"是 2015 年国家扶持"互联网+"中小创业企业的响亮口号,河南作为内陆省份,缺乏创新环境,对豫北重镇新乡来说更是如此。

2015 年,河南省政府、新乡市政府相继出台了有关支持互联网+创业项目、支持电子商务快速发展的一系列文件,新乡电商产业园在此背景下应运而生。新乡电商产业园依托新乡市高新区火炬园项目,目标是扶植中小创业者完成互联网+电商化产业升级,形成豫北电商产业聚集区,最终发展成为新乡新经济的主体力量。

新乡火炬园是新乡高新区重点项目,用以扶植新乡的产业发展升级。现在整个产业园已入驻 200 多家企业,主要行业涉及机械、电子、节能及汽车零部件等。电商产业园的入住,帮助火炬园插上了互联网+的翅膀,也许在不远的将来,电商产业园能把互联网思维扩散至整个火炬园,形成庞大的互联网电商群体,给政府带来税收和就业,给企业带来转型和利润。

"兵马未动粮草先行。"要给创业企业提供良好的配套甚至一条龙服务,必须有良好的办公生活环境。占地 28 亩、总建筑面积 6.5 万平方米的电商产业园区已经开始动工建

设,预计 2017 年交付使用。项目建成后,将提供园区服务配套,企业孵化器和企业加速器等整套服务。边开发边招商,以招商提升项目价值,快速实现经济效益和社会效益,新乡电商产业园边建设配套,边依托于火炬园开始了招商工作,这是关系到未来项目成功与否的关键。

电商产业园在火炬园有自己的创业咖啡馆、创业展示会议室及入住园区企业办公区,已经有包括软通、青峰等 20 多家配套服务企业入驻。在之前河南电商园的成功运作经验基础上,新乡电商园运转快速,通过高新区产业园招商、依托商会圈层招商、依托国家相关双创政策及孵化器招商,还委托给中间企业如戴德梁行进行招商,项目运作状态良好。

新乡电商产业园以孵化和高度延展性的产业功能启动,吸引新乡和省内外企业在此设立区域总部,打造一站式企业服务运营体系,未来具有良好的发展前景。

家居行业供应链的深度整合者

河南易润电子商务有限公司是一家家居 O2O 渠道运营商,致力于打造中国家居电商第一品牌,并成为整套家居解决方案的领导者。仟那美居家居网是河南易润电子商务有限公司 O2O 模式中的 Online 模块,是一个集家具、建材、家饰家纺等多品类产品与服务为一体的家居综合平台,将实现家居行业供应链的深度整合。

仟那美居采用"移动电商+线下连锁+全家居类目+开放平台"四位一体的 O2O 立体平台,是国内独特的、创新型的家居电商模式,旨在为消费者、合作伙伴提供全方位、多维度覆盖、可靠和高效的互联网服务。坚持不断变革和创新战略,对市场需求、产品策略和服务模式等环节进行持续地创新与研发,以市场和客户需求为驱动,使公司始终处于行业前沿,为客户带来更大的价值。

依靠互联网的优势,仟那美居以线下实体店为支撑,为客户打造真正的线下消费体验空间并引流至线上,最终形成线下体验、线上交易 O2O 商业模式;仟那美居在线商城整合家居产业资源信息,打造信息流通、开放、共享通道;移动客户端增加用户操作便捷性,为用户打造移动式消费体验媒介,实现商家与用户的实时互动;三维互动形成仟那美居立体式"工具+社区+电商+体验"O2O 生态体系。在经营方面,通过广告费用、进销差价、代理服务、增值服务等获取利润。

仟那美居多管齐下,打造核心竞争力。仟那美居是一家比传统 B2C 互联网企业更专业、更专注、更了解本地市场、更适合家居行业的家具 O2O 互联网服务平台。未来的实体店不低于 1 500 家,将遍布全国各个县(市),线下体验极致化并解决最后一公里配送、售后等问题;实现"源头—终端"脱媒交易,消费者以最低的成本享受最优质的资源,仟那美居做到高品质、低价位的产品服务;建立完善、严格的商家准入机制,严格控制会员商家数量,做到实时监控,掌握动态变化,确保上线产品及产品交易过程的安全性。

易润按照"核心带动,轴带发展,节点提升,辐射周边"的原则,形成放射状、网络化空间开发格局。目前,易润已与许昌、商丘、南阳等多地的意向加盟商达成战略合作。其中,邓州等地的仟那美居实体店已正式上线运营。

对于业务的发展,仟那美居依托河南省本地的资源优势,形成以河南为核心增长点、中原地区为核心增长极,逐步辐射全国的市场扩张态势,计划在未来 3 年内全国布局不低于 1 500 家线下实体店。

麻仁糖:让你玩得更开心的旅游互联网平台

旅游是富裕之后的中国人优先考虑的消费项目,是我国经济新常态环境下拉动内需的一个重要力量。数据显示,2015 年,我国旅游业总收入达到 3.38 万亿元,但在 64 万亿的 GDP 总额中占比才刚到 5%,有着巨大的上升空间。

然而,在现实生活中,当旅游者决定旅游时,会面临诸多难题。首先是怕被骗,对旅行社宣传的价格心里没底,既怕虚假宣传又怕强制消费;其次,旅游线路都是固定好的,自己想去的地方或想多停留一会儿,却没有办法实现;最后,是游客不跟团而选择自驾游时,只能买到高价票或入住高价宾馆。如果是私人订制,则旅游费用高昂。

麻仁糖互联网旅游平台针对游客的这些亟待解决的问题,为白领、中高端人士等提供专业的旅游服务,以改善游客的消费体验,消除后顾之忧。

麻仁糖建立了旅游平台处理系统,当客户提交自己的旅游订单时,平台会让游客选择接受公司提供的向导和随行车辆,而对应的酒店、饭店、景区及票务都由中央点菜师进行一体化服务。麻仁糖在导游、车辆、酒店、饭店、景区及票务方面的资源比较容易得到,并且可以快速整合。智慧景区的普及,使大批失业的专业导游及当地熟悉家乡景区的有志者,都可以经过相应的审核或培训成为麻仁糖的向导。

目前,市场上的互联网旅游平台各有特色,如途牛和携程网等只是部分应用互联网,阳光车导在私人订制方面做得较好,但存在信息不完善等问题,跟谁游立足陪游服务,但费用非常贵。

麻仁糖努力做到在游客安全方面让客户放心。向导的身份及健康状况都要经过公司总部审核,并和蚂蚁金服的信用对接;其次,是通过与平安保险的合作来保证。

麻仁糖互联网旅游平台不但大大降低了游客费用,而且提供了更好的旅游体验。虽然游客要支付向导及汽车租赁费用,但费用远比自驾便宜,还享受了管家式的一体化服务。

麻仁糖平台已经在河南地区开始试运营,在摸索中逐步完善运营流程,积累市场经验,成熟后会快速推向市场。麻仁糖有望成为未来互联网旅游明星平台。

地产+教育的新模式

河南新睿教育咨询有限公司是新睿国际旗下的新兴主力军,公司创立于2014年11月,是专业从事小、初、高各阶段学生学习兴趣辅导与记忆方法训练的教育产业机构。新睿国际集团旗下有四大事业部,分别是泽一地产、新睿教育、电商投资及有机农业,集团各企业追求目标一致,经营特色鲜明,产品定位准确,形成了强大的市场合力。

新睿教育咨询有限公司是新睿集团在目前环境下的转型项目。我国还处于经济转型阶段,当前,房地产市场形势开始逆转,房地产将失去大规模投资价值,而教育则是国家逐渐加大投资力度的方向。郑州市政府规划从2016年到2020年将会新建220余所中小学校,因为到2020年郑州常住人口达到1 300万,未来公办教育增幅有限,教育肯定会更加多元化,一个是公办,一个是私立,一个是合办,一个是BT。而且,一个地方的地产的发展、布局是跟教育环境有着紧密联系的。

根据这个思路,新睿国际集团选择以教育为突破口,主打教育文化地产概念,形成把教育、文化、地产三者相结合的全新开发模式,三者相互支撑,相互促进,相互扶持,有利于各方面的相互带动。

新睿教育咨询有限公司就是这个概念中的一环。公司汲取中国传统文化精髓,吸纳世界先进思维模式,特别是引进全球华人记忆学始祖叶瑞财博士的研究成果。"叶瑞财记忆法"是专门做关于右脑开发和右脑记忆力的产品,能够充分开发人类大脑潜能,从而让各年龄段的孩子学会最好的学习和思考方法。

为了增加教育环节的资金流,扩大招生,新睿教育咨询有限公司提出了千人创业、百家社区微学堂计划,打造出一站式教育服务体系。"千人创业"计划就是通过新睿教育招收一些优质的大学生,随叶瑞财博士学习"叶瑞财记忆法",从而解决了大学生就业、创业问题,让大学生成为创业合伙人。

新睿教育准备推出云课堂,采用"线上+线下"相结合模式,对全国开展远程互联网教育。线上,进行叶瑞财记忆法培训,开展系列免费教育课程;线下,开展教育培训,并结合线上推出网络远程教育体系。与此同时,新睿教育会渗透到郑州各个住宅小区,实现在家门口1.5千米半径范围内都能找到新睿教育的微店或者微学堂的目标。

公司已经在深圳前海进行了项目孵化。在漯河,以教育文化一站式教育培训+房地产开发的模式,作为一个试点正在实施中。

中原国际商品交易中心:驭"势"前行

中原国际商品交易中心成立于2014年8月,是由安徽今华节能集团、中粮集团及五矿集团发起筹建,国家工商总局核准注册,河南省人民政府批复成立的国际商品交易中心,是中原地区唯一的国际商品交易中心,成立初期即得到了各级政府及社会各界人士的重视和关注。中原国际主营大宗商品现货交易、商品展览和信息咨询服务等业务。中原国际全力推动国际大宗商品的贸易流通、质量检测、资源配置、信息服务、电子商务与金融配套紧密结合的体系建设,促进形成人民币结算的价格机制及我国大宗商品的储备体系建设,打造出具有国际影响力的商品交易中心、结算中心、物流配置中心、价格形成中心,进一步满足了产业链上、下游企业大宗商品的保值和投资需求。

一、打造市场优势

中原国际以互联网为依托,以现代商品交易技术和物流体系为基础,通过与金融机构、专业的质检机构、权威的行业机构协作,同时辅以仓单质押融资、专业咨询、权威鉴定等增值服务,为中部经济区乃至全国搭建了一个"交易平台"和"四大功能中心"。"一个交易平台"是指公平、公开、公正、有序、高效的多功能电子交易平台;"四大功能中心"包括:中国大宗商品交易中心,中国大宗商品融资中心,中国大宗商品定制中心和中国大宗商品品类评级、鉴定中心。在不断的发展中,中原国际商品交易中心逐步确立了自己的市场优势。

中原国际的优势之一:交易模式创新。交易中心的核心价值就是体现交易功能,中原国际交易创新的三大交易模式分别是:发售交易、挂牌交易和即期现货交易。发售交易模式由一级市场的现货发售和申购、二级市场的现货所有权电子交易两部分构成。发售申购阶段,发售商在交易平台进行商品发售要约,交易商进行全额货款申购。申购成功的交易商既可在交易平台进行商品转让,也可申请提货交收。发售完成后,交易商还可在二级市场买入商品,并进行商品转让或提货交收;挂牌交易则可衍生出现货交易类商品、定制商品、线上融资类商品等多种交易商品,挂牌方挂牌成功后,投资者可以在交易平台上进行流转交易;即期现货交易则是类似于期货商品交易中的内期货。

中原国际的优势之二:创新发展网络销售,形成"交易中心+电子商务+移动互联网+线下配送"四合一的经营模式,实现交易与消费相结合的创新模式,进一步提升商品品牌价值,促进大宗商品产业的生产流通迈上更高台阶。

中原国际的优势之三:创建供应链服务体系,拟构建质押融资、应收账款质押融资、代付贷款融资、融资租赁等多元化服务体系,为商品供应链核心企业及其上下游提供一站式融资服务方案。

同时,中原国际将继续加强建设仓储、配送体系,进一步完善商品评级鉴定及定价、价格指数、追溯体系、信息咨询服务等配套服务,并计划在不久的将来启动商品交易产业基金项目,助推大宗商品资产证券化。

为了进一步巩固竞争优势,扩大市场影响力,2015年3月,中原国际以1.3亿元全资收购了天元芝麻交易市场及其下属的"中国芝麻交易网"。天元芝麻交易市场的前身是"河南中原芝麻批发市场",成立于1991年,是经当时的国家商业部和河南省人民政府批准,由河南省粮食厅和驻马店地区行政公署联合建立的。天元芝麻交易市场曾拥有会员单位和下属机构多达671家,客户群遍布20多个省、市、自治区,"中原油价"一度成为油脂油料行业指导价格。

二、创新大宗农产品现货交易模式

中原国际商品交易中心坚持"上联三农,下联民生,立足中原,面向全国"的发展思路,深度、有效地整合地方现有资源,依托农业实体,依靠地方政府,形成以生产基地、质量监测、仓储物流、市场批发、包装加工、终端零售、金融配套、信息服务为一体的大宗农产品供应链体系,形成配套完善、超大规模的现代综合商贸物流产业园,同时发展高端现代综合服务业的集聚,打造出以地方特色农产品为代表的全国交易中心、信息中心、价格形成中心、结算中心、物流配送中心,成为宜居宜业的重要城市功能板块。

作为中原经济区唯一的国际商品交易中心,中原国际坚持立足大宗农产品现货交易,服务实体农业经济。通过打造产品价格追溯体系、产品质量追溯体系、产品物流追溯体系最终形成商品指数的发布,由上市农产品挂牌企业的商品价格来主导行业内商品流通的价格。交易中心针对不同的大宗农产品,结合上市企业一同制定出上线商品的品种标准和价格标准。交易平台上的交易商通过中原国际电子交易系统进行交易商品的购入或售出的价格申报,经电子系统配对成交后,生成电子交易合同,即仓单。交易商根据该电子合同自主选择交收时间,配合仓储物流一体的配套供应链体系,完成大宗农产品从电子交易到实体经济流通的过程。

打造物流通道,服务企业发展

河南新安县境内矿藏丰富,煤炭、硫铁、铝矾土、石英石等储量大,已经形成了能源、冶金、建材、化工和制造业五大产业体系。到2015年初新安已经拥有两个省级产业聚集区,培育了中国500强如万基控股集团、香江万基铝业、双瑞万基钛业、洛阳中超铝业等一大批涉铝企业,对工业物流需求强烈。然而,长期以来,企业所需的煤、铝矿石、铝锭、铝氧粉等材料都是通过公路运输,成本高昂。

河南国能黄河物流园区就是在这样的背景下应运而生的。黄河物流园北依310国道,东距连霍高速入口2千米,西距陇海铁路站1.2千米,新310国道穿过南北物流园区,交通优势明显,其建设单位就是成立于2010年的河南国能黄河物流有限公司。

河南黄河物流园区是交通部"十二五"公路运输枢纽建设规划节点项目、国家重点资金扶持项目,是公路、铁路联运的综合性物流园区,现已完成3.6亿元投资,并于2015年9月迎来从新疆开来的第一辆满载铝锭的专列。据万基控股介绍,黄河物流园区建设给企业节约了1/3的物流成本,减轻了储存压力,并有效缩短了运输时间,在经济下行压力下对企业发展意义重大。

河南国能黄河物流园区致力于发展公路、铁路多式联运和现代物流,未来将建设成为一个以发展大物流、大产业、大数据为主的综合服务体。目前,进驻园区的物流企业已达30多家,除服务于本地企业外,园区的业务还逐渐向洛阳、三门峡以及山西、新疆等地扩展。

根据规划,该项目以公共平台和园区为支撑,将打造"四个中心",即公铁联运物流服务中心、物流资源交易服务中心、物流电子商贸信息服务中心、物流资源仓储中心,同时实现商贸物流信息交易、公铁水航联运及物流深加工服务一体化,最终建成我国中西部地区投资规模较大、环保及科技化程度较高的大宗物流资源综合公共服务平台,从而有效促进区域服务业、现代物流业和相关产业的跨越式发展。

不断创新的"传统"粮油企业

我国粮油批发零售企业众多,且这些企业大部分为区域型企业,市场竞争激烈。长期以来,粮油类批发零售行业的主要销售渠道为百货、超市、粮油专卖店、食杂店、便利店等。随着互联网的不断发展,粮油类电商平台不断涌现,发展迅猛。

河南去吧看看网络科技股份有限公司就是在河南省内市场取得较高知名度的一家专业的粮油食品类社区终端宅配运营商,公司主要经营粮油、有机生鲜,同时为包括粮油农副产品在内的各类客户提供营销策划服务。去吧看看网络科技成立于 2005 年,以"让13 亿中国人吃上放心粮油"为目标,在国内首创粮油宅配服务,致力于通过便捷快速的宅配服务,打进社区终端,直接面向最大的消费群体,解放消费者的双手,提供更好的购物体验,为个人生活提供新的选择,为社会创造价值。

一、找准优势,传统业务快速增长

与传统的粮油销售业态相比,去吧看看的批发零售业务更专注于物流配送方案的整体设计与实施。公司针对粮油类商品消费者具有购物便捷性的需求特点,创新性地提出了"区域小物流"概念,大力建设社区放心粮油店。经过精心选址,社区实体店可作为粮油配送点辐射周围多个居民区。公司所有线下实体店均为直营管理,每个实体店都相当于一个小型的仓库和物流配送点,客户服务中心获取的订单通过信息化系统的处理后,发送至地理位置最接近客户的门店,该店收到订单后立即组织对客户的配送工作。

从 2014 年开始,公司配置的便民宅配设施逐步投入使用。公司引进的便民宅配车投放在郑州的各大优质社区,作为常驻点,主要经营放心营养早餐、放心粮油、风味小吃等产品,并为居民提供便民宅配服务。

2014 年下半年,公司又斥巨资和青岛澳柯玛合作,打造社区粮油自动售卖机,实现全自动化操作:无售货员,消费者可以在售卖机的自助终端上选购商品,刷卡或投币后直接提货。粮油自动售卖机同时具备实时监控功能,可以与线上 IT 后台对接,从而掌握所有售卖机的销售情况,及时进行补货。

这种物联网自助终端系统还整合了银联的移动支付系统,为市民提供便民服务,客户通过自助终端可以很轻松地完成天然气、水费、有线电视费、电费等日常的缴费服务,让社区居民不出社区完成日常缴费,解决了居民的缴费难问题,并且可以通过自助终端实现银行转账、信用卡还款等服务。

公司还高度重视团购业务的整合与推广,大力拓展团购业务,让放心粮油成为企事业单位职工福利发放的抢手产品。公司 2014 年度团购业务收入较 2013 年度增长了

453.05%。

二、顺应趋势,构建领先的网络销售平台

去吧看看网络科技在传统粮油类食用农产品销售业态与经营模式的基础之上,结合多年的线下销售经验,不断创新,较早就确立了未来的发展方向,即搭建专业的放心粮油网络销售平台,通过互联网技术,减少中间流通环节,让厂家直接对应消费者。

2014年,公司完成电子商务初期布局,搭建起了专注于食品安全的社区O2O网络销售平台,降低了实体门店经营区域较为集中的风险。

公司不断整合线上、线下资源,通过信息系统的连接,可以发挥电商平台订单获取和信息整合推送的优势,并充分利用实体门店仓储、物流及服务支持功能,使电商平台和线下门店连成一片。公司的电商平台将逐渐演变成一个订单获取、信息挖掘与传递的信息平台,而实体门店体系将成为一个集服务、仓储、配送、零售为一体的物流平台。

2015年,在我国互联网消费模式下,移动客户端业务爆发式增长,公司网上商城自主开发了移动客户端的兼容模块,实现了电脑PC端、手机客户端及微信端的“三网合一”,统一的界面风格、便捷的操作设计、实时的信息传递,为广大线上消费者提供了更为舒适、便捷与贴心的购物体验。

三、真诚合作,与合作伙伴实现共赢

公司坚持“减少中间流通环节,让供应商与消费者直接面对面”的服务宗旨,营销团队常年扎根于各大社区,结合“供应商—社区物业—去吧看看”三位一体的营销推广活动,将放心粮油食品引入社区,为广大消费者提供出厂价的放心粮油的同时,也为供应商合作伙伴提供了专业的营销推广服务,并极大提升了自身品牌的影响力,实现了“三方共赢”。

同时,通过对网上商城的运营与推广,不断加强同供应商的合作,让更多优质粮油厂商加入到去吧看看的销售平台上来,从而打造线上的绿色无公害粮油食品集散地,并且还可以为更多的“粮”心厂商提供渠道分销、营销推广等一系列增值服务。

公司的网上商城在推广与宣传的同时,还积极同其他网络电商谋求交叉营销的业务推广模式。至今,公司已同中国工商银行的网络电商销售平台“融e购”共同合作,通过积分兑换放心粮油等模式,丰富公司产品销售渠道的同时,也极大地提升了公司的品牌影响力。

2015年9月,去吧看看网络科技在新三板挂牌,迎来了更广阔的发展空间。在正式挂牌之前,公司就组织了三轮增发,第一轮是1.5元/股,第二轮是10元/股,第三轮是18元/股,截至目前共有87个股东,这是令去吧看看倍感自豪的“战绩”。与资本市场的快速对接,让去吧看看发展更加迅猛。同时,去吧看看开始帮助其他中小微企业实现新三板上市,用劳动和智慧换取这些企业的股权。一旦扶持的企业成功在新三板上市,对于去吧看看的新三板市场的交易将起到非常大的推动作用,更有利于通过资本市场获得大量资金反哺粮油、农特产品等主营业务。

抢占机遇，打造完善的智能终端产业链

正威国际集团成立于 1999 年，是一家以金属新材料和非金属新材料完整产业链为主导的高科技产业集团，在世界 500 强中排名第 295 位。近年来，正威国际锐意进取，开拓创新，重点进行产业投资、科技智慧园区开发、战略投资与财务投资、交易平台建设等业务。2014 年，公司将投资的目光投向了中原腹地郑州。

郑州航空港经济综合实验区于 2013 年 3 月上升为国家战略后，已有数十家智能终端产业向郑州转移，以富士康为代表，郑州成为全国智能手机生产基地，政府提供的各种优惠政策和通关通检便利条件，吸引着更多的智能终端产业向中原地区聚集。正威国际正是以战略性的眼光，看到了郑州航空港区的发展定位和规划与正威集团内部结构调整、发展模式创新的战略高度契合，抢抓郑州航空港战略发展机遇，于 2014 年 11 月，成功签约正威智能手机港区产业园项目。公司依靠强大的资源整合能力，通过市场和资本运作，对国内外智能终端（手机）企业进行资源整合转移，吸引深圳等沿海地区的手机制造及手机配件企业向郑州集聚，在移动智能终端和互联网领域形成自己的核心竞争力，以期打造完善的智能终端（手机）产业链。

2015 年 3 月，正威科技城智能终端（手机）产业园在郑州航空港区开工建设。产业园总投资 250 亿元，涵盖手机整机制造、核心配套配件、软件开发、交易展示、商贸物流等产业项目，集金融中心、研发设计中心、移动互联网、智慧城市于一体。该项目分两期建设，达产后将实现手机年产能 2 亿部，年产值 2 000 亿元以上。其中一期投资 125 亿元，规划用地 1 万亩，涵盖研发、生产、保税加工、仓储物流、配套居住、总部中心及配套等项目。

2015 年 5 月，经过资源整合，包括朵唯、酷派、中兴、TCL、金通威等近 70 家整机及核心配套企业签订了入园协议，入住了产业园。以后的 3 年内，该产业园还将引进 400 多家手机产业链企业入驻，其中包括手机整机生产企业、配套配件企业、软件开发企业和移动互联网企业等，从而形成一个开放性、多元化、集群化的移动终端产业生态圈，最终形成集产、学、研、居、展、商、物、贸、金、总十大元素于一体的智慧城市。

2016 年 4 月，中原航空港产业投资基金管理有限公司与正威集团签约，提供 6 亿元资金用于正威科技城智能终端产业的投资。

互联网+大宗商品，商务模式再升级

互联网将颠覆传统行业，它每拓展到一个行业，就要打破该行业的商业模式和游戏规则，导致行业重新洗牌。互联网的快速发展，促进了商业理念和商业模式的变革与创新，为各行各业带来深刻的影响。以农产品、初级产品、工业原材料产品为代表的大宗商品,在借助互联网采用电子化交易方式的中远期交易,将逐渐成为一种重要的市场组织形式和交易方式。河南立厚企业管理咨询有限公司抓住了互联网发展的机会,经国内大宗商品中远期电子交易市场批准,严格按照国家质量监督检验检疫总局颁布的《大宗商品电子交易规范》(GB/T 18769—2003)国家标准,参与大宗商品电子交易。

多年来,立厚持续专注于大宗商品电子商务领域,在业务和技术上不断创新,成为国内拥有交易模式数量较多的大宗商品现货电子贸易服务提供商之一。公司主要针对新疆海川、江苏江淮的农产品、贵州遵义指南针等产品,搭建了大宗产品电子交易平台。公司为现货投资行业的人群提供了方便、快捷、及时、准确的投资环境和市场化分析,从而进一步使投资者获利。

河南立厚作为大宗商品电子交易行业的一员,拥有一支年轻精干、从业经验丰富、有着一流盈利经历且富有敬业精神和优良品德的员工队伍。对于员工,公司以完善的管理、培训理念、系统的晋升机制和极具竞争力的薪资体系,真正为每一位员工制定了符合个人的职业规划;对待客户,公司以最高的效率、最专业的服务向每一位客户传递正确的投资理念,帮助客户实现资金的保值、增值。

同时,为了提高大宗交易的安全性,降低交易风险,公司亦出台了多项政策,辅助于一流的软硬件设施,方便快捷的交易系统,先进的市场结算软件,安全可靠的银企转账,给客户以安全的保证,使大宗交易得以顺利完成。

2016 年,立厚准备完成对大宗商品流通秩序的梳理,助推其形成线上与线下对接、商品与金融对接、本地与外地对接的多层次商品市场体系,构建功能完备的商品交易生态系统,更好地服务实体经济。

后　记

本次"河南经济影响力人物"创新管理案例评选,是在经济新常态以及网络经济迅速发展的背景下,对河南本土企业转型升级的实践进行的阶段性的深度探索和系统思考。创新管理案例的评选,将继续传承优秀豫商文化,强势宣传新时期的新豫商品牌,为企业转型突破提供新标杆,为豫商搭建新平台,对接新资源,提供更多增值服务,建设新的企业生态圈,从而形成多方合作共赢的大格局。

2015 年 11 月 15 日,"河南经济影响力人物"创新管理案例评选启动仪式在郑州高新区一楼多功能厅正式启动。在仪式上,还举办了"豫商创新论坛",200 多位政界、学届、行业协会负责人、企业家等参与了启动仪式和论坛。

活动启动后,得到了社会各界的积极响应和推动,各行业协会、商会等积极推荐创新企业案例,包括中国战略新兴产业(河南)联盟、河南省商会秘书长联席会、郑州市工商联服装商会、河南省酒店业商会、中韩文化交流协会、河南省商协会、河南省茶叶协会、河南省酒业协会、河南省会展业协会、河南省物流协会、华中商会、上海商会、福建省商会、河南省供应链管理协会、河南省民营企业家协会、河南省建筑装饰设计商会、河南省装备制造业协会、郑州高新区挂牌公司服务协会等,河南工程学院校友会、升达经贸管理学院校友会等,还有一些律师事务所、会计师事务所、投资机构、创客空间、媒体等也积极推荐优秀企业。在活动进行中,先后有近千家企业报名参与,其中绝大多数是中小企业,他们在新的经济形势下顺势而为,积极探索,勇于实践,大胆开拓,进行了不同路径、不同类型、不同形式的创新,为我省经济及企业的创新发展提供了有益的指导和借鉴。

在案例征集与编写的过程中,来自省内高校的十几位管理学教师与企业家面对面交流,了解企业创新的思路和做法,有的老师直接走进企业进行深度访谈。在评选活动进行期间,为了更深入地交流企业经营管理与创新的经验体会,还组织了互联网营销创新论坛、中国职业装联盟沙龙、玩转电商沙龙、创新融资私董会、教练式领导沙龙活动、早教行业私享会、升达与河南工程学院校友企业联谊会、高端幼儿园园长交流会、吴晓波书友会企业版块郑州专场沙龙、郑州房产中介行业负责人专场沙龙、人力资源行业专场沙龙、装饰行业专场小沙龙、汽配行业小沙龙、酒类行业小沙龙、新三板融资分享会、营销创新沙龙、建材家居行业沙龙、餐饮行业突破私享会、自媒体论坛沙龙等几十场深度交流和访谈活动,与会嘉宾围绕企业管理创新等主题进行了深入的交流和探讨,很多企业家表示,行业内的深度交流和跨行业的创新案例提供了非常好的创新借鉴思路。

本书汇编的 500 个企业创新管理案例,涉及制造业、信息产业、农业、化肥、轻工食品、服装纺织、住宿和餐饮、金融保险、汽配、家政服务、文化艺术、培训、办公文教、零售、安全防护、环保绿化、旅游休闲、电子电工、玩具礼品、家居用品等数十个行业,这些企业分别在战略管理创新、商业模式创新、技术创新、服务创新等方面进行了有益的探索。本书把这些星星点点的创新历程记录下来,在新豫商的成长史中留下了宝贵的精神财富。

本次创新管理案例评选活动的开展和案例书的出版,得到社会各界的大力支持。在此,特别感谢陈义初主席、谷建全主任、张占仓院长、赵纯武副主席,他们对创新案例评选活动进行了全面的指导。他们对河南企业创新发展的关注、深度研究和大力支持令人感动。

特别感谢绿地中原事业部方东兴总经理、李青女士、绿地企业服务平台(郑州站)的李鑫女士、王立先生。他们为这次评选活动提供了全程支持。

感谢河南省商会秘书长联席会执行会长吴凯先生和中国战略新兴产业(河南)联盟王楚钧女士积极组织省内数十个行业协会、商会参与本次活动,他们积极推荐省内优秀豫商创新案例,感谢各个商协会会长、秘书长的大力支持。感谢中欧河南校友会杜海波先生、河南工程学院校友会胡军旗先生、升达经贸管理学院校友会袁宁先生,感谢豫商2.0于莉女士、实惠APP等积极推荐优秀企业案例。感谢来自各个领域的60位专家评委,在不同行业和领域中帮助我们选出最具前瞻性的、最有启发性的、最有代表性的创新案例。

感谢河南财经政法大学马红岩老师、河南工程学院付锦峰老师、常英老师、翟趁华老师、孙运红老师、张会峰老师、谢励老师、王晓天老师,升达经贸管理学院王亚老师,郑州科技学院张晓丽老师、李志、李斋辉、王维娜、周俊颖、翟红红、祝坤艳、董玥玥、权丽、王草、轩会永、任华敏、王志刚、魏月如、黄丽君、王建立、王金蕊等各位老师。他们积极开展企业家访谈,深入企业进行调研,用专业的思维和视角梳理提炼出每个企业的创新亮点,为我们呈现出河南创新企业的崭新风貌。

感谢在案例收集、访谈、整理、编写、评选及相关活动中全力以赴的各位助理,他们积极协助联系各位企业家、安排访谈场地、组织各类沙龙、论坛、整理访谈资料等,开展了大量卓有成效的工作。感谢陈利军、李祥杰、赵荣荣、陈凯、张利杰、翟瑞英、候皓琦、闫晓帆、张奇、王珊、王小倩、陈沂等各位助理,是他们的辛苦的付出,使得各项活动得以有条不紊地顺利进行。